dicionário de direito ambiental

terminologia das leis do meio ambiente

Lexikon | *obras de referência*

Maria da Graça Krieger
Anna Maria Becker Maciel
João Carlos de Carvalho Rocha
Maria José Bocorny Finatto
Cleci Regina Bevilacqua

dicionário de direito ambiental

terminologia das leis do meio ambiente

2ª edição, revista e atualizada

por
Maria da Graça Krieger
Anna Maria Becker Maciel
Glades Dilelio Noble

© 2008, by Maria da Graça Krieger, Anna Maria Becker Maciel, João Carlos de Carvalho Rocha, Maria José Bocorny Finatto, Cleci Regina Bevilacqua

Direitos de edição da obra em língua portuguesa adquiridos pela LEXIKON EDITORA DIGITAL LTDA. Todos os direitos reservados. Nenhuma parte desta obra pode ser apropriada e estocada em sistema de banco de dados ou processo similar, em qualquer forma ou meio, seja eletrônico, de fotocópia, gravação etc., sem a permissão do detentor do copyright.

LEXIKON EDITORA DIGITAL LTDA.
Rua do Carmo, 7/7º andar – Centro – 20011-020
Rio de Janeiro – RJ – Brasil
Tel.: (21) 3212-2600 – Fax: (21) 3212-2624
Site: www.lexikon.com.br

CIP-Brasil. Catalogação-na-Fonte
Sindicato Nacional dos Editores de Livros, RJ

D542
2.ed   Dicionário de direito ambiental : terminologia das leis do meio ambiente / Maria da Graça Krieger, Anna Maria Becker Maciel, José Carlos de Carvalho Rocha, Maria José Bocorny Finatto, Cleci Regina Bevilacqua. – 2.ed., rev. e atualizada. – Rio de Janeiro : Lexikon, 2008.
   Contém glossário
   Inclui bibliografia

   ISBN 978-85-86368-33-2

   1. Direito ambiental – Dicionários. I. Krieger, Maria da Graça; Maciel, Anna Maria Becker; Rocha, João Carlos de Carvalho; Finatto, Maria José Bocorny e Bevilacqua, Cleci Regina.

CDD 07-4693
CDU 349.6(038)

agradecimentos

Aos colaboradores da segunda edição

A revisão e atualização deste Dicionário foram realizadas graças ao esforço de Bolsistas de Iniciação Científica e Bolsistas Voluntários do Instituto de Letras e da Faculdade de Direito da Universidade Federal do Rio Grande do Sul, que se dispuseram a revisar cuidadosamente a legislação ambiental e a procurar os termos equivalentes em língua inglesa e espanhola.

Devemos um agradecimento especial à Professora Cleci Regina Bevilacqua e aos Bolsistas de Iniciação Científica, Diego Stigger Marins (BIC/CNPq) e Sue Anne Christello Coimbra (BIC/UFRGS) que, com grande dedicação, se encarregaram dos termos em espanhol. Com o mesmo envolvimento e dedicação, colaboraram conosco as Bolsistas Karoll Ribeiro e Silva Ferreira (PIBIC/CNPq) e Cristina Sandri (PIBIC/CNPq), responsabilizando-se pelos equivalentes em inglês.

Também merecem nossos agradecimentos os estudantes de Direito, Carolina Paranhos Coelho (BIC/CNPq), Daniel Caye e Luciana Quinto (Bolsistas Voluntários) que nos auxiliaram a validar a vigência das leis, coletar leis novas e ainda encontrar os equivalentes em inglês.

Não podemos deixar de agradecer aos "informatas" que garantiram o processamento de nossa pesquisa readaptando e atualizando o nosso aplicativo original: Danilo Nogueira Marra (PIBIC CNPq/UFRGS), os técnicos programadores Diego de Gastal Morales e Acelino Gehlen.

Se a todos eles somos gratos, de uma pessoa nos tornamos, particularmente, devedores: Glades Dillelio Noble, bolsista de Apoio Técnico, do CNPq. Sua incansável dedicação, seu interesse, atenção e pertinência no tratamento dos dados da pesquisa, a tornaram um nome autoral nesta segunda edição. A ela muito devemos pela exeqüibilidade da pesquisa e pelo rigor que permeia este Dicionário. É, pois, um reconhecimento maior e um profundo agradecimento que queremos expressar publicamente.

Aos colaboradores da primeira edição

A realização deste trabalho, que ora apresentamos, só foi possível graças ao empenho, solidariedade e comprometimento de toda uma equipe de profissionais altamente especializados. A esses colegas e companheiros de tantas horas, que souberam acreditar na importância social e política do *Dicionário de Direito Ambiental: Terminologia das Leis do Meio Ambiente*, registramos aqui o nosso agradecimento.

UNIVERSIDADE FEDERAL DO RIO GRANDE DO SUL

Centro de Ecologia
Prof. Dr. Albano Schwarzbold
Dr. Ozório José de Menezes Fonseca

Instituto de Geociências

Departamento de Geodésia
Prof. Dr. Sandor Arvino Grehs

Instituto de Química

Departamento de Química Orgânica
Prof. Dr. Marco Aurelio Araujo

Instituto de Biociências

Curso de Pós-Graduação em Botânica
Prof. Dr. Luís Rios de Moura Baptista

Departamento de Biotecnologia
Prof. Dr. Arnaldo Zaha

Departamento de Botânica
Prof. Dr. Jorge Waechter

agradecimentos

Departamento de Ecologia
Profa. Dra. Maria Luiza Porto
Prof. Dr. Paulo Luiz de Oliveira
Profa. Dra. Sandra Maria Hartz
Profa. Teresinha Guerra

Departamento de Genética
Prof. Dr. Israel Roisemberg
Prof. Dra. Helga Winge

Departamento de Zoologia
Profa. Dra. Clarice Bernhardt Fialho
Prof. Dr. João Oldair Menegheti

Grupo de Mamíferos Aquáticos (GEMAR /CECLIMAR)
Pesq. Paulo Henrique Ott

Instituto de Física

Curso de Pós-Graduação em Física
Pesq. Júlio Cesar Martini

Laboratório de Irradiação
Bel. Marco Tullio Moro

Instituto de Pesquisas Hidráulicas
Prof. Dr. Eduardo Lana

Instituto de Tecnologia de Alimentos
Profa. Dra. Isa Beatriz Noll

Faculdade de Farmácia

Departamento de Produção e Controle de Medicamentos
Profa. Dra. Valquíria Linck Bassani

UNIVERSIDAD DE LA REPUBLICA ORIENTAL DEL URUGUAY

Facultad de Derecho
Lic. Sara Alvarez Catalá de Lasowski

Escuela de Bibliotecologia
Lic. Mario Barité

A equipe do projeto TERMISUL agradece também a experimentados especialistas que, fora dos muros da Universidade, prestaram sua colaboração.

Antônio Carlos Porciúncula Soler
Bacharel em Direito, especialista em Direito Ambiental

Sebastião Pinheiro
Engenheiro Agrônomo e Florestal

Maria de Fátima Maciel dos Santos
Ambientalista

Fundação Estadual de Proteção ao Meio Ambiente – FEPAM

sumário

Nota sobre a atualização	XI
Apresentação da primeira edição	XIII
Origem e desenvolvimento	XV
Introdução	XIX
Guia do usuário	XXV
Lista das abreviaturas	XXVII
Termos	1
Fontes de coleta dos termos	351
Ocorrência dos termos nos textos legais	353
Fontes referenciais	381
Glossário espanhol-português	431
Glossário inglês-português	479
Nota sobre os autores	525

nota sobre a atualização

Os procedimentos de revisão e atualização do *Dicionário de Direito Ambiental: Terminologia das Leis do Meio Ambiente* desenvolveram-se através da análise dos diplomas legais relativos à problemática ambiental, promulgados após a Lei dos Crimes Ambientais até a Lei da Biossegurança, abrangendo o período de fevereiro de 1998 até março de 2006. Leis Ordinárias, Decretos, Portarias do IBAMA e Resoluções CONAMA, bem como textos legislativos ambientais do Município de Porto Alegre e do Estado do Rio Grande do Sul foram examinados.

Dessa forma, esta segunda edição contempla a terminologia da Legislação Federal Brasileira a partir do Código de Águas de 1934 até a Lei 11.284 de 2 de março de 2006, a chamada Lei Florestal Brasileira de março de 2006 além de um conjunto de termos da Legislação do Rio Grande do Sul e da do Município de Porto Alegre, perfazendo um total de 2.547 termos em português, dos quais a grande maioria apresenta também equivalentes em inglês e espanhol.

A preparação da 2ª edição compreendeu basicamente dois processos: a) revisão do inventário de termos e complementação do ementário, o exame dos equivalentes em espanhol e inglês; b) atualização da legislação promulgada após o término da 1ª edição do Dicionário. Quanto ao primeiro processo, além das partes prefaciais introdutórias e as complementares, todos os verbetes foram revistos e atualizados, sob o ponto de vista lingüístico, terminológico e pragmático. Além da atenção dada à correção ortográfica, sintática e discursiva, foi observado o aspecto pragmático das definições, sendo acrescentadas notas funcionais aos verbetes que aparentemente não apresentavam implicações ambientais. No que se refere à língua estrangeira foram também revisados, e se necessário, substituídos os termos equivalentes.

Durante a revisão, foi dada particular atenção aos diplomas revogados. Observe-se que foram revogados totalmente durante o período de fevereiro de 1998 a março de 2006, aproximadamente 2 Leis, 28 Decretos, 3 Decretos Legislativos, 12 Portarias do IBAMA, 3 Portarias IBDF no âmbito federal. As revogações atingem o número total de 50 textos legais. Além disso, os termos definidos em outros 20 diplomas, incluindo Decretos Federais, Portarias do IBAMA e Resoluções CONAMA sofreram alterações. A respeito das revogações totais cumpre mencionar alguns exemplos, tais como o Decreto 98.816 sobre Agrotóxicos que contém 50 termos legalmente definidos, a Portaria 302 do IBDF sobre madeira florestal com 47 termos; ainda o Decreto 86.955 que dispõe sobre os fertilizantes e apresenta 24 termos definidos. A primeira edição do Dicionário contava com 2.005 termos, dos quais 282 foram coletados da Legislação Ambiental Portuguesa. Entretanto, esses termos não mais integram esta segunda edição em razão das alterações introduzidas no sistema de proteção ambiental decorrentes da nova situação de Portugal como membro da União Européia.

Com esta atualização, buscamos oferecer um dicionário que atenda a reais necessidades de consulta dos usuários, num tempo em que a problemática do meio ambiente não pode mais ser desconsiderada. Não incluímos um CD-ROM como na primeira edição, no entanto esperamos ainda em breve poder divulgar *on-line* a versão eletrônica do Dicionário que, além de oferecer melhores condições de acesso e consulta, poderá ser atualizada periodicamente.

MARIA DA GRAÇA KRIEGER
ANNA MARIA BECKER MACIEL
GLADES DILELIO NOBLE

apresentação da primeira edição

Ce que l'on conçoit bien s'enonce clairement
(Boileau-Despréaux, 1636-1711)

Ao contrário do que assevera o poeta em seguimento ao seu verso, nem sempre as palavras chegam com facilidade. O Dicionário que ora a Universidade Federal do Rio Grande do Sul e o Ministério Público Federal apresentam ao público, é fruto de quatro anos de extenuante trabalho na procura sistemática de palavras que, por vezes, recusavam a definição e a taxinomia que a elas oferecíamos.

Na qualidade de operador do Direito, ingressar em projeto dessa natureza e magnitude foi algo de inesperado e gratificante. Ao contrário do que possa parecer, os operadores do Direito não são dados a definições. O mundo do Direito é o mundo das relações concretas entre os homens, na busca do justo dentro do circunstancial e contingente. Ou, na fórmula de Torquato Castro, o Direito "projeta-se sobre o futuro existencial, instável e indemonstrável".

O que o Direito possui à larga são os denominados standards jurídicos, termos de conteúdo significante variável, que possibilita uma solução aberta, conforme a situação fática posta. *Bom pai de família, mulher honesta, uso moderado dos meios necessários* são expressões abertas, que por sua natureza resistem a serem definidas. E que, diga-se de passagem, se acomodadas em definição rígida, já teriam sido, em sua maioria, banidas do mundo jurídico há muito tempo.

Nesse contexto, a opção da equipe que gestou esse Dicionário foi de enfocar como campo de pesquisa o Direito Ambiental positivo, registrando, em primeiro lugar, as definições jurídico-ambientais existentes na legislação; e, em seguida, procurando também definir outros termos julgados relevantes. Essa opção trouxe problemas, alguns bem conhecidos da seara jurídica.

Como eleger um ramo do Direito como campo de pesquisa se o Direito é sistêmico e todos os seus ramos se intercomunicam? Aliás, o que é *ambiental* para o Direito? O ambiente natural, o urbano, o do trabalho? Como enfrentar os deslocamentos semânticos sofridos por termos científicos tomados de empréstimo pelo legislador? De que maneira considerar a equivalência entre termos de sistemas jurídicos distintos que, por serem construções culturais não encontram equivalência absoluta, nem mesmo entre línguas próximas?

O Dicionário ora apresentado expressa esse trabalho e responde, *per si*, a esses e a outros desafios. Tem a ousadia de refletir uma ampla e dispersa gama de textos legislativos. Busca estabelecer diálogo com as línguas inglesa e espanhola, além de incluir diplomas do direito português, ampliando para além-mar o espectro da terminologia registrada.

Como todo Dicionário, este pretende ser um texto que remete a outros textos. Ele terá um futuro se conseguir interagir com o leitor, prenhe de textos a serem escritos. Cumprirá, desse modo, o objetivo que perseguimos durante toda a sua concepção.

João Carlos de Carvalho Rocha
Procurador da República

origem e desenvolvimento

A origem deste Dicionário está vinculada a um dos objetivos maiores do Projeto Terminológico Cone Sul, TERMISUL, desenvolvido na Universidade Federal do Rio Grande do Sul, qual seja: o de fazer avançar a pesquisa teórica e aplicada no campo da terminologia técnico-científica, reunindo motivações acadêmicas e de interesse social.

Os termos das linguagens especializadas, em virtude de sua vocação à designação denotativa, referencial e unívoca, favorecem a precisão conceitual, auxiliando a atenuar ambigüidades discursivas. A rigor, as terminologias, por veicularem conceitos delimitados às áreas técnicas e científicas em que estão inseridas, tornam-se importantes recursos lingüísticos para o estabelecimento eficiente de contratos e de intercâmbios de toda natureza. Conseqüentemente, o domínio comum das terminologias constitui fator fundamental ao fluxo de uma comunicação mais precisa, sobretudo nos novos contextos integradores, em que o alargamento das fronteiras e o decorrente fortalecimento das relações internacionais faz as línguas entrarem mais fortemente em contato.

Assim, a motivação da equipe do TERMISUL para elaborar obras de referência sobre linguagens especializadas em português, com equivalências lingüísticas, deve-se também à imensa carência de dicionários temáticos, elaborados em português do Brasil com correspondência semântica no espanhol dos países vizinhos que, com o Brasil, constituem o MERCOSUL.

Diante dessa lacuna, o Direito Ambiental foi privilegiado por se constituir em campo de preceitos jurídicos que, embora ainda em fase de consolidação, desempenha papel relevante na organização da nova conjuntura econômica e cultural. Cabe, nesse sentido, registrar a inexistência de obras de referência com amplo repertório terminológico da legislação ambiental, em língua portuguesa, não só no Brasil, como em Portugal. Acrescente-se ainda que não há registro de publicação semelhante em nenhuma das línguas latinas.

Este *Dicionário de direito ambiental: terminologia das leis do meio ambiente* objetiva, portanto, contribuir com os profissionais, incluindo-se tradutores e redatores técnicos, cuja atuação relaciona-se à ampla temática jurídico-ambiental, área de conhecimento, de natureza multidisciplinar, que compreende uma diversidade de conceitos, nem sempre consolidados. As conceituações emanam do variado conjunto de determinações que visam a circunscrever os objetivos maiores do Direito Ambiental, refletindo as preocupações com o meio ambiente, quer sob a perspectiva de contingências sócio-culturais, quer científicas.

Indubitavelmente, esses fundamentos estão presentes em todas as fontes documentais utilizadas para repertoriar a nomenclatura deste Dicionário, cuja cobertura abrange um período que se inicia em 1934, com a publicação do Código de Águas, considerado o marco precursor das leis ambientais brasileiras, chegando até o corrente ano de 1998, data da promulgação da nova Lei de Crimes Ambientais. Cobre-se, assim, um significativo intervalo de 64 anos de produção legislativa brasileira.

A legislação portuguesa, além de seu valor de referência na área ambiental, foi incorporada à obra para proporcionar maior intercâmbio de informações e troca de experiências entre países que falam uma mesma língua, num tempo em que América Latina e Europa aliam-se na busca de um melhor entendimento sobre problemas de gestão ambiental.

Com o intuito de oferecer ao consulente um repertório efetivamente representativo da terminologia das leis ambientais, este Dicionário alcançou o número de 2.000 verbetes. Mas, foi também norte da tarefa publicar um texto dicionarístico, a um só tempo, específico e abrangente, favorecendo uma consulta mais operacional e elucidativa. Tal princípio justifica não apenas a estrutura geral da obra, como a organização interna dos verbetes que, além de informações consubstanciadas na fidedignidade ao texto legal, compreende campos informativos complementares.

O trabalho que visou à reunião de amplo conjunto de informações é resultado de uma longa pesquisa que, entre outros fundamentos, obedeceu a princípios teóricos e metodológicos da teoria da Terminologia. Conseqüentemente, a pesquisa fundamentou-se nos estudos lingüísticos, o que, por sua vez, compreendeu o exame de aspectos morfológicos e semânticos dos termos, até seu funcionamento pragmático e discursivo analisado à luz do estatuto do Direito Ambiental.

A dimensão lingüística orientou a identificação e a seleção dos termos repertoriados, processo extremamente complexo, sobretudo diante da inexistência de fronteiras rígidas entre o chamado léxico da língua comum e o léxico especializado, próprio dos domínios técnico-científicos. Essa ausência é, sem dúvida, um dos problemas cruciais para o reconhecimento das terminologias no campo das ciências humanas e sociais.

O problema de determinação do estatuto terminológico de uma unidade lingüística agrava-se no caso do Direito Ambiental, em virtude do hibridismo de sua constituição, estabelecida, em larga medida, pela interface Direito e Ecologia, ciência esta que, por sua vez, institui-se na convergência de uma série de disciplinas afins.

O hibridismo dessa terminologia evidencia que as leis ambientais apropriam-se de termos advindos das ciências que lhe são coadjuvantes, mas freqüentemente reescreve-lhes o sentido, conferindo-lhes a devida dimensão jurídica. Não obstante, o Direito Ambiental possui uma terminologia própria, cunhada especialmente para permitir a adequada expressão do ordenamento jurídico a que se propõe, em conformidade com as palavras do Dr. José Afonso da Silva:

> Talvez seja ainda cedo para se discutir sobre sua autonomia e natureza. Pode-se, no entanto, dizer que se trata de uma disciplina jurídica de acentuada autonomia, dada a natureza específica de seu objeto, ordenação da qualidade do meio ambiente com vistas a uma boa qualidade de vida, que não se confunde, nem mesmo se assemelha a outro ramo do Direito. (Direito Ambiental Constitucional. São Paulo: Malheiros, 1994. p.21)

A identificação do extenso, multidisciplinar e ainda emergente repertório terminológico das leis ambientais constituiu-se, portanto, em um pioneiro e grande desafio.

Em realidade, este Dicionário tornou-se possível graças a colaborações fundamentais, sem as quais não se poderia ter chegado aos resultados ora apresentados.

A equipe do Projeto TERMISUL foi motivada e pôde avançar na trajetória do conhecimento ambiental, orientada por um pioneiro e fundamental colaborador: Dr. Ozorio José de Menezes Fonseca, que, no início do trabalho, atuava como pesquisador do Centro de Ecologia da UFRGS.

No campo jurídico, o TERMISUL teve a honra de contar com os substantivos ensinamentos do Dr. João Carlos de Carvalho Rocha, Procurador da República, de reconhecida atuação junto ao Ofício do Meio Ambiente e Patrimônio Cultural, PR/RS. A dedicação dispensada ao Projeto pelo Dr. Rocha transformou sua atuação no alicerce do conhecimento jurídico-ambiental que possibilitou construir a tecitura da obra.

A tão alta competência, somaram-se importantes saberes de um destacado grupo de pesquisadores da UFRGS que auxiliaram a superar muitos obstáculos. Especialistas nos mais diferentes campos que integram o conhecimento ambiental, dispuseram-se à união para o necessário estudo multidisciplinar. A soma dessas vozes auxiliou a superar muitos impasses conceituais, sendo suas contribuições pautadas pela motivação e o interesse comum de imprimir ao Dicionário a cientificidade que o complexo tema requer e o consulente merece.

Dicionário de direito ambiental

Juntamente à rede conceitual, outro grande obstáculo suplantado foi a árdua busca dos adequados recursos informatizados para a construção de aplicativo específico e o encontro de soluções necessárias à consecução da versão em formato eletrônico que acompanha este livro. O resultado de tão importante e pioneiro trabalho, que permitiu a constituição do Banco de Dados BDT/TERMISUL, deve-se à coordenação da Profª. Anna Maria Becker Maciel.

No rastro das dificuldades enfrentadas, variando desde a obtenção das fontes bibliográficas no País e no exterior, até o encontro das mais diferentes soluções técnicas, os pesquisadores do TERMISUL contaram com uma constante e decisiva participação: o grupo de bolsistas de Iniciação Científica, oriundos do Programa Institucional de Iniciação Científica CNPq/UFRGS, da Fundação de Amparo à Pesquisa do Estado do Rio Grande do Sul e do Programa Interno da UFRGS. Também eles, de formação multidisciplinar – Letras, Direito, Biociências, Ciência da Computação, Biblioteconomia e Documentação –, embora jovens pesquisadores souberam apreender a tarefa científica, contribuindo com inovadoras sugestões tanto de conteúdo, quanto de formato.

Da mesma forma, contou o Projeto com a colaboração de bolsistas de Aperfeiçoamento e de Apoio Técnico. O especial agradecimento a todos os estudantes é feito com a invocação dos nomes daqueles que estiveram junto à etapa conclusiva, auxiliando a tornar concreto este Dicionário: Sérgio Ricardo da Silva Rodrigues, Susana Kerschner, Glades Dilelio Noble, Salete Moncay Cechin, Diego Francisco de Gastal Morales.

Do sempre produtivo diálogo, participou a Profa. Dra. Vera Lúcia do Amaral Conrado que, na qualidade de Bolsista Recém-Doutor (CNPq), dedicou-se à tarefa dos equivalentes em espanhol, com competente e criterioso desempenho. Assim também auxiliaram a escrever a história primeira deste Projeto: as professoras Maria Lúcia Lorenci, Sônia Ghering e Teresinha Favero.

As condições de realização do trabalho devem-se ao apoio decisivo do Conselho Nacional de Pesquisa, CNPq, que o subsidiou em grande parte. Igualmente, possibilitou-lhe a consecução, a Fundação de Amparo à Pesquisa do Estado do Rio Grande do Sul, FAPERGS, oferecendo os primeiros recursos para compra de equipamentos informáticos e de bibliografia especializada.

A união desses esforços e de outros que sempre haverão de ser lembrados permitiu elaborar este Dicionário que, certamente em futuras versões, deverá ser aprimorado, incorporando críticas e sugestões a corrigirem-lhe as imperfeições e os equívocos. De todo modo, um ideal foi sempre perseguido: oferecer aos usuários informação fidedigna e confiável, porquanto a equipe do projeto TERMISUL tem consciência do estatuto de poder, vale dizer, do papel normativo que exercem os dicionários no seio das sociedades.

Maria da Graça Krieger
Coordenadora do Projeto TERMISUL

introdução

Identificar e descrever a terminologia da legislação ambiental foi o desafio a que nos propusemos como pesquisadoras do Projeto Terminológico Cone Sul – TERMISUL. Uma vez escolhida a área a ser repertoriada e delimitado o campo, definimos o usuário visado: o profissional cuja atuação relaciona-se, quer à área ambiental, quer à área jurídica.O perfil desse usuário não pode ser delineado com nitidez, tampouco vinculado a uma só imagem, mas seu denominador comum é a preocupação com meio ambiente

Valorizando tanto a linguagem jurídica, como a linguagem das ciências envolvidas na questão ambiental, procuramos uma metodologia que permitisse construir um dicionário capaz de ajudar o leitor a acessar a informação na medida de suas necessidades. Fizemos, portanto, a opção por uma obra cuja estrutura guiasse o usuário ao conhecimento da lei conjugado ao conhecimento científico sobre a problemática ambiental. Nesse sentido, evitamos os processos de vulgarização comuns na tentativa de popularizar a ciência. Por outro lado, procuramos preservar as características do discurso legislativo, conservando em sua forma original as definições do legislador e, por outro lado, recorremos ao especialista, técnico e cientista, para a elaboração da definição dos termos não definidos no texto da lei.

Dicionário de direito ambiental

Assim, o *Dicionário de direito ambiental: terminologia das leis do meio ambiente* foi planejado para cobrir uma lacuna do segmento editorial dicionarístico especializado, pretendendo oferecer ao seu público-alvo informações organizadas, confiáveis, sucintas e objetivas. Por isso, o dicionário oferece ao usuário, no corpo dos verbetes, um conjunto de itens de informação dispostos de um modo padronizado, o que permite consultas fáceis e rápidas.

Visando complementar o Guia do Usuário, apresentamos, a seguir, uma explicação detalhada sobre o conteúdo e a elaboração de cada um dos componentes informativos dos verbetes.

Fontes de coleta

O Dicionário apresenta 2000 termos coletados na Legislação Federal Brasileira (LgBr), na Legislação Estadual do Rio Grande do Sul (LgRS), na Legislação Municipal de Porto Alegre (LgPOA) e na Lei de Base do Ambiente e Legislação Complementar da República Federativa Portuguesa (LgP).

A legislação portuguesa foi incorporada à obra por oferecer, em suma, uma importante interface conceitual e lingüística entre Brasil e Portugal. Os textos legais portugueses perfazem 47 documentos, de 1975 a 1990.

De outro lado, a inclusão da legislação rio-grandense e do município de Porto Alegre, em que pese seu acesso mais facilitado e proximidade natural ao grupo de trabalho envolvido, se justifica por se constituir num volume considerável de documentos em relação à legislação federal brasileira e pela inevitável exigência de uma delimitação do trabalho. Além disso, entendemos que o ingresso de uma legislação estadual e municipal serve também como um indicador, para o usuário, das especifidades regionais da legislação ambiental.

No que se refere à legislação federal brasileira utilizada como fonte de consulta, importa dizer que nosso corpus legal inicia com a promulgação do Código de Águas, pelo Decreto n.º 24.643 de 10/07/1934, e vai até a Lei de Crimes Ambientais, sancionada pela Lei n.º 9.605 de 12/02/1998. As fontes de coleta de todas as legislações consultadas estão indicadas nas Fontes de Coleta dos Termos.

Quanto à abrangência da legislação inventariada, esclarecemos que a pesquisa não pretendeu ser exaustiva, mas extensiva. Além disso, alguns termos foram encontrados em mais de um texto legal, o que está registrado sob a rubrica *ocorre também* (oc.tb). Tal indicação não deve ser entendida como exclusão de outras ocorrências não elencadas no corpus legal repertoriado, mas como uma referência suplementar do termo.

Seleção de termos

O critério prioritário da seleção de termos foi a sua importância ou representatividade, traduzidas pelo que denominamos pertinência temática aliada à pertinência pragmática. Desse modo, foram escolhidos os termos relacionados com a área ambiental contemplados pela legislação com vistas à proteção do meio ambiente e também alguns termos sem ocorrência nos textos legais. A inclusão desses termos foi considerada, por sugestão do corpo de especialistas envolvidos na elaboração do Dicionário, relevante para a eficiente e mais completa possível construção do sistema conceitual jurídico-ambiental por parte do usuário.

introdução

O critério de juricidade que orientou a seleção dos termos fundamenta-se na Doutrina do Direito e segue a tradição dos dicionários jurídicos em língua portuguesa. Tal critério pode ser sintetizado pelas palavras de Pontes de Miranda: "A incidência da regra jurídica é que torna jurídicos os bens da vida".

Ordem dos termos
Os termos estão organizados alfabeticamente. O ordenamento alfabético, organização tradicional de dicionários, agiliza a consulta, ainda que não favoreça o acesso por assuntos. Essa modalidade de pesquisa é, por sua vez, contemplada na versão eletrônica do Dicionário. O sistema de remissivas, no entanto, presente em ambas as versões, complementa o ordenamento alfabético, tecendo uma rede de informações inter-relacionadas.

Forma gráfica
Os termos conservam a forma gráfica em que aparecem no texto legal, aqueles que ocorrem no plural, na fonte, assim estão registrados. É importante observar que muitas vezes o texto legal define, no plural, termos indicados no singular. Tendo em vista, ainda, a fidelidade à legislação e aos princípios que regem a elaboração de dicionários técnico-científicos, conservamos a grafia original dos termos da Legislação Portuguesa que seguem, no dicionário, a ortografia lusitana.

Fonte do termo
Abaixo de cada termo, aparece a referência do diploma legal fonte. O ementário dos diplomas legais referenciados, isto é, o resumo de cada uma das leis pesquisadas, aparece no Ocorrências. As abreviaturas usadas para codificar essas referências estão listadas nas Abreviaturas.

Equivalentes em língua inglesa
Para cada termo, são apresentados termos equivalentes. Essa equivalência deve ser entendida como uma aproximação ao conceito oferecido em português. Tal aproximação objetiva guiar o usuário na obtenção de um equivalente talvez até mais preciso, dadas as peculiaridades do discurso legislativo de língua para língua. Quando não foi possível identificar o termo equivalente ou aproximado em inglês, preferimos não preencher o respectivo campo de informação ou, ainda, optamos pela indicação de uma paráfrase. Neste particular, os nomes de organismos oficiais, programas ou planos são sempre a tradução literal do termo em português, não indicando nenhuma correspondência com similares na língua inglesa.

Na impossibilidade de atender às características das variantes lingüísticas dos diferentes sistemas jurídicos que usam a língua inglesa, favorecemos a variante dos Estados Unidos da América do Norte pela proximidade dos princípios que regem sua legislação ambiental e a brasileira. As fontes de que nos valemos na pesquisa dos equivalentes estão referenciadas nas Fontes de Consulta.

Equivalência em língua espanhola
Em relação aos equivalentes em espanhol, é necessário considerar a sua origem, tanto no que diz respeito às variantes lingüísticas, como no que se refere ao tipo de bibliografia utilizada (dicionários técnicos, leis, dicionários gerais de língua, glossários especializados). Além do problema da diversidade de variantes e fontes de consulta, outro fator que também deve ser considerado é a inexistência de homogeneidade nos sistemas jurídicos dos diferentes países, o que dificulta o estabelecimento dos equivalentes.

Para solucionar alguns problemas encontrados no trabalho com os equivalentes, foram elaborados e adotados critérios de validação, tendo sido dada preferência às leis ambientais provenientes dos países membros do MERCOSUL.

Definição
Todos os termos têm definições, com exceção das siglas, acrônimos, fórmulas químicas e sinônimos. Nos casos de sinonímia ou alternância de diferentes designações para um mesmo conceito, a entrada remete o usuário para a forma correspondente mais usual, havendo a indicação da natureza da alternância ou variação denominativa no campo Observações.

Os códigos LgBR, LgRS, LgPOA e LgP indicam que a definição foi elaborada pelo legislador. A ausência desses códigos significa a elaboração da definição pela equipe do Projeto TERMISUL, com a assistência dos especialistas, cuja participação está devidamente registrada nos Agradecimentos.

As definições que foram retiradas de obras consultadas, avalizadas por nossa equipe de especialistas, apresentam uma referência codificada que aparece por extenso nas Fontes de Consulta.

No que se refere às definições elaboradas pelo legislador, salientamos que as mesmas devem ser entendidas como um objeto de interpretação jurídica, com validade e abrangência absolutamente restritas ao diploma legal em que se inserem.

Em alguns casos, quando a equipe de especialistas julgou conveniente, levando-se em conta principalmente as necessidades do usuário, foram agregadas às definições legais outras de natureza complementar ou explicativa.

Observações
Com o objetivo de melhor instrumentalizar o usuário, algumas definições estão suplementadas com notas oriundas do próprio texto legal ou, ainda, com observações que os especialistas da equipe julgaram procedentes. De tal modo, são oferecidos esclarecimentos e comentários de ordem lingüística, conceitual e também indicações de outras ocorrências do termo na legislação. Tais observações são indicadas pelo símbolo ◊

Remissivas
Com o propósito de complementar a rede de informações apresentada, cada um dos termos é remetido a outros com os quais mantenha alguma relação de proximidade ou complementaridade, isto é, relações de natureza conceitual e/ou pragmática. Dessa maneira, a construção de uma extensa rede de termos relacionados

entre si possibilita uma resposta mais abrangente à consulta. As remissívas são indicadas pelo símbolo ⇨.

Finalmente, vale dizer que, ao identificar, recolher e descrever os termos da legislação, fizemos uma longa caminhada cujo percurso nos propiciou a vivência dos princípios teóricos e práticos da terminologia e terminografia. A partir, portanto, de uma experiência acadêmica, elaboramos o Dicionário visando aqueles que se preocupam com o Meio Ambiente. Nosso propósito foi compartilhar com a sociedade o resultado de estudos e pesquisas e, dessa maneira, contribuir para integrar o Instituto de Letras desta Universidade no âmbito da discussão das questões ambientais.

ANNA MARIA BECKER MACIEL
MARIA JOSÉ BOCORNY FINATTO

guia do usuário

área de preservação ecológica
LgBR DEC 95922 de 14/04/88, art. 1º, § 1º.
ecological preservation area WCOST
área de preservación ecológica WSOL
Área cujo equilíbrio ecológico é satisfatório, onde o potencial biótico, florístico e faunístico é capaz de manter-se por si mesmo, desde que a presença humana seja praticamente nula.
LgBR
◊ *Sigla: APT. São áreas onde a proteção é essencial à sobrevivência de espécies da fauna e da flora da biota regional, consideradas vulneráveis, endêmicas ou ameaçadas de extinção, como para bióticos raros de grande significado. Ibid.*
⇨ ÁREA DE CONSERVAÇÃO ECOLÓGICA; ÁREA DE RESTAURAÇÃO ECOLÓGICA.

Dicionário de direito ambiental

(1) Entrada – termo;

(2) Ocorrência – texto legislativo onde foi coletado o termo;

(3) Equivalentes – o primeiro em inglês e o segundo em espanhol, seguidos de códigos, indicando as fontes bibliográficas dos textos em que foram encontrados;

(4) Definição – definição formulada pelo legislador ou por especialistas;

(5) Referência – fonte referencial da definição (texto legislativo; livros técnicos; equipe do projeto TERMISUL e especialistas da área);

(6) ◊ – informações complementares sobre o termo ou sua ocorrência;

(7) ⇨ – termos que mantenham relação de proximidade ou complementaridade com o termo entrada;

A alfabetação dos termos segue o critério de considerar apenas as letras, ou seja, espaços entre palavras não interrompem a alfabetação. Com isso, água subterrânea [águasubterrânea] vem depois de águas minerais [águasminerais].

lista das abreviaturas

ABNT	Associação Brasileira de Normas Técnicas
art.	artigo
CF	Constituição da República Federativa do Brasil
CLBR	Coleções de Leis do Brasil
CONAMA	Conselho Nacional do Meio Ambiente
DEC	Decreto
Def. Compl.	Definição complementar
DEL	Decreto Lei
DLG	Decreto Legislativo
DOFC	Diário Oficial da União
DORS	Diário Oficial do Estado do Rio Grande do Sul
DOU	Diário Oficial da União
DSF	Diário do Senado Federal
IBAMA	Inst. Bras. do Meio Ambiente e dos Recursos Naturais Renováveis
IBDF	Instituto Brasileiro de Desenvolvimento Florestal
INT	Instrução Normativa
LEI	Lei

LgBR	Legislação Brasileira
LgPOA	Legislação do Município de Porto Alegre
LgRS	Legislação do Estado do Rio Grande do Sul
MDICE	Ministério do Desenvolvimento, Indústria e Comércio Exterior
MF	Ministério da Fazenda
MINFRA	Ministério da Infra-Estrutura
MINTER	Ministério do Interior
MPR	Medida Provisória
MS/MSD	Ministério da Saúde
NB	Norma Brasileira
ONU	Organização das Nações Unidas
OBS	Observações
OSV	Ordem de Serviço
PL	Projeto de Lei
PRN	Portaria Normativa
PRT	Portaria
REM	Remissivas
RES	Resolução
RET.	Retificado
SAA	Secretaria de Agricultura e Abastecimento
SCT	Secretaria da Ciência e Tecnologia
SEMA	Secretaria Especial do Meio Ambiente
Sin.	Sinônimo
SNVS	Secretaria Nacional de Vigilância Sanitária
SUDEPE	Superintendência de Desenvolvimento da Pesca
Var.	Variante
Var. ort.	Variante ortográfica
Var. pop.	Variante popular
Var. reg.	Variante regional

a

ABELHA MELIPONA
melipona bee WEMB
abejas sin aguijón WRACV
Abelha sem ferrão nativa do Brasil da ordem Himenóptera.

◊ *De grande importância para a polinização da vegetação nativa, ameaçada de extinção em conseqüência das alterações de seus ambientes causado pelo desmatamento, uso de agrotóxico e pela ação predatória de meleiros. Var.: abelha sem ferrão, abelha indígena sem ferrão.*
⇨ MELIPONICULTURA.

ABISMO
LgBR DEC 99556 de 01/10/90, art. 1º, parágrafo único.
abyss COL95:01
Formação de terreno com mudança abrupta de declive, formando penhascos em superfície continental ou submarina.

◊ *Na designação "cavidade natural subterrânea" estão incluídos todos os termos regionais, como gruta, lapa, toca, abismo, furna, buraco. Ibid.*
⇨ ESPELEOTEMAS; PATRIMÔNIO ESPELEOLÓGICO.

ABORDAGEM ECOSSISTÊMICA
LgBR DEC 4339 de 22/08/02, Anexo, 12.2.9
ecosystem approach WCBD
manejo ecosistémico WSUR
Estratégia de manejo integrado do solo, água e recursos vivos que promove a conservação e o uso sustentável, reconhecendo que o ser humano e sua diversidade cultural são componentes do ecossistema.
⇨ USO SUSTENTÁVEL.

AÇÃO
action BLA91:18

acción ALC96:713
Instrumento processual que permite às pessoas físicas ou jurídicas exigir perante os tribunais o que lhes é devido.
⇨ INSTRUMENTO PROCESSUAL; AÇÃO PESSOAL; AÇÃO REAL; AÇÃO CIVIL PÚBLICA; AÇÃO CAUTELAR.

AÇÃO ANTRÓPICA
LgBR DEC 89336 de 31/01/84, art. 4º, § 2º.
anthropogenic action WFAO
acción antrópica WARA
Ação decorrente de atividade humana que produz alterações no ambiente.
◊ Var. INTERVENÇÃO ANTROPOGÊNICA; ATIVIDADE ANTRÓPICA.
⇨ PRESSÃO ANTRÓPICA.

AÇÃO CAUTELAR
LgBR LEI 7347 de 24/07/85, art. 5º.
provisional remedy BLA91:852
acción cautelar PNU92:68
Ação judicial que visa a prevenir qualquer lesão de direito, sempre que esteja presente ameaça de prejuízo iminente e irreparável ao interesse tutelado no processo principal.
⇨ AÇÃO; CONSUMIDOR.

AÇÃO CIVIL PÚBLICA
LgBR LEI 7347 de 24/07/85.
class action BLA90:249
acción civil pública PNU92:67
Instrumento processual por meio do qual o Estado age jurisdicionalmente na defesa dos interesses difusos da sociedade, responsabilizando o infrator pelo dano ou risco causado, mediante obrigação de fazer ou de não fazer, que recomponha *in specie* a lesão ao interesse difuso violado, sob pena de execução por terceiro, às suas expensas, ou de pagamento de multa diária pelo retardamento no cumprimento do julgado.
◊ *Meio processual mais utilizado para a defesa ambiental e defesa do consumidor, podendo ser proposto por: autarquias, empresas públicas, fundações, sociedades de economia mista, Ministério Público, União, Estado.*
⇨ AÇÃO; INTERESSES DIFUSOS; MINISTÉRIO PÚBLICO.

AÇÃO PARA DEFESA DE DIREITO INDIVIDUAL HOMOGÊNEO
Instrumento processual para a defesa de interesses e direitos de consumidores lesados, que permite, a partir de uma condenação judicial genérica, o ressarcimento individual dos prejuízos sofridos em decorrência de uma causa comum.
⇨ DEFESA DO CONSUMIDOR; CÓDIGO DE DEFESA DO CONSUMIDOR.

AÇÃO PENAL
LgBR LEI 6766 de 19/12/79, art. 18º, III, c.
penal action BLA90:1132
acción penal WLEY
Instrumento processual pelo qual o Estado-Administração apresenta ao conhecimento do Estado-Juiz um fato penalmente relevante e, por conseqüência, pede o julgamento de pretensão punitiva deduzida em juízo, mediante uma prestação jurisdicional de mérito, fundada no direito penal objetivo.
⇨ AÇÃO PESSOAL; AÇÃO REAL.

AÇÃO PESSOAL
LgBR LEI 6766 de 19/12/79, art. 18, IV, b.
personal action BLA90:1143
acción personal MAR94:21
Instrumento processual que tem por objeto a tutela jurídica de um direito de natureza pessoal, em virtude de obrigação a ser reconhecida, cumprida na forma e tempo devidos.
⇨ AÇÃO; AÇÃO PENAL; AÇÃO REAL.

AÇÃO POPULAR
LgBR LEI 4717 de 29/06/65.
popular action MEL94:07
acción popular PNU92:67
Instrumento processual, previsto na Constituição Federal, posto à disposição de qualquer cidadão em cumprimento com suas obrigações eleitorais, que tem como objetivo a invalidação de atos lesivos ao Patrimônio da União, dos Estados ou dos Municípios, ou de suas autarquias, entidades paraestatais e pessoas jurídicas subvencionadas com recursos públi-

cos, bem como dos atos lesivos à moralidade administrativa, ao meio ambiente e ao patrimônio histórico e cultural.

◊ *Constitui-se em meio tradicional de defesa dos interesses difusos, diferindo da ação civil pública porque pode ser proposta por qualquer cidadão no juízo de seus direitos.*

⇨ INTERESSES DIFUSOS; MINISTÉRIO PÚBLICO; PATRIMÔNIO PÚBLICO.

AÇÃO REAL
LgBR LEI 6766 de 19/12/79, art. 18º, III, b.
real action BLA90:1263
acción real MAR94:21
Instrumento processual que tem por objeto a tutela jurídica de um direito de natureza real, apresentando como finalidade a defesa de propriedade ou de um direito real sobre a coisa, sendo ela própria ou alheia.

⇨ AÇÃO; AÇÃO PENAL; AÇÃO PESSOAL.

ACCRU
LgPOA LEI COMPL. 434 de 01/12/99, art. 80
◊ *Sigla de ÁREAS DE CONTENÇÃO AO CRESCIMENTO URBANO.*

ACEIRO
LgBR PRN IBDF 302 de 03/07/84, Anexo I.
firebreak COL95:95
cortafuego WCIE
Terreno limpo em volta de um talhão, com o objetivo de definir áreas, bem como de evitar ou facilitar o controle de incêndios.
LgBR
⇨ INCÊNDIO FLORESTAL; QUEIMADA; QUEIMADA DE MANEJO; TALHÃO.

ACESSO AO CONHECIMENTO TRADICIONAL ASSOCIADO
LgBR MPR 2186-16 de 23/08/01, art. 7º, V
access to the traditional knowledge associate WSBB
acceso al conocimiento tradicional asociado WDER
Obtenção de informação sobre conhecimento ou prática individual ou coletiva, associada ao patrimônio genético de comunidade indígena ou de comunidade local para fins de pesquisa científica, desenvolvimento tecnológico ou bioprospecção, visando sua aplicação industrial ou de outra natureza.
LgBR
⇨ BIOPROSPECÇÃO.

ACESSO AO PATRIMÔNIO GENÉTICO
LgBR MPR 2186-16 de 23/08/01, art. 7º, IV
access to genetic heritage WCBD
acceso al patrimonio genético WDER
Obtenção de amostra de componente do patrimônio genético para fins de pesquisa científica, desenvolvimento tecnológico ou bioprospecção, visando a sua aplicação industrial ou de outra natureza.
LgBR
⇨ BIOPROSPECÇÃO.

ACESSO À TECNOLOGIA E TRANSFERÊNCIA DE TECNOLOGIA
LgBR MPR 2186-16 de 23/08/01, art. 7º, VI
access to technology and transfer of technology WUNEP
acceso a la tecnología y a la transferencia de tecnología WCNA
Ação que objetiva o acesso, o desenvolvimento e a transferência de tecnologia para a conservação e a utilização da diversidade biológica ou tecnologia, desenvolvida a partir de amostra de componente do patrimônio genético ou do conhecimento tradicional associado.
LgBR
⇨ CONHECIMENTO TRADICIONAL ASSOCIADO; PATRIMÔNIO GENÉTICO *2.

ACIDENTE
LgBR DEC 2210 de 22/04/97, art. 2º, I
accident WLUT
accidente nuclear WCNEA
Evento não intencional, incluindo erro de operação, falhas de equipamento ou outras causas, cujas consequências efetivas ou potenciais não possam ser negligenciadas do ponto de vista de radioproteção ou segurança nuclear.
LgBR
⇨ SEGURANÇA NUCLEAR.

ACIDENTE NUCLEAR
LgBR LEI 6453 de 17/10/77, art. 1º, VIII.
radiation accident ONU92#5268
accidente nuclear ONU92#5268
Fato ou sucessão de fatos da mesma origem que cause dano nuclear.
LgBR
⇨ ACIDENTE NUCLEAR *1; CONVENÇÃO SOBRE PRONTA NOTIFICAÇÃO DE ACIDENTE NUCLEAR; DANO NUCLEAR.

ACIDENTE NUCLEAR *1
radiation accident ONU92#5268
accidente nuclear ONU92#5268
Desvio inesperado e substancial das condições normais de operação de uma instalação nuclear ou radioativa que possa resultar em danos à propriedade e ao meio ambiente ou em exposição de trabalhadores e indivíduos do público acima dos limites primários de dose equivalente estabelecidos pela Comissão Nacional de Energia Nuclear.
CNEN-NE-3.02
⇨ ACIDENTE NUCLEAR; DOSE EQUIVALENTE.

ÁCIDO DESOXIRRIBONUCLÉICO
LgBR LEI 11105 de 24/03/05, art. 3º, II
desoxirybonucleic acid ONU92#1499
ácido desoxirribonucleico ONU92#1499
Material genético que contém informações determinantes dos caracteres hereditários, transmissíveis à descendência.
LgBR
◊ *Símbolo: ADN de ÁCIDO DESOXIRRIBONUCLÉICO; o símbolo DNA do termo em língua inglesa desoxirybonucleic acid é mais usado.*
⇨ ÁCIDO NUCLÉICO; ÁCIDO RIBONUCLÉICO; MOLÉCULAS DE ADN/ARN RECOMBINANTE.

ÁCIDO NUCLÉICO
nucleic acid COL95:159
ácido nucleico WAGR
Ácido orgânico combinado com proteínas, ADN ou ARN, que existem no núcleo e no protoplasma de todas as células.
COL95:159
◊ *ADN e ARN são os ácidos primários nas células.*
⇨ ÁCIDO DESOXIRRIBONUCLÉICO; ÁCIDO RIBONUCLÉICO; MATERIAL GENÉTICO.

ÁCIDO RIBONUCLÉICO
LgBR LEI 11105 de 24/03/05, art. 3º, II
ribonucleic acid ONU92#5571
ácido ribonucleico ONU92#5571
Material genético que contém informações determinantes dos caracteres hereditários transmissíveis à descendência.
LgBR
◊ *Símbolo: ARN. ARN e ADN apresentam composição semelhante, mas ARN tem um tipo de cadeia diferente.*
⇨ ÁCIDO DESOXIRRIBONUCLÉICO; ÁCIDO NUCLÉICO.

ACOMPANHAMENTO AMBIENTAL
LgPOA LEI COMPL. 313 de 30/12/93, art.1º
environmental monitoring WEPA
monitoreo ambiental WORI
Acompanhamento e correspondente interpretação das alterações dos parâmetros que definem as condições físicas, químicas ou biológicas do meio ambiente, ou em algum dos componentes do meio, causadas por qualquer forma de matéria ou energia resultante de atividades humanas.
LgPOA
⇨ RELATÓRIO DE IMPACTO AMBIENTAL.

ACORDO DA ORGANIZAÇÃO MUNDIAL DO COMÉRCIO SOBRE A APLICAÇÃO DE MEDIDAS SANITÁRIAS E FITOSSANITÁRIAS
MERCOSUL/CMD/DEC NO 06/96
World Trade Organization Agreement on the Application of Sanitary and Phytosanitary Measures WWTO
Acuerdo de la Organización Mundial del Comercio sobre Aplicación de Medidas Sanitarias y Fitosanitarias WFAO
Acordo multilateral adotado pelo Conselho do MERCOSUL sobre a aplicação de regulamentações em matéria de inocuidade dos alimentos e controle sanitário dos animais e vegetais.
◊ *Acordo estabelecido em 1º de janeiro de 1995, levado em consideração no LgBR DEC 4280 de 25/06/02.*
⇨ ACORDO SOBRE COOPERAÇÃO NAS ÁREAS DA PROTEÇÃO DE PLANTAS E DA QUARENTENA VEGETAL.

Acordo de Conservação dos Recursos Naturais do Atlântico Sul entre Brasil e Argentina
LgBR DEL 454 de 05/02/69, art. 1º.
Agreement for the Conservation of Natural Resources of the South Atlantic between Brazil and Argentina WMMA
Acuerdo de Conservación de los Recursos Naturales del Atlántico Sur WGPA
Acordo bilateral com o objetivo de preservar os recursos naturais do mar adjacente aos seus respectivos países contra as formas de exploração antieconômica que dificultam sua renovação.
◊ Assinado pelo Brasil em 29 de dezembro de 1967, em Buenos Aires.
⇨ RECURSOS DO MAR.

Acordo de Cooperação Amazônica entre o Governo da República Federativa do Brasil e o Governo da República Cooperativista da Guiana
LgBR DEC 92931 de 16/07/86.
Amazon Cooperation Agreement between the Federative Republic of Brazil and the Cooperative Republic of Guiana WMMA
Acuerdo de Cooperación Amazónica entre el Gobierno de la República Federativa de Brasil y el Gobierno de República Cooperativista de la Guyana WIIS
Acordo bilateral que objetiva promover uma cooperação mais eficaz através de ações conjuntas e troca de experiências nos campos do desenvolvimento regional e das pesquisas científicas e tecnológicas, com vistas ao desenvolvimento harmônico dos territórios amazônicos.
◊ Assinado pelo Brasil em 05 de outubro de 1982, em Brasília.
⇨ BACIA AMAZÔNICA; TRATADO DE COOPERAÇÃO AMAZÔNICA.

Acordo de Pesca e Preservação de Recursos Vivos Brasil-Uruguai
LgBR DEL 412 de 09/01/69, art. 1º.
Fisheries and Preservation of Living Resources Agreement between Brazil and Uruguay WMMA
Acuerdo de Pesca y Preservación de Recursos Vivos Brasil-Uruguay WGPA
Acordo bilateral que objetiva contribuir para a preservação das espécies e para o melhor aproveitamento econômico dos recursos pesqueiros de que dispõem os respectivos países.
◊ Assinado pelo Brasil em 12 de dezembro de 1968, em Montevidéu.
⇨ RECURSOS PESQUEIROS.

Acordo para a Conservação da Fauna Aquática nos Cursos dos Rios Limítrofes entre Brasil e Paraguai
LgBR DEC 1806 de 06/02/96.
Agreement between the Government of Brazil and the Government of Paraguay for the Conservation of Water Fauna in the Courses of Bordering Rivers WMMA
Acuerdo para la Conservación de la Fauna Acuática en los Cursos de los Ríos Limítrofes entre Brasil y Paraguay MRE02
Acordo bilateral que objetiva preservar os recursos pesqueiros em sua fronteira líquida, evitar a degradação ambiental e a poluição das águas dos rios limítrofes e regulamentar a pesca.
◊ Assinado pelo Brasil em 1º de setembro de 1994, em Brasília.
⇨ PROTOCOLO ADICIONAL AO ACORDO PARA A CONSERVAÇÃO DA FAUNA AQUÁTICA NOS CURSOS DOS RIOS LIMÍTROFES ENTRE BRASIL E PARAGUAI; RECURSOS ICTÍICOS.

Acordo para a Conservação da Flora e da Fauna dos Territórios Amazônicos da República Federativa do Brasil e da República da Colômbia
LgBR DEC 78017 de 12/07/76, art. 1º
Agreement for the Conservation of the Flora and Fauna of the Amazonian Territories between the Federative Republic of Brazil and the Republic of Colombia WMMA
Acuerdo para la Conservación de la Flora y Fauna de los Territorios Amazónicos de la República Federativa de Brasil y de República de la Colombia WIJD
Acordo bilateral que objetiva promover a pesquisa científica e o intercâmbio de informações e de pessoal técnico entre

as entidades competentes dos dois países, para ampliar os conhecimentos sobre os recursos da flora e da fauna de seus territórios amazônicos.
◊ *Assinado pelo Brasil em 20 de junho de 1973, em Bogotá.*
⇨ AMAZÔNIA LEGAL.

Acordo-quadro sobre Meio Ambiente do Mercosul
LgBR DEC 5208 de 17/09/04
MERCOSUR Framework Agreement on the Environment WUNEP
Acuerdo Marco Sobre el Medio Ambiente del Mercosur WLCP
Acordo entre Brasil, Argentina, Paraguai e Uruguai, que objetiva o desenvolvimento sustentável e a proteção do meio ambiente, mediante a articulação entre as dimensões econômica, social e ambiental.
◊ *Assinado pelo Brasil em 22 de junho de 2001, em Assunção.*
⇨ MERCOSUL.

Acordo sobre Cooperação na Área da Quarentena Vegetal
LgBR DEC 4282 de 25/06/02.
Acordo bilateral entre Brasil e Rússia, com vistas a reforçar a proteção dos territórios de ambos os países contra a introdução de organismos quarentenários e reduzir prejuízos por eles causados às colheitas, assim como facilitar o comércio e as trocas de sementes, material de semeadura e demais produtos sob controle de serviço de quarentena vegetal entre os dois Estados.
◊ *Assinado pelo Brasil em 22 de junho de 2000, em Moscou.*
⇨ CERTIFICADO FITOSSANITÁRIO; ORGANISMOS QUARENTENÁRIOS; QUARENTENA VEGETAL.

Acordo sobre Cooperação nas Áreas da Proteção de Plantas e da Quarentena Vegetal
LgBR DEC 4280 de 25/06/02.
Acordo bilateral entre Brasil e Romênia, com o objetivo de proteger os territórios dos seus respectivos Estados contra a introdução e a disseminação de organismos quarentenários, bem como para mitigar prejuízos por eles causados e facilitar o comércio e o intercâmbio bilateral de plantas e produtos vegetais.
◊ *Assinado pelo Brasil em 25 de julho de 2000, em Brasília.*
⇨ ACORDO DA ORGANIZAÇÃO MUNDIAL DO COMÉRCIO SOBRE A APLICAÇÃO DE MEDIDAS SANITÁRIAS E FITOSSANITÁRIAS.

ACS
LgBR DEC 95922 de 14/04/88, art. 1º, § 2º.
ZCE WCUCBA
◊ Sigla de ÁREA DE CONSERVAÇÃO ECOLÓGICA.

Açude
LgBR LEI 3824 de 23/11/60, art. 1º
embalse WCP
Lago artificial formado pela represagem de um corpo d'água por meio de uma estrutura de pedra, terra ou cimento.
⇨ DESTOCA.

Acumulação temporária
LgRS DEC 38356 de 01/04/98, art. 4º, § 5º.
temporary accumulation WEPA
acumulación temporal WITE
Manutenção e controle de estoque de resíduos gerados, até sua destinação final, em conformidade com normas técnicas específicas definidas pela Fundação Estadual de Proteção Ambiental.
LgRS
⇨ AUTORIZAÇÃO PRÉVIA; RESÍDUOS SÓLIDOS.

Acumulador chumbo-ácido
LgBR RES CONAMA 257 de 30/06/99, art. 2º, III
lead acid accumulator WEPA
batería plomo-ácido WPEM
Acumulador no qual o material ativo das placas positivas é constituído por compostos de chumbo, e os das placas negativas essencialmente por chumbo, sendo o eletrólito uma solução de ácido sulfúrico, NBR-7039:87.
LgBR
⇨ ACUMULADOR ELÉTRICO.

Acumulador elétrico
LgBR RES CONAMA 257 de 30/06/99, art. 2º, IV

electrical accumulator WOTIS
acumulador eléctrico WCOF
Dispositivo eletroquímico constituído de um elemento, eletrólito e caixa, que armazena, sob forma de energia química, a energia elétrica que lhe seja fornecida e que a restitui quando ligado a um circuito consumidor, NBR-7039:87.
LgBR
⇨ ACUMULADOR CHUMBO-ÁCIDO; BATERIA.

ADA
LgBR LEI 10165 de 27/12/00, art. 17, O
◊ Sigla de ATO DECLARATÓRIO AMBIENTAL.

ADITIVO
LgBR DEC 55871 de 26/03/65, art. 2º, XI.
additive KIN95:19
aditivo PAD93:02
Substância intencionalmente adicionada ao alimento com a finalidade de conservar, intensificar ou modificar suas propriedades, desde que não prejudique seu valor nutritivo.
LgBR
⇨ ADITIVO INCIDENTAL; ADITIVO INTENCIONAL; ALIMENTO IRRADIADO.

ADITIVO *1
LgBR DEC 79094 de 05/01/77, art. 3º, XI.
additive KIN95:19
aditivo PAD93:02
Substância adicionada aos medicamentos, produtos dietéticos, cosméticos, perfumes, produtos de higiene e similares, com a finalidade de impedir alterações, manter, conferir ou intensificar seu aroma, cor e sabor, modificar ou manter seu estado físico geral ou exercer qualquer ação exigida para a tecnologia de fabricação.
LgBR
⇨ ANÁLISE DE CONTROLE; INSUMO FARMACÊUTICO.

ADITIVO *2
LgBR DEC 4074 de 04/01/02, art. 1º, I.
additive KIN95:19
aditivo PAD93:02
Substância ou produto adicionado a agrotóxicos, componentes afins, para melhorar sua ação, função, durabilidade, estabilidade e detecção ou para facilitar o processo de produção.
LgBR
⇨ COMPONENTES.

ADITIVO *3
LgBR DEC 4954 de 14/01/04, art. 2º, XV
additive KIN95:19
aditivo PAD93:02
Substância adicionada intencionalmente ao produto para melhorar sua ação, aplicabilidade, função, durabilidade, estabilidade e detecção ou para facilitar o processo de produção.
LgBR
⇨ FERTILIZANTE.

ADITIVO INCIDENTAL
LgBR DEL 986 de 21/10/69, art. 2º, IX.
incidental additive WEPA
aditivo indirecto WCFSAN
Substância residual ou migrada, presente no alimento em decorrência dos tratamentos prévios a que tenham sido submetidos a matéria-prima alimentar e o alimento in natura e do contato do alimento com os artigos e utensílios empregados nas suas diversas fases de fabrico, manipulação, embalagem, estocagem, transporte ou venda.
LgBR
⇨ ADITIVO; ADITIVO INTENCIONAL.

ADITIVO INTENCIONAL
LgBR DEL 986 de 21/10/69, art. 2º, VIII.
intentional additive WEPA
aditivo directo WCFSAN
Substância ou mistura de substâncias, dotadas ou não de valor nutritivo, ajuntada ao alimento com a finalidade de impedir alterações, manter, conferir ou intensificar seu aroma, cor e sabor, modificar ou manter seu estado físico geral ou exercer qualquer ação exigida para uma boa tecnologia de fabricação do alimento.
LgBR
⇨ ADITIVO; ADITIVO INCIDENTAL; ALIMENTO ENRIQUECIDO.

ADJUVANTE
LgBR DEC 4074 de 04/01/02, art. 1º, II.
adjuvant WIUPAC
adyuvante WGLO

Produto utilizado em mistura com produtos formulados para melhorar a sua aplicação.
LgBR
⇨ PRODUTO FORMULADO.

ADMINISTRAÇÃO
LgBR DEC 2508 de 04/03/98, art. 2º, 5.
administration KIS83:320
administración ONU92#2791
Governo do Estado sob cuja autoridade o navio está operando.
LgBR
◊ *Com relação a um navio autorizado a arvorar a bandeira de um Estado, a administração é do Governo desse Estado, com relação às plataformas fixas ou flutuantes empenhadas na exploração e utilização do fundo do mar e do seu subsolo, adjacente à costa sobre a qual o Estado costeiro exerce os direitos de soberania para fins de exploração e utilização de seus recursos naturais, a administração é o Governo do Estado costeiro interessado. Ibid.*
⇨ ESTADO DE REGISTRO DE NAVIO.

ADMINISTRAÇÃO FERROVIÁRIA
LgBR RES CONAMA 349 de 16/08/04, art. 2º, II
railroad adminitration WFRA
administración ferroviaria WNOT
Empresa privada, o órgão ou entidade pública competentes que já existam ou venham a ser criados, para construção, operação ou exploração comercial de ferrovias.
LgBR
⇨ EMPREENDIMENTO FERROVIÁRIO; FAIXA DE DOMÍNIO.

ADN
LgBR LEI 8974 de 05/01/95, art. 3º, III.
DNA ONU92#1499
ADN ONU92#1499
◊ *Símbolo de ÁCIDO DESOXIRRIBONUCLÉICO.*

AEROSSOL
LgBR DEC 99280 de 06/06/90, Anexo I, 2, d, VI.
aerosol ONU92#93
aerosol ONU92#93
Substância dispersa em um meio gasoso, envasada sob pressão, que é liberada no meio ambiente em partículas microscópicas, através de um gás propulsor.

◊ *Alguns dos agentes propulsores dos aerossóis, como os clorofluorcarbonos, se decompõem pela ação da radiação ultravioleta, liberam átomos de cloro prejudicando a camada de ozônio.*
⇨ SPRAY.

AFINS
LgBR DEC 4074 de 04/01/02, art. 1º, IV.
◊ *Ver AGROTÓXICOS E AFINS.*

AGÊNCIA INTERNACIONAL DE ENERGIA ATÔMICA
LgBR DEC 95 de 16/04/91.
International Atomic Energy Agency IAEA80:01
Agencia Internacional de Energía Atómica WINTA
Organização internacional independente, afiliada às Nações Unidas, fundada em 1957, sediada em Viena.
WMRE
◊ *Sigla: AIEA. Com o duplo objetivo de promover a cooperação para os usos pacíficos da energia nuclear e evitar a proliferação de armamentos nucleares através de um programa de inspeções, auditoria e contabilidade de materiais nucleares, conhecido como sistema de salvaguardas, de modo a garantir que os materiais nucleares sob a supervisão da Agência não sejam desviados para o desenvolvimento de armas nucleares.*
⇨ CONVENÇÃO SOBRE A PROTEÇÃO FÍSICA DO MATERIAL NUCLEAR.

AGÊNCIA NACIONAL DE ÁGUAS
LgBR LEI 9984 de 17/07/00, art. 3º.
National Water Agency WMMA
Agencia Nacional de Aguas WADE
Autarquia sob regime especial, com autonomia administrativa e financeira, vinculada ao Ministério do Meio Ambiente, com a finalidade de implementar, em sua esfera de atribuições, a Política Nacional de Recursos Hídricos, integrando o Sistema Nacional de Gerenciamento de Recursos Hídricos.
LgBR
◊ *Sigla ANA.*
⇨ AGÊNCIAS DE ÁGUA; POLUIÇÃO HÍDRICA; SISTEMA NACIONAL DE GERENCIAMENTO DE RECURSOS HÍDRICOS.

AGÊNCIA NACIONAL DE ENERGIA ELÉTRICA
LgBR LEI 9984 de 17/07/00, art. 7º.

National Electrical Energy Agency WEAR
Agencia Nacional de Energía Eléctrica WANE
Autarquia que deve promover, junto à AGÊNCIA NACIONAL DE ÁGUAS, a prévia obtenção de declaração de reserva de disponibilidade hídrica.
LgBR
◊ *Sigla: ANEEL.*
⇨ SISTEMA NACIONAL DE GERENCIAMENTO DE RECURSOS HÍDRICOS.

Agência Nacional de Vigilância Sanitária
LgBR LEI 9782 de 26/01/99, art. 1º
National Health Surveillance Agency WANV
Agencia Nacional de Vigilancia Sanitaria WMSAL
Autarquia sob regime especial, vinculada ao Ministério da Saúde, em atuação em todo território nacional, que tem como finalidade promover a proteção da saúde da população, por intermédio do controle sanitário da produção e da comercialização de produtos e serviços submetidos à vigilância sanitária, inclusive dos ambientes, dos processos, dos insumos e das tecnologias a eles relacionados, bem como o controle de portos, aeroportos e de fronteiras.
LgBR
◊ *Sigla: ANVISA.*
⇨ VIGILÂNCIA SANITÁRIA.

Agência Nacional do Petróleo, Gás Natural e Biocombustíveis
LgBR LEI 11097 de 13/01/05, art. 5º
National Agency of Petroleum, Natural Gas, and Biofuels WANP
Agencia Nacional de Petróleo, Gas Natural y Biocombustibles WCNEE
Entidade integrante da Administração Federal Indireta, submetida ao regime autárquico especial, como órgão regulador da indústria do petróleo, gás natural, seus derivados e biocombustíveis, vinculada ao Ministério de Minas e Energia.
◊ *Sigla: ANP.*
⇨ INDÚSTRIA DO PETRÓLEO; ÓRGÃO REGULADOR DA INDÚSTRIA DO PETRÓLEO.

Agências de Água
LgBR LEI 9984 de 17/07/00, art. 4º, § 4º
Water Agencies BRA97b:15
Agencias de Agua WPA
Organismos administrativos que exercem a função de Secretaria Executiva dos Comitês de Bacia Hidrográfica, destinadas a gerir os recursos oriundos da cobrança pelo uso da água e a gerenciar o Sistema de Recursos Hídricos em sua área de atuação.
BRA97a
⇨ AGÊNCIA NACIONAL DE ÁGUAS; COMITÊS DE BACIAS HIDROGRÁFICAS; PLANOS DE RECURSOS HÍDRICOS.

Agenda 21
Agenda 21 WMMA
Agenda 21 JUR96:30
Documento elaborado na Conferência do Rio com o objetivo de constituir-se no plano de ação a ser implementado pelos governos, agências de desenvolvimento, organizações das Nações Unidas e grupos setoriais, independentes em cada área em que a atividade humana afeta o meio ambiente.
◊ *Com o objetivo de proteger a natureza e suas riquezas para as gerações futuras no século 21.*
⇨ CONFERÊNCIA DO RIO; DECLARAÇÃO SOBRE O MEIO AMBIENTE HUMANO.

Agente Biológico de Controle
LgBR DEC 4074 de 04/01/02, art. 1º, III.
biological control agent ONU92#525
agente de control biológico ONU92#525
Organismo vivo, de ocorrência natural ou obtido através de manipulação genética, introduzido no ambiente para o controle de uma população ou de atividades biológicas de outro organismo vivo considerado nocivo.
LgBR
◊ *Vírus também são considerados agentes biológicos de controle de pragas, doenças e vetores. Ibid.*
⇨ CONTROLE INTEGRADO DE PRAGAS; MANEJO INTEGRADO DE PRAGAS.

Agente de Classe 4
LgBR RES CONAMA 358 de 29/04/05, art. 2º, I

Patógeno que apresenta grande ameaça para o ser humano e para os animais, representando grande risco a quem o manipula e tendo grande poder de transmissibilidade de um indivíduo a outro e para o qual não existe medidas preventivas e de tratamento.
LgBR
⇨ RISCO.

AGENTE ETIOLÓGICO
LgRS DEC 23430 de 24/10/74, art. 33, parágrafo único.
etiologic agent WVIR
agentes biológicos WORI
Ser animado capaz de produzir infecção ou doença infecciosa.
LgBR
⇨ VETOR BIOLÓGICO; VETOR MECÂNICO.

AGREGADO RECICLADO
LgBR RES CONAMA 307 de 05/07/02, art. 2º, IV.
recycled aggregate WIE
agregado reciclado WEFN
Material granular proveniente do beneficiamento de resíduos de construção que apresentem características técnicas para a aplicação em obras de edificação, de infra-estrutura, em aterros sanitários ou outras obras de engenharia.
LgBR
⇨ GERENCIAMENTO DE RESÍDUOS; RECICLAGEM *1; ATERRO DE RESÍDUOS DA CONSTRUÇÃO CIVIL.

AGRICULTURA ALTERNATIVA
alternative agriculture WUSDA
agricultura alternativa PAD93:02
Conjunto de práticas agrícolas que tendem a ser menos agressivas ao meio ambiente.
◊ Não pode ser considerado um sinônimo de "agricultura ecológica".
⇨ AGRICULTURA ECOLÓGICA.

AGRICULTURA ECOLÓGICA
ecological agriculture WEPA
agricultura ecológica PAD93:02
Conjunto de técnicas e métodos não-químicos de cultura do solo e de criação de animais que tem por fim a preservação da qualidade biológica dos produtos agrícolas, a conservação dos recursos naturais e o estabelecimento do equilíbrio entre a natureza e as necessidades do homem.
⇨ AGRICULTURA ALTERNATIVA.

AGROENERGIA
LgBR LEI 8171 de 17/01/91, art. 93, § 2º.
agroenergy WFAO
agroenergía WFAO
Produção e utilização dos insumos energéticos relevantes à produção e produtividade agrícola e ao bem-estar social dos agricultores e trabalhadores rurais.
LgBR
⇨ ATIVIDADE AGRÍCOLA; SETOR AGRÍCOLA.

AGROTÓXICOS
LgRS LEI 7747 de 22/12/82, art. 1º, § 1º.
pesticides ONU92#4780
pesticidas ALL84:307
Substâncias, ou misturas de substâncias e/ou, processos físicos, químicos ou biológicos destinados ao uso do setor de produção, armazenamento e beneficiamento de alimentos e à proteção de florestas nativas ou implantadas, bem como a outros ecossistemas e ambientes doméstico, urbano, hídrico e industrial, cuja finalidade seja alterar a constituição faunística e florística dos mesmos, a fim de preservá-los da ação danosa de seres vivos considerados nocivos.
LgRS
⇨ TRÍPLICE LAVAGEM.

AGROTÓXICOS E AFINS
LgBR DEC 4074 de 04/01/02, art. 1º, IV.
pesticides and similar substances WIPFSA
agrotóxicos y afines WGOB
Produtos e agentes de processos físicos, químicos ou biológicos, destinados ao uso nos setores de produção, no armazenamento e beneficiamento de produtos agrícolas, nas pastagens, na proteção de florestas, nativas ou plantadas, e de outros ecossistemas e de ambientes urbanos, hídricos e industriais, cuja finalidade seja alterar a composição da flora ou da fauna, a fim de preservá-las

da ação danosa de seres vivos considerados nocivos, bem como as substâncias e produtos empregados como desfolhantes, estimuladores e inibidores de crescimento.
LgBR
⇨ CONTROLE *1; EXPORTAÇÃO; INFRAÇÃO; INSPEÇÃO *2; INTERVALO DE SEGURANÇA.

AGROTÓXICOS E AFINS DE USO DOMISSANITÁRIO
washing and cleaning products KIS83:27
pesticidas de uso doméstico y sanitario WSNI
Agrotóxicos com finalidade de uso nos domicílios, peridomicílios, edifícios públicos e coletivos e em áreas urbanas.
⇨ DEFESA DOMISSANITÁRIA, DESINFETANTE, SANEANTE DOMISSANITÁRIO.

AGROTÓXICOS ORGANOCLORADOS
organoclorated pesticides WFCT
pesticidas organoclorados WFAO
Agrotóxicos que se caracterizam por sua persistência no ambiente, mobilidade e pela capacidade de causar danos irreversíveis nos organismos vivos.
◊ *Seus mais conhecidos representantes são DDT e o BHC.*
⇨ TOXICIDADE.

AGROTÓXICOS ORGANOFOSFORADOS
organophosphorus pesticides WEPA
pesticidas organofosforados WCAA
Agrotóxicos de efeito fatal quando inspirados, incluem o malation, paration, diazinon, trition, fosdrin, entre outros.
⇨ BHC.

ÁGUA
LgBR LEI 9433 de 08/01/97, art. 1º
water POR92:398
agua WMED
Bem de domínio público; recurso natural limitado, dotado de valor econômico.
LgBR
◊ *Em situações de escassez, o uso prioritário dos recursos hídricos é o consumo humano e a dessedentação de animais; a gestão dos recursos hídricos deve sempre proporcionar o uso múltiplo das águas. Ibid.*
⇨ HIDROLOGIA; LEI DAS ÁGUAS.

ÁGUA *1
LgRS LEI 10350 de 30/12/94, art. 1º.
water POR92:398
agua WMED
Recurso natural de disponibilidade limitada e dotado de valor econômico que, enquanto bem público de domínio do Estado, terá sua gestão definida através de uma Política de Recursos Hídricos nos termos desta lei.
LgRS
◊ *Símbolo: H2O.*
⇨ RECURSOS HÍDRICOS; USUÁRIO DA ÁGUA.

ÁGUA DE ABASTECIMENTO
water supply POR92:405
agua de abastecimiento WUGR
Água para uso comum, doméstico e industrial, distribuída por estações de tratamento de órgãos públicos.
⇨ ÁGUA POTÁVEL; ÁGUA DE REFRIGERAÇÃO.

ÁGUA DE REFRIGERAÇÃO
cooling water ONU92#1294
agua de refrigeración ONU92#1294
Água que circula por tubos, serpentinas ou torres, com o fim de resfriar máquinas em operação, substâncias em processamento ou condensar vapores.
⇨ ÁGUA DE ABASTECIMENTO.

ÁGUA POTÁVEL
LgBR PRT MS/MSD 36 de 19/01/90, 4, 4.1.
potable water CEN90:74
agua potable CEN90:74
Água com qualidade adequada ao consumo humano.
LgBR
⇨ ÁGUA DE ABASTECIMENTO; ÁGUAS POTÁVEIS DE MESA; PADRÃO DE POTABILIDADE DAS ÁGUAS.

ÁGUA POTÁVEL *1
LgBR DEC 5440 de 04/05/05, Anexo, art. 4º, I
potable water CEN90:74
agua potable CEN90:74
Água para consumo humano cujos parâmetros microbiológicos, físicos, químicos e radioativos atendam ao padrão de potabilidade e que não ofereça riscos à saúde.

LgBR
⇨ SISTEMA DE ABASTECIMENTO DE ÁGUA PARA CONSUMO HUMANO.

ÁGUAS COMUNS
LgBR DEC 24643 de 10/07/34, art. 7º
non-navigable waters BLA91:729
aguas no navegables WMME
Correntes não navegáveis ou flutuáveis e de que essas não se façam.
LgBR
⇨ ÁGUAS PÚBLICAS DE USO COMUM; ÁGUAS PÚBLICAS DOMINICAIS; CÓDIGO DE ÁGUAS.

ÁGUAS DOCES
LgBR RES CONAMA 274 de 29/11/00, art. 1º.
freshwater ONU92#2595
aguas dulces ONU92#2595
Águas com salinidade igual ou inferior a 0,50º/00.
LgBR
⇨ CLASSIFICAÇÃO; SALINIDADE.

águas interiores
LgBR PRT SUDEPE 12-N de 07/04/82, art. 1º, § 1º.
inland waters ONU92#3256
aguas interiores ONU92#3256
Águas provenientes de lagoas, rios, arroios, sangas, barragens e açudes, assim como as de represas que forneçam água às lavouras por meio de comportas ou condutos.
LgBR
⇨ ÁGUAS JURISDICIONAIS BRASILEIRAS; RECURSOS AMBIENTAIS.

ÁGUAS INTERIORES *1
LgBR DEC 1530 de 22/06/95, art. 8
internal waters ONU92#3256
aguas interiores ONU92#3256
Águas situadas no interior da linha de base do mar territorial.
LgBR
◊ O limite interior é a linha de base reta a partir de onde começa a medida da largura do mar territorial.
São consideradas águas interiores: as compreendidas entre a costa e a linha de base reta a partir de onde se mede o mar territorial (método da linha de base); a dos portos; as das baías; as das embocaduras dos rios; as dos arquipélagos; as águas entre os baixios a descoberto e a costa.

⇨ ÁGUAS SOB JURISDIÇÃO NACIONAL.

ÁGUAS INTERNAS
LgBR DEC 1530 de 22/06/95.
internal waters BLA90:816
aguas interiores WSNP
◊ Ver ÁGUAS INTERIORES *1.

ÁGUAS JURISDICIONAIS BRASILEIRAS
LgBR RES CONAMA 344 de 25/03/04, art. 2º, IV
Brazilian jurisdictional waters WMMA
aguas jurisdiccionales brasileñas WPAR
Águas interiores: águas compreendidas entre a costa e a linha de base reta, a partir de onde se mede o mar territorial; águas dos portos; águas das baías; águas dos rios e de suas desembocaduras; águas dos lagos, das lagoas e dos canais; águas entre os baixios a descoberto e a costa; águas marítimas: águas abrangidas por uma faixa de doze milhas marítimas de largura, medidas a partir da linha de base reta e da linha de baixa-mar, tal como indicada nas cartas náuticas de grande escala, que constituem o mar territorial; águas abrangidas por uma faixa que se estende das doze às duzentas milhas marítimas, contadas a partir das linhas de base que servem para medir o mar territorial, que constituem a zona econômica exclusiva; e águas sobrejacentes à plataforma continental, quando esta ultrapassar os limites da zona econômica exclusiva.
LgBR
⇨ ÁGUAS INTERIORES; ÁGUAS SOB JURISDIÇÃO NACIONAL.

ÁGUAS MINERAIS
LgBR DEL 7841 de 08/08/45, art. 1º.
mineral water WBDT
aguas minerales WFAO
Águas provenientes de fontes naturais ou de fontes artificiais captadas que possuam composição química ou de propriedades físicas ou físico-químicas distintas das águas comuns, com características que lhes confirmam uma ação medicamentosa.
LgBR

⇨ CÓDIGO DE ÁGUAS; CÓDIGO DE ÁGUAS MINERAIS.

ÁGUAS PARTICULARES
LgBR DEC 24643 de 10/07/34, art. 8º.
private waters WNRLC
aguas de dominio privado WMED
Nascentes e todas as águas situadas em terrenos que também sejam particulares, quando as mesmas não estiverem classificadas entre as águas comuns de todos, as águas públicas ou as águas comuns.
LgBR
◊ *Na Constituição Federal de 1988, art. 26, todas as águas, inclusive as águas particulares, são incluídas entre os bens dos Estados.*
⇨ ÁGUAS PÚBLICAS DOMINICAIS; ÁGUAS PÚBLICAS DE USO COMUM; CÓDIGO DE ÁGUAS.

ÁGUAS PLUVIAIS
LgBR DEC 24643 de 10/07/34, art. 102
rainwater COL95:193
aguas pluviales WEMA
Águas que procedem imediatamente das chuvas.
LgBR
⇨ CÓDIGO DE ÁGUAS.

ÁGUAS POLUÍDAS
polluted waters WEPA
aguas contaminadas CEN90:74
Águas que não satisfaçam os seguintes padrões: o índice coliforme não poderá ser superior a 200 (duzentos) por cm^3 (centímetros cúbicos) com predominância sobre, pelo menos, 5% (cinco por cento) das contagens; a média mensal de oxigênio dissolvido não será inferior a 4 (quatro) partes por milhão, nem a média diária será inferior a 3 (três) partes por milhão; a média mensal de demanda bioquímica de oxigênio não será superior a 5 (cinco) partes por milhão (B.O.D.); 5 (cinco) dias a 20°C; o pH não será inferior a 5 (cinco) e nem superior a 9 1/2 (nove e meio).
⇨ DEMANDA BIOQUÍMICA DE OXIGÊNIO; ÍNDICE COLIFORME; OXIGÊNIO DISSOLVIDO; POLUIÇÃO DAS ÁGUAS.

ÁGUAS POTÁVEIS DE MESA
LgBR DEL 7841 de 08/08/45, art. 3º.
drinking waters WEPA

agua potable salubre ONU92#4700
Águas de composição normal provenientes de fontes naturais ou de fontes artificialmente captadas que preencham tão somente as condições de potabilidade para a região.
LgBR
⇨ ÁGUA POTÁVEL; PADRÃO DE POTABILIDADE DAS ÁGUAS.

ÁGUAS PÚBLICAS DE USO COMUM
LgBR DEC 24643 de 10/07/34, art. 2º.
public waters WFAO
aguas de uso público PNU92:123
Mares territoriais, nos mesmos incluídos os golfos, baías, enseadas e portos; as correntes, canais, lagos e lagoas navegáveis ou flutuáveis; as correntes de que se façam essas águas; as fontes e reservatórios públicos; as nascentes quando forem de tal modo consideráveis que, por si só, constituam o *caput fluminis*; os braços de quaisquer correntes públicas, desde que os mesmos influam na navegabilidade ou flutuabilidade.
LgBR
◊ *Na Constituição Federal de 1988, art. 26, todas as águas, inclusive as águas particulares e águas públicas, são incluídas entre os bens dos Estados.*
⇨ ÁGUAS COMUNS; ÁGUAS PARTICULARES; ÁGUAS PÚBLICAS DOMINICAIS.

ÁGUAS PÚBLICAS DOMINICAIS
LgBR DEC 24643 de 10/07/34, art. 6º.
public domain waters WFAO
aguas públicas dominicales WBRE
Águas situadas em terreno que também o sejam, quando as mesmas não forem de domínio público de uso comum, ou não forem comuns.
LgBR
◊ *Def. compl.: Aquelas que, embora do domínio público hídrico, não têm qualquer serventia pública, sendo águas situadas em fundos dominicais do patrimônio inafetado da União, dos Estados e, neste caso apenas, do Município. MUK92:51*
⇨ ÁGUAS COMUNS; ÁGUAS PARTICULARES; ÁGUAS PÚBLICAS DE USO COMUM.

ÁGUAS RESIDUÁRIAS
LgBR RES CONAMA 20 de 18/06/86, art. 18.

residual waters WFAO
aguas residuales ONU92#7125
◊ Ver *ÁGUAS SERVIDAS*.

ÁGUAS RESIDUÁRIAS *1
LgRS LEI 11520 de 04/08/00, art. 14, I.
residual waters WFAO
aguas residuales ONU92#7125
Despejo ou resíduo líquido com potencialidade de causar poluição.
LgRS
⇨ POLUIÇÃO *1.

ÁGUAS SALINAS
LgBR RES CONAMA 274 de 29/11/00, art. 1º, c.
saline water CEN90:74
aguas salinas CEN90:74
Águas com salinidade igual ou superior a 30º/00.
LgBR
⇨ CLASSIFICAÇÃO; SALINIDADE.

ÁGUAS SALOBRAS
LgBR RES CONAMA 274 de 29/11/00, art. 1º, b.
brackish water ONU92#596
aguas salobres ONU92#596
Águas com salinidade compreendida entre 0,50º/00 e 30º/00.
LgBR
⇨ CLASSIFICAÇÃO; SALINIDADE.

ÁGUAS SERVIDAS
LgBR LEI 7805 de 18/07/89, art. 9º, V.
wastewater ONU92#7125
aguas servidas ONU92#7125
Resíduos aquosos resultantes de despejo ou utilização da água em quaisquer atividades com potencialidade de causar poluição.
⇨ ESTAÇÕES DE TRATAMENTO.

ÁGUAS SOB JURISDIÇÃO NACIONAL
LgBR LEI 9966 de 28/04/00, art. 3º
aguas bajo jurisdicción nacional WITU
Águas interiores, as compreendidas entre a costa e a linha-de-base reta, a partir de onde se mede o mar territorial; as do porto; as das baías; as dos rios e de suas desembocaduras; as dos lagos, das lagoas e dos canais; as dos arquipélagos; as águas entre os baixios a descoberta e a costa;

águas marítimas, todas aquelas sob jurisdição nacional que não sejam interiores.
LgBR
⇨ ÁGUAS INTERIORES *1; ÁGUAS JURISDICIONAIS BRASILEIRAS; PLATAFORMAS.

ÁGUAS SUPERFICIAIS
LgPOA DEC 8187 de 07/03/83, art. 2º.
surface water ONU92#6454
aguas superficiales ONU92#6454
Águas situadas acima do nível freático.
LgPOA
⇨ ÁGUA SUBTERRÂNEA; NÍVEL FREÁTICO; RECURSOS AMBIENTAIS *1.

ÁGUAS TERRITORIAIS
LgBR DEC 58256 de 26/04/66, art. I, a.
territorial waters KIS83:185
aguas territoriales WUST
Mares, rios e lagos existentes dentro do território de um Estado, pertencentes à sua jurisdição.
⇨ TRATADO DE PROSCRIÇÃO DAS EXPERIÊNCIAS COM ARMAS NUCLEARES NA ATMOSFERA, NO ESPAÇO CÓSMICO E SOB A ÁGUA.

ÁGUA SUBTERRÂNEA
LgPOA DEC 9367 de 29/12/88, art. 1º, IV.
ground water WEPA
agua subterránea MEX96
Água que se encontra abaixo do nível freático.
LgPOA
⇨ ÁGUAS SUPERFICIAIS; AQÜÍFERO; NÍVEL FREÁTICO; PERCOLAÇÃO; PERMEABILIDADE.

AIEA
LgBR DEC 95 de 16/04/91.
IAEA IAEA80:01
AIEA WINTA
◊ Sigla de *AGÊNCIA INTERNACIONAL DE ENERGIA ATÔMICA*.

ALCANOS COMPLETAMENTE HALOGENADOS
LgBR DEC 99280 de 06/06/90, Anexo I, 4, c, i
completely halogenated hydrocarbon RIV93:63
alcanos totalmente halogenados MAN95:80
Hidrocarbonetos saturados em que as ligações de hidrogênio foram todas substituídas por átomos pertencentes ao grupo do flúor, cloro, bromo, iodo ou astato.

◊ Por exemplo: CCl 4 , CFCl 3 (CFC-11, CF 2 Cl 2 (CFC-12), C 2 F 3 Cl 3 (CFC-113), C 2 F 4 Cl 2 (CFC-114). Antropogênicos, são usados principalmente como refrigerantes e propelentes, são altamente poluentes e contribuem para a destruição da camada de ozônio.
⇨ ALCANOS PARCIALMENTE HALOGENADOS.

ALCANOS PARCIALMENTE HALOGENADOS
LgBR DEC 99280 de 06/06/90, Anexo I, 4, c, ii
partially halogenated hydrocarbon RIV93:207
alcanos parcialmente halogenados MAN95:81
Hidrocarbonetos saturados em que as ligações de hidrogênio foram parcialmente substituídas por átomos pertencentes ao grupo do cloro, flúor, bromo ou astato.
◊ Por exemplo: CH 3 Cl, CHF 2 Cl (CFC-22), CH 3 CCl 3 ,CHFCl 2 (CFC-21). São naturais as fontes de CH 3 Cl, são altamente poluentes e contribuem para a destruição da camada de ozônio. Ibid. Usados principalmente como propelente de aerossóis, extintores de incêndios e em sistemas de refrigeração.
⇨ ALCANOS COMPLETAMENTE HALOGENADOS.

ALDEÍDOS
LgBR RES CONAMA 18 de 06/05/86, Anexo I, 1.
aldehydes POR92:13
aldehídos WJUN
Compostos orgânicos formados a partir de álcoois, através de desidrogenação ou oxidação encontrados em fontes naturais e antropogênicas
LgBR
◊ Como poluentes, originam-se da combustão incompleta de hidrocarbonetos, sendo liberados na descarga de gases, como em emissões de automóveis e em incinerações de lixo, contribuindo para a formação do smog fotoquímico" e a poluição atmosférica.
⇨ SMOG FOTOQUÍMICO.

ALELOS
LgBR RES CONAMA 305 de 12/06/02, Anexo I Glossário
alelles WISTECH
alelos WINTA
Formas alternativas de um gene situadas em uma mesma posição em cromossomas homólogos responsáveis pelas diferentes manifestações fenotípicas de um caráter.
⇨ ESCAPE GÊNICO.

ALIJAMENTO
LgBR DEC 87566 de 16/09/82, art. 3º,1.
dumping KIS83:283
vertimiento TRE77:122
Despejo deliberado, no mar, de resíduos e outras substâncias efetuado por embarcações, aeronaves, plataformas ou outras construções no mar; todo o afundamento deliberado, no mar, de embarcações, aeronaves, plataformas ou outras construções no mar.
LgBR
◊ Em português, ao invés de "alijamento" é, por vezes, utilizado o termo dumping"
⇨ CONVENÇÃO SOBRE PREVENÇÃO DA POLUIÇÃO MARINHA POR ALIJAMENTO DE RESÍDUOS E OUTRAS MATÉRIAS; EMBARCAÇÕES E AERONAVES.

ALIJAMENTO *1
LgBR LEI 9966 de 28/04/00, art. 2º, XVI
dumping KIS83:283
vertimiento TRE77:122
Despejo deliberado de resíduos e outras substâncias efetuado por embarcações, plataformas, aeronaves e outras instalações, inclusive seu afundamento intencional em águas sob jurisdição nacional.
LgBR
⇨ INSTALAÇÕES DE APOIO; NAVIO *2; PLATAFORMAS.

ALIMENTO
LgRS DEC 23430 de 24/10/74, art. 342, I.
food UNI03:71
alimento WINF
Substância ou mistura de substância, no estado sólido, líquido, pastoso ou qualquer outra forma adequada, destinada a fornecer ao organismo humano os elementos normais à sua formação, manutenção e desenvolvimento.
LgRS
⇨ ALIMENTO IN NATURA; ALIMENTO SUCEDÂNEO.

ALIMENTO ARTIFICIAL
LgBR DEL 986 de 21/10/69, art. 2º, VI.
artificial food WAMSA
alimento artificial WSAGA
◊ Ver ALIMENTO DE FANTASIA.

ALIMENTO DE FANTASIA
LgBR DEL 986 de 21/10/69, art. 2º, VI.
fake food WFDA
alimento artificial WSAGA
Alimento preparado com o objetivo de imitar alimento natural em cuja composição entre, preponderadamente, substância não encontrada no alimento a ser imitado.
LgBR
⇨ ALIMENTO DIETÉTICO; ALIMENTO ENRIQUECIDO.

ALIMENTO DIETÉTICO
LgBR DEL 986 de 21/10/69, art. 2º, V.
diet food WCFSAN
alimento dietético WMECON
Alimentos especialmente formulados e/ou produzidos de forma que sua composição atenda necessidades dietoterápicas específicas de pessoas com exigências físicas, metabólicas, fisiológicas e/ou patológicas particulares.
LgBR
◊ Compreende as seguintes categorias: alimentos para dietas com restrição de açúcares (mono e dissacarídeos); restrição de sódio; restrição de gorduras; restrição de colesterol; restrição de aminoácidos ou proteínas; dietas para controle de peso; dietas administradas por sondas (Portaria nº 8/89); e dietas modificadas em sua estrutura molecular. LgBR PRT MS/SNVS 41 de 12/05/95.
⇨ ALIMENTO DE FANTASIA; ALIMENTO ENRIQUECIDO.

ALIMENTO ENRIQUECIDO
LgBR DEL 986 de 21/10/69, art. 2º, IV.
enriched food WCFSAN
alimento enriquecido WCED
Alimento que tenha sido adicionado de substância nutriente com a finalidade de reforçar o seu valor nutritivo.
LgBR
⇨ ADITIVO INTENCIONAL; ALIMENTO DIETÉTICO; ALIMENTO DE FANTASIA; PRODUTO ALIMENTÍCIO.

ALIMENTO IN NATURA
LgRS DEC 23430 de 24/10/74, art. 342, III.
non-processed food WCFSAN
alimento in natura WCLEIN
Alimento de origem vegetal ou animal, para cujo consumo imediato se exija, apenas, a remoção da parte não comestível e os tratamentos indicados para a sua perfeita higienização e conservação.
LgRS
⇨ ALIMENTO; ALIMENTO SUCEDÂNEO; PADRÃO DE IDENTIDADE E QUALIDADE; REQUISITOS DE HIGIENE.

ALIMENTO IRRADIADO
LgBR DEL 986 de 21/10/69, art. 2º, VII.
irradiated food WACSH
alimento irradiado WINV
Alimento que tenha sido intencionalmente submetido à ação de radiações ionizantes, com a finalidade de preservá-lo ou para outros fins lícitos, obedecidas as normas que vierem a ser elaboradas pelo órgão competente do Ministério da Saúde.
LgBR
⇨ ADITIVO; NUTRIMENTO; RADIOFÁRMACO.

ALIMENTO PERECÍVEL
LgRS DEC 23430 de 24/10/74, art. 342, parágrafo único, III.
perishable food WFSIS
alimento perecedero WPROT
Alimento que está sujeito a se deteriorar, caso não seja mantido em condições especiais de armazenagem.
LgRS
⇨ ALIMENTOS POTENCIALMENTE PERIGOSOS; EMBALAGEM.

ALIMENTOS ADULTERADOS
LgRS DEC 23430 de 24/10/74, art. 348.
adultered food WFAO
alimentos adulterados WCOFE
Alimentos privados, total ou parcialmente, dos princípios alimentícios característicos do produto, modificados por substituição ou adição de outras substâncias que lhes alterem a qualidade, o valor nutritivo ou a coloração e que possam dissimular alterações, defeitos

de elaboração ou a presença de matéria-prima de deficiente qualidade.
LgRS
⇨ ALIMENTOS FALSIFICADOS; ALIMENTOS POTENCIALMENTE PERIGOSOS; APROVEITAMENTO CONDICIONAL; REQUISITOS DE HIGIENE.

ALIMENTOS FALSIFICADOS
LgRS DEC 23430 de 24/10/74, art. 349.
falsified food WFAO
alimentos falsificados WPRE
Alimentos que tenham a aparência e caracteres gerais de um produto legítimo ou genuíno protegido por marca registrada, e assim se denominem sem que procedam de seus verdadeiros fabricantes.
LgRS
⇨ ALIMENTOS ADULTERADOS; ALIMENTOS POTENCIALMENTE PERIGOSOS.

ALIMENTOS POTENCIALMENTE PERIGOSOS
LgRS DEC 23430 de 24/10/74, art. 342, parágrafo único, IV.
potentially dangerous food WDIAB
alimentos potencialmente peligrosos WCOFE
Alimentos perecíveis constituídos, no todo ou em parte, de produtos de origem animal ou outros ingredientes e capazes, sob determinadas condições de temperatura e umidade, de permitir o rápido e progressivo crescimento de microorganismos infecciosos ou toxigênicos.
LgRS
⇨ ALIMENTO PERECÍVEL; ALIMENTOS ADULTERADOS; ALIMENTOS FALSIFICADOS.

ALIMENTO SUCEDÂNEO
LgRS DEC 23430 de 24/10/74, art. 342, parágrafo único, VII.
substitute food WEPA
alimento sucedáneo WSNI
Alimento elaborado para substituir alimento natural, assegurando o valor nutritivo deste.
LgRS
⇨ ALIMENTO; ALIMENTO *IN NATURA*.

ALTERAÇÃO DOS RECURSOS FLORÍSTICOS
LgPOA DEC 8186 de 07/03/83, art. 1º, I.
Supressão parcial, total ou transplante de qualquer espécime vegetal.
LgPOA
⇨ FLORA NATIVA; DENDROCIRURGIA; SUPRESSÃO; TRANSPLANTE.

ALTO-MAR
LgBR DEC 1530 de 22/06/95, art. 86.
high seas ONU92#3037
alta mar ONU92#3037
Partes do mar que não pertencem ao mar territorial ou águas internas de um Estado.
LgBR
◊ Ver *CONVENÇÃO SOBRE O ALTO-MAR*.
⇨ PLATAFORMA SUBMARINA.

ALUVIÃO
LgBR DEC 24643 de 10/07/34, art. 16
alluvium ONU92#5800
aluvión ONU92#5800
Acréscimos que sucessiva e imperceptivelmente se formarem para a parte do mar e das correntes, aquém do ponto a que chega a preamar média, ou do ponto médio das enchentes ordinárias, bem como a parte do álveo que se descobrir pelo afastamento das águas.
LgBR
⇨ AVULSÃO.

ALUVIÃO *1
LgBR DEC 97507 de 13/02/89, art. 1º.
alluvium ONU92#5800
aluvión ONU92#5800
Material não consolidado constituído de detritos e sedimentos de rocha arrancado das margens e das vertentes pelas águas de um rio e depositado em seu leito, álveo, delta ou estuário.
⇨ COLÚVIO.

ÁLVEO
LgBR DEC 24643 de 10/07/34, art. 9º.
river bed CLA90:272
lecho mayor WIEG
Superfície que as águas cobrem sem transbordar para o solo natural e ordinariamente enxuto.
LgBR
⇨ CÓDIGO DE ÁGUAS; VÁRZEAS.

AMAZÔNIA LEGAL
LgBR DEC 2119 de 13/01/97, art. 3º, § 3º
Legal Amazon WMMA
Amazonia Legal WILO

Região compreendida pelos Estados do Acre, Pará e Amazonas, Amapá, Roraima e Rondônia e ainda pelas áreas do Estado de Mato Grosso a norte do paralelo de 16°, do Estado de Goiás a norte do paralelo de 13° e do Estado do Maranhão a oeste do meridiano de 44°.
◊ *Definição administrativa operacional, estabelecida para fins fiscais da SUDAM.*
⇨ ACORDO PARA A CONSERVAÇÃO DA FLORA E DA FAUNA DOS TERRITÓRIOS AMAZÔNICOS DA REPÚBLICA FEDERATIVA DO BRASIL E DA REPÚBLICA DA COLÔMBIA; PROGRAMA INTEGRADO DE AVALIAÇÃO E CONTROLE AMBIENTAL DA AMAZÔNIA LEGAL; SISTEMA DE VIGILÂNCIA DA AMAZÔNIA; SUPERINTENDÊNCIA DO DESENVOLVIMENTO DA AMAZÔNIA; ZONEAMENTO ECOLÓGICO-ECONÔMICO.

AMAZÔNIA LEGAL *1
LgBR MPR 1956 de 26/05/00, art. 1º, VI
Legal Amazon WMMA
Amazonia Legal WILO
Estados do Acre, Pará, Amazonas, Roraima, Rondônia, Amapá e Mato Grosso e as regiões situadas ao norte do paralelo 13º S, dos Estados de Tocantins e Goiás, e ao oeste do meridiano de 44o W, do Estado do Maranhão.
LgBR

AMBIENTALISTA
environmentalist ONU92#2060
ambientalista ONU92#2060
Pessoa que atua nas organizações civis em defesa do meio ambiente sem necessariamente ser especialista ou graduado em Ciências Ambientais ou Ecologia.
⇨ ECOLOGISTA; ECÓLOGO.

AMBIENTE LÊNTICO
LgBR RES CONAMA 357 de 17/03/05, cap. I, art. 2º, IV
lentic environment WEPA
ambiente lêntico WMOR
Ambiente que se refere à água parada, com movimento lento ou estagnado.
LgBR
⇨ AMBIENTE LÓTICO; CIANOBACTÉRIAS.

AMBIENTE LÓTICO
LgBR RES CONAMA 357 de 17/03/05, cap. I, art.2º, V.
lotic environment WEPA
ambiente lótico WMOR
Ambiente relativo a águas continentais moventes.
LgBR
⇨ AMBIENTE LÊNTICO.

AMBIENTE NATURAL
LgBR DEC 84017 de 21/09/79, art. 7º.
natural environment ONU92#4123
medio natural ONU92#4123
Conjunto de condições climáticas, edáficas, fisiográficas e bióticas que operam numa determinada região.
⇨ PARQUES NACIONAIS.

AMIANTO
LgBR DEC 126 de 22/05/91, Anexo
amianthus WEPA
amianto WMSA
Forma fibrosa dos silicatos minerais que pertencem às rochas metamórficas do grupo das serpentinas, ou seja, a crisotila (amianto branco), e do grupo da anfíbolas, isto é, a actinolita, a amosita (amianto azul), a tremolita, ou todo composto que contenha um ou mais desses elementos minerais.
LgBR
◊ *Def. Compl. Substância mineral composta de fibras naturais ou artificiais finas, flexíveis e altamente resistentes à combustão, usada na manufatura de refratários para fornos e congêneres, materiais de fricção, produtos têxteis, juntas e gaxetas e na composição do fibrocimento em caixas d'água, telhas e outras peças na construção civil. Substância proibida na maioria dos países industrializados, porque seu uso envolve graves riscos para a saúde humana e para o meio ambiente; no Brasil sua utilização é regulamentada por legislação específica.*
⇨ ANFIBÓLIOS; CRISOTILA; CROCIDOLITA; FIBROCIMENTO; SERPENTINAS.

AMOSTRA VIVA
LgBR LEI 9456 DE 25/04/97, art. 3º, XIII
live samples WSBT
muestra viva WLNP
Amostra fornecida pelo requerente do direito de proteção que, se utilizada na propagação da cultivar, confirme os descritores apresentados.

LgBR
⇨ DESCRITOR.
ANA
LgBR LEI 9984 de 17/07/00, art. 3º.
ANA WADE
◊ Sigla de AGÊNCIA NACIONAL DE ÁGUAS
ANÁLISE DE CONTROLE
LgBR DEC 79094 de 05/01/77, art. 3º, XXX.
control analysis WEPA
análisis de control WMSC
Análise efetuada em determinados produtos sob o regime de vigilância sanitária, após sua entrega ao consumo e destinada a comprovar a conformidade do produto com a fórmula que deu origem ao registro.
LgBR
⇨ ADITIVO *1; ANÁLISE FISCAL; ANÁLISE PRÉVIA; CONTROLE DE QUALIDADE; REGISTRO DE PRODUTO.
ANÁLISE DE RISCO AMBIENTAL
LgBR RES CONAMA 305 de 12/06/02, Anexo I, Glossário.
environmental risk analysis WFAO
análisis de riesgo ambiental WSPA
Análise, gestão e comunicação de riscos à saúde humana e ao meio ambiente, direta ou indiretamente, imediatamente ou, após decorrido algum tempo, oriundo da introdução deliberada, ou de colocação no mercado de Organismo Geneticamente Modificado, e seus derivados.
LgBR
⇨ RISCO.
ANÁLISE DE RISCOS
LgRS LEI 10330 de 27/12/94, art. 20, VIII.
risk analysis ONU92#5591
análisis de riesgo ONU92#5591
Instrumento da Política Estadual do Meio Ambiente que tem o objetivo de prever a possibilidade da ocorrência de dano ambiental causado por uma determinada ação proposta: programa, projeto, plano ou política relativos ao meio ambiente.
⇨ RISCO.

ANÁLISE FISCAL
LgBR LEI 5991 de 17/12/73, art. 4º, VII.
fiscal analysis WEPA
Análise efetuada em drogas, medicamentos, insumos farmacêuticos e correlatos, destinada a comprovar a sua conformidade com a fórmula que deu origem ao registro.
LgBR
⇨ ANÁLISE DE CONTROLE; ANÁLISE PRÉVIA.
ANÁLISE PRÉVIA
LgBR DEC 79094 de 05/01/77, art. 3º, XXIX.
prior analysis WEPA
análisis previo WDNA
Análise efetuada em determinados produtos sob o regime de vigilância sanitária, a fim de ser verificado se os mesmos podem ser objeto de registro.
LgBR
⇨ ANÁLISE DE CONTROLE; ANÁLISE FISCAL; INSPEÇÃO DE QUALIDADE; LICENÇA; PUREZA.
ANALISTA ADMINISTRATIVO
LgBR LEI 10410 DE 11/01/02, art.5º
adminitrative analyst WJOB
Cargo da carreira de Especialista em Meio Ambiente com as seguintes atribuições: o exercício de todas as atividades administrativas e logísticas relativas ao exercício das competências constitucionais e legais a cargo do Ibama, fazendo uso de todos os equipamentos e recursos disponíveis para a consecução dessas atividades.
LgBR
⇨ ESPECIALISTA EM MEIO AMBIENTE.
ANALISTA AMBIENTAL
LgBR LEI 10410 DE 11/01/02, art. 4º
environmental analyst WNYSDEC
analista ambiental WCON
Cargo da carreira de Especialista de Meio Ambiente com as seguintes atribuições: os planejamentos ambiental organizacional e estratégico afetos à execução das políticas nacionais de meio ambiente formuladas no âmbito da União, em especial as que se relacionem com as seguintes atividades: regulação, fiscalização, licenciamento e auditoria ambiental; monitoramento ambiental; gestão,

proteção e controle da qualidade ambiental; ordenamento dos recursos florestais e pesqueiros; conservação dos ecossistemas e das espécies neles inseridas, incluindo seu manejo e proteção; e estímulo e difusão de tecnologias, informação e educação ambientais.
LgBR
⇨ ESPECIALISTA EM MEIO AMBIENTE.

ANEEL
LgBR LEI 9984 de 17/07/00, art. 7º.
ANEEL WANE
◊ Sigla de AGÊNCIA NACIONAL DE ENERGIA ELÉTRICA

ANFIBÓLIOS
LgBR LEI 9055 de 01/06/95, art. 1º, I.
amphiboles WEPA
anfíboles WUNED
Compostos minerais da família dos amiantos que apresentam fibras duras, retas e pontiagudas, constituindo cinco variedades principais: amianto marrom ou amosita, amianto azul ou crocitolita, antofilita, tremolita e actinolita.
◊ São proibidos em todo território nacional, a extração, produção, industrialização, utilização e comercialização da actinolita, amosita (asbesto marrom), antofilita, crocidolita (amianto azul) e da tremolita, variedades minerais pertencentes ao grupo dos anfibólios, bem como dos produtos que contenham estas substâncias. Var.: anfibolas.
⇨ AMIANTO; TREMOLITA.

ANILHA
LgBR PRT IBAMA 43-N de 16/04/92, art. 9º.
ring WBTO
anillo ALL84:29
Anel identificador metálico colocado no pé das aves, numerado e com endereço para notificação, com objetivo de permitir a obtenção de informações sobre a tipologia da espécie, deslocamentos e migrações.
⇨ ANILHADOR; ANILHAMENTO; AVES MIGRATÓRIAS; CENTRO DE ESTUDOS DE MIGRAÇÕES DE AVES; ROTAS DE MIGRAÇÃO.

ANILHADOR
LgBR PRT IBAMA 43-N de 16/04/92, art. 9º.
ringer WBTO
anillador WGRU
Pessoa responsável pela marcação de aves utilizando anéis identificadores.
⇨ ANILHA; ANILHAMENTO; CENTRO DE ESTUDOS DE MIGRAÇÕES DE AVES.

ANILHAMENTO
LgBR PRT IBAMA 543 de 06/04/90, art. 3º.
ringing WBTO
anillamiento ALL84:29
Técnica de marcação de animais pela colocação de anéis em seus pés a fim de obter informações sobre biologia da espécie, deslocamentos e migrações.
⇨ ANILHA; ANILHADOR; AVES MIGRATÓRIAS; CENTRO DE ESTUDOS DE MIGRAÇÕES DE AVES; ROTAS DE MIGRAÇÃO.

ANIMAIS AUTÓCTONES
LgRS LEI 11520 de 04/08/00, art. 14, II.
autochthonous animals WFAO
animales autóctonos WFAO
Animais representativos da fauna nativa do Rio Grande do Sul.
LgRS
⇨ ANIMAIS SILVESTRES; ESPÉCIE NATIVA *2.

ANIMAIS SILVESTRES
LgRS LEI 11520 de 04/08/00, art. 14, III.
wild animals WEPA
animales silvestres WFAO
Espécies, terrestres ou aquáticas, representativas da fauna autóctone e migratória de uma região ou país.
LgRS
⇨ ANIMAIS AUTÓCTONES; ESPÉCIE NATIVA *2; ZOOLÓGICOS.

ANP
LgBR LEI 11097 de 13/01/05, art. 5º
ANP WCPCM
◊ Sigla de AGÊNCIA NACIONAL DO PETRÓLEO, GÁS NATURAL E BIOCOMBUSTÍVEIS.

ANÚNCIOS
LgPOA DEC 8184 de 07/03/83, art. 4º.
advertisements on vehicles WSCEN
anuncios WCED
Indicações executadas sobre veículos de divulgação presentes na paisagem urbana, visíveis dos logradouros públicos, cuja finalidade seja a de promover esta-

belecimentos comerciais, industriais ou profissionais, empresas, produtos de quaisquer espécies, idéias, pessoas ou coisas.
LgPOA
⇨ ANÚNCIOS DE PROPAGANDA; PAISAGEM URBANA; PINTURAS MURAIS VEICULADORAS DE ANÚNCIOS; VEÍCULOS DE DIVULGAÇÃO.
ANÚNCIOS DE PROPAGANDA
LgPOA LEI COMPL. 108 de 28/09/84, art. 34.
outdoor advertising ELL90:412
anuncios publicitarios WCED
Indicações por meio de inscrições, letreiros, painéis, placas e faixas visíveis da via pública, em locais freqüentados pelo público ou por qualquer forma expostos ao público e referentes a estabelecimentos comerciais, indústrias ou profissionais, a empresas, produtos de qualquer espécie, de pessoa ou coisa.
LgPOA
⇨ ANÚNCIOS; PAISAGEM URBANA; PINTURAS MURAIS VEICULADORAS DE ANÚNCIOS; VEÍCULOS DE DIVULGAÇÃO.
ANVISA
LgBR LEI 9782 de 26/01/99, art. º
ANVISA WMSAL
◊ Sigla de AGÊNCIA NACIONAL DE VIGILÂNCIA SANITÁRIA.
AOI
LgPOA LEI COMPL. 434 de 01/12/99, art. 27, § 1º
◊ Sigla de ÁREA DE OCUPAÇÃO INTENSIVA.
AOR
LgPOA LEI COMPL. 434 de 01/12/99, art. 27, § 2º
◊ Sigla de ÁREA DE OCUPAÇÃO RAREFEITA.
APA
LgBR RES CONAMA 10 de 14/12/88, art. 3º, § 2º.
APA WUB
◊ Sigla de ÁREAS DE PROTEÇÃO AMBIENTAL.
APA *1
LgRS DEC 38814 de 26/08/98, art. 12, III.
APA WUB
◊ Sigla de ÁREA DE PROTEÇÃO AMBIENTAL.
APARELHO ELETRODOMÉSTICO
LgBR RES CONAMA 20 de 07/12/94, art. 1º, parágrafo único.

electric home appliance WELETRIC
aparato electrodoméstico WSALTA
Aparelho elétrico projetado para utilização residencial ou semelhante, conforme definição da NBR-6514.
LgBR
◊ NBR 6514, Norma Técnica emitida pela Associação Brasileira de Normas Técnicas – ABNT.
⇨ SELO RUÍDO.
APICULTURA
LgBR PRT IBAMA 51-N de 11/05/94, Anexo 12.4.
apiculture WEPA
apicultura WINTA
Criação de abelhas, visando à exploração de seus produtos.
⇨ RESERVA EXTRATIVISTA.
APP
LgBR RES CONAMA 303 de 20/03/02, art. 1º
APP WFAO
◊ Sigla de ÁREA DE PRESERVAÇÃO PERMANENTE.
APREENSÃO
LgBR DEC 84017 de 21/09/79, art. 51.
apprehension WIANSA
aprehensión WCED
Captura de armas, munições, material de caça ou pesca e do produto da infração, irregularmente introduzidos ou colhidos no Parque.
LgBR
◊ Penalidade a que ficam sujeitas as pessoas físicas ou jurídicas que infringem as disposições do regulamento dos Parques Nacionais Brasileiros.
⇨ PARQUES NACIONAIS.
APROVEITAMENTO CONDICIONAL
LgRS DEC 23430 de 24/10/74, art. 343, parágrafo único, IX.
Utilização parcial ou total de um alimento ou matéria-prima alimentar, inadequado para o consumo humano direto, que após tratamento, adquire condições para seu consumo, seja na alimentação do homem, seja na alimentação de animais.
LgRS
⇨ ALIMENTOS ADULTERADOS; MATÉRIA-PRIMA ALIMENTAR; MATERIAL RESISTENTE À CORROSÃO.

APT
LgBR DEC 95922 de 14/04/88, art. 1º.
APE WPAO
◊ Sigla de ÁREA DE PRESERVAÇÃO ECOLÓGICA.

AQUECIMENTO GLOBAL
LgBR DLG 144 de 01/05/02
global warming WEPA
calentamiento global WCPN
Aumento gradual e progressivo da temperatura da superfície terrestre causado pelo efeito estufa e responsável pelas mudanças nos padrões climáticos globais.
⇨ POTENCIAL DE AQUECIMENTO GLOBAL.

AQÜICULTOR
LgBR DEC 2869 de 09/12/98, art. 24º
aquaculturist WECO
acuicultor WLEG
Pessoa física ou jurídica que se dedique a criação e/ou reprodução de animais ou vegetais aquáticos em ambientes naturais ou artificiais.
⇨ AQÜICULTURA; EMPRESA COMERCIAL; PESSOA JURÍDICA.

AQÜICULTURA
LgBR DEC 2869 de 09/12/98, art. 2º, I.
aquaculture WMMA
acuicultura WSAN
Cultivo de organismos que tenham na água o seu normal ou mais freqüente meio de vida.
LgBR
⇨ AQÜICULTURA *1; AQÜICULTOR; ÁREA AQÜÍCOLA; EMPRESA COMERCIAL; SEMENTES.

AQÜICULTURA *1
LgBR RES CONAMA 357 de 17/03/05, cap. I, art. 2º, VI
aquaculture WMMA
acuicultura WSAN
Cultivo ou a criação de organismos cujo ciclo de vida, em condições naturais, ocorre total ou parcialmente em meio aquático.
LgBR
⇨ AQÜICULTURA.

AQÜÍFERO
aquifer WEPA
acuífero WMED
Solo, rocha ou sedimento permeável, capaz de armazenar água subterrânea.
⇨ ÁGUA SUBTERRÂNEA; LENÇOL FREÁTICO; MINERALIZAÇÃO DAS ÁGUAS.

ÁREA AQÜÍCOLA
LgBR DEC 2869 de 09/12/98, art. 2º, II.
aquacultural area WFAO
área acuática WDIC
Espaço físico contínuo em meio aquático, delimitado, destinado à aqüicultura.
LgBR
⇨ AQÜICULTURA; PARQUE AQÜÍCOLA.

ÁREA BASAL DO POVOAMENTO
LgBR PRN IBDF 302 de 03/07/84, Anexo I
stand basal area WNTG
área basimétrica de masa WEUR
Soma das áreas basais de todos os indivíduos de uma amostra, talhão ou povoamento, expressa em metros quadrados por hectare.
⇨ DESBASTE SELETIVO; POVOAMENTO FLORESTAL; TALHÃO.

ÁREA COM POTENCIAL DE INTENSIVA
LgPOA LEI COMPL. 434 de 01/12/99, art. 32, XII
Zonas que apresentam, pela sua localização espacial e usos preexistentes, condições de integração à área intensiva mediante demonstração de interesse por parte do urbanizador em realizar projeto habitacional de interesse social, sendo seu regime definido em função do entorno, respeitando, sempre, os condicionantes do patrimônio natural.
LgPOA
⇨ ÁREA DE OCUPAÇÃO INTENSIVA.

ÁREA DE CONSERVAÇÃO ECOLÓGICA
LgBR DEC 95922 de 14/04/88, art. 1º, § 2º.
ecological conservancy area WGVRD
zona de conservación ecológica WFAO
Área em que a presença humana é admitida, desde que adotadas medidas para evitar a degradação do meio ambiente.
LgBR
◊ Sigla: ACS.
⇨ ÁREA DE PRESERVAÇÃO ECOLÓGICA; ÁREA DE RESTAURAÇÃO ECOLÓGICA.

ÁREA DEGRADADA
LgBR DEC 97632 de 10/04/89, art. 2º.
degraded area WMMA
área degradada PNU92:57
Área que sofreu perda ou redução de suas propriedades ambientais, tais como a qualidade ou capacidade produtiva dos seus recursos.
⇨ DEGRADAÇÃO; RECUPERAÇÃO DA ÁREA DEGRADADA.

ÁREA DEGRADADA *1
LgRS LEI 11520 de 04/08/00, art. 14, VIII.
degraded area WMMA
áreas degradadas WSAGP
Área que sofreu alteração negativa de propriedades físicas, tais como a estrutura ou grau de compacidade, perda de matéria causada pela erosão e alteração de características químicas, decorrente de processos como salinização, lixiviação, deposição ácida e introdução de poluentes.
⇨ DEGRADAÇÃO *1.

ÁREA DE INFLUÊNCIA DIRETA
LgBR RES CONAMA 305 de 12/06/02, Anexo I, Glossário.
area of direct influence WELET
área de influencia directa WIAD
Área necessária à implantação de obras/atividades, bem como aquelas que envolvem a infra-estrutura de operacionalização de testes, plantios, armazenamento, transporte, distribuição de produtos/insumos/água, além da área de administração, residência dos envolvidos no projeto e entorno.
LgBR
⇨ ÁREA DE INFLUÊNCIA INDIRETA.

ÁREA DE INFLUÊNCIA INDIRETA
LgBR RES CONAMA 305 de 12/06/02, Anexo I, Glossário.
area of indirect influence WELET
área de influencia indirecta WIAD
Conjunto ou parte dos municípios envolvidos, tendo-se como base a bacia hidrográfica abrangida.
LgBR
◊ *A Resolução refere-se aos municípios envolvidos com a implantação de obras/atividades desenvolvidas em área de influência direta.*

⇨ ÁREA DE INFLUÊNCIA DIRETA.

ÁREA DE INFLUÊNCIA SOBRE O PATRIMÔNIO ESPELEOLÓGICO
LgBR RES CONAMA 347 de 10/09/04, art. 2º, IV
Área que compreende os elementos bióticos, superficiais e subterrâneos, necessários à manutenção do equilíbrio ecológico e da integridade física do ambiente cavernícola.
LgBR
⇨ ÁREAS DE POTENCIAL ESPELEOLÓGICO.

ÁREA DE OCUPAÇÃO INTENSIVA
LgPOA LEI COMPL. 434 de 01/12/99, art. 27, § 1º
área de urbanización prioritaria WUCSF
Área que, conciliada com a proteção do Patrimônio Ambiental, se caracteriza como prioritária para fins de urbanização.
LgPOA
◊ *Sigla: AOI.*
⇨ ÁREA COM POTENCIAL DE INTENSIVA; ÁREAS DE CONTENÇÃO AO CRESCIMENTO URBANO; ÁREAS URBANAS DE OCUPAÇÃO PRIORITÁRIA.

ÁREA DE OCUPAÇÃO RAREFEITA
LgPOA LEI COMPL. 434 de 01/12/99, art. 27, § 2º
Área com características de baixa densificação, onde será dada predominância à proteção da flora, da fauna e demais elementos naturais, admitindo-se, para a sua perpetuação e sustentabilidade, usos científicos, habitacionais, turísticos, de lazer e atividades compatíveis com o desenvolvimento da produção primária.
LgPOA
◊ *Sigla: AOR.*
⇨ ÁREAS DE PRODUÇÃO PRIMÁRIA.

ÁREA DE PRESERVAÇÃO ECOLÓGICA
LgBR DEC 95922 de 14/04/88, art. 1º, § 1º.
ecological preservation area WCOST
área de preservación ecológica WSOL
Área cujo equilíbrio ecológico é satisfatório, onde o potencial biótico, florístico e faunístico é capaz de manter-se por si

mesmo, desde que a presença humana seja praticamente nula.
LgBR

◊ *Sigla: APT. São áreas onde a proteção é essencial à sobrevivência de espécies da fauna e da flora da biota regional, consideradas vulneráveis, endêmicas ou ameaçadas de extinção, como para bióticos raros de grande significado. Ibid.*

⇨ ÁREA DE CONSERVAÇÃO ECOLÓGICA; ÁREA DE RESTAURAÇÃO ECOLÓGICA.

Área de Preservação Permanente
LgBR LEI 4771 de 15/09/65, art. 1º, parágrafo 2. II
permanent preservation area WAGET
zona de preservación permanente WUNE
Área protegida coberta ou não por vegetação nativa, com a função ambiental de preservar os recursos hídricos, a paisagem, a estabilidade geológica, a biodiversidade, o fluxo gênico de fauna e flora, proteger o solo e assegurar o bem-estar das populações humanas.
LgBR

◊ *Sigla APP. Os parâmetros, definições e limites para as APPs são estabelecidos pelos arts. 2º e 3º desta Lei e atualizados pela RES CONAMA 303 de 20/03/02.*

⇨ CÓDIGO FLORESTAL.

Área de Preservação Permanente de Reservatório Artificial
LgBR RES CONAMA 302 de 20/03/02, art. 1º
Área marginal ao redor do reservatório artificial e suas ilhas, com a função ambiental de preservar os recursos hídricos, a paisagem, a estabilidade geológica, a biodiversidade, o fluxo gênico de fauna e flora, proteger o solo e assegurar o bem estar das populações humanas.
LgBR

⇨ ÁREA URBANA CONSOLIDADA; PLANO AMBIENTAL DE CONSERVAÇÃO; RESERVATÓRIO ARTIFICIAL.

Área de Proteção Ambiental
LgRS DEC 38814 de 26/08/98, art. 12, III.
environmental protection area WMRE
zona de protección ambiental WDAP
Área de domínio público e privado, sob administração pública, com o objetivo de proteger recursos hídricos e bacias hidrográficas, preservar belezas cênicas e atributos culturais relevantes, criar condições para o turismo ecológico, incentivar o desenvolvimento regional integrado, fomentar o uso sustentado do ambiente e servir de zona tampão para as categorias mais restritivas.
LgRS

◊ *Sigla: APA *1.*

⇨ UNIDADES DE MANEJO SUSTENTADO/CATEGORIA DE USO DIRETO.

Área de Proteção Ambiental *1
LgBR LEI 9985 DE 18/07/00, art. 15
environmental protection area WMRE
zona de protección ambiental WDAP
Unidade de conservação constituída por uma área em geral extensa, com um certo grau de ocupação humana, dotada de atributos abióticos, bióticos, estéticos ou culturais especialmente importantes para a qualidade de vida e o bem-estar das populações humanas.
LgBR

◊ *Tem como objetivos básicos proteger a diversidade biológica, disciplinar o processo de ocupação e assegurar a sustentabilidade do uso dos recursos naturais.*

⇨ ESTAÇÃO ECOLÓGICA *1.

Área de Relevante Interesse Ecológico
LgBR LEI 9985 DE 18/07/00, art. 16
area of relevant ecological interest WMCT
área protegida WECOP
Unidade de conservação constituída por uma área em geral de pequena extensão, com pouca ou nenhuma ocupação humana, com características naturais extraordinárias ou que abriga exemplares raros da biota regional, e tem como objetivo manter os ecossistemas naturais de importância regional ou local e regular o uso admissível dessas áreas, de modo a compatibilizá-lo com os objetivos de conservação da natureza.
LgBR

⇨ RESERVA BIOLÓGICA *1; UNIDADES DE PROTEÇÃO INTEGRAL *1.

ÁREA DE RESTAURAÇÃO ECOLÓGICA
LgBR DEC 95922 de 14/04/88, art. 1º, § 3º.
ecological restoration area WIUCN
zona de restauración ecológica WCEM
Área em que se torne indispensável trabalho de reposição do potencial biótico em que os mecanismos naturais são insuficientes para restabelecer o equilíbrio ecológico.
LgBR
◊ *Sigla: ART. Área que exige investimentos financeiros e tecnológicos para restabelecer o equilíbrio ecológico, não mais recuperável por mecanismos naturais.*
⇨ ÁREA DE PRESERVAÇÃO ECOLÓGICA; ÁREA DE CONSERVAÇÃO ECOLÓGICA.

ÁREA DE SENSIBILIDADE AMBIENTAL
LgBR RES CONAMA 350 de 06/07/04, art. 2º, IX
sensible environmental area WEUTIST
área de sensibilidad ambiental WRES1504
Área de concentração de espécies marinhas e costeiras, de importância ecológica, social, cultural e econômica.
LgBR
⇨ ZONAS DE TRANSIÇÃO *1.

ÁREA DE USO COMUM
zona común WTRA
Área em que se combinam as noções de propriedade privada e de apossamento de uso comum, onde se encontra um grau de solidariedade e coesão social, formadas a partir de normas de caráter consensual que garantem sua manutenção.
⇨ BENS DE USO COMUM DO POVO.

ÁREA DE USO E OCUPAÇÃO
LgBR DEC 95922 de 14/04/88, art. 1º, § 4º.
use and occupancy area WNPS
Área destinada à utilização urbana e rural, onde são desenvolvidas atividades humanas de construção, habitação, serviço e produção, respeitados os locais de preservação permanente previstos no Código Florestal.
◊ *Sigla: AUO.*
⇨ CÓDIGO FLORESTAL.

ÁREA EDIFICADA
LgPOA DEC 8186 de 07/03/83, art. 1º, II.
built-up area COL95:32
área edificada WAEM
Superfície de lote ocupada pela projeção horizontal da edificação, incluindo os balanços, os beirais e as saliências do mesmo.
LgPOA
⇨ FUNDAÇÃO; PROJETOS DE ENGENHARIA CIVIL; SALIÊNCIAS.

ÁREA LÍQUIDA DE TERRENO
LgPOA LEI COMPL. 434 de 01/12/99, art. 106, § 2º.
Área não atingida por traçado do Plano Diretor de Desenvolvimento Urbano Ambiental.
LgPOA
⇨ ÍNDICE DE APROVEITAMENTO.

ÁREA PARCIALMENTE URBANIZADA
LgRS LEI 10116 de 23/03/94, art. 12º, § 1º.
partially urbanized areas WESCAR
zona parcialmente urbanizada WPAO
Superfície territorial que conta com, pelo menos, dois dos equipamentos públicos seguintes: via pública pavimentada; rede de abastecimento de água potável; rede de distribuição de energia elétrica, com ou sem iluminação pública; sistema de esgotamento sanitário; sistema de drenagem pluvial.
LgRS
⇨ ÁREAS DE URBANIZAÇÃO RESTRITA.

ÁREA PROTEGIDA
LgBR DEC 2519 de 16/03/98, art. 2º.
protected area WCBD
zona protegida ONU92#5184
Área definida geograficamente que é destinada, ou regulamentada, e administrada para alcançar objetivos específicos de conservação.
LgBR
⇨ CINTURÕES VERDES; CINTURÕES VERDES *1; RESERVA PARTICULAR DO PATRIMÔNIO NATURAL; RESERVAS BIOLÓGICAS.

ÁREAS ALAGADIÇAS
LgRS LEI 11520 de 04/08/00, art.14, VI.
floodable areas WSIOUX

áreas alagadiças WIAD
Áreas ou terrenos que se encontram temporariamente saturados de água decorrente das chuvas, devido à má drenagem.
LgRS
⇨ ÁREAS SUJEITAS A INUNDAÇÃO; BANHADOS; VÁRZEA.

ÁREA SATURADA
LgRS LEI 11520 de 04/08/00, art. 14, V.
saturated area WEPA
zona saturada WCNMA
Porção de uma Região de Controle ou de uma Área Especial de Controle da Qualidade do Ar em que um ou mais padrões de qualidade do ar, primário ou secundário, estiver ultrapassado.
LgRS
⇨ ÁREAS EM VIAS DE SATURAÇÃO; REGIÕES DE CONTROLE DA QUALIDADE DO AR.

ÁREAS CRÍTICAS DE POLUIÇÃO
LgBR DEC 76389 de 03/10/75, art. 8º.
critical pollution areas WBAE
zonas críticas de contaminación WINE
Áreas que possuem altas concentrações de poluentes, o que desfavorece as condições de vida em seus limites.
LgBR
◊ São definidas pela lei como áreas críticas de poluição: "a Região Metropolitana de São Paulo; a Região Metropolitana do Rio de Janeiro; a Região Metropolitana de Belo Horizonte; a Região Metropolitana de Recife; a Região Metropolitana de Salvador; a Região Metropolitana de Porto Alegre; a Região Metropolitana de Curitiba; a Região de Cubatão; a Região de Volta Redonda; a Bacia Hidrográfica do Médio e Baixo Tietê; a Bacia Hidrográfica do Paraíba do Sul; a Bacia Hidrográfica do Rio Jacuí e estuário do Guaíba; a Bacia Hidrográfica de Pernambuco".
⇨ POLUIÇÃO INDUSTRIAL; ZONAS DE USO DIVERSIFICADO; ZONAS DE USO ESTRITAMENTE INDUSTRIAL; ZONAS DE USO PREDOMINANTEMENTE INDUSTRIAL.

ÁREAS DE CONSERVAÇÃO
LgRS LEI 11520 de 04/08/00, art.14, VII.
conservation areas WEPA
áreas de conservación WLAR
Áreas delimitadas, segundo legislação pertinente, que restringem determinados regimes de utilização segundo os atributos e capacidade suporte do ambiente.
LgRS
⇨ CONSERVAÇÃO *1; UNIDADES DE CONSERVAÇÃO; USO ADEQUADO DO SOLO.

ÁREAS DE CONTENÇÃO AO CRESCIMENTO URBANO
LgPOA LEI COMPL.434 de 01/12/99, art. 80.
áreas de contención al crecimiento urbano WSEDUV
Locais cuja ocupação poderá acarretar comprometimento dos equipamentos urbanos e comunitários, ou locais que apresentem condições ambientais impróprias à ocupação.
LgPOA
◊ Sigla ACCRU
⇨ ÁREA DE OCUPAÇÃO INTENSIVA.

ÁREAS DE DESENVOLVIMENTO DIVERSIFICADO
LGPOA LEI COMPL. 434 de 01/12/99, art. 32, IX
Zonas que, por suas características naturais e seu grau de transformação, permitem atividades mais diversificadas, sempre compatibilizadas com a proteção ambiental.
LgPOA
⇨ ÁREAS DE INTERESSE AMBIENTAL.

ÁREAS DE DESTINAÇÃO DE RESÍDUOS
LgBR RES CONAMA 307 de 05/07/02, art. 2º, X.
waste disposal areas WEPA
áreas de disposición de resíduos WINA
Áreas destinadas ao beneficiamento ou à disposição final de resíduos.
LgBR
⇨ BENEFICIAMENTO; SISTEMA DE DISPOSIÇÃO FINAL DE RESÍDUOS SÓLIDOS; RESÍDUOS SÓLIDOS URBANOS; TRANSPORTADORES.

ÁREAS DE DOMÍNIO PÚBLICO
LgPOA DEC 8186 de 07/03/83, art. 1º, III.
public domain areas WBURNS
zonas de dominio público WFED
Reservas Biológicas, Parques Naturais e logradouros públicos.
LgPOA

ÁREAS DE INTERESSE AMBIENTAL
LgPOA LEI COMPL.434 de 01/12/99, art. 86,1.
areas of environmental interest WAEESP
áreas de interés ambiental WSEDUV
Porções de território com características culturais ou naturais diversificadas que estruturam a paisagem ou constituem ecossistemas importantes, atribuindo-lhes identidade, com repercussões em nível macro na cidade.
LgPOA
⇨ ÁREAS DE DESENVOLVIMENTO DIVERSIFICADO; ÁREAS DE REVITALIZAÇÃO; LUGARES DE INTERESSE AMBIENTAL.

ÁREAS DE INTERESSE CULTURAL
LgPOA LEI COMPL. 434 de 01/12/99, art. 32, IV
zonas de interés cultural WBOE
Zonas que apresentam ocorrência de patrimônio cultural representativo da história da cidade, com características físicas ou não, que lhes conferem um caráter excepcional.
LgPOA
⇨ UNIDADES DE INTERESSE AMBIENTAL.

ÁREAS DE INTERESSE INSTITUCIONAL
LgPOA LEI COMPL. 434 de 01/12/99, art. 32, V
zonas de uso institucional WTRAN
Áreas públicas ou privadas de grande porte, destinadas a fins comunitários e administrativos.
LgPOA
⇨ ÁREAS PREDOMINANTEMENTE PRODUTIVAS.

ÁREAS DE POTENCIAL ESPELEOLÓGICO
LgBR PRT IBAMA 887 de 15/06/90, art. 10º, III.
Áreas que, devido à sua constituição geológica e geomorfológica, sejam susceptíveis ao desenvolvimento de cavidades naturais subterrâneas, como, por exemplo, as de ocorrência de rochas calcáreas.
LgBR
⇨ ÁREA DE INFLUÊNCIA SOBRE O PATRIMÔNIO ESPELEOLÓGICO; CAVIDADES NATURAIS SUBTERRÂNEAS; PATRIMÔNIO ESPELEOLÓGICO.

ÁREAS DE PREFERÊNCIA
LgBR DEC 2869 de 09/12/98, art. 2º, IV.
◊ Ver FAIXAS DE PREFERÊNCIA.

ÁREAS DE PRESERVAÇÃO PERMANENTE
LgPOA DEC 8186 de 07/03/83, art. 1º, IV.
permanent preservation areas WEMB
áreas de preservación permanente WIADE
Áreas que, pelas suas condições fisiográficas, geológicas, hidrológicas, botânicas e climatológicas, formam um ecossistema de importância no meio ambiente natural.
LgPOA
◊ São importantes também as condições zoológicas destas áreas: ÁREA DE PRESERVAÇÃO ECOLÓGICA; ÁREAS DE PROTEÇÃO AMBIENTAL.

ÁREAS DE PRESERVAÇÃO PERMANENTE *1
LgRS LEI 11520 de 04/08/00, art. 14, IX.
permanent preservation areas WEMB
áreas de preservación permanente WIADE
Áreas de expressiva significação ecológica amparadas por legislação ambiental vigente, considerando-se totalmente privadas a qualquer regime de exploração direta ou indireta dos Recursos Naturais, sendo sua supressão apenas admitida com prévia autorização do órgão ambiental competente quando for necessária à execução de obras, planos, atividades, ou projetos de utilidade pública ou interesse social, após a realização de Estudo Prévio de Impacto Ambiental (EIA) e Relatório de Impacto Ambiental (RIMA).
LgRS
⇨ PRESERVAÇÃO.

ÁREAS DE PRODUÇÃO PRIMÁRIA
LgPOA LEI COMPL. 434 de 01/12/99, art. 32, X
Zonas propostas para o desenvolvimento compatibilizado de atividades primárias, extrativas, comércio e serviços de apoio, bem como para a localização de pequenas indústrias vinculadas à produção por propriedade rural.
LgPOA

⇨ ÁREA DE OCUPAÇÃO RAREFEITA; CORREDOR AGROINDUSTRIAL.

ÁREAS DE PROTEÇÃO AMBIENTAL
LgBR RES CONAMA 10 de 14/12/88, art. 1º.
environmental protection areas WMRE
áreas de protección ambiental WBUE
Unidades de conservação destinadas a proteger e conservar a qualidade ambiental e os sistemas naturais ali existentes, visando a melhoria da qualidade de vida da população local e também objetivando a proteção dos ecossistemas regionais.
LgBR
◊ Sigla: APA.
⇨ UNIDADE DE CONSERVAÇÃO.

ÁREAS DE PROTEÇÃO DO AMBIENTE NATURAL
LgPOA LEI COMPL. 434 de 01/12/99, art. 32, VI
Zonas previstas para atividades que, conciliando a proteção da flora, da fauna e dos demais elementos naturais, objetivem a perpetuação e a sustentabilidade do patrimônio natural.
LgPOA
⇨ PARQUE NATURAL; RESERVA BIOLÓGICA *2.

ÁREAS DE REGULARIZAÇÃO FUNDIÁRIA
LgRS LEI 10116 de 23/03/94, art. 45.
Áreas que devam, no interesse social, ser objeto de ações visando a: legalização da ocupação do solo; adequação à legislação e especificações urbanísticas próprias; implantação de equipamentos urbanos e comunitários e de infraestrutura viária.
LgRS
⇨ ÁREAS DE URBANIZAÇÃO PREFERENCIAL; ÁREAS DE URBANIZAÇÃO RESTRITA; ÁREAS DE RENOVAÇÃO URBANA; SISTEMA VIÁRIO.

ÁREAS DE RELEVANTE INTERESSE ECOLÓGICO
LgBR DEC 89336 de 31/01/84, art. 2º, § 1º, § 2º.
areas of relevant ecological interest WMCT
áreas de interés ecológico relevante PNU92:62
Áreas que possuam características naturais extraordinárias ou abriguem exemplares raros da biota regional, exigindo cuidados especiais de proteção por parte do Poder Público.
LgBR
◊ Sigla: ARIE. Serão declaradas Áreas de Relevante Interesse Ecológico preferencialmente quando, além dos requisitos estipulados na definição deste termo, tiverem extensão inferior a 5.000ha (cinco mil hectares) e houver ali pequena ou nenhuma ocupação humana por ocasião do ato declaratório. Quando estiverem localizadas no perímetro de Áreas de Proteção Ambiental, integrarão a Zona de Vida Silvestre, destinada à melhor salvaguarda da biota nativa. Ibid.
⇨ ZONA DE VIDA SILVESTRE.

ÁREAS DE RENOVAÇÃO URBANA
LgRS LEI 10116 de 23/03/94, art. 44.
zonas de conservación urbana WBUE
Áreas que, para seu pleno aproveitamento, demandem ações destinadas à: melhoria de condições urbanas deterioradas; adequação às funções previstas no plano diretor ou nas diretrizes gerais de ocupação do território.
LgRS
⇨ ÁREAS DE REGULARIZAÇÃO FUNDIÁRIA.

ÁREAS DE REVITALIZAÇÃO
LgPOA LEI COMPL. 434 de 01/12/99, art. 81, I
Setores urbanos que, pelo seu significativo Patrimônio Ambiental ou pela sua relevância para a cidade, devam ter tratamento diferenciado a fim de valorizar suas peculiaridades, características e inter-relações; áreas que integrem projetos, planos ou programas especiais, e que, visando à otimização de seu aproveitamento e à reinserção na estrutura urbana, atenderão às normas específicas definidas.
LgPOA
⇨ ÁREAS DE INTERESSE AMBIENTAL.

ÁREAS DE URBANIZAÇÃO PREFERENCIAL
LgRS LEI 10116 de 23/03/94, art. 42.
zonas de urbanización prioritaria WAAB
Áreas que requeiram a implementação de ações prioritárias destinadas: à orde-

nação e direcionamento do processo de urbanização; ao suprimento de equipamentos urbanos e comunitários; à indução da ocupação de áreas edificáveis.
LgRS
⇨ ÁREAS DE REGULARIZAÇÃO FUNDIÁRIA.

ÁREAS DE URBANIZAÇÃO RESTRITA
LgRS LEI 10116 de 23/03/94, art. 43.
Áreas em que se revele conveniente conter os níveis de ocupação, notadamente em função de: vulnerabilidade a alagamento, desmoronamentos ou outras condições adversas; necessidade de preservação do patrimônio cultural em geral; necessidade de proteção aos mananciais, às praias e às margens fluviais e lacustres; necessidade de defesa do ambiente natural; implantação e operação de equipamentos de grande porte.
LgRS
⇨ ÁREA PARCIALMENTE URBANIZADA; ÁREAS DE REGULARIZAÇÃO FUNDIÁRIA; MANANCIAIS; SISTEMA VIÁRIO.

ÁREAS DE USO ESPECIAL
LgRS LEI 11520 de 04/08/00, art.14, X.
special use areas WNPS
zonas de uso especial WGOBG
Áreas com atributos especiais de valor ambiental e cultural, protegidas por instrumentos legais ou não, nas quais o Poder Público poderá estabelecer normas específicas de utilização, para garantir sua conservação.
LgRS
⇨ CONSERVAÇÃO *1.

ÁREAS DEVOLUTAS
Áreas que, pertencentes ao Domínio Público de qualquer das entidades estatais, não se acham utilizadas pelo Poder Público, nem destinadas a fins administrativos específicos.
LgRS
⇨ POUSIO.

ÁREAS ECOLOGICAMENTE SENSÍVEIS
LgBR LEI 9966 de 28/04/00, art. 2º, IV
ecologically sensible areas WFAO
zonas ecológicamente sensibles WFAO
Regiões das águas marítimas ou interiores, definidas por ato do Poder Público,
onde a prevenção, o controle da poluição e a manutenção do equilíbrio ecológico exigem medidas especiais para a proteção e a preservação do meio ambiente, com relação à passagem de navios.
LgBR
⇨ PLANO DE EMERGÊNCIA *1.

ÁREAS EDIFICADAS
LgPOA LEI COMPL. 242 de 09/01/91, art. 2º, § 1º, b.
built-up areas ANT80:126
zonas edificadas WETS
Áreas em que existam edificações cuja área de projeção no solo corresponda a um percentual da área total igual ou maior do que 50% para a taxa de ocupação aplicável no caso, nos termos do Plano Diretor de Desenvolvimento Urbano.
LgPOA
⇨ ÁREAS URBANIZADAS; NÚCLEO DE SUBABITAÇÃO.

ÁREAS EM VIAS DE SATURAÇÃO
LgRS LEI 11520 de 04/08/00, art. 14, IV.
áreas en vía de saturación WDEC58
Porção de uma Região de Controle ou de uma Área Especial de Controle da Qualidade do Ar em que um ou mais padrões de qualidade do ar – primário ou secundário – estiver ultrapassado.
LgRS
⇨ ÁREA SATURADA; REGIÕES DE CONTROLE DA QUALIDADE DO AR.

ÁREAS ESPECIAIS DE CONTROLE DA QUALIDADE DO AR
LgRS LEI 11520 de 04/08/00, art. 14, XI.
Porções de uma ou mais regiões de controle, onde poderão ser adotadas medidas especiais, visando à manutenção da integridade da atmosfera.
LgRS
⇨ REGIÕES DE CONTROLE DA QUALIDADE DO AR.

ÁREAS ESPECIAIS DE INTERESSE TURÍSTICO
LgBR LEI 6513 de 20/12/77, art. 3º.
zonas especiales de interés turístico WMIF
Trechos contínuos do território nacional, inclusive suas águas territoriais, a

serem preservados e valorizados no sentido cultural e nacional, e destinados à realização de planos e projetos de desenvolvimento turístico.
LgBR
⇨ ÁREAS ESPECIAIS DE INTERESSE TURÍSTICO PRIORITÁRIAS; ÁREAS ESPECIAIS DE INTERESSE TURÍSTICO DE RESERVA; LOCAIS DE INTERESSE TURÍSTICO.

ÁREAS ESPECIAIS DE INTERESSE TURÍSTICO DE RESERVA
LgBR LEI 6513 de 20/12/77, art. 12, II.
Áreas de elevada potencialidade turística, cujo aproveitamento deva ficar na dependência: da implantação dos equipamentos de infra-estrutura indispensáveis; da efetivação de medidas que assegurem a preservação do equilíbrio ambiental e a proteção ao patrimônio cultural e natural ali existente; de providências que permitam regular, de maneira compatível com a alínea precedente, os fluxos de turistas e visitantes e as atividades, obras e serviços permissíveis.
LgBR
◊ A alínea precedente regulamenta as Áreas Especiais de Interesse Turístico Prioritárias. Ibid.
⇨ ÁREAS ESPECIAIS DE INTERESSE TURÍSTICO; ÁREAS ESPECIAIS DE INTERESSE TURÍSTICO PRIORITÁRIAS; LOCAIS DE INTERESSE TURÍSTICO.

ÁREAS ESPECIAIS DE INTERESSE TURÍSTICO PRIORITÁRIAS
LgBR LEI 6513 de 20/12/77, art. 12 , I.
Áreas de alta potencialidade turística, que devam ou possam ser objeto de planos e programas de desenvolvimento turístico, em virtude de: ocorrência ou iminência de expressivos fluxos de turistas e visitantes; existência de infra-estrutura turística e urbana satisfatória, ou possibilidade de sua implementação; necessidade de realização de planos e projetos de preservação ou recuperação dos Locais de Interesse Turístico nelas incluídos; realização presente ou iminente de obras públicas ou privadas, que permitam ou assegurem o acesso à área, ou a criação da infra-estrutura mencionada na alínea "b"; conveniência de prevenir ou corrigir eventuais distorções de uso do solo, causadas pela realização presente ou iminente de obras públicas ou privadas, ou pelo parcelamento e ocupação do solo.
LgBR
◊ A alínea b menciona: existência de infra-estrutura turística e urbana satisfatória, ou possibilidade de sua implementação. Ibid.
⇨ ÁREAS ESPECIAIS DE INTERESSE TURÍSTICO; ÁREAS ESPECIAIS DE INTERESSE TURÍSTICO DE RESERVA; LOCAIS DE INTERESSE TURÍSTICO.

ÁREAS MISCIGENADAS
LgPOA LEI COMPL. 434 de 01/12/99, art. 32, II
zonas mixtas WCRP
Zonas cuja ocupação é estimulada igualmente tanto para atividades residenciais como de comércio, serviços e indústrias, distribuindo-se, com relação ao uso, em diferentes categorias que representam graus de restrição diferenciados quanto ao porte e à variedade de atividades.
LgPOA
⇨ ÁREAS PREDOMINANTEMENTE RESIDENCIAIS.

ÁREAS PREDOMINANTEMENTE PRODUTIVAS
LgPOA LEI COMPL. 434 de 01/12/99, art. 32, III
Zonas de diversidade máxima, sem controle de porte, onde o uso habitacional somente é admitido para a atividade de zeladoria ou para as situações existentes na data da publicação desta Lei.
LgPOA
⇨ ÁREAS DE INTERESSE INSTITUCIONAL.

ÁREAS PREDOMINANTEMENTE RESIDENCIAIS
LgPOA LEI COMPL. 434 de 01/12/99, art. 32, I
zonas residenciales WELDI
Zonas da cidade onde se estimula a vida de bairro, com atividades complementares à habitação e demais atividades não-residenciais controladas quanto a incômodo e impacto.

LgPOA
⇨ ÁREAS MISCIGENADAS.
ÁREAS SUJEITAS A INUNDAÇÃO
LgRS LEI 11520 de 04/08/00, art.14, XII.
floodable areas WSIOUX
áreas sujetas a la inundación WUV
Áreas que equivalem às várzeas.
LgRS
◊ Estas áreas vão até a cota máxima de extravasamento de um corpo d'água em ocorrência de máxima vazão em virtude de grande pluviosidade. Ibid.
⇨ ÁREAS ALAGADIÇAS; BANHADOS; VÁRZEA.
ÁREAS URBANAS
LgBR LEI 4771 de 15/09/65, art. 2º, parágrafo único.
urban areas ANT80:903
zonas urbanas WMED
Áreas compreendidas nos perímetros urbanos definidos por lei municipal, e nas regiões metropolitanas e aglomerações urbanas.
LgBR
◊ Em todo o território abrangido, observar-se-á o disposto nos respectivos planos diretores e leis de uso do solo, respeitados os princípios e limites referidos pelo Código Florestal.
⇨ PLANO DIRETOR.
ÁREAS URBANAS DE OCUPAÇÃO PRIORITÁRIA
LgPOA LEI COMPL. 434 de 01/12/99, art. 79
Locais da Área de Ocupação Intensiva identificados como imóveis urbanos destinados à ocupação prioritária, visando à adequação de seu aproveitamento nos termos do disposto na Lei Complementar nº 312, de 30 de dezembro de 1993.
LgPOA
◊ Sigla: AUOPs. Lei Complementar 312 de 30/12/93, regulamentada pelo Decreto 12754 de 24/04/00.
⇨ ÁREA DE OCUPAÇÃO INTENSIVA.
ÁREAS URBANIZADAS
LgPOA LEI COMPL. 242 de 09/01/91, art. 2º, § 1º, a.
urbanized areas WDEMOG
zonas urbanizadas WMED
Áreas que tenham acesso à via pública ou a vias públicas com a sua divisão em lotes residenciais unifamiliares ou em áreas privativas condominais, com as dimensões mínimas previstas no Plano Diretor de Desenvolvimento Urbano, e aquelas que já tenham sido objeto de investimento de recursos públicos, tais como, vias, praças, equipamentos sociais e edifícios públicos com construção iniciada.
LgPOA
⇨ ÁREAS EDIFICADAS; NÚCLEO DE SUBABITAÇÃO.
ÁREA URBANA CONSOLIDADA
LgBR RES CONAMA 302 de 20/03/02, art. 2º, V.
consolidated urban area WWBUS
área urbana WGOT
Área que atende aos seguintes critérios: definição legal pelo poder público; existência de, no mínimo, quatro dos seguintes equipamentos de infraestrutura urbana: 1.malha viária com canalização de águas pluviais, 2. rede de abastecimento de água; 3.rede de esgoto; 4.distribuição de energia elétrica e iluminação pública; 5.recolhimento de resíduos sólidos urbanos; 6.tratamento de resíduos sólidos urbanos; e densidade demográfica superior a cinco mil habitantes por km2.
LgBR
⇨ ÁREA DE PRESERVAÇÃO PERMANENTE DE RESERVATÓRIO ARTIFICIAL.
AREIA
LgPOA DEC 8187 de 07/03/83, art. 2º.
sand SUG92:09
arena SUG92:09
Grãos resultantes da desagregação ou decomposição das rochas que possuem sílica em sua composição mineralógica.
LgPOA
◊ Sedimento clástico não consolidado, composto, essencialmente, de grãos cujo tamanho varia entre 0,2 e 2 mm.
⇨ ARGILA; ARENITO; GNAISSE; GRANITO; SAIBRO.
ARENITO
sandstone SUG92:10
arenisca SUG92:10
Rocha sedimentar detrítica resultante da consolidação da areia por um cimen-

to natural que dá ao conjunto qualidades de dureza e compactação.
◊ Usado como material de construção e pavimentação.
⇨ AREIA; ARGILA; GRANITO; GNAISSE; SAIBRO.

ARGILA
LgPOA DEC 8187 de 07/03/83, art. 2º.
clay SUG92:10
arcilla SUG92:10
Silicato hidratado de alumínio de coloração variada, em função dos óxidos; tamanho de grão menor que 0,002 mm.
LgPOA
⇨ AREIA; ARENITO; GNAISSE; GRANITO; SAIBRO.

ARIE
LgBR DEC 89336 de 31/01/84, art. 2º, § 1º.
ARIE WOASO
◊ Sigla de ÁREAS DE RELEVANTE INTERESSE ECOLÓGICO.

ARMADOR DE PESCA
pequeño armador pesquero WMFR
Pessoa que, em seu nome e sob a sua responsabilidade, apresta para sua utilização uma ou mais embarcações pesqueiras, cuja soma de suas Toneladas de Arqueação Bruta totalize ou ultrapasse a 10 (dez) Toneladas de Arqueação Bruta.
⇨ ARQUEAÇÃO BRUTA; EMPRESA COMERCIAL.

ARMAZENAMENTO
LgBR DEC 4954 de 14/01/04, art. 2º, XIX
storage ONU92#6275
almacenamiento ONU92#6275
Ato de armazenar, estocar ou guardar os fertilizantes, corretivos, inoculantes biofertilizantes e suas matérias-primas.
LgBR
⇨ FERTILIZANTE.

ARN
LgBR LEI 8974 de 05/01/95, art. 3º, III.
RNA ONU92#5571
ARN ONU92#5571
◊ Símbolo: ARN de ÁCIDO RIBONUCLÉICO; o símbolo RNA do termo em língua inglesa rybonucleic acid é mais usado.

ARQUEAÇÃO BRUTA
gross tonnage WATLAN
tonelaje bruto WCCB
Tomada de tonelagem do navio, apenas com a exclusão de determinados aparelhos auxiliares e construções existentes no convés, como mastros, etc.
SIL75:153
⇨ ARMADOR DE PESCA.

ARRENDAMENTO RURAL
LgBR LEI 4504 de 30/11/64, art. 92.
arrendamiento WMECO
Contrato agrário, pelo qual uma pessoa se obriga a ceder a outra, mediante retribuição ou aluguel, o uso e gozo de imóvel rural, por tempo determinado, ou não, e incluindo, ou não, outros bens, benfeitorias ou facilidades, com o objetivo de nela ser exercida atividade de exploração agrícola, pecuária, agroindustrial, extrativa, ou mista.
SID95
⇨ IMÓVEL RURAL.

ART
LgBR DEC 95922 de 14/04/88, art. 1º.
◊ Sigla de ÁREA DE RESTAURAÇÃO ECOLÓGICA.

ÁRVORE NACIONAL
LgBR LEI 6607 de 07/12/78, art. 1º.
national tree WNT
árbol nacional GON79:18
Espécie nativa denominada Pau-Brasil de nome científico *Caesalpinia echinata, Lam*, designada pelo Poder Público como símbolo da Nação.

ASBESTO
LgBR LEI 9055 de 01/06/95, art. 1º § 1, 3.
asbesto UNI03:89
asbesto WMSA
◊ Ver AMIANTO.

ASPECTO AMBIENTAL
LgBR RES CONAMA 306 de 05/07/02, Anexo I, I.
environmental aspect EN/ISO14001:3.3
aspecto ambiental UNIT/ISO14001:3.3
Elemento das atividades, produtos ou serviços de uma organização que pode interagir com o meio ambiente.
LgBR
⇨ AUDITORIA AMBIENTAL.

ASSISTÊNCIA E SALVAMENTO
LgBR LEI 7203 de 03/07/84, art. 1º, § 1º e 2º.
search and rescue ONU92#5772
búsqueda y salvamento ONU92#5772
Ato ou atividade efetuados para assistir e salvar uma embarcação, coisa ou bem, em perigo no mar, nos portos e nas vias navegáveis interiores.
LgBR
⇨ SALVADOR.

ASSOCIAÇÃO DE AMADORES DE PESCA
LgBR PRT IBAMA 1583 de 21/12/89, art. 11.
Angling Clubs and Associations WIBFN
Asociación de Pescadores Aficionados WDEM
◊ Ver CLUBE DE AMADORES DE PESCA.

ASSOCIAÇÃO VEGETAL RELEVANTE
LgRS LEI 9519 de 21/01/92, art. 42, XII.
asociación vegetal relevante WSOCB
Comunidade vegetal de importância regional ou local, com características fitofisionômicas e fitossociológicas específicas inerentes a um determinado ecossistema.
LgRS
⇨ GRUPAMENTO VEGETAL SIGNIFICATIVO.

ASSOCIAÇÕES VEGETAIS MISTAS
LgBR RES CONAMA 04 de 18/09/85, art. 2º.
Conjunto de comunidades vegetais diferentes que compartilham a mesma área.
⇨ COMUNIDADES VEGETAIS; FORMAÇÕES SUCESSORAS.

ASSOREAMENTO
LgBR DEC 527 de 20/05/92, art. 5º, III.
alluviation ONU92#217
aluvionamiento ONU92#217
Processo de acumulação excessiva de sedimentos e/ou detritos, transportados por via hídrica, em locais onde a deposição do material é mais rápida do que a capacidade de remoção natural dos agentes de transporte.
⇨ ASSOREAMENTO DAS COLEÇÕES HÍDRICAS; ELÚVIO.

ASSOREAMENTO DAS COLEÇÕES HÍDRICAS
LgBR DEC 527 de 20/05/92, art. 5º, III.

aluvionamiento WOAS
Processo de acumulação de sedimentos e/ou detritos em corpos d'água, tais como: rios, açudes, canais, barragens, lagos, lagoas e oceanos.
⇨ ASSOREAMENTO.

ASTRONAUTA
LgBR DEC 64362 de 17/04/69, art. V.
astronaut UNB86:21
astronauta UNB86:21
Pessoa que em um veículo espacial, navega fora da atmosfera terrestre.
⇨ TRATADO SOBRE PRINCÍPIOS REGULADORES DAS ATIVIDADES DOS ESTADOS NA EXPLORAÇÃO E USO DO ESPAÇO CÓSMICO, INCLUSIVE A LUA E DEMAIS CORPOS CELESTES.

ATERRO DE RESÍDUOS DA CONSTRUÇÃO CIVIL
LgBR RES CONAMA 307 de 05/07/02, art. 2º, IX.
vertedero de resíduos de la construcción WBOE
Área onde serão empregadas técnicas de disposição de resíduos da construção civil Classe "A" no solo, visando a reservação de materiais segregados de forma a possibilitar seu uso futuro e/ou futura utilização da área, utilizando princípios de engenharia para confiná-los ao menor volume possível, sem causar danos à saúde pública e ao meio ambiente.
LgBR
⇨ AGREGADO RECICLADO; RESÍDUOS DA CONSTRUÇÃO CIVIL; RESÍDUOS DA CONSTRUÇÃO CIVIL CLASSE A.

ATERRO SANITÁRIO
LgPOA DEC 9367 de 29/12/88, art. 1º, XI.
sanitary landfill ONU92#5692
vertedero sanitario ONU92#5692
Área na qual é empregado o método de disposição final dos resíduos sólidos no solo sem prejuízo da saúde pública e meio ambiente, utilizando tecnologia adequada.
LgPOA
⇨ COMPACTAÇÃO; LIXÍVIA; MATERIAL DE COBERTURA; SÍTIO DE DISPOSIÇÃO FINAL.

ATIVIDADE AGRÍCOLA
LgBR LEI 8171 de 17/01/91, art. 2º, I.

agricultural activities WEPA
actividad agrícola WFAO
Processos físicos, químicos e biológicos, onde os recursos naturais envolvidos devem ser utilizados e gerenciados, subordinando-se às normas e princípios de interesse público, de forma que seja cumprida a função social e econômica da propriedade.
LgBR
⇨ AGROENERGIA; FUNÇÃO SOCIAL DA PROPRIEDADE; SETOR AGRÍCOLA.

ATIVIDADE ANTRÓPICA
LgBR RES CONAMA 10 de 14/12/88, art. 3º, § 2º.
anthropic activity WEPA
actividad antrópica WRLC
◊ Ver AÇÃO ANTRÓPICA.

ATIVIDADE BIOLÓGICA DO SOLO
LgBR LEI 10831 DE 23/12/03, art.1º, III
soil biological activity WFAO
actividad biológica del suelo WINTA
Ação dos organismos vivos do solo, tanto animais quanto vegetais.
WEMB
⇨ SISTEMA ORGÂNICO DE PRODUÇÃO AGROPECUÁRIA.

ATIVIDADE DE PESQUISA
LgBR LEI 11105 de 24/03/05, art.1º, § 1º
research activity WEPA
actividad de investigación WCBD
Atividade realizada em laboratório, regime de contenção ou campo, como parte do processo de obtenção de OGM e seus derivados ou de avaliação da biossegurança de OGM e seus derivados, o que engloba, no âmbito experimental, a construção, o cultivo, a manipulação, o transporte, a transferência, a importação, a exportação, o armazenamento, a liberação no meio ambiente e o descarte de OGM e seus derivados.
LgBR
⇨ COMISSÃO TÉCNICA NACIONAL DE BIOSSEGURANÇA; DERIVADOS DE OGM.

ATIVIDADE DE USO COMERCIAL DE OGM E SEUS DERIVADOS
LgBR LEI 11105 de 24/03/05, art.1º, § 2º

commercial use GMO and GMO derivatives activity WCTB
Atividade que não se enquadra como atividade de pesquisa, e que trata do cultivo, da produção, da manipulação, do transporte, da transferência, da comercialização, da importação, da exportação, do armazenamento, do consumo, da liberação e do descarte de OGM e seus derivados para fins comerciais.
LgBR
⇨ ATIVIDADES PRÉ-COMERCIAIS; COMISSÃO TÉCNICA NACIONAL DE BIOSSEGURANÇA.

ATIVIDADE POTENCIALMENTE POLUIDORA
LgPOA DEC 8183 de 07/03/83, art. 3º, X.
potentially polluting activity
ONU92#5041
actividad potencialmente contaminante ONU92#5041
Atividade que, por suas características e natureza, tem possibilidades de vir a contrair os padrões de emissão e os condicionantes ambientais definidos pela legislação.
LgPOA
⇨ ATIVIDADE REALMENTE POLUIDORA; FONTE POLUIDORA REAL.

ATIVIDADE REALMENTE POLUIDORA
LgPOA DEC 8183 de 07/03/83, art. 3º, IX.
Atividade em que há comprovação de irregularidade ou contrariedade aos padrões de emissão e aos condicionantes ambientais definidos pela legislação.
LgPOA
⇨ ATIVIDADE POTENCIALMENTE POLUIDORA; FONTE POLUIDORA REAL; POLUIÇÃO AMBIENTAL.

ATIVIDADES AGROPECUÁRIAS
LgBR RES CONAMA 237 de 22/12/97, Anexo I.
actividades agropecuarias WFAO
Projeto agrícola; criação de animais; projetos de assentamento e de colonização.
LgBR
◊ Atividades ou empreendimentos sujeitos ao Licenciamento Ambiental, conforme estabelecido na LgBR RES CONAMA 237 de 22/12/97, Anexo I.

ATIVIDADES AGROSILVOPASTORIS
actividades agrosilvopastoriles WFAO

Prática de agricultura, silvicultura e pecuária, em suas relações mútuas, a fim de se obter produtos vegetais e animais úteis ao homem.
⇨ POUSIO.

ATIVIDADES DIVERSAS
LgBR RES CONAMA 237 de 22/12/97, Anexo I.
Parcelamento do solo; distrito e pólo industrial.
LgBR
◊ Atividades ou empreendimentos sujeitos ao Licenciamento Ambiental.

ATIVIDADES ESPELEOLÓGICAS
LgBR DEC 99556 de 01/10/90, art. 5º, III.
speleological activities WUIS
actividades espeleológicas WFEA
Ações desportivas, ou ações técnico-científicas de prospecção, mapeamento, documentação e pesquisa que subsidiem a identificação, o cadastramento, o conhecimento, o manejo e a proteção das cavidades naturais subterrâneas.
LgBR
⇨ CAVIDADES NATURAIS SUBTERRÂNEAS; ESPELEOTEMAS; PATRIMÔNIO ESPELEOLÓGICO.

ATIVIDADES FERROVIÁRIAS DE PEQUENO POTENCIAL DE IMPACTO AMBIENTAL
LgBR RES CONAMA 349 de 16/08/04, art. 3º
Obras ferroviárias desenvolvidas dentro dos limites da faixa de domínio preexistente, que não impliquem: remoção de população; intervenção em áreas de preservação permanente, unidades de conservação ou em outros espaços territoriais especialmente protegidos; supressão de vegetação sujeita a regime especial de proteção legal, bem como de espécies referidas no art. 7º, da Lei no 4.771, de 15 de setembro de 1965.
LgBR
◊ Além das obras ferroviárias previstas neste artigo, poderão ser também consideradas atividades ou empreendimentos ferroviários de pequeno potencial de impacto ambiental, quando assim avaliados pelo órgão ambiental competente: a ampliação ou construção de ramais ferroviários de até cinco quilômetros de extensão; a ampliação ou construção de pátios de manobras, transbordo e cruzamento; a ampliação ou construção de terminais de carga, descarga e transbordo, cujos produtos não sejam classificados como perigosos pela legislação vigente. Ibid.
⇨ EMPREENDIMENTO FERROVIÁRIO.

ATIVIDADES NO ÂMBITO DE ENTIDADE
LgBR LEI 11105 de 24/03/05, art. 2º, § 1º.
activities under responsibility of an entity WCTB
Atividades conduzidas em instalações próprias ou sob a responsabilidade administrativa, técnica ou científica da entidade.
LgBR
◊ As atividades de que trata este artigo são vedadas a pessoas físicas em atuação autônoma e independente, ainda que mantenham vínculo empregatício ou qualquer outro com pessoas jurídicas. Ibid. Trata-se de atividades relacionadas com os Organismos Geneticamente Modificados.
⇨ PROJETOS NO ÂMBITO DE ENTIDADE; COMISSÃO TÉCNICA NACIONAL DE BIOSSEGURANÇA.

ATIVIDADES PRÉ-COMERCIAIS
LgBR RES CONAMA 305 de 12/06/02, Anexo I, Glossário.
precommercial activities WFDLI
Operações de multiplicação de Organismos Geneticamente Modificados e derivado e atividades complementares, necessárias para dispor de OGM e derivado no mercado sob padrões aceitos de qualidade e apresentação.
LgBR
⇨ ATIVIDADE DE USO COMERCIAL DE OGM E SEUS DERIVADOS.

ATMOSFERA
LgBR LEI 6938 de 31/08/81, art. 3º, V.
atmosphere COL95:16
atmósfera CEN90:76
Camada gasosa que envolve o globo terrestre, responsável pelo balanço de radiação na Terra.
⇨ CAMADA LIMÍTROFE PLANETÁRIA; ESTRUTURA TÉRMICA DA ATMOSFERA; INVERSÕES TÉRMICAS ATMOSFÉRICAS.

ATO ADMINISTRATIVO
LgBR LEI 9605 de 12/02/98, art. 62, I.
administrative act WFAO
acto administrativo ALC96:724
Ato praticado por delegado dos poderes públicos no exercício de suas funções administrativas, seja dirigindo os negócios públicos, que são atribuídos à sua competência, seja promovendo todas as medidas e diligências indispensáveis à sua realização.
SIL97:94
⇨ AUDIÊNCIA PÚBLICA; AUTORIZAÇÃO; CONTROLE; PERMISSÃO.

ATO DECLARATÓRIO AMBIENTAL
LgBR LEI 10165 de 27/12/00, art. 17, O Instrumento de comprovação das áreas destinadas à conservação ambiental que foram declaradas no Imposto Territorial Rural e resultam em isenção do imposto sobre as mesmas, apresentado e protocolado junto às unidades do Instituto Brasileiro do Meio Ambiente e Recursos Naturais Renováveis.
◊ Sigla ADA.
⇨ CADASTRO TÉCNICO FEDERAL DE ATIVIDADES E INSTRUMENTOS DE DEFESA AMBIENTAL; TAXA DE CONTROLE E FISCALIZAÇÃO AMBIENTAL.

ATUM E AFINS
LgBR DEC 65026 de 20/08/69, art. III, 1.
tuna and tuna-like fishes KIS83:202
atún y especies afines PNU93:29
Grandes peixes migratórios distribuídos por todos os oceanos do mundo, predadores, com formato de torpedo Scombriformes, pertencentes às famílias *Scombridae, Xiphiidae* e *Istiophoridae*, exceto o gênero *Scomber*, compreendendo várias espécies de atuns ou albacoras, agulhões, bonitos e espadartes.
◊ Vivem em profundidade e apresentam grande valor comercial.
⇨ CONVENÇÃO INTERNACIONAL PARA A CONSERVAÇÃO DO ATUM E AFINS DO ATLÂNTICO SUL.

AUDIÊNCIA PÚBLICA
LgBR RES CONAMA 237 de 22/12/97, art. 10º, V.
open court BLA91:752
audiencia pública WOSP
Ato administrativo nos licenciamentos ambientais precedidos de Estudo de Impacto Ambiental, promovido pelo órgão responsável pelo licenciamento, seja por julgá-lo necessário, seja por solicitação de entidade civil, do Ministério Público ou de cinqüenta ou mais cidadãos, que tem por finalidade expor aos interessados o conteúdo do projeto em análise e de seu respectivo Relatório de Impacto Ambiental, dirimindo dúvidas e recolhendo críticas e sugestões dos presentes.
⇨ ATO ADMINISTRATIVO; ESTUDO DE IMPACTO AMBIENTAL.

AUDIÊNCIA PÚBLICA *1
LgBR RES CONAMA 350 de 06/07/04, art. 2º, XIV
open court BLA91:752
audiencia pública WOSP
Reunião pública com o intuito de explanar aos interessados sobre a atividade de aquisição de dados sísmicos, visando dirimir dúvidas e recolher críticas e sugestões a respeito.
LgBR
⇨ DADOS SÍSMICOS.

AUDITORIA AMBIENTAL
LgBR RES CONAMA 306 de 05/07/02, Anexo I, II.
environmental audit EN/ISO14010:2.9
auditoría ambiental UNIT/ISO14010:2.9
Processo sistemático e documentado de verificação, executado para obter e avaliar, de forma objetiva, evidências que determinem se as atividades, eventos, sistemas de gestão e condições ambientais especificados ou as informações relacionadas a estes estão em conformidade com os critérios de auditoria estabelecidos nesta Resolução, e para comunicar os resultados desse processo.
LgBR
⇨ ASPECTO AMBIENTAL; CONCLUSÃO DE AUDITORIA; EVIDÊNCIA OBJETIVA.

AUDITORIA FLORESTAL
LgBR LEI 11284 de 02/03/06, art. 3º, XI

forest audit WFAO
auditoría forestal WMMAE
Ato de avaliação independente e qualificada de atividades florestais e obrigações econômicas, sociais e ambientais assumidas de acordo com o Plano de Manejo Florestal Sustentável e o contrato de concessão florestal, executada por entidade reconhecida pelo órgão gestor, mediante procedimento administrativo específico.
LgBR
⇨ CONCESSÃO FLORESTAL; ÓRGÃO GESTOR.

AUDITORIAS AMBIENTAIS
LgRS LEI 11520 de 04/08/00, art.14, XIII.
environmental audits EN/ISO14010:2.9
auditorías ambientales
UNIT/ISO14010: 2.9
Instrumentos de gerenciamento que compreendem uma avaliação objetiva, sistemática, documentada e periódica da perfomance de atividades e processos destinados à proteção ambiental, visando a otimizar as práticas de controle e verificar a adequação da política ambiental executada pela atividade auditada.
LgRS
⇨ POLÍTICA ESTADUAL DO MEIO AMBIENTE.

AUO
LgBR DEC 95922 de 14/04/88, art. 1º.
◊ Sigla de ÁREA DE USO E OCUPAÇÃO.

AUOPs
LgPOA LEI COMPL. 434 de 01/12/99, art. 79
◊ Sigla de ÁREAS URBANAS DE OCUPAÇÃO PRIORITÁRIA.

AUTOCLONAGEM
LgBR LEI 11105 de 24/03/05, art. 4º, IV
cloning COL88:35
autoclonación WBOE
Processo de geração natural de cópias idênticas de um organismo vivo através de reprodução assexuada.
⇨ CLONAGEM; FUSÃO CELULAR; HIBRIDOMA ANIMAL.

AUTODEPURAÇÃO
self purification ONU92#5826
autodepuración ONU92#5826
Processo biológico natural de eliminação de poluentes orgânicos de um meio aquático, pela ação de microorganismos, oxigenação ou fotossíntese.
⇨ DEMANDA BIOQUÍMICA DE OXIGÊNIO; OXIGÊNIO DISSOLVIDO.

AUTOECOLOGIA DAS ESPÉCIES
LgBR DEC 1203 de 28/07/94, 2.3.
autoecology of species ALL94:35
autoecología de las especies WUNAL
Estudo das relações de uma única espécie com seu meio, definindo limites de tolerância e preferência em face dos fatores ecológicos, examinando a ação do ambiente sobre a sua morfologia, a fisiologia e o comportamento.
LgBR
⇨ ESPÉCIE EXTINTA; ECOFISIOLOGIA; MARICULTURA.

AUTORIDADE MARÍTIMA
LgBR LEI 9966 de 28/04/00, art. 2º, XXII
maritime authority WMMA
autoridad marítima WAMPG
Autoridade exercida diretamente pelo Comandante da Marinha, responsável pela salvaguarda da vida humana e segurança da navegação no mar aberto e hidrovias interiores, bem como pela prevenção da poluição ambiental causada por navios, plataformas e suas instalações de apoio, além do outros cometimentos a ela conferidos por esta Lei.
LgBR
⇨ AUTORIDADE PORTUÁRIA.

AUTORIDADE PORTUÁRIA
LgBR LEI 9966 de 28/04/00, art. 2º, XXIII
harbour authority WHAA
autoridad portuaria WAPC
Autoridade responsável pela administração do porto organizado, competindo-lhe fiscalizar as operações portuárias e zelar para que os serviços se realizem com regularidade, eficiência, segurança e respeito ao meio ambiente.
LgBR
⇨ AUTORIDADE MARÍTIMA; PORTO ORGANIZADO.

AUTORIZAÇÃO
registration ONU92#5450
autorización ONU92#5450

Ato administrativo, discricionário e precário, através do qual a Administração faculta o exercício de certa atividade material, condicionada por lei à prévia aquiescência do Poder Público.
⇨ ATO ADMINISTRATIVO; CONTROLE.

AUTORIZAÇÃO DE ACESSO E DE REMESSA
LgBR MPR 2186-16 de 23/08/01, art. 7º, X
autorización de acceso y entreta WWIP
Documento que permite, sob condições específicas, o acesso à amostra de componente do patrimônio genético e sua remessa à instituição destinatária e o acesso a conhecimento tradicional associado.
LgBR
⇨ TERMO DE TRANSFERÊNCIA DE MATERIAL.

AUTORIZAÇÃO ESPECIAL DE ACESSO E DE REMESSA
LgBR MPR 2186-16 de 23/08/01, art. 7º, XI
Documento que permite, sob condições específicas, o acesso à amostra de componente do patrimônio genético e sua remessa à instituição destinatária e o acesso a conhecimento tradicional associado, com prazo de duração de até dois anos, renovável por iguais períodos.
LgBR
⇨ TERMO DE TRANSFERÊNCIA DE MATERIAL.

AUTORIZAÇÃO PRÉVIA
LgRS DEC 38356 de 01/04/98, art. 4º, par. 3º.
previous authorization WEPA
autorización previa ORD0789
Ato administrativo exarado pela Fundação Estadual de Proteção Ambiental que, apreciando projeto específico, permita sua implementação.
LgRS
⇨ ACUMULAÇÃO TEMPORÁRIA; FUNDAÇÃO ESTADUAL DE PROTEÇÃO AMBIENTAL.

AUTÓTROFOS
autotroph ONU92#396
autótrofos PAD93:08
Organismos capazes de sintetizar substâncias orgânicas através da fotossíntese ou quimiossíntese.

⇨ CADEIA ALIMENTAR; HETERÓTROFOS; PRODUTORES; QUIMIOSSÍNTESE.

AUXILIAR ADMINISTRATIVO
LgBR LEI 10410 de 11/01/02, art. 8º
administative assistant WEPA
Cargo da carreira de Especialista em Meio Ambiente com a seguinte atribuição: desempenho das atividades administrativas e logísticas de nível básico, relativas ao exercício das competências constitucionais e legais a cargo do Ibama, fazendo uso de equipamentos e recursos disponíveis para a consecução dessas atividades.
⇨ ESPECIALISTA EM MEIO AMBIENTE.

AVALIAÇÃO AMBIENTAL ESTRATÉGICA
LgBR DEC 4339 de 22/08/02, Anexo, 13.2.4
strategic environmental evaluation WIADB
evaluación ambiental estratégica WAEE
Procedimento sistemático e contínuo de avaliação da qualidade do meio ambiente e das conseqüências ambientais decorrentes de visões e intenções alternativas de desenvolvimento.
WMMA
◊ É aplicável em formulação de políticas, planos e programas, de modo a assegurar a integração efetiva dos aspectos biofísicos, econômicos, sociais e políticos, o mais cedo possível, aos processos públicos de planejamento e tomada de decisão.
⇨ ZONEAMENTO ECOLÓGICO-ECONÔMICO.

AVALIAÇÃO DE IMPACTO AMBIENTAL
LgBR RES CONAMA 01 de 23/01/86
Environmental Impact Assessment ONU92#2056
Evaluación del Impacto Ambiental ONU92#2056
Instrumento de política ambiental constituído por um conjunto de documentos, Estudos e respectivos Relatórios de Impacto Ambiental, com o objetivo de assegurar o exame sistemático e prévio dos impactos ambientais de uma determinada proposta e de suas alternativas, de cujos resultados, tornados públicos, depende a decisão sobre a proposta.

⇨ ESTUDO DE IMPACTO AMBIENTAL; IMPACTO AMBIENTAL; IMPACTO AMBIENTAL REGIONAL; RELATÓRIO DE IMPACTO AMBIENTAL *1.

AVALIAÇÃO TOXICOLÓGICA
LgRS LEI 7747 de 22/12/82, Anexo I, 1, a.
toxicity assessment ONU92#6717
evaluación toxicológica ONU92#6717
Análise dos dados toxicológicos de uma substância, processos físicos ou biológicos com o objetivo de colocá-los em classes toxicológicas e fornecer informações a respeito da forma correta de seu emprego, bem como as medidas preventivas e curativas para os casos de uso indevido e conseqüente intoxicação.
LgRS
⇨ CLASSIFICAÇÃO TOXICOLÓGICA; DADOS TOXICOLÓGICOS; EFEITOS NEUROTÓXICOS; POTENCIAL ECOTOXICOLÓGICO.

AVALIAÇÃO TOXICOLÓGICA *1
LgBR DEC 4074 de 04/01/02, art. 6º, III
toxicity assessment WEPA
evaluación toxicológica ONU92#6717
Caracterização da toxicidade dos agrotóxicos e afins destinados ao uso em ambientes urbanos, industriais, domiciliares, públicos ou coletivos, ao tratamento de água e ao uso em campanhas de saúde pública.
⇨ TOXICIDADE; AVALIAÇÃO TOXICOLÓGICA PRELIMINAR.

AVALIAÇÃO TOXICOLÓGICA PRELIMINAR
LgBR DEC 4074 de 04/01/02, art. 6º, III
preliminary toxicological evaluation WCFSAN
evaluación toxicológica preliminar WBVS
Avaliação da toxicidade dos agrotóxicos, produtos técnicos, pré-misturas e afins, destinados à pesquisa e à experimentação, com o propósito de minimizar os riscos à saúde dos pesquisadores e da população em geral.

◊ *LgBR PRT MS 14 de 24/01/92 estabelece os critérios para a avaliação toxicológica preliminar.*
⇨ AVALIAÇÃO TOXICOLÓGICA *1; TOXICIDADE.

AVES DE ARRIBAÇÃO
LgBR RES CONAMA 04 de 18/09/85, art. 2º, b.
birds of passage WFS
aves migratorias MAN95:208
Espécies de aves que migrem periodicamente.
LgBR
⇨ AVES MIGRATÓRIAS; CENTRO DE ESTUDOS DE MIGRAÇÕES DE AVES; POUSO DE AVES; ROTAS DE MIGRAÇÃO; SÍTIOS DE ARRIBAÇÃO.

AVES MIGRATÓRIAS
LgBR DEC 58054 de 23/03/66, art. 1º, 5.
migratory birds COL88:112
aves migratorias MAN95:208
Aves pertencentes a determinadas espécies, cujos indivíduos, ou alguns deles, atravessam, em qualquer estação do ano, as fronteiras dos países da América.
LgBR
◊ *Conforme Convenção para a Proteção da Flora, Fauna e das Belezas Cênicas dos Países da América, são exemplos de aves migratórias:* Charadridae, Scolopacidae, Caprimulgidae, Hirundinidae.
⇨ ANILHA; ANILHAMENTO; AVES DE ARRIBAÇÃO; CENTRO DE ESTUDOS DE MIGRAÇÕES DE AVES; POUSO DE AVES.

AVULSÃO
LgBR DEC 24643 de 10/07/34, art. 19
avulsion MEL94:29
avulsión MAR94:51
Modo jurídico de aquisição da propriedade imóvel pela superposição ou adjunção de uma porção de terra arrancada de propriedade alheia por força natural violenta.
◊ *Def. compl.: Resultado da ação da força súbita de uma corrente que arranca uma parte considerável e reconhecível de um prédio, arrojando-a sobre outro prédio.*
⇨ ALUVIÃO.

b

BACIA AMAZÔNICA
LgBR DEC 2788 de 28/09/98, art. 1º, § 1º.
Amazon Basin WMMA
Cuenca Amazónica PNU93:147
Área abrangida pelos Estados do Acre, Pará, Amazonas, Roraima, Rondônia, Amapá e Mato Grosso, além das regiões situadas ao norte do paralelo de 13º S, nos Estados de Tocantins e Goiás, e a oeste do meridiano de 44º W, no Estado do Maranhão.
LgBR
⇨ ACORDO DE COOPERAÇÃO AMAZÔNICA ENTRE O GOVERNO DA REPÚBLICA FEDERATIVA DO BRASIL E O GOVERNO DA REPÚBLICA COOPERATIVISTA DA GUIANA; SUDAM; TRATADO DE COOPERAÇÃO AMAZÔNICA.

BACIA DE DRENAGEM
LgBR RES CONAMA 04 de 18/09/85, art. 3º, b, III.
drainage basin ONU92#1691
cuenca de drenaje GON79:33
◊ Ver BACIA HIDROGRÁFICA.

BACIA HIDROGRÁFICA
LgBR LEI 8171 de 17/01/91, art. 20.
hydrographic water basin ONU92#3121
cuenca hidrográfica ONU92#3121
Área definida topograficamente, drenada por um curso d'água ou um sistema conectado de cursos d'água, de forma que toda vazão efluente seja descarregada através de uma saída única.
VIL78:06; 09
⇨ BACIA POTAMOGRÁFICA; REGIME HIDROLÓGICO.

BACIA POTAMOGRÁFICA
LgBR LEI 2419 de 10/02/55, art. 5º.
cuenca potamográfica WSOC
Conjunto de terras drenadas por um rio e seus afluentes.
⇨ BACIA HIDROGRÁFICA.

BACIA SEDIMENTAR
LgBR LEI 9478 de 06/08/97, art. 6º, IX
sedimentary basin WEPA
cuenca sedimentaria WGM
Depressão da crosta terrestre onde se acumulam rochas sedimentares que podem ser portadoras de petróleo ou gás, associados ou não.
LgBR
⇨ BLOCO; RESERVATÓRIO *1.

BALANÇOS
LgPOA DEC 8186 de 07/03/83, art. 1º, V.
balanced cantilever WENG
voladizos WCE
Avanços da edificação sobre os alinhamentos ou recuos regulamentares.
LgPOA
⇨ BEIRAIS; FUNDAÇÃO; SALIÊNCIAS.

BALEIA AZUL
LgBR DEC 73497 de 17/01/74, Regimento 18.
blue whale KIS83:69
ballena azul WCCB
Mamífero marinho *Balaenoptera musculus* da subordem dos Misticetáceos ameaçado de extinção, protegido por condições de pesca e captura estabelecidas por lei, classificado como espécie criticamente em perigo na Lista Oficial De Espécies Da Fauna Brasileira Ameaçada De Extinção.
◊ *Var.:* rorqual azul, rorqual de Sibbald, sulphur bottom. *Status UICN-União Internacional para a Conservação da Natureza e dos Recursos Naturais: espécie ameaçada.*
⇨ MISTICETÁCEOS.

BALEIA CINZENTA
LgBR DEC 73497 de 17/01/74, Regimento 18.
gray whale KIS83:69
ballena gris WCCB
Mamífero marinho *Eschrichtius robustus* da subordem dos Misticetáceos ameaçado de extinção, protegido por condições de pesca e captura estabelecidas por lei, classificado como espécie em perigo de extinção na Lista Oficial De Espécies Da Fauna Brasileira Ameaçada De Extinção.
◊ *Var.:* gray whale, California gray, devilfish, hard head, mussel digger, gray back, rip sack. *Status UICN-União Internacional para a Conservação da Natureza e dos Recursos Naturais: espécie ameaçada.*
⇨ MISTICETÁCEOS.

BALEIA CÓRCOVA
LgBR DEC 73497 de 17/01/74, Regimento 18.
humpback whale KIS83:69
ballena jorobada WCCB
◊ *Ver MEGÁPTERO JUBARTE.*

BALEIA FIN
LgBR DEC 73497 de 17/01/74.
sei whale WEPA
ballena fin WR351
Mamífero marinho *Balaenoptera physalus* da subordem dos Misticetáceos ameaçado de extinção, protegido por condições de pesca e captura estabelecidas por lei, classificado como espécie vulnerável na Lista Oficial De Espécies Da Fauna Brasileira Ameaçada De Extinção.
◊ *Var.:* common finback, common rorqual, cafinback, finner, cefin whale, harring whale, rozorback ou true fin whale. *Status UICN-União Internacional para a Conservação da Natureza e dos Recursos Naturais: espécie ameaçada.*
⇨ MISTICETÁCEOS.

BALEIA FRANCA
LgBR DEC 73497 de 17/01/74, Regimento 18.
right whale KIS83:70
ballena franca WCCB
Mamífero marinho *Eubalena glacialis, Eubalena australis* da subordem dos Misticetáceos ameaçado de extinção, protegido por condições de pesca e captura estabelecidas por lei, classificado como espécie criticamente em perigo na Lista Oficial De Espécies Da Fauna Brasileira Ameaçada De Extinção.

LgBR
◊ *Var.*: Atlantic right whale, Arctic right whale, *baleia de biscaye*, bowhead, great polar whale, Greenland right whale, *baleia de Groenlândia*, Nordkaper, North Atlantic right whale, North Cape whale, Pacific right whale, *baleia franca anã*, Southern Pygmy right whale *ou* Southern right whale. Status UICN-União Internacional para a Conservação da Natureza e dos Recursos Naturais: espécie ameaçada.
⇨ MISTICETÁCEOS.

BALEIA JUBARTE
LgBR DEC 73497 de 17/01/74.
jubarte whale WEPA
ballena jorobada WCCB
Mamífero marinho *Megaptera novaeangliae* da subordem dos Misticetáceos ameaçado de extinção, protegido por condições de pesca e captura estabelecidas por lei, classificado como espécie vulnerável na Lista Oficial De Espécies Da Fauna Brasileira Ameaçada De Extinção.
◊ Status *UICN-União Internacional para a Conservação da Natureza e dos Recursos Naturais: espécie ameaçada*.
⇨ MEGAPTERO JUBARTE.

BALEIAS
LgBR DEC 73497 de 17/01/74.
whales WEPA
ballenas WCCB
Mamíferos marinhos da ordem dos cetáceos considerados grande fonte de recursos naturais, que têm sua pesca e captura internacionalmente regulamentada.
⇨ CACHALOTE; CETÁCEOS; *DAUHVAL*.

BALEIAS COM BARBATANAS
LgBR DEC 73497 de 17/01/74, Regimento 18.
baleen whale KIS83:69
ballenas barbadas WICB
◊ Ver *MISTICETÁCEOS*.

BALEIAS DENTICETE
LgBR DEC 73497 de 17/01/74, Regimento 18.
toothed whales KIS83:70
ballenas dentadas WICB
Mamíferos marinhos da subordem dos *Odontoceti* ameaçado de extinção, protegido por condições de pesca e captura estabelecidas por lei, classificado como espécie criticamente em perigo na Lista Oficial De Espécies Da Fauna Brasileira Ameaçada De Extinção.
◊ Status *UICN-União Internacional para a Conservação da Natureza e dos Recursos Naturais: espécie ameaçada*.
⇨ CETÁCEOS.

BALEIA SEI
LgBR DEC 73497 de 17/01/74.
sei whale WEPA
ballena sei WMED
Mamífero marinho *Balaenoptera borealis* da subordem dos Misticetáceos ameaçado de extinção, protegido por condições de pesca e captura estabelecidas por lei, classificado como espécie vulnerável criticamente em perigo na Lista Oficial De Espécies Da Fauna Brasileira Ameaçada De Extinção.
◊ *Var.*: sei whale, Rudolphi's rorqual, pollack whale ou coalfisch whale, *inclusive a conhecida como* Bryde, Balaenoptera Brydei. Status *UICN-União Internacional para a Conservação da Natureza e dos Recursos Naturais: espécie ameaçada*.
⇨ MISTICETÁCEOS.

BALNEABILIDADE
balneability WIMO
balneabilidad WCMA
Condição da qualidade da água apropriada para o banho, determinada pelo baixo índice de microrganismos indicadores de contaminação.
◊ *Medida das condições sanitárias das águas destinadas à recreação de contato primário, feita conforme a Resolução do CONAMA 274 de 29 de novembro de 2000, após 5 semanas de coleta e análises microbiológicas para Coliformes fecais, Escherichia coli e/ ou Enterococos, nos dias e locais de maior influência do público*
⇨ FLORAÇÃO; ÍNDICE COLIFORME; PADRÕES DE QUALIDADE DAS ÁGUAS; RECREAÇÃO DE CONTATO PRIMÁRIO.

BANCO DE GERMOPLASMA
LgBR RES CONAMA 339 de 25/09/03, art. 6º, XIII.
gene bank COL95:104
banco de germoplasma WBG

Reservatório de genes de uma espécie animal ou vegetal ou de microorganismo mantido *in situ* ou *ex situ* para futuros estudos ou uso pela humanidade.
⇨ BANCO DE GERMOPLASMA *IN SITU*; BANCO DE GERMOPLASMA *EX SITU*.

BANCO DE GERMOPLASMA *EX SITU*
LgBR RES CONAMA 339 de 25/09/03, art. 2º, III.
ex situ gene bank WFAO
banco de germoplasma *ex situ* WUNM
Banco de germoplasma para o qual amostras de organismos são transferidas e mantidas em locais controlados, tais como estações experimentais, cativeiros de animais ou laboratórios especiais.
◊ *Podem ser constituídos de organismos vivos, de tecidos ou células dos mesmos mantidos em cultivo in vitro, em laboratório, ou mesmo apenas do material genético DNA, extraído de tecidos e conservado em frascos.*
⇨ BANCO DE GERMOPLASMA; BANCO DE GERMOPLASMA *IN SITU*.

BANCO DE GERMOPLASMA *IN SITU*
in situ gene bank WCNRC
banco de germoplasma *in situ* WUNM
Banco de germoplasma no qual os organismos vivos são mantidos em reservas em seus próprios *habitats* naturais.
⇨ BANCO DE GERMOPLASMA; BANCO DE GERMOPLASMA *EX SITU*; RESERVAS GENÉTICAS *IN SITU*.

BANCO NACIONAL DE DADOS OCEANOGRÁFICOS
LgBR DEC 1203 de 28/07/94, 3.6.
National Oceanographic Data Bank WNOAA
Banco Nacional de Datos Oceanográficos de Brasil WINS
Conjunto de dados e informações interdisciplinares sobre a área oceânica adjacente à costa brasileira, de responsabilidade da Diretoria de Hidrografia e Navegação do Ministério da Marinha.
◊ *Sigla: BNDO.*
⇨ PLANO SETORIAL PARA OS RECURSOS DO MAR; POLÍTICA NACIONAL PARA OS RECURSOS DO MAR.

BANHADOS
LgRS LEI 11520 de 04/08/00, art. 14, XIV.
swamp regions WFAO
bañados WUBP
Extensões de terras normalmente saturadas de água onde se desenvolvem fauna e flora nativas, prioritárias para a conservação da biodiversidade.
LgRS
⇨ ÁREAS ALAGADIÇAS; ÁREAS SUJEITAS A INUNDAÇÃO.

BARRAGENS
LgBR PRT SUDEPE 1-N de 04/01/77, art. 1º.
dams UNB86:448
presas UNB86:192
Barreiras dotadas de uma série de comportas ou outros mecanismos de controle, construídas transversalmente a um rio para controlar o nível das águas de montante, regular o escoamento ou derivar suas águas para canais.
DEP76
◊ *Sua construção deve ser submetida a ESTUDO DE IMPACTO AMBIENTAL porque pode acarretar danos ecológicos e sociais.*
⇨ REGIME HIDROLÓGICO.

BASE DE DISTRIBUIÇÃO PRIMÁRIA
LgBR PRT MINFRA 843 de 31/10/90, art. 9º, § 4º, a.
primary distribution base WOXFOR
Estabelecimento destinado a receber gás liquefeito de petróleo a granel por gasoduto de refinarias, de unidades de processamento de gás natural, de sistemas de tancagem reguladora ou de terminais de armazenamento, por importação ou cabotagem, sem passar por outra base.
LgBR
◊ *Sigla: BDP.*
⇨ BASE DE DISTRIBUIÇÃO SECUNDÁRIA; GÁS LIQUEFEITO DE PETRÓLEO.

BASE DE DISTRIBUIÇÃO SECUNDÁRIA
LgBR PRT MINFRA 843 de 31/10/90, art. 9º, § 4º, b.
secondary distribution base WWDS
Estabelecimento destinado a receber o gás liquefeito de petróleo a granel, de

uma base de distribuição primária, ou de outra base de distribuição secundária, por transporte rodoviário, ferroviário ou aquaviário, podendo armazenar, envasilhar, distribuir e comercializar o referido produto.
LgBR
◊ *Sigla: BDS.*
⇨ BASE DE DISTRIBUIÇÃO PRIMÁRIA; GÁS LIQUEFEITO DE PETRÓLEO.

BASE DE MONTANHA
LgBR RES CONAMA 303 de 20/03/02, art. 2º, VI.
◊ *Ver BASE DE MORRO.*

BASE DE MORRO
LgBR RES CONAMA 303 de 20/03/02, art. 2º, VI.
Plano horizontal definido por planície ou superfície de lençol d'água adjacente ou nos relevos ondulados, pela cota da depressão mais baixa ao seu redor.
LgBR
⇨ MONTANHA; MORRO.

BATERIA
LgBR RES CONAMA 257 de 30/06/99, art. 2º, I.
battery WENERG
batería WCEPIS
Conjunto de pilhas ou acumuladores recarregáveis interligados convenientemente. (NBR 7039/87).
LgBR
◊ *Art. 1º – As pilhas e baterias que contenham em suas composições chumbo, cádmio, mercúrio e seus compostos, necessárias ao funcionamento de quaisquer tipos de aparelhos, veículos ou sistemas, móveis ou fixos, bem como os produtos eletro-eletrônicos que as contenham integradas em sua estrutura de forma não substituível, após seu esgotamento energético, serão entregues pelos usuários aos estabelecimentos que as comercializam ou à rede de assistência técnica autorizada pelas respectivas indústrias, para repasse aos fabricantes ou importadores, para que estes adotem, diretamente ou por meio de terceiros, os procedimentos de reutilização, reciclagem, tratamento ou disposição final ambientalmente adequada. Ibid.*
⇨ ACUMULADOR ELÉTRICO; PILHA.

BATERIAS DE APLICAÇÃO ESPECIAL
LgBR RES CONAMA 257 de 30/06/99, art. 2º, VIII.
special application batteries WSAB
baterías de aplicación especial WCEPIS
Baterias utilizadas em aplicações específicas de caráter científico, médico ou militar e aquelas que sejam parte integrante de circuitos eletro-eletrônicos para exercer funções que requeiram energia elétrica ininterrupta em caso de fonte de energia primária sofrer alguma falha ou flutuação momentânea.
LgBR
⇨ BATERIAS INDUSTRIAIS; BATERIAS PORTÁTEIS; BATERIAS VEICULARES.

BATERIAS INDUSTRIAIS
LgBR RES CONAMA 257 de 30/06/99, art. 2º, V.
industrial batteries WIPP
baterías industriales WMED
Baterias que se destinam a aplicações estacionárias, tais como telecomunicações, usinas elétricas, sistemas ininterruptos de fornecimento de energia, alarme e segurança, uso geral industrial e para partidas de motores diesel, ou ainda tracionárias, tais como as utilizadas para movimentação de cargas ou pessoas e carros elétricos.
LgBR
⇨ BATERIAS DE APLICAÇÃO ESPECIAL.

BATERIAS PORTÁTEIS
LgBR RES CONAMA 257 de 30/06/99, art. 2º, VII.
portable batteries WPB
baterías portátiles WCEPIS
Baterias utilizadas em telefonia e equipamentos eletro-eletrônicos tais como jogos, brinquedos, ferramentas elétricas portáteis, informática, lanternas, equipamentos fotográficos, rádios, aparelhos de som, relógios, agendas eletrônicas, barbeadores, instrumentos de medição, de aferição, equipamentos médicos e outros.
LgBR
⇨ BATERIAS DE APLICAÇÃO ESPECIAL.

BATERIAS VEICULARES
LgBR RES CONAMA 257 de 30/06/99, art. 2º, VI.
vehicular batteries WETC
baterías vehiculares WCEPIS
Baterias utilizadas para partidas de sistemas propulsores e/ou como principal fonte de energia em veículos automotores de locomoção em meio terrestre, aquático e aéreo, inclusive de tratores, equipamentos de construção, cadeiras de roda e assemelhados.
LgBR
⇨ BATERIAS DE APLICAÇÃO ESPECIAL.

BDP
LgBR PRT MINFRA 843 de 31/10/90, art. 9º, § 4º, a.
◊ *Sigla de BASE DE DISTRIBUIÇÃO PRIMÁRIA.*

BDS
LgBR PRT MINFRA 843 de 31/10/90, art. 9º, § 4º, b.
◊ *Sigla de BASE DE DISTRIBUIÇÃO SECUNDÁRIA.*

BEIRAIS
LgPOA DEC 8186 de 07/03/83, art. 1º, VI.
cornice WARCH
cornisas WLTR
Prolongamentos de cobertura que sobressaem de parede externa.
LgPOA
⇨ BALANÇOS; FUNDAÇÃO; SALIÊNCIAS.

BENEFICIAMENTO
LgBR RES CONAMA 307 de 05/07/02, art. 2º, VIII.
beneficiamiento WUNE
Ato de submeter um resíduo a operações e/ou processos que tenham por objetivo dotá-los de condições que permitam que sejam utilizados como matéria-prima ou produto.
LgBR
⇨ ÁREAS DE DESTINAÇÃO DE RESÍDUOS; RECICLAGEM *1.

BENS
goods BLA91:478
bienes ALC96:777
Universalidade de valores e coisas que possam ser objeto de uma relação de direito, por possuírem valor econômico ou por corresponderem a uma necessidade cujo atendimento é demandado pelo homem.
⇨ BENS AMBIENTAIS; BENS DO ESTADO; BENS DA UNIÃO.

BENS AMBIENTAIS
environmental goods ONU92#2050
bienes ambientales ONU92#2050
Bens jurídicos coletivos, que compreendem elementos setoriais do meio ambiente globalmente considerado, tais como: a flora, a fauna, ar atmosférico, a água salubre, a qualidade do solo, o sossego auditivo e a paisagem.
⇨ BENS; MEIO AMBIENTE.

BENS DA UNIÃO
LgBR CF, art. 20.
state property BLA91:847
bienes nacionales MAR94:58
Universalidade de bens, móveis, imóveis ou semoventes, disponíveis ou indisponíveis, pertencentes, a qualquer título, à União.
◊ *Conforme discriminado na constituição: as terras devolutas, os lagos, os rios e quaisquer correntes de água, as ilhas fluviais e lacustres, os recursos naturais da plataforma continental, o mar territorial, os terrenos de marinha e seus acrescidos, os potenciais de energia hidráulica, os recursos minerais, inclusive os do subsolo, as cavidades naturais subterrâneas e os sítios arqueológicos e pré-históricos, e as terras tradicionalmente ocupadas pelos índios.*
⇨ BENS; BENS DO ESTADO; BENS DE INTERESSE PÚBLICO; BENS DE USO COMUM DO POVO; UNIÃO.

BENS DE INTERESSE PÚBLICO
goods of public interest BLA90:1229
bienes de dominio público MAR94:58
Bens estatais ou particulares, sujeitos a um regime especial quanto ao seu gozo, disponibilidade e exercício do poder de polícia, tendo em vista o atendimento de interesse público institucionalmente reconhecido.
⇨ BENS DA UNIÃO; BENS DE USO COMUM DO POVO; DESAPROPRIAÇÃO; DIREITO AMBIENTAL.

BENS DE USO COMUM DO POVO
bienes de uso común del pueblo WVLE

Bens pertencentes ao Poder Público, de fruição imediata por toda a coletividade, sem prévia formalidade nem discriminação de usuários.
⇨ ÁREA DE USO COMUM; BENS DO ESTADO; BENS DE INTERESSE PÚBLICO; BENS DA UNIÃO.
BENS DO ESTADO
bienes del Estado WINF
Universalidade de bens, móveis, imóveis ou semoventes, disponíveis ou indisponíveis, pertencentes, a qualquer título, ao Estado federado, a suas autarquias ou fundações.
⇨ BENS; BENS DA UNIÃO; BENS DE USO COMUM DO POVO.
BENS TOMBADOS
LgBR DEL 25 de 30/11/37, art. 22º.
bienes tombados WUNE
Bens móveis e imóveis, de valor histórico, artístico ou paisagístico, cujo valor cultural foi reconhecido em processo administrativo de tombamento e devidamente inscritos em respectivo Livro do Tombo.
⇨ PATRIMÔNIO HISTÓRICO E ARTÍSTICO NACIONAL; TOMBAMENTO.
BEQUEREL
becquerel COL95:22
becquerel WDEC
Unidade de medida de radioatividade equivalente a desintegração de um núcleo por segundo.
◊ *Símbolo: bq.*
⇨ CONTAMINAÇÃO EM SUPERFÍCIES.
BHC
LgBR PRT MS/SNVS 04 de 23/02/84.
BHC ALL84:241
Substância química, classificada como inseticida fitossanitário organoclorado persistente de usos agropecuário e domossanitário não autorizados, com classificação toxicológica legalmente estabelecida.
◊ *Nome comum: lindano. HCH; também conhecido como hexaclorociclohexano.*
⇨ AGROTÓXICOS ORGANOFOSFORADOS.
BIFENILAS POLICLORADAS
LgBR DLG 204 de 07/05/04
polychlorinated biphenyls ONU92#4991

bifenilos policlorados ONU92#4991
Poluentes orgânicos persistentes altamente tóxicos da classe dos compostos químicos hidrocarbonetos clorados sinteticamente produzidos que, devido a suas propriedades isolantes, são usados na indústria, principalmente eletroquímica e de plásticos e como inseticidas.
LgBR
◊ *Sigla: PCBs. Seus nomes comerciais mais conhecidos são Askarel, Aroclor, Clophen, Phenoclor, Kaneclor, Piranol.*
⇨ CONVENÇÃO DE ESTOCOLMO SOBRE POLUENTES ORGÂNICOS PERSISTENTES.
BIOACUMULAÇÃO
LgBR DEC 4074 de 04/01/02, art. 20.
bioaccumulation ONU92#485
bioacumulación ONU92#485
Processo pelo qual a concentração de produtos químicos no organismo aumenta progressivamente ao longo do tempo, quando a ingestão de uma determinada substância é superior à sua metabolização.
◊ *Pela bioacumulação, um agrotóxico contamina sucessivamente todos os níveis da cadeia alimentar.*
⇨ DICLORO-DIFENIL-TRICLORO-ETANO; METAIS PESADOS.
BIOCENOSE
LgPOA LEI COMPL.43 de 21/07/79, art. 65, parágrafo único, I.
biocenosis ONU92#488
biocenosis ONU92#488
Conjunto de espécies variadas que vivem em um determinado espaço e tempo.
⇨ BIOMASSA *2; BIÓTOPO.
BIOCIDA
biocide ONU92#492
biocida ONU92#492
Substância química de origem natural ou sintética utilizada para exterminar microorganismos nocivos ou inibir seu crescimento.
⇨ PESTICIDA.
BIOCOMBUSTÍVEL
LgBR LEI 11097 de 13/01/05, art. 4º.
biofuel WEPA
biocombustible WMTR

Combustível derivado de biomassa renovável para uso em motores a combustão interna ou, conforme regulamento, para outro tipo de geração de energia, que possa substituir parcial ou totalmente combustíveis de origem fóssil.
LgBR
⇨ BIODIESEL; BIOMASSA.

BIODIESEL
LgBR LEI 11097 de 13/01/05, art. 4º.
biodiesel WNBB
biodiesel WSAGP
Biocombustível derivado de biomassa renovável para uso em motores a combustão interna com ignição por compressão ou, conforme regulamento, para geração de outro tipo de energia, que possa substituir parcial ou totalmente combustíveis de origem fóssil.
LgBR
⇨ BIOCOMBUSTÍVEL; DIÓXIDO DE CARBONO.

BIODIVERSIDADE
LgBR DEC 2519 de 16/03/98.
biodiversity ONU92#500
biodiversidad PAD93:13
◊ Ver DIVERSIDADE BIOLÓGICA.

BIOENERGIA
bioenergy STE94:50
bioenergía PAD93:13
Energia química potencial do mundo biológico, proveniente da matéria orgânica produzida por fotossíntese ou quimiossíntese de microorganismos.
⇨ BIOGÁS; BIOMASSA; BIOMASSA *1.

BIOFERTILIZANTE
LgBR DEC 4954 de 14/01/04, art. 2º, VI.
biofertilizer STE94:50
biofertilizante WFAO
Produto que contém princípio ativo ou agente orgânico, isento de substâncias agrotóxicas, capaz de atuar, direta ou indiretamente, sobre o todo ou parte das plantas cultivadas, elevando a sua produtividade, sem ter em conta o seu valor hormonal ou estimulante.
LgBR
⇨ MATÉRIA-PRIMA *2.

BIOGÁS
biogas ONU92#509
biogás ONU92#509
Gás resultante do processo de digestão anaeróbia da biomassa composto aproximadamente por dois terços de metano e um terço de gás carbônico utilizado como combustível.
◊ Fonte de energia limpa e renovável.
⇨ BIOENERGIA; BIOMASSA; GÁS NATURAL VEICULAR; METANO.

BIOINDÚSTRIAS
LgBR DEC 4284 de 26/06/02, art. 2º, III.
bioindustries WFAO
bioindustrias WUDA
Indústrias que produzem organismos vivos desenvolvidos a partir de pesquisas das ciências biológicas.
⇨ BIOTECNOLOGIA.

BIOMA
LgBR PRT IBAMA 218 de 04/05/89, ementa.
biome ONU92#550
bioma ONU92#550
Unidade biótica de maior extensão geográfica resultante da interação do clima com a biota e o substrato regionais e denominada de acordo com o padrão de vegetação dominante.
⇨ BIOTA.

BIOMASSA
LgBR DEC 5163 de 30/07/04, art. 13, III, b
biomass ONU92#541
biomasa ONU92#541
Material orgânico não fóssil de origem biológica usado como fonte renovável de energia alternativa.
⇨ BIOCOMBUSTÍVEL; BIOENERGIA; BIOGÁS; BIOMASSA *1.

BIOMASSA *1
LgBR LEI 8171 de 17/01/91, art. 93, § 1º.
biomass ONU92#541
biomasa ONU92#541
Bioenergia com origem nos produtos e resíduos da agricultura, incluindo substâncias vegetais e animais, os resíduos florestais, resíduos industriais e urbanos biodegradáveis.
⇨ BIOENERGIA; BIOMASSA.

BIOMASSA *2
biomass ONU92#541
biomasa ONU92#541
Massa total dos organismos constituintes de um dado nível trófico ou a massa viva animal e vegetal que povoa, num dado período, um volume de água definido ou uma superfície de solo delimitada.
⇨ BIOCENOSE; CADEIA ALIMENTAR.

BIOPRODUTOS
LgBR DEC 4284 de 26/06/02, art. 2º, III.
bioproducts WFAO
bioproductos WBIO
Alimentos novos, aditivos alimentares, sementes de plantas transgênicas, produtos de proteção vegetal e métodos terapêuticos elaborados a partir de elementos vivos.
WSOU
⇨ BIOTECNOLOGIA.

BIOPROSPECÇÃO
LgBR MPR 2186-16 de 23/08/01, art. 7º, VII.
bioprospection WFAO
bioprospección WBIB
Atividade exploratória que visa identificar componente do patrimônio genético e informação sobre conhecimento tradicional associado, com potencial de uso comercial.
LgBR
⇨ ACESSO AO CONHECIMENTO TRADICIONAL ASSOCIADO; ACESSO AO PATRIMÔNIO GENÉTICO.

BIOSFERA
LgBR LEI 6938 de 31/08/81, art. 3º, V.
biosphere UNB86:29
biosfera UNB86:29
Sistema ecológico integrado, constituído por todos os organismos vivos sobre a Terra, interagindo com o ambiente físico como um todo.
⇨ BIOTA.

BIOSSEGURANÇA
LgBR LEI 11105 de 24/03/05.
biosafety WCTB
bioseguridad WINTA
Controle dos riscos advindos dos processos tecnológicos de manipulação de material genético com o objetivo de preservar a qualidade de vida e a sobrevivência dos organismos que compõem o meio ambiente.
⇨ CERTIFICADO DE QUALIDADE EM BIOSSEGURANÇA; POLÍTICA NACIONAL DE BIOSSEGURANÇA.

BIOSSÍNTESE
LgBR DEC 99280 de 06/06/90, 2, b, v.
biosynthesis COL95:26
biosíntesis SEO96:97
Processo de formação de compostos químicos e orgânicos por organismos vivos.
◊ *Essencial para o equilíbrio da biosfera.*
⇨ FOTOSSÍNTESE.

BIOTA
LgBR DEC 89336 de 31/01/84, art. 2º.
biota ONU92#561
biota ONU92#561
Conjunto de todos os seres vivos de um determinado espaço físico.
⇨ BIOSFERA; BIOMA; BIOTA AQUÁTICA; BIOTA NATIVA.

BIOTA AQUÁTICA
LgBR RES CONAMA 20 DE 18/06/86, art. 12.
aquatic biota WEPA
biota acuática WEUR
Conjunto das espécies vegetais e animais que ocorrem no meio aquático.
⇨ BIOTA.

BIOTA NATIVA
LgBR LEI 6902 de 27/04/81, art. 7º.
native biota WUNEP
biota nativa WSAG
Conjunto de todas as espécies vegetais e animais nascidas e desenvolvidas em um determinado território sem terem sido ali introduzidas pelo homem.
⇨ BIOTA.

BIOTECNOLOGIA
LgBR DEC 2519 de 16/03/98, art. 2º.
biotechnology ONU92#564
biotecnología ONU92#564
Aplicação tecnológica que utilize sistemas biológicos, organismos vivos ou seus derivados, para fabricar ou modificar produtos ou processos para utilização específica.
LgBR

⇨ BIOINDÚSTRIAS; BIOPRODUTOS; RECURSOS BIOLÓGICOS; RECURSOS GENÉTICOS.

BIÓTOPO
LgPOA LEI COMPL. 43 de 21/07/79, art. 65, parágrafo único, I.
biotope ONU92#569
biótopo ONU92#569
Espaço definido por condições de vida específicas onde os seres vivos cumprem todo o seu ciclo de vida.
⇨ BIOCENOSE.

BLASTER
LgPOA DEC 8187 de 07/03/83, art. 2º.
blaster WMIN
barrenero WILO
Indivíduo habilitado encarregado da perfuração, carregamento e detonação das minas.
LgPOA
⇨ PLANO DE FOGO.

BLINDAGEM
radiation shielding WEPA
blindaje WEUR
Material ou dispositivo interposto entre fontes de radiação e pessoas ou meio ambiente com o propósito de radioproteção.
⇨ FONTE RADIOATIVA.

BLOCO
LgBR LEI 9478 de 06/08/97, art. 6º, XIII.
block WEPA
bloque WSGM
Parte de uma bacia sedimentar, formada por um prisma vertical de profundidade indeterminada, com superfície poligonal definida pelas coordenadas geográficas de seus vértices, onde são desenvolvidas atividades de exploração ou produção de petróleo e gás natural.
LgBR
⇨ BACIA SEDIMENTAR; PROSPECTO.

BNDO
LgBR DEC 1203 de 28/07/94, 3, 3.6.
BNDO WJODC
◊ Sigla de BANCO NACIONAL DE DADOS OCEANOGRÁFICOS.

BOD
BOD ONU92#490
DBO ONU92#490
◊ Sigla de DEMANDA BIOQUÍMICA DE OXIGÊNIO.

BOTA-FORA
waste COL95:247
desecho WITAM
Material excedente, não-aproveitável, resultante da atividade mineradora, construção de estradas, terraplenagem e outras.
LgRS
⇨ TERRAPLENAGEM.

BQ
Bq WCNEA
◊ Símbolo de BEQUEREL.

BREJO DE ALTITUDE
LgBR RES CONAMA 10 de 01/10/93, art. 5º. IV.
turbera WFAO
Vegetação palustre herbácea, situada em níveis altitudinais montanos e alto-montanos, freqüentemente caracterizada pela presença de musgos do gênero *Sphagnum*, além de uma diversificada flora de plantas vasculares.
⇨ BREJO INTERIORANO.

BREJO INTERIORANO
LgBR RES CONAMA 10 de 01/10/93, art. 5º, IV.
matorral WARC
Mancha de floresta que ocorre no nordeste do País, em elevações e platôs onde ventos úmidos condensam o excesso de vapor e criam um ambiente de maior umidade.
LgBR
⇨ BREJO DE ALTITUDE; CAMPO DE ALTITUDE.

BRIÓFITAS
LgBR RES CONAMA 10 de 01/10/93, art. 3º, I, c.
bryophytes WSIU
briofitas WBMCN
Organismos vegetais que se multiplicam por esporos em locais úmidos e protegidos da luz direta do sol como faces protegidas de rochas e a face inferior de ramos de árvores.
◊ Importante fator da biodiversidade, incluem mais de 10000 espécies de musgos que servem de reservatório de água e nutrientes para a microfauna e microflora em processos de sucessão e regeneração.

⇨ EPÍFITAS; ESTÁGIO INICIAL DE REGENERAÇÃO DA VEGETAÇÃO SECUNDÁRIA; LÍQUENES.

BRITAGEM
LgPOA DEC 8187 de 07/03/83, art. 2º.
crushing ALL91:92
trituración WSAMP
Ação mecânica visando à redução do material desmontado até uma determinada granulação.
LgPOA
⇨ SUBSTÂNCIAS MINERAIS DA CLASSE II.

BURACO
LgBR PRT IBAMA 887 de 15/06/90, art. 10º, I.
hole cave WLCL
agujero WRAMSAR
◊ Ver *CAVIDADE NATURAL SUBTERRÂNEA*. *Na designação "cavidade natural subterrânea" estão incluídos todos os termos regionais, como gruta, lapa, toca, abismo, furna, buraco. Ibid.*

C

CAÇA AMADORISTA
LgBR PRT IBDF 79-P de 03/03/75, art. 1º.
game hunting ECO88:13
caza deportiva PNU92:142
Caça com objetivo estritamente esportivo.
LgBR
⇨ CÓDIGO DE CAÇA; PARQUES DE CAÇA.

CAÇA AMADORÍSTICA
LgRS LEI 10056 de 10/01/94, art. 2º, III.
game hunting ECO88:13
caza deportiva PNU92:142
Caça que tem por finalidade o exercício cinegético com o fim recreativo, sem fins lucrativos.
LgRS
◊ Art. 2º -"Os estudos regulares sobre as peculiaridades regionais e as populações de espécies cinegéticas, servirão para autorizar a caça amadorística no Rio Grande do Sul.

CAÇA COMERCIAL
LgRS LEI 10056 de 10/01/94, art. 2º, § 2º.
commercial hunting WFAO
caza comercial PNU92:141
Caça que tem por finalidade extrair da fauna silvestre produtos animais, com o fito de retorno econômico à comunidade humana.
LgRS
⇨ CAÇAR *1; CAÇA PROFISSIONAL; CAÇA DE SUBSISTÊNCIA.

CAÇA DE SUBSISTÊNCIA
LgRS LEI 10056 de 10/01/94, art. 2º, § 1º.
subsistence hunting WFAO

caza de subsistencia PNU92:141
Caça que se destina ao provimento de recursos alimentares, indispensáveis à sobrevivência das comunidades indígenas, desde que realizada com o uso de métodos tradicionais da cultura tribal, dentro das áreas próprias das reservas indígenas e respeitando os animais protegidos pela lista oficial de espécies em extinção.
LgRS
⇨ CAÇAR *1; CAÇA COMERCIAL.

CAÇADOR
LgBR DEL 5894 de 20/10/43, art. 12º.
hunter WHHL
cazador WLAP
Pessoa que se entrega ao exercício da caça.
LgBR
⇨ CAÇADOR AMADOR; CAÇADOR PROFISSIONAL.

CAÇADOR AMADOR
LgBR DEL 5894 de 20/10/43, art. 12º, § 1º b.
Caçador que visa fim exclusivamente esportivo.
LgBR
⇨ CAÇADOR.

CAÇADOR PROFISSIONAL
LgBR DEL 5894 de 20/10/43, art. 12º, § 1º a.
Caçador que procura auferir lucros com o produto de sua atividade.
LgBR
◊ É proibido o exercício da caça profissional LgBR LEI 5197 de 03/01/67.
⇨ CAÇADOR.

CAÇA PROFISSIONAL
LgRS LEI 10056 de 10/01/94, art. 2º, II.
professional hunting WAPH
caza comercial PNU92:141
◊ Ver CAÇA COMERCIAL.

CAÇAR
LgBR DEL 5894 de 20/10/43, art. 3º.
hunting STE94:181
cazar WMIS
Ato de perseguir, surpreender ou atrair os animais silvestres, a fim de apanhá-los vivos ou mortos.
LgBR

◊ Os animais domésticos que, por abandono, se tornarem selvagens, poderão também ser objeto de caça. Ibid.

CAÇAR *1
LgRS LEI 10056 de 10/01/94, art. 1º, parágrafo único.
hunting STE94:181
cazar WMIS
Ato de abater, utilizar, perseguir, surpreender, atrair, apanhar e transportar animais silvestres, vivos ou mortos.
LgRS
⇨ CAÇA COMERCIAL; CAÇA DE SUBSISTÊNCIA.

CACHALOTE
LgBR DEC 73497 de 17/01/74, Regimento 18.
sperm whale KIS83:70
cachalote WMAC
Baleia conhecida sob o nome de *sperm whale, spermacent whale, cachalote* ou *pot whale,* cujo Status UICN-União Internacional para a Conservação da Natureza e dos Recursos Naturais e cujas condições de pesca e captura são regulamentadas por lei.
LgBR
◊ Nome científico Physeter macrocephalus. Classificada como espécie vulnerável na LISTA OFICIAL DE ESPÉCIES DA FAUNA BRASILEIRA AMEAÇADA DE EXTINÇÃO. É espécie insuficientemente conhecida.
⇨ BALEIAS.

CADASTRO FLORESTAL ESTADUAL
LgRS DEC 41467 de 08/03/02, art. 4º.
Sistema que tem como objetivo proceder ao Registro Florestal obrigatório de produtores, consumidores e comerciantes de matéria-prima, produtos e subprodutos florestais, pessoas físicas e jurídicas que se encontram em atividade e são definidas no artigo 3º deste Decreto, com vista a assegurar no Estado o cumprimento das ações de implementação da Política Florestal Estadual.
⇨ COMERCIANTE *1; PRODUTOR *2.

CADASTRO NACIONAL DAS ENTIDADES AMBIENTALISTAS
LgBR RES CONAMA 06 de 15/06/89.
National Registry of Environmentalist Entities WPTE

Sistema de registro instituído pelo Conselho Nacional do Meio Ambiente com o objetivo de manter em banco de dados registro das Entidades Ambientalistas não governamentais existentes no país, que tenham por finalidade principal a defesa do meio ambiente.
LgBR
◊ *Sigla: CNEA.*
⇨ ENTIDADES AMBIENTALISTAS.

Cadastro Nacional de Informações Espeleológicas
LgBR RES CONAMA 347 de 10/09/04, art. 2º.
Sistema de registro das cavidades naturais subterrâneas com o objetivo de estabelecer procedimentos de uso e exploração do patrimônio espeleológico nacional para fins de proteção ambiental.
◊ *Sigla: CANIE.*
⇨ PROGRAMA NACIONAL DE PROTEÇÃO AO PATRIMÔNIO ESPELEOLÓGICO.

Cadastro Técnico Federal de Atividades e Instrumentos de Defesa Ambiental
LgBR LEI 6938 de 31/08/81, parágrafo 1º.
Catastro Técnico Federal de Actividades e Instrumentos de Defensa Ambiental WPNU
Instrumento da POLÍTICA NACIONAL DO MEIO AMBIENTE que tem por finalidade proceder ao registro de atividades que possam causar impacto ambiental e de pessoas físicas ou jurídicas que exerçam consultoria ou prestem serviços a tais atividades.
◊ *Também conhecido como CADASTRO TÉCNICO FEDERAL DO IBAMA, está dividido em CADASTRO TÉCNICO FEDERAL DE ATIVIDADES POTENCIALMENTE POLUIDORAS E UTILIZADORAS DE RECURSOS NATURAIS, CADASTRO TÉCNICO FEDERAL DE INSTRUMENTOS DE DEFESA AMBIENTAL.*
Embora sejam legalmente dois cadastros diferentes, o Certificado de Registro é unificado.
⇨ ATO DECLARATÓRIO AMBIENTAL.

Cadastro Técnico Federal de Atividades Potencialmente Poluidoras e Utilizadoras de Recursos Naturais
LgBR LEI 6938 de 31/08/81, art. 17, II.
Instrumento da POLÍTICA NACIONAL DO MEIO AMBIENTE, integrante do CADASTRO TÉCNICO FEDERAL DE ATIVIDADES E INSTRUMENTOS DE DEFESA AMBIENTAL, que tem como finalidade o controle e o monitoramento das atividades potencialmente poluidoras e/ou da extração, produção, transporte e comercialização de produtos potencialmente perigosos ao meio ambiente, assim como de produtos e subprodutos da fauna e da flora.
⇨ MELIPONICULTOR; SUBSTÂNCIAS QUE DESTROEM A CAMADA DE OZÔNIO; TAXA DE CONTROLE E FISCALIZAÇÃO AMBIENTAL.

Cadastro Técnico Federal de Instrumentos de Defesa Ambiental
LgBR LEI 6938 de 31/08/81, art. 9º, VIII
Instrumento da POLÍTICA NACIONAL DO MEIO AMBIENTE, parte integrante do CADASTRO TÉNICO FEDERAL DE ATIVIDADES E INSTRUMENTOS DE DEFESA AMBIENTAL, que tem como finalidade a identificação, com caráter obrigatório, de pessoas físicas e jurídicas que se dediquem à consultoria técnica sobre problemas ecológicos e ambientais e à indústria e comércio de equipamentos, aparelhos e instrumentos destinados ao controle de atividades efetivas ou potencialmente poluidoras.

Cadastro Técnico Federal do Ibama
LgBR RES CONAMA 346 de 16/08/04, art. 5º.
Catastro Técnico Federal del IBAMA WTRAFFIC
◊ *Ver CADASTRO TÉCNICO FEDERAL DE ATIVIDADES E INSTRUMENTOS DE DEFESA AMBIENTAL.*

CADEIA ALIMENTAR
food chain ONU92#2466
cadena alimentaria ONU92#2466
Ciclo de transferência de matéria e energia em um ecossistema através de uma série de organismos que produzem e consomem alimento e que também são consumidos.
◊ *Durante tal ciclo, se os nutrientes, incorporarem alguma substância tóxica, presente no meio, contaminarão os componentes da cadeia imediatamente*

superior, ocasionando a concentração de toxinas nos últimos consumidores.
⇨ AUTÓTROFOS; BIOMASSA *2; CONSUMIDORES; HETERÓTROFOS; PRODUTORES.

CADEIA NUTRITIVA
LgBR DEC 99280 de 06/06/90, art. 21, Anexo I, b, II.
food chain ONU92#2466
cadena alimentaria ONU92#2466
◊ Ver CADEIA ALIMENTAR.

CAGN
LgBR RES CONAMA 291 de 25/10/01, art. 1º § 1º.
◊ Sigla de CERTIFICADO AMBIENTAL PARA USO DO GÁS NATURAL EM VEÍCULOS AUTOMOTORES.

CALIÇA
LgBR RES CONAMA 307 de 05/07/02, art 2º, I.
◊ Ver RESÍDUOS DA CONSTRUÇÃO CIVIL.

CAMADA DE OZÔNIO
LgBR DEC 99280 de 06/06/90, art. I, 1.
ozone layer ONU92#4578
capa de ozono ONU92#4578
Camada gasosa, situada dentro da atmosfera, que absorve os raios solares, regulando o clima e atenuando os efeitos nocivos dos raios ultravioletas sobre a Terra.
◊ Trata-se da camada da atmosfera exterior, que ocorre entre 15 e 40 Km de altura, em relação à superfície terrestre, com concentração máxima a 25 km, e que age como barreira contra a radiação ultra-violeta de origem solar.
⇨ CAMADA LIMÍTROFE PLANETÁRIA; CONVENÇÃO DE VIENA PARA A PROTEÇÃO DA CAMADA DE OZÔNIO; EFEITO ESTUFA; PROTOCOLO DE MONTREAL.

CAMADA LIMÍTROFE PLANETÁRIA
LgBR DEC 99280 de 06/06/90, art. 21, Anexo I, a, III.
planetary boundary layer ONU92#4872
capa límite planetaria ONU92#4872
Camada atmosférica que, a partir da superfície terrestre, alcança de 600 a 800 metros de altitude, na qual o movimento do ar é sensivelmente afetado pela fricção da superfície.
RIV93:221
⇨ ATMOSFERA; CAMADA DE OZÔNIO; EFEITO ESTUFA; ESTRUTURA TÉRMICA DA ATMOSFERA.

CAMÉFITOS XEROMÓRFICOS
LgBR PRT IBAMA 19 de 06/06/91, art. 6º, § 2º.
xeromorphic chamaephytes USH66:400;74
caméfitos WJUN
Plantas sublenhosas e/ou ervas com as gemas e brotos de crescimento situados acima do nível do solo até a altura de um metro, protegidas durante o período desfavorável por folhas ou escamas, ocorrendo preferencialmente nas áreas campestres pantanosas.
⇨ CAPOEIRINHA; FANERÓFITAS; GEÓFITA RIMATOSA; HEMICRIPTÓFITAS; TERÓFITAS.

CAMPO DE ALTITUDE
LgBR RES CONAMA 10 de 01/10/93, art. 5º, III.
altitudinal vegetation zones ALL94:17
campos de altitud WMCT
Vegetação típica de ambiente montano e alto-montano, com estruturas arbustiva e/ou herbácea, que ocorre geralmente nos cumes litólicos das serras com altitudes elevadas, predominando em clima subtropical ou temperado.
LgBR
◊ Caracteriza-se por uma ruptura na seqüência natural das espécies presentes nas formações fisionômicas circunvizinhas. Ibid.
⇨ BREJO INTERIORANO; CUMES LITÓLICOS.

CAMPO DE GÁS NATURAL
LgBR LEI 9478 de 06/08/97, art. 6º, XIV.
natural gas field WEPA
campo de gas natural WEBA
◊ Ver CAMPO DE PETRÓLEO.

CAMPO DE PETRÓLEO
LgBR LEI 9478 de 06/08/97, art. 6º, XIV.
petroleum field WEPA
campo de petróleo WRBV
Área produtora de petróleo ou gás natural a partir de um reservatório contínuo ou de mais de um reservatório, a profundidades variáveis, abrangendo instalações e equipamentos destinados à produção.
LgBR
⇨ DESENVOLVIMENTO; LAVRA *1; PESQUISA.

CANGA FERRÍFERA
LgBR DEC 4339 de 22/08/02, Anexo, 10.1.10.
Camada superficial de componentes ferríferos residuais endurecidos por ressecamento, formando uma capa dura, química e fisicamente resistente aos processos intempéricos e erosivos.
◊ *Constitui ambiente especial de alto valor econômico ameaçado pela atividade de exploração mineral.*
⇨ CÓDIGO DE MINERAÇÃO.

CANIÇO COM MOLINETE
LgBR LEI 9059 de 13/06/95, art. 1º.
reel fishing rod WBETC
caña con carrete WPANA
Caniço simples, provido de uma peça metálica composta de um carretel dotado de manivela para enrolar a linha de pesca e recolher rapidamente o anzol atirado à água.
⇨ CANIÇO SIMPLES.

CANIÇO SIMPLES
LgBR LEI 9059 de 13/06/95, art. 1º.
fishing rod WEPA
caña de pescar WCED
Instrumento para pesca constituído de uma cana comprida e flexível, da qual pende um fio com anzol.
⇨ CANIÇO COM MOLINETE.

CANIE
LgBR RES CONAMA 347 de 10/09/04, art. 2º.
◊ *Sigla de:* CADASTRO NACIONAL DE INFORMAÇÕES ESPELEOLÓGICAS.

CAPACIDADE DE DEGRADAÇÃO
LgPOA DEC 9367 de 29/12/88, art. 1º, III.
degradability WFAO
capacidad de degradación WJUN
Potencial que agentes físicos e químicos possuem capaz de causar alteração adversa nas características do meio ambiente.
⇨ DIFICULDADE DE DEGRADAÇÃO; RESÍDUOS SÓLIDOS PERIGOSOS.

CAPOEIRA
LgBR PRT IBAMA 19 de 06/06/91, art. 5º, §1º.
bosques secundarios WCITES
Estágio sucessional da floresta secundária onde, fisionomicamente, os estratos arbóreos, arbustivos e herbáceos são distintos, não havendo, entretanto, predominância entre eles, com presença dos gêneros *Ecclinusa, Virola, Eschweilera, Rimnorea*, entre outros.
LgBR
◊ *As espécies citadas acima ocorrem no Centro e Norte do país. Em cada região do Brasil, diferentes espécies predominam nas capoeiras.*
⇨ CAPOEIRÃO; CAPOEIRINHA; ESTRATO ARBÓREO, ARBUSTIVO E HERBÁCEO; FLORESTA SECUNDÁRIA.

CAPOEIRA *1
LgRS LEI 9519 de 21/01/92, art. 42, XI.
bosques secundarios WCITES
Formação vegetal sucessora, proveniente de corte raso das florestas ou de abandono de áreas com qualquer outro uso, constituída, principalmente, por espécies pioneiras nativas da região, até a altura máxima de três metros.
LgRS
⇨ CORTE RASO *1.

CAPOEIRÃO
LgBR PRT IBAMA 19 de 06/06/91, art. 5º, § 2º.
Estágio sucessional de floresta secundária, onde, fisicamente, há predominância do estrato arbóreo, com árvores de grande porte em pleno desenvolvimento dos gêneros *Tabebuia, Quararibea, Terminália, Ficus, Astronium, Ingá, Octea, Caryocar*, entre outros.
LgBR
⇨ CAPOEIRA; CAPOEIRINHA; ESTRATO ARBÓREO, ARBUSTIVO E HERBÁCEO.

CAPOEIRINHA
LgBR PRT IBAMA 19 de 06/06/91, art. 6º, § 2º.
Estágio sucessional de floresta secundária, onde, fisionomicamente, há predominância do estrato herbáceo e arbustivo sobre o arbóreo, e a fase de transição entre o ambiente degradado e em reconstituição, quando aparecem as primeiras camefitas xeromórficas.

LgBR
⇨ CAMÉFITOS XEROMÓRFICOS; CAPOEIRA; CAPOEIRÃO; ESTRATO ARBÓREO, ARBUSTIVO E HERBÁCEO.

CAPTURA DE CARBONO
LgBR DEC 4339 de 22/08/02, Anexo 13.3.2.
carbon capture WFAO
captura de carbono WFAO
Captação e armazenamento de carbono em grandes reservatórios naturais que guardam mais carbono do que liberam, reduzindo o efeito estufa e sua contribuição para o aquecimento global.
◊ *O carbono pode ser estocado por reservatórios vivos, tais como florestas e não-vivos como o solo, formações geológicas, e oceanos.*
⇨ EFEITO ESTUFA.

CARACTERÍSTICAS CARCINOGÊNICAS
LgBR LEI 7802 de 11/07/89, art. 3º, § 6º, c.
carcinogenic characteristics WEPA
características carcinogénicas WAYTO
Propriedades de agentes físicos ou químicos de produzir ou estimular, por inalação, ingestão ou via cutânea, o aparecimento de câncer no organismo.
⇨ POTENCIAL CARCINOGÊNICO.

CARACTERÍSTICAS MUTAGÊNICAS
LgBR LEI 7802 de 11/07/89, art. 3º, § 6º, c.
mutagenic characteristics WEPA
características de mutagenicidad ARG93:20
Propriedades de agentes físicos ou químicos de induzir, por inalação, ingestão ou via cutânea, alterações no material genético.
⇨ MUTAGÊNESE; POTENCIAL MUTAGÊNICO.

CARACTERÍSTICAS TERATOGÊNICAS
LgBR LEI 7802 de 11/07/89, art. 3º, § 6º, c.
teratogenic characteristics WISC
características de teratogenicidade ARG93:20
Propriedades de agentes físicos ou químicos de causar, por inalação, por ingestão ou via cutânea, desvios funcionais ou deformações no feto.
⇨ POTENCIAL TERATOGÊNICO.

CARBONO EQUIVALENTE
carbon equivalent WEYP
carbón equivalente WINE
Medida métrica usada para comparar as emissões dos diferentes gases de efeito estufa, baseada em seu potencial de aquecimento global.
WEYP
⇨ POTENCIAL DE AQUECIMENTO GLOBAL.

CARCINICULTURA
LgBR RES CONAMA 312 de 10/10/02.
shrimp culture WFAO
cultivo de camarones WFAO
Atividade de maricultura que consiste no cultivo em cativeiro de crustáceos, especialmente camarões.
◊ *Sua implementação é regulada pelo Ministério do Meio Ambiente; pode causar fortes impactos ambientais e socioeconômicos, ao introduzir espécies não nativas, destruir manguezais e tirar o sustento de comunidades que sobrevivem da pesca.*
⇨ MARICULTURA.

CARGA
LgBR DEC 4954 de 14/01/04, art. 2º, XIII.
load ONU92#3655
carga ONU92#3655
Material adicionado em mistura de fertilizante, para o ajuste de formulação, que não interfira na ação destes e pelo qual não se ofereçam garantias em nutrientes no produto final.
LgBR
⇨ NUTRIENTE.

CARGA POLUIDORA
LgBR RES CONAMA 357 de 17/03/05, cap. I, art. 2º, VII.
polluting load WFAO
carga contaminante WMED
Quantidade de determinado poluente transportado ou lançado em um corpo de água receptor, expressa em unidade de massa por tempo.
LgBR
⇨ CIANOBACTÉRIAS; COLIFORMES TERMOTOLERANTES.

CARGAS PERIGOSAS
LgRS LEI 7877 de 28/12/83, art. 1º, parágrafo único.
hazardous load COL88:85

cargas peligrosas WOAS
Cargas constituídas por substâncias efetivas ou parcialmente nocivas à população, seus bens e ao meio ambiente.
LgRS
CARVÃO MINERAL
mineral coal WUTA
carbón mineral TER97:50
Combustível fóssil, sólido, de cor negra, formado por processos geológicos a partir da decomposição parcial de matéria vegetal.
◊ *A mineração do carvão e a sua queima em termelétricas e estabelecimentos industriais causam graves impactos ambientais, que vão da poeira produzida pela detonação, e que provoca sérias doenças do aparelho respiratório até a chuva ácida e o aquecimento global.*
⇨ CARVÃO VEGETAL; ENERGIA FÓSSIL; HULHA.
CARVÃO VEGETAL
LgBR PRN IBDF 302 de 03/07/84, Anexo 1.
vegetal coal WBIOC
carbón vegetal TER97:50
Combustível sólido resultante da carbonização do material lenhoso.
LgBR
◊ *Sua obtenção provoca o desmatamento, sua queima polui o ar com CO_2 e produz fuligem preta que contribui para o efeito estufa.*
⇨ CARVÃO MINERAL; HULHA; MATÉRIA-PRIMA LENHOSA.
CASO FORTUITO
act of God BLA91:21
caso fortuito MAR94:76
Causa excludente ou atenuante da responsabilidade, que decorre de fato ou ato imprevisível e irresistível, alheio à vontade das partes.
⇨ FORÇA MAIOR; RESPONSABILIDADE.
CATA
LgBR DEL 227 de 28/02/67, art. 70, III.
cateo ARG886
Trabalho individual de quem faça, por processos equiparáveis aos de garimpagem e faiscação, na parte decomposta dos afloramentos dos filões e veeiros, a extração de substâncias minerais úteis, sem o emprego de explosivos, e as apure por processos rudimentares.
LgBR
⇨ FAISCAÇÃO; FILÕES; GARIMPAGEM; GARIMPEIRO; VEEIROS.
CATAÇÃO
LgPOA DEC 9367 de 29/12/88, art. 1º, IX.
trabajo de cateo ARG886
Processo de seleção manual de resíduos.
LgPOA
⇨ MANEJO; SÍTIO DE DISPOSIÇÃO FINAL.
CATALISADOR
LgBR RES CONAMA 282 de 12/07/01, Anexo I, I.
catalyst WCHEM
catalizador TER97:52
Elemento cerâmico ou metálico impregnado de produtos químicos responsáveis pelas reações químicas.
LgBR
⇨ CONFIGURAÇÃO DO MOTOR; CONVERSOR CATALÍTICO; SUBSTRATO.
CAVERNA
LgBR RES CONAMA 347 de 10/09/04, art. 2º, I.
cavern COL88:28
cuevas UNB86:443
Cavidade natural subterrânea penetrável pelo homem, incluindo seu ambiente, seu conteúdo mineral e hídrico, as comunidades animais e vegetais ali agregadas e o corpo rochoso onde se insere.
WSBE
⇨ DEPÓSITOS FOSSILÍFEROS.
CAVERNA ARENÍTICA
sandstone cave WGCT
cueva de arenisca WRAMSAR
Cavidade natural subterrânea desenvolvida por ação de água subterrânea em rochas areníticas.
⇨ CAVIDADE NATURAL SUBTERRÂNEA; DEPÓSITOS FOSSILÍFEROS.
CAVIDADE NATURAL SUBTERRÂNEA
LgBR DEC 99556 de 01/10/90, art. 1º, parágrafo único.
natural underground cavern WMAD
cavidad natural subterránea WINS
Espaço subterrâneo penetrável pelo homem, com ou sem abertura identificada, popularmente conhecido como caverna,

incluindo seu ambiente, seu conteúdo mineral e hídrico, a fauna e a flora ali encontradas e corpo rochoso onde as mesmas se inserem, desde que a sua formação tenha sido por processos naturais, independentemente de suas dimensões ou do tipo de rocha encaixante.
LgBR
◊ *Nessa designação estão incluídos todos os termos regionais, como gruta, lapa, toca, abismo, furna, buraco. Ibid.*
⇨ CAVERNA ARENÍTICA; CAVIDADE NATURAL SUBTERRÂNEA RELEVANTE; ESPELEOTEMAS.

CAVIDADE NATURAL SUBTERRÂNEA RELEVANTE
LgBR RES CONAMA 347 de 10/09/04, art. 2º, II.
Cavidade subterrânea que apresente significativos atributos ecológicos, ambientais, cênicos, científicos, culturais ou socioeconômicos, no contexto local ou regional em razão, entre outras, das seguintes características: dimensão, morfologia ou valores paisagísticos; peculiaridades geológicas, geomorfológicas ou mineralógicas; vestígios arqueológicos ou paleontológicos; recursos hídricos significativos; ecossistemas frágeis; espécies endêmicas, raras ou ameaçadas de extinção; diversidade biológica; ou relevância histórico-cultural ou socioeconômica na região.
LgBR
⇨ CAVIDADE NATURAL SUBTERRÂNEA.

CAVIDADES NATURAIS SUBTERRÂNEAS
LgBR DEC 99556 de 01/10/90, art. 1º.
natural underground caverns WMAD
cavidades naturales subterráneas WCDCM
Áreas que integram o patrimônio cultural brasileiro, e, como tal, serão preservadas e conservadas de modo a permitir estudos e pesquisas de ordem técnico-científica, bem como atividades de cunho espeleológico, étnico-cultural, turístico, recreativo e educativo.
LgBR
⇨ ÁREAS DE POTENCIAL ESPELEOLÓGICO; ATIVIDADES ESPELEOLÓGICAS; PATRIMÔNIO ESPELEOLÓGICO.

CDM
LgBR DEC 3515 de 20/06/00, art. 1º.
CDM WTER
MDL WCONAM
◊ *Sigla de* Clean Development Mechanism. *Ver MECANISMO DE DESENVOLVIMENTO LIMPO.*

CÉLULA
LgPOA DEC 9367 de 29/12/88, art. 1º, XII.
cell KIN95:99
célula WJUN
Unidade constituída por resíduo sólido compacto e completamente enclausurado por material de cobertura com características definidas em projeto específico.
LgPOA
⇨ COMPACTAÇÃO; MATERIAL DE COBERTURA; TRATAMENTO.

CÉLULA GERMINAL HUMANA
LgBR LEI 11105 de 24/03/05, art. 3º, VII.
célula germinal humana WUDEC
Célula-mãe responsável pela formação de gametas presentes nas glândulas sexuais femininas e masculinas e suas descendentes diretas em qualquer grau de ploidia.
LgBR
⇨ PLOIDIA; ZIGOTO HUMANO.

CÉLULAS-TRONCO EMBRIONÁRIAS
LgBR LEI 11105 de 24/03/05, art. 3º, XI.
células troncales embrionarias WMJD
Células de embrião que apresentam a capacidade de se transformar em células de qualquer tecido de um organismo.
LgBR
⇨ CLONAGEM TERAPÊUTICA.

CELULOSE
LgBR PRN IBDF 302 de 03/07/84, Anexo 1.
cellulose COL95:41
celulosa WJUN
Substância obtida pela dissociação e desidratação do principal componente da parede da célula vegetal, mediante processos mecânicos e químicos, e destinada a servir de matéria-prima para a produção do papel, papelão, plástico, etc.
LgBR

◊ Def. compl.: Carboidrato presente nas paredes das células da maioria dos vegetais C6H10O5.
⇨ POLPA DE MADEIRA.
CEMAVE
LgBR PRT IBAMA 543 de 06/04/90.
CEMAVE WRAMSAR
◊ Sigla de CENTRO DE ESTUDOS DE MIGRAÇÕES DE AVES.
CENÁRIO ACIDENTAL
LgBR RES CONAMA 293 de 12/12/01, art. 2º, VI.
accidental scenario WOGA
escenario accidental WCBE
Conjunto de situações e circunstâncias específicas de um incidente de poluição por óleo.
LgBR
⇨ DERRAMAMENTOS; INCIDENTE DE POLUIÇÃO POR ÓLEO.
CENTRAL
LgBR RES CONAMA 334 de 03/04/03, art. 2º, II.
Unidade que se destina ao recebimento, controle, redução de volume, acondicionamento e armazenamento temporário de embalagens vazias de agrotóxicos e afins, que atenda aos usuários, estabelecimentos comerciais e postos, até a retirada das embalagens para a destinação final, ambientalmente adequada.
LgBR
⇨ POSTO.
CENTRAL DE RECOLHIMENTO
LgBR DEC 4074 de 04/01/02, art. 1º, V.
◊ Ver CENTRO DE RECOLHIMENTO.
CENTRO DE ESTUDOS DE MIGRAÇÕES DE AVES
LgBR PRT IBAMA 543 de 06/04/90, art. 3º.
Centro de Investigación para Conservación de las Aves Silvestres WRAMSAR
Órgão que tem por finalidade coordenar o sistema de anilhamento de aves silvestres em nível nacional, compilar e analisar os dados obtidos através do sistema, capacitar e treinar novos anilhadores, além de executar estudos relacionados ao manejo e conservação das espécies de aves ocorrentes no Brasil, utilizando as informações para apoiar tecnicamente as ações do Instituto Brasileiro do Meio Ambiente e dos Recursos Naturais Renováveis nesta área.
LgBR
◊ Sigla CEMAVE.
⇨ ANILHA; ANILHADOR; ANILHAMENTO; AVES DE ARRIBAÇÃO; AVES MIGRATÓRIAS.
CENTRO DE RECOLHIMENTO
LgBR DEC 4074 de 04/01/02, art. 1º, V.
Centro de Recogida WMTAS
Estabelecimento mantido credenciado por um ou mais fabricantes e registrantes, ou conjuntamente com comerciantes, destinado ao recebimento e armazenamento provisório de embalagens vazias de agrotóxicos e afins dos estabelecimentos comerciais, dos postos de recebimento ou diretamente dos usuários.
LgBR
⇨ ESTABELECIMENTO COMERCIAL; UNIDADE VOLANTE.
CER
CER WMED
◊ Sigla de CERTIFICADOS DE REDUÇÃO DE EMISSÕES.
CERRADOS
LgBR RES CONAMA 11 de 14/12/88, art. 3º.
cerrados WMMA
sabanas GON79:80
Formações vegetais constituídas por um tapete herbáceo com árvores e arbustos esparsos ou reunidos em grupos mais ou menos densos.
◊ Var. tabuleiro
⇨ SAVANAS.
CERTIFICADO AMBIENTAL PARA USO DO GÁS NATURAL EM VEÍCULOS AUTOMOTORES
LgBR RES CONAMA 291 de 25/10/01, art. 1º, § 1º.
Certificado emitido pelo Instituto Brasileiro do Meio Ambiente e dos Recursos Naturais Renováveis, para cada modelo de conjunto de componentes do Sistema de Gás Natural para veículos automotores, para cada tipo de motorização, e para cada combustível, nominal ao

fabricante ou importador, com validade anual, podendo ser renovada, desde que cumpridos todos os procedimentos desta Resolução.
LgBR
◊ *Sigla: CAGN.*
⇨ GÁS NATURAL VEÍCULAR.

Certificado de Carbono
carbon certificate WIIED
certificado de carbono WCNMA
Documento que comprova as reduções de emissões de carbono através da efetivação de investimento em projetos voltados para a preservação do ambiente.
⇨ CERTIFICADOS DE REDUÇÃO DE EMISSÕES; CRÉDITOS DE CARBONO.

Certificado de Proteção de Cultivar
LgBR LEI 9456 DE 25/04/97, art. 2º.
Certificate of Protection to Cultivars WSBT
Certificado que considera o cultivar bem móvel para todos os efeitos legais, constituindo-se na única forma de proteção de cultivares e de direito que poderá obstar a livre utilização de plantas ou de suas partes de reprodução ou de multiplicação vegetativa no País.
LgBR
◊ *A proteção dos direitos relativos à propriedade intelectual referente a cultivar se efetua mediante a concessão deste Certificado.*
⇨ CULTIVAR; CULTIVAR DE USO PÚBLICO RESTRITO; LEI DE PROTEÇÃO DE CULTIVARES; LICENÇA COMPULSÓRIA.

Certificado de Qualidade em Biossegurança
LgBR DEC 1752 de 20/12/95, art. 2º, XV.
Biosafety WFAO
Certificado de Calidad en Bioseguridad WCDCM
Certificado exigido das entidades nacionais, estrangeiras ou internacionais que desenvolvam ou queiram desenvolver atividades e projetos relacionados a Organismo Geneticamente Modificado e derivados.
LgBR
◊ *Sigla: CQB.*
⇨ BIOSSEGURANÇA; COMISSÃO TÉCNICA NACIONAL DE BIOSSEGURANÇA.

Certificado de Registro
LgBR DEC 4074 de 04/01/02, art. 8º.
Certificado de Registro WSNI
Documento oficial expedido pelos órgãos federais competentes que atesta o atendimento às diretrizes e exigências relativas ao registro de produto técnico formulado.
⇨ PRODUTO FORMULADO; PRODUTO TÉCNICO; REGISTRO DE PRODUTO *1.

Certificado Fitossanitário
LgBR DEC 4282 de 25/06/02, art. 4, 1.
Phytosanitary Certificate WALL
Certificado Fitosanitario WCOS
Documento oficial que certifica a condição fitossanitária de qualquer embarque sujeito à regulamentação fitossanitária, elaborado segundo o modelo da Convenção Internacional de Proteção Fitossanitária.
WCOS
⇨ ACORDO SOBRE COOPERAÇÃO NA ÁREA DA QUARENTENA VEGETAL; ORGANISMOS QUARENTENÁRIOS; QUARENTENA VEGETAL.

Certificados de Redução de Emissões
Emission Reduction Certificates WUSS
Certificado de Reducción de Emisiones WMED
Títulos a serem comprados por países industrializados que investem em países em desenvolvimento, certificando a cooperação para a redução das emissões de carbono.
◊ *Sigla: CER. Def. Compl. Documento a ser emitido no Brasil pelo Banco Nacional de Desenvolvimento, comprovando que um país industrializado constante no Anexo I do Protocolo de Quioto investiu financeiramente em projeto de melhoria sócio-ambiental de país em desenvolvimento, e permitindo que o país industrializado reduza seu compromisso de reduzir as emissões de carbono em seu próprio território.*
⇨ CERTIFICADO DE CARBONO; MECANISMO DE DESENVOLVIMENTO LIMPO.

Cetáceos
LgBR LEI 7643 de 18/12/87, art. 1º.
cetaceans WACSO

cetáceos WMAC
Mamíferos marinhos pertencentes à ordem Cetácea, que possuem sangue quente e respiram o ar atmosférico, vindo à superfície em intervalos regulares para realizar a respiração, tais como baleias, delfins ou golfinhos e botos.
◊ A pesca e qualquer forma de perturbação intencional de toda espécie de cetáceo nas águas jurisdicionais brasileiras são proíbidas por lei.
⇨ BALEIAS; BALEIAS DENTICETE.

CFCs
LgBR DEC 99280 de 06/06/90.
CFCs ONU92#895
CFC ONU92#895
◊ Símbolo de CLOROFLUORCARBONOS.

CH$_4$
LgBR DEC 99280 de 06/06/90, Anexo I, 4, a, ii.
CH$_4$ TER97:145
◊ Símbolo de METANO.

CHAPADA
LgBR RES CONAMA 303 de 20/ 03/02, art. 2º, X.I.
plateau CLA90:242
meseta WSCRUZ
Tabuleiro que se caracteriza por grandes superfícies a mais de seiscentos metros de altitude.
LgBR
⇨ TABULEIRO.

CHAPA DE FIBRA
LgBR PRN IBDF 302 de 03/07/84, Anexo I.
fiberboard WEPA
chapa de fibra WIMP
Peça fabricada na base de fibras de madeira, cuja ligação se deve, fundamentalmente, à disposição das fibras e às suas propriedades adesivas.
LgBR
⇨ CHAPA DE MADEIRA AGLOMERADA; MADEIRA LAMINADA; PARTÍCULA; PASTA MECÂNICA.

CHAPA DE MADEIRA AGLOMERADA
LgBR PRN IBDF 302 de 03/07/84, Anexo I.
particleboard WEPA
chapa de madera aglomerada WIMP
Peça em forma de chapa ou painel, fabricada na base de partículas de madeira, aglomeradas ou unidas mediante emprego de aglutinadores orgânicos, em combinação com um ou mais agentes, tais como: calor, pressão, umidade, catalizadores, etc.
LgBR
⇨ CHAPA DE FIBRA; PARTÍCULA; PASTA MECÂNICA.

CHORUME
LgPOA DEC 9367 de 29/12/88, art. 1º, XVI.
leachate WEPA
Líquido com alta carga poluidora produzido pela decomposição de matéria orgânica depositada no solo que tem como características a cor escura, o mau cheiro e a elevada demanda bioquímica de oxigênio.
◊ Var. SUMEIRO.
⇨ LIXÍVIA.

CHUVA ÁCIDA
LgBR DEC 1575 de 31/07/95, art. II, a.
acid rain ONU92#36
lluvia ácida ONU92#36
Precipitação de agentes químicos nocivos misturados à chuva, produzidos pelos processos industriais e pela combustão de carvão e petróleo, provocando a corrosão em monumentos e edifícios, alterando o equilíbrio químico de lagos e rios e afetando vegetais e animais.
◊ Apresenta efeitos tóxicos de níveis variados, especialmente sobre plantas e materiais de edificação.
⇨ DIÓXIDO DE ENXOFRE; ÓXIDOS DE ENXOFRE.

CIANETAÇÃO
LgBR DEC 97507 de 13/02/89, art. 2º, § 2º.
cyanide process WEPA
cianuración GAL92:255
Processo de extração de ouro ou de prata pela dissolução do minério em cianeto de sódio diluído, seguida de precipitação do metal precioso.
◊ Seus resíduos, dissolvidos na água são altamente poluidores do ambiente e letais aos seres vivos.
⇨ CIANETO; RESERVAS GARIMPEIRAS.

CIANETO
LgBR DEC 97507 de 13/02/89.
cyanid COL88:45
cianuro WCIPM
Sal do ácido cianídrico, de alta toxicidade ao sistema biótico.
⇨ CIANETAÇÃO.

CIANOBACTÉRIAS
LgBR RES CONAMA 357 de 17/03/05, cap. I, art. 2º, VII
cianobacterias WIBVF
Microorganismos procarióticos autotróficos.
LgBR
◊ *Também denominados como cianofíceas algas azuis capazes de ocorrer em qualquer manancial superficial especialmente naqueles com elevados níveis de nutrientes nitrogênio e fósforo, podendo produzir toxinas com efeitos adversos a saúde.* Ibid.
⇨ AMBIENTE LÊNTICO; CARGA POLUIDORA.

CICLAGEM DE MATERIAIS
ciclaje de materiales WSOC
Seqüência de trocas de materiais entre as partes vivas e não vivas de um ecossistema.
⇨ ECOSSISTEMA.

CICLO
LgBR LEI 11284 de 02/03/06, art. 3º, V.
harvesting cycle WFAO
ciclo WFAO
Período decorrido entre dois momentos de colheita de produtos florestais numa mesma área.
LgBR
⇨ PRODUTOS FLORESTAIS.

CICLO E.L.R.
LgBR RES CONAMA 315 DE 29/10/02, Anexo I, 1.
ELR cycle WDIE
ciclo E.L.R. WUCM
Ciclo de ensaio que consiste numa seqüência de quatro patamares a rotações constantes e cargas crescentes de dez a cem por cento, para determinação da opacidade da emissão de escapamento.
LgBR
⇨ CICLO EUROPEU DE RESPOSTA EM CARGA.

CICLO E.S.C.
LgBR RES CONAMA 315 DE 29/10/02, Anexo I, 2.
ESC cycle WDIE
ciclo E.S.C. WUCM
Ciclo de ensaio com treze modos de operação em regime constante.
LgBR
⇨ CICLO EUROPEU EM REGIME CONSTANTE.

CICLO E.T.C.
LgBR RES CONAMA 315 DE 29/10/02, Anexo I, 3.
ETC cycle WDIE
ciclo E.T.C. WUCM
Ciclo de ensaio que consiste de mil e oitocentos modos transientes, segundo a segundo, simulando condições reais de uso.
LgBR
⇨ CICLO EUROPEU EM REGIME TRANSIENTE.

CICLO EUROPEU DE RESPOSTA EM CARGA
LgBR RES CONAMA 315 DE 29/10/02, Anexo I, 1.
European Load Response WDIE
Respuesta de Carga Europea WSMA
◊ *Ver CICLO E.L.R.*

CICLO EUROPEU EM REGIME CONSTANTE
LgBR RES CONAMA 315 DE 29/10/02, Anexo I, 2.
European Stationary Cycle WDIE
Ciclo Europeo de Estado Continuo WMTT
◊ *Ver CICLO E.S.C.*

CICLO EUROPEU EM REGIME TRANSIENTE
LgBR RES CONAMA 315 DE 29/10/02, Anexo I, 3.
European Transient Cycle WDIE
Ciclo Europeo de Transición WMTT
◊ *Ver CICLO E.T.C.*

CICLOMOTOR
LgBR RES CONAMA 297 de 20/02/02, Anexo I, 1.
motorcycle COL97:156
ciclomotor WELD
Veículo de duas rodas e seus similares de três rodas triciclo ou quatro rodas quadriciclo, provido de um motor de combus-

tão interna, cuja cilindrada não exceda a cinqüenta centímetros cúbicos e cuja velocidade máxima de fabricação não exceda a cinqüenta quilômetros por hora.
LgBR
⇨ CLASSE DE INÉRCIA; MARCHA LENTA *1; MOTOCICLO.

CIENTISTA
LgBR PRT IBAMA 332 de 13/03/90, art. 1º, § 2º.
scientist UNB86:489
científico UNB86:489
Profissional que exerce atividade de pesquisa, utilizando-se de método científico.
LgBR
⇨ EXPEDIÇÃO CIENTÍFICA.

CIMENTO
LgBR RES CONAMA 264 de 26/08/99
cemento WINTI
Material produzido em fornos em elevada temperatura a partir de clínquer e de outras substâncias calcáreas.
◊ *A fábrica de cimento pode utilizar a escória siderúrgica, e outros resíduos industriais, mas emite poluentes atmosféricos, incluindo materiais particulados, dióxido de enxofre e óxidos de nitrogênio.*
⇨ CLÍNQUER.

CINTURÕES VERDES
green belt ONU92#2821
cinturones verdes ONU92#2821
Áreas de cultivo agrícola periféricas às cidades, responsáveis pelo seu abastecimento de produtos hortifrutigranjeiros.
⇨ ÁREA PROTEGIDA.

CINTURÕES VERDES *1
green belt ONU92#2821
cinturones verdes ONU92#2821
Zonas de vegetação, como bosques, parques e jardins, localizadas entre cidades e seus arredores industriais, funcionando como filtros de fontes de poluição atmosférica para as concentrações populacionais.
⇨ ÁREA PROTEGIDA.

CIPV
LgBR DEC 4280 de 25/06/02.
◊ *Sigla de CONVENÇÃO INTERNACIONAL PARA PROTEÇÃO DOS VEGETAIS.*

CIRA
LgBR LEI 4504 de 30/11/64.
◊ *Sigla de COOPERATIVA INTEGRAL DE REFORMA AGRÁRIA.*

CLASSE DE DIÂMETRO
LgBR PRN IBDF 302 de 03/07/84, Anexo 1.
diameter class WUSDAFS
clase de diámetro WSFC
Agrupamento das árvores de uma floresta por intervalo de classe em função do diâmetro.
LgBR
⇨ DIÂMETRO À ALTURA DO PEITO *1.

CLASSE DE INÉRCIA
LgBR RES CONAMA 297 de 20/02/02, Anexo I, 2.
idling class WEPA
clase de inercia WREG84
Inércia equivalente do veículo utilizado no ensaio do mesmo e varia conforme a massa em ordem de marcha, conforme estabelecido na Diretiva da Comunidade Européia nº 97/24EC, em seus Anexos I e II, para os ciclomotores e para os motociclos e similares, respectivamente.
LgBR
⇨ CICLOMOTOR.

CLASSE DE QUALIDADE
LgBR RES CONAMA 357 de 17/03/05, cap. I, art. 2º, IX.
Conjunto de condições e padrões de qualidade de água necessários ao atendimento dos usos preponderantes, atuais ou futuros.
LgBR
⇨ CONDIÇÃO DE QUALIDADE.

CLASSES DE RESÍDUOS DA CONSTRUÇÃO CIVIL
LgBR RES CONAMA 307 de 05/07/02, art. 3º.
tipos de residuos de la construcción civil WCMRC
Categorias estabelecidas para efeito da gestão de resíduos da construção civil.
⇨ RESÍDUOS DA CONSTRUÇÃO CIVIL; RESÍDUOS DA CONSTRUÇÃO CIVIL CLASSE A; RESÍDUOS DA CONSTRUÇÃO CIVIL CLASSE B; RESÍDUOS DA CONSTRUÇÃO CIVIL CLASSE C; RESÍDUOS DA CONSTRUÇÃO CIVIL CLASSE D.

CLASSES DE USO
LgRS LEI 11520 de 04/08/00, art. 14, XV.
clases de uso MEX92
Conjunto de três tipos de classificação de usos pretendidos para o território do Estado do Rio Grande do Sul, de modo a implementar uma política de prevenção de deterioração significativa da qualidade do ar.
LgRS
⇨ POLUENTE ATMOSFÉRICO *2.

CLASSIFICAÇÃO
LgBR RES CONAMA 357 de 17/03/05, cap. I, art. 2º, X.
classification ALL94:82
clasificación WOPS
Qualificação das águas doces, salobras e salinas em função dos usos preponderantes sistema de classes de qualidade atuais e futuros.
LgBR
⇨ ÁGUAS DOCES; ÁGUAS SALINAS; ÁGUAS SALOBRAS; PADRÕES DE QUALIDADE DAS ÁGUAS.

CLASSIFICAÇÃO DO POTENCIAL DE PERICULOSIDADE AMBIENTAL
LgBR PRN IBAMA 84 de 15/10/96, art. 2º.
Categorização de produtos de acordo com o grau de risco oferecido ao meio ambiente pelo seu uso, obedecendo a seguinte ordem: Classe I – Produto Altamente Perigoso; Classe II – Produto Muito Perigoso; Classe III – Produto Perigoso; Classe IV – Produto Pouco Perigoso.
⇨ POTENCIAL DE PERICULOSIDADE AMBIENTAL; SISTEMA DE INFORMAÇÕES SOBRE AGROTÓXICOS.

CLASSIFICAÇÃO TOXICOLÓGICA
LgRS LEI 7747 de 22/12/82, Anexo I, 1, b.
clasificación toxicológica WMTAS
Categorização de substâncias químicas, processos físicos ou biológicos de acordo com o risco oferecido aos seres vivos e ao ambiente pelo uso, obedecendo a seguinte ordem: Extremamente Tóxico; Altamente Tóxico; Medianamente Tóxico; Pouco Tóxico.
LgRS

⇨ AVALIAÇÃO TOXICOLÓGICA; DADOS TOXICOLÓGICOS; SISTEMA DE INFORMAÇÕES SOBRE AGROTÓXICOS.

CLÍMAX
LgBR RES CONAMA 04 de 18/09/85, art. 3º, XII.
climax ONU92#1004
clímax ONU92#1004
Comunidade final ou estável de seres vivos no processo de sucessão ecológica, autoperpetuável e em equilíbrio com o ambiente físico e biótico.
⇨ HABITAT; SUCESSÃO ECOLÓGICA.

CLÍNQUER
LgBR RES CONAMA 264 de 26/08/99, Anexo I, 1.
clinker WEPA
clinker WMTAS
Componente básico do cimento, constituído principalmente de silicato tricálcico, silicato dicálcico, aluminato tricálcico e ferroaluminato tetracálcico.
LgBR
◊ *Componente básico do cimento produzido por transformação térmica a elevada temperatura de uma mistura finamente moída de material rochoso, normalmente escavado em pedreiras de calcário ou obtido a partir da escória de usinas metalúrgicas e/ou da incineração de resíduos sólidos industriais em fornos apropriados. A produção de uma tonelada de clínquer gera 600kg de dióxido de carbono, gás que afeta a camada de ozônio.*
⇨ CIMENTO; CO-PROCESSAMENTO DE RESÍDUOS EM FORNOS DE PRODUÇÃO DE CLÍNQUER; FARINHA; FORNO ROTATIVO DE PRODUÇÃO DE CLÍNQUER; ZONA DE QUEIMA.

CLONAGEM
LgBR LEI 11105 de 24/03/05, art. 3º, VIII.
cloning DAR95:G15
clonación ONU92#1011
Processo de reprodução assexuada, produzida artificialmente, baseada em um único patrimônio genético, com ou sem utilização de técnicas de engenharia genética.
LgBR
⇨ AUTOCLONAGEM; CLONAGEM HUMANA; CLONAGEM PARA FINS REPRODUTIVOS; FUSÃO CELULAR.

CLONAGEM HUMANA
LgBR LEI 11105 de 24/03/05, art. 6º, IV.
human cloning WGSR
clonación humana WCNEC
Técnica de engenharia genética que consiste na retirada do núcleo de um óvulo humano e sua substituição pelo núcleo de uma célula de um outro tecido de uma pessoa a ser clonada.
⇨ CLONAGEM.

CLONAGEM PARA FINS REPRODUTIVOS
LgBR LEI 11105 de 24/03/05, art. 3º, IX.
clonación reproductiva WCNEC
Clonagem com a finalidade de obtenção de um indivíduo.
LgBR
⇨ CLONAGEM.

CLONAGEM TERAPÊUTICA
LgBR LEI 11105 de 24/03/05, art. 3º, X.
therapeutic cloning WCTB
clonación terapéutica WCONICET
Clonagem com a finalidade de produção de células-tronco embrionárias para utilização terapêutica.
LgBR
⇨ CÉLULAS-TRONCO EMBRIONÁRIAS.

CLOROFLUORCARBONOS
LgBR DEC 99280 de 06/06/90.
chlorofluorocarbon ONU92#895
clorofluorocarbono ONU92#895
Compostos químicos antropogênicos constituídos basicamente de carbono, cloro e flúor, principais responsáveis pela destruição da camada de ozônio da atmosfera e como tais denominados SUBSTÂNCIAS QUE DESTROEM A CAMADA DE OZÔNIO.
◊ *Símbolo: CFCs. São comumente usados como solventes, aerossóis, propelentes em latas de spray, refrigerantes em refrigeradores e condicionadores de ar, agentes de expansão na fabricação de espumas flexíveis para colchões e estofamentos, como agentes de limpeza para placas de circuito impresso e outros equipamentos.*
⇨ HIDROFLUORCARBONOS; SUBSTÂNCIA CONTROLADA.

CLOROPLASTOS
chloroplasts GOD79:248
cloroplastos ALL84:89
Estruturas encontradas em células vegetais, apresentando clorofila, substância responsável pela fotossíntese.
⇨ MITOCÔNDRIAS; PLASMÍDEOS.

CLUBE DE AMADORES DE PESCA
LgBR DEL 221 de 28/02/67, art. 31
club de aficionados a la pesca WABUR
Pessoa jurídica que congrega como associado o pescador amador.
⇨ PESCA AMADORA; PESCADOR AMADOR.

CNBS
LgBR LEI 11105 de 24/03/05, art. 8º
CNBS WINAI
◊ *Sigla de CONSELHO NACIONAL DE BIOSSEGURANÇA.*

CNEA
LgBR RES CONAMA 06 de 15/06/89, art. 1º.
◊ *Sigla de CADASTRO NACIONAL DAS ENTIDADES AMBIENTALISTAS.*

CNEN
LgBR LEI 4118 de 27/08/62, art. 3º.
CNEN WCNEA
◊ *Sigla de COMISSÃO NACIONAL DE ENERGIA NUCLEAR.*

CNPE
LgBR LEI 9478 de 06/08/97, cap.II, art. 2º.
CNPE WDRNP
◊ *Sigla de CONSELHO NACIONAL DE POLÍTICA ENERGÉTICA.*

CNPF
LgBR DEC 97633 de 10/04/89, art. 1º.
CNPF WUCEV
◊ *Sigla de CONSELHO NACIONAL DE PROTEÇÃO À FAUNA.*

CNUMAD
UNCED COL95:242
CNUMAD VIC96:39
◊ *Sigla de CONFERÊNCIA DAS NAÇÕES UNIDAS SOBRE O MEIO AMBIENTE E DESENVOLVIMENTO.*

CO
LgBR DEC 99280 de 06/06/90, Anexo I, 4, i.
CO COL95:36
CO TER97:148
◊ *Símbolo de MONÓXIDO DE CARBONO.*

CO_2

LgBR DEC 99280 de 06/06/90, Anexo I, ii.
CO_2 ONU92#680
CO_2 WMED
◊ Símbolo de DIÓXIDO DE CARBONO.

Código de Águas
Water Code CEN90:09
Código de Aguas CEN90:09
Corpo de preceitos definidos pelo LgBR DEC 24643 de 10/07/34, que institui o regime jurídico das águas.
⇨ ÁGUAS COMUNS; ÁGUAS MINERAIS; ÁGUAS PARTICULARES; ÁGUAS PLUVIAIS; ÁLVEO.

Código de Águas Minerais
Código de Aguas Minerales WSECYT
Corpo de preceitos que institui o regime jurídico da pesquisa e lavra das águas minerais dispondo sobre sua classificação, exploração, comércio.
◊ Instituído pelo LgBR DEL 7841 de 08/08/45.
⇨ ÁGUAS MINERAIS.

Código de Caça
LgBR DEL 5894 de 20/10/43, art. 1º
Hunting Code WCAB
Código de Caza WCAB
Corpo de preceitos que disciplina o exercício da caça e protege as espécies animais que vivem fora do cativeiro.
⇨ CAÇA AMADORISTA.

Código de Conduta para a Pesca Responsável
LgBR DEC 2956 de 03/02/99
code of conduct for responsible fishing WCON
Código de Conducta para la Pesca Responsable WCON
Código que apresenta um conjunto de diretrizes para as políticas do setor da pesca, baseado em princípios de uso sustentável e equilíbrio na distribuição de benefícios econômicos.
LgBR
◊ Aprovado na 18ª Reunião da FAO, em 1995.
⇨ CÓDIGO DE PESCA; RECURSOS PESQUEIROS.

Código de Cores
LgBR RES CONAMA 275 de 25/04/01, art. 1º, Anexo.
color code WNOR
código de colores WRM
Código para os diferentes tipos de resíduos utilizado na identificação de coletores e transportadores, bem como nas campanhas informativas para a coleta seletiva.
LgBR
◊ Padrão de cores: AZUL: papel/papelão; VERMELHO: plástico; VERDE: vidro; AMARELO: metal; PRETO: madeira; LARANJA: resíduos perigosos; BRANCO: resíduos ambulatoriais e de serviços de saúde; ROXO: resíduos radioativos; MARROM: resíduos orgânicos; CINZA: resíduo geral não reciclável ou misturado, ou contaminado não passível de separação. Ibid.
⇨ RECICLAGEM *1.

Código de Defesa do Consumidor
LgBR LEI 8078 de 11/09/90, art. 1º.
Consumer Credit Protection Act DOW93:97
Código de Defensa del Consumidor WSGP
Corpo sistemático de normas de proteção e defesa do consumidor, de ordem pública e de interesse social, aplicável a toda relação em que o indivíduo ou a coletividade adquirem ou utilizam produto ou serviço como destinatário final.
⇨ AÇÃO PARA DEFESA DE DIREITO INDIVIDUAL HOMOGÊNEO; DEFESA DO CONSUMIDOR; FORNECEDOR; PRODUTO; SERVIÇO.

Código de Minas
LgBR DEL 1985 de 29/01/40.
Mining Code WWB
Código de Minería ARG886
◊ Ver CÓDIGO DE MINERAÇÃO.

Código de Mineração
LgBR DEL 227 de 28/02/67.
Mining Code WWB
Código de Minería ARG886
Corpo de preceitos que institui o regime jurídico dos recursos minerais.
◊ Nova redação do Código de Minas.
⇨ CANGA FERRÍFERA; DEPARTAMENTO NACIONAL DE PRODUÇÃO MINERAL; PLATÔ RESIDUAL; RECURSOS MINERAIS.

Código de Pesca
LgBR DEL 221 de 28/02/67.
Fisheries Code WFAO
Código de Pesca WFAO
Corpo de preceitos que institui o regime jurídico da economia pesqueira.

⇨ CÓDIGO DE CONDUTA PARA A PESCA RESPONSÁVEL; PESCA; SISTEMA NACIONAL DE INFORMAÇÕES DA PESCA E AQÜICULTURA; SUPERINTENDÊNCIA DO DESENVOLVIMENTO DA PESCA.

Código Estadual de Meio Ambiente do Rio Grande do Sul
LgRS LEI 11520 de 04/08/00.
Norma para proteger e preservar o meio ambiente no Estado do Rio Grande do Sul.
LgRS
⇨ INFRAÇÃO ADMINISTRATIVA AMBIENTAL*1; POLÍTICA ESTADUAL DO MEIO AMBIENTE.

Código Estadual de Proteção aos Animais
LgRS LEI 11915 DE 21/05/03, art. 1º.
Conjunto de normas para a proteção dos animais no Estado do Rio Grande do Sul, visando a compatibilizar o desenvolvimento socioeconômico com a preservação ambiental.
LgRS
⇨ FUNDAÇÃO ZOOBOTÂNICA DO RIO GRANDE DO SUL; SISTEMAS INTENSIVOS DE ECONOMIA AGROPECUÁRIA; VIVISSECÇÃO.

Código Florestal
LgBR LEI 4771 de 15/09/65.
Forestry Code WFAO
Código Forestal PNU92:66
Corpo de preceitos que regula a proteção e uso da vegetação, em especial, a vegetação florestal.
◊ A LgBR LEI 11284 de 02/03/06 dispõe sobre a Gestão de Florestas Públicas para a Produção Sustentável.
⇨ ÁREA DE USO E OCUPAÇÃO; ÁREA DE PRESERVAÇÃO PERMANENTE; FLORESTAS; VEGETAÇÃO.

COLEÇÕES BIOLÓGICAS
LgBR DEC 4339 de 22/08/02, Anexo, 15.1.4.
colecciones biológicas WGOBM
Reuniões ordenadas de exemplares de organismos, vivos ou mortos, juntamente com informações do local e data de coleta e outras informações sobre sua biologia.
◊ As coleções biológicas existentes no país podem ser encontradas em herbários, coleções zoológicas, coleções de microorganismos e coleções de germoplasma.
⇨ DIVERSIDADE BIOLÓGICA.

Colegiado Estadual
LgBR DEC 5300 de 07/12/04, art. 2º, I.
Fórum consultivo ou deliberativo, estabelecido por instrumento legal, que busca reunir os segmentos representativos do governo e da sociedade, que atuam em âmbito estadual, podendo abranger também representantes do governo federal e dos municípios, para a discussão e o encaminhamento de políticas, planos, programas e ações destinadas à gestão da zona costeira.
LgBR
⇨ PLANO ESTADUAL DE GERENCIAMENTO COSTEIRO.

Colegiado Municipal
LgBR DEC 5300 de 07/12/04, art. 2º, II.
Fórum equivalente ao colegiado estadual, no âmbito municipal.
LgBR
⇨ PLANO MUNICIPAL DE GERENCIAMENTO COSTEIRO.

COLETA E RECICLAGEM
LgRS LEI 9493 de 07/01/92, art. 1º, parágrafo único.
collection and recycling WRO
recogida y reciclaje VIC96:126
Forma organizada de classificação e aproveitamento de resíduos urbanos, industriais, hospitalares e laboratoriais, desenvolvida, conjuntamente, pela sociedade civil organizada, papeleiros, catadores e entidades afins.
LgRS
⇨ COLETA SELETIVA; RECICLAGEM.

COLETA SELETIVA
LgRS LEI 9493 de 07/01/92, art. 1º.
selective collection COL95:48
recogida selectiva VIC96:126
Método de separação dos resíduos urbanos, industriais, hospitalares e laboratoriais com a classificação dos materiais para fins de reciclagem, realizada por catadores, órgãos públicos, empresas, entidades civis e cidadãos.
⇨ COLETA E RECICLAGEM.

COLHER
LgBR DEC 4256 de 03/06/02, art. X, c.
spoon WFAO
cuchara WLPY
Rede em forma de concha provida de um cabo, usada na pescaria.
⇨ PETRECHOS DE CAPTURA.

COLIFORMES
LgPOA DEC 9331 de 07/12/88, art. 2º, IV.
coliforms CEN90:81
coliformes CEN90:81
Bactérias aeróbias ou anaeróbias, facultativas gram-negativas, não esporuladas e em forma de bastonetes, as quais fermentam a lactose com conformação de gás até 48 horas a 35°C.
LgPOA
⇨ PADRÕES; PARÂMETRO.

COLIFORMES FECAIS
LgBR RES CONAMA 274 de 29/11/00, art. 1º, d.
faecal coliform bacteria ONU92#2308
coliformes fecales WRTCT
Bactérias pertencentes ao grupo dos coliformes totais caracterizadas pela presença da enzima Beta-galactosidade e pela capacidade de fermentar a lactose com produção de gás em 24 horas à temperatura de 44-45ºC em meios contendo sais biliares ou outros agentes tenso-ativos com propriedades inibidoras semelhantes.
LgBR
◊ Além de presentes em fezes humanas e de animais podem também ser encontradas em solos, plantas ou quaisquer efluentes contendo matéria orgânica.
⇨ COLIMETRIA; ESCHERICHIA COLI; ÍNDICE COLIFORME.

COLIFORMES TERMOTOLERANTES
LgBR RES CONAMA 357 de 17/03/05, cap. I, art. 2º, XI.
coliformes termotolerantes WCBA
Bactérias gram-negativas, em forma de bacilos, oxidase-negativas, caracterizadas pela atividade da enzima Beta-galactosidase, podem crescer em meios contendo agentes tenso-ativos e fermentar a lactose nas temperaturas de 44º – 45ºC, com produção de ácido, gás e aldeído.

LgBR
◊ Além de estarem presentes em fezes humanas e de animais homeotérmicos, ocorrem em solos, plantas ou outras matrizes ambientais que não tenham sido contaminados por material fecal. Ibid.
⇨ CARGA POLUIDORA.

COLIMETRIA
colimetry CEN90:81
colimetría CEN90:81
Determinação do número provável de bactérias do grupo coli, presentes em um dado volume de água.
⇨ COLIFORMES FECAIS; ÍNDICE COLIFORME.

COLÔNIA AGRÍCOLA INDÍGENA
LgBR LEI 6001 de 19/12/73, art. 29.
Área destinada à exploração agropecuária, administrada pelo órgão de assistência ao índio, onde convivam tribos aculturadas e membros da comunidade nacional.
LgBR
⇨ ESTATUTO DO ÍNDIO; PARQUE INDÍGENA; RESERVA INDÍGENA; TERRITÓRIO FEDERAL INDÍGENA.

COLONIZAÇÃO
LgBR LEI 4504 de 30/11/64, art. 4º, IX.
colonization WFAO
colonización WFAO
Atividade oficial ou particular, que se destine a promover o aproveitamento econômico da terra, pela sua divisão em propriedade familiar ou através de cooperativas.
LgBR
⇨ COOPERATIVA INTEGRAL DE REFORMA AGRÁRIA; DISTRITO DE COLONIZAÇÃO; EMPRESAS PARTICULARES DE COLONIZAÇÃO; NÚCLEO DE COLONIZAÇÃO; PROPRIEDADE FAMILIAR.

COLÚVIO
LgBR DEC 97507 de 13/02/89, art. 1º.
colluvium CLA90:67
coluvión WINGEO
Solo formado por detritos rochosos diversos e de material não consolidado, acumulados nas encostas dos morros pela ação da gravidade.
⇨ ALUVIÃO *1; ELÚVIO; PLÁCERES.

COMBUSTÍVEL NUCLEAR
LgBR LEI 6453 de 17/10/77, art 1º, II.
nuclear fuel IAEA80:16

combustible nuclear UNB86:44
Material capaz de produzir energia, mediante processo auto-sustentado de fissão nuclear.
LgBR
⇨ FISSÃO NUCLEAR; REATOR NUCLEAR.

COMBUSTÍVEL PRIMÁRIO
LgBR RES CONAMA 264 de 26/08/99, Anexo I, 2.
primary fuel WEPA
combustible primario WCFE
Combustível alimentado pelo maçarico/queimador principal do forno na zona de combustão primária, sendo comumente utilizado carvão, óleo ou gás.
LgBR
⇨ SISTEMA FORNO.

COMBUSTÍVEL SECUNDÁRIO
LgBR RES CONAMA 264 de 26/08/99, Anexo I, 3.
secondary fuel WDEQ
combustible secundario WCRE
Combustível alimentado na zona de combustão secundária, podendo ser utilizado, além dos combustíveis primários, outros alternativos, como casca de arroz e serragem, entre outros.
LgBR
⇨ SISTEMA FORNO.

COMERCIALIZAÇÃO
LgBR DEC 4074 de 04/01/02, art. 1º, VI.
marketing UNB86:44
comercialización UNB86:44
Operação de compra, venda ou permuta dos agrotóxicos, seus componentes e afins.
LgBR
⇨ MANIPULADOR.

COMERCIANTE
LgBR DEC 97634 de 10/04/89, art. 2º.
dealer WEPA
comerciante WMIS
Comerciante que se dedica à venda e revenda do mercúrio metálico.
LgBR
⇨ IMPORTADOR; MERCÚRIO METÁLICO; PRODUTOR.

COMERCIANTE *1
LgRS DEC 41467 de 08/03/02, art. 3º, § 4º
comerciante WMIS
Indústria ou fábrica de beneficiamento de madeira, indústria ou fábrica de móveis, indústria ou fábrica de artefatos de madeira, cipó, vime, bambú, cortiça, e outros; indústria ou fábrica de essência, produtos medicinais e condimentos, indústria ou fábrica de beneficiamento de erva-mate, indústria ou fábrica de embarcações, indústria ou fábrica de estruturas de madeira, indústria de construção civil, comerciante de sementes e/ou mudas, comerciante de produtos florestais, importador de produtos florestais, exportador de produtos florestais, extrator de goma-resina.
LgRS
⇨ CADASTRO FLORESTAL ESTADUAL.

COMÉRCIO
LgBR DEC 4954 de 14/01/04, art. 2º, II.
comercio WMED
Atividade que consiste na compra, venda, cessão, empréstimo ou permuta de fertilizantes, corretivos, inoculantes, biofertilizantes e matérias-primas.
LgBR
⇨ ESTABELECIMENTO.

COMÉRCIO DE EMISSÕES
LgBR DLG 144 de 01/05/02, art. 17.
emission trade WMCT
comercio de emisones WMED
Mecanismo de flexibilização incluído no Protocolo de Quioto, com vistas ao acerto de inventários para comércio internacional de emissões, estabelecendo que cada país industrializado emissor de gases de efeito estufa, mencionado no Anexo I do Protocolo, pode comercializar parte da redução de suas emissões que excederem as metas compromissadas para o período 2008 e 2012, investindo em projetos ambientais nos países em desenvolvimento, relacionados no Anexo II do mesmo Protocolo.
⇨ IMPLEMENTAÇÃO CONJUNTA; MERCADO DE CARBONO.

COMISSÃO AGRÁRIA
LgBR LEI 4504 de 30/11/64, art. 42.

comisión agraria WPA
Comissão constituída de um representante do Instituto Brasileiro de Reforma Agrária, que a presidirá, de três representantes dos proprietários rurais eleitos ou indicados pelos órgãos de classe respectivos, um representante categorizado de entidade pública vinculada à agricultura e um representante dos estabelecimentos de ensino agrícola.
LgBR
⇨ COOPERATIVA INTEGRAL DE REFORMA AGRÁRIA; REFORMA AGRÁRIA.

COMISSÃO NACIONAL DE BIODIVERSIDADE
LgBR DEC 4703 de 21/05/03, art. 1º, art. 6º.
National Commission for Biodiversity WMMA
Comisión Nacional de Biodiversidad WMARENA
Comissão, instituída pelo LgBR DEC 1354 de 29/12/94 com a denominação de Comissão Coordenadora do PRONABIO, com a finalidade de coordenar, acompanhar e avaliar as ações do PROGRAMA NACIONAL DA DIVERSIDADE BIOLÓGICA.
LgBR

COMISSÃO NACIONAL DE ENERGIA NUCLEAR
LgBR LEI 4118 de 27/08/62, art. 3º.
National Commission for Nuclear Energy CNEN
Comisión Nacional de Energía Nuclear WCNEA
Órgão subordinado ao Ministério das Minas e Energias, responsável pela política nuclear do Brasil.
◊ Sigla: CNEN.
⇨ INSTITUTO DE PESQUISAS ENERGÉTICAS E NUCLEARES.

COMISSÃO TÉCNICA NACIONAL DE BIOSSEGURANÇA
LgBR LEI 11105 de 24/03/05, art. 2º, § 3º
National Biosafety Technical Commission WCTB
Comisión Técnica Nacional de Bioseguridad WINE
Comissão integrante do Ministério da Ciência e Tecnologia, instância colegiada multidisciplinar de caráter consultivo e deliberativo, criada para prestar apoio técnico e de assessoramento ao Governo Federal na formulação, atualização e implementação da Política Nacional de Biossegurança de organismo geneticamente modificado e seus derivados, bem como no estabelecimento de normas técnicas de segurança e de pareceres técnicos referentes à autorização para atividades que envolvam pesquisa e uso comercial de organismo geneticamente modificado e seus derivados, com base na avaliação de seu risco zoofitossanitário, à saúde humana e ao meio ambiente.
◊ Sigla: CTNBIO.
⇨ ATIVIDADES NO ÂMBITO DE ENTIDADE; ATIVIDADE DE PESQUISA; ATIVIDADE DE USO COMERCIAL DE OGM E SEUS DERIVADOS; CERTIFICADO DE QUALIDADE EM BIOSSEGURANÇA; CONSELHO NACIONAL DE BIOSSEGURANÇA.

COMITÊS DE BACIAS HIDROGRÁFICAS
LgBR LEI 9433 de 08/01/97, cap.III, art. 37.
River Basin Committees WMMA
Comités de Cuencas WCEP
Fóruns de decisão no âmbito de cada bacia hidrográfica contando com a participação dos usuários, das prefeituras, da sociedade civil organizada, dos demais níveis de governo estaduais e federal, e destinados a agir como o parlamento das águas da bacia.
BRA97a
⇨ AGÊNCIAS DE ÁGUA; CONSELHO NACIONAL DE RECURSOS HÍDRICOS.

COMITÊS DE GERENCIAMENTO DE BACIA HIDROGRÁFICA
LgRS DEC 37034 de 21/11/96, art. 2º.
River Basin Management Committees WFAO
Comités de Gestión de Cuencas WCEP
Comitês instituídos com a finalidade de congregar representantes de usuários de água, da população de uma bacia hidrográfica e de órgãos da administração direta, federal e estadual atuantes na re-

gião, que estejam relacionados com os recursos hídricos dispostos na LgRS LEI 10350 de 30/12/94.
LgRS
⇨ MEMBRO DE UM COMITÊ DE GERENCIAMENTO DE BACIA HIDROGRÁFICA; USUÁRIO DA ÁGUA.

COMITÊ TÉCNICO DE ASSESSORAMENTO PARA AGROTÓXICOS
LgBR DEC 4074 de 04/01/02, art. 95.
Comitê composto pela Agência Nacional de Vigilância Sanitária, Ministério da Saúde, Ministério da Agricultura e Meio Ambiente, com competência para racionalizar e harmonizar procedimentos técnico-científicos e administrativos nos processos relativos a agrotóxicos, seus componentes e afins.
⇨ SISTEMA DE INFORMAÇÕES SOBRE AGROTÓXICOS.

COMPACTAÇÃO
LgPOA DEC 9367 de 29/12/88, art. 1º, XIII.
compaction CEN90:81
compactación CEN90:81
Energia mecânica aplicada sobre o material, visando a redução de volume.
LgPOA
⇨ ATERRO SANITÁRIO; CÉLULA; MATERIAL DE COBERTURA.

COMPATIBILIDADE ENTRE PRODUTOS
LgBR DEC 98973 de 21/02/90, art. 19, § 1º.
product compatibility WFAO
compatibilidad entre productos WFAO
Ausência de risco potencial de ocorrer explosão, desprendimento de chama ou calor, formação de gases, vapores, compostos ou misturas perigosas, bem como alteração das características físicas ou químicas originais de qualquer dos produtos transportados, se postos em contato entre si, seja por vazamento, ruptura de embalagem, ou qualquer outra causa.
LgBR
⇨ SANEAMENTO.

COMPETÊNCIA COMUM
LgBR CF, art. 23.
common competency WWB
competencia común WOAS
Conjunto de ações institucionais sobre a mesma matéria, mediante enumeração no texto constitucional, atribuídas à União, aos Estados e aos Municípios, sem que o exercício de uma venha a excluir a competência de outra, por não haver, para seu exercício, hierarquia de exclusão.
⇨ COMPETÊNCIA DO MUNICÍPIO; COMPETÊNCIA PRIVATIVA; COMPETÊNCIA RESIDUAL; COMPETÊNCIA SUPLEMENTAR.

COMPETÊNCIA CONCORRENTE
LgBR CF, art. 24.
concurrent competency WWB
competencia concurrente WOAS
Conjunto de atribuições legislativas que possibilitam a disposição sobre o mesmo assunto ou matéria por mais de uma entidade federativa, observada a primazia da União no que tange à fixação de normas gerais.
⇨ COMPETÊNCIA DO MUNICÍPIO.

COMPETÊNCIA DO MUNICÍPIO
LgBR CF, art. 30.
municipal competency WWB
competencia del municipio WOAS
Conjunto de atribuições conferidas ao Município no que concerne à atuação legislativa sobre matéria de interesse local, organização dos serviços públicos municipais, e organização político-administrativa do Município e dos seus distritos.
⇨ COMPETÊNCIA COMUM; COMPETÊNCIA CONCORRENTE; MINISTÉRIO PÚBLICO.

COMPETÊNCIA PRIVATIVA
LgBR CF, art. 22.
private competency WWB
competencia privativa WOAS
Conjunto de atribuições legislativas conferidas a ente federado com exclusão dos demais, mediante enumeração no texto constitucional, ressalvada a delegação de competência e o exercício da competência suplementar.
⇨ COMPETÊNCIA COMUM; COMPETÊNCIA RESIDUAL; COMPETÊNCIA SUPLEMENTAR.

COMPETÊNCIA RESIDUAL
LgBR CF, art. 25, § 1º.

residual competency WUNHR
competencia residual WSS
Previsão de eventual resíduo que reste após a enumeração da competência de todas as entidades federadas, em um sistema de distribuição de competências mediante enumeração no texto constitucional.
⇨ COMPETÊNCIA COMUM; COMPETÊNCIA PRIVATIVA.

COMPETÊNCIA SUPLEMENTAR
complementary competency WWB
competencia suplementaria WSEN
Faculdade genérica de formular leis que supram lacunas na regra original, ou que desdobrem o conteúdo de princípios ou normas gerais.
⇨ COMPETÊNCIA COMUM; COMPETÊNCIA PRIVATIVA.

COMPLEXO AGROFLORESTAL
LgBR LEI 9456 de 25/04/97, art. 3º, XVIII.
agriforestal complex WSBT
complejo agroforestal WWRM
Conjunto de atividades relativas ao cultivo de gêneros e espécies vegetais visando, entre outras, à alimentação humana ou animal, à produção de combustíveis, óleos, corantes, fibras e demais insumos para fins industrial, medicinal florestal e ornamental.
LgBR
⇨ LEI DE PROTEÇÃO DE CULTIVARES.

COMPONENTES
LgBR DEC 4074 de 04/01/02, art. 1º, VII.
components ONU92#1127
componentes ONU92#1127
Princípios ativos, produtos técnicos, suas matérias-primas, os ingredientes inertes e aditivos usados na fabricação de agrotóxicos e afins.
LgBR
⇨ ADITIVO *2; DESATIVAÇÃO DOS COMPONENTES DOS AGROTÓXICOS; INGREDIENTE INERTE; MATÉRIA-PRIMA *1.

COMPRIMENTO TOTAL
LgBR DEC 4256 de 03/06/02, art. XIV, 2.
total length WNHM
medidas WLPY

Distância tomada entre a ponta do focinho e a extremidade da nadadeira caudal.
LgBR
◊ Para efeito de mensuração do tamanho do peixe. Ibid.
⇨ PROTOCOLO ADICIONAL AO ACORDO PARA A CONSERVAÇÃO DA FAUNA AQUÁTICA NOS CURSOS DOS RIOS LIMÍTROFES ENTRE BRASIL E PARAGUAI.

COMUNICAÇÕES DE SEGURANÇA
LgBR DEC 2210 de 22/04/97, art. 2º, II.
safety communications WFAO
Ligações internas e externas, estabelecidas pelos órgãos do Sistema de Proteção ao Programa Nuclear Brasileiro, com a finalidade de atender as suas necessidades de segurança.
LgBR
⇨ SISTEMA DE PROTEÇÃO AO PROGRAMA NUCLEAR BRASILEIRO; UNIDADE DE TRANSPORTE.

COMUNIDADE INDÍGENA
LgBR LEI 6001 de 19/12/73, art. 3º, II.
Indian tribe UNI03:510
comunidad indígena WPET
Conjunto de famílias indígenas ou comunidades indígenas, quer vivendo em estado de completo isolamento em relação aos demais setores da comunhão nacional, quer em contatos intermitentes ou permanentes, sem contudo estarem neles integrados.
LgBR
⇨ ESTATUTO DO ÍNDIO.

COMUNIDADE LOCAL
LgBR MPR 2186-16 de 23/08/01, art. 7º, III.
comunidad local WUNE
Grupo humano, incluindo remanescentes de comunidades de quilombos, distinto por suas condições culturais, que se organiza, tradicionalmente, por gerações sucessivas e costumes próprios, e que conserva suas instituições sociais e econômicas.
LgBR
⇨ CONHECIMENTO TRADICIONAL ASSOCIADO.

COMUNIDADES EXTRATIVISTAS
LgBR DEC 98051 de 14/08/89, art. 3º.

extractive communities WMMA
Comunidades Extractivistas WTRAFFIC
Grupos de pessoas cujo sustento se dá mediante a exploração auto-sustentável dos recursos naturais renováveis da área em que vivem.
⇨ EXPLORAÇÃO AUTO-SUSTENTÁVEL; RESERVAS EXTRATIVISTAS; RESERVAS EXTRATIVISTAS *1.

COMUNIDADES LOCAIS
LgBR LEI 11284 de 02/03/06, art. 3º, X.
local communities WUSDA
comunidades locales WFAO
Populações tradicionais e outros grupos humanos, organizados por gerações sucessivas, com estilo de vida relevante à conservação e à utilização sustentável da diversidade biológica.
LgBR
⇨ UNIDADE DE MANEJO.

COMUNIDADES VEGETAIS
LgBR RES CONAMA 04 de 18/09/85, art. 2º, o.
plant association ALL94:304
comunidades vegetales WAGRO
Conjuntos de espécies vegetais que constituem uma associação florística ou segmento estrutural da vegetação ou da paisagem.
◊ Comunidades vegetais podem ser definidas em diferentes escalas de grandeza e, portanto, de complexidade. Exemplos de comunidades vegetais: floresta, campo natural e maricazal.
⇨ ASSOCIAÇÕES VEGETAIS MISTAS; CONSORCIAÇÃO; TURFEIRA.

CONAMA
LgBR LEI 6938 de 31/08/81, art. 6º, II.
CONAMA WCNMA
◊ Sigla de CONSELHO NACIONAL DO MEIO AMBIENTE.

CONCENTRAÇÃO LETAL 50% INALATÓRIA
LgRS LEI 7747 de 22/12/82, Anexo I, 1, e 3.
median lethal concentration ONU92#3848
concentración mediana letal ONU92#3848
Concentração de uma substância química na atmosfera, capaz de provocar a morte em 50% dos animais após uma exposição mínima por uma hora.
LgRS
⇨ DADOS TOXICOLÓGICOS AGUDOS; DADOS TOXICOLÓGICOS CRÔNICOS; DOSE LETAL 50% ORAL; DOSE LETAL 50% DÉRMICA.

CONCESSÃO FLORESTAL
LgBR LEI 11284 de 02/03/06, art. 3º, VII
forest concession WUSDA
concesión forestal WDAMAB
Delegação onerosa, feita pelo poder concedente, do direito de praticar manejo florestal sustentável para exploração de produtos e serviços numa unidade de manejo, mediante licitação, à pessoa jurídica, em consórcio ou não, que atenda às exigências do respectivo edital de licitação e demonstre capacidade para seu desempenho, por sua conta e risco e por prazo determinado.
LgBR
⇨ AUDITORIA FLORESTAL.

CONCLUSÃO DE AUDITORIA
LgBR RES CONAMA 306 de 05/07/02, Anexo I, IV.
audit conclusion EN/ISO14010:2.1
conclusión de la auditoría UNIT/ISO 14010:2.1
Julgamento ou parecer profissional expresso sobre o objeto da auditoria, baseado e limitado à apreciação das constatações de auditoria.
LgBR
⇨ AUDITORIA AMBIENTAL; CONSTATAÇÕES DE AUDITORIA.

CONDIÇÃO DE QUALIDADE
LgBR RES CONAMA 357 de 17/03/05, cap. I, art. 2º, XII
condición de calidad WMINEM
Qualidade apresentada por um segmento de corpo d'água, num determinado momento, em termos dos usos possíveis com segurança adequada, frente às Classes de Qualidade.
LgBR
⇨ CONDIÇÕES DE LANÇAMENTO; CLASSE DE QUALIDADE.

CONDIÇÃO *EX SITU*
LgBR MPR 2186-16 de 23/08/01, art. 7º, XIV

condición *ex situ* WGRAIN
Manutenção de amostra de componente do patrimônio genético fora de seu *habitat* natural, em coleções vivas ou mortas.
LgBR
⇨ PATRIMÔNIO GENÉTICO *2.

CONDICIONADOR DO SOLO
LgBR DEC 4954 de 14/01/04, art. 2º, IV, d.
soil conditioner ONU92#6030
mejorador del suelo ONU92#6030
Produto que promove a melhoria das propriedades físicas, físico-químicas ou atividade biológica do solo.
LgBR
⇨ CORRETIVO.

CONDIÇÕES DE LANÇAMENTO
LgBR RES CONAMA 357 de 17/03/05, cap. I, art. 2º, XIII.
Condições e padrões de emissão adotados para o controle de lançamentos de efluentes no corpo receptor.
LgBR
⇨ CONDIÇÃO DE QUALIDADE; CORPO RECEPTOR.

CONDIÇÕES *IN SITU*
LgBR DEC 2519 de 16/03/98, art. 2º.
in situ conditions WCBD
condiciones *in situ* WCNA
Condições em que recursos genéticos existem em ecossistemas e *habitats* naturais e, no caso, de espécies domesticadas ou cultivadas, nos meios onde tenham desenvolvido suas propriedades características.
LgBR
⇨ CONSERVAÇÃO *IN SITU*; CONSERVAÇÃO *EX SITU*; ESPÉCIE DOMESTICADA; PAÍS DE ORIGEM DE RECURSOS GENÉTICOS; PAÍS PROVEDOR DE RECURSOS GENÉTICOS.

CONFERÊNCIA DAS NAÇÕES UNIDAS SOBRE O MEIO AMBIENTE E DESENVOLVIMENTO
LgBR DEC 2652 de 01/07/98.
United Nations Conference on Environment and Development COL95:242
Conferencia de Naciones Unidas sobre Medio Ambiente y Desarrollo VIC96:39
◊ Ver CONFERÊNCIA DO RIO. Sigla: CNUMAD.

CONFERÊNCIA DAS NAÇÕES UNIDAS SOBRE O MEIO AMBIENTE HUMANO
United Nations Conference on the Human Environment WONU
Conferencia de las Naciones Unidas sobre el Medio Ambiente Humano WSADS
◊ Ver CONFERÊNCIA DE ESTOCOLMO.

CONFERÊNCIA DE ESTOCOLMO
Stokholm Conference WUNEP
Conferencia de Estocolmo WMED
Conferência das Nações Unidas sobre o Meio Ambiente Humano realizada em junho de 1972 em Estocolmo, Suécia, com a participação de 113 países, 250 ONGs, com o objetivo de chamar a atenção para o fato de que a ação humana está causando a degradação da natureza e pondo em risco a própria sobrevivência da humanidade.
⇨ CONFERÊNCIA DAS NAÇÕES UNIDAS SOBRE O MEIO AMBIENTE HUMANO; DECLARAÇÃO DE ESTOCOLMO; DECLARAÇÃO SOBRE O MEIO AMBIENTE HUMANO.

CONFERÊNCIA DO RIO
LgBR DEC s/n de 16/08/91.
Rio Conference COL95:242
Conferencia de Río VIC96:39
Conferência das Nações Unidas sobre o Meio Ambiente e Desenvolvimento CNUMAD, realizada no Rio de Janeiro de 03 a 14 de junho de 1992 com o principal objetivo de avaliar como os países haviam promovido a proteção ambiental desde a Conferência de Estocolmo de 1972.
◊ Sin. ECO 92; Cúpula da Terra. Seus documentos principais são: Declaração do Rio sobre o Meio Ambiente e Desenvolvimento, Agenda 21, Princípios para a Administração Sustentável das Florestas, Convenção da Biodiversidade, Convenção sobre a Mudança do Clima.
⇨ AGENDA 21; CÚPULA DA TERRA; DECLARAÇÃO DO RIO; DECLARAÇÃO SOBRE O MEIO AMBIENTE HUMANO; RIO + 10.

CONFIGURAÇÃO DA CARROCERIA
LgBR RES CONAMA 18 de 06/05/86, Anexo I, 2.
motor vehicle body configuration WEPA
configuración de la carrocería WINF

Combinação única de partes, peças e componentes que caracterizam a carroceria do veículo, através do seu estilo, volume e aerodinâmica.
LgBR
⇨ CONFIGURAÇÃO DO VEÍCULO.
CONFIGURAÇÃO DO MOTOR
LgBR RES CONAMA 297 de 20/02/02, Anexo I, 3.
configuración del motor WINF
Combinação única de família de motores, sistema de controle de emissão, cilindrada, sistema de alimentação de combustível e sistema de ignição.
LgBR
⇨ CATALISADOR; CONFIGURAÇÃO DA CARROCERIA; CONFIGURAÇÃO DO VEÍCULO; FAMÍLIA DE MOTORES; GÁS DE ESCAPAMENTO *1.
CONFIGURAÇÃO DO VEÍCULO
LgBR RES CONAMA 297 de 20/02/02, Anexo I, 4.
configuración del vehículo WINF
Combinação única de motor básico, configurações de motor e de transmissão, inércia do veículo e as relações de transmissão após a caixa de mudanças até a roda.
LgBR
⇨ CONFIGURAÇÃO DA CARROCERIA; CONFIGURAÇÃO DO MOTOR; MARCHA LENTA; MODELO DE VEÍCULO; REVALIDAÇÃO.
CONFORMIDADE DA PRODUÇÃO
LgBR RES CONAMA 18 de 06/05/86, Anexo I (Definições), 5.
conformidad de la producción WINF
Atendimento dos veículos, produzidos em série ou não, aos limites máximos de emissão estabelecidos e outras exigências desta Resolução.
LgBR
⇨ VALOR TÍPICO DE EMISSÃO.
CONHECIMENTO TRADICIONAL ASSOCIADO
LgBR MPR 2186-16 de 23/08/01, art. 7º, II.
traditional knowledge associate WSBB
conocimiento tradicional asociado WPA
Informação ou prática individual ou coletiva de comunidade indígena ou de comunidade local, com o valor real ou potencial, associada ao patrimônio genético.
LgBR
⇨ ACESSO À TECNOLOGIA E TRANSFERÊNCIA DE TECNOLOGIA; COMUNIDADE LOCAL.
CONSELHO NACIONAL DE BIOSSEGURANÇA
LgBR LEI 11105 de 24/03/05, art. 8º.
National Biosafety Council WCTB
Consejo Nacional de Bioseguridad WCPCM
Sistema vinculado à Presidência da República, órgão de assessoramento superior do Presidente da República para a formulação e implementação da Política Nacional de Biossegurança.
LgBR
◊ *Sigla:* CNBS.
⇨ COMISSÃO TÉCNICA NACIONAL DE BIOSSEGURANÇA.
CONSELHO NACIONAL DE POLÍTICA ENERGÉTICA
LgBR LEI 9478 de 06/08/97, cap.II, art. 2º.
National Energy Policy Council WINT
Consejo Nacional de Política Energética WMME
Sistema vinculado à Presidência da República, órgão de assessoramento superior do Presidente da República para a formulação e implementação da Política Nacional Energética.
LgBR
◊ *Sigla:* CNPE.
CONSELHO NACIONAL DE PROTEÇÃO À FAUNA
LgBR DEC 97633 de 10/04/89, art. 1º.
National Fauna Protection Council WMMA
Órgão consultivo e normativo de política de proteção à fauna do país, integrado no Instituto Brasileiro do Meio Ambiente e dos Recursos Naturais Renováveis, que tem por finalidade estudar e propor diretrizes gerais para: criação e implantação de Reservas e Áreas Protegidas, Parques e Reservas de Caça e Áreas de Lazer; o manejo adequado da fauna; temas de seu interesse peculiar que lhe sejam submetidos pelo Presidente do Ins-

tituto Brasileiro do Meio Ambiente e dos Recursos Naturais Renováveis.
LgBR
◊ Sigla: CNPF.
⇨ CONSELHO NACIONAL DO MEIO AMBIENTE; FAUNA.

Conselho Nacional de Recursos Hídricos
LgBR LEI 9433 de 08/01/97, cap. II, art. 35.
National Council on Water Resources BRA97b:15
Consejo Nacional de Recursos Hídricos WFAO
Órgão mais elevado da hierarquia do Sistema Nacional de Recursos Hídricos em termos administrativos, a quem cabe decidir sobre as grandes questões do setor, além de dirimir as contendas de maior vulto.
BRA97a
⇨ COMITÊS DE BACIAS HIDROGRÁFICAS; SISTEMA NACIONAL DE GERENCIAMENTO DE RECURSOS HÍDRICOS.

Conselho Nacional do Meio Ambiente
LgBR LEI 6938 de 31/08/81, art. 6º.
Nacional Council on Environment WMMA
Consejo Nacional del Medio Ambiente WMED
Órgão consultivo e deliberativo do Sistema Nacional de Meio Ambiente com a finalidade de assessorar, estudar e propor ao Conselho de Governo, diretrizes de políticas governamentais para o meio ambiente e os recursos naturais e deliberar, no âmbito de sua competência, sobre normas e padrões compatíveis com o meio ambiente ecologicamente equilibrado e essencial à sadia qualidade de vida.
◊ Sigla: CONAMA.
⇨ CONSELHO NACIONAL DE PROTEÇÃO À FAUNA; POLÍTICA NACIONAL DO MEIO AMBIENTE; SECRETARIA ESPECIAL DO MEIO AMBIENTE; SISTEMA NACIONAL DE MEIO AMBIENTE.

Conservação
LgBR LEI 7804 de 18/07/89.
conservation ONU92#1157
conservación ONU92#1157
Proteção do meio ambiente com a utilização racional dos recursos naturais, a fim de beneficiar a posteridade, assegurando uma produção contínua de plantas, animais e materiais úteis, mediante o estabelecimento de um ciclo equilibrado de colheita e renovação.
⇨ CONSERVAÇÃO *EX SITU*; CONSERVAÇÃO *IN SITU*; MANEJO ECOLÓGICO.

Conservação *1
LgRS LEI 11520 de 04/08/00, art. 14, XVI.
conservation ONU92#1157
conservación ONU92#1157
Utilização dos recursos naturais em conformidade com o manejo ecológico.
LgRS
⇨ ÁREAS DE CONSERVAÇÃO; ÁREAS DE USO ESPECIAL; MANEJO ECOLÓGICO *1.

Conservação Ambiental
LgBR DEC 98897 de 30/01/90, art. 2º.
environmental conservation WMMA
conservación ambiental WPRO
◊ Ver CONSERVAÇÃO.

Conservação da Natureza *1
LgBR LEI 9985 DE 18/07/00, art. 2º, II.
nature conservation ECO88:15
conservación de la naturaleza ONU92#4147
Manejo do uso humano da natureza, compreendendo a preservação, a manutenção, a utilização sustentável, a restauração e a recuperação do ambiente natural, para que possa produzir o maior benefício, em bases sustentáveis, às atuais gerações, mantendo seu potencial de satisfazer as necessidades e aspirações das gerações futuras, e garantindo a sobrevivência dos seres vivos em geral.
LgBR
⇨ MANEJO *1; PRESERVAÇÃO *1; USO SUSTENTÁVEL.

Conservação do Solo
LgRS LEI 11520 de 04/08/00, art. 14, XVII.
soil conservation COL95:216
conservación del suelo WUNT
Conjunto de ações que visam à manutenção de suas características físicas, químicas e biológicas do solo, e conse-

qüentemente, à sua capacidade produtiva, preservando-o como recurso natural permanente.
LgRS
⇨ USO ADEQUADO DO SOLO.
CONSERVAÇÃO DOS RECURSOS VIVOS DO ALTO-MAR
LgBR DEC 1530 de 22/06/95, art. 2º.
conservation of living resources of the high seas WUNTRE
conservación de los recursos vivos de la alta mar WIDEAM
Conjunto de medidas que tornem possível o rendimento constante optimum de tais recursos, de maneira a elevar ao máximo o suprimento de produtos marinhos, alimentares e outros.
LgBR
⇨ CONVENÇÃO DAS NAÇÕES UNIDAS SOBRE O DIREITO DO MAR.
CONSERVAÇÃO *EX SITU*
LgBR DEC 2519 de 16/03/98, art. 2º.
ex situ conservation WCBD
conservación *ex situ* ARG94a
Conservação de componentes da diversidade biológica fora de seus *habitats* naturais.
LgBR
⇨ CONDIÇÕES *IN SITU*; CONSERVAÇÃO *IN SITU*; CONSERVAÇÃO.
CONSERVAÇÃO *IN SITU*
LgBR LEI 9985 de 18/07/00, art. 2º, VII.
in situ conservation WCBD
conservación *in situ* ARG94a
Conservação de ecossistemas e *habitats* naturais e a manutenção e recuperação de populações viáveis de espécies em seus meios naturais e, no caso de espécies domesticadas ou cultivadas, nos meios onde tenham desenvolvido suas propriedades características.
LgBR
⇨ CONSERVAÇÃO; CONSERVAÇÃO *EX SITU*; CONDIÇÕES *IN SITU*.
CONSORCIAÇÃO
LgBR PRN IBDF 302 de 03/07/84, Anexo 1.
consortism USH66:93
consorciación WLAM

Formas de cultura onde dois ou mais indivíduos usufruem o mesmo ambiente, sem causar dano um ao outro.
LgBR
⇨ COMUNIDADES VEGETAIS.
CONSTATAÇÕES DE AUDITORIA
LgBR RES CONAMA 306 de 05/07/02, Anexo I, III.
audit findings EN/ISO14010:2.4
hallazgos de auditoría UNIT/ISO14010:2.4
Resultados da avaliação das evidências coletadas na auditoria, comparadas com os critérios de auditoria estabelecidos.
LgBR
⇨ CONCLUSÃO DE AUDITORIA.
CONSTITUIÇÃO
Constitution BLA91:214
Constitución MAR94:107
Conjunto de leis fundamentais de uma nação ou de um estado estabelecidas como base de sua organização política e como fundamento dos direitos e deveres de cada um.
⇨ DIREITO AMBIENTAL; LEGISLAÇÃO AMBIENTAL.
CONSTRUÇÃO GÊNICA
LgBR RES CONAMA 305 de 12/06/02, Anexo I, Glossário.
genetic construction WFSM
construcción génica WMDP
Fragmento de ADN recombinante, composto por determinadas seqüências genéticas expressas genes ligadas a determinadas seqüências genéticas que regulam tal expressão genes reguladores, proporcionando a uma espécie uma nova característica ou um conjunto de novas características, que se manifestam em conformidade com as propriedades dos elementos reguladores.
LgBR
⇨ ADN; ENGENHARIA GENÉTICA; ORGANISMO GENETICAMENTE MODIFICADO.
CONSUMIDOR
LgBR LEI 8078 de 11/09/90, art. 2º.
consumer DOW93:7
consumidor WOMCO

Pessoa física ou jurídica que adquire ou utiliza produto ou serviço como destinatário final.
LgBR
◊ *Equipara-se a consumidor a coletividade de pessoas, ainda que indetermináveis, que haja intervindo nas relações de consumo. Ibid.*
⇨ AÇÃO CAUTELAR; DEFESA DO CONSUMIDOR; FORNECEDOR; SERVIÇO.

CONSUMIDOR *1
LgRS LEI 9519 de 21/01/92, art. 42, XXI.
consumer DOW93:7
consumidor WOMCO
Consumidor de produtos florestais: serrarias, fábrica de lâminas, papel, papelão, pasta mecânica, celulose, aglomerados, prensados, fósforos, extratores de toras, consumidores de lenha e carvão acima de 200 m3/ano, indústrias de palmito, produtos e comerciantes de lenha e carvão, ervateiras, indústria de tanino, outros produtores, consumidores e afins, assim considerados pelo órgão competente.
LgRS
⇨ POLÍTICA FLORESTAL DO ESTADO DO RIO GRANDE DO SUL.

CONSUMIDORES
consumers UNB86:50
consumidores VIC96:42
Organismos heterótrofos, membros de uma cadeia alimentar, que se alimentam de outros organismos ou detritos orgânicos.
⇨ CADEIA ALIMENTAR; HETERÓTROFOS.

CONSUMO
LgBR DEC 99280 de 06/06/90, art. 1º, 6.
consumption UNB86:50
consumo WMED
Produção mais importações menos exportações de substâncias controladas.
LgBR
⇨ SUBSTÂNCIA CONTROLADA.

CONTAMINAÇÃO
radioactive contamination NCRP51:80
contaminación radictiva WMED
Presença indesejável de materiais radioativos em pessoas, materiais, meios e locais.

CNEN-NE-3.02
⇨ CONTAMINAÇÃO INTERNA; CONTAMINAÇÃO EM SUPERFÍCIES; CONTAMINAÇÃO EXTERNA; DESCONTAMINAÇÃO.

CONTAMINAÇÃO AMBIENTAL
LgBR LEI 7802 de 11/07/89, art. 5º.
environment pollution ONU92#2127
contaminación ambiental ONU92#2127
Introdução, no meio ambiente, de agentes que afetam negativamente o ecossistema, provocando alterações na estrutura e funcionamento das comunidades.
⇨ DEGRADAÇÃO DA QUALIDADE AMBIENTAL.

CONTAMINAÇÃO EM SUPERFÍCIES
contamination on surfaces WEPA
contaminación en superficies WORG
Presença de substância radioativa em uma superfície em quantidades superiores a 0,4 bq/cm² 10-5 uCi/cm² para emissores beta ou gama ou 0,04 bq/cm² 10-6 uCi/cm² para emissores alfa.
CNEN-NE-3.02
⇨ BEQUEREL; CONTAMINAÇÃO; CONTAMINAÇÃO INTERNA; DESCONTAMINAÇÃO.

CONTAMINAÇÃO EXTERNA
LgPOA DEC 8185 de 07/03/83, art. 3, X.
external contamination IAEA
Emissão de som medido dentro dos limites reais da propriedade da parte supostamente incomodada.
LgPOA
⇨ CONTAMINAÇÃO; DESCONTAMINAÇÃO; LIMITE REAL DA PROPRIEDADE.

CONTAMINAÇÃO INTERNA
internal contamination IAEA
contaminación interna WESC
Contaminação no interior do corpo humano por materiais radioativos.
CNEN-NE-3.02
⇨ CONTAMINAÇÃO; CONTAMINAÇÃO EM SUPERFÍCIES; DESCONTAMINAÇÃO; MATERIAL RADIOATIVO.

CONTINGENCIAMENTO
LgBR PRN IBAMA 71 de 11/07/94, art. 1º.
contigenciamiento WDGRE
Volume de madeira serrada proveniente de plano de manejo florestal sustentável e autorização de desmatamento para uso alternativo do solo.

LgBR
⇨ ESPÉCIES CONTINGENCIADAS; MOTO-SERRA; SISTEMA DE CONTROLE DE MADEIRA SERRADA CONTINGENCIADA.
CONTRATO DE UTILIZAÇÃO DO PATRIMÔNIO GENÉTICO E DE REPARTIÇÃO DE BENEFÍCIOS
LgBR MPR 2186-16 de 23/08/01, art. 7º, XIII.
Contrato de Utilización del Património Genético y de Repartición de Beneficios WTRAFFIC
Instrumento jurídico multilateral, que qualifica as partes, o objeto e as condições de acesso e de remessa de componente do patrimônio genético e de conhecimento tradicional associado, bem como as condições para repartição de benefícios.
LgBR
⇨ PATRIMÔNIO GENÉTICO *2.
CONTROLE
control WEPA
control WSEC
Função administrativa, que, no âmbito do Direito Ambiental, abrange a obrigação do Poder Público em regulamentar os fatores poluentes, de conceder autorização para o exercício de atividades perigosas, bem como de impor limitações, cautelas e proibições.
⇨ ATO ADMINISTRATIVO; AUTORIZAÇÃO; PODER DE POLÍCIA.
CONTROLE *1
LgBR DEC 4074 de 04/01/02, art. 1º, VIII.
control WEPA
control WISP
Verificação do cumprimento dos dispositivos legais e requisitos técnicos relativos a agrotóxicos, seus componentes e afins.
LgBR
◊ *Def. compl.: Fiscalização exercida sobre pessoas, órgãos ou coisas, no sentido de que a qualidade dessas e a atividade daqueles não se desvie do padrão exigido. SID95:1982. Acompanhamento e/ou atuação em um processo de maneira que seus efeitos ou produtos estejam em conformidade com os padrões pré-estabelecido.*
⇨ AGROTÓXICOS E AFINS.

CONTROLE AMBIENTAL
LgBR LEI 7797 de 10/07/89.
environment control ONU92#2016
protección del medio ambiente ONU92#2016
Fiscalização e monitoramento das atividades referentes à utilização dos recursos ambientais exercidos pela Administração Pública, de acordo com diretrizes técnicas e leis em vigor.
⇨ FUNDO NACIONAL DO MEIO AMBIENTE.
CONTROLE DA QUALIDADE DA ÁGUA
LgBR RES CONAMA 357 de 17/03/05, cap. I, art. 2º, XIV.
water quality control WTDEC
control de calidad del agua WOPS
Conjunto de medidas operacionais que visa avaliar a melhoria e a conservação da qualidade da água estabelecida para o corpo de água.
LgBR
⇨ ENQUADRAMENTO; MONITORAMENTO.
CONTROLE DA QUALIDADE DA ÁGUA PARA CONSUMO HUMANO
LgBR DEC 5440 de 04/05/05, Anexo, art. 4º, IV.
control de calidad del agua de consumo humano WAHE
Conjunto de atividades exercidas de forma contínua pelos responsáveis pela operação de sistema ou solução alternativa de abastecimento de água, destinadas a verificar se a água fornecida à população é potável, assegurando a manutenção desta condição.
LgBR
⇨ VIGILÂNCIA DA QUALIDADE DA ÁGUA PARA CONSUMO HUMANO.
CONTROLE DE EFLUENTES
LgBR LEI 6803 de 02/07/80, art. 2º.
effluent control CLA90:102
control de efluentes WCEPIS
Fiscalização exercida sobre a emissão de efluentes no sentido de que sejam cumpridos os padrões pré-estabelecidos de qualidade ambiental.
⇨ PADRÃO DE EFLUENTES; TRATAMENTO DE EFLUENTES; ZONAS DE USO ESTRITAMENTE INDUSTRIAL; ZONAS DE USO PREDOMINANTEMENTE INDUSTRIAL.

CONTROLE DE QUALIDADE
LgBR DEC 79094 de 05/01/77, art. 3º, XXVI.
quality control POR92:309
control de calidad WCONICIT
Conjunto de medidas destinadas a verificar a qualidade de cada lote de medicamentos e outros produtos como insumos farmacêuticos, drogas, produtos de higiene, saneantes e outros, para que satisfaçam às normas de atividade, pureza, eficácia e inocuidade.
LgBR
⇨ ANÁLISE DE CONTROLE; INSPEÇÃO DE QUALIDADE; PUREZA; REGISTRO DE PRODUTO.

CONTROLE DE QUALIDADE *1
LgRS PRT 06/93 de 23/04/93, Norma Técnica alínea "L".
quality control POR92:309
control de calidad WCONICIT
Adoção de métodos instrumentalizados de monitoramento da linha de produção, que garanta pela sua eficácia a qualidade do produto final.
LgRS

CONTROLE INTEGRADO DE PRAGAS
integrated pest management ONU92#3283
control integrado de las plagas ONU92#3283
Conjunto de técnicas destinadas a reduzir a ação das pragas, que utiliza medidas legislativas, medidas agrotécnicas, controle biológico, rotação e diversificação de culturas, esterilização química ou por radiação, estimulantes hormonais, inseticidas e seleção.
⇨ AGENTE BIOLÓGICO DE CONTROLE; MANEJO INTEGRADO DE PRAGAS.

CONURBAÇÃO
LgBR DEC 5300 de 07/12/04, art. 2º, III.
conurbanization WSBS
conurbación WMED
Conjunto urbano formado por uma cidade grande e suas tributárias limítrofes ou agrupamento de cidades vizinhas de igual importância.
LgBR
⇨ DEGRADAÇÃO DO ECOSSISTEMA.

CONVENÇÃO DAS NAÇÕES UNIDAS SOBRE O DIREITO DO MAR
LgBR DEC 1530 de 22/06/95.
United Nations Convention on the Law of the Sea ONU92#6923
Convención de las Naciones Unidas sobre el Derecho del Mar ONU92#6923
Convenção multilateral com o objetivo de solucionar, num espírito de compreensão e cooperação mútuas, todas as questões relativas ao direto do mar, contribuindo para a manutenção da paz, da justiça e do progresso de todos os povos do mundo.
◊ *Assinada pelo Brasil em 10 de dezembro de 1982, em Montego Bay, Jamaica.*
⇨ CONSERVAÇÃO DOS RECURSOS VIVOS DO ALTO-MAR.

CONVENÇÃO DE BASILÉIA SOBRE O CONTROLE DE MOVIMENTOS TRANSFRONTEIRIÇOS DE RESÍDUOS PERIGOSOS E SEU DEPÓSITO
LgBR DEC 875 de 19/07/93.
Basel Convention WSBO
Convenio de Basilea ARG93:12
Convenção multilateral com o objetivo de continuar o desenvolvimento e a implementação de tecnologias ambientalmente saudáveis para a redução de resíduos perigosos, controlar o movimento transfronteiriço de resíduos perigosos e reduzir ao máximo esses movimentos.
◊ *Assinada pelo Brasil em 22 de março de 1989, em Basiléia.*
⇨ DEPÓSITO; MOVIMENTO TRANSFRONTEIRIÇO, RESÍDUOS PERIGOSOS; TRÁFICO ILEGAL.

CONVENÇÃO DE ESTOCOLMO SOBRE POLUENTES ORGÂNICOS PERSISTENTES
LgBR DLG 204 de 07/05/04
Stockholm Convention on Persistent Organic Pollutants WPOPS
Convenio de Estocolmo sobre Contaminantes Orgánicos Persistentes WPOPS
Convenção sobre segurança química que identifica inicialmente 12 poluentes orgânicos persistentes sobre os quais a comunidade internacional adotará ações com vistas à sua eliminação, prevê

níveis diferenciados de responsabilidades e capacidades entre os países e vincula o cumprimento do acordo, por parte dos países em desenvolvimento, ao acesso à assistência financeira e técnica que se fizer necessária.
◊ *Assinada pelo Brasil em 22 de maio de 2001, em Estocolmo. Instrumento da segurança química internacional, em consonância com as metas da Agenda 21, adotada pela Conferência do Rio sobre Meio Ambiente e Desenvolvimento em 1992.*
⇨ BIFENILAS POLICLORADAS; DIOXINAS; FURANOS; POLUENTES ORGÂNICOS PERSISTENTES.

CONVENÇÃO DE VIENA PARA A PROTEÇÃO DA CAMADA DE OZÔNIO
LgBR DEC 99280 de 06/06/90.
Vienna Convention for the Protection of the Ozone Layer ONU92#7062
Convenio de Viena para la Protección de la Capa de Ozono ONU92#7062
Convenção multilateral com o objetivo de promover a cooperação e ação internacional a fim de proteger a camada de ozônio de modificações devidas a atividades humanas.
◊ *Assinada pelo Brasil em 22 de março de 1985, em Viena.*
⇨ CAMADA DE OZÔNIO; PROTOCOLO DE MONTREAL.

CONVENÇÃO DE WASHINGTON
LgBR DEC 76623 de 17/11/75.
Washington Convention WUNEP
◊ *Ver: CONVENÇÃO SOBRE COMÉRCIO INTERNACIONAL DAS ESPÉCIES DA FLORA E FAUNA SELVAGENS EM PERIGO DE EXTINÇÃO.*

CONVENÇÃO INTERAMERICANA PARA A PROTEÇÃO E A CONSERVAÇÃO DAS TARTARUGAS MARINHAS
LgBR DEC 3842 de 13/06/01, art. 1º.
Inter-American Convention for the Protection and Conservation of Sea Turtles WCON
Convención Interamericana para la Protección y Conservación de las Tortugas Marinas WCON
Convenção multilateral com a finalidade de promover a proteção, a conservação e a recuperação das populações de tartarugas marinhas e dos *habitats* das quais essas populações dependem.
◊ *Assinada pelo Brasil em 1º de dezembro de 1996, em Caracas.*
⇨ ESTADOS NO CONTINENTE AMERICANO; TARTARUGA MARINHA.

CONVENÇÃO INTERNACIONAL PARA A CONSERVAÇÃO DO ATUM E AFINS DO ATLÂNTICO SUL
LgBR DEC 65026 de 20/08/69.
International Convention for the Conservation of Atlantic Tunas ONU92#3344
Convenio Internacional para la Conservación del Atún del Atlántico ONU92#3344
Convenção multilateral com o objetivo de colaborar na manutenção dos cardumes de atum e afins do Oceano Atlântico, em níveis que permitam uma captura máxima e contínua para fins alimentícios e instituir a Comissão Internacional para a Conservação do Atum e Afins do Atlântico.
◊ *Assinada pelo Brasil em 14 de maio de 1966, no Rio de Janeiro.*
⇨ ATUM E AFINS.

CONVENÇÃO INTERNACIONAL PARA PREVENÇÃO DA POLUIÇÃO CAUSADA POR NAVIOS
LgBR DEC 2508 de 04/03/98.
International Convention for the Prevention of Pollution from Ships WMMA
Convenio Internacional para Prevenir la Contaminación por los Buques TRE83c:226
Convenção multilateral com a finalidade de conservar o ambiente marinho através da completa eliminação da poluição intencional por óleo e outras substâncias nocivas ou efluentes com tais substâncias e da minimização de descargas acidentais destas substâncias.
◊ *Var.:Marpol 73/78. Assinada pelo Brasil em 02 de dezembro de 1973, em Londres.*
⇨ DESCARGA; ÓLEO *1.

CONVENÇÃO INTERNACIONAL PARA PROTEÇÃO DOS VEGETAIS
LgBR DEC 51342 de 28/10/61.

International Plant Protection Convention KIS83:90
Convención Internacional de Protección Fitosanitaria WFAO
Convenção multilateral com o objetivo de assegurar a ação comum e permanente contra a introdução e disseminação de pragas dos vegetais e promover as medidas para o seu combate.
◊ *Sigla: CIPV. Assinada pelo Brasil em 06 de dezembro de 1951, em Roma.*
⇨ PRAGA; PRAGA DE QUARENTENA; PRODUTOS VEGETAIS; VEGETAIS.

CONVENÇÃO INTERNACIONAL PARA REGULAMENTAÇÃO DA PESCA DA BALEIA
LgBR DEC 73497 de 17/01/74.
International Convention for the Regulation of Whaling KIS83:67
Convención Internacional para la Regulación de la Pesca de las Ballenas WRJU
Convenção multilateral com o objetivo de estabelecer um sistema de regulamentação internacional aplicável à pesca da baleia, a fim de assegurar, de maneira racional e eficaz a conservação e aumento da espécie baleeira.
◊ *Assinada pelo Brasil em 02 de dezembro de 1946, em Washington.*
⇨ PROTOCOLO ADICIONAL À CONVENÇÃO INTERNACIONAL PARA A REGULAMENTAÇÃO DA PESCA DA BALEIA.

CONVENÇÃO INTERNACIONAL PARA SALVAGUARDA DA VIDA HUMANA NO MAR
LgBR DEC 87186 de 18/05/82.
Convenio para la Salvaguarda de la Vida Humana en el Mar WSNH
Convenção concluída em Londres, a 01/11/74, aprovada pelo Brasil, por meio do Decreto Legislativo 11, de 16/04/80, e promulgada pelo Decreto 87186, de 18/05/82.
◊ *Sigla: SOLAS/74.*

CONVENÇÃO INTERNACIONAL SOBRE O PREPARO, RESPOSTA E COOPERAÇÃO EM CASO DE POLUIÇÃO POR ÓLEO
LgBR DEC 2870 de 10/12/98.
International Convention on Oil Pollution preparedness, response and cooperation WIMO
Convenção multilateral que define como um dos seus compromissos um Sistema Nacional para responder aos Incidentes de Poluição por Óleo, no qual inclui um Plano Nacional de Contingências.
◊ *Var.: OPRC/90. Assinada pelo Brasil em 30 de novembro de 1990, em Londres.*
⇨ REGULAMENTO PARA USO DE DISPERSANTES QUÍMICOS EM DERRAMES DE ÓLEO NO MAR.

CONVENÇÃO INTERNACIONAL SOBRE RESPONSABILIDADE CIVIL EM DANOS CAUSADOS POR POLUIÇÃO POR ÓLEO
LgBR DEC 83540 de 04/06/79.
International Convention on Civil Liability for Oil Pollution Damage KIS83:31
Convenio Internacional sobre Responsabilidad Civil por Daños Causados por la Contaminación de las Aguas del Mar por Hidrocarburos TRE75c:47
Convenção multilateral com o objetivo de garantir uma indenização adequada às pessoas que venham a sofrer danos causados por poluição resultante de fugas ou descargas de óleo proveniente de navios, e de adotar regras e procedimentos uniformes no plano internacional.
◊ *Var.: CLC/69. Assinada pelo Brasil em 29 de novembro de 1969, em Bruxelas*
⇨ DANO POR POLUIÇÃO.

CONVENÇÃO PARA A PROTEÇÃO DA FLORA, DA FAUNA E DAS BELEZAS CÊNICAS DOS PAÍSES DA AMÉRICA
LgBR DEC 58054 de 23/03/66.
Convention on Nature Protection and Wildlife Preservation in the Western Hemisphere ONU92#1261
Convención para la Protección de la Flora, de la Fauna y de las Bellezas Escénicas Naturales de los Países de América ONU92#1261
Convenção multilateral com a finalidade de proteger e conservar no seu ambiente natural, exemplares de todas as espécies e gêneros da flora e fauna indígenas, incluindo aves migratórias, em número suficiente e em locais que sejam bastante extensos para que se evite, por todos os meios humanos, a sua extinção, bem como, prote-

ger e conservar as paisagens de grande beleza, as formações geológicas extraordinárias, as regiões e os objetos naturais de interesse estético ou valor histórico ou científico, e os lugares caracterizados por condições primitivas dentro dos casos aos quais esta Convenção se refere.
◊ *Assinada pelo Brasil em 27 de dezembro de 1940, em Washington.*
⇨ MONUMENTOS NATURAIS; RESERVAS DE REGIÕES VIRGENS; RESERVAS NACIONAIS.

CONVENÇÃO QUADRO DAS NAÇÕES UNIDAS SOBRE MUDANÇA DO CLIMA
LgBR DEC 2652 de 01/07/98.
United Nations Framework Convention on Climate Change WUNI
Convención Marco de las Naciones Unidas sobre el Cambio Climático MAN95:91
Convenção multilateral com a finalidade de alcançar a estabilização das concentrações de gases de efeito estufa na atmosfera num nível que impeça uma interferência antrópica perigosa no sistema climático.
◊ *Assinada pelo Brasil na Conferência das Nações Unidas sobre o Meio Ambiente e Desenvolvimento na cidade do Rio de Janeiro em junho de 1992.*
⇨ FÓRUM BRASILEIRO DE MUDANÇAS CLIMÁTICAS; GASES DE EFEITO ESTUFA; MUDANÇA DO CLIMA; PROTOCOLO DE QUIOTO.

CONVENÇÃO SOBRE A CONSERVAÇÃO DOS RECURSOS VIVOS MARINHOS ANTÁRTICOS
LgBR DEC 93935 de 15/01/87.
Convention on the Conservation of Antarctic Marine Living Resources ONU92#1265
Convención sobre la Conservación de los Recursos Marinos Vivos de la Antártida ONU92#1265
Convenção multilateral com o objetivo de preservar a integridade do ecossistema dos mares adjacentes à Antártida.
◊ *Assinada pelo Brasil em 20 de maio de 1980, em Camberra.*
⇨ ECOSSISTEMA MARINHO ANTÁRTICO; RECURSOS VIVOS MARINHOS ANTÁRTICOS; TRATADO DA ANTÁRTIDA.

CONVENÇÃO SOBRE A PROIBIÇÃO DO DESENVOLVIMENTO, PRODUÇÃO E ESTOCAGEM DE ARMAS BACTERIOLÓGICAS (BIOLÓGICAS) E À BASE DE TOXINAS E SUA DESTRUIÇÃO
LgBR DEC 77374 de 01/04/76.
Convention on the Prohibition of the Development, Production and Stockpiling of Bacteriological (Biological) and Toxin Weapons and on their Destruction. KIS83:269
Convención sobre la Prohibición del Desarrollo, la Producción y el Almacenamiento de Armas Bacteriológicas (Biológicas) y Toxínicas y sobre su Destrucción TRE76:180
Convenção multilateral com o objetivo de excluir a possibilidade de desenvolver, produzir, estocar ou, por qualquer outro modo, adquirir ou conservar, em seu poder: agentes microbiológicos ou outros agentes biológicos ou toxinas em quantidades que não se justifiquem para fins profiláticos, fins de proteção ou outros fins pacíficos, bem como armas, equipamentos ou vetores destinados à utilização destes agentes ou toxinas para fins hostis ou em conflitos armados.
◊ *Assinada pelo Brasil em 10 de abril de 1972, em Londres, Moscou e Washington.*
⇨ PROTOCOLO DE GENEBRA DE 17 DE JUNHO DE 1925 SOBRE A PROIBIÇÃO DO EMPREGO NA GUERRA DE GASES ASFIXIANTES, TÓXICOS OU SIMILARES E DE MEIOS BACTERIOLÓGICOS DE GUERRA.

CONVENÇÃO SOBRE A PROTEÇÃO FÍSICA DO MATERIAL NUCLEAR
LgBR DEC 95 de 16/04/91.
Convention on the Physical Protection of Nuclear Material ONU92#1274
Convención sobre la Protección Física de los Material Nucleares ONU92#1274
Convenção multilateral com o objetivo de facilitar a cooperação internacional para aplicações pacíficas da energia nuclear e evitar os riscos que poderiam advir da obtenção e uso ilícitos do material nuclear.
◊ *Assinada pelo Brasil em 03 de março de 1980, em Viena e Nova York.*

⇨ AGÊNCIA INTERNACIONAL DE ENERGIA ATÔMICA; MATERIAL NUCLEAR.

CONVENÇÃO SOBRE ASSISTÊNCIA NO CASO DE ACIDENTE NUCLEAR OU EMERGÊNCIA RADIOLÓGICA
LgBR DEC 8 de 15/01/91.
Convention on Assistance in the Case of a Nuclear Accident or Radiological Emergency ONU92#1247
Convención sobre Asistencia en Caso de Accidente Nuclear o Emergencia Radiológica ONU92#1247
Convenção multilateral com o objetivo de prosseguir no fortalecimento da cooperação internacional no tocante ao desenvolvimento e uso seguro da energia nuclear.
◊ *Assinada pelo Brasil em 26 de setembro 1986, em Viena.*
⇨ EMISSÕES RADIOLÓGICAS.

CONVENÇÃO SOBRE COMÉRCIO INTERNACIONAL DAS ESPÉCIES DA FLORA E FAUNA SELVAGENS EM PERIGO DE EXTINÇÃO
LgBR DEC 76623 de 17/11/75.
Convention on the International Trade of Endangered Species of Wild Fauna and Flora ONU92#1259
Convención sobre el Comercio Internacional de Especies Amenazadas de Fauna y Flora Silvestres ONU92#1259
Convenção multilateral com o objetivo de promover a cooperação internacional visando à proteção de certas espécies da fauna e da flora selvagens contra sua excessiva exploração pelo comércio internacional.
◊ *Var: CONVENÇÃO DE WASHINGTON. Convenção assinada pelo Brasil em 03 de março de 1973, em Washington.*
⇨ ESPÉCIE; ESPÉCIME.

CONVENÇÃO SOBRE DIVERSIDADE BIOLÓGICA
LgBR DEC 2519 de 16/03/98.
Convention on Biological Diversity WMMA
Convención sobre la Diversidad Biológica ONU92#501
Convenção multilateral com a finalidade de conservação da diversidade biológica, utilização sustentável de seus componentes e repartição justa e eqüitativa dos benefícios derivados da utilização dos recursos genéticos, mediante, inclusive, o acesso adequado a eles.
◊ *Assinada pelo Brasil na Conferência das Nações Unidas sobre o Meio Ambiente e Desenvolvimento, realizada no Rio de Janeiro, no período de 5 a 14 de junho de 1992*
⇨ RECURSOS BIOLÓGICOS; RECURSOS GENÉTICOS; UTILIZAÇÃO SUSTENTÁVEL.

CONVENÇÃO SOBRE O ALTO-MAR
LgBR DLG 45 de 15/10/68.
Convention on the High Seas ONU92#1271
Convención sobre la Alta Mar ONU92#1271
Convenção multilateral aprovada pela ONU, que codifica o direito internacional do uso do alto-mar preservando: liberdade de navegação; liberdade de sobrevôo; liberdade de colocar cabos e dutos submarinos; liberdade de construir ilhas artificiais e outras instalações permitidas pelo direito internacional; liberdade de pesca; liberdade de investigação.
◊ *Assinada pelo Brasil a 29 de abril de 1958, em Genebra, a Convenção se aplica a todos os países quer costeiros, quer sem litoral.*
⇨ CONVENÇÕES SOBRE O DIREITO DO MAR.

CONVENÇÃO SOBRE O MAR TERRITORIAL E ZONA CONTÍGUA
LgBR DLG 45 de 15/10/68.
Convention on the Territorial Sea and the Continuous Zone WUNO
Convención sobre el Mar Territorial y la Zona Contigua WCMDA
Convenção multilateral aprovada pela ONU, que estabelece um regime geral para o mar territorial e zona contígua.
◊ *Assinada pelo Brasil a 29 de abril de 1958, em Genebra, a Convenção não contém acordo sobre a extensão das zonas mencionadas.*
⇨ CONVENÇÕES SOBRE O DIREITO DO MAR.

CONVENÇÃO SOBRE PESCA E RECURSOS VIVOS DE ALTO-MAR
LgBR DLG 45 de 15/10/68.
Convention on Fishing and Conservation of the Living Resources of the High Seas ONU92#1256

Convención sobre Pesca y Conservación de los Recursos Vivos de la Alta Mar ONU92#1256
Convenção multilateral aprovada pela ONU, que estabelece um regime geral para a conservação e a exploração racional dos recursos vivos do mar.
◊ *Assinada pelo Brasil a 29 de abril de 1958, em Genebra.*
⇨ CONVENÇÕES SOBRE O DIREITO DO MAR.

Convenção sobre Plataforma Continental
LgBR DLG 45 de 15/10/68.
Convention on the Continental Shelf ONU92#1270
Convención sobre la Plataforma Continental ONU92#1270
Convenção multilateral aprovada pela ONU, que estabelece a plataforma continental de um Estado costeiro, definida como: o leito e o subsolo das áreas submarinas que se estendem além do seu mar territorial, em toda a extensão do prolongamento natural do seu território terrestre, até o bordo exterior da margem continental, ou até uma distância de 200 milhas marítimas das linhas de base, a partir das quais se mede a largura do mar territorial, nos casos em que o bordo exterior da margem continental não atinja essa distância.
◊ *Assinada pelo Brasil a 29 de abril de 1958, em Genebra.*
⇨ CONVENÇÕES SOBRE O DIREITO DO MAR.

Convenção sobre Prevenção da Poluição Marinha por Alijamento de Resíduos e outras Matérias
LgBR DEC 87566 de 16/09/82.
Convention on the Prevention of Marine Pollution by Dumping of Wastes and Other Matter ONU92#1276
Convenio sobre la Prevención de la Contaminación del Mar por Vertimientos de Desechos y otras Materias ONU92#1276
Convenção multilateral com a finalidade de controlar todas as fontes de contaminação do meio marinho e adotar todas as medidas possíveis para impedir a contaminação do mar pelo alijamento de resíduos e outras substâncias que possam gerar perigo para a saúde humana, prejudicar os recursos biológicos e a vida marinha.
◊ *Assinada pelo Brasil em 29 de dezembro de 1972, em Londres.*
⇨ ALIJAMENTO; EMBARCAÇÕES E AERONAVES; MAR.

Convenção sobre Pronta Notificação de Acidente Nuclear
LgBR DEC 9 de 15/01/91.
Convention on Early Notification of a Nuclear Accident ONU92#1252
Convención sobre la Pronta Notificación de Accidentes Nucleares ONU92#1252
Convenção multilateral com o objetivo de evitar acidentes nucleares e minimizar as conseqüências de qualquer acidente desse tipo, bem como fortalecer a cooperação internacional no desenvolvimento e uso seguro da energia nuclear.
◊ *Assinada pelo Brasil em 26 de setembro de 1986, em Viena.*
⇨ ACIDENTE NUCLEAR; DANO NUCLEAR; TRATAMENTO DE RESÍDUOS RADIOATIVOS.

Convenções sobre o Direito do Mar
LgBR DLG 45 de 15/10/68
Convention on the High Seas ONU92#1271
Convenciones sobre el Derecho del Mar ONU92#1271
Quatro Convenções sobre o Direito do Mar, concluídas em Genebra, a 29 de abril de 1958, que receberam a adesão do governo brasileiro pelo Decreto Legislativo 45 de 15/10/68: Convenção sobre o Mar Territorial e a Zona Contígua; Convenção sobre o Alto Mar; Convenção sobre Pesca e Conservação dos Recursos Vivos de Alto Mar; Convenção sobre Plataforma Continental.
⇨ CONVENÇÃO SOBRE O MAR TERRITORIAL E ZONA CONTÍGUA; CONVENÇÃO SOBRE O ALTO-MAR; CONVENÇÃO SOBRE PESCA E RECURSOS VIVOS DE ALTO-MAR; CONVENÇÃO SOBRE PLATAFORMA CONTINENTAL.

CONVERSOR CATALÍTICO
LgBR RES CONAMA 282 de 12/07/01, Anexo I, III.
catalytic converter COL97:40

convertidor catalítico TER97:68
Conjunto constituído basicamente por um ou mais catalisadores e respectivo invólucro metálico.
LgBR
⇨ CATALISADOR; CONVERSOR CATALÍTICO DE OXIDAÇÃO; EFICIÊNCIA DE CONVERSÃO.

CONVERSOR CATALÍTICO DE OXIDAÇÃO
LgBR RES CONAMA 282 de 12/07/01, Anexo I, IV.
convertidor catalítico de oxidación WCEPIS
Conversor que promove a oxidação dos hidrocarbonetos e do monóxido de carbono contidos nos gases de escapamento.
LgBR
⇨ CONVERSOR CATALÍTICO; CONVERSOR CATALÍTICO DE OXIDAÇÃO-REDUÇÃO.

CONVERSOR CATALÍTICO DE OXIDAÇÃO-REDUÇÃO
LgBR RES CONAMA 282 de 12/07/01, Anexo I, V.
three-way catalystic converter WWIK
Conversor que promove, simultaneamente, a oxidação dos hidrocarbonetos e do monóxido de carbono contido nos gases de escapamento e reduz os óxidos de nitrogênio.
LgBR
⇨ CONVERSOR CATALÍTICO DE OXIDAÇÃO.

CONVERSOR CATALÍTICO DE REPOSIÇÃO
LgBR RES CONAMA 282 de 12/07/01, Anexo I, VII.
replacement catalystic converter WCCAR
convertidor catalítico de reposición WTF
Conversor catalítico ou conjunto de conversores catalíticos que apresenta características gerais similares ao do(s) conversor(es) catalítico(s) original(is).
LgBR
⇨ CONVERSOR CATALÍTICO ORIGINAL.

CONVERSOR CATALÍTICO ORIGINAL
LgBR RES CONAMA 282 de 12/07/01, Anexo I, VI.
original equipment catalytic converter WIDEM
convertidor catalítico original WTF
Equipamento ou conjunto aprovado pelo fabricante do veículo e com a sua identificação.

LgBR
⇨ CONVERSOR CATALÍTICO DE REPOSIÇÃO.

COOPERATIVA INTEGRAL DE REFORMA AGRÁRIA
LgBR LEI 4504 de 30/11/64, art. 4º, VIII.
Land Reform Cooperative CLA90:173
Sociedade cooperativa mista, de natureza civil, criada nas áreas prioritárias de Reforma Agrária, contando temporariamente com a contribuição financeira e técnica do Poder Público, através do Instituto Brasileiro de Reforma Agrária, com a finalidade de industrializar, beneficiar, preparar e padronizar a produção agropecuária, bem como realizar os demais objetivos previstos na legislação vigente.
LgBR
◊ Sigla: CIRA.
⇨ COLONIZAÇÃO; COMISSÃO AGRÁRIA; POLÍTICA AGRÍCOLA; REFORMA AGRÁRIA.

CO-PROCESSAMENTO DE RESÍDUOS EM FORNOS DE PRODUÇÃO DE CLÍNQUER
LgBR RES CONAMA 264 de 26/08/99, Anexo I, 4.
Técnica de utilização de resíduos sólidos industriais a partir do processamento desses como substituto parcial de matéria-prima e/ou de combustível no sistema forno de produção de clínquer, na fabricação de cimento.
LgBR
⇨ CLÍNQUER; RESÍDUOS INDUSTRIAIS; UNIDADES DE MISTURA.

CORPO RECEPTOR
LgBR RES CONAMA 357 de 17/03/05, cap. I, art. 2º, XV
water receptor WEPA
cuerpo receptor ARG93:11
Corpo hídrico superficial que recebe o lançamento de um efluente.
LgBR
⇨ CONDIÇÕES DE LANÇAMENTO; TRIBUTÁRIO; VAZÃO; ZONA DE MISTURA *1.

CORPOS DE ÁGUA
LgBR LEI 9984 de 17/07/00, art. 4º, IV.
body of water CEN90:11
cuerpo de agua CEN90:11

Cursos de água natural, rios, córregos, lagos, reservatórios, lençol subterrâneo ou oceano.
◊ *Var.: corpo de água, corpo d' água, corpos d' água.*
⇨ ENQUADRAMENTO; ESTUÁRIO *1.
CORREDOR AGROINDUSTRIAL
LgPOA LEI COMPL. 434 de 01/12/99, art. 32, XI.
Zona de apoio à produção agroindustrial com vistas a fortalecer o desenvolvimento primário no extremo sul do Município, respeitadas as ocorrências ambientais intrínsecas ao meio.
LgPOA
⇨ ÁREAS DE PRODUÇÃO PRIMÁRIA; PROPRIEDADE RURAL.
CORREDOR ENTRE REMANESCENTES
LgBR RES CONAMA 10 de 01/10/93, art. 6º, III.
Faixa de cobertura vegetal existente entre remanescentes de vegetação primária ou em estágio médio e avançado de regeneração, capaz de propiciar *habitat* ou servir de área de trânsito para a fauna residente nos remanescentes.
LgBR
⇨ ESTÁGIO MÉDIO DE REGENERAÇÃO DA VEGETAÇÃO SECUNDÁRIA; ENTORNO DE UNIDADES DE CONSERVAÇÃO.
CORREDORES ECOLÓGICOS
LgBR LEI 9985 DE 18/07/00, art. 2º, XIX.
ecological corridor WCMI
corredores ecológicos WCAM
Porções de ecossistemas naturais ou seminaturais, ligando unidades de conservação, que possibilitam entre elas o fluxo de genes e o movimento da biota, facilitando a dispersão de espécies e a recolonização de áreas degradadas, bem como a manutenção de populações que demandam para a sua sobrevivência áreas com extensão maior do que aquela das unidades individuais.
LgBR
⇨ UNIDADE DE CONSERVAÇÃO.
CORRETIVO
LgBR LEI 6894 de 16/12/80, art. 3º, b.
corrective WEPA
correctivo WAGRO
Material apto a corrigir uma ou mais características desfavoráveis do solo.
LgBR
⇨ CONDICIONADOR DO SOLO.
CORRETIVO *1
LgBR DEC 4954 de 14/01/04, art. 2º, IV.
corrective WEPA
correctivo WAGRO
Produto de natureza inorgânica, orgânica ou ambas, usado para melhorar as propriedades físicas, químicas e biológicas do solo, isoladas ou cumulativamente, ou como meio para o crescimento de plantas, não tendo em conta seu valor como fertilizante, além de não produzir característica prejudicial ao solo e aos vegetais.
LgBR
⇨ CORRETIVO DE ACIDEZ; CORRETIVO DE ALCALINIDADE; CORRETIVO DE SODICIDADE; SUBSTRATO PARA PLANTAS.
CORRETIVO DE ACIDEZ
LgBR DEC 4954 de 14/01/04, art. 2º, IV, a.
acidity corrective WFAO
correctivo de acidez WFAO
Produto que promove a correção da acidez do solo, além de fornecer cálcio, magnésio ou ambos.
LgBR
⇨ CORRETIVO *1; PODER DE NEUTRALIZAÇÃO.
CORRETIVO DE ALCALINIDADE
LgBR DEC 4954 de 14/01/04, art. 2º, IV, b.
alkalinity corrective WEPA
correctivo de alcalinidad WFAO
Produto que promove a redução da alcalinidade do solo.
LgBR
⇨ CORRETIVO *1.
CORRETIVO DE SODICIDADE
LgBR DEC 4954 de 14/01/04, art. 2º, IV, c.
Produto que promove a redução da saturação de sódio no solo.
LgBR
⇨ CORRETIVO *1.
CORTE RASO
LgBR PRN IBDF 302 de 03/07/84, Anexo 1.
clearcutting COL95:45

tala WUCM
Corte em que são derrubadas todas as árvores de parte ou de todo um povoamento florestal, deixando o terreno momentaneamente livre da cobertura arbórea.
LgBR
⇨ MANEJO FLORESTAL; RESERVA LEGAL.

CORTE RASO *1
LgRS LEI 9519 de 21/01/92, art. 42, XX.
clearcutting COL95:45
tala WUCM
Abate de todas as árvores de uma superfície florestal.
LgRS
⇨ DESCAPOEIRAMENTO; ENRIQUECIMENTO.

COSTÕES
LgBR LEI 7661 de 16/05/88, art. 3º, I.
rocky coast SUG92:27
costa rocosa SUG92:27
Costas altas, rochosas, abruptas, caracterizadas por escarpas.
⇨ PARCÉIS; PROMONTÓRIOS; ZONA COSTEIRA.

CQB
LgBR DEC 1752 de 20/12/95, art. 8º.
CQB WFDC
◊ Sigla de CERTIFICADO DE QUALIDADE EM BIOSSEGURANÇA.

CRÉDITOS DE CARBONO
carbon credits WCCM
créditos de carbono WFAO
Quantidades de carbono que o país que tem REDUÇÕES CERTIFICADAS DE CARBONO poderá descontar da sua quota de reduções compromissadas no segundo período da vigência do Protocolo de Quioto a partir de 2012 a 2016.
⇨ CERTIFICADO DE CARBONO; REDUÇÕES CERTIFICADAS DE EMISSÕES.

CRIADOURO ARTIFICIAL
LgBR DEC 78017 de 12/07/76, art. VI, parágrafo único.
artificial nursery TRE77a:133
criadero artificial TRE77a:130
◊ Ver VIVEIRO.

CRIADOUROS
LgBR PRT IBAMA 2314 de 26/11/90, art. 2º.
breeding ground ONU92#605
criaderos WSAGP
Áreas especialmente delimitadas, dotadas de instalações capazes de possibilitar a vida e a procriação das espécies da fauna silvestre, onde possam receber assistência adequada.
LgBR
⇨ FAUNA SILVESTRE; FAUNA SILVESTRE EXÓTICA.

CRIMES CONTRA A ADMINISTRAÇÃO AMBIENTAL
LgBR LEI 9605 de 12/02/98, Cap. V, Seção IV.
crimes against the environmental administration WMMA
Fazer o funcionário público a afirmação falsa ou enganosa, omitir a verdade, sonegar informações ou dados técnico-científicos em procedimentos de autorização ou de licenciamento ambiental; – conceder o funcionário público licença, autorização ou permissão em desacordo com as normas ambientais, para as atividades, obras ou serviços cuja realização depende de ato autorizativo do Poder Público; – deixar de cumprir obrigação de relevante interesse ambiental quem tiver o dever legal ou contratual de fazê-lo; – obstar ou dificultar a ação fiscalizadora do Poder Público no trato de questões ambientais.
LgBR
⇨ CRIMES CONTRA O MEIO AMBIENTE.

CRIMES CONTRA A FAUNA
LgBR LEI 9605 de 12/02/98, Cap. V, Seção I.
crimes against fauna WMMA
crímenes contra la fauna WINE
Matar, perseguir, caçar, apanhar, utilizar espécimes da fauna silvestre, nativos ou em rota migratória, sem a devida permissão, licença ou autorização da autoridade competente, ou em desacordo com a obtida; – impedir a procriação da fauna, sem licença, autorização ou em desacordo com a obtida; – modificar, danificar ou destruir ninho, abrigo ou criadouro natural; – vender, expor à venda, exportar ou adquirir, guardar, ter em

cativeiro ou depósito, utilizar ou transportar ovos, larvas ou espécimes da fauna silvestre, nativa ou em rota migratória, bem como produtos e objetos dela oriundos, provenientes de criadouros não autorizados ou sem a devida permissão, licença ou autorização da autoridade competente; – exportar para o exterior peles e couros de anfíbios e répteis em bruto, sem a autorização da autoridade ambiental competente; – introduzir espécime animal no país, sem parecer técnico oficial favorável e licença expedida por autoridade competente; – praticar ato de abuso, maus tratos, ferir ou mutilar animais silvestres, domésticos ou domesticados, nativos ou exóticos; – realizar experiência dolorosa ou cruel em animal vivo, ainda que para fins didáticos ou científicos, quando existirem recursos alternativos; – provocar, pela emissão de efluentes ou carreamento de materiais, o perecimento de espécies da fauna aquática existentes em rios, lagos, açudes, lagoas, baías ou águas jurisdicionais brasileiras; – causar degradação em viveiros, açudes ou estações de aqüicultura de domínio público; – explorar campos naturais de invertebrados aquáticos e algas sem licença, permissão ou autorização da autoridade competente; – fundear embarcações ou lançar detritos de qualquer natureza sobre bancos de moluscos ou corais, devidamente demarcados em carta náutica; – pescar em período no qual a pesca seja proibida ou em lugares interditados por órgão competente; – pescar espécies que devam ser preservadas ou espécimes com tamanhos inferiores aos permitidos; – pescar quantidades superiores às permitidas, ou mediante a utilização de aparelhos, petrechos, técnicas e métodos não permitidos; – transportar, comercializar, beneficiar ou industrializar espécimes provenientes da coleta, apanha e pesca proibidas; – pescar mediante a utilização de explosivos ou substâncias tóxicas que, em contato com a água, produzam efeito semelhante, ou outro meio proibido pela autoridade competente.
LgBR
⇨ CRIMES CONTRA O MEIO AMBIENTE; FAUNA.

CRIMES CONTRA A FLORA
LgBR LEI 9605 de 12/02/98, Cap. V, Seção II.
crimes against flora WMMA
crímenes contra la flora WINE
Destruir ou danificar floresta considerada de preservação permanente, mesmo que em formação, ou utilizá-la com infringência das normas de proteção; – cortar árvores em floresta considerada de preservação permanente sem autorização da autoridade competente; – causar dano direto ou indireto às Unidades de Conservação e às áreas que as circundam num raio de 10 quilômetros, independentemente de sua localização; – provocar incêndio em mata ou floresta; – fabricar, vender, transportar ou soltar balões que possam provocar incêndios nas florestas e demais formas de vegetação, em áreas urbanas ou qualquer tipo de assentamento humano; – extrair de florestas de domínio público ou consideradas de preservação permanente, sem prévia autorização, pedra, areia, cal ou qualquer espécie de minerais; – cortar ou transformar em carvão madeira de lei, assim classificada por ato do Poder Público, para fins industriais, energéticos ou para qualquer outra exploração, econômica ou não, em desacordo com as determinações legais; – receber ou adquirir, para fins comerciais ou industriais, madeira, lenha, carvão e outros produtos de origem vegetal, sem exigir a exibição de licença do vendedor, outorgada pela autoridade competente, e sem munir-se da via que deverá acompanhar o produto até o final do beneficiamento; – vender ou expor à venda, ter em depósito, transportar ou guardar madeira, lenha, carvão e outros produtos de origem vegetal, sem licença válida para todo o tempo da via-

gem ou do armazenamento, outorgada pela autoridade competente; – impedir ou dificultar a regeneração natural de florestas e demais formas de vegetação; – destruir, danificar, lesar ou maltratar, por qualquer modo ou meio, plantas de ornamentação de logradouros públicos ou em propriedade privada alheia; – destruir ou danificar florestas nativas ou plantadas ou vegetação fixadora de dunas, protetora de mangues, objeto de especial preservação; – comercializar motosserra ou utilizá-la em florestas e nas demais formas de vegetação, sem licença ou registro da autoridade competente; – penetrar em Unidades de Conservação conduzindo substâncias ou instrumentos próprios para caça ou para exploração de produtos ou subprodutos florestais, sem licença da autoridade competente.
LgBR
⇨ CRIMES CONTRA O MEIO AMBIENTE.

CRIMES CONTRA O MEIO AMBIENTE
LgBR LEI 9605 de 12/02/98, Cap. V.
crimes against the environment WMMA
crímenes contra el medio ambiente WFGN
Crimes que atingem a Fauna, a Flora, o Ordenamento Urbano, o Patrimônio Cultural e a Administração Ambiental, além dos que, entre outros, provocam poluição, impedem o uso público de praias, utilizam, transportam ou abandonam produtos ou substâncias tóxicas em desacordo com leis e regulamentos específicos.
⇨ CRIMES CONTRA A ADMINISTRAÇÃO AMBIENTAL; CRIMES CONTRA A FAUNA; CRIMES CONTRA A FLORA; CRIMES CONTRA O ORDENAMENTO URBANO E O PATRIMÔNIO CULTURAL; LEI DE CRIMES AMBIENTAIS.

CRIMES CONTRA O ORDENAMENTO URBANO E O PATRIMÔNIO CULTURAL
LgBR LEI 9605 de 12/02/98, Cap. V, Seção II.
crimes against urban management and cultural heritage WMMA
delitos contra el ordenamiento urbano y el patrimonio cultural WINE
Destruir, inutilizar ou deteriorar bem, arquivo, registro, museu, biblioteca, pinacoteca, instalação científica ou similar especialmente protegido por lei, ato administrativo ou decisão judicial; – alterar o aspecto ou estrutura de edificação ou local especialmente protegido por lei, ato administrativo ou decisão judicial, em razão de seu valor paisagístico, ecológico, turístico, artístico, histórico, cultural, religioso, arqueológico, etnográfico ou monumental, sem autorização da autoridade competente ou em desacordo com a concedida; – promover construção em solo não edificável, ou no seu entorno, assim considerado em razão de seu valor paisagístico, ecológico, artístico, turístico, histórico, cultural, religioso, arqueológico, etnográfico ou monumental, sem a autorização da autoridade competente ou em desacordo com a concedida; – pichar, grafitar ou por outro meio conspurcar edificação ou monumento urbano.
LgBR
⇨ CRIMES CONTRA O MEIO AMBIENTE.

CRISOTILA
LgBR LEI 9055 de 01/06/95, art. 2º.
chrysotile SEL03:106
crisotilo WSGM
Mineral do grupo dos amiantos.
◊ *A extração, industrialização e comercialização e utilização do amianto branco ou crisotila em todo o território nacional é regulamentada pela LgBR LEI 9055 de 01/06/95.*
⇨ AMIANTO; SERPENTINAS.

CRISTA
LgBR RES CONAMA 04 de 18/09/85, art. 2º, m.
cristal plane ALL94:90
cresta WSGM
◊ *Var. LINHA DE CUMEADA.*

CRITÉRIOS DE AUDITORIA
LgBR RES CONAMA 306 de 05/07/02, Anexo I, V.
audit criteria EN/ISO14010:2.2
criterios de auditoría UNIT/ISO14010:2.2

Políticas, práticas, procedimentos ou requisitos em relação aos quais o auditor compara as evidências coletadas sobre o objeto da auditoria, entendendo-se que os requisitos incluem a legislação ambiental aplicável e o desempenho ambiental.
LgBR
⇨ DESEMPENHO AMBIENTAL.

CROCIDOLITA
LgBR LEI 9055 de 01/06/95, art. 1º, I.
crocidolite SEL03:106
crocidolita ALL84:107
Mineral do grupo dos amiantos.
◊ *É proibida em todo território nacional: a extração, produção, industrialização, utilização e comercialização da crocidolita amianto azul.*
⇨ AMIANTO.

CTF
LgBR RES CONAMA 346 de 16/08/04, art. 5º.
◊ *Sigla de CADASTRO TÉCNICO FEDERAL DO IBAMA*

CTNBIO
LgBR LEI 11105 de 24/03/05, art. 2º, § 3º.
CTNBIO WFDC
◊ *Sigla de COMISSÃO TÉCNICA NACIONAL DE BIOSSEGURANÇA.*

CULTIVAR
LgBR LEI 9456 DE 25/04/97, art. 3º, IV.
cultivar WSBT
cultivar WCA
Variedade de qualquer gênero ou espécie vegetal superior que seja claramente distinguível de outras cultivares conhecidas por margem mínima de descritores, por sua denominação própria, que seja homogênea e estável quanto aos descritores através de gerações sucessivas e seja de espécie passível de uso pelo complexo agroflorestal, descrita em publicação especializada disponível e acessível ao público, bem como a linhagem componente de híbridos.
LgBR
◊ *Def. Compl. Tipo de planta intencionalmente cultivada e não desenvolvida espontaneamente que se distingue por uma ou mais característica das outras plantas da mesma espécie.*

⇨ CERTIFICADO DE PROTEÇÃO DE CULTIVAR; CULTIVAR DISTINTA; CULTIVAR ESTÁVEL; CULTIVAR HOMOGÊNEA; DESCRITOR.

CULTIVAR DE USO PÚBLICO RESTRITO
LgBR LEI 9456 DE 25/04/97, art. 36, 1º.
Cultivar que, por ato do Ministro da Agricultura e do Abastecimento, puder ser explorada diretamente pela União Federal ou por terceiros por ela designados, sem exclusividade, sem autorização de seu titular, pelo prazo de três anos, prorrogável por iguais períodos, desde que notificado e remunerado o titular na forma a ser definida em regulamento.
LgBR
⇨ CERTIFICADO DE PROTEÇÃO DE CULTIVAR.

CULTIVAR DISTINTA
LgBR LEI 9456 DE 25/04/97, art. 3º, VI.
distinct cultivar WSBT
cultivar distinto WFAO
Cultivar que se distingue claramente de qualquer outra cuja existência na data do pedido de proteção seja reconhecida.
LgBR
⇨ CULTIVAR.

CULTIVAR ESSENCIALMENTE DERIVADA
LgBR LEI 9456 DE 25/04/97, art. 3º, IX.
essentially derived cultivar WSBT
cultivar variedad esencialmente derivada WLNP
Cultivar essencialmente derivada de outra cumulativamente, que for: predominantemente derivada da cultivar inicial ou de outra cultivar essencialmente derivada, sem perder a expressão das características essenciais que resultem do genótipo ou da combinação de genótipos da cultivar da qual derivou, exceto no que diz respeito às diferenças resultantes da derivação; claramente distinta da cultivar da qual derivou, por margem mínima de descritores, de acordo com critérios estabelecidos pelo órgão competente; não tenha sido oferecida à venda no Brasil há mais de doze meses em relação à data do pedido de proteção e que, observado o prazo de comer-

cialização no Brasil, não tenha sido oferecida à venda em outros países, com o consentimento do obtentor, há mais de seis anos para espécies de árvores e videiras e há mais de quatro anos para as demais espécies.
LgBR
⇨ MARGEM MÍNIMA; NOVA CULTIVAR.

CULTIVAR ESTÁVEL
LgBR LEI 9456 DE 25/04/97, art. 3º, VIII.
stable cultivar WSBT
cultivar estable WAMP
Cultivar que, reproduzida em escala comercial, mantenha a sua homogeneidade através de gerações sucessivas.
LgBR
⇨ CULTIVAR.

CULTIVAR HOMOGÊNEA
LgBR LEI 9456 DE 25/04/97, art. 3º, VII.
homogeneous cultivar WSBT
cultivar homogéneo WAMP
Cultivar que, utilizada em plantio, em escala comercial, apresente variabilidade mínima quanto aos descritores que a identifiquem, segundo critérios estabelecidos pelo órgão competente.
LgBR
⇨ CULTIVAR.

CUMES LITÓLICOS
LgBR RES CONAMA 10 de 01/10/93, art. 5º, III.
hogback ALL94:179
Cumes escarpados, com inclinação similar nos dois flancos, ocasionados pela presença de afloramentos rochosos, caracterizados por maior resistência à erosão.
⇨ CAMPO DE ALTITUDE; SUCESSÃO ECOLÓGICA.

CÚPULA DA TERRA
Earth Summit COL95:76
Cumbre de la Tierra JUR96:30
◊ Ver CONFERÊNCIA DO RIO.

CURSO D'ÁGUA
LgPOA LEI COMPL. 434 de 01/12/99, art. 16, IV.
curso de agua WCNAM
Massa líquida que cobre uma superfície, seguindo um curso ou formando um banhado, cuja corrente pode ser perene, intermitente ou periódica.
LgPOA
⇨ FAIXAS DE PROTEÇÃO DE ÁGUAS SUPERFICIAIS.

CURSO DE ÁGUA AFLUENTE
LgBR RES CONAMA 357 de 17/03/05, cap. I, art. 2º, XXXV.
tributary watercourse WSCB
◊ Ver TRIBUTÁRIO.

d

DADOS SÍSMICOS
LgBR RES CONAMA 350 de 06/07/04, art. 2º, I
seismic data WEPA
datos sísmicos WSOP
Informações obtidas por meio do método geofísico de reflexão ou refração sísmica, que consiste no registro das ondas elásticas durante um período de tempo decorrido entre o disparo de uma fonte sonora artificial e o retorno da onda sonora gerada, após esta ter sido refletida e refratada nas interfaces de diferentes camadas rochosas em subsuperfície.
LgBR
⇨ AUDIÊNCIA PÚBLICA *1; EMBARCAÇÃO SÍSMICA; PLANO DE CONTROLE AMBIENTAL DE SÍSMICA.

DADOS SOBRE EFEITOS TÓXICOS À REPRODUÇÃO
LgRS LEI 7747 de 22/12/82, Anexo I, 1, o.
toxic effects on reproduction WATSDR
Informações toxicológicas a respeito da reprodutividade dos animais quando administrado diariamente por três gerações consecutivas, visando observar quota de reprodução, interesse sexual dos animais e fertilidade, com uma substância ou processo físico ou biológico.
LgRS
◊ *Trata-se de administração de substância que se presume tóxica.*
⇨ DADOS SOBRE LESÕES DÉRMICAS; DADOS SOBRE LESÕES OCULARES; DADOS SOBRE SENSIBILIZAÇÃO DÉRMICA.

DADOS SOBRE LESÕES DÉRMICAS
LgRS LEI 7747 de 22/12/82, Anexo I, 1, h.
data on skin lesions WMWRA
Informações toxicológicas obtidas a partir da aplicação de uma substância ou processo físico ou biológico na pele de um animal em 2 sítios: um intato e outro escoriado, sem que haja rompimento da rede capilar.
LgRS
⇨ DADOS SOBRE EFEITOS TÓXICOS À REPRODUÇÃO; DADOS SOBRE LESÕES OCULARES; DADOS SOBRE SENSIBILIZAÇÃO DÉRMICA.

DADOS SOBRE LESÕES OCULARES
LgRS LEI 7747 de 22/12/82, Anexo I, 1, g.
data on ocular lesions WEPA
datos sobre lesiones oculares WMTAS
Informações obtidas a partir da instilação de um composto químico nas mucosas oculares de um animal, sem posterior lavagem dentro de 24 horas e após observação subseqüente por 7 dias.
LgRS
⇨ DADOS SOBRE EFEITOS TÓXICOS À REPRODUÇÃO; DADOS SOBRE LESÕES DÉRMICAS; DADOS SOBRE SENSIBILIZAÇÃO DÉRMICA.

DADOS SOBRE PROPRIEDADES CARCINOGÊNICAS
LgRS LEI 7747 de 22/12/82, Anexo I, 1, l.
data on carcinogenic properties WMNE
Informações toxicológicas relativas à carcinogênese, obtidas a partir da administração de doses diárias de uma substância ao processo físico ou biológico na dieta dos animais ou por outros meios, por um período equivalente à metade da vida normal do animal em teste.
LgRS
⇨ DADOS SOBRE PROPRIEDADES MUTAGÊNICAS; DADOS SOBRE PROPRIEDADES TERATOGÊNICAS.

DADOS SOBRE PROPRIEDADES MUTAGÊNICAS
LgRS LEI 7747 de 22/12/82, Anexo I, 1, n.
data on mutagenic properties WRIVM
Informações toxicológicas relativas à mutagênese, obtidas a partir da administração de doses diárias de uma substância via intravenosa a animais machos, no período de 5 (cinco) dias pré-acasalamento.
LgRS
⇨ DADOS SOBRE PROPRIEDADES CARCINOGÊNICAS; DADOS SOBRE PROPRIEDADES TERATOGÊNICAS; PROPRIEDADES MUTAGÊNICAS.

DADOS SOBRE PROPRIEDADES TERATOGÊNICAS
LgRS LEI 7747 de 22/12/82, Anexo I, 1, m.
data on teratogenic properties WNAP
Informações toxicológicas relativas à teratogênese, obtidas a partir da administração de doses diárias de uma substância ao processo físico ou biológico na dieta ou por outros meios de animais fêmeas grávidas, durante o período de organogênese.
LgRS
⇨ DADOS SOBRE PROPRIEDADES CARCINOGÊNICAS; DADOS SOBRE PROPRIEDADES MUTAGÊNICAS.

DADOS SOBRE SENSIBILIZAÇÃO DÉRMICA
LgRS LEI 7747 de 22/12/82, Anexo I, 1, i.
data on dermal sensitization WATSDR
Informações toxicológicas obtidas a partir da exposição de animais a baixas concentrações de uma substância ou processo físico e biológico, tanto por contato dérmico como por injeções intradérmicas, com objetivo de observar alterações imunológicas.
LgRS
⇨ DADOS SOBRE EFEITOS TÓXICOS À REPRODUÇÃO; DADOS SOBRE LESÕES DÉRMICAS; DADOS SOBRE LESÕES OCULARES.

DADOS SOBRE TOXICIDADE A CURTO PRAZO
LgRS LEI 7747 de 22/12/82, Anexo I, 1, f. 1.
data on short-term toxicity WWHO
datos sobre la toxicidad a corto plazo WUCM
Informações toxicológicas obtidas a partir da administração de doses pequenas, diárias, de uma substância ou proces-

so na dieta dos animais ou por outros meios, por um período de noventa dias.
LgRS
⇨ DADOS TOXICOLÓGICOS CRÔNICOS; DADOS SOBRE TOXICIDADE A LONGO PRAZO.
DADOS SOBRE TOXICIDADE A LONGO PRAZO
LgRS LEI 7747 de 22/12/82, Anexo I, 1, f. 2.
data on long-term toxicity WPOPS
datos sobre toxicidad a largo plazo WUCM
Informações toxicológicas obtidas a partir da administração de doses pequenas, diárias, de uma substância ao processo físico ou biológico na dieta dos animais ou por outros meios, por um período equivalente à metade da vida normal do animal em teste.
LgRS
⇨ DADOS TOXICOLÓGICOS CRÔNICOS; DADOS SOBRE TOXICIDADE A CURTO PRAZO.
DADOS TOXICOLÓGICOS
LgRS LEI 7747 de 22/12/82, Anexo I, 1, d.
toxicological data WEPA
datos toxicológicos WCEPIS
Informações sobre as características tóxicas de uma substância ou processo, obtidas através de experimentação dos animais de laboratório, pelo registro de casos de uso indevido e conseqüente intoxicação para seres humanos e/ou dados registrados ao meio ambiente.
LgRS
⇨ AVALIAÇÃO TOXICOLÓGICA; CLASSIFICAÇÃO TOXICOLÓGICA; DADOS TOXICOLÓGICOS AGUDOS; DADOS TOXICOLÓGICOS CRÔNICOS; EFEITOS NEUROTÓXICOS.
DADOS TOXICOLÓGICOS AGUDOS
LgRS LEI 7747 de 22/12/82, Anexo I, 1, e.
acute toxicological data WEPA
Informações a respeito do poder letal de uma substância ou composto químico.
LgRS
⇨ CONCENTRAÇÃO LETAL 50% INALATÓRIA; DADOS TOXICOLÓGICOS; DADOS TOXICOLÓGICOS CRÔNICOS; DOSE LETAL 50% ORAL; DOSE LETAL 50% DÉRMICA.

DADOS TOXICOLÓGICOS CRÔNICOS
LgRS LEI 7747 de 22/12/82, Anexo I, 1, f.
chronic toxicological data WEPA
datos toxicológicos crónicos WFAO
Informações a respeito da toxicidade cumulativa de substâncias ou processos físicos e biológicos.
LgRS
⇨ CONCENTRAÇÃO LETAL 50% INALATÓRIA; DADOS TOXICOLÓGICOS; DADOS TOXICOLÓGICOS AGUDOS; DADOS SOBRE TOXICIDADE A CURTO PRAZO; DADOS SOBRE TOXICIDADE A LONGO PRAZO.
DANO
damage BLA91:270
daño MAR94:129
Lesão ou diminuição que o sujeito de direitos sofra, contra a sua vontade, nos seus bens, direitos e interesses juridicamente tutelados, tendo ou não expressão patrimonial.
⇨ DANO IRREVERSÍVEL; VITIMAÇÃO DIFUSA.
DANO AMBIENTAL
LgBR LEI 9605 de 12/02/98, art. 17.
environmental damage ONU92#2022
daño ambiental WDPC
Lesão direta ou indireta sofrida pelo meio ambiente, incluindo qualquer diminuição na qualidade ambiental que afete o equilíbrio ecológico, mediante atos, omissões ou atividades praticadas ou consentidas por particulares, ou por organizações privadas, públicas e governamentais, que atinja interesse difuso de toda a coletividade, mesmo que não cause prejuízo direto para alguma pessoa individualizada.
⇨ DEGRADAÇÃO; INFRAÇÃO AMBIENTAL; INTERESSES DIFUSOS; PRINCÍPIO DO POLUIDOR-PAGADOR.
DANO ECOLÓGICO
ecological damage ONU92#1801
daño ecológico ONU92#1801
◊ Ver DANO AMBIENTAL.
DANO IRREVERSÍVEL
LgBR LEI 6938 de 31/08/81, art. 15º, § 1º, a.
irreversible damage WEPA
daño irreversible WCNA

Subtração ou diminuição de um bem jurídico, na qual, em razão da natureza da lesão sofrida ou do bem afetado, não é possível restabelecer a situação jurídica anterior.
⇨ DANO.

DANO NUCLEAR
LgBR LEI 6453 de 17/10/77, art. 1º, VII.
radiation damage ONU92#5271
daño nuclear ONU92#5271
Dano pessoal ou material produzido como resultado direto ou indireto das propriedades radioativas, da sua combinação com as propriedades tóxicas ou com outras características dos materiais nucleares, que se encontrem em instalação nuclear, ou dela procedentes ou a ela enviados.
LgBR
⇨ ACIDENTE NUCLEAR; CONVENÇÃO SOBRE PRONTA NOTIFICAÇÃO DE ACIDENTE NUCLEAR.

DANO POR POLUIÇÃO
LgBR DEC 79437 de 28/03/77, art. I, 6.
oil pollution damage ONU92#4400
daño causado por la contaminación por petróleo ONU92#4400
Perda ou dano, causados fora do navio transportador de óleo, por contaminação resultante de um derrame ou carga de óleo do navio onde quer que possa ocorrer esse derrame ou descarga, e inclui o custo das despesas com medidas preventivas e outras perdas ou danos causados por essas medidas preventivas.
LgBR
⇨ CONVENÇÃO INTERNACIONAL SOBRE RESPONSABILIDADE CIVIL EM DANOS CAUSADOS POR POLUIÇÃO POR ÓLEO; INCIDENTE; MEDIDAS PREVENTIVAS.

DANOS RADIOLÓGICOS
LgBR LEI 10308 de 20/11/01, art. 24.
radiological damage WUNE
daños radiológicos WINT
Danos pessoais, patrimoniais e ambientais causados por rejeitos radioativos depositados ou transportados nos depósitos iniciais, intermediários e finais.
◊ Nos depósitos e transportes, a responsabilidade civil por danos radiológicos causados por rejeitos radioativos neles depositados, independente de culpa ou dolo, é da CNEN. Ibid.
⇨ REJEITOS RADIOATIVOS.

DAUHVAL
LgBR DEC 73497 de 17/01/74.
dauhval KIS83:69
dauhval WCMDA
Baleia morta não-reivindicada e que seja encontrada boiando.
LgBR
⇨ BALEIAS.

DB(A)
LgBR RES CONAMA 252 de 07/01/99, Anexo B
dBA WEPA
db(A) WCV
Unidade do nível de pressão sonora em decibel, ponderada pela curva de resposta (A) para quantificação de nível de ruído.
LgBR
⇨ FASE INICIAL DOS PROGRAMAS DE INSPEÇÃO.

DBO
LgBR RES CONAMA 20 de 18/06/86.
BOD ONU92#490
DBO VIC96:51
◊ Símbolo de DEMANDA BIOQUÍMICA DE OXIGÊNIO

DDT
LgBR DEC 50040 de 24/01/61, Tabela II.
DDT WEPA
DDT VIC96:52
◊ Símbolo de Dicloro-difenil-tricloro-etano.

DECLARAÇÃO DE ESTOCOLMO
Stockholm Declaration ONU92#6269
Declaración de Estocolmo ONU92#6269
Declaração sobre o Meio Ambiente Humano, firmada na Conferência de Estocolmo em 1972, que estabelece os princípios de comportamento e responsabilidade que devem governar as decisões relativas a questões ambientais.
⇨ CONFERÊNCIA DE ESTOCOLMO; DECLARAÇÃO SOBRE O MEIO AMBIENTE HUMANO.

DECLARAÇÃO DO FORNECEDOR
LgBR RES CONAMA 282 de 12/07/01, Anexo I, VIII.
provider declaration WAESO
declaración del proveedor WIBN

Documento emitido pelo fabricante ou importador do conversor catalítico para o mercado que, nos termos da Resolução N° 04, de 16 de dezembro de 1998, do Conselho Nacional de Meteorologia, Normalização e Qualidade Industrial, dá garantia escrita de que o produto está em conformidade com os requisitos da Resolução.
LgBR
◊ Sigla: DF.
⇨ IMPORTADOR *2; FABRICANTE.

DECLARAÇÃO DO RIO
LgBR DEC 3842 de 13/06/01.
Rio Declaration WCON
Declaración de Río VIC96:51
Declaração sobre o Meio Ambiente aprovada em 1992, na Conferência do Rio, que estabelece os princípios gerais de um desenvolvimento sustentável.
⇨ CONFERÊNCIA DO RIO; DESENVOLVIMENTO SUSTENTÁVEL.

DECLARAÇÃO SOBRE O MEIO AMBIENTE HUMANO
Declaration of the United Nations Conference on the Human Environment ONU92#1429
Declaración de la Conferencia de las Naciones Unidas sobre el Medio Humano ONU92#1429
Documento produzido em 1972, na Conferência de Estocolmo, que estabelece os princípios de comportamento e responsabilidade que devem governar as decisões relativas às questões ambientais.
⇨ AGENDA 21; CONFERÊNCIA DE ESTOCOLMO; CONFERÊNCIA DO RIO; DECLARAÇÃO DE ESTOCOLMO.

DECRETO
statute BLA91:981
decreto MAR94:132
Ato administrativo editado pelo Presidente da República e referendado por ministro de Estado, para o fim de regulamentar uma lei ou prover disposição dela emanada.
SID95:229
⇨ DECRETO-LEI; DECRETO LEGISLATIVO; LEI; MEDIDA PROVISÓRIA; PORTARIA.

DECRETO LEGISLATIVO
LgBR CF, art. 59.
legislative statute WMELAW
decreto legislativo MAR94:132
Lei cuja elaboração começa e acaba no âmbito do Poder Legislativo, sobre matéria administrativa ou da competência exclusiva desse Poder.
SID95:229
◊ Tem a mesma gradação da lei, se diferencia porque não cria direito novo. SID95:229
⇨ DECRETO; DECRETO-LEI; MEDIDA PROVISÓRIA.

DECRETO-LEI
executive law WNYDHR
decreto-ley ALC96:870
Ato legislativo, com força de lei, utilizado pelo Poder Executivo em regimes ditatoriais ou de exceção, atualmente substituído pela Medida Provisória.
⇨ DECRETO; DECRETO LEGISLATIVO; MEDIDA PROVISÓRIA.

DEFENSIVOS AGRÍCOLAS
LgRS DEC 32854 de 27/05/88, art. 1°, I.
pesticide WEPA
pesticidas ALL84:307
◊ Ver AGROTÓXICOS.

DEFESA CIVIL
LgBR DEC 895 de 16/08/93, art. 3°, I.
civil defense WICDO
defensa civil WINDC
Conjunto de ações preventivas, de socorro, assistenciais e recuperativas destinadas a evitar ou minimizar os desastres, preservar o moral da população e restabelecer a normalidade social.
LgBR
⇨ DESASTRE; ESTADO DE CALAMIDADE PÚBLICA; SITUAÇÃO DE EMERGÊNCIA.

DEFESA DO CONSUMIDOR
LgBR LEI 8078 de 11/09/90, art. 1°.
consumer protection WFTC
protección al consumidor WMIC
Conjunto de normas, técnicas jurídicas e ações cabíveis exercidas em juízo individual ou coletivamente com o propósito de garantir os interesses da pessoa física ou jurídica que adquire ou usa produto ou serviço como destinatário final.

⇨ AÇÃO PARA DEFESA DE DIREITO INDIVIDUAL HOMOGÊNEO; CÓDIGO DE DEFESA DO CONSUMIDOR; CONSUMIDOR; ORDEM ECONÔMICA.

DEFESA DOMISSANITÁRIA
Defesa dos ambientes domiciliares e coletivos contra agentes infectantes ou infestantes, visando à higienização dos lugares de uso comum e ao tratamento da água.
⇨ AGROTÓXICOS E AFINS DE USO DOMISSANITÁRIO; DEFESA FITOSSANITÁRIA.

DEFESA FITOSSANITÁRIA
protection on plant health TRE86:263
protección fitosanitaria ONU92#4899
Medidas que visam à proteção da saúde das plantas.
⇨ DEFESA DOMISSANITÁRIA.

DEGRADAÇÃO
LgBR DEC 97632 de 10/04/89, art. 2º.
degradation WEPA
degradación ONU92#6620
Processo resultante dos danos ao meio ambiente, pelos quais se perdem ou se reduzem algumas de suas propriedades, tais como a qualidade ou capacidade produtiva dos recursos ambientais.
LgBR
⇨ ÁREA DEGRADADA; DANO AMBIENTAL; DEGRADAÇÃO DA QUALIDADE AMBIENTAL; DESERTIFICAÇÃO.

DEGRADAÇÃO *1
LgRS LEI 11520 de 04/08/00, art. 14, XVIII.
degradation WEPA
degradación ONU92#6620
Processo que consiste na alteração das características originais de um ambiente, comprometendo a biodiversidade.
LgRS
⇨ ÁREA DEGRADADA *1.

DEGRADAÇÃO DA QUALIDADE AMBIENTAL
LgBR LEI 6938 de 31/08/81, art. 3º, II.
environmental quality degradation WEPA
degradación de la calidad ambiental PNU92:57
Alteração adversa das características do meio ambiente.
LgBR

◊ Alteração que acarrete perda ou redução da capacidade de adaptação às características físicas, químicas ou biológicas do meio ambiente e conseqüente inviabilização do desenvolvimento socioeconômico.
⇨ CONTAMINAÇÃO AMBIENTAL; DEGRADAÇÃO; POLUIÇÃO; POLUIDOR.

DEGRADAÇÃO DO ECOSSISTEMA
LgBR DEC 5300 de 07/12/04, art. 2º, IV
ecosystem degradation WEPA
degradación del ecosistema WOAS
Alteração na diversidade e constituição física do ecossistema, de tal forma que afete a sua funcionalidade ecológica, impeça a sua auto-regeneração, deixe de servir ao desenvolvimento de atividades e usos das comunidades humanas ou de fornecer os produtos que as sustentam.
LgBR
⇨ CONURBAÇÃO.

DEJETOS
LgBR DEC 84017 de 21/09/79, art. 29.
dejecta WWDS
deyecciones WUB
Matéria fecal e urina humanas.
⇨ DETRITOS; ESCHERICHIA COLI; REDE DE ESGOTOS.

DEMANDA BIOQUÍMICA DE OXIGÊNIO
LgBR RES CONAMA 357 de 17/03/05, art. 7º
biochemical oxygen demand ONU92#490
demanda bioquímica de oxígeno VIC96:51
Parâmetro de medida da poluição hídrica, baseado na quantidade de oxigênio dissolvido na água utilizado pelos microorganismos na oxidação biológica da matéria-orgânica em um determinado tempo, temperatura e sob condições específicas.
◊ Sigla: DBO ou BOD. Quanto maior o grau de poluição, maior a DBO.
⇨ ÁGUAS POLUÍDAS; AUTODEPURAÇÃO; OXIGÊNIO DISSOLVIDO.

DENDROCIRURGIA
LgPOA DEC 8186 de 07/03/83, art. 1º, VII.
tree surgery ONU92#6807
cirugía del árbol ONU92#6807

Trabalho de recuperação ou condução executado em um espécime vegetal, podendo, eventualmente, envolver cortes de ramos ou raízes e, necessariamente, assepsias e impermeabilizações e, quando indispensável, preenchimento de cavidades.
LgPOA
⇨ ALTERAÇÃO DOS RECURSOS FLORÍSTICOS; SUPRESSÃO; TRANSPLANTE.

DENSIDADE DO PLANTIO
LgBR PRN IBDF 302 de 03/07/84, Anexo I.
stand density WPFM
densidad de plantío WFAO
Índice que exprime o grau de aproveitamento de uma determinada área, ou intensidade de competição entre as árvores de um povoamento.
LgBR
◊ É expresso em número de árvores plantadas por unidade/área.
⇨ DIÂMETRO À ALTURA DO PEITO *1; INCREMENTO FLORESTAL; POVOAMENTO FLORESTAL.

DEPARTAMENTO NACIONAL DE PRODUÇÃO MINERAL
LgBR DEL 227 de 28/02/67, art. 2º, II.
National Department for Mineral Production WUDSCL
Departamento Nacional de Producción Mineral MRE02
Departamento encarregado da execução do Código de Mineração e dos seus diplomas legais complementares.
◊ Sigla: DNPM.
⇨ CÓDIGO DE MINERAÇÃO; MINERAIS GARIMPÁVEIS.

DEPÓSITO
LgBR DEC 875 de 19/07/93, art. 2º.
disposal KIN95:192
eliminación ARG91
Operação de deposição de resíduos perigosos
LgBR
◊ O anexo IV da Convenção de Basiléia especifica as operações de depósito de resíduos perigosos.
⇨ CONVENÇÃO DE BASILÉIA SOBRE O CONTROLE DE MOVIMENTOS TRANSFRONTEIRIÇOS DE RESÍDUOS PERIGOSOS E SEU DEPÓSITO; RESÍDUOS PERIGOSOS.

DEPÓSITO *1
LgBR LEI 9478 de 06/08/97, art. 6º, X
disposal KIN95:192
eliminación ARG91
◊ Ver RESERVATÓRIO *1.

DEPÓSITOS DE LIXO A CÉU ABERTO
LgBR PRT MINTER 53 de 01/03/79.
open dumps CEN90:06
botaderos a cielo abierto CEN90:06
◊ Ver LIXÕES.

DEPÓSITOS FOSSILÍFEROS
fossiliferous deposits NEL67:148
depósitos fosilíferos WCNCT
Camadas ou horizontes geológicos, com acumulação de restos orgânicos ou suas impressões, que sofreram transformações químicas em passado geológico.
⇨ CAVERNA ARENÍTICA; CAVERNA; SAMBAQUIS.

DERIVADOS BÁSICOS
LgBR LEI 9478 de 06/08/97, art. 6º, IV
Principais derivados de petróleo, referidos no art. 177 da Constituição Federal, a serem classificados pela Agência Nacional do Petróleo.
LgBR
⇨ MONOPÓLIO DO PETRÓLEO E DO GÁS NATURAL.

DERIVADOS DE OGM
LgBR RES CONAMA 305 de 12/06/02, art. 2º, II.
GMO derivatives WFAO
derivados de OGM WCDC
Produtos obtidos de um Organismo Geneticamente Modificado, que não possuam capacidade de replicação ou que não tenham formas viáveis de Organismo Geneticamente Modificado, de acordo com a legislação de biossegurança vigente.
LgBR
⇨ ATIVIDADE DE PESQUISA; OGM.

DERIVADOS DE PETRÓLEO
LgBR LEI 9478 de 06/08/97, art. 6º, III
petroleum derivatives WEPA
derivados del petróleo WMECON
Produtos decorrentes da transformação do petróleo.

LgBR
⇨ PETRÓLEO.

DERRAMAMENTOS
LgBR RES CONAMA 293 de 12/12/01, art. 2º, XII
oil spills WEPA
derrames de petróleo WINTA
Forma de liberação de óleo para o ambiente, incluindo o despejo, escape, vazamento e transbordamento.
LgBR
⇨ CENÁRIO ACIDENTAL; INCIDENTE DE POLUIÇÃO POR ÓLEO; INTEMPERIZAÇÃO.

DESAPROPRIAÇÃO
LgBR CF, art. 5º, § 24.
condemnation WCLL
desapropiación WUB
Procedimento através do qual o Poder Público, fundado em necessidade pública, utilidade pública ou interesse social, transfere compulsoriamente propriedade particular para si ou para seus entes autárquicos, mediante prévia e justa indenização em dinheiro.
⇨ BENS DE INTERESSE PÚBLICO.

DESASTRE
LgBR DEC 895 de 16/08/93, art.3º, II.
disaster COL95:70
desastre WUNAV
Resultado de eventos adversos, naturais ou provocados pelo homem, sobre um ecossistema, causando danos humanos, materiais ou ambientais e conseqüentes prejuízos econômicos e sociais.
LgBR
⇨ DEFESA CIVIL; ESTADO DE CALAMIDADE PÚBLICA; SITUAÇÃO DE EMERGÊNCIA.

DESATIVAÇÃO DOS COMPONENTES DOS AGROTÓXICOS
LgBR DEC 4074 de 04/01/02, art. 31, VIII
component deactivation WGAO
desactivación de sus componentes WMIS
Processo de inativação dos ingredientes ativos que minimizem os riscos ao meio ambiente e à saúde humana.
LgBR
⇨ INGREDIENTE ATIVO *1; COMPONENTES.

DESBASTE
LgBR PRN IBDF 302 de 03/07/84, Anexo I.
thinning out WFAO
desbroce WUCO
Supressão ou remoção parcial da massa de um povoamento com a finalidade de melhorar quantitativamente ou qualitativamente o povoamento remanescente.
LgBR
⇨ DESBASTE SELETIVO; DESMATAMENTO; DESSECANTES; POVOAMENTO FLORESTAL.

DESBASTE SELETIVO
LgBR PRN IBDF 302 de 03/07/84, Anexo I.
selective thinning out WDP
desbroce selectivo WBOC
Escolha individual das árvores a serem derrubadas em função da matéria-prima a ser obtida.
LgBR
⇨ ÁREA BASAL DO POVOAMENTO; DESBASTE; FLORESTA DESCARACTERIZADA.

DESCAPOEIRAMENTO
LgRS DEC 38355 de 01/04/98, art. 3º.
Execução de corte raso de vegetação nativa sucessora formada, principalmente, por espécies pioneiras com até três metros de altura, salvaguardadas as áreas consideradas de preservação permanente, de reserva legal ou florestal, com inclinação superior a 25º (vinte e cinco graus), bem como as espécies imunes ao corte previstas em lei, ou a comunidade vegetal onde as mesmas se inserem e, ainda, as áreas consideradas de relevante interesse ambiental, a critério do Órgão Florestal Estadual.
LgRS
⇨ CORTE RASO *1; MANEJO FLORESTAL SUSTENTÁVEL.

DESCARGA
LgBR DEC 2508 de 04/03/98, art. 2º, 3
discharge KIS83:101
descarga ARG80
Despejos provenientes de um navio, incluindo qualquer escapamento, remoção, derramamento, vazamento, bombeamento, lançamento para fora ou esvaziamento.

LgBR
⇨ CONVENÇÃO INTERNACIONAL PARA PREVENÇÃO DA POLUIÇÃO CAUSADA POR NAVIOS; INCIDENTE *1; SUBSTÂNCIA NOCIVA.
DESCARGA *1
LgBR LEI 9966 de 28/04/00, art. 2º, XI
discharge KIS83:101
descarga ARG80
Despejo, escape, derrame, vazamento, esvaziamento, lançamento para fora ou bombeamento de substâncias nocivas ou perigosas, em qualquer quantidade, a partir de um navio, porto organizado, instalação portuária, duto, plataforma ou suas instalações de apoio.
LgBR
⇨ SUBSTÂNCIA NOCIVA *1.
DESCOBERTA COMERCIAL
LgBR LEI 9478 de 06/08/97, art. 6º, XVIII
commercial oil discovery WOIL
hallazgo comercial WCSRP
Descoberta de petróleo ou gás natural em condições que, a preços de mercado, tornem possível o retorno dos investimentos no desenvolvimento e na produção.
LgBR
⇨ DISTRIBUIÇÃO; INDÚSTRIA DO PETRÓLEO.
DESCONTAMINAÇÃO
LgRS LEI 10227 de 06/07/94, art. 2º.
decontamination WEPA
descontaminación TER97:78
Remoção ou redução de contaminação radioativa com objetivo de reduzir a contaminação em níveis estabelecidos pela CNEN (NE – 3.05).
CNEN-NE-3.05
⇨ CONTAMINAÇÃO; CONTAMINAÇÃO EM SUPERFÍCIES; CONTAMINAÇÃO EXTERNA; CONTAMINAÇÃO INTERNA.
DESCRITOR
LgBR LEI 9456 DE 25/04/97, art. 3º, II
descriptor WSBT
descriptor WCNIA
Característica morfológica, fisiológica, bioquímica ou molecular que seja herdada geneticamente, utilizada na identificação de cultivar.
LgBR

⇨ AMOSTRA VIVA; CULTIVAR; MARGEM MÍNIMA; MELHORISTA; TESTE DE DISTINGUIBILIDADE, HOMOGENEIDADE E ESTABILIDADE.
DESEMPENHO AMBIENTAL
LgBR RES CONAMA 306 de 05/07/02, Anexo I, VI.
environmental performance
EN/ISO14001:3.8
desempeño ambiental
UNIT/ISO14001:3.8
Resultados mensuráveis de gestão ambiental relativos ao controle de uma instalação sobre os seus aspectos ambientais, com base na sua política, seus objetivos e metas ambientais.
LgBR
⇨ CRITÉRIOS DE AUDITORIA; PARTE INTERESSADA.
DESENVOLVIMENTO
LgBR LEI 9478 de 06/08/97, art. 6º, XVIII
development WEPA
Conjunto de operações e investimentos destinados a viabilizar as atividades de produção de um campo de petróleo ou gás.
LgBR
⇨ CAMPO DE PETRÓLEO.
DESENVOLVIMENTO SUSTENTÁVEL
LgBR DEC 2119 de 13/01/97, art. 2º
sustainable development ONU92#6481
desarrollo sostenible ONU92#6481
Exploração equilibrada dos recursos naturais, nos limites da satisfação das necessidades e do bem-estar da presente geração, assim como de sua conservação no interesse das gerações futuras.
SIL94:07
⇨ ECODESENVOLVIMENTO; DECLARAÇÃO DO RIO; ZONEAMENTO ECOLÓGICO-ECONÔMICO.
DESENVOLVIMENTO SUSTENTÁVEL *1
LgRS LEI 11520 de 04/08/00, art. 14, XIX.
sustainable development ONU92#6481
desarrollo sostenible ONU92#6481
Desenvolvimento que satisfaz as necessidades presentes, sem comprometer a capacidade das gerações futuras de suprir as suas próprias necessidades.
LgRS
⇨ ECODESENVOLVIMENTO.

DESERTIFICAÇÃO
LgBR LEI 8171 de 17/01/91, art. 19.
desertification UNB86:70
desertificación UNB86:70
Processo de empobrecimento do solo e conseqüente substituição da cobertura vegetal por terreno arenoso provocado por modificações climáticas, edáficas e/ou atividade antrópica.
⇨ DEGRADAÇÃO.

DESFOLHANTES
LgBR LEI 7802 de 11/07/89, art. 2º, I , b.
defoliants WEPA
defoliantes ALL84:120
Agrotóxicos capazes de causar a queda das folhas de uma planta.
⇨ DESSECANTES; ESTIMULADORES E INIBIDORES DO CRESCIMENTO.

DESINFECÇÃO
LgBR RES CONAMA 357 de 17/03/05, cap. I, art. 2º, XVI
disinfection WEPA
desinfección WENV
Remoção ou inativação de organismos potencialmente patogênicos.
LgBR
⇨ TRATAMENTO AVANÇADO; TRATAMENTO CONVENCIONAL.

DESINFETANTE
LgBR DEC 79094 de 05/01/77, art. 3º, X, c.
disinfectant WEPA
desinfectante WMAA
Saneante domissanitário destinado a destruir, indiscriminada ou seletivamente, microorganismos, quando aplicado em objetos inanimados ou ambientes.
LgBR
⇨ AGROTÓXICOS E AFINS DE USO DOMISSANITÁRIO; DETERGENTE; INSETICIDA; RATICIDA; SANEANTE DOMISSANITÁRIO.

DESMATAMENTO
LgBR LEI 7754 de 14/04/89, art. 2º.
deforestation ONU92#1447
deforestación ONU92#1447
Retirada da cobertura florestal do solo por corte, capina, queimada ou ação de produtos químicos.
⇨ DESBASTE; DESTOCA; QUEIMADA; REFLORESTAMENTO.

DESMEMBRAMENTO
LgBR LEI 6766 de 19/12/79, art. 2º, § 2º.
dismemberment WEPA
desmembramiento WUC
Subdivisão de gleba em lotes destinados à edificação, com aproveitamento do sistema viário existente, desde que não implique na abertura de novas vias e logradouros públicos, nem no prolongamento, modificação ou ampliação dos já existentes.
LgBR
⇨ LOTEAMENTO.

DESMEMBRAMENTO *1
LgPOA LEI COMPL. 434 de 01/12/99, art. 149
dismemberment WEPA
desmembramiento WUC
Parcelamento de imóvel em lotes destinados à edificação com aproveitamento do sistema viário oficial.
LgPOA
⇨ LOTEAMENTO *1; PARCELAMENTO DO SOLO URBANO.

DESPEJO INDUSTRIAL
LgPOA DEC 9331 de 07/12/88, art. 2º, III.
industrial wastewaters ONU92#3227
efluente industrial ONU92#3227
Águas residuárias provenientes de processos industriais ou de prestação de serviços.
LgPOA
⇨ PADRÕES; PARÂMETRO; ZONA DE MISTURA.

DESPEJOS
LgBR DEC 84017 de 21/09/79, art. 29.
wastewaters ONU92#7125
aguas servidas ONU92#7125
◊ Ver ÁGUAS SERVIDAS.

DESPESAS DE FLORESTAMENTO E REFLORESTAMENTO
LgBR LEI 5106 de 02/09/66, art. 4º.
forestation and reforestation expenditures WNTT
gastos de forestación y reforestación WGPS
Despesas que forem aplicadas, diretamente pelo contribuinte ou mediante a contratação de serviços de terceiros,

na elaboração do projeto técnico, no preparo de terras, na aquisição de sementes, no plantio, na proteção, na vigilância, na administração de viveiros e flores e na abertura e conservação de caminhos de serviços.
LgBR
⇨ FLORESTA REGENERADA; FLORESTAMENTO; REFLORESTAMENTO; VIVEIRO.

DESSECANTES
LgBR LEI 7802 de 11/07/89, art. 2º, I, b.
desiccant UNI03:02
desecantes WINE
Substância ou mistura de substâncias utilizadas para acelerar artificialmente a desidratação do tecido vegetal.
UNI90:03
⇨ DESFOLHANTES; DESBASTE; ESTIMULADORES E INIBIDORES DO CRESCIMENTO.

DESTOCA
LgBR LEI 3824 de 23/11/60, art. 1º.
Retirada dos tocos de árvores de uma área na qual a vegetação foi derrubada.
⇨ AÇUDE; DESMATAMENTO.

DESVIO
LgBR RES CONAMA 349 de 16/08/04, art. 2º, XI
railroad detour WBPDM
desvío WSECC
Linha adjacente à linha principal ou a outra linha desviada, destinada aos cruzamentos, ultrapassagens e formação de trens.
LgBR
⇨ DESVIO FERROVIÁRIO PARTICULAR; PÁTIO DE CRUZAMENTO.

DESVIO FERROVIÁRIO PARTICULAR
LgBR RES CONAMA 349 de 16/08/04, art. 2º, VI
Trecho de via permanente construído em área de terceiros.
LgBR
⇨ DESVIO; VIA PERMANENTE.

DET
LgBR DEC 3842 de 13/06/01, Anexo III, 2.
TED WCON
DET WCON
◊ Sigla de DISPOSITIVO DE ESCAPE PARA TARTARUGAS.

DETERGENTE
LgBR DEC 79094 de 05/01/77, art. 3º, X, d.
detergent WEPA
detergente ALL84:128
Saneante domissanitário destinado a dissolver gorduras e à higiene de recipientes e vasilhas e à aplicação de uso doméstico.
LgBR
⇨ DESINFETANTE; DETERGENTES BIODEGRADÁVEIS; INSETICIDA; RATICIDA; SANEANTE DOMISSANITÁRIO.

DETERGENTES BIODEGRADÁVEIS
LgBR LEI 7365 de 13/09/85.
biodegradable detergents WEPA
detergentes biodegradables ONU92#6023
Detergentes que podem ser decompostos por ação de microorganismos.
⇨ DETERGENTE.

DETRITOS
LgBR DEC 84017 de 21/09/79, art. 29.
detritus CEN90:84
detritos ONU92#1405
Restos orgânicos vegetais ou animais em forma de partículas pouco identificáveis, com variado grau de decomposição.
⇨ DEJETOS.

DF
LgBR RES CONAMA 282 de 12/07/01, Anexo I, VIII.
SD WPART
◊ Sigla de DECLARAÇÃO DO FORNECEDOR.

DHE
LgBR LEI 9456 de 25/04/97, art. 3º, XII
DHS WSBT
◊ Sigla de TESTE DE DISTINGUIBILIDADE, HOMOGENEIDADE E ESTABILIDADE

DIAGNÓSTICO AMBIENTAL
LgBR RES CONAMA 01 de 23/01/86, art. 6º, I.
environmental diagnosis WEPA
diagnóstico ambiental WMED
Completa descrição e análise dos recursos ambientais e suas interações, tal como existem, de modo a caracterizar a situação ambiental da área, antes da implantação do projeto, considerando

o meio físico, o meio biológico e o meio socioeconômico.
LgBR
⇨ IMPACTO AMBIENTAL; MEIO FÍSICO; MEIO BIOLÓGICO; MEIO SOCIOECONÔMICO.

DIÂMETRO À ALTURA DO PEITO *1
LgBR PRN IBDF 302 de 03/07/84, Anexo I.
breast height diameter WEPA
diámetro a la altura del pecho WAGRO
Diâmetro da árvore à altura de aproximadamente 1,30 metros do solo.
LgBR
⇨ CLASSE DE DIÂMETRO; DENSIDADE DO PLANTIO.

DICLORO-DIFENIL-TRICLORO-ETANO
dichlorodiphenyltrichloroethano WEPA
diclorodifeniltricloroetano VIC96:52
Inseticida organoclorado, sólido, cristalino e incolor, de fórmula molecular C14H9Cl5, popularmente conhecido como DDT, usado contra piolhos, moscas domésticas, mosquitos e pragas agrícolas, sendo altamente tóxico, bioacumulativo e de grande persistência no meio ambiente.
◊ *Símbolo: DDT. Um dos 12 produtos químicos condenados pela CONVENÇÃO DE ESTOCOLMO SOBRE POLUENTES ORGÂNICOS PERSISTENTES.*
⇨ BIOACUMULAÇÃO; POLUENTES ORGÂNICOS PERSISTENTES.

DIFICULDADE DE DEGRADAÇÃO
LgPOA DEC 9367 de 29/12/88, art. 1º, III.
dificultad de degradación biológica WCSJ
Resistência à decomposição por ação biológica apresentada por uma substância.
⇨ CAPACIDADE DE DEGRADAÇÃO; RESÍDUOS SÓLIDOS PERIGOSOS.

DINÂMICA ATMOSFÉRICA
LgBR DEC 99280 de 06/06/90, Anexo I, 2, a, III.
atmospheric dynamics ONU92#341
dinámica de la atmósfera ONU92#341
Dinâmica dos movimentos que ocorrem na atmosfera, resultantes das influências térmicas causadas pelas radiações solar e terrestre, controlando as variações climáticas e meteorológicas.
⇨ ESTRUTURA TÉRMICA DA ATMOSFERA; RADIAÇÃO UV-B.

DIÓXIDO DE CARBONO
LgBR DEC 99280 de 06/06/90, Anexo I, 3,a,ii
carbon dioxide ONU92#680
dióxido de carbono ONU92#680
Gás de efeito estufa produzido pela decomposição ou combustão da matéria orgânica, pela respiração aeróbica dos seres vivos e pela queima de combustíveis fósseis.
◊ *Símbolo: CO_2. Tem importantes fontes naturais e antropogênicas e afeta o ozônio estratosférico ao influenciar a estrutura térmica da atmosfera.*
⇨ BIODIESEL; ESPÉCIES DE HIDROCARBONOS SEM METANO; GASES DE EFEITO ESTUFA; MONÓXIDO DE CARBONO; SUBSTÂNCIAS DO GRUPO DO CARBONO.

DIÓXIDO DE ENXOFRE
LgBR RES CONAMA 03 de 28/06/90, art. 4º,d.
sulphur dioxide ONU92#6395
dióxido de azufre ONU92#6395
Gás pesado, incolor e cáustico, emitido principalmente pela queima de combustíveis fósseis, prejudicial à saúde dos seres vivos.
◊ *Símbolo: SO_2. Um dos principais formadores do smog fotoquímico e causador da chuva ácida, danifica o sistema respiratório, a vegetação e as edificações.*
⇨ CHUVA ÁCIDA; ÓXIDOS DE ENXOFRE; *SMOG* FOTOQUÍMICO.

DIÓXIDO DE NITROGÊNIO
LgBR RES CONAMA 18 de 06/05/86, Anexo I, 15.
nitrogen dioxide ONU92#4201
dióxido de nitrógeno ONU92#4201
Gás de forte odor e alta toxicidade, produzido pela oxidação do óxido nítrico emitido pelos veículos movidos a diesel e a gasolina.
◊ *Símbolo: NO_2. Ataca o sistema respiratório quando inalado, retarda o crescimento vegetal, sendo o maior contribuinte para a formação do "smog" fotoquímico.*
⇨ ÓXIDO NÍTRICO; SMOG FOTOQUÍMICO.

DIOXINAS
LgBR DLG 204 de 07/05/04
dioxin ONU92#1566
dioxina ONU92#1566

Poluentes orgânicos persistentes da classe dos compostos químicos dibenzo-p-dioxinas policlorados PCDDs produzidos como subprodutos de combustão em processos metalúrgicos, na indústria de cimento e de produtos manufaturados e na incineração de resíduos sólidos.

◊ *Causam no ser humano desordens dermatológicas persistentes e deformantes, lesões múltiplas dos nervos periféricos, movimentos rápidos e involuntários do globo ocular e disfunções hepáticas como o aumento do tamanho do fígado e elevações enzimáticas. Nos animais, a dioxina tem efeitos teratogênicos, embriotóxicos e carcinogênicos.*

⇨ CONVENÇÃO DE ESTOCOLMO SOBRE POLUENTES ORGÂNICOS PERSISTENTES.

DIREITO AMBIENTAL
environmental law ONU92#2062
derecho ambiental ONU92#2062
Conjunto de princípios e regras que disciplina todas as atividades direta ou indiretamente relacionadas com o uso racional dos recursos naturais (ar, águas superficiais e subterrâneas, águas continentais, costeiras, marítimas e oceânicas, solo e subsolo, espécies animais e vegetais, alimentos e bebidas em geral, luz, energia), bem como a promoção e proteção dos bens culturais (de valor histórico, artístico, monumental, paisagístico, turístico, arqueológico, paleontológico, espeleológico, ecológico, científico) tendo por objetivo a defesa e a preservação do patrimônio ambiental natural e cultural e por finalidade a incolumidade da vida em geral, tanto a presente como a futura.
CUS93:127
⇨ BENS DE INTERESSE PÚBLICO; CONSTITUIÇÃO; LEGISLAÇÃO AMBIENTAL; RECURSOS NATURAIS.

DIREITO DE VIZINHANÇA
neighborhood law WEPA
derecho de vecindad WFAC
Conjunto de preceitos disciplinadores do exercício do direito de propriedade, visando ao seu bom uso pelos proprietários confinantes.

◊ *Regula as limitações decorrentes dos conflitos que podem resultar da proximidade entre imóveis vizinhos, assim entendidos aqueles que podem sofrer repercussão de atos ou emissões propagados de imóveis próximos ou que com esses possam ter vínculos jurídicos, de modo a regular a convivência.*
⇨ LIMITE REAL DA PROPRIEDADE.

DIREITOS COLETIVOS
LgBR LEI 8078 de 11/09/90, art. 81, parágrafo único, I I.
collective rights WCIDH
derechos colectivos WPOR
◊ *Ver INTERESSES COLETIVOS.*

DIREITOS DIFUSOS
LgBR LEI 8078 de 11/09/90, art. 81, parágrafo único, I.
diffuse rights WFAO
derechos difusos WDIA
◊ *Ver INTERESSES DIFUSOS.*

DIREITOS INDIVIDUAIS HOMOGÊNEOS
LgBR LEI 8078 de 11/09/90, art. 81, parágrafo único, III.
homogeneous individual rights WHCS
derechos individuales homogéneos WDIA
◊ *Ver INTERESSES INDIVIDUAIS HOMOGÊNEOS.*

DISPERSANTE CONCENTRADO DILUÍVEL EM ÁGUA
LgBR RES CONAMA 269 de 14/09/00, Anexo
Dispersante cujo material ativo é geralmente uma mistura de substâncias tensoativas e compostos oxigenados ou outros.
LgBR
⇨ DISPERSANTES.

DISPERSANTE CONCENTRADO NÃO DILUÍVEL EM ÁGUA
LgBR RES CONAMA 269 de 14/09/00, Anexo
Dispersante cujo material ativo é geralmente uma mistura de substâncias tensoativas, compostos oxigenados, hidrocarbonetos alifáticos ou outros.
LgBR
⇨ DISPERSANTES.

DISPERSANTE CONVENCIONAL
LgBR RES CONAMA 269 de 14/09/00, Anexo

conventional dispersant WPTUS
Dispersante cujo material ativo é diluído em solventes, em geral hidrocarbonetos alifáticos.
LgBR
⇨ DISPERSANTES.

DISPERSANTE HOMOLOGADO
LgBR RES CONAMA 269 de 14/09/00, Anexo
approved dispersant WEPA
Dispersante aprovado pela instituição competente para uso em águas jurisdicionais brasileiras.
LgBR
◊ *Somente poderá ser utilizado pelo Órgão Ambiental Federal competente. Ibid.*
⇨ DISPERSANTES QUÍMICOS.

DISPERSANTES
LgBR RES CONAMA 269 de 14/09/00, Anexo
dispersants WEPA
dispersantes WEPA
Formulações químicas de natureza orgânica, destinadas a reduzir a tensão superficial entre o óleo e a água, auxiliando a dispersão do óleo em gotículas no meio aquoso.
LgBR
◊ *Potencialmente, aplicáveis em situações de derrames de óleo, visando à proteção de recursos naturais e socioeconômicos sensíveis como os ecossistemas costeiros e marinhos. A aplicabilidade, entretanto, deve ser criteriosamente estabelecida e aceita somente se resultar em menor prejuízo ambiental, quando comparado ao efeito causado por um derrame sem qualquer tratamento, ou empregado como opção alternativa ou, ainda, adicional à contenção e recolhimento mecânico no caso de ineficácia desses procedimentos de resposta. Ibid.*
⇨ DISPERSANTE CONVENCIONAL; DISPERSANTE CONCENTRADO DILUÍVEL EM ÁGUA; DISPERSANTE CONCENTRADO NÃO DILUÍVEL EM ÁGUA; DOSAGEM DE APLICAÇÃO.

DISPERSANTES QUÍMICOS
LgBR RES CONAMA 269 de 14/09/00, Anexo
chemical dispersants WEPA
dispersantes químicos WUCM
Formulações químicas constituídas de solvente e agentes surfactantes (tensoativos), usadas para diminuir a tensão interfacial óleo-água e para estabilizar a dispersão do óleo em gotículas na superfície e na coluna de água.
LgBR
◊ *Somente poderão ser utilizados pelo Órgão Ambiental Federal competente. Ibid.*
⇨ DISPERSANTE HOMOLOGADO.

DISPOSIÇÃO FINAL DE RESÍDUOS DE SERVIÇOS DE SAÚDE
LgBR RES CONAMA 358 de 29/04/05, art. 2º, XIII
final disposition of medical wastes WWDS
Prática de dispor os resíduos sólidos no solo previamente preparado para recebê-los, de acordo com critérios técnico-construtivos e operacionais adequados, em consonância com as exigências dos órgãos ambientais competentes.
LgBR
⇨ RESÍDUOS DE SERVIÇOS DE SAÚDE; SISTEMA DE TRATAMENTO DE RESÍDUOS DE SERVIÇOS DE SAÚDE.

DISPOSIÇÃO FINAL DO MATERIAL DRAGADO
LgBR RES CONAMA 344 de 25/03/04, art. 2º, III
final disposition of the dredged material WEPA
disposición final del material dragado WUP
Local onde serão colocados os materiais resultantes das atividades de dragagem, onde possam permanecer por tempo indeterminado, em seu estado natural ou transformado em material adequado a essa permanência, de forma a não prejudicar a segurança da navegação, não causar danos ao meio ambiente ou à saúde humana.
LgBR
⇨ MATERIAL DRAGADO.

DISPOSITIVO DE ESCAPE PARA TARTARUGAS
LgBR DEC 3842 de 13/06/01, Anexo III, 2.

turtle excluder device WCON
dispositivo excluidor de tortugas WCON
Mecanismo cujo objetivo principal é aumentar a seletividade das redes camaroneiras de arrasto para diminuir a captura acidental de tartarugas marinhas nas operações de pesca de arrasto de camarão.
LgBR
◊ Sigla: DET.
⇨ EMBARCAÇÃO CAMARONEIRA DE ARRASTO.

DISPOSITIVOS DA AUTODIAGNOSE
LgBR RES CONAMA 315 de 29/10/02, Anexo I, 4
on-board diagnosis WIPT
diagnóstico a bordo WMTT
Dispositivos instalados a bordo do veículo e conectados ao módulo eletrônico de controle, visando identificar deterioração ou mau funcionamento dos componentes do sistema de controle de emissões, alertar ao usuário do veículo para proceder à manutenção ou reparo do sistema de controle de emissões, armazenar e prover acesso às ocorrências de defeitos e/ou desregulagens nos sistemas de controle e disponibilizar informações para interessados sobre estado de manutenção e reparo nos sistemas de controle de emissões.
LgBR
◊ Sigla: OBD.
⇨ PROCONVE; SISTEMAS DA AUTODIAGNOSE.

DISTRIBUIÇÃO
LgBR LEI 9478 de 06/08/97, art. 6º, XX
distribution WEPA
distribución WMECON
Atividade de comercialização por atacado com a rede varejista ou com grandes consumidores de combustíveis, lubrificantes, asfaltos e gás liquefeito envasado, exercida por empresas especializadas, na forma das leis e regulamentos aplicáveis.
LgBR
⇨ DESCOBERTA COMERCIAL; DISTRIBUIÇÃO DE GÁS CANALIZADO; REVENDA.

DISTRIBUIÇÃO DE GÁS CANALIZADO
LgBR LEI 9478 de 06/08/97, art. 6º, XXII
piped-gas distribution WUSDS

distribución de gas canalizado WDGC
Serviços locais de comercialização de gás canalizado, junto aos usuários finais, explorados com exclusividade pelos Estados, diretamente ou mediante concessão, nos termos do § 2º do art. 25 da Constituição Federal.
LgBR
◊ *Art. 25, § 2º da Constituição Federal: Cabe aos Estados explorar diretamente, ou mediante concessão à empresa estatal, com exclusividade de distribuição, os serviços locais de gás canalizado.*
⇨ DISTRIBUIÇÃO.

DISTRITO DE COLONIZAÇÃO
LgBR LEI 4504 de 30/11/64, art. 70.
distrito de colonización
Unidade constituída por três ou mais núcleos interligados, subordinados a uma única chefia, integrada por serviços gerais administrativos e comunitários.
LgBR
⇨ COLONIZAÇÃO; EMPRESAS PARTICULARES DE COLONIZAÇÃO; LOTES URBANOS; NÚCLEO DE COLONIZAÇÃO.

DISTÚRBIO POR RUÍDO
LgPOA DEC 8185 de 07/03/83, art. 3º, IX.
noise nuisance ECO92:156
perturbación por ruido WIDEAM
Som que ponha em perigo ou prejudique a saúde de seres humanos ou animais, que cause danos de qualquer natureza à propriedade pública ou privada; possa ser considerado incômodo ou que ultrapasse os níveis máximos fixados neste Decreto.
LgPOA
⇨ DISTÚRBIO SONORO; RUÍDO; SOM INCÔMODO; SOM IMPULSIVO; ZONA SENSÍVEL A RUÍDO.

DISTÚRBIO SONORO
LgPOA DEC 8185 de 07/03/83, art. 3º, IX.
noise nuisance ECO92:156
perturbación sonora WCSIC
◊ Ver DISTÚRBIO POR RUÍDO.

DIVERSIDADE BIOLÓGICA
LgBR LEI 9985 de 18/07/00, art. 2º, III
biological diversity WMMA
diversidad biológica PNU92:11
Variabilidade de organismos vivos de todas as origens, compreendendo, dentre

outros, os ecossistemas terrestres, marinhos e outros ecossistemas aquáticos e os complexos ecológicos de que fazem parte; compreendendo, ainda, a diversidade dentro de espécies entre espécies e de ecossistemas.
LgBR
⇨ COLEÇÕES BIOLÓGICAS; MANEJO *1; PESQUISAS PALEOECOLÓGICAS; RESERVA PARTICULAR DO PATRIMÔNIO NATURAL *1.

DNA
LgBR RES CONAMA 305 DE 12/06/02, Anexo I, Glossário
DNA ONU92#1499
DNA WINTA
◊ *Símbolo de ÁCIDO DESOXIRRIBONUCLÉICO.*

DNPM
LgBR DEL 227 de 28/02/67, art. 43
DNPM MRE02
◊ *Sigla de DEPARTAMENTO NACIONAL DE PRODUÇÃO MINERAL.*

DOSAGEM DE APLICAÇÃO
LgBR RES CONAMA 269 de 14/09/00, Anexo
dispersant application dose WNOAA
Volume de dispersante aplicado por volume de óleo.
LgBR
⇨ DISPERSANTES; TAXA DE APLICAÇÃO.

DOSE
LgBR DEC 4954 de 14/01/04, art. 2º, VIII
dose WEPA
dosis WICA
Quantidade de produto aplicado por unidade de área ou quilograma de semente.
LgBR
⇨ PRODUTO *1.

DOSE EQUIVALENTE
equivalent dose WEPA
dosis equivalente WMME
Grandeza equivalente à dose absorvida no corpo humano, modificada de modo a constituir uma avaliação do efeito biológico da radiação.
CNEN-NE-3.01
◊ *Trata-se de dose de radiação.*
⇨ ACIDENTE NUCLEAR *1; DOSÍMETRO.

DOSE LETAL 50% DÉRMICA
LgRS LEI 7747 de 22/12/82, Anexo I, 1, e, e.2.

lethal dose WEPA
dosis letal 50 dérmica WMTAS
Dose única, expressa em mg, da substância, por Kg de peso do animal, que após contato por 24 horas com a pele, tanto intacta quanto escoriada, dos animais tratados provoca a morte em 50% deles em até quatorze dias após a sua administração.
LgRS
⇨ CONCENTRAÇÃO LETAL 50% INALATÓRIA; DADOS TOXICOLÓGICOS AGUDOS; DOSE LETAL 50% ORAL.

DOSE LETAL 50% ORAL
LgRS LEI 7747 de 22/12/82, Anexo I, 1, e.1.
oral lethal dose 50 WEPA
dosis letal 50 oral WUVE
Dose única, expressa em mg, da substância por Kg de peso do animal, que provoca a morte de 50% dos animais testados em até quatorze dias após sua administração por via oral.
LgRS
⇨ CONCENTRAÇÃO LETAL 50% INALATÓRIA; DADOS TOXICOLÓGICOS AGUDOS; DOSE LETAL 50% DÉRMICA.

DOSÍMETRO
dosimeter COL95:73
dosímetro WMME
Instrumento que mede e registra a dose total acumulada de radiações ionizantes, normalmente usado por trabalhadores, onde haja probabilidade de exposição à radiação, a fim de monitorar a dose de radiação absorvida.
CEN90
⇨ DOSE EQUIVALENTE.

DUMPING
LgBR DEC 875 de 19/07/93, art. 9º.
dumping UNB86:76
dumping UNB86:76
Deposição deliberada e indiscriminada de resíduos perigosos em locais sem controle ambiental.
⇨ TRÁFICO ILEGAL.

DUNA
LgBR RES CONAMA 04 de 18/09/85, art. 2º, p.

dune SUG92:46
duna WSCRUZ
Formação arenosa produzida pela ação dos ventos, no todo ou em parte, estabilizada ou fixada pela vegetação.
LgBR
⇨ RESTINGA.

DUNA *1
LgBR RES CONAMA 303 de 20/03/02, art. 2º, X.
dune SUG92:46
duna WSCRUZ
Unidade geomorfológica de constituição predominante arenosa, com aparência de cômoro ou colina, produzida pela ação dos ventos, situada no litoral ou no interior do continente, podendo estar recoberta, ou não, por vegetação.
LgBR
⇨ RESTINGA *3.

DUNAS ATIVAS
LgBR DEC 5300 de 07/12/04, art. 2º, V
active dunes WEPA
dunas activas WIZTA
◊ Ver DUNAS MÓVEIS.

DUNAS LIVRES
LgBR DEC 5300 de 07/12/04, art. 2º, V
free dunes WFAO
dunas libres WUPA
◊ Ver DUNAS MÓVEIS.

DUNAS MÓVEIS
LgBR DEC 5300 de 07/12/04, art. 2º, V
mobile dunes WFAO
dunas activas WIZTA
Corpos de areia acumulados naturalmente pelo vento e que, devido à inexistência ou escassez de vegetação, migram continuamente; também conhecidas por dunas livres, dunas ativas ou dunas transgressivas.
LgBR

DUNAS TRANSGRESSIVAS
LgBR DEC 5300 de 07/12/04, art. 2º, V
transgressive dunes WUSDA
◊ Ver DUNAS MÓVEIS.

DUTO
LgBR RES CONAMA 293 de 12/12/01, art. 2º, XI
duct WEPA
oleoducto WSEGEMAR
Conjunto de tubulações e acessórios utilizados para o transporte de óleo entre duas ou mais instalações.
LgBR
⇨ INSTALAÇÃO.

e

EAS
LgBR RES CONAMA 350 de 06/07/04, art. 2º, XI
◊ *Sigla de ESTUDO AMBIENTAL DE SÍSMICA.*
ECO 92
ECO 92
Cumbre de la Tierra VIC96:39
◊ *Ver CONFERÊNCIA DO RIO. Denominação popular da Conferência das Nações Unidas sobre o Meio Ambiente realizada em junho de 1992 no Rio de Janeiro.*
ECODESENVOLVIMENTO
ecodevelopment ONU92#1793
ecodesarrollo ONU92#1793
Desenvolvimento que, em cada ecorregião, consiste nas soluções específicas de seus problemas particulares, levando em conta os dados ecológicos da mesma forma que os culturais, as necessidades imediatas, como também aquelas a longo prazo.
SAC86:18
⇨ DESENVOLVIMENTO SUSTENTÁVEL; DESENVOLVIMENTO SUSTENTÁVEL *1.
ECOFISIOLOGIA
ecophysiology COL95:70
autoecología VIC96:61
Estudo dos tipos de adaptações fisiológicas das espécies, decorrentes de suas interações com as diferentes condições ambientais.
⇨ AUTOECOLOGIA DAS ESPÉCIES.
ECOLOGIA
LgBR DEC 99274 de 06/06/90, art. 1º, VII.
ecology ONU92#1823
ecología ONU92#1823

Ciência que estuda as condições de existência dos seres vivos e as interações, de qualquer natureza, existentes entre esses seres vivos e seu meio.
DAJ83:58
⇨ ECÓLOGO; ECOLOGISTA.

ECOLOGIA MOLECULAR
LgBR DEC 4284 de 26/06/02, art. 1º
molecular ecology WMPI
ecología molecular WUAM
Estudo da estrutura e função das comunidades biológicas em nível molecular e celular principalmente através da investigação do DNA na dinâmica das interações com o meio ambiente.
⇨ PROGRAMA BRASILEIRO DE ECOLOGIA MOLECULAR PARA O USO SUSTENTÁVEL DA BIODIVERSIDADE DA AMAZÔNIA.

ECOLOGISMO
ecomovement COL95:77
ecologismo VIC96:61
Projeto político-ideológico que implica grande transformação social, fundamentado em diretrizes e princípios ecológicos.
ACA87:64
◊ *Baseia-se na idéia de que o homem só poderá integrar-se perfeitamente na biosfera através de profundas mudanças estruturais na sociedade industrial moderna.*
⇨ ECOLOGISTA; ECÓLOGO.

ECOLOGISTA
conservationist ONU92#1159
ecologista ONU92#1159
Ativista dos movimentos de natureza política, econômica e social, em defesa do meio ambiente, que objetiva uma melhor qualidade de vida através da transformação da sociedade industrial moderna.
⇨ AMBIENTALISTA; ECÓLOGO; ECOLOGIA; ECOLOGISMO; MUTIRÃO AMBIENTAL.

ECÓLOGO
ecologist ONU92#1822
ecólogo ONU92#1822
Profissional de Ciências Biológicas ou áreas afins, especialista em Ecologia.
⇨ AMBIENTALISTA; ECOLOGIA; ECOLOGISTA; ECOLOGISMO; MUTIRÃO AMBIENTAL.

ECOSSISTEMA
LgBR DEC 2519 de 16/03/98, art. 2º.
ecosystem ONU92#1835
ecosistema ONU92#1835
Complexo dinâmico de comunidades vegetais, animais e de microorganismos e o seu meio inorgânico, que interagem como uma unidade funcional.
LgBR
◊ *Def. compl.: Unidade que inclua a totalidade dos organismos isto é, a comunidade de uma área determinada interagindo com o ambiente físico de forma que uma corrente de energia conduza a uma estrutura trófica, a uma diversidade biótica e a ciclos de materiais isto é, troca de materiais entre as partes vivas e não vivas claramente definidos dentro do sistema.* ODU88:11
⇨ CICLAGEM DE MATERIAIS; EQUILÍBRIO ECOLÓGICO; FATORES ABIÓTICOS; FATORES BIÓTICOS; RECURSO.

ECOSSISTEMA MARINHO ANTÁRTICO
LgBR DEC 93935 de 15/01/87, art. 1º, 2
antarctic marine ecosystem WUSDS
ecosistema marino antártico PNU93:168
Complexo das relações dos recursos marinhos antárticos entre eles e com o seu meio ambiente físico.
LgBR
⇨ CONVENÇÃO SOBRE A CONSERVAÇÃO DOS RECURSOS VIVOS MARINHOS ANTÁRTICOS; RECURSOS VIVOS MARINHOS ANTÁRTICOS.

ECOSSISTEMAS COSTEIROS
LgBR DEC 1203 de 28/07/94, 2.3.
coastal ecosystems ECO88:12
ecosistemas costeros PNU93:287
Estuários, manguezais, lagunas, baías e enseadas.
LgBR
◊ *Def. compl.: Unidades costeiras cujos processos e fluxos sofrem ação marinha em maior ou menor grau, tais como estuários, manguezais, marismas ou banhados salgados, lagoas, baías e enseadas.*
⇨ ECOSSISTEMAS MARINHOS; MANGUEZAL; MARISMAS.

ECOSSISTEMAS MARINHOS
LgBR DEC 84017 de 21/09/79, art. 1º.
marine ecosystems ECO88:21
ecosistemas marinos UNB86:78

Ecossistemas encontrados nos mares e oceanos, com salinidade em torno de 35%, divididos em 4 tipos básicos de *habitats*: bêntico, pelágico, nerítico e oceânico.
⇨ ECOSSISTEMAS COSTEIROS; MARICULTURA; RESTINGA.

ECÓTONO
ecotone COL95:78
ecótono VIC96:63
Zona de transição entre comunidades ecológicas ou biomas adjacentes, podendo ter diferentes configurações.
⇨ EFEITO DE BORDA; SUCESSÃO ECOLÓGICA.

ECOTOXICIDADE
LgBR PRN IBAMA 349 de 14/03/90, art. 4º
ecotoxicity WEPA
ecotoxicidad ARG93:20
Propriedade de uma substância de produzir efeitos venenosos no ser humano, em outros organismos vivos e no meio ambiente.
⇨ POTENCIAL ECOTOXICOLÓGICO; TÓXICO; TOXINAS; TOXICIDADE.

ECOTOXICOLOGIA
ecotoxicology ONU92#1846
ecotoxicología ONU92#1846
Estudo de forma qualitativa e quantitativa dos efeitos adversos das substâncias químicas, considerando suas inter-relações no ecossistema e a atuação nos organismos.
WFEP
◊ *Visa a assegurar as condições naturais de vida nos ecossistemas, prevenindo a degradação ambiental em todos os graus.*
⇨ ENSAIOS ECOTOXICOLÓGICOS.

ECOTURISMO
LgBR PRT INTER 01 de 20/04/94, art. 1º.
eco-tourism ONU92#1845
ecoturismo ONU92#1845
Segmento da atividade turística que utiliza, de forma sustentável, o patrimônio natural e cultural, incentivando sua conservação e a formação de uma consciência ambientalista.
⇨ SÍTIOS GEOMORFOLÓGICOS.

ECP
LgBR RES CONAMA 264 de 26/08/99, Anexo I, 6.
PCE WEPA
ECC WUNE
◊ *Sigla de EQUIPAMENTO DE CONTROLE DE POLUIÇÃO.*

EDUCAÇÃO AMBIENTAL
LgPOA LEI 6586 de 12/01/90, art. 2º.
environmental education ONU92#2033
educación ambiental ONU92#2033
Processo de formação e informação social orientado para: o desenvolvimento de consciência crítica sobre a problemática ambiental, compreendendo-se como crítica a capacidade de captar a gênese e a evolução de problemas ambientais, tanto em relação aos seus aspectos biofísicos, quanto sociais, políticos, econômicos e culturais; o desenvolvimento de habilidades e instrumentos tecnológicos necessários à solução dos problemas ambientais; o desenvolvimento de atitudes que levem à participação das comunidades na preservação do equilíbrio ambiental.
LgPOA
⇨ EDUCAÇÃO CONSERVACIONISTA.

EDUCAÇÃO AMBIENTAL *1
LgBR LEI 9795 de 27/04/99, art. 1º.
environmental education ONU92#2033
educación ambiental ONU92#2033
Processos por meio dos quais o indivíduo e a coletividade constroem valores sociais, conhecimentos, habilidades, atitudes e competências voltadas para a conservação do meio ambiente, bem de uso comum do povo, essencial à sadia qualidade de vida e sua sustentabilidade.
LgBR
⇨ EDUCAÇÃO AMBIENTAL NA EDUCAÇÃO ESCOLAR; EDUCAÇÃO AMBIENTAL NÃO-FORMAL; POLÍTICA NACIONAL DE EDUCAÇÃO AMBIENTAL.

EDUCAÇÃO AMBIENTAL NA EDUCAÇÃO ESCOLAR
LgBR LEI 9795 de 27/04/99, art. 9º.
educación ambiental en la educación formal WUPN
Educação ambiental desenvolvida no âmbito dos currículos das instituições

de ensino públicas e privadas, englobando: educação básica; educação infantil; ensino fundamental; ensino médio; educação superior; educação especial; educação profissional; educação de jovens e adultos.
LgBR
⇨ EDUCAÇÃO AMBIENTAL*1.
EDUCAÇÃO AMBIENTAL NÃO-FORMAL
LgBR LEI 9795 de 27/04/99, art. 13.
non-formal environmental education WEPA
educación ambiental no formal WGB
Ações e práticas educativas voltadas à sensibilização da coletividade sobre as questões ambientais e à sua organização e participação na defesa da qualidade do meio ambiente.
LgBR
◊ *Práticas desenvolvidas fora do ambiente escolar.*
⇨ EDUCAÇÃO AMBIENTAL*1.
EDUCAÇÃO CONSERVACIONISTA
LgBR LEI 6902 de 27/04/81, art. 1º.
conservationist education WMMA
educación conservacionista WMED
Forma de divulgação de conhecimentos referentes ao processo de planejamento racional relacionado à restauração e manutenção dos recursos naturais básicos.
LgBR
⇨ ESTAÇÕES ECOLÓGICAS.
EDUCAÇÃO PARA A SAÚDE
LgRS DEC 23430 de 24/10/74, art. 794, § 1º.
health education COL88:85
educación sanitaria UNB86:80
◊ *Ver EDUCAÇÃO SANITÁRIA.*
EDUCAÇÃO SANITÁRIA
LgRS DEC 23430 de 24/10/74, art. 794º, § 1º.
sanitary education WUNE
educación sanitaria UNB86:80
Forma de divulgação de conhecimentos referentes ao processo saúde-enfermidade, dirigida ao indivíduo ou à comunidade, capaz de gerar ou modificar atitudes e/ou comportamento.
LgRS
⇨ EDUCAÇÃO PARA A SAÚDE.

EFEITO DE BORDA
edge effect ONU92#1852
efecto de borde ONU92#1852
Ocorrência de uma maior variedade e densidade de espécies em zonas de contato de comunidades diferentes, sendo a concentração de espécies, nestas zonas, maior que nas próprias comunidades, freqüentemente observada em ambientes com diferentes estágios de sucessão ecológica.
⇨ ECÓTONO; SUCESSÃO ECOLÓGICA.
EFEITO ESTUFA
greenhouse effect ONU92#2828
efecto invernadero ONU92#2828
Retenção de calor na atmosfera situada próxima à superfície terrestre, agravada pelo acúmulo de gases liberados na queima de florestas e de combustíveis fósseis, principalmente o CO_2, provocando aquecimento do planeta.
◊ *Ver CONVENÇÃO DE VIENA PARA A PROTEÇÃO DA CAMADA DE OZÔNIO.*
⇨ CAMADA DE OZÔNIO; GASES DE EFEITO ESTUFA; CAPTURA DE CARBONO; POTENCIAL DE AQUECIMENTO GLOBAL; RADIAÇÃO UV.
EFEITOS ADVERSOS
LgBR DEC 99280 de 06/06/90, art. 1º, 2.
adverse effect ONU92#83
efectos adversos ONU92#83
Alterações no meio ambiente físico, ou biota, inclusive modificações no clima, que tenham efeitos deletérios significativos sobre a saúde humana, sobre a composição, capacidade de recuperação e produtividade de ecossistemas naturais ou administrados, ou sobre materiais úteis à humanidade.
LgBR
⇨ SUBSTÂNCIAS ALTERNATIVAS; TECNOLOGIAS ALTERNATIVAS.
EFEITOS NEGATIVOS DA MUDANÇA DO CLIMA
LgBR DEC 2652 de 01/07/98, Anexo, art. 1, 1
adverse effects of climate change WUNI
efectos adversos del cambio climático MAN95:93
Mudanças no meio ambiente físico ou biota resultantes da mudança do clima

que tenham efeitos deletérios significativos sobre a composição, resiliência ou produtividade de ecossistemas naturais e administrados, sobre o funcionamento de sistemas socioeconômicos ou sobre a saúde e o bem-estar humanos.
LgBR
⇨ MUDANÇA DO CLIMA.
EFEITOS NEUROTÓXICOS
LgRS LEI 7747 de 22/12/82, Anexo I, 1, j.
neurotoxicological effects WEPA
efectos neurotóxicos WFAO
Dados obtidos a partir da administração de dose única próxima à letal em aves, por via oral ou por outro meio, com subseqüente observação por quatorze dias onde são pesquisadas alterações de comportamento e alterações no controle motor.
LgRS
◊ São averiguadas alterações no sistema neurológico de animais, produzidas por agente tóxico.
⇨ AVALIAÇÃO TOXICOLÓGICA; DADOS TOXICOLÓGICOS.
EFEITOS SIGNIFICATIVOS IRREVERSÍVEIS
LgPOA DEC 8183 de 07/03/83, art. 33, § 3º.
irreversible significant effects WPPIC
Efeitos de infração que, nem mesmo após aplicação de tratamento convencional de recuperação e com o decurso do tempo, demarcado para cada caso, conseguem reverter ao estado anterior.
LgPOA
◊ Trata-se dos efeitos causados ao meio ambiente.
⇨ EFEITOS SIGNIFICATIVOS REVERSÍVEIS; ESTADO DE EMERGÊNCIA.
EFEITOS SIGNIFICATIVOS REVERSÍVEIS
LgPOA DEC 8183 de 07/03/83, art. 33, § 2º.
Efeitos de infração que, após aplicação de tratamento convencional de recuperação e com o decurso do tempo, demarcado para cada caso, conseguem reverter ao estado anterior.
LgPOA
◊ Trata-se dos efeitos causados ao meio ambiente.
⇨ EFEITOS SIGNIFICATIVOS IRREVERSÍVEIS.

EFEITO TÓXICO AGUDO
LgBR RES CONAMA 357 de 17/03/05, cap. I, art. 2º, XVII
efecto tóxico agudo WMARN
Efeito deletério aos organismos vivos causado por agentes físicos ou químicos, usualmente letalidade ou alguma outra manifestação que a antecede, em um curto período de exposição.
LgBR
⇨ ENSAIOS TOXICOLÓGICOS.
EFEITO TÓXICO CRÔNICO
LgBR RES CONAMA 357 de 17/03/05, cap. I, art. 2º, XVIII
efecto tóxico crónico WMARN
Efeito deletério aos organismos vivos causado por agentes físicos ou químicos, que afetam uma ou várias funções biológicas dos organismos, tais como a reprodução, o crescimento e o comportamento, em um período de exposição que pode abranger a totalidade de seu ciclo de vida ou parte dele.
LgBR
EFETIVAÇÃO DO ENQUADRAMENTO
LgBR RES CONAMA 357 de 17/03/05, cap. I, art. 2º, XIX
Alcance da meta final do enquadramento.
LgBR
⇨ ENQUADRAMENTO; PROGRAMA PARA EFETIVAÇÃO DO ENQUADRAMENTO.
EFICIÊNCIA DA APLICAÇÃO
LgBR RES CONAMA 269 de 14/09/00, Anexo
application efficiency WUNE
eficiencia de la aplicación WINTA
Proporção de volume de dispersante aplicado que efetivamente atinge a mancha de óleo.
LgBR
⇨ TAXA DE APLICAÇÃO.
EFICIÊNCIA DE CONVERSÃO
LgBR RES CONAMA 282 de 12/07/01, Anexo I, X.
conversion efficiency WEPA
eficiencia de conversión WINE
Porcentagem de redução do monóxido de carbono (CO) ou dos hidrocarbo-

netos (HC) ou dos óxidos de nitrogênio (NO) calculada a partir das medições das emissões antes e depois do conversor catalítico, segundo procedimento padronizado.
LgBR
⇨ CONVERSOR CATALÍTICO.

EFICIÊNCIA DISPERSANTE RELATIVA
LgBR RES CONAMA 269 de 14/09/00, Anexo
relative dispersant efficiency WEESL
Relação entre a quantidade de óleo disperso na água, por ação do dispersante nas condições de teste, e a quantidade de óleo inicialmente empregada no ensaio de laboratório.
LgBR
◊ Ver REGULAMENTO PARA USO DE DISPERSANTES QUÍMICOS EM DERRAMES DE ÓLEO NO MAR
⇨ MONITORAMENTO DA EFICIÊNCIA; MONITORAMENTO DOS EFEITOS.

EFLUENTES
LgBR DEC 99274 de 06/06/90, art. 34, III.
effluents ONU92#1859
efluentes ONU92#1859
Descargas, no ambiente, de despejos sólidos, líquidos ou gasosos, industriais ou urbanos, em estado natural, parcial ou completamente tratados.
⇨ PADRÃO DE EFLUENTES; TRATAMENTO CONVENCIONAL; TRATAMENTO DE EFLUENTES; TRATAMENTO SIMPLIFICADO.

EIA
LgBR RES CONAMA 01 de 23/01/86, art. 3º.
EIA ONU92#2056
EIA FAV94:17
◊ Sigla de ESTUDO DE IMPACTO AMBIENTAL.

ELEMENTO NUCLEAR
LgBR LEI 4118 de 27/08/62, art. 2º.
nuclear element WFAO
material nuclear WCFE
Elemento químico que possa ser utilizado na libertação de energia em reatores nucleares ou que possa dar origem a elementos químicos que possam ser utilizados para esse fim.
LgBR
⇨ ISÓTOPOS; MATERIAL FÉRTIL; MINERAL NUCLEAR; MINÉRIO NUCLEAR; SUBPRODUTO NUCLEAR.

ELÚVIO
LgBR DEC 97507 de 13/02/89, art. 1º.
eluvium COL88:60
eluvión WINGM
Material residual resultante da desintegração da rocha matriz, permanecendo *in situ*, como uma capa arenosa.
⇨ ASSOREAMENTO; COLÚVIO; FAISCAÇÃO; PLÁCERES.

EMATER
Technical Assistance and Rural Extension Company WPLA
EMATER WINTA
Empresa de Assistência Técnica e Extensão Rural, órgão público estatal, que presta serviços especializados nas áreas de ciências agrárias e humanas e difunde conhecimentos e informações tecnológicas qualificadas no meio rural.

EMBALAGEM
LgRS DEC 23430 de 24/10/74, art. 342, XIII.
packaging ONU92#4640
envase WENV
Forma pela qual o alimento tenha sido acondicionado, guardado, empacotado ou envasado.
LgRS
⇨ ALIMENTO PERECÍVEL; MATERIAL RESISTENTE À CORROSÃO; REQUISITOS DE HIGIENE; RÓTULO.

EMBALAGEM *1
LgBR DEC 4074 de 04/01/02, art. 1º, IX.
packaging ONU92#4640
envase WENV
Invólucro, recipiente ou qualquer forma de acondicionamento, removível ou não, destinado a conter, cobrir, empacotar, envasar, proteger ou manter os agrotóxicos, seus componentes e afins.
LgBR
⇨ ROTULAGEM.

EMBALAGEM *2
LgBR DEC 4954 de 14/01/04, art. 2º, XX
packaging ONU92#4640
envase WSAG

Invólucro, recipiente ou qualquer forma de acondicionamento, destinado a empacotar, envasar ou proteger, bem como identificar os fertilizantes, corretivos, inoculantes ou biofertilizantes.
LgBR
⇨ FERTILIZANTE.

EMBARAÇO
LgBR DEC 4954 de 14/01/04, art. 2º, XXIII
hindrance WCPDEP
Ato praticado com o objetivo de dificultar a ação da inspeção e fiscalização.
LgBR
◊ Trata-se de inspeção e fiscalização dos fertilizantes, corretivos, inoculantes ou biofertilizantes destinados à agricultura.
⇨ TOLERÂNCIA.

EMBARCAÇÃO ASSISTENTE
LgBR RES CONAMA 350 de 06/07/04, art. 2º, VII
assistant vessel WUSACE
nave de apoyo WMINEM
Embarcação que acompanha a embarcação sísmica com a finalidade de evitar possíveis interferências com outras embarcações que estejam operando na região.
LgBR
⇨ EMBARCAÇÃO SÍSMICA; EMBARCAÇÕES DE APOIO.

EMBARCAÇÃO CAMARONEIRA DE ARRASTO
LgBR DEC 3842 de 13/06/01, Anexo III, 2.
shrimp trawl vessel WCON
embarcación camaronera de arrastre WCON
Embarcação utilizada para a captura de espécies de camarão por meio de redes de arrasto.
LgBR
⇨ DISPOSITIVO DE ESCAPE PARA TARTARUGAS.

EMBARCAÇÃO SÍSMICA
LgBR RES CONAMA 350 de 06/07/04, art. 2º, VI
seismic vessel WEPA
embarcación sísmica WMINEM
Embarcação equipada com fonte sísmica, unidade de registro, cabos sismográficos e equipamentos acessórios, utilizada especificamente para as atividades de aquisição de dados sísmicos.
LgBR
⇨ DADOS SÍSMICOS; EMBARCAÇÃO ASSISTENTE; EMBARCAÇÕES DE APOIO.

EMBARCAÇÕES DE APOIO
LgBR RES CONAMA 350 de 06/07/04, art. 2º, VIII
support vessel WEPA
buque de apoyo WXUN
Embarcações empregadas no transporte de pessoal e de material, em apoio à operação da embarcação sísmica no mar.
LgBR
⇨ EMBARCAÇÃO ASSISTENTE; EMBARCAÇÃO SÍSMICA.

EMBARCAÇÕES DE PESCA
LgBR DEL 221 de 28/02/67, art. 5º.
fishing vessels WEPA
embarcaciones de pesca UNB86:82
Embarcações que, devidamente autorizadas, se dediquem exclusiva e permanentemente à captura, transformação ou pesquisa dos seres animais e vegetais que tenham nas águas seu meio natural ou mais freqüente de vida.
LgBR
⇨ INDÚSTRIA DE PESCA; PESCA CIENTÍFICA; PESCA COMERCIAL.

EMBARCAÇÕES E AERONAVES
LgBR DEC 87566 de 16/09/82, art. 3º, 2.
ships and aircrafts KIS83:36
embarcaciones y aeronaves PNU92:61
Veículos que se movem na água ou no ar, quaisquer que sejam seus tipos.
LgBR
◊ Inclusive veículos que se deslocam sobre um colchão de ar e os flutuantes, sejam ou não autopropulsados. Ibid.
⇨ ALIJAMENTO; CONVENÇÃO SOBRE PREVENÇÃO DA POLUIÇÃO MARINHA POR ALIJAMENTO DE RESÍDUOS E OUTRAS MATÉRIAS.

EMBARGO
LgBR DEC 84017 de 21/09/79, art. 52.
embargo WEPA
embargo MAR94:162
Interdição de obras ou iniciativas não expressamente autorizadas ou previstas

no Plano de Manejo, ou que não obedeçam às prescrições regulamentares.
LgBR
◊ *Penalidade a que ficam sujeitas as pessoas físicas ou jurídicas que infringem as disposições do regulamento dos Parques Nacionais Brasileiros.*
⇨ PARQUES NACIONAIS.

EMBRAPA
LgBR LEI 5851 de 07/12/72, art. 1º
EMBRAPA WFAO
◊ *Sigla de EMPRESA BRASILEIRA DE PESQUISA AGROPECUÁRIA.*

EMISSÃO EVAPORATIVA DE COMBUSTÍVEL
LgBR RES CONAMA 18 de 06/05/86, Anexo I, 6.
combustion emissions ONU92#1081
emisiones producida por la combustión ONU92#1081
Substâncias emitidas para a atmosfera provenientes de evaporação de combustível pelos respiros, tampas e conexões do reservatório, carburador ou sistema de injeção de combustível e sistemas de controle de emissão.
LgBR
⇨ GÁS NO CÁRTER; GÁS DE ESCAPAMENTO; HIDROCARBONETOS.

EMISSÕES
LgBR DEC 2652 de 01/07/98, Anexo, art. 1, 4
emissions WEPA
emisiones ONU92#1903
Liberação de gases de efeito estufa e/ou seus precursores na atmosfera numa área específica e num período determinado.
LgBR
⇨ GASES DE EFEITO ESTUFA; SISTEMA CLIMÁTICO.

EMISSÕES RADIOLÓGICAS
LgBR DEC 8 de 15/01/91, art. 1º, I.
radiological emissions WFAS
emisiones radiológicas WUCAB
Emissões de radiação ionizante utilizadas para fins médicos.
⇨ CONVENÇÃO SOBRE ASSISTÊNCIA NO CASO DE ACIDENTE NUCLEAR OU EMERGÊNCIA RADIOLÓGICA; RADIAÇÃO; RADIAÇÃO IONIZANTE.

EMPREENDEDOR
LgBR RES CONAMA 306 de 05/07/02, Anexo I, XIII.
entrepreneuer WWOR
organización UNIT/ISO
Companhia, corporação, firma, empresa ou instituição, ou parte ou combinação destas, pública ou privada, sociedade anônima, limitada ou com outra forma estatutária, que tem funções e estrutura administrativa próprias.
LgBR
◊ *Para organizações com mais de uma unidade operacional, cada unidade isolada pode ser definida como uma instalação. Ibid.*
⇨ PARTE INTERESSADA.

EMPREENDIMENTO FERROVIÁRIO
LgBR RES CONAMA 349 de 16/08/04, art. 2º, I
railroad enterprise WMDO
emprendimiento ferroviario WJDM
Conjunto de atividades, obras e projetos desenvolvidos ou implantados pela administração ferroviária para construção, operação ou exploração comercial de ferrovias.
LgBR
⇨ ADMINISTRAÇÃO FERROVIÁRIA; ATIVIDADES FERROVIÁRIAS DE PEQUENO POTENCIAL DE IMPACTO AMBIENTAL; RELATÓRIO AMBIENTAL.

EMPREENDIMENTOS FERROVIÁRIOS DE PEQUENO POTENCIAL DE IMPACTO AMBIENTAL
LgBR RES CONAMA 349 de 16/08/04, art. 3º
◊ *Ver ATIVIDADES FERROVIÁRIAS DE PEQUENO POTENCIAL DE IMPACTO AMBIENTAL.*

EMPRESA BRASILEIRA DE PESQUISA AGROPECUÁRIA
LgBR LEI 5851 de 07/12/72, art. 1º e art. 2º
Brazilian Agriculture and Livestock Research Company WMCT
Empresa Brasileña de Investigaciones Agropecuarias WFAO
Empresa pública criada com a finalidade de promover, estimular, coordenar e executar atividades de pesquisa, com o objetivo de produzir conhecimentos e

tecnologia para o desenvolvimento agrícola do País.
◊ *Sigla: EMBRAPA. Tem sede e foro na Capital Federal, podendo, para o bom desempenho das suas finalidades, manter, em qualquer ponto do território nacional, órgãos regionais ou locais, destinados a pesquisas, desenvolvimento de tecnologia e experimentações agropecuárias. Ibid.*

EMPRESA COMERCIAL
commercial enterprise WUSS
empresa comercial WSNA
Pessoa jurídica que, com produção própria ou não, atua no comércio de animais aquáticos vivos, inclusive para ornamentação e/ou exposição.
◊ *Trata-se de empresa que comercia animais aquáticos vivos.*
⇨ AQÜICULTOR; AQÜICULTURA; ARMADOR DE PESCA; PESCADOR PROFISSIONAL.

EMPRESA DE MINERAÇÃO
LgBR DEL 227 de 28/02/67, art. 79.
mining industry WYL75:143
empresa de minería WFIAF
Firma ou sociedade constituída e domiciliada no País, qualquer que seja a sua forma jurídica, e entre cujos objetivos esteja o de realizar aproveitamento de jazidas minerais no território nacional.
LgBR
⇨ JAZIDA; PESQUISA MINERAL; RECURSOS MINERAIS.

EMPRESA RURAL
LgBR LEI 4504 de 30/11/64, art. 4º, VI.
rural enterprise WEPA
empresa rural WMED
Empreendimento de pessoa física ou jurídica, pública ou privada, que explore, econômica e racionalmente, imóvel rural, dentro de condição de rendimento econômico da região em que se situe e que explore área mínima agricultável do imóvel segundo padrões fixados, pública e previamente, pelo Poder Executivo.
LgBR
⇨ EMPRESAS PARTICULARES DE COLONIZAÇÃO; LATIFÚNDIO; MINIFÚNDIO; MÓDULO RURAL.

EMPRESAS PARTICULARES DE COLONIZAÇÃO
LgBR LEI 4504 de 30/11/64, art. 60.
Pessoas físicas e jurídicas de direito privado que tiverem por finalidade executar programas de valorização de áreas ou de distribuição de terras.
LgBR
⇨ COLONIZAÇÃO; DISTRITO DE COLONIZAÇÃO; EMPRESA RURAL; NÚCLEO DE COLONIZAÇÃO.

ENCRAVE FLORESTAL DO NORDESTE
LgBR RES CONAMA 10 de 01/10/93, art. 5º, V.
Floresta tropical baixa, xerófita, latifoliada e decídua, que ocorre em caatinga florestal, ou mata semi-úmida decídua, higrófila e mesófila com camada arbórea fechada, constituída devido à maior umidade do ar e à maior quantidade de chuvas nas encostas das montanhas.
LgBR
⇨ ESTÁGIO INICIAL DE REGENERAÇÃO DA VEGETAÇÃO SECUNDÁRIA; MATA ATLÂNTICA.

ENERGIA
LgBR RES CONAMA 06 de 16/09/87, art. 5º.
energy COL95:81
energía UNB86:84
Capacidade de um corpo físico ou sistema de corpos físicos de realizar trabalho, desencadeando um processo em movimento, produção ou emissão de calor, luz ou eletricidade.
⇨ ENERGIA ELÉTRICA; ENERGIA PRIMÁRIA; ENERGIA TÉRMICA.

ENERGIA ELÉTRICA
LgBR RES CONAMA 06 de 16/09/87, art. 5º.
electric energy WEIA
energía eléctrica WMED
Energia secundária gerada sob forma de corrente alternada a partir da conversão da energia de fontes primárias que podem ser de renováveis ou não renováveis.
⇨ ENERGIA; ENERGIA HIDRÁULICA; USINAS HIDRELÉTRICAS; USINAS TERMELÉTRICAS.

ENERGIA EÓLICA
aeolian energy WEPA

energía eólica WMED
Energia gerada pelo movimento do ar e pela força dos ventos.
WMUN
◊ Energia renovável, limpa e disponível, com imenso potencial ainda não devidamente explorado no território nacional. WMUN
⇨ USINAS EÓLICAS.

ENERGIA FÓSSIL
fóssil energy WUSFGD
energía fósil WINTA
Energia gerada pela combustão de depósitos de restos de material orgânico, com alto teor de carbono e hidrogênio, preservado em estado fóssil na crosta terrestre, tais como carvão, petróleo, gás natural.
◊ Energia não renovável que, pela mineração dos combustíveis, gera poluição do solo e da água; pela combustão, gera poluição atmosférica causada pela emissão de gases responsáveis pelo efeito estufa.
⇨ CARVÃO MINERAL; GÁS NATURAL; PETRÓLEO.

ENERGIA HIDRÁULICA
LgBR DEL 200 de 25/02/67, art. 39, II (Minas e Energia).
hydraulic energy WEPA
energía hidráulica WMED
Energia produzida pelo aproveitamento da força de uma corrente ou de queda d´água.
◊ Não emite poluentes, mas a instalação de suas usinas gera impactos ambientais e sociais.
⇨ ENERGIA ELÉTRICA; USINAS HIDRELÉTRICAS.

ENERGIA NUCLEAR
LgBR DEC 99274 de 06/06/90, art. 19, § 4º.
nuclear energy COL95:159
energía nuclear UNB86:84
Energia gerada durante reação nuclear por fissão nuclear ou fusão nuclear.
◊ Energia renovável cuja utilização oferece alto risco de acidentes e sérios problemas com os rejeitos.
⇨ FISSÃO NUCLEAR; FUSÃO NUCLEAR; HIDROGÊNIO.

ENERGIA PRIMÁRIA
LgBR RES CONAMA 01 de 23/01/86, art. 2.
primary energy COL95:81
energía primaria WMED
Energia na forma de recursos naturais, tais como: madeira, carvão, petróleo, gás natural, urânio, ventos, recursos hídricos e outros.
WIPE
⇨ ENERGIA; ENERGIA SOLAR; FISSÃO NUCLEAR; FUSÃO NUCLEAR.

ENERGIA SOLAR
solar energy COL95:217
energía solar WMED
Energia limpa e renovável transmitida do sol na forma de radiação eletromagnética que pode ser convertida diretamente, através de dispositivos especiais, em eletricidade.
⇨ ENERGIA PRIMÁRIA.

ENERGIA TÉRMICA
thermal energy COL95:233
energía térmica WMED
Energia calorífica produzida pela combustão de carvão, petróleo, gás natural e outros combustíveis.
⇨ ENERGIA.

ENERGIZAÇÃO RURAL
LgBR LEI 8171 de 17/01/91, art. 93, § 2º.
rural energization WFAO
energización rural WFAO
◊ Ver AGROENERGIA.

ENGENHARIA GENÉTICA
LgBR LEI 11105 de 24/03/05, art. 3º, IV
genetic engineering ONU92#2682
ingeniería genética ONU92#2682
Atividade de manipulação de moléculas ADN/ARN recombinante.
LgBR
⇨ CONSTRUÇÃO GÊNICA; LEI DA BIOSSEGURANÇA; MOLÉCULAS DE ADN/ARN RECOMBINANTE; ORGANISMO GENETICAMENTE MODIFICADO; SOJA CONVENCIONAL.

ENQUADRAMENTO
LgBR RES CONAMA 357 de 17/03/05, cap. I, art. 2º, XX
framing WNSDL
encuadramiento WSUB
Estabelecimento da meta ou objetivo de qualidade da água (classe) a ser, obrigatoriamente, alcançado ou mantido em um segmento de corpo de água, de acordo com os usos preponderantes pretendidos, ao longo do tempo.
LgBR

⇨ CORPOS DE ÁGUA; CONTROLE DA QUALIDADE DA ÁGUA; EFETIVAÇÃO DO ENQUADRAMENTO.

ENQUADRAMENTO *1
LgBR RES CONAMA 350 de 06/07/04, art. 2º, III
framing WNSDL
encuadramiento WSUB
Estabelecimento de classe em que se encontram as atividades em relação ao licenciamento ambiental, com base na Ficha de Caracterização das Atividades.
LgBR
⇨ FICHA DE CARACTERIZAÇÃO DAS ATIVIDADES.

ENRIQUECIMENTO
LgRS LEI 9519 de 21/01/92, art. 42, XVIII.
re-establishment of trees (on deforested lands) ONU92#5406
repoblación forestal ONU92#5406
Plantio de mudas no interior de uma floresta ou formação semelhante, com a finalidade de recomposição florística.
LgRS
⇨ CORTE RASO *1; FOMENTO FLORESTAL; REGIME SUSTENTADO E USO MÚLTIPLO.

ENRIQUECIMENTO DO URÂNIO
uranium enrichment WEPA
enriquecimiento del uranio WCNE
Processo que resulta no aumento de 0,71% a 3% da concentração de urânio 235 no urânio natural, a ser usado para produção de energia nuclear.
◊ A diferença entre o urânio das usinas nucleares e o urânio da fabricação da bomba atômica é o teor de enriquecimento.
⇨ ISÓTOPOS; URÂNIO ENRIQUECIDO NOS ISÓTOPOS 235 OU 233.

ENSAIOS ECOTOXICOLÓGICOS
LgBR RES CONAMA 344 de 25/03/04, art. 7º, 3
ecotoxicological essay WEU
ensayos ecotoxicológicos WUNM
Método de análise quantitativa e qualitativa dos efeitos adversos das substâncias químicas em um ecossistema com a finalidade de avaliar os impactos potenciais.
⇨ ECOTOXICOLOGIA.

ENSAIOS TOXICOLÓGICOS
LgBR RES CONAMA 357 de 17/03/05, cap. I, art. 2º, XXII
ensayos toxicológicos WSENASA
Ensaios realizados para determinar o efeito deletério de agentes físicos ou químicos em diversos organismos visando avaliar o potencial de risco à saúde humana.
LgBR
⇨ EFEITO TÓXICO AGUDO.

ENTEROCOCOS
LgBR RES CONAMA 274 de 29/11/00, art. 1º, f.
enterococcus WEPA
enterococos WSEM
Bactérias do grupo dos estreptococos fecais, pertencentes ao gênero *Enterococcus* previamente considerado estreptococos do grupo D, o qual se caracteriza pela alta tolerância às condições adversas de crescimento, tais como: capacidade de crescer na presença de 6,5% de cloreto de sódio, em pH 9,6 e nas temperaturas de 10º e 45ºC, a maioria das espécies dos *Enterococcus* são de origem fecal humana, embora possam ser isolados de fezes de animais.
LgBR
⇨ PADRÕES DE QUALIDADE DAS ÁGUAS.

ENTIDADES AMBIENTALISTAS
LgBR RES CONAMA 292 de 21/03/02, art. 1º.
environmentalist organizations WFEI
entidades ambientalistas WCOR
Organizações não-governamentais sem fins lucrativos que tenham como objetivo principal, no seu estatuto e por intermédio de suas atividades, a defesa e proteção do meio ambiente.
LgBR
⇨ CADASTRO NACIONAL DAS ENTIDADES AMBIENTALISTAS; FUNDO MUNDIAL PARA A NATUREZA.

ENTORNO DE AMBIENTAÇÃO
LgBR LEI 6513 de 20/12/77, art. 4º, II, § 2º.
physical environment ONU92#4853
entorno físico ONU92#4853
Espaço físico necessário à harmonização do Local de Interesse Turístico com a paisagem em que se situar.

LgBR
⇨ ENTORNO DE PROTEÇÃO; LOCAIS DE INTERESSE TURÍSTICO.

ENTORNO DE PROTEÇÃO
LgBR LEI 6513 de 20/12/77, art. 4º, II, § 1º.
protective surroundings WEPA
paisaje protegido ONU92#5186
Espaço físico necessário ao acesso do público ao Local de Interesse Turístico e à sua conservação, manutenção e valorização.
LgBR
⇨ ENTORNO DE AMBIENTAÇÃO; LOCAIS DE INTERESSE TURÍSTICO.

ENTORNO DE UNIDADES DE CONSERVAÇÃO
LgBR RES CONAMA 10 de 01/10/93, art. 6º, IV.
Área de cobertura vegetal contígua aos limites de Unidade de Conservação, que for proposta em seu respectivo Plano de Manejo, Zoneamento Ecológico/Econômico ou Plano Diretor de acordo com as categorias de manejo.
LgBR
⇨ CORREDOR ENTRE REMANESCENTES; PLANO DE MANEJO; ZONEAMENTO ECOLÓGICO-ECONÔMICO.

ENTULHOS DE OBRAS
LgBR RES CONAMA 307 de 05/07/02, art. 2º, I
◊ Ver RESÍDUOS DA CONSTRUÇÃO CIVIL.

EPI
LgBR DEC 4074 de 04/01/02, art. 1º, X.
PPE WEPA
EPI WMED
◊ Sigla de EQUIPAMENTO DE PROTEÇÃO INDIVIDUAL.

EPÍFITAS
LgBR RES CONAMA 10 de 01/10/93, art. 3º, I, a.
epiphyte COL95:84
epífitos PLA92:66
Vegetais que nascem e crescem sobre outros vegetais sem retirar deles seus nutrientes.
◊ De grande importância ecológica popularmente conhecidas como orquídeas, bromélias, samambaias, avencas, são abundantes nas florestas ombrófilas densas devido às condições climáticas de umidade e temperaturas elevadas.
⇨ BRIÓFITAS; ESTÁGIO AVANÇADO DE REGENERAÇÃO DA VEGETAÇÃO SECUNDÁRIA.

EPISÓDIO CRÍTICO DE POLUIÇÃO DO AR
LgBR RES CONAMA 03 de 28/06/90, art. 5º, § 1º.
critical pollution episode ONU92#4978
episodio de contaminación ONU92#4978
Presença de altas concentrações de poluentes na atmosfera em curto período de tempo, resultante da ocorrência de condições meteorológicas desfavoráveis à dispersão dos mesmos.
LgBR
⇨ NÍVEL DE ALERTA; NÍVEL DE ATENÇÃO; NÍVEL DE EMERGÊNCIA; POLUIÇÃO DO AR; POLUENTE ATMOSFÉRICO.

EQUILÍBRIO AMBIENTAL
LgBR LEI 6513 de 20/12/77, art. 12º, II, b.
ecological balance ONU92#1799
equilibrio ecológico ONU92#1799
◊ Ver EQUILÍBRIO ECOLÓGICO.

EQUILÍBRIO ECOLÓGICO
LgBR DEC 99274 de 06/06/90, art. 1º, I.
ecological balance ONU92#1799
equilibrio ecológico ONU92#1799
Estado de estabilidade de um ecossistema que compensa as variações resultantes de fatores externos, conserva suas propriedades e funções naturais, permitindo a existência, a evolução e o desenvolvimento dos seres vivos.
⇨ ECOSSISTEMA; FUNÇÃO ECOLÓGICA; PREDADORES NATURAIS.

EQUIPAMENTO ALTERNATIVO
LgBR DEC 99280 de 06/06/90, art. 1, 3.
alternative equipment WUNEP
equipamento alternativo WENL
Equipamento cujo uso torna possível reduzir ou eliminar efetivamente emissões de substâncias que têm, ou podem ter, efeitos adversos sobre a camada de ozônio.
LgBR
◊ Uso sugerido pela Convenção de Viena para a Proteção da Camada de Ozônio e do Protocolo de Mon-

treal sobre Substâncias que Destroem a Camada de Ozônio.
⇨ TECNOLOGIAS ALTERNATIVAS.

EQUIPAMENTO DE CONTROLE DE POLUIÇÃO
LgBR RES CONAMA 264 de 26/08/99, Anexo I, 5.
pollution control equipment WEPA
equipo de control de contaminación WINE
Equipamentos destinados a controlar as emissões atmosféricas resultantes das operações industriais.
LgBR
◊ *Sigla ECP.*
⇨ RESÍDUOS INDUSTRIAIS.

EQUIPAMENTO DE PROTEÇÃO INDIVIDUAL
LgBR DEC 4074 de 04/01/02, art. 1º, X.
personal protective equipment WFAO
equipamiento de protección individual WMED
Vestuário, material ou equipamento destinado a proteger pessoa envolvida na produção, manipulação e uso de agrotóxicos, seus componentes e afins.
LgBR
◊ *Sigla EPI.*
⇨ INTERVALO DE REENTRADA.

EQUIPAMENTO ESPECIFICADO
LgBR DEC 2210 de 22/04/97, art. 2º, III
nuclear equipment WEPA
equipo nuclear WCNE
Equipamento especialmente projetado ou preparado para o processamento, uso ou produção de material nuclear ou material especificado.
LgBR
⇨ EQUIPAMENTO VITAL; MATERIAL ESPECIFICADO; INSTALAÇÃO NUCLEAR.

EQUIPAMENTOS COMUNITÁRIOS
LgBR LEI 6766 de 19/12/79, art. 4º, § 2º.
community equipments WEPA
equipamientos comunitarios WUB
Equipamentos públicos de educação, cultura, saúde, lazer e similares.
LgBR
⇨ EQUIPAMENTOS URBANOS.

EQUIPAMENTOS URBANOS
LgBR LEI 6766 de 19/12/79, art. 5º, § único.

urban equipment WWOR
equipamientos urbanos WPAM
Equipamentos públicos de abastecimento de água, serviço de esgoto, energia elétrica, coletas de águas pluviais, rede telefônica e gás canalizado.
LgBR
⇨ EQUIPAMENTOS COMUNITÁRIOS.

EQUIPAMENTO VITAL
LgBR DEC 2210 de 22/04/97, art. 2º, IV
vital equipment WEPA
equipo vital WRNV
Equipamento, sistema, dispositivo ou material cuja falha, destruição, remoção ou liberação é capaz de, direta ou indiretamente, provocar uma situação de emergência.
LgBR
⇨ EQUIPAMENTO ESPECIFICADO.

EQUIPE DE AUDITORIA
LgBR RES CONAMA 306 de 05/07/02, Anexo I, VIII.
audit team EN/ISO14010:2.5
equipo auditor UNIT/ISO14010:2.5
Grupo formado por auditores, ou um auditor, e especialistas técnicos.
LgBR
⇨ ESPECIALISTA TÉCNICO.

EROSÃO
LgPOA DEC 8187 de 07/03/83, art. 2º.
erosion CLA90:106
erosión ALL84:154
Fenômeno de desgaste das camadas superficiais da crosta terrestre, motivado pela ação dos ventos e das águas.
LgPOA
◊ *A erosão pode também ocorrer em função de determinadas ações humanas, tais como desmatamento e/ou manejo não apropriado do solo.*
⇨ PERFIL GEOLÓGICO; TERRA VEGETAL.

ESCALA RINGELMANN
LgBR PRT MINTER 100 de 14/07/80, art. 1º.
Ringelmann standard chart ONU92#5583
escala de Ringelmann ONU92#5583
Tabela de cores, graduada do branco ao preto, usada para medir a escurida-

de da fumaça emitida por uma chaminé ou outra fonte, através de comparação visual.
⇨ MOTOR DO CICLO DIESEL.

ESCAPE GÊNICO
LgBR RES CONAMA 305 de 12/06/02, Anexo I, Glossário.
gene escape WFAO
escape génico WBIUN
Dispersão de genes de uma população intercruzável para outra, que pode apresentar certo grau de parentesco, por migração, ou pela possível modificação dos alelos.
LgBR
⇨ ALELOS; TRABALHO EM CONTENÇÃO.

ESCARPA
LgBR RES CONAMA 303 de 20/03/02, art. 2º, XII.
scarp WEPA
escarpa WNCE
Rampa de terrenos com inclinação igual ou superior a quarenta e cinco graus, que delimitam relevos de tabuleiros, chapadas e planalto, estando limitada no topo pela ruptura positiva de declividade linha de escarpa, e no sopé por ruptura negativa de declividade, englobando os depósitos de colúvio que localizam-se próximo ao sopé da escarpa.
LgBR
⇨ TABULEIRO.

ESCHERICHIA COLI
LgBR RES CONAMA 274 de 29/11/00, art.1º, e.
escherichia coli WEPA
escherichia coli WFAG
Bactéria pertencente à família *Enterobacteriaceae*, caracterizada pela presença das enzimas B-galactosidade e B-glicuronidase.
LgBR
◊ *Cresce em meio complexo a 44-45ºC, fermenta lactose e manitol com produção de ácido e gás e produz indol a partir do aminoácido triptofano. Abundante em fezes humanas e de animais, encontrada em esgotos, efluentes, águas naturais e solos que tenham recebido contaminação fecal recente..*
⇨ COLIFORMES FECAIS; DEJETOS.

ESPAÇO CÓSMICO
LgBR DEC 58256 de 26/04/66, art. I, a.
outer space KIS83:185
espacio ultraterrestre WSECYT
Região do espaço que exclui a Terra e sua atmosfera.
MOU87:278
◊ *Var.: espaço exterior, espaço extra-atmosférico, espaço superior.*
⇨ TRATADO DE PROSCRIÇÃO DAS EXPERIÊNCIAS COM ARMAS NUCLEARES NA ATMOSFERA, NO ESPAÇO CÓSMICO E SOB A ÁGUA.

ESPAÇOS TERRITORIAIS DE INTERESSE ECOLÓGICO E SOCIAL
LgBR DEC 98897 de 30/01/90, art. 2º, parágrafo único.
espacios territoriales de interés ecológico y social WUCEV
Áreas que possuam características naturais ou exemplares da biota, que possibilitem a sua exploração auto-sustentável, sem prejuízo da conservação ambiental.
LgBR
⇨ EXPLORAÇÃO AUTO-SUSTENTÁVEL.

ESPECIALISTA EM MEIO AMBIENTE
LgBR LEI 10410 DE 11/01/02, art. 1º
environmental expert WEPA
especialista en medio ambiente WPA
Carreira de cargos do Ministério do Meio Ambiente e do Instituto Brasileiro do Meio Ambiente e dos Recursos Naturais Renováveis.
LgBR
◊ *Carreira composta dos seguintes cargos: ANALISTA ADMINISTRATIVO; ANALISTA AMBIENTAL; AUXILIAR ADMINISTRATIVO; GESTOR ADMINISTRATIVO; GESTOR AMBIENTAL; TÉCNICO ADMINISTRATIVO; TÉCNICO AMBIENTAL.*

ESPECIALISTA TÉCNICO
LgBR RES CONAMA 306 de 05/07/02, Anexo I, VII.
technical expert EN/ISO14010:2.13
experto técnico UNIT/ISO14010:2.13
Profissional que provê conhecimentos ou habilidades específicas à equipe de auditoria, mas que não participa como um auditor.
LgBR
⇨ EQUIPE DE AUDITORIA.

ESPÉCIE
LgBR DEC 76623 de 17/11/75, art. 1º, a
species ONU92#6149
especie ONU92#6149
Conjunto de todos os indivíduos semelhantes entre si, seus ancestrais e descendentes, dispondo de patrimônio genético muito semelhante, permitindo-lhes cruzamento.
⇨ CONVENÇÃO SOBRE COMÉRCIO INTERNACIONAL DAS ESPÉCIES DA FLORA E FAUNA SELVAGENS EM PERIGO DE EXTINÇÃO; ESPÉCIME.

ESPÉCIE AMEAÇADA DE EXTINÇÃO
LgRS LEI 9519 de 21/01/92, art. 42º, II.
endangered species ONU92#1928
especie amenazada ONU92#1928
Espécie em perigo de extinção, cuja sobrevivência é improvável se continuarem operando os fatores causais.
LgRS
◊ Inclui populações reduzidas em níveis críticos e habitats drasticamente reduzidos. Ibid.
⇨ ESPÉCIE EXTINTA; ESPÉCIES VULNERÁVEIS; LISTA DAS ESPÉCIES AMEAÇADAS DE EXTINÇÃO NO RIO GRANDE DO SUL.

ESPÉCIE AMEAÇADA DE EXTINÇÃO *1
LgBR MPR 2186-16 de 23/08/01, art. 7º, VIII
endangered species ONU92#1928
especie amenazada ONU92#1928
Espécie com alto risco de desaparecimento na natureza em futuro próximo, assim reconhecida pela autoridade competente.
LgBR
◊ Espécie, população ou ecossistema que, por diversos motivos, têm sua continuidade em risco se não forem tomadas medidas que assegurem sua sobrevivência. A União Internacional Para a Conservação da Natureza e dos Recursos Naturais estabeleceu termos que definem o grau de ameaça a que podem estar submetidas as espécies ameaçadas de extinção. O Instituto Brasileiro do Meio Ambiente e dos Recursos Naturais Renováveis publicou uma lista oficial de espécies da flora brasileira ameaçadas de extinção na LgBR PRT IBAMA 06-N de 15/01/92. A Sociedade de Botânica do Brasil publicou a lista dessas espécies com diversas informações: categoria de risco, distribuição geográfica, habitat e ecologia, medidas conservacionistas propostas e tomadas, biologia e valor potencial, descrição e bibliografia.
⇨ PATRIMÔNIO GENÉTICO *2.

ESPÉCIE CULTIVADA
LgBR DEC 2519 de 16/03/98, art. 2º
cultivated species WCBD
especie domesticada WMED
◊ Ver ESPÉCIE DOMESTICADA.

ESPÉCIE DOMESTICADA
LgBR DEC 2519 de 16/03/98, art. 2º
domesticated species WCBD
especie domesticada WMED
Espécie em cujo processo de evolução influiu o ser humano para atender suas necessidades.
LgBR
⇨ CONDIÇÕES IN SITU; FAUNA DOMÉSTICA.

ESPÉCIE ENDÊMICA
LgRS LEI 9519 de 21/01/92, art. 42º, III.
endemic specie WEPA
especie endémica PNU92:18
Espécie de ocorrência limitada a certos ambientes ou com autoecologia restrita a um habitat específico.
LgRS
◊ Autoecologia é o estudo das relações de uma única espécie com seu meio.

ESPÉCIE EXÓTICA
LgRS LEI 11520 de 04/08/00, art. 14, XX.
exotic species TRE77a:132
especie exótica WINF
Espécie que não é nativa da região considerada.
LgRS
⇨ ESPÉCIE NATIVA *2.

ESPÉCIE EXTINTA
extinct species ONU92#2292
especie extinguida ONU92#2292
Espécie não encontrada na natureza nos últimos 50 anos.
⇨ AUTOECOLOGIA DAS ESPÉCIES; ESPÉCIE AMEAÇADA DE EXTINÇÃO; ESPÉCIES VULNERÁVEIS.

ESPÉCIE NATIVA
LgBR LEI 7803 de 18/07/89, art. 19.
indigenous species ONU92#3212
especie nativa PNU92:18
Espécie que se desenvolveu evolutivamente em uma determinada área geo-

gráfica, sem ter sido introduzida pela ação humana.

ESPÉCIE NATIVA *1
LgRS LEI 9519 de 21/01/92, art. 42, I.
indigenous species ONU92#3212
especie nativa PNU92:18
Espécie de ocorrência natural, primitiva no território do Rio Grande do Sul.
LgRS
⇨ ESPÉCIE NATIVA *2; FLORESTA NATIVA.

ESPÉCIE NATIVA *2
LgRS LEI 11520 de 04/08/00, art. 14, XXI.
indigenous species ONU92#3212
especie nativa PNU92:18
Espécie própria de uma região onde ocorre naturalmente.
LgRS
⇨ ANIMAIS AUTÓCTONES; ANIMAIS SILVESTRES; ESPÉCIE EXÓTICA; ESPÉCIE NATIVA *1; ESPÉCIES SILVESTRES NÃO-AUTÓCTONES.

ESPÉCIE PIONEIRA
LgBR RES CONAMA 10 de 01/10/93, art. 3º, g.
pioneer species ONU92#4867
especie pionera ONU92#4867
Espécie adaptada para iniciar a colonização de áreas nunca habitadas ou desabitadas por drásticas modificações, naturais ou de natureza antrópica.
⇨ ESTRATO; ESTÁGIO INICIAL DE REGENERAÇÃO DA VEGETAÇÃO SECUNDÁRIA.

ESPÉCIE RARA
LgRS LEI 9519 de 21/01/92, art. 42, III.
rare species ECO88:27
especie rara ONU92#5324
◊ Ver ESPÉCIE ENDÊMICA.

ESPÉCIES AMEAÇADAS
endangered species SEL03:172
especies amenazadas ONU92#1928
◊ Ver ESPÉCIE AMEAÇADA DE EXTINÇÃO.

ESPÉCIES CONTINGENCIADAS
LgBR PRN IBAMA 71 de 11/07/94.
contingent species WAR
Essências florestais nativas com grande expressão madeireira, constantes na lista oficial de espécies ameaçadas de extinção, tendo, por isso, limitada sua exploração para corte segundo cotas fixadas periodicamente pelo Instituto Brasileiro do Meio Ambiente e dos Recursos Naturais Renováveis através de Portaria Normativa, visando à manutenção do equilíbrio entre reservas florestais, produção, consumo e exportação de madeiras.
⇨ CONTINGENCIAMENTO; FLORA E FAUNA SILVESTRES AMEAÇADAS DE EXTINÇÃO.

ESPÉCIES DA FAUNA NATIVA DO ESTADO DO RIO GRANDE DO SUL
LgRS LEI 11915 de 21/05/03, art. 3º
native fauna species WNWF
especies de la fauna nativa de Rio Grande do Sul WMIS
Espécies originárias do Estado do Rio Grande do Sul e que vivam de forma selvagem, inclusive as que estão em migração, incluindo-se as espécies de peixes e animais marinhos da costa gaúcha.
LgRS
⇨ FUNDAÇÃO ZOOBOTÂNICA DO RIO GRANDE DO SUL.

ESPÉCIES DE HIDROCARBONOS SEM METANO
LgBR DEC 99280 de 06/06/90, Anexo I, 4, a, iv
non-methane hydrocarbon species WUN
especies de hidrocarburos que no contienen metano WUNEP
Espécies de hidrocarbonos constituídas de um grande número de substâncias químicas; têm fontes tanto naturais como antropogênicas, e que desempenham um papel direto na fotoquímica troposférica, além de papel indireto na fotoquímica estratosférica.
LgBR
◊ Var. especies de hidrocarbonetos sem metano.
⇨ DIÓXIDO DE CARBONO; METANO; MONÓXIDO DE CARBONO.

ESPÉCIES ICTIOLÓGICAS
LgBR DEL 454 de 05/02/69, art. 2º.
ichthyological species WGISP
especies ictiológicas WMIS
◊ Ver FAUNA ICTIOLÓGICA.

ESPÉCIES SILVESTRES NÃO-AUTÓCTONES
LgRS LEI 11520 de 04/08/00, art.14, XXII.

espécies silvestres no autóctonas WGPE
Espécies cujo âmbito de distribuição natural não se inclui nos limites geográficos do Rio Grande do Sul.
LgRS
⇨ ESPÉCIE NATIVA*2.

ESPÉCIES VULNERÁVEIS
vulnerable species KLI91:4
especies vulnerables WPFS
Espécies cujas populações estão decrescendo pelo excesso de exploração e destruição extensiva de *habitats* ou por outros distúrbios ambientais.

◊ *Incluem-se também nesta categoria as populações de animais silvestres que foram seriamente diminuídas, cuja segurança não foi ainda garantida e espécies ainda abundantes, mas que se encontram ameaçadas por fatores adversos em toda a sua área de ocorrência.*

⇨ ESPÉCIE AMEAÇADA DE EXTINÇÃO; ESPÉCIE EXTINTA.

ESPÉCIME
LgBR DEC 76623 de 17/11/75, art. 1º, b
specimen COL88:169
espécimen WMED
Indivíduo: animal ou planta, vivo ou morto; no caso de um animal: para as espécies incluídas nos Anexos I e II, qualquer parte ou derivado facilmente identificável; e para as espécies incluídas no Anexo III qualquer parte ou derivado facilmente identificável que haja sido especificado no Anexo III em relação à referida espécie; no caso de uma planta: para as espécies incluídas no Anexo I, qualquer parte ou derivado, facilmente identificável; e para as espécies incluídas nos Anexos II e III, qualquer parte ou derivado facilmente identificável especificado nos referidos Anexos em relação com a referida espécie.
LgBR

◊ *Trata-se dos Anexos da Convenção sobre o Comércio Internacional das Espécies de Flora e Fauna Selvagens em Perigo de Extinção. O Anexo I inclui as espécies ameaçadas de extinção que são, ou possam ser, afetadas pelo comércio. O Anexo II inclui as espécies que, embora atualmente não se*

encontrem necessariamente em perigo de extinção poderão chegar a esta situação; outras espécies que devam ser objeto de regulamentação. O Anexo III inclui as espécies que qualquer dos países signatários da Convenção declare sujeitas à regulamentação.

⇨ CONVENÇÃO SOBRE COMÉRCIO INTERNACIONAL DAS ESPÉCIES DA FLORA E FAUNA SELVAGENS EM PERIGO DE EXTINÇÃO; ESPÉCIE; ESPÉCIME NOTÁVEL.

ESPÉCIME NOTÁVEL
LgBR RES CONAMA 10 de 14/12/88, art. 2º, § 2º.
outstanding specimen WUNE
Animal ou vegetal dotado de atributos positivos que o destacam dos outros indivíduos da mesma espécie.

⇨ ESPÉCIME.

ESPELEOTEMAS
LgBR PRT IBAMA 887 de 15/06/90, art. 10º, IV.
speleothems WEPA
espeleotemas WDRN
Deposições minerais em cavidades naturais subterrâneas que se formam, basicamente, por processos químicos, tais como as estalactites e as estalagmites.
LgBR

⇨ ABISMO; ATIVIDADES ESPELEOLÓGICAS; CAVIDADE NATURAL SUBTERRÂNEA.

ESPINHÉIS
LgBR DEC 4256 de 03/06/02, art. IX, d
hooked branch lines WCBRO
espineles WPERC
Aparelho de pesca composto por vários anzóis que se prendem de espaço em espaço.

◊ *Conforme o Protocolo Adicional ao Acordo para Conservação da Fauna Aquática nos Cursos dos Rios Limítrofes entre Brasil e Paraguai, o emprego desse aparelho de pesca é proibido, na pesca comercial, no rio Paraná, nos limites geográficos estabelecidos.*

⇨ PETRECHOS DE CAPTURA.

ESTABELECIMENTO
LgBR DEC 4954 de 14/01/04, art. 2º, XVII
establishment WEPA
establecimiento MAR94:169

Pessoa física ou jurídica cuja atividade consiste na produção, importação, exportação ou comércio de fertilizantes, corretivos, inoculantes ou biofertilizantes.
LgBR
⇨ COMÉRCIO; PRODUÇÃO *2.

ESTABELECIMENTO *1
LgBR RES CONAMA 358 de 29/04/05, art. 2º, II
Edificação destinada à realização de atividades de prevenção, produção, promoção, recuperação e pesquisa na área da saúde ou que estejam a ela relacionadas.
LgBR
⇨ ESTAÇÃO DE TRANSFERÊNCIA DE RESÍDUOS DE SERVIÇOS DE SAÚDE; MATERIAIS DE ASSISTÊNCIA A SAÚDE.

ESTABELECIMENTO COMERCIAL
LgBR RES CONAMA 334 de 03/04/03, art. 2º, IV
commercial establishment WEPA
Local onde se realiza a comercialização de agrotóxicos e afins, responsável pelo recebimento, controle e armazenamento das embalagens vazias de agrotóxicos nele vendidas.
LgBR
⇨ CENTRO DE RECOLHIMENTO.

ESTAÇÃO DE PISCICULTURA
LgBR PRT SUDEPE 1-N de 04/01/77, art. 6º, a.
fish culture station WEPA
estación de piscicultura WMED
Conjunto de obras, instalações e equipamentos necessários aos trabalhos de pesquisa e produção de alevinos para reposição, manutenção, substituição e ampliação dos estoques de peixe das represas e bacias hidrográficas.
LgBR
◊ Ver AQÜICULTURA.
⇨ ESTAÇÃO EXPERIMENTAL; PISCICULTURA; POSTO DE PISCICULTURA.

ESTAÇÃO DE TRANSFERÊNCIA DE RESÍDUOS DE SERVIÇOS DE SAÚDE
LgBR RES CONAMA 358 de 29/04/05/, art. 2º, III
Unidade com instalações exclusivas, com licença ambiental expedida pelo órgão competente, para executar transferência de resíduos gerados nos serviços de saúde, garantindo as características originais de acondicionamento, sem abrir ou transferir conteúdo de uma embalagem para a outra.
LgBR
⇨ ESTABELECIMENTO *1.

ESTAÇÃO ECOLÓGICA
LgRS DEC 38814 de 26/08/98, art. 12, I.
ecological station WFAO
estación ecológica WLP
Unidade de Proteção Integral/Categoria Uso Indireto constituída por áreas representativas de ecossistemas, destinadas à realização de pesquisas, à proteção do ambiente natural e ao desenvolvimento da educação ambiental, permitindo alteração antrópica para realização de pesquisa em até 5% da área.
LgRS
⇨ UNIDADES DE PROTEÇÃO INTEGRAL/CATEGORIA DE USO INDIRETO.

ESTAÇÃO ECOLÓGICA *1
LgBR LEI 9985 DE 18/07/00, art. 9º
ecological station WFAO
estación ecológica WLP
Unidade de conservação cujo objetivo básico é a preservação da natureza e a realização de pesquisas científicas.
LgBR
⇨ ÁREA DE PROTEÇÃO AMBIENTAL *1; MONUMENTO NATURAL *1; PARQUE NACIONAL; REFÚGIO DE VIDA SILVESTRE *1; RESERVA BIOLÓGICA *1.

ESTAÇÃO EXPERIMENTAL
LgBR DEC 73684 de 19/02/74, art. 3º.
experimental station TRE77a:133
estación experimental WINTA
Local dotado de instalações, equipamentos, pessoal de apoio e espaço físico suficiente, onde pesquisadores possam desenvolver experimentos nos limites de pesquisa para o qual foi concebido.
⇨ ESTAÇÕES ECOLÓGICAS; ESTAÇÃO DE PISCICULTURA.

ESTAÇÕES DE TERRA
LgBR DEC 73497 de 17/01/74, art. 2º, 2.

land stations KIS83:67
estaciones terrestres ONU92:3519
Usina em terra firme, na qual as baleias são tratadas no todo ou em parte.
LgBR
⇨ NAVIO BALEEIRO; USINA FLUTUANTE.
ESTAÇÕES DE TRATAMENTO
LgBR DEC 97718 de 05/05/89, art. 3º, § 4º, a.
treatment plants ONU92#6789
plantas de tratamiento ONU92#6789
Conjunto de instalações, dispositivos e equipamentos destinados ao tratamento de águas residuárias.
⇨ ÁGUAS SERVIDAS; REDE DE ESGOTOS.
ESTAÇÕES ECOLÓGICAS
LgBR LEI 6902 de 27/04/81, art. 1º.
ecological stations WMCT
estaciones ecológicas WFARN
Áreas representativas de ecossistemas brasileiros, destinadas à realização de pesquisas básicas e aplicadas de Ecologia, à proteção do ambiente natural e ao desenvolvimento da educação conservacionista.
LgBR
⇨ EDUCAÇÃO CONSERVACIONISTA; ESTAÇÃO EXPERIMENTAL; FUNÇÃO ECOLÓGICA; RESERVAS ECOLÓGICAS.
ESTADO DE CALAMIDADE PÚBLICA
LgBR DEC 895 de 16/08/93, art. 3º, IV.
state of public calamity WFCP
estado de calamidad pública WCCB
Reconhecimento pelo poder público de situação anormal, provocada por desastre, causando sérios danos à comunidade afetada, inclusive à incolumidade ou à vida de seus integrantes.
LgBR
⇨ DEFESA CIVIL; DESASTRE; ORDEM PÚBLICA; SITUAÇÃO DE EMERGÊNCIA.
ESTADO DE EMERGÊNCIA
LgPOA DEC 8183 de 07/03/83, art. 3º, XI.
emergency ONU92#1883
situación de emergencia ONU92#1883
Situação de excepcionalidade que possa ocasionar danos irreversíveis ao meio ambiente, à integridade física ou psíquica da população e a bens materiais.
LgPOA
⇨ EFEITOS SIGNIFICATIVOS IRREVERSÍVEIS; MEDIDAS DE EMERGÊNCIA.
ESTADO DE REGISTRO DE NAVIO
LgBR DEC 79437 de 28/03/77, art. 1º, 4.
state of the ship's registry WAMLG
país de registro de buque WICI
Estado no qual o navio tiver sido registrado e, com relação aos navios não registrados, o Estado cuja bandeira o navio arvora.
LgBR
⇨ ADMINISTRAÇÃO; NAVIO; PROPRIETÁRIO.
ESTADOS NO CONTINENTE AMERICANO
LgBR DEC 3842 de 13/06/01, art. I, 4.
States in the Americas WCON
Estados en el Continente Americano WCON
Estados da América Setentrional, Central e Meridional, e do Mar do Caribe, bem como outros Estados que tenham nesta região territórios continentais ou insulares.
LgBR
⇨ CONVENÇÃO INTERAMERICANA PARA A PROTEÇÃO E A CONSERVAÇÃO DAS TARTARUGAS MARINHAS.
ESTÁGIO AVANÇADO DE REGENERAÇÃO DA VEGETAÇÃO SECUNDÁRIA
LgBR RES CONAMA 10 DE 01/10/93, art. 3º, III.
secondary vegetation in advanced stage of regeneration WIRN
Estágio de vegetação com as seguintes características: fisionomia arbórea sobre as demais, formando um dossel fechado e relativamente uniforme no porte, podendo apresentar árvores emergentes; espécies emergentes, ocorrendo com diferentes graus de intensidade; copas superiores, horizontalmente amplas; distribuição diamétrica de grande amplitude; epífitas presentes em grande número de espécies e com grande abundância, principalmente na floresta ombrófila; trepadeiras, geralmente lenhosas, sendo mais abundantes e ricas em espécies na floresta estacional; serapilheira abundante; diversidade biológica muito grande de-

vido à complexidade estrutural; estratos herbáceo, arbustivo e um notadamente arbóreo; florestas neste estágio podem apresentar fisionomia semelhante à vegetação primária; sub-bosque normalmente menos expressivo do que no estágio médio; dependendo da formação florestal, pode haver espécies dominantes.
LgBR
⇨ EPÍFITAS; ESTRATO; FLORESTA ESTACIONAL; SERRAPILHEIRA; SUB-BOSQUE.

ESTÁGIO INICIAL DE REGENERAÇÃO DA VEGETAÇÃO SECUNDÁRIA
LgBR RES CONAMA 10 de 01/10/93, art. 3º, I.
Estágio de vegetação com as seguintes características: fisionomia herbácea/arbustiva de porte baixo, com cobertura vegetal variando de fechada a aberta; espécies lenhosas com distribuição diamétrica de pequena amplitude; epífitas, se existentes, são representadas principalmente por líquenes, briófitas e pteridófitas, com baixa diversidade; trepadeiras, se presentes, são geralmente herbáceas; serapilheira, quando existente, forma uma camada fina pouco decomposta, contínua ou não; diversidade biológica variável com poucas espécies arbóreas ou arborescentes, podendo apresentar plântulas de espécies características de outros estágios; espécies pioneiras abundantes; ausência de sub-bosque.
LgBR
⇨ BRIÓFITAS; ENCRAVE FLORESTAL DO NORDESTE; ESPÉCIE PIONEIRA; LÍQUENES; PTERIDÓFITAS.

ESTÁGIO MÉDIO DE REGENERAÇÃO DA VEGETAÇÃO SECUNDÁRIA
LgBR RES CONAMA 10 de 01/10/93, art. 3º, II.
Estágio de vegetação com as seguintes características: fisionomia arbórea e/ou arbustiva, predominando sobre a herbácea, podendo constituir estratos diferenciados; cobertura arbórea, variando de aberta a fechada, com a ocorrência eventual de indivíduos emergentes; distribuição diamétrica apresentando amplitude moderada, com predomínio de pequenos diâmetros; epífitas aparecendo com maior número de indivíduos e espécies em relação ao estágio inicial, sendo mais abundantes na floresta ombrófila; trepadeiras, quando presentes, são predominantemente lenhosas; serapilheira presente, variando de espessura de acordo com as estações do ano e a localização; diversidade biológica significativa; sub-bosque presente.
LgBR
⇨ CORREDOR ENTRE REMANESCENTES; ESTRATO; SERRAPILHEIRA; SUB-BOSQUE; VEGETAÇÃO SECUNDÁRIA.

ESTATUTO DA TERRA
LgBR LEI 4504 de 30/11/64, art. 1º.
Land Statute WFS
Estatuto de la Tierra WFAO
Estatuto jurídico dos direitos e obrigações concernentes aos bens imóveis, rurais para os fins de execução da Reforma Agrária e promoção da Política Agrícola.
⇨ POLÍTICA AGRÍCOLA; REFORMA AGRÁRIA.

ESTATUTO DO ÍNDIO
LgBR LEI 6001 de 19/12/73.
Indian Statute WNDSG
Estatuto del Indio WOAS
Estatuto jurídico dos índios e das comunidades indígenas com o propósito de preservar a sua cultura e integrá-los na comunidade nacional.
⇨ COLÔNIA AGRÍCOLA INDÍGENA; COMUNIDADE INDÍGENA; ÍNDIO; RESERVA INDÍGENA; TERRITÓRIO FEDERAL INDÍGENA.

ESTÉREO
LgBR PRN IBDF 302 de 03/07/84, anexo I.
stere WFAO
estéreo WSAGP
Medida de volume para lenha ou madeira, para transformação em polpa empilhada sem descontar os espaços vazios.
LgBR
◊ *Símbolo: st. Equivale a um metro cúbico de lenha.*
⇨ PASTA MECÂNICA.

ESTIMULADORES E INIBIDORES DO CRESCIMENTO
LgBR LEI 7802 de 11/07/89, art. 2º, I, b.
plant regulators KIN95:497
estimuladores e inhibidores del crecimiento WUCV
Substância ou mistura de substâncias destinadas a acelerar ou retardar o índice de crescimento ou maturação dos vegetais através de ação fisiológica.
⇨ DESFOLHANTES; DESSECANTES.

ESTIMULANTE
LgBR LEI 6894 de 16/12/80
stimulant WFAO
biofertilizante STE94:50
◊ Ver BIOFERTILIZANTE.

ESTOCAGEM DE GÁS NATURAL
LgBR LEI 9478 de 06/08/97, art. 6º, XXIII
natural gas storage WEPA
almacenamiento de gas natural WMECON
Armazenamento de gás natural em reservatórios próprios, formações naturais ou artificiais.
LgBR
⇨ RESERVATÓRIO *1.

ESTRADA-PARQUE
LgRS DEC 38814 de 26/08/98, art. 12, III.
park road WEPA
Estrada sob administração pública, de alto valor panorâmico, cultural, educativo e recreativo.
LgRS
◊ As margens, em dimensões variáveis, são mantidas em estado natural ou semi-natural, não sendo necessária a desapropriação, mas, somente, o estabelecimento de normas quanto ao limite de velocidade, pavimentação, sinalização e faixa a ser protegida.
⇨ UNIDADES DE MANEJO SUSTENTADO/CATEGORIA DE USO DIRETO.

ESTRATO
LgBR RES CONAMA 10 de 01/10/93, art. 5º, II.
storeying WFAO
estrato VIC96:75
Parcela de uma comunidade vegetal por plantas que estão na mesma faixa de altura.
⇨ ESPÉCIE PIONEIRA; ESTÁGIO AVANÇADO DE REGENERAÇÃO DA VEGETAÇÃO SECUNDÁRIA; ESTÁGIO MÉDIO DE REGENERAÇÃO DA VEGETAÇÃO SECUNDÁRIA; ESTRATO ARBÓREO, ARBUSTIVO E HERBÁCEO.

ESTRATO ARBÓREO, ARBUSTIVO E HERBÁCEO
LgBR PRT IBAMA 19 de 06/06/91.
estrato arbóreo, arbustivo y herbáceo VIC96:75
Camadas de vegetação que ocupam diferentes classes de altura do perfil de uma comunidade vegetal, cada uma ocupada por espécies com formas de vida semelhantes e exigências ecológicas afins.
⇨ CAPOEIRA; CAPOEIRINHA; CAPOEIRÃO; ESTRATO.

ESTRUTURAS BIÓTICAS
biotic structures WAFSC
estructuras bióticas WCRIC
Comunidades ou componentes vivos de um ecossistema que apresentam qualquer nível de resolução biológica, podendo ser desde uma molécula até um organismo.
⇨ POTENCIAL BIÓTICO.

ESTRUTURA TÉRMICA DA ATMOSFERA
LgBR DEC 99280 de 06/06/90, art. 21.
thermal structure of the atmosphere WEPA
estructura térmica de la atmósfera WFCA
Subdivisão da atmosfera em camadas de acordo com sua temperatura e com as zonas de mudança térmica.
◊ Formada pela Troposfera, Estratosfera, Mesosfera.
⇨ ATMOSFERA; CAMADA LIMÍTROFE PLANETÁRIA; DINÂMICA ATMOSFÉRICA.

ESTUÁRIO *1
LgBR LEI 6938 de 31/08/81, art. 3º.
estuary UNI03:148
estuario WMED
Corpo d'água costeiro, semifechado, com uma conexão livre com o oceano aberto, no interior do qual a água do mar é diluída com a água doce drenada do continente.
⇨ CORPOS DE ÁGUA.

ESTUDO AMBIENTAL DE SÍSMICA
LgBR RES CONAMA 350 de 06/07/04, art. 2º, XI
Documento elaborado pelo empreendedor que apresenta a avaliação dos impactos ambientais não significativos da atividade de aquisição de dados sísmicos nos ecossistemas marinho e costeiro.
LgBR
◊ Sigla: EAS.
⇨ PLANO DE CONTROLE AMBIENTAL DE SÍSMICA; RELATÓRIO DE IMPACTO AMBIENTAL DE SÍSMICA.

ESTUDO DE IMPACTO AMBIENTAL
LgBR RES CONAMA 01 de 23/01/86, art. 5º.
environmental impact assessment ONU92#2056
evaluación del impacto ambiental ONU92#2056
Conjunto de atividades científicas e técnicas que incluem diagnóstico ambiental, identificação, previsão e medição dos impactos ambientais, sua interpretação e valoração, definição de medidas mitigadoras e respectivos programas de monitorização.
ROD92
◊ Sigla: EIA.
⇨ AUDIÊNCIA PÚBLICA; AVALIAÇÃO DE IMPACTO AMBIENTAL; IMPACTO AMBIENTAL; IMPACTO AMBIENTAL REGIONAL.

ESTUDO DE VIABILIDADE DE QUEIMA
LgBR RES CONAMA 264 de 26/08/99, Anexo I, 6.
burn viability study WMEDBC
Estudo teórico que visa a avaliar a compatibilidade do resíduo a ser co-processado com as características operacionais do processo e os impactos ambientais decorrentes desta prática.
LgBR
◊ Sigla EVQ.
⇨ PLANO DO TESTE DE QUEIMA.

ESTUDOS AMBIENTAIS
LgBR RES CONAMA 305 de 12/06/02, Anexo I, Glossário
environmental studies WEPA
estudios ambientales WGAV
Estudos relativos aos aspectos ambientais relacionados à localização, instalação, operação e ampliação de uma atividade ou empreendimento, apresentados como subsídios para a análise da licença requerida, tais como: relatório ambiental, plano e projeto de controle ambiental, relatório ambiental preliminar, diagnóstico ambiental, plano de recuperação de área degradada e análise preliminar de risco.
LgBR
⇨ LICENCIAMENTO AMBIENTAL; MACROZONEAMENTO AMBIENTAL.

EUTROFIZAÇÃO
LgBR RES CONAMA 344 de 25/03/04, art. 2º, V
eutrophication ONU92#2245
eutrofización ONU92#2245
Processo natural de enriquecimento por nitrogênio e fósforo em lagos, represas, rios ou estuários e, conseqüentemente, da produção orgânica; nos casos onde houver impactos ambientais decorrentes de processos antrópicos, há uma aceleração significativa do processo natural, com prejuízos à beleza cênica, à qualidade ambiental e à biota aquática.
LgBR
⇨ MATERIAL DRAGADO.

EVIDÊNCIA OBJETIVA
LgBR RES CONAMA 306 de 05/07/02, Anexo I, IX.
objetive evidence WERS
evidencia objetiva WFME
Informações verificáveis, tais como registros, documentos ou entrevistas.
LgBR
⇨ AUDITORIA AMBIENTAL.

EVQ
LgBR RES CONAMA 264 de 26/08/99, Anexo I, 6.
◊ Sigla de ESTUDO DE VIABILIDADE DE QUEIMA.

EXPEDIÇÃO CIENTÍFICA
LgBR DEC 98830 de 15/01/90, art. 2º.
scientific expeditions UNB86:488
expedición científica UNB86:488

Deslocamento, por um período limitado, de recursos humanos e materiais, para determinada área geográfica, visando à realização de um plano específico de modo a obter dados e conhecimentos científicos, comprovar ou estabelecer teorias, caracterizando-se, assim, por um sentido mais amplo do que simples pesquisa para avaliação de recursos naturais.
LgBR
⇨ CIENTISTA.

EXPLORAÇÃO
LgBR LEI 9478 de 06/08/97, art. 6º, XV
exploitation WEPA
◊ Ver PESQUISA

EXPLORAÇÃO AUTO-SUSTENTÁVEL
LgBR DEC 98897 de 30/01/90, art. 4º.
explotación autosostenible WPUC
Processo de utilização dos recursos naturais que não compromete as fontes geradoras, preservando o meio ambiente.
⇨ COMUNIDADES EXTRATIVISTAS; ESPAÇOS TERRITORIAIS DE INTERESSE ECOLÓGICO E SOCIAL; RECURSOS NATURAIS RENOVÁVEIS; RESERVAS EXTRATIVISTAS.

EXPLORAÇÃO EXTRATIVA
LgBR LEI 4504 de 30/11/64, art. 24, III.
explotación extractiva WPAND
◊ Ver EXTRATIVISMO.

EXPLOSÃO NUCLEAR
LgBR DEC 58256 de 26/04/66, art. I, 1.
nuclear explosion KIS83:185
explosión nuclear WCNE
Liberação violenta de energia nuclear provocada pelas reações de fissão ou fusão, acompanhadas de fenômenos térmicos, mecânicos e ionizantes.
GAL92:575
⇨ TRATADO DE PROSCRIÇÃO DAS EXPERIÊNCIAS COM ARMAS NUCLEARES NA ATMOSFERA, NO ESPAÇO CÓSMICO E SOB À ÁGUA.

EXPORTAÇÃO
LgBR DEC 4074 de 04/01/02, art. 1º, XI.
exports UNB86:455
exportación UNB86:455
Ato de saída de agrotóxicos, seus componentes e afins do País para o exterior.
LgBR
⇨ AGROTÓXICOS E AFINS.

EXPOSIÇÃO DE AMIANTO
LgBR DEC 126 de 22/05/91, Anexo
exposición al amianto WSTPS
Exposição durante o trabalho às fibras respiráveis de amianto ou ao pó de amianto em suspensão no ar, independentemente de essas fibras ou esse pó provirem do amianto ou de minérios, materiais ou produtos que contenham amianto.
LgBR
⇨ PÓ DE AMIANTO.

EXPRESSÃO GÊNICA
LgBR RES CONAMA 305 de 12/06/02, Anexo I, Glossário.
expresión génica WCNICT
Manifestação de uma característica específica do gene que é introduzida no hospedeiro.
LgBR
⇨ INSERTO.

EXPROPER
LgBR RES CONAMA 23 de 07/12/94
Atividade de exploração e lavra de jazidas de combustíveis líquidos e gás natural que atribuem: I – A perfuração de poços para identificação das jazidas e suas extensões; II – A produção para pesquisa sobre a viabilidade economica; III – A produção efetiva para fins comerciais.
LgBR
◊ Sigla formada por: Exploração, Produção de Petróleo e Gás Natural, e Perfuração.

EXTRAÇÃO E TRATAMENTO DE MINERAIS
LgBR RES CONAMA 237 de 22/12/97, Anexo I.
extraction and processing of minerals WEPA
extracción y tratamiento de minerales WSALTA
Pesquisa mineral com guia de utilização; lavra a céu aberto, inclusive de aluvião, com ou sem beneficiamento; lavra subterrânea com ou sem beneficiamento; lavra garimpeira; perfuração de poços e produção de petróleo e gás natural.
LgBR
◊ Atividades ou empreendimentos sujeitos ao Licenciamento Ambiental.

EXTRATIVISMO
LgBR LEI 9985 de 18/07/00, art. 2º, XII
extractivism WMMA
extractivismo WPN
Sistema de exploração baseado na coleta e extração, de modo sustentável, de recursos naturais renováveis.
LgBR
⇨ RESERVA EXTRATIVISTA; USO DIRETO.

EXTRATIVISMO MINERAL
explotación minera PNU92:383
Atividade econômica vinculada à extração de riquezas minerais encontradas na natureza, com equipamentos de pequeno impacto ambiental.
⇨ FAISCAÇÃO; RESERVAS GARIMPEIRAS; TOPO DE MORRO.

FABRICANTE
LgBR RES CONAMA 282 de 12/07/01, Anexo I, XI.
manufacturer WEPA
fornecedor WSNI
Fornecedor do conversor catalítico para reposição, completo, e pronto para instalação no veículo.
LgBR
⇨ DECLARAÇÃO DO FORNECEDOR; IMPORTADOR *2.

FABRICANTE *1
LgBR DEC 4074 de 04/01/02, art. 1º, XII.
manufacturer WEPA
fornecedor WSNI
Pessoa física ou jurídica habilitada a produzir componentes.
LgBR
◊ Trata-se de processo de componentes de agrotóxicos.
⇨ FORMULADOR.

FAISCAÇÃO
LgBR DEL 227 de 28/02/67, art. 70, II.
cateo ARG886
Trabalho individual de quem utiliza instrumentos rudimentares, aparelhos manuais ou máquinas simples e portáteis, na extração de metais nobres nativos em depósitos de eluvião ou aluvião, fluviais ou marinhos.
LgBR
◊ Depósitos esses genericamente denominados faisqueiras.
⇨ CATA; ELÚVIO; EXTRATIVISMO MINERAL; GARIMPEIRO.

f

FAIXA DE DOMÍNIO
LgBR RES CONAMA 349 de 16/08/04, art. 2º, VIII
faja de dominio WDSC
Faixa de terreno de largura variável em relação ao seu comprimento, em que se localizam as vias férreas e demais instalações da ferrovia, incluindo áreas adjacentes adquiridas pela administração ferroviária para fins de ampliação da ferrovia.
LgBR
⇨ ADMINISTRAÇÃO FERROVIÁRIA.

FAIXA DE FRONTEIRA
LgBR LEI 6634 de 02/05/79, art. 1º.
frontier border WFBC
faja de frontera WDIN
Faixa interna de 150 km (cento e cinqüenta quilômetros) de largura, paralela à linha divisória terrestre do território nacional.
LgBR
⇨ TERRITÓRIO.

FAIXAS DE PREFERÊNCIA
LgBR DEC 2869 de 09/12/98, art. 2º, IV.
preference lines WUSDS
Faixas cujo uso será conferido prioritariamente a determinadas populações ou para realização de pesquisas.
LgBR
◊ *Nas faixas ou áreas de preferência, a prioridade será atribuída a integrantes de populações locais ligadas ao setor pesqueiro, de preferência quando representados por suas entidades, e a instituições públicas ou privadas, para realização de pesquisas.*
⇨ ÁREAS DE PREFERÊNCIA.

FAIXAS DE PROTEÇÃO DE ÁGUAS SUPERFICIAIS
LgPOA LEI COMPL. 434 de 01/12/99, art. 16, V
zonas de protección de aguas superficiales WDMA
Faixas de terreno compreendendo o conjunto de flora, fauna, solo e subsolo, correspondentes a nascentes, talvegues, cursos d'água, dimensionadas de forma a garantir a manutenção do manancial hídrico.
LgPOA
⇨ CURSO D'ÁGUA; NASCENTE *1; TALVEGUE.

FAMÍLIA DE MOTORES
LgBR RES CONAMA 18 de 06/05/86, Anexo I, 7.
family of electric motors WNASA
familia de motores WINF
Classificação básica para a linha de produção de um mesmo fabricante, determinada de tal forma que qualquer motor da mesma família tenha as mesmas características de emissão, ao longo dos períodos garantidos por escrito pelo fabricante, conforme NBR-6601.
LgBR
⇨ CONFIGURAÇÃO DO MOTOR.

FAMÍLIA VEÍCULO-OBD
LgBR RES CONAMA 354 de 13/12/04, art. 7º
Modelos de diferentes veículos de um mesmo fabricante que apresentam Sistemas de Dispositivos da Autodiagnose e Sistemas da Autodiagnose com as mesmas características e parâmetros funcionais.
LgBR
⇨ VEÍCULOS-OBD; SISTEMAS DA AUTODIAGNOSE.

FANERÓFITAS
LgBR PRT IBAMA 19 de 06/06/91, art. 1º, parágrafo único.
phaeophyta WEPA
fanerófitos PAR84:152
Plantas cujas gemas responsáveis pela renovação das partes aéreas encontram-se acima de 25cm da superfície do solo.
⇨ CAMÉFITOS XEROMÓRFICOS; GEÓFITA RIMATOSA; HEMICRIPTÓFITAS.

FAO
FAO WFAO
FAO WFAO
Organização para Alimentação e Agricultura, órgão das Nações Unidas, fundado em 1945, sediado em Roma, que tem como principal objetivo a elevação dos níveis de nutrição, promovendo o aumento da produtividade agrícola e incentivando uma distribuição eqüitativa de alimentos em escala internacional.
◊ Sigla de Food and Agriculture Organization.

FARINHA
LgBR RES CONAMA 264 de 26/08/99, Anexo I, 7.
flour WEPA
polvo WSEM
Produto intermediário para a produção de clínquer, composto basicamente de carbonato de cálcio, sílica, alumina e óxido de ferro, obtidos a partir de matérias primas tais como, calcário, argila e outras.
LgBR
⇨ CLÍNQUER; PRÉ-AQUECEDOR.

FASE INICIAL DOS PROGRAMAS DE INSPEÇÃO
LgBR RES CONAMA 252 de 07/01/99, art. 2º, § 2º
Período necessário à realização de inspeções de ruído em pelo menos 200.000 veículos do ciclo Otto, exceto motocicletas e assemelhados, 200.000 veículos do ciclo Diesel e 200.000 motocicletas e assemelhados ou até quando julgado necessário pelo órgão ambiental competente, de modo a garantir um dimensionamento estatístico da amostra de registros, compatível com as necessidades de confiabilidade nos novos limites a serem estabelecidos.
LgBR
⇨ dB(A); PESO BRUTO TOTAL.

FATORES ABIÓTICOS
abiotic factors WEPA
factores abióticos WNEU
Componentes não vivos de um ecossistema, como fatores físicos, químicos ou

geológicos, que exercem influência sobre os seres vivos.
⇨ ECOSSISTEMA.
FATORES BIÓTICOS
biotic factors COL88:19
factores bióticos ALL84:09
Componentes vivos de um ecossistema que interagem entre si.
⇨ ECOSSISTEMA; POTENCIAL BIÓTICO.
FAUNA
LgBR PRT IBAMA 51-N de 11/05/94, Anexo, 8.3, 3.
fauna CLA90:115
fauna ALL84:173
Conjunto de animais próprios de uma região.
LgBR
⇨ CONSELHO NACIONAL DE PROTEÇÃO À FAUNA; CRIMES CONTRA A FAUNA; FAUNA DOMÉSTICA.
FAUNA *1
LgRS LEI 11520 de 04/08/00, art. 14, XXIII.
fauna CLA90:115
fauna ALL84:173
Conjunto de espécies animais.
LgRS
⇨ PATRIMÔNIO GENÉTICO *1; RESERVA DE FAUNA; ZONAS DE TRANSIÇÃO.
FAUNA AQUÁTICA
aquatic fauna WEPA
ictiofauna WSAGP
◊ Ver FAUNA ICTIOLÓGICA. (Sin.)
FAUNA DOMÉSTICA
LgBR PRT IBAMA 29 de 24/03/94, art. 2º, III.
domestic fauna WEPA
fauna doméstica PLA92:79
Espécies que através de processos tradicionais de manejo tornaram-se domésticas, possuindo características biológicas e comportamentais em estreita dependência do homem.
LgBR
⇨ ESPÉCIE DOMESTICADA.
FAUNA EXÓTICA
LgRS LEI 11915 de 21/05/03, art. 5º
exotic fauna WEPA
fauna exótica WFARN

Espécies animais não originárias do Estado do Rio Grande do Sul que vivam em estado selvagem.
LgRS
⇨ FUNDAÇÃO ZOOBOTÂNICA DO RIO GRANDE DO SUL.
FAUNA ICTIOLÓGICA
LgBR LEI 5197 de 03/01/67, art. 27, § 2º.
ichthyofauna WEPA
fauna ictiológica WINE
Conjunto dos peixes que habitam um determinado ecossistema.
FAUNA SILVESTRE
LgBR LEI 9605 de 12/02/98, art. 29, § 3º.
wild fauna KIS83:289
fauna silvestre GON79:46
Espécimes pertencentes às espécies nativas, migratórias e outras, aquáticas ou terrestres, que tenham todo ou parte de seu ciclo de vida ocorrendo dentro dos limites do território brasileiro, ou de águas jurisdicionais brasileiras.
LgBR
⇨ CRIADOUROS; FAUNA SILVESTRE EXÓTICA; FLORA E FAUNA SILVESTRES AMEAÇADAS DE EXTINÇÃO; REFÚGIO PARTICULAR DE ANIMAIS NATIVOS.
FAUNA SILVESTRE EXÓTICA
LgBR PRT IBAMA 29 de 24/03/94, art.2º, II.
exotic wild fauna WIPFSA
fauna silvestre exótica WSPA
Espécies que não ocorram naturalmente no território brasileiro, possuindo ou não populações livres na natureza.
LgBR
⇨ CRIADOUROS; FAUNA SILVESTRE.
FCA
LgBR RES CONAMA 350 de 06/07/04, art. 2º, IV
◊ Sigla de: FICHA DE CARACTERIZAÇÃO DAS ATIVIDADES.
FEITICEIRA
LgBR DEC 4256 de 03/06/02, art. IX, parágrafo único.
trammel net WEPA
enmalle WMED
Petrecho de pesca constituído por rede de três malhas.
⇨ TRESMALHO.

FEPAM
LgRS LEI 9077 de 04/06/90, art. 1º.
FEPAM WIPA
◊ Sigla de FUNDAÇÃO ESTADUAL DE PROTEÇÃO AMBIENTAL, RS.

FERTILIDADE QUÍMICA
chemical fertility WUSDS
fertilidad química WSAGP
Capacidade que possui um solo de suprir os nutrientes essenciais ao desenvolvimento da planta.
⇨ FERTILIZANTE MINERAL COMPLEXO.

FERTILIZANTE
LgBR DEC 4954 de 14/01/04, art. 2º, III
fertilizer POR92:156
abono WSENASA
Substância mineral ou orgânica, natural ou sintética, fornecedora de um ou mais nutrientes de plantas.
LgBR
⇨ ADITIVO *3; ARMAZENAMENTO; EMBALAGEM *2; TRANSPORTE; VEÍCULO.

FERTILIZANTE BINÁRIO
LgBR DEC 4954 de 14/01/04, art. 2º, III, d
binary fertilizer WIFIA
abonos binarios WUPRM
Produto que contém dois macronutrientes primários.
LgBR
⇨ MACRONUTRIENTES PRIMÁRIOS.

FERTILIZANTE COM MICRONUTRIENTES
LgBR DEC 4954 de 14/01/04, art. 2º, III, g
abono con micronutrientes WDEC824
Produto que contém micronutrientes, isoladamente ou em misturas destes, ou com outros nutrientes.
LgBR
⇨ MICRONUTRIENTES.

FERTILIZANTE COM OUTROS MACRONUTRIENTES
LgBR DEC 4954 de 14/01/04, art. 2º, III, f
Produto que contém os macronutrientes secundários, isoladamente ou em misturas destes, ou ainda com outros nutrientes.
LgBR
⇨ MACRONUTRIENTES SECUNDÁRIOS.

FERTILIZANTE MINERAL
LgBR DEC 4954 de 14/01/04, art. 2º, III, a
mineral fertilizer WFAO
abono mineral WSMA
Produto de natureza fundamentalmente mineral, natural ou sintético, obtido por processo, químico ou físico-químico, fornecedor de um ou mais nutrientes de plantas.
LgBR
⇨ FERTILIZANTE MINERAL COMPLEXO; FERTILIZANTE MINERAL MISTO; FERTILIZANTE MINERAL SIMPLES.

FERTILIZANTE MINERAL COMPLEXO
LgBR DEC 4954 de 14/01/04, art. 2º, III, j
abono complejo WDEC824
Produto formado de dois ou mais compostos químicos, resultante da reação química de seus componentes, contendo dois ou mais nutrientes.
LgBR
⇨ FERTILIZANTE MINERAL; FERTILIDADE QUÍMICA.

FERTILIZANTE MINERAL MISTO
LgBR DEC 4954 de 14/01/04, art. 2º, III, i
mixed fertilizer WIFIA
abono compuesto WDEC824
Produto resultante da mistura física de dois ou mais fertilizantes simples, complexos ou ambos.
LgBR
⇨ FERTILIZANTE MINERAL.

FERTILIZANTE MINERAL SIMPLES
LgBR DEC 4954 de 14/01/04, art. 2º, III, h
abono simple WDEC824
Produto formado, fundamentalmente, por um composto químico, contendo um ou mais nutrientes de plantas.
LgBR
⇨ FERTILIZANTE MINERAL.

FERTILIZANTE MONONUTRIENTE
LgBR DEC 4954 de 14/01/04, art. 2º, III, c
straight fertilizer WIFIA
Produto que contém um só dos macronutrientes primários.
LgBR
⇨ MACRONUTRIENTES PRIMÁRIOS.

FERTILIZANTE ORGÂNICO
LgBR DEC 4954 de 14/01/04, art. 2º, III, b
organic fertilizer WFAO
abono orgánico WINTA

Produto de natureza fundamentalmente orgânica, obtido por processo físico-químico ou bioquímico, natural ou controlado, a partir de matérias-primas de origem industrial, urbana ou rural, vegetal ou animal, enriquecido ou não de nutrientes minerais.
LgBR
⇨ FERTILIZANTE ORGÂNICO COMPOSTO; FERTILIZANTE ORGANOMINERAL; FERTILIZANTE ORGÂNICO MISTO; FERTILIZANTE ORGÂNICO SIMPLES.

FERTILIZANTE ORGÂNICO COMPOSTO
LgBR DEC 4954 de 14/01/04, art. 2º, III, n
compound organic fertilizer WFAO
abono orgánico compuesto WFAO
Produto obtido por processo físico, químico, físico-químico ou bioquímico, natural ou controlado, a partir de matéria-prima de origem industrial, urbana ou rural, animal ou vegetal, ou misturadas, podendo ser enriquecido de nutrientes minerais, princípio ativo ou agente capaz de melhorar suas características físicas, químicas ou biológicas.
LgBR
⇨ FERTILIZANTE ORGÂNICO.

FERTILIZANTE ORGÂNICO MISTO
LgBR DEC 4954 de 14/01/04, art. 2º, III, m
abono orgánico mezclado WAMG
Produto de natureza orgânica, resultante da mistura de dois ou mais fertilizantes orgânicos simples, contendo um ou mais nutrientes de plantas.
LgBR
⇨ FERTILIZANTE ORGÂNICO.

FERTILIZANTE ORGÂNICO SIMPLES
LgBR DEC 4954 de 14/01/04, art. 2º, III, l
organic fertilizer WIFIA
Produto natural de origem vegetal ou animal, contendo um ou mais nutrientes de plantas.
LgBR
⇨ FERTILIZANTES FOLIARES; FERTILIZANTE ORGÂNICO.

FERTILIZANTE ORGANOMINERAL
LgBR DEC 4954 de 14/01/04, art. 2º, III, o
organic-mineral fertilizer WIFIA
abono organomineral WDEC72
Produto resultante da mistura física ou combinação de fertilizantes minerais e orgânicos.
LgBR
⇨ FERTILIZANTE ORGÂNICO.

FERTILIZANTES FOLIARES
foliar fertilizers WIFIA
abonos foliares WINTA
Fertilizantes dissolvidos em água e aplicados diretamente sobre as folhas da planta através de pulverização.
⇨ FERTILIZANTE ORGÂNICO SIMPLES.

FERTILIZANTE TERNÁRIO
LgBR DEC 4954 de 14/01/04, art. 2º, III, e
ternary fertilizer WIFIA
abono ternario WMA
Produto que contém os três macronutrientes primários.
LgBR
⇨ MACRONUTRIENTES PRIMÁRIOS.

FIBROCIMENTO
fiber-cement WHAAG
fibrocemento WMSA
Material que resulta da união do cimento comum com fibras de amianto.
⇨ AMIANTO; AMIANTO CIMENTO.

FICHA DE CARACTERIZAÇÃO DAS ATIVIDADES
LgBR RES CONAMA 350 de 06/07/04, art. 2º, IV
Documento sentado pelo empreendedor, em conformidade com o modelo indicado pelo Instituto Brasileiro do Meio Ambiente e dos Recursos Naturais Renováveis, em que são descritos os principais elementos que caracterizam as atividades e sua área de inserção e são fornecidas informações acerca da justificativa da implantação do projeto, seu porte e a tecnologia empregada, os principais aspectos ambientais envolvidos e a existência ou não de estudos e licenças ambientais emitidas por outras instâncias do governo.
LgBR
◊ *Sigla: FCA.*
⇨ ENQUADRAMENTO *1.

FILÕES
LgBR DEL 227 de 28/02/67, art. 70, III.
lode BAT87:
filones WIGME
Massas minerais que preenchem as fendas produzidas por ação hidrotermal em uma rocha.
⇨ CATA; RECURSOS MINERAIS; VEEIROS.

FISCALIZAÇÃO
LgBR LEI 6934 de 13/07/81, art. 5º, § 3º.
inspection WEPA
fiscalización MAR94:186
Ação externa e direta dos órgãos do Poder Público destinada à verificação do cumprimento das disposições aplicáveis ao caso.
LgBR
⇨ INSPEÇÃO *1; PODER DE POLÍCIA.

FISCALIZAÇÃO *2
LgBR DEC 4074 de 04/01/02, art. 1º, XIII
inspection WEPA
fiscalización MAR94:186
Ação direta dos órgãos competentes, com Poder de Polícia, na verificação do cumprimento da legislação específica.
LgBR
⇨ PODER DE POLÍCIA.

FISGA
LgBR DEC 4256 de 03/06/02, art. XII, c.
fish spear WMMS
fisga WLPY
Petrecho de pesca constituído por um instrumento pontiagudo semelhante ao arpão.
◊ Conforme o Protocolo Adicional ao Acordo para Conservação da Fauna Aquática nos Cursos dos Rios Limítrofes entre Brasil e Paraguai, o emprego desse aparelho de pesca é proibido, na pesca comercial, no rio Paraná, nos limites geográficos estabelecidos.
⇨ PETRECHOS DE CAPTURA.

FISSÃO NUCLEAR
LgBR LEI 6453 de 17/10/77, art. 1º, V.
nuclear fission CLA90:218
fisión nuclear VIC96:78
Divisão de um núcleo atômico em dois fragmentos aproximadamente iguais, acompanhada por emissão de nêutrons e raios gama.

◊ Os nêutrons liberados em cada fissão dão origem a novas fissões em um processo de reação em cadeia, produzindo energia que é a base para o funcionamento de reatores nucleares.
⇨ COMBUSTÍVEL NUCLEAR; ENERGIA NUCLEAR; ENERGIA PRIMÁRIA; MATERIAL FÍSSIL ESPECIAL; MATERIAIS FISSIONÁVEIS.

FITOPLÂNCTON MARINHO
LgBR DEC 99280 de 06/06/90, Anexo I, 2, b, iii
phytoplankton CLA90:239
fitoplancton ALL84:178
Comunidade vegetal responsável pela base da cadeia alimentar do meio aquático marinho, constituída por plantas minúsculas, geralmente algas, que flutuam livremente na zona marinha superior ou eufótica, onde a presença da energia luminosa promove o processo fotossintético.
⇨ FOTOSSÍNTESE; FOTODEGRADAÇÃO.

FLONA AMAZONAS
LgBR DEC 97546 de 01/03/89, art. 1º
◊ Sigla de FLORESTA NACIONAL DO AMAZONAS. Var. FLONA.

FLORA
LgBR LEI 4771 de 15/09/65, art. 5º.
flora CLA90:120
flora ALL84:179
Conjunto de espécies vegetais de uma determinada região ou período geológico.
⇨ FLORA EPÍFITA; POTENCIAL FLORÍSTICO.

FLORA *1
LgRS LEI 11520 de 04/08/00, art. 14, XXIV.
flora CLA90:120
flora ALL84:179
Conjunto de espécies vegetais.
LgRS
⇨ PATRIMÔNIO GENÉTICO*1; VEGETAÇÃO*1; ZONAS DE TRANSIÇÃO.

FLORAÇÃO
LgBR RES CONAMA 274 de 29/11/00, art, 1º, g.
bloom WLDE
floración WCCO
Proliferação excessiva de microorganismos aquáticos, principalmente algas,

com predominância de uma espécie, decorrente do aparecimento de condições ambientais favoráveis, podendo causar mudança na coloração da água e/ou formação de uma camada espessa na superfície.
LgBR
⇨ BALNEABILIDADE.
FLORA E FAUNA SILVESTRES AMEAÇADAS DE EXTINÇÃO
LgBR RES CONAMA 10 de 01/10/93, art. 6º, I.
endangered species of wild fauna an flora KIS83:280
flora y fauna amenazadas de extinción WINRENA
Espécies constantes das listas oficiais do IBAMA, acrescidas de outras indicadas nas listas eventualmente elaboradas pelos órgãos ambientais dos Estados, referentes às suas respectivas biotas.
LgBR
◊ Ver INSTITUTO BRASILEIRO DO MEIO AMBIENTE E DOS RECURSOS NATURAIS RENOVÁVEIS.
⇨ ESPÉCIES CONTINGENCIADAS; FAUNA SILVESTRE; LISTA OFICIAL DE ESPÉCIES DA FAUNA BRASILEIRA AMEAÇADA DE EXTINÇÃO; UNIÃO INTERNACIONAL PARA A CONSERVAÇÃO DA NATUREZA E DOS RECURSOS NATURAIS; ZONA DE CONSERVAÇÃO DA VIDA SILVESTRE.
FLORA EPÍFITA
LgBR DEC 37884 de 13/09/55, art. 1º.
epiphytic flora WUNE
flora epífita WUNAV
Conjunto de plantas que ocorrem em determinada região e que vivem sobre outras plantas sem contudo parasitá-las.
◊ Termo mais usual: flora epifítica.
⇨ FLORA.
FLORA NATIVA
LgPOA DEC 8186 de 07/03/83, art. 1º, IX.
native flora WEPA
flora nativa PNU93:283
Conjunto das espécies vegetais, não introduzidas pelo homem, que ocorrem naturalmente no território do Município.
LgPOA
⇨ ALTERAÇÃO DOS RECURSOS FLORÍSTICOS.

FLORESTA
LgRS LEI 11520 de 04/08/00, art. 14, XXV.
forest ONU92#2477
bosque ONU92#2477
Associação de espécies vegetais arbóreas nos diversos estágios sucessionais, onde coexistem outras espécies da flora e da fauna, que variam em função das condições climáticas e ecológicas.
LgRS
◊ Formação florística de porte arbóreo, mesmo em formação.
⇨ FLORESTA DEGRADADA; FLORESTA HETEROGÊNEA; FLORESTA NATIVA; POLÍTICA FLORESTAL DO ESTADO DO RIO GRANDE DO SUL.
FLORESTA AMAZÔNICA
LgBR CF, art. 225, § 4º.
Amazon forest WEPA
Floresta Amazónica PNU92:55
Conjunto de tipologias florestais úmidas que revestem as terras baixas e encostas serranas da Bacia do Rio Amazonas e afluentes, ocupando a maior parte da região norte do Brasil e países tropicais a leste da Cordilheira dos Andes.
⇨ FLORESTAS TROPICAIS.
FLORESTA DEGRADADA
LgRS LEI 9519 de 21/01/92, art. 42, VI.
degraded forest WEPA
bosque degradado WINTA
Floresta que sofreu intervenção antrópica muito acentuada, a ponto de descaracterizá-la em termos de estrutura e composição florística.
LgRS
⇨ FLORESTA; FLORESTA NATIVA; FLORESTAS NÃO VINCULADAS.
FLORESTA DESCARACTERIZADA
LgBR PRT IBAMA 19 de 06/06/91, art. 3º, parágrafo único.
Floresta onde foi feito aproveitamento de madeira através de corte seletivo para uso alternativo, com eventual adensamento das lianas, dando aspecto de florestas abertas e florestas de cipós.
LgBR
⇨ DESBASTE SELETIVO; FLORESTA SECUNDÁRIA; LIANAS.

FLORESTA ESTACIONAL
LgBR RES CONAMA 10 de 01/10/93, art. 3º, III, f.
seasonal forest WEPA
bosque estacional WUCM
Conjunto de tipologias florestais dos trópicos e subtrópicos submetidos a uma estação quente e chuvosa e outra seca ou fria, que condicionam a permanência ou a queda das folhas da vegetação e, geralmente, causam uma redução na biodiversidade.
⇨ ESTÁGIO AVANÇADO DE REGENERAÇÃO DA VEGETAÇÃO SECUNDÁRIA.

FLORESTA ESTADUAL
LgRS DEC 38814 de 26/08/98, art. 12, III.
state forest WEPA
bosque estatal WUPRM
Área de domínio público, com cobertura vegetal predominantemente nativa, cuja característica fundamental é o uso múltiplo dos recursos.
LgRS
◊ *A área deverá oferecer condições para a produção sustentável de madeira e outros produtos florestais, manejo de fauna silvestre, recreação, proteção de recursos hídricos, bem como servir de tampão para as categorias mais restritivas. Ibid.*
⇨ UNIDADES DE MANEJO SUSTENTADO/CATEGORIA DE USO DIRETO.

FLORESTA HETEROGÊNEA
LgRS LEI 9519 de 21/01/92, art. 42, VII.
heterogeneous forest WESPM
bosque mixto ALL84:56
Floresta mista quanto à composição de espécies.
LgRS
⇨ FLORESTA; FLORESTAS INEQUIANAS.

FLORESTA HETEROGÊNEA *1
LgBR PRN IBDF 302 de 03/07/84, Anexo I.
heterogeneous forest WESPM
bosque mixto ALL84:56
Floresta constituída no seu extrato por diversas espécies.
LgBR
⇨ FLORESTA HOMOGÊNEA.

FLORESTA HOMOGÊNEA
LgBR PRN IBDF 302 de 03/07/84, Anexo I.

homogeneous forest WEPA
bosque homogéneo WOAS
Floresta constituída, predominantemente, por uma única espécie.
LgBR
◊ *Ver Código Florestal, LgBR LEI 4771 de 15/09/65, art. 19.*
⇨ FLORESTA HETEROGÊNEA *1; FLORESTA PRIMÁRIA.

FLORESTAMENTO
LgBR LEI 5106 de 02/09/66, art. 1º.
afforestation ONU92#99
forestación ONU92#99
Implantação de florestas por meio de plantio de mudas ou semeadura direta em regiões onde é desconhecida a existência anterior de florestas.
⇨ DESPESAS DE FLORESTAMENTO E REFLORESTAMENTO; FLORESTA REGENERADA; FLORESTAS PLANTADAS; REFLORESTAMENTO.

FLORESTA MUNICIPAL
LgRS DEC 38814 de 26/08/98, art. 12, III.
municipal forest WEPA
bosque municipal WFNUB
◊ *Ver FLORESTA ESTADUAL.*

FLORESTA NACIONAL
LgBR LEI 9985 DE 18/07/00, art. 17
national forest WFAO
bosque nacional PNU92:138
Unidade de conservação constituída por uma área com cobertura florestal de espécies predominantemente nativas e tem como objetivo básico o uso múltiplo sustentável dos recursos florestais e a pesquisa científica, com ênfase em métodos para exploração sustentável de florestas nativas.
LgBR
⇨ PARQUE NACIONAL.

FLORESTA NACIONAL DO AMAZONAS
LgBR DEC 97546 de 01/03/89, art. 1º
Floresta que compreende a área estimada em 1.573.100 (hum milhão quinhentos e setenta e três mil e cem) hectares no Estado do Amazonas.
◊ *Sigla: FLONA AMAZONAS.*

FLORESTA NATIVA
LgRS LEI 9519 de 21/01/92, art. 42, V.

native forest ONU92#4112
bosque autóctono ONU92#4112
Formações florestais de ocorrência natural no território do Estado do Rio Grande do Sul.
LgRS
⇨ ESPÉCIE NATIVA *1; FLORESTA; FLORESTA DEGRADADA; RESERVA FLORESTAL.

FLORESTA NATIVA *1
LgBR RES CONAMA 10 de 14/12/88, art. 9º.
native forest ONU92#4112
bosque autóctono ONU92#4112
Floresta cuja estrutura ecológica e composição específica refletem as condições ambientais, climáticas e edáficas, da região onde se desenvolve.

FLORESTA OMBRÓFILA
LgBR PRT IBAMA 19 de 06/06/91, art. 1º, parágrafo único.
rain forest ONU92#5308
bosque ombrófilo ONU92#5308
Vegetação caracterizada por apresentar árvores de médio e alto porte, lianas e epífitas, e por situar-se em regiões sem deficiência hídrica ou com até quatro meses secos, apresentando outras subdivisões baseadas no tipo de ambiente e relevo.
◊ Também chamada floresta pluvial e floresta chuvosa.
⇨ FLORESTA OMBRÓFILA DENSA; FLORESTA PLUVIAL; LIANAS.

FLORESTA OMBRÓFILA DENSA
LgBR PRT IBAMA 19 de 06/06/91, art. 1º, parágrafo único.
dense rain forest WUNEP
bosque ombrófilo denso WWRM
Floresta constituída por árvores perenifoliadas, geralmente com brotos foliares sem proteção à seca, ocupando a área tropical mais úmida, sem período biologicamente seco (de 0 a 60 dias secos) durante o ano.
⇨ FLORESTA OMBRÓFILA; FLORESTA PLUVIAL; FLORESTA PRIMÁRIA.

FLORESTA PLUVIAL
LgBR DEC 97657 de 12/04/89, art. 1º.
rain forest ONU92#5308

bosque pluvial ONU92#5308
Floresta úmida muito rica em espécies e formas de vida, situada em zonas tropicais e subtropicais de alta pluviosidade, sendo a estratificação um dos seus caracteres mais salientes.
⇨ FLORESTA OMBRÓFILA; FLORESTA OMBRÓFILA DENSA; FLORESTA PRIMÁRIA; FLORESTAS PROTETORAS.

FLORESTA PRIMÁRIA
LgBR PRT IBAMA 19 de 06/06/91, art. 1º, parágrafo único.
primary forest ONU92#5114
bosque primario ONU92#5114
Vegetação arbórea denominada Floresta Ombrófila Densa constituída por fanerófitas ombrófilas sem resistência à seca, com folhagem sempre verde, podendo apresentar no dossel superior árvores sem folhas durante alguns dias, com árvores que variam de 20 a 40 metros de altura, além de sub-bosques que variam de ralo a denso, ou seja, são formações densas onde as copas formam cobertura contínua, ainda que tenham sido exploradas anteriormente.
LgBR
◊ Definição específica para a Mata Atlântica.
⇨ FLORESTA HOMOGÊNEA; FLORESTA OMBRÓFILA DENSA; FLORESTA PLUVIAL.

FLORESTA PRIMITIVA
LgBR LEI 4771 de 15/09/65, art. 15.
primitive forest WUNE
bosque primitivo SEO96:102
◊ Ver FLORESTA PRIMÁRIA.

FLORESTA REGENERADA
LgBR LEI 4771 de 15/09/65, art. 16.
regenerated forest WFAO
bosque natural regenerado PNU92:138
Floresta que se reconstituiu ou foi reconstituída depois de sua destruição ou alteração.
⇨ DESPESAS DE FLORESTAMENTO E REFLORESTAMENTO; FLORESTAS PLANTADAS; FLORESTAMENTO; REGENERAÇÃO NATURAL.

FLORESTAS
LgBR LEI 4771 de 15/09/65, art. 1º.
bosques WCPSE

Bens de interesse comum reconhecidos de utilidade às terras que revestem.
LgBR
⇨ CÓDIGO FLORESTAL; LEVANTAMENTO TOPOGRÁFICO.

FLORESTAS DE PRESERVAÇÃO PERMANENTE
LgBR LEI 4771 de 15/09/65, art. 2º e 3º.
permanently preserved forest WLC
bosques protectores y permanentes WSAA
◊ Ver VEGETAÇÃO NATURAL DE PRESERVAÇÃO PERMANENTE e FLORESTAS PROTETORAS.

FLORESTA SECUNDÁRIA
LgBR PRT IBAMA 19 de 06/06/91, art. 2º, parágrafo único.
secondary forest ONU92#5788
bosque secundario ONU92#5788
Floresta onde há surgimento de espécies arbóreas tais como angelim, Terminalia brasiliensis, faveira Camproche brasiliensis, imbiriçu Pseudobombax sp, ingá Inga sp., Ipê Tabebuia serratifolia, peroba Aspidosderma sp, entre outros, é uma formação de porte e estrutura diversa onde se constata modificações na sua composição na maioria das vezes devido à atividade do homem, podendo estar em processo de degradação ou mesmo em recuperação.
LgBR
◊ Definição específica para a Mata Atlântica.
⇨ CAPOEIRA; FLORESTA DESCARACTERIZADA; PIONEIRO; VEGETAÇÃO SECUNDÁRIA.

FLORESTAS INEQUIANAS
LgRS LEI 9519 de 21/01/92, art. 42, VIII.
all-aged forest WUSDA
bosques irregulares SEO96:102
Florestas compostas de indivíduos de várias idades.
LgRS
⇨ FLORESTA HETEROGÊNEA; FLORESTAS VINCULADAS; FLORESTAS NÃO VINCULADAS; REGIME JARDINADO.

FLORESTAS NÃO VINCULADAS
LgRS LEI 9519 de 21/01/92, art. 42, X.
unbounded forests WAH
Florestas implantadas com recursos próprios.
LgRS

⇨ FLORESTA DEGRADADA; FLORESTAS INEQUIANAS.

FLORESTAS PLANTADAS
LgBR LEI 4771 de 15/09/65, art. 12 e 38.
planted forests WFAO
bosques repoblados WFAO
Florestas originadas da ação humana direta, quer através de semeadura, quer através da plantação de mudas.
◊ Var. Florestas Implantadas
⇨ FLORESTA REGENERADA; PLANO DE EXPLORAÇÃO; PROGRAMA NACIONAL DE FLORESTAS; RESINAGEM; RESINAGEM INTENSIVA.

FLORESTAS PROTETORAS
protection forest ONU92#5188
bosques de protección ONU92#5188
Florestas conservadas ou plantadas com a finalidade de regular o regime hidrológico de uma região ou de prevenir erosão.
ONU92#5188:439
⇨ FLORESTA PLUVIAL; RESERVA FLORESTAL; VEGETAÇÃO NATURAL DE PRESERVAÇÃO PERMANENTE.

FLORESTAS PÚBLICAS
LgBR LEI 11284 de 02/03/06, art. 3º, I
public forests WUSDA
áreas forestales públicas WCOH
Florestas, naturais ou plantadas, localizadas nos diversos biomas brasileiros, em bens sob o domínio da União, dos Estados, dos Municípios, do Distrito Federal ou das entidades da administração indireta.
LgBR
⇨ ÓRGÃO CONSULTIVO; PODER CONCEDENTE; INVENTÁRIO AMOSTRAL.

FLORESTAS TROPICAIS
LgBR DEC 2119 de 13/01/97, art. 2º
tropical forests WEUR
bosques tropicales ALL84:56
Florestas que se encontram entre os trópicos ou que, mesmo fora deles, apresentam as mesmas características das que se situam nas regiões tropicais.
⇨ FLORESTA AMAZÔNICA.

FLORESTAS VINCULADAS
LgRS LEI 9519 de 21/01/92, art. 42, IX.
bounded forests WCRFM

bosques implantados WIFBC
Florestas implantadas com recursos de incentivo fiscal e/ou reposição obrigatória.
LgRS
⇨ FLORESTAS INEQUIANAS.
FLÚOR
LgBR LEI 6050 de 24/05/74, art. 1º, parágrafo único.
fluorine POR92:161
flúor ALL84:180
Gás amarelo-esverdeado, altamente venenoso, utilizado na fluoretação da água, na manufatura de fluorcarbonos halogenados e de clorofluorcarbonetos empregados nos propulsores de aerossóis.
⇨ FLUORETAÇÃO DA ÁGUA.
FLUORETAÇÃO DA ÁGUA
LgBR LEI 6050 de 24/05/74, art 1º.
fluoridation CEN90:89
fluorización PAR84:159
Adição de flúor, sob a forma de fluoretos, à água de abastecimento, com o fim de reduzir a incidência da cárie dentária.
⇨ FLÚOR.
FNDF
LgBR LEI 11284 de 02/03/06, art. 1º
◇ Sigla de FUNDO NACIONAL DE DESENVOLVIMENTO FLORESTAL.
FNMA
LgBR DEC 3524 de 26/06/00, art. 1º
FONAMA WSECYT
◇ Sigla de FUNDO NACIONAL DO MEIO AMBIENTE.
FOMENTO FLORESTAL
LgRS LEI 9519 de 21/01/92, art. 42, XV.
fomento forestal WLEY854
Conjunto de ações dirigidas à valorização qualitativa e quantitativa da produção florestal, incluindo a constituição, reconstituição e enriquecimento das formações florestais, bem como a promoção e divulgação de estudos e investigações que demonstrarem maior ou melhor utilização de bens materiais e imateriais da floresta.
LgRS

⇨ ENRIQUECIMENTO; REGIME SUSTENTADO E USO MÚLTIPLO.
FONTE
LgBR DEC 2652 de 01/07/98, Anexo, art. 1, 9
source RIV93:265
fuente MAN95:94
Processo ou atividade que libere um gás de efeito estufa, um aerossol ou um precursor de gás de efeito estufa na atmosfera.
LgBR
⇨ GASES DE EFEITO ESTUFA; SUMIDOURO.
FONTE DE POLUIÇÃO
LgRS LEI 11520 de 04/08/00, art. 14, XXVI.
pollution source WEPA
fuente de contaminación PAD93:61
Atividade, instalação, processo, operação ou dispositivo, móvel ou não, que independentemente de seu campo de aplicação induzam, produzam e gerem ou possam produzir e gerar a poluição do meio ambiente.
LgRS
⇨ POLUIDOR *1.
FONTE DE RADIAÇÃO
LgBR DEC 2210 de 22/04/97, art. 2º, V
fuente de radiación WCNE
Aparelho ou material que emite ou é capaz de emitir radiação ionizante.
LgBR
⇨ RADIAÇÃO IONIZANTE.
FONTE POLUIDORA
LgRS LEI 11520 de 04/08/00, art. 14, XXVI.
fuente contaminadora WCNMA
◇ Ver FONTE DE POLUIÇÃO.
FONTE POLUIDORA EFETIVA
LgPOA LEI COMPL. 65 de 22/12/81, art. 2º, § 3º.
◇ Ver FONTE POLUIDORA REAL.
FONTE POLUIDORA POTENCIAL
LgPOA DEC 8183 de 07/03/83, art. 3º, IV.
potential pollution source WEPA
◇ Ver FONTE POLUIDORA REAL.
FONTE POLUIDORA REAL
LgPOA DEC 8183 de 07/03/83, art. 3º, IV.

Atividade, processo, operação, maquinaria, equipamento ou dispositivo, móvel ou não, que possa causar emissão ou lançamento de poluentes.
LgPOA
⇨ ATIVIDADE POTENCIALMENTE POLUIDORA; ATIVIDADE REALMENTE POLUIDORA.

FONTE RADIOATIVA
radioactive source WEPA
fuente radiactiva WINF
Material radioativo utilizado como fonte de radiação.
⇨ BLINDAGEM.

FONTES DE POLUIÇÃO
LgRS DEC 30527 de 30/12/81, art.1º.
pollution sources CEN90:90
fuentes de contaminación PAD93:61
Procedimentos que incluem: atividades de extração e tratamento de minerais; atividades industriais; serviços de reparação, manutenção e conservação; qualquer tipo de atividade comercial ou de prestação de serviços, que utilize processos ou operações de cobertura de superfícies metálicas e não-metálicas, bem como de pintura a revólver ou galvanotécnicas, excluída a pintura de prédios e similares; sistemas públicos de tratamento ou de disposição final de resíduos ou materiais; atividades que impliquem na queima de combustível sólido, líquido ou gasoso, para fins comerciais, industriais ou de serviços, exceto bares, lanchonetes e similares e serviços de transporte; usinas hidrelétricas, termelétricas e átomo-elétricas; serviços de coleta, transporte e disposição final de materiais retidos em estações ou em dispositivos de tratamento de água, esgoto ou de resíduo líquido industrial, de lixo ou de resíduos sólidos, com exceção dos serviços públicos de coleta e transporte; atividades que compreendam o uso de incinerador ou outro dispositivo para queima de lixo e materiais ou resíduos sólidos, líquidos ou gasosos; todo e qualquer loteamento de imóveis, independentemente do fim a que se destine.
LgRS
⇨ POLUIÇÃO *1.

FONTES NOVAS DE POLUIÇÃO
LgBR RES CONAMA 05 de 15/06/89, 2.1.1.
new pollution sources WEPA
nuevas fuentes de contaminación WCEPIS
Fontes de poluição consideradas como empreendimentos que não tenham obtido a licença prévia do órgão ambiental licenciador na data de publicação desta Resolução.
LgBR
⇨ LIMITES MÁXIMOS DE EMISSÃO.

FORÇA DE APOIO
LgBR DEC 2210 de 22/04/97, art. 2º, VI
support force WCSM
fuerza de apoyo WCCIM
Organização Militar das Forças Armadas, Organização Policial-Militar ou de Bombeiros Militares, Repartições da Polícia Federal, da Polícia Civil Estadual e de outras Polícias que tenham jurisdição na área em que a proteção física se faça necessária e que sejam capazes de apoiar o Sistema.
LgBR
◊ *Sistema refere-se a SISTEMA DE PROTEÇÃO AO PROGRAMA NUCLEAR BRASILEIRO.*
⇨ SEGURANÇA NUCLEAR.

FORÇA MAIOR
act of God BLA91:21
fuerza mayor MAR94:191
Causa excludente ou atenuante da responsabilidade, que decorre de acontecimento natural imprevisível e irresistível, cujos efeitos não se mostram passíveis de serem evitados ou impedidos, considerado o estágio contemporâneo de conhecimento técnico humano.
⇨ CASO FORTUITO; RESPONSABILIDADE.

Forest Stewardship Council
Consejo de Manejo Forestal WSAGP
Instituição internacional, sem fins lucrativos, fundada com o objetivo de incentivar a promoção do manejo correto das florestas.

◊ Sigla: FSC. Com sede na Alemanha, conhecida no Brasil como Conselho de Manejo Florestal, foi constituída em 1993 por representantes de organizações afins, como entidades ambientalistas, industriais da madeira e pesquisadores.

FORMAÇÕES CÁRSTICAS
LgBR DEC 98182 de 26/09/89, art. 2º.
karst topography STO55:80
formaciones kársticas WJUN
Rochas calcáreas em que se desenvolveram cavernas, grutas e depressões em forma de funil devido ao trabalho de dissolução provocado por águas subterrâneas e superficiais.
⇨ PATRIMÔNIO ESPELEOLÓGICO.

FORMAÇÕES SUCESSORAS
LgBR LEI 4771 de 15/09/65, art. 19.
secondary vegetation CLA90:283
Associações vegetais de composição e fisionomia definidas que se instalam em substituição a outras anteriormente existentes devido a modificações das condições físico-químicas do ambiente.
⇨ ASSOCIAÇÕES VEGETAIS MISTAS; VEGETAÇÃO SECUNDÁRIA.

FORMULADOR
LgBR DEC 4074 de 04/01/02, art. 1º, XIV.
pesticide formulator WEPA
formulador WPUSD
Pessoa física ou jurídica ou habilitada a produzir agrótoxicos e afins.
LgBR
⇨ FABRICANTE *1.

FORNECEDOR
LgBR LEI 8078 de 11/09/90, art. 3º.
supplier WEPA
fornecedor WSAGP
Pessoa física ou jurídica, pública ou privada, nacional ou estrangeira, bem como os entes despersonalizados, que desenvolvem atividades de produção, montagem, criação, construção, transformação, importação, exportação, distribuição ou comercialização de produtos ou prestação de serviços.
LgBR
⇨ CÓDIGO DE DEFESA DO CONSUMIDOR; CONSUMIDOR; PRODUTO; SERVIÇO.

FORNECEDOR *1
LgRS DEC 38356 de 01/04/98, art. 13, par. 1º.
supplier WEPA
fornecedor WSAGP
Pessoa física ou jurídica, nacional ou estrangeira, que desenvolve atividades de produção, transformação, importação, exportação, distribuição e comercialização de determinados produtos a que se refere o caput, podendo, também, atuar como receptor local das embalagens.
LgRS
◊ Os produtos referidos constam do caput de resíduos sólidos.
⇨ RECEPTOR LOCAL.

FORNO ROTATIVO DE PRODUÇÃO DE CLÍNQUER
LgBR RES CONAMA 264 de 26/08/99, Anexo I, 8.
horno rotativo para la fabricación de clinker WCOLC
Cilindro rotativo, inclinado e revestido internamente de material refratário, com chama interna, utilizado para converter basicamente compostos de cálcio, sílica, alumínio e ferro, proporcionalmente misturados, num produto final denominado clínquer.
LgBR
◊ Para não comprometer a qualidade ambiental, evitando danos e riscos à saúde, a instalação e o funcionamento dos fornos deve atender aos padrões de emissão de poluentes legalmente fixados.
⇨ CLÍNQUER; RESÍDUOS *1; MONITORAMENTO AMBIENTAL *1; PRÉ-AQUECEDOR.

FÓRUM BRASILEIRO DE MUDANÇAS CLIMÁTICAS
LgBR DEC s/n de 28/08/00, art. 1º
Brazilian Forum on Climate Change WMCT
Foro Brasileño de Cambios Climáticos WAPR
Fórum, presidido pelo Presidente da República, composto pelos ministros de Estado e autoridades governamentais, personalidades e representantes da sociedade civil, com notório conhecimento da matéria, ou que sejam agentes com

responsabilidade sobre a mudança do clima, com o objetivo de conscientizar e mobilizar a sociedade para a discussão e tomada de posição sobre os problemas decorrentes da ação dos gases de efeito estufa, bem como sobre o Mecanismo de Desenvolvimento Limpo.
⇨ CONVENÇÃO QUADRO DAS NAÇÕES UNIDAS SOBRE MUDANÇA DO CLIMA; MECANISMO DE DESENVOLVIMENTO LIMPO.

FOTODEGRADAÇÃO
LgBR DEC 99280 de 06/06/90, art. 21, 2, b.
photodegradation ONU92#4826
fotodescomposición ONU92#4826
Processo de decomposição de substâncias pela ação da luz.
⇨ FITOPLÂNCTON MARINHO; FOTOSSÍNTESE; RADIAÇÃO UV-B.

FOTOSSÍNTESE
LgBR DEC 99280 de 06/06/90, Anexo I, 2, b, V.
photosynthesis ONU92#4844
fotosíntesis ONU92#4844
Processo pelo qual um organismo clorofilado transforma energia luminosa em energia química, sintetizando compostos orgânicos a partir de água e gás carbônico, com liberação de oxigênio para a atmosfera.
⇨ BIOSSÍNTESE; FITOPLÂNCTON MARINHO; FOTODEGRADAÇÃO.

FRACIONAMENTO
LgPOA LEI COMPL. 434 de 01/12/99,
fragmentation ONU92#2544
fragmentación ONU92#2544
Parcelamento de imóvel em lotes destinados à edificação com aproveitamento do sistema viário oficial, atendidos os requisitos legais.
LgPOA
⇨ PARCELAMENTO DO SOLO URBANO.

FRITAS
LgBR DEC 4954 de 14/01/04, art. 2º, XVI
fritas WPERE
Produtos químicos fabricados a partir de óxidos e silicatos, tratados a alta temperatura até sua fusão, formando um composto óxido de silicatado, contendo um ou mais micronutrientes.
LgBR
⇨ MICRONUTRIENTES.

FSC
FSC WSAGP
◊ Sigla de FOREST STEWARDSHIP COUNCIL.

FULIGEM
LgBR RES CONAMA 18 de 06/05/86, Anexo I, 9.
soot ONU92#6095
hollín ONU92#6095
Partículas, incluindo aerossóis provenientes da combustão incompleta, presentes no gás de escapamento de motores do ciclo Diesel e que produzem obscurecimento, reflexão e/ou refração da luz.
LgBR
⇨ GÁS DE ESCAPAMENTO; MOTOR DO CICLO DIESEL; OXIDANTES FOTOQUÍMICOS.

FUMAÇA
LgRS DEC 23430 de 24/10/74, art. 122, §1º.
smoke CLA90:293
humo CEN90:90
Suspensão no ar de pequenas partículas sólidas resultantes da combustão incompleta de material carbonáceo.
LgRS
⇨ POLUENTE ATMOSFÉRICO *2.

FUNAI
LgBR LEI 5371 de 05/12/67, art. 1º
FUNAI WSECYT
◊ Sigla de FUNDAÇÃO NACIONAL DO ÍNDIO.

FUNÇÃO ECOLÓGICA
LgBR CF, art. 225, § 1º, VII.
ecological function WEPA
función ecológica WGBA
Papel desempenhado por um organismo no funcionamento de um sistema natural, incluindo a transformação da energia, seu comportamento e reação frente ao meio físico e biótico, bem como sua capacidade de modificá-lo.
⇨ EQUILÍBRIO ECOLÓGICO; ESTAÇÕES ECOLÓGICAS.

FUNÇÃO SOCIAL DA PROPRIEDADE
LgBR CF, art. 170.
social function of the property WUNE
función social de la propiedad
MAR94:193

Atendimento a um conjunto de preceitos disciplinadores que estruturam o instituto da propriedade considerando o seu papel como instrumento do desenvolvimento econômico, social e ecologicamente equilibrado.
⇨ ATIVIDADE AGRÍCOLA; ORDEM ECONÔMICA; REFORMA AGRÁRIA.

FUNDAÇÃO
LgPOA DEC 8186 de 07/03/83, art. 1º, X.
foundation of a building PRO86:556
fundación WLEY962
Conjunto de elementos da construção que transmitem ao solo as cargas da edificação.
LgPOA
⇨ ÁREA EDIFICADA; BALANÇOS; BEIRAIS; PROJETOS DE ENGENHARIA CIVIL; SALIÊNCIAS.

FUNDAÇÃO ESTADUAL DE PROTEÇÃO AMBIENTAL
LgRS LEI 9077 de 04/06/90, art. 1º.
State Environmental Agency WMCT
Fundación Estadual de Protección Ambiental WIADB
Personalidade jurídica de direito privado, vinculada à Secretaria da Saúde e do Meio Ambiente, a quem cabe atuar como órgão técnico do Sistema Estadual de Proteção Ambiental, fiscalizando, licenciando, desenvolvendo estudos e pesquisas e executando programas e projetos, com vistas a assegurar a proteção e preservação do meio ambiente no Estado do Rio Grande do Sul.
LgRS
◊ Sigla: FEPAM.
⇨ AUTORIZAÇÃO PRÉVIA.

FUNDAÇÃO NACIONAL DO ÍNDIO
LgBR LEI 5371 de 05/12/67, art. 1º
The National Indian Foundation WMMA
Fundación Nacional del Indio WSECYT
Órgão do governo brasileiro que estabelece e executa a Política Indigenista no Brasil.
WFUNAI
◊ Sigla FUNAI. Dá cumprimento ao que determina a Constituição de 1988.

FUNDAÇÃO ZOOBOTÂNICA DO RIO GRANDE DO SUL
LgRS LEI 6497 de 20/12/72
State of Rio Grande do Sul Zoobotanical Foundation WMMA
Entidade de direito privado, vinculada à Secretaria do Interior, Desenvolvimento Regional e Obras Públicas do Estado do Rio Grande do Sul, que atua na promoção e preservação da biodiversidade, através de seus órgãos executivos: Jardim Botânico, Museu de Ciências Naturais e Parque Zoológico tendo como meta prioritária o conhecimento e a conservação da natureza do Estado.
◊ Sigla: FZB.
⇨ CÓDIGO ESTADUAL DE PROTEÇÃO AOS ANIMAIS; ESPÉCIES DA FAUNA NATIVA DO ESTADO DO RIO GRANDE DO SUL; FAUNA EXÓTICA.

FUNDO MUNDIAL PARA A NATUREZA
World Wide Fund for Nature
ONU92#7381
Fondo Mundial para la Naturaleza
ONU92#7381
Organização conservacionista internacional de caráter privado, com 28 organizações nacionais e afiliadas e mais de 5 milhões de membros.
◊ Sigla: WWF.
⇨ ENTIDADES AMBIENTALISTAS.

FUNDO NACIONAL DE DESENVOLVIMENTO FLORESTAL
LgBR LEI 11284 de 02/03/06, art. 1º
National Fund for Forest Development WUSDA
Fondo Nacional de Desarrollo Forestal WFAO
Fundo constituído pela receita da concessão de florestas públicas destinado a cobrir os custos do sistema de concessão, das atividades de monitoramento e controle bem como a promover o fomento e o desenvolvimento tecnológico das atividades florestais sustentáveis.
◊ Sigla: FNDF.
⇨ LEI FLORESTAL BRASILEIRA.

FUNDO NACIONAL DO MEIO AMBIENTE
LgBR DEC 3524 de 26/06/00, art. 1º

National Fund for the Environment WUNEP
Fondo Nacional del Medio Ambiente WFONAM
Fundo vinculado à Secretaria de Planejamento e Coordenação, de natureza contábil, e tendo por finalidade o desenvolvimento de projetos que visem ao uso racional e sustentável de recursos naturais, incluindo a manutenção, melhoria ou recuperação da qualidade ambiental, no sentido de elevar a qualidade de vida da população brasileira.
LgBR
◊ *Sigla: FNMA.*
⇨ CONTROLE AMBIENTAL; QUALIDADE DE VIDA.

FUNGICIDA
LgBR LEI 4504 de 30/11/64, art. 86, II.
fungicide WEPA
fungicida PLA92:85
Substância tóxica para fungos, capaz de eliminá-los ou de impedir seu crescimento e desenvolvimento.
⇨ INSETICIDA.

FURANOS
LgBR DLG 204 de 07/05/04
furans WEPA
furanos WUAH
Poluentes orgânicos persistentes da classe dos compostos químicos dibenzofuranos policlorados (PCDFs) produzidos como subprodutos de combustão em processos metalúrgicos, na indústria de cimento, de produtos manufaturados e na incineração de resíduos sólidos.
◊ *São altamente tóxicos e causam dano ao ser humano, aos animais e aos vegetais.*
⇨ CONVENÇÃO DE ESTOCOLMO SOBRE POLUENTES ORGÂNICOS PERSISTENTES.

FURNA
LgBR PRT IBAMA 887 de 15/06/90, art. 10º, I.
caves UNB86:443
◊ *Ver CAVIDADE NATURAL SUBTERRÂNEA. Na designação "cavidade natural subterrânea" estão incluídos todos os termos regionais, como gruta, lapa, toca, abismo, furna, buraco. Ibid.*

FUSÃO CELULAR
LgBR LEI 11105 DE 24/03/05, art. 4º, III
cell fusion WEPA
fusión celular WSNI
Formação de uma célula híbrida contendo dois ou mais núcleos por meio de várias técnicas que estimulam a fusão das membranas plasmáticas de duas células até o ponto de contato e combinação de seus citoplasmas.
DAR95:G3
⇨ AUTOCLONAGEM; CLONAGEM; HIBRIDOMA ANIMAL; ORGANISMO GENETICAMENTE MODIFICADO; PROTOPLASMA;

FUSÃO NUCLEAR
nuclear fusion WINT
fusión nuclear VIC96:80
Reunião de vários núcleos para formar um único núcleo produzindo energia como em uma bomba de hidrogênio.
⇨ ENERGIA NUCLEAR; ENERGIA PRIMÁRIA.

g

GAMEXAME
gammexame POR92:224
gammexame WFAO
Marca comercial registrada de substância altamente tóxica usada como inseticida.
⇨ LINDANO; PÓ DE GAFANHOTO.

GARATÉIA
LgBR DEC 4256 de 03/06/02, art. XII, c.
treble hook WBLA
anzuelos múltiples WLPY
Petrecho de pesca composto por vários anzóis na extremidade da mesma linha.
◊ *Conforme o Protocolo Adicional ao Acordo para Conservação da Fauna Aquática nos Cursos dos Rios Limítrofes entre Brasil e Paraguai, o emprego desse aparelho de pesca é proibido, na pesca comercial, no rio Paraná, nos limites geográficos estabelecidos.*
⇨ PETRECHOS DE CAPTURA.

GARIMPAGEM
LgBR DEL 227 de 28/02/67, art. 70, I.
prospecting WEPA
cateo WCBA
Trabalho individual de quem utiliza instrumentos rudimentares, aparelhos manuais ou máquinas simples e portáteis, na extração de pedras preciosas, semipreciosas e minerais metálicos ou não-metálicos valiosos, em depósitos de eluvião ou aluvião, nos álveos de cursos d'água ou nas margens reservadas, bem como nos depósitos secundários ou chapadas (grupiaras), vertentes e altos de morros, depósitos esses genericamente denominados garimpos.
LgBR
⇨ CATA; GARIMPO; GARIMPEIRO.

GARIMPAGEM *1
LgBR LEI 7805 de 18/07/89, art. 10º.
prospecting WEPA
cateo WCBA
Atividade de aproveitamento de substâncias minerais garimpáveis, executada no interior de áreas estabelecidas para este fim, exercida por brasileiro, cooperativa de garimpeiros, autorizada a funcionar como empresa de mineração, sob o regime de permissão de lavra garimpeira.
LgBR
⇨ GARIMPO.

GARIMPEIRO
LgBR DEL 227 de 28/02/67, art. 71.
prospector WEPA
buscador de oro JUR96:08
Trabalhador que extrai substâncias minerais úteis, por processo rudimentar e individual de mineração, garimpagem, faiscação ou cata.
LgBR
⇨ CATA; FAISCAÇÃO; GARIMPAGEM.

GARIMPO
LgBR LEI 7805 de 18/07/89, art. 10º, § 2º.
prospect hole WEPA
área de explotación minera ARG886
Local em que ocorre a extração de minerais garimpáveis sob regime de permissão de lavra garimpeira.
LgBR
⇨ FAISCAÇÃO; GARIMPAGEM; GARIMPAGEM *1; MINA.

GÁS
LgBR LEI 9478 de 06/08/97, art. 6º, II
gas WENRG
◊ Ver GÁS NATURAL *1.

GÁS DE ESCAPAMENTO
LgBR RES CONAMA 18 de 06/05/86, Anexo I.
fuel gas ONU92#2420
gas de escape ONU92#2420
Substâncias emitidas para a atmosfera, provenientes de qualquer abertura do sistema de escapamento a jusante da válvula de escapamento do motor.
LgBR

◊ Sua emissão contribui para a contínua deterioração da qualidade do ar atmosférico.
⇨ EMISSÃO EVAPORATIVA DE COMBUSTÍVEL; FULIGEM; GÁS NO CÁRTER.

GÁS DE ESCAPAMENTO *1
LgBR RES CONAMA 297 de 20/02/02, Anexo I, 5.
fuel gas ONU92#2420
gas de escape ONU92#2420
Substância originada da combustão interna no motor e emitidas para a atmosfera pelo sistema de escapamento do motor.
LgBR
◊ Sua emissão contribui para a contínua deterioração da qualidade do ar atmosférico.
⇨ CONFIGURAÇÃO DO MOTOR; HIDROCARBONETOS TOTAIS; SISTEMA DE ESCAPAMENTO; VALOR TÍPICO DE EMISSÃO *1.

GASES DE EFEITO ESTUFA
LgBR DEC 2652 de 01/07/98, Anexo, art. 1, 5
greenhouse gases WUNI
gases de efecto invernadero MAN95:93
Constituintes gasosos da atmosfera, naturais e antrópicos, que absorvem e reemitem radiação infravermelha.
LgBR
◊ Gases responsáveis pelo aquecimento global.
⇨ CONVENÇÃO QUADRO DAS NAÇÕES UNIDAS SOBRE MUDANÇA DO CLIMA; EMISSÕES; FONTE; RESERVATÓRIO; SISTEMA CLIMÁTICO.

GÁS LIQUEFEITO DE PETRÓLEO
LgBR PRT MINFRA 843 de 31/10/90, art. 2º.
liquified petroleum gas ONU92#3631
gas de petróleo licuado ONU92#3631
Conjunto de hidrocarbonetos com 3 (três) ou 4 (quatro) átomos de carbono (propano, propeno, butano e buteno), podendo apresentar-se isoladamente ou em mistura entre si e com pequenas frações de outros hidrocarbonetos, conforme norma ABNT NBR-324.
LgBR
◊ Sigla: GLP. Engarrafado em cilindros metálicos, sob pressão, é utilizado como combustível de uso doméstico e como combustível automotivo.
⇨ BASE DE DISTRIBUIÇÃO PRIMÁRIA; BASE DE DISTRIBUIÇÃO SECUNDÁRIA.

GÁS NATURAL
LgBR DEC 1787 de 12/01/96, art. 1º, § 1º
natural gas WEPA
gas natural WSUP
Combustível fóssil não renovável constituído de uma mistura de gases de hidrocarbonetos e vapores que ocorrem naturalmente em formações geológicas porosas abaixo da superfície terrestre.
◊ *Ainda que cause impactos ambientais, é considerado o menos poluente dos combustíveis fósseis.*
⇨ ENERGIA FÓSSIL; GÁS NATURAL VEÍCULAR; MONOPÓLIO DO PETRÓLEO E DO GÁS NATURAL.

GÁS NATURAL *1
LgBR LEI 9478 de 06/08/97, art. 6º, II
natural gas WEPA
gas natural WSUP
Hidrocarboneto que permaneça em estado gasoso nas condições atmosféricas normais, extraído diretamente a partir de reservatórios prolíferos ou gaseíferos, incluindo gases úmidos, secos, residuais e gases raros.
LgBR
⇨ TRATAMENTO DE GÁS NATURAL.

GÁS NATURAL VEÍCULAR
LgBR DEC 1787 de 12/01/96, art. 1º, § 1º
gas natural vehicular WGNC
Combustível gasoso proveniente do gás natural e biogás, destinado ao uso veicular e cujo componente principal é o metano.
WAES
◊ *Seu uso nos veículos reduz em 80% as emissões de monóxido de carbono, ajudando a diminuir a poluição atmosférica.*
⇨ BIOGÁS; CERTIFICADO AMBIENTAL PARA USO DO GÁS NATURAL EM VEÍCULOS AUTOMOTORES; GÁS NATURAL.

GÁS NO CÁRTER
LgBR RES CONAMA 18 de 06/05/86, Anexo I, 10.
ventilated gas ONU92#7043
gas eliminado por ventilación
ONU92#7043
Substância emitida para a atmosfera, proveniente de qualquer parte dos sistemas de lubrificação ou ventilação do cárter do motor.
LgBR
⇨ EMISSÃO EVAPORATIVA DE COMBUSTÍVEL; GÁS DE ESCAPAMENTO.

GEN
gene WHCDSC
◊ *Ver GENE. Var. pop. de gene.*

GENE
gene COL95:105
gen WCONICET
Unidade de DNA em um cromossoma que governa a síntese de uma proteína, geralmente uma enzima, determinando as características específicas de um indivíduo.
⇨ GENOMA; GERMOPLASMA; MATERIAL GENÉTICO.

GENOMA
LgBR LEI 9279 de 14/05/96, art. 10º, IX.
genome COL95:105
genoma VIC96:82
Totalidade da informação genética carregada por uma célula ou organismo.
DAR95:G-8
⇨ GENE; GERMOPLASMA; MICROORGANISMOS TRANSGÊNICOS.

GEÓFITA RIMATOSA
LgBR PRT IBAMA 19 de 06/06/91, art.6º, § 1º.
rhyzome geophyte WUA
geófita rizomatosa WRJBM
Erva que apresenta caule prostrado que cresce no subsolo, estando assim protegida durante o período desfavorável, ocorrendo preferencialmente nas áreas campestres e, em alguns casos, nas áreas florestais.
LgBR
⇨ CAMÉFITOS XEROMÓRFICOS; FANERÓFITAS; HEMICRIPTÓFITAS; TERÓFITAS.

GERADORES
LgBR RES CONAMA 307 de 05/07/02, art. 2º, II.
generators WEPA
generadores WINA
Pessoas físicas ou jurídicas, públicas ou privadas, responsáveis por atividades

ou empreendimentos que gerem os resíduos definidos nesta Resolução.
LgBR
◊ *Esta Resolução define os resíduos da construção civil. Ibid.*
⇨ RESÍDUOS DA CONSTRUÇÃO CIVIL.

GERENCIAMENTO AMBIENTAL
environmental management ONU92#2109
ordenación del medio ONU92#2109
Conjunto de ações que visam a disciplinar as relações do uso de recursos naturais e necessidades humanas sem comprometer a qualidade e o equilíbrio ambientais.
⇨ RECURSOS NATURAIS.

GERENCIAMENTO COSTEIRO
LgBR DEC 1540 de 27/06/95, art. 3º
coastal zone management ONU92#1056
ordenación de las zonas costeras ONU92#1056
Conjunto de atividades e procedimentos que, através de instrumentos específicos, permite a gestão da utilização dos recursos da Zona Costeira.
SIL94:103
◊ *Seus instrumentos específicos são a definição e o estabelecimento de limites da Zona Costeira, os Planos Nacionais, Estaduais e Municipais da Zona Costeira e o Zoneamento Ecológico-Econômico da Zona Costeira, os Planos de Gestão e o Sistema Nacional de Gerenciamento Costeiro. SIL94:103*
⇨ PLANO NACIONAL DE GERENCIAMENTO COSTEIRO; UNIDADE GEOAMBIENTAL; ZONA COSTEIRA.

GERENCIAMENTO DE RESÍDUOS
LgBR RES CONAMA 307 de 05/07/02, art. 2º, V.
waste management WEPA
ordenación de residuos WGOBCAN
Sistema de gestão que visa reduzir, reutilizar ou reciclar resíduos, incluindo planejamento, responsabilidades, práticas, procedimentos e recursos para desenvolver e implementar as ações necessárias ao cumprimento das etapas previstas em programas e planos.
LgBR
⇨ AGREGADO RECICLADO.

GERMOPLASMA
LgBR LEI 9279 de 14/05/96, art. 10º, IX.
gene pool COL95:104
germoplasma WFUN
Composição genética de uma espécie nativa ou cultivada.
⇨ GENOMA; GENE.

GESTÃO AMBIENTAL
LgBR RES CONAMA 306 de 05/07/02, Anexo I, X.
environmental management WEPA
gestión ambiental PNU93:274
Condução, direção e controle do uso dos recursos naturais, dos riscos ambientais e das emissões para o meio ambiente, por intermédio da implementação do sistema de gestão ambiental.
LgBR
⇨ SISTEMA DE GESTÃO AMBIENTAL.

GESTOR ADMINISTRATIVO
LgBR LEI 10410 DE 11/01/02, art. 3º
Cargo da carreira de Especialista em Meio Ambiente com as seguintes atribuições: o exercício de todas as atividades administrativas e logísticas relativas ao exercício das competências constitucionais e legais a cargo do Ministério do Meio Ambiente, fazendo uso de todos os equipamentos e recursos disponíveis para a consecução dessas atividades.
LgBR
⇨ ESPECIALISTA EM MEIO AMBIENTE.

GESTOR AMBIENTAL
LgBR LEI 10410 DE 11/01/02, art. 2º
environmental manager WAAG
gestor ambiental WUTPL
Cargo da carreira de Especialista em Meio Ambiente com as seguintes atribuições: formulação das políticas nacionais de meio ambiente e dos recursos hídricos afetas à regulação, gestão e ordenamento do uso e acesso aos recursos ambientais; melhoria da qualidade ambiental e o uso sustentável dos recursos naturais; estudos e proposição de instrumentos estratégicos para a implementação das políticas nacionais de meio ambiente, bem como para seu

acompanhamento, avaliação e controle; e desenvolvimento de estratégias e proposição de soluções de integração entre políticas ambientais e setoriais, com base nos princípios e diretrizes do desenvolvimento sustentável.
LgBR
⇨ ESPECIALISTA EM MEIO AMBIENTE.

GLP
LgBR PRT MINFRA 843 de 31/10/90, art. 2º.
LPG ONU92#3631
GPL ONU92#3631
◊ *Sigla de GÁS LIQUEFEITO DE PETRÓLEO.*

GNAISSE
LgPOA DEC 8187 de 07/03/83, art. 2º.
gneiss WEPA
gneis ALL84:197
Rocha de origem metamórfica, cujos componentes minerais são semelhantes aos do granito, porém orientados.
LgPOA
⇨ AREIA; ARGILA; ARENITO; GRANITO; SAIBRO.

GRANITO
LgPOA DEC 8187 de 07/03/83, art. 2º.
granite WEPA
granito GAL92:699
Rocha ígnea composta predominantemente por quartzo, feldspato e mica.
LgPOA
⇨ AREIA; ARENITO; ARGILA; GNAISSE; SAIBRO.

GRAU DE SATURAÇÃO
LgBR LEI 6803 de 02/07/80, art. 6º.
saturation degree WUNE
Índice de poluição das zonas de uso industrial aferido e fixado em função da área disponível para uso industrial da infra-estrutura, bem como dos padrões e normas ambientais fixados pelo Instituto Brasileiro do Meio Ambiente e Recursos Naturais e pelo Estado e Municípios, nos limites das respectivas competências.
⇨ ZONAS DE USO DIVERSIFICADO; ZONAS DE USO ESTRITAMENTE INDUSTRIAL; ZONAS DE USO PREDOMINANTEMENTE INDUSTRIAL.

GRUPAMENTO VEGETAL SIGNIFICATIVO
LgPOA DEC 8186 de 07/03/83, art. 1º, XI.
significant plant association WMNHP
Conjunto de vegetais que, por suas características botânicas ou raridade, beleza, condição de porta-semente, integração harmoniosa na paisagem ou por constituir-se em abrigo (nicho ecológico) de um ou mais espécimes da fauna silvestre, terá sua preservação assegurada, não podendo ser derrubado, podado, removido ou danificado.
LgPOA
⇨ ASSOCIAÇÃO VEGETAL RELEVANTE; SUPRESSÃO.

GRUPO TRIBAL
LgBR LEI 6001 de 19/12/73, art. 3º, II.
tribal group WEPA
grupo tribal WOAS
◊ *Ver COMUNIDADE INDÍGENA.*

GRUTA
LgBR PRT IBAMA 887 de 15/06/90, art. 10º, I.
cave WEPA
cueva GAL92:372
◊ *Ver CAVIDADE NATURAL SUBTERRÂNEA. Na designação "cavidade natural subterrânea" estão incluídos todos os termos regionais, como gruta, lapa, toca, abismo, furna, buraco. Ibid.*

h

H
LgBR DEC 99280 de 06/06/90, Anexo I, 4, e, i
H WMED
◊ *Símbolo de HIDROGÊNIO.*

H_2O
LgBR DEC 99280 de 06/06/90, Anexo I, 4, e, ii
H_2O WMED
◊ *Símbolo de ÁGUA.*

HABITAT
LgBR DEC 2519 de 16/03/98, art. 2º.
habitat ONU92#2884
hábitat ONU92#2884
Lugar ou tipo de local onde um organismo ou população ocorre naturalmente.
LgBR
⇨ CLÍMAX.

***HABITAT* DAS TARTARUGAS MARINHAS**
LgBR DEC 3842 de 13/06/01, art. I, 2.
sea turtle habitats WCON
hábitat de tortugas marinas WCON
Ambientes aquáticos e terrestres utilizados pelas tartarugas marinhas durante qualquer etapa de seu ciclo de vida.
LgBR
⇨ TARTARUGA MARINHA.

HEMICRIPTÓFITAS
LgBR PRT IBAMA 19 de 06/06/91, art. 6º, § 1º.
hemycryptophyte USH66:172
hemicriptofitos PAR84:172
Vegetais cujas partes aéreas morrem na estação desfavorável ficando as gemas responsáveis por sua renovação na superfície do solo.

◊ *Var. hemicriptófito. São muito importantes para preservação da biodiverisidade do ecossistema florestal.*
⇨ CAMÉFITOS XEROMÓRFICOS; FANERÓFITAS; GEÓFITA RIMATOSA; TERÓFITAS.

HETERÓTROFOS
heterotrophic organism POR92:87
heterótrofos ONU92#2998
Grupos de organismos que se alimentam de nutrientes sintetizados por outros organismos chamados autótrofos.
⇨ AUTÓTROFOS; CADEIA ALIMENTAR; CONSUMIDORES; QUIMIOSSÍNTESE.

HEXAFLUORETO DE ENXOFRE
LgBR DEC 5445 de 12/05/05, Anexo A.
sulphur hexafluoride WEPA
hexafluoruro de azufre WMED
Elemento químico utilizado como isolante térmico, condutor de calor e agente refrigerante.
WCONP
◊ *Símbolo: SF6. Um dos gases de efeito estufa controlado pelo Protocolo de Quioto, cujo potencial de dano global é 23.900 vezes maior que o do dióxido de carbono.*
⇨ GASES DE EFEITO ESTUFA.

HFCs
LgBR DEC 3515 de 20/06/00, Anexo A
HFC WMED
◊ *Símbolo de HIDROFLUORCARBONOS.*

HG
Hg WSAGP
◊ *Símbolo de MERCÚRIO.*

HÍBRIDO
LgBR LEI 9456 DE 25/04/97, art. 3º, XI
hybrid WEPA
híbrido WCA
Produto imediato do cruzamento entre linhagens geneticamente diferentes.
LgBR
⇨ LINHAGENS.

HIBRIDOMA ANIMAL
LgBR LEI 11105 de 24/03/05, art. 4º, II
hybridoma ONU92#3093
hibridoma ONU92#3093
Linhagem de células obtidas através do processo de fusão celular que produzem continuamente proteínas específicas em culturas de tecidos, permitindo a obtenção de proteínas biologicamente ativas com grande grau de pureza, utilizadas para a produção de vacinas de uso médico.
JUN83:191
◊ *Geralmente usado para produzir anticorpos monoclonais.*
⇨ AUTOCLONAGEM; FUSÃO CELULAR; PROTOPLASMA.

HIDROCARBONETOS
LgBR RES CONAMA 18 de 06/05/86, Anexo I, 12.
hydrocarbon ONU92#3102
hidrocarburos ONU92#3102
Grupo de compostos químicos orgânicos de carbono e hidrogênio emitidos por fontes naturais e por fontes antropogênicas que se constituem nos maiores responsáveis pela poluição atmosférica.
⇨ EMISSÃO EVAPORATIVA DE COMBUSTÍVEL.

HIDROCARBONETOS NÃO-METANO
LgBR RES CONAMA 315 de 29/10/02, Anexo I, 6
non-methane hydrocarbon WEPA
hidrocarburos no metánicos WCNMA
Substâncias orgânicas, incluindo frações de combustível não queimado e subprodutos resultantes da combustão, presentes no gás de escapamento e que são detectados pelo detector de ionização de chama.
◊ *Símbolo: NMHC. Contribuem para o smog fotoquímico e para o efeito estufa e são prejudiciais à saúde.*
⇨ VEÍCULOS AUTOMOTORES.

HIDROCARBONETOS TOTAIS
LgBR RES CONAMA 315 de 29/10/02, Anexo I, 5.
total hydrocarbons WEPA
hidrocarburos totales WCNMA
Substâncias orgânicas, incluindo frações de combustível não queimado e subprodutos resultantes da combustão, presentes no gás de escapamento e que são detectados pelo detector de ionização de chama.
LgBR
◊ *Símbolo: THC. Contribuem para o smog fotoquímico e para o efeito estufa e são prejudiciais á saúde.*
⇨ GÁS DE ESCAPAMENTO *1.

HIDROFLUORCARBONOS
LgBR DEC 5445 de 12/05/05, Anexo A.
hydrofluorocarbons WEPA
hidrofluorocarbonos WMED
Compostos de carbono e flúor ou hidrogênio, cloro ou bromo
◊ *Símbolo: HFCs. Substâncias sintéticas que têm alto potencial de aquecimento global que paradoxalmente foram introduzidas na tentativa de substituir as substâncias destruidoras da camada de ozônio.*
⇨ CLOROFLUORCARBONOS; PERFLUORCARBONOS.

HIDROGÊNIO
LgBR DEC 99280 de 06/06/90, Anexo I, 4, e, i
hydrogen POR92:184
hidrógeno UNB86:462
Elemento químico abundante no universo presente na água e nos compostos orgânicos, usado em larga escala no processamento dos combustíveis fósseis e nas indústrias químicas, sendo capaz de oferecer uma alternativa limpa e econômica para os motores de combustão.
◊ *Símbolo: H. No processo de fusão nuclear produz grande liberação de energia que, em sua forma mais violenta, é usada na fabricação da bomba de hidrogênio.*
⇨ ENERGIA NUCLEAR.

HIDROLOGIA
hydrology POR92:186
hidrología UNB86:116
Ciência que trata da água na Terra, sua ocorrência, circulação e distribuição, suas propriedades físicas e químicas e sua reação com o meio ambiente, incluindo sua relação com as formas vivas. TUC93:25
⇨ ÁGUA.

HORIZONTES ESTRATIGRÁFICOS
LgPOA DEC 8187 de 07/03/83, Cap. I, art. 2º.
stratigraphic horizons WNSIDC
horizontes estratigráficos WHCDN
Camadas definidas por seus caracteres paleontológicos.
⇨ PERFIL GEOLÓGICO.

HORIZONTES GEOLÓGICOS
geological horizons WINT
horizontes geológicos WMR
◊ *Ver HORIZONTES ESTRATIGRÁFICOS.*

HORTO FLORESTAL
LgRS DEC 38814 de 26/08/98, art. 12, III.
forest garden WEPA
huerto de semilla forestal ONU92#2521
Áreas de domínio público ou privado, caracterizadas pela existência de culturas florestais nativas ou exóticas, passíveis de exploração racional através de manejo sustentado.
LgRS
◊ *Constitui-se em centros de pesquisa e bancos genéticos onde é altamente recomendado, sob zoneamento, o cultivo, a conservação e a recomposição de populações nativas vegetais ou animais, bem como o ensino, a educação ambiental e o lazer.*
⇨ UNIDADES DE MANEJO SUSTENTADO/CATEGORIA DE USO DIRETO.

HORTOS FLORESTAIS
LgBR RES CONAMA 11 de 03/12/87, 1º, j.
forest seed orchard ONU92#2521
huertos de semillas forestales ONU92#2521
Áreas ou estabelecimentos onde se cultivam plantas florestais para fins de estudo e multiplicação.
⇨ SÍTIOS ECOLÓGICOS DE RELEVÂNCIA CULTURAL.

HULHA
LgBR LEI 4771 de 15/09/65, art. 26, l.
hard coal ONU92#2913
hulla ONU92#2913
Substância natural compacta, preta, brilhante, estágio intermediário da formação do carvão mineral, empregada como combustível.
◊ *Sua utilização ocasiona o desprendimento de gases tóxicos que podem causar problemas de poluição ambiental.*
⇨ CARVÃO MINERAL; CARVÃO VEGETAL.

i

IA
LgPOA LEI COMPL. 434 de 01/12/99, art. 106, § 1º
◊ *Sigla de ÍNDICE DE APROVEITAMENTO.*
IBAMA
LgBR LEI 7735 de 22/02/89, art. 2º.
IBAMA WCEPIS
◊ *Sigla de INSTITUTO BRASILEIRO DO MEIO AMBIENTE E DOS RECURSOS NATURAIS RENOVÁVEIS.*
IBDF
LgBR LEI 7732 de 14/02/89, art. 2º.
IBDF WCEPIS
◊ *Sigla de INSTITUTO BRASILEIRO DO DESENVOLVIMENTO FLORESTAL.*
IMÓVEL RURAL
LgBR LEI 8629 de 25/02/93, art. 4º, I.
rural estate WEPA
inmueble rural PNU92:140
Prédio rústico de área contínua, qualquer que seja a sua localização, que se destine ou possa se destinar à exploração agrícola, pecuária, extrativa vegetal, florestal ou agroindustrial.
LgBR
⇨ ARRENDAMENTO RURAL; MÉDIA PROPRIEDADE; PEQUENA PROPRIEDADE; PROPRIEDADE PRODUTIVA.
IMPACTO AMBIENTAL
LgBR RES CONAMA 01 de 23/01/86, art. 1º.
environmental impact CLA90:105
impacto medioambiental PNU93:311
Alteração das propriedades físicas, químicas e biológicas do meio ambiente, causada por qualquer forma de maté-

ria ou energia resultante das atividades humanas que, direta ou indiretamente afetam: a saúde, a segurança e o bem-estar da população; as atividades sociais e econômicas; a biota; as condições estéticas e sanitárias do meio ambiente; a qualidade dos recursos ambientais.
LgBR
⇨ AVALIAÇÃO DE IMPACTO AMBIENTAL; DIAGNÓSTICO AMBIENTAL; ESTUDO DE IMPACTO AMBIENTAL.

IMPACTO AMBIENTAL REGIONAL
LgBR RES CONAMA 237 de 22/12/97, art. 1º, IV.
regional environmental impact WUNEP
impacto ambiental regional WCDSJ
Impacto ambiental que afete diretamente (área de influência direta do projeto), no todo ou em parte, o território de dois ou mais Estados.
LgBR
◊ Trata-se de projeto submetido à avaliação de impacto ambiental.
⇨ AVALIAÇÃO DE IMPACTO AMBIENTAL; ESTUDO DE IMPACTO AMBIENTAL.

IMPEDIMENTO
LgBR DEC 4954 de 14/01/04, art. 2º, XXIV
Ato praticado que impossibilite a ação da inspeção e fiscalização.
LgBR
◊ Ação de inspeção e fiscalização dos fertilizantes, corretivos, inoculantes ou biofertilizantes destinados à agricultura.
⇨ TOLERÂNCIA.

IMPLEMENTAÇÃO CONJUNTA
LgBR DLG 144 de 01/05/02, art. 6
joint implementation WMCT
implementación conjunta WSAGP
Mecanismo de flexibilização incluído no Protocolo de Quioto, como instrumento internacional bilateral, através do qual um país industrializado (constante no Anexo I do Protocolo), emissor de gases de efeito estufa, pode compensar suas emissões, participando de sumidouros e projetos ambientalmente otimizados

em outro país (referido no mesmo Anexo), com vistas à obtenção de menores custos de implementação.
⇨ COMÉRCIO DE EMISSÕES.

IMPORTAÇÃO
LgBR DEC 4074 de 04/01/02, art. 1º, XV.
import WEPA
importación WCAN
Ato de entrada de agrotóxicos, seus componentes e afins no País.
LgBR
⇨ PAÍS DE PROCEDÊNCIA.

IMPORTADOR
LgBR DEC 97634 de 10/04/89, art. 2º.
importer WEPA
importador WMED
Adquirente do exterior, da substância mercúrio metálico.
LgBR
⇨ COMERCIANTE; MERCÚRIO METÁLICO; PRODUTOR.

IMPORTADOR *2
LgBR RES CONAMA 282 de 12/07/01, Anexo I, XII.
importer WEPA
importador WMED
Responsável pela importação do conversor catalítico para reposição, completo e pronto para instalação no veículo.
LgBR
⇨ DECLARAÇÃO DO FORNECEDOR; FABRICANTE.

IMPUREZA
LgBR DEC 4074 de 04/01/02, art. 1º, XVI.
impurity WEPA
impureza TER97:131
Substância diferente do ingrediente ativo derivada do seu processo de produção.
LgBR
⇨ INGREDIENTE ATIVO.

INCÊNDIO FLORESTAL
LgBR DEC 2661 de 08/07/98, art. 20º
forest fire ONU92#2500
incendio forestal ONU92#2500
Fogo não controlado em floresta ou qualquer outra forma de vegetação.
⇨ ACEIRO; QUEIMADA; QUEIMADA DE MANEJO.

INCIDENTE
LgBR DEC 79437 de 28/03/77, art. 1º, 8.
incident ONU92#3188
incidente de contaminación WINF
Fato ou conjunto de fatos que têm a mesma origem e que resultem em danos por poluição.
LgBR
⇨ DANO POR POLUIÇÃO; MEDIDAS PREVENTIVAS.

INCIDENTE *1
LgBR DEC 2508 de 04/03/98, art. 2º, 6
incident KIS83:320
incidente de contaminación WINF
Evento envolvendo a descarga real ou provável, no mar, de uma substância nociva ou efluentes contendo tal substância.
LgBR
⇨ DESCARGA.

INCIDENTE *2
LgBR LEI 9966 de 28/04/00, art. 2º, XIV
incident KIS83:320
incidente de contaminación WINF
Descarga de substância nociva ou perigosa, decorrente de fato ou ação intencional ou acidental que ocasione risco potencial de dano ao meio ambiente ou à saúde humana.
LgBR
⇨ PLANO DE EMERGÊNCIA *1; SUBSTÂNCIA NOCIVA *1.

INCIDENTE DE POLUIÇÃO POR ÓLEO
LgBR RES CONAMA 293 de 12/12/01, art. 2º, VII
incidente de contaminación por el petróleo WXURIS
Descarga de óleo, decorrente de fato ou ação intencional ou acidental que ocasione dano ou risco de dano ao meio ambiente ou à saúde humana.
LgBR
⇨ CENÁRIO ACIDENTAL; DERRAMAMENTOS; PLANO DE EMERGÊNCIA INDIVIDUAL *1.

INCINERADORES
LgPOA DEC 9325 de 30/11/88, art. 2º, V.
incinerators WEPA
incineradores ALL84:222
Equipamentos ou dispositivos utilizados com o objetivo de promover a queima de resíduos.
LgPOA

INCREMENTO FLORESTAL
LgBR PRN IBDF 302 de 03/07/84, Anexo I.
forest increment WFAO
Relação expressa pelo aumento do volume dos indivíduos de uma floresta por um determinado espaço de tempo.
LgBR
⇨ DENSIDADE DO PLANTIO; INVENTÁRIO FLORESTAL; RECOMPOSIÇÃO FLORESTAL.

ÍNDICE COLIFORME
coliform rate WDEP
índice coliforme WCEPIS
Índice de pureza da água baseado na contagem das bactérias do grupo coliforme nela existentes.
⇨ ÁGUAS POLUÍDAS; BALNEABILIDADE; COLIFORMES FECAIS; COLIMETRIA; POLUIÇÃO DAS ÁGUAS.

ÍNDICE DE APROVEITAMENTO
LgPOA LEI COMPL. 434 de 01/12/99, art. 106, § 1º.
utilization index WCWP
índice de aprovechamiento WBOPA
Fator que, multiplicado pela área líquida de terreno, define a área de construção computável.
LgPOA
◊ Sigla: IA. É o instrumento de controle urbanístico, no lote, das densidades populacionais previstas para as Unidades de Estruturação Urbana.
Ibid.
⇨ ÁREA LÍQUIDA DE TERRENO; TAXA DE OCUPAÇÃO.

ÍNDIO
LgBR LEI 6001 de 19/12/73, art. 3º, I.
Indian WEPA
Indio WMEA
Indivíduo de origem e ascendência pré-colombiana que se identifica e é identificado como pertencente a um grupo étnico cujas características culturais o distinguem da sociedade nacional.
LgBR

⇨ ESTATUTO DO ÍNDIO; TERRAS TRADICIONALMENTE OCUPADAS PELOS ÍNDIOS.

INDÚSTRIA DE BASE
LgBR DEL 221 de 28/02/67, II, art. 18.
primary industry WEPA
industria de base WSAGP
Empresa ou setor industrial que alimenta outras indústrias.
⇨ INDÚSTRIA DE PESCA.

INDÚSTRIA DE BORRACHA
LgBR RES CONAMA 237 de 22/12/97, Anexo.
rubber industry WEPA
industria del caucho WINTI
Beneficiamento de borracha natural; fabricação de câmara de ar e fabricação e recondicionamento de pneumáticos; fabricação de laminados e fios de borracha; fabricação de espuma de borracha e de artefatos de espuma de borracha, inclusive látex.
LgBR
◊ Atividade ou empreendimento sujeito ao Licenciamento Ambiental.

INDÚSTRIA DE COUROS E PELES
LgBR RES CONAMA 237 de 22/12/97, Anexo.
leather and fur industry WUNEP
industria de cuero y de pieles WFCEMA
Secagem e salga de couros e peles; curtimento e outras preparações de couros e peles; fabricação de artefatos diversos de couros e peles; fabricação de cola animal.
LgBR
◊ Atividade ou empreendimento sujeito ao Licenciamento Ambiental.

INDÚSTRIA DE FUMO
LgBR RES CONAMA 237 de 22/12/97, Anexo I.
tobacco industry WEPA
industria del tabaco WCRF
Fabricação de cigarros, charutos, cigarrilhas e outras atividades de beneficiamento do fumo.
LgBR
◊ Atividade ou empreendimento sujeito ao Licenciamento Ambiental.

INDÚSTRIA DE MADEIRA
LgBR RES CONAMA 237 de 22/12/97, Anexo I.
wood industry WFAO
industria de la madera WCRF
Serraria e desdobramento de madeira; preservação de madeira; fabricação de chapas, placas de madeira aglomerada, prensada e compensada; fabricação de estruturas de madeira e de móveis.
LgBR
◊ Atividade ou empreendimento sujeito ao Licenciamento Ambiental.

INDÚSTRIA DE MATERIAL DE TRANSPORTE
LgBR RES CONAMA 237 de 22/12/97, Anexo I.
transport material industry WUTIP
industria de material de transporte WFCEMA
Fabricação e montagem de veículos rodoviários e ferroviários, peças e acessórios; fabricação e montagem de aeronaves; fabricação e reparo de embarcações e estruturas flutuantes.
LgBR
◊ Atividade ou empreendimento sujeito ao Licenciamento Ambiental.

INDÚSTRIA DE MATERIAL ELÉTRICO, ELETRÔNICO E COMUNICAÇÕES
LgBR RES CONAMA 237 de 22/12/97, Anexo I.
industria de material eléctrico, electrónico y comunicaciones WFCEMA
Fabricação de pilhas, baterias e outros acumuladores; fabricação de material elétrico, eletrônico e equipamentos para telecomunicação e informática; fabricação de aparelhos elétricos e eletrodomésticos.
LgBR
◊ Atividade ou empreendimento sujeito ao Licenciamento Ambiental.

INDÚSTRIA DE PAPEL E CELULOSE
LgBR RES CONAMA 237 de 22/12/97, Anexo I.
paper and cellulose industry WFDA
industria de papel y celulosa WFCEMA
Fabricação de celulose e pasta mecânica; fabricação de papel e papelão; fa-

bricação de artefatos de papel, papelão, cartolina, cartão e fibra prensada.
LgBR
◊ *Atividade ou empreendimento sujeito ao Licenciamento Ambiental.*
INDÚSTRIA DE PESCA
LgBR DEL 221 de 28/02/67, art. 18.
fishing industry WEPA
industria pesquera PNU92:146
Exercício de atividades de captura, conservação, beneficiamento, transformação ou industrialização dos seres animais ou vegetais que tenham na água seu meio natural mais freqüente de vida.
LgBR
⇨ EMBARCAÇÕES DE PESCA; INDÚSTRIA DE BASE; PESCA COMERCIAL; PESCA EMPRESARIAL/ INDUSTRIAL.
INDÚSTRIA DE PRODUTOS ALIMENTARES E BEBIDAS
LgBR RES CONAMA 237 de 22/12/97, Anexo I.
food and beverage industry WEPA
industria de productos alimentarios y bebidas WFCEMA
Beneficiamento, moagem, torrefação e fabricação de produtos alimentares; matadouros, abatedouros, frigoríficos, charqueadas e derivados de origem animal; fabricação de conservas; preparação de pescados e fabricação de conservas de pescados; preparação, beneficiamento e industrialização de leite e derivados; fabricação e refinação de açúcar; refino e preparação de óleo e gorduras vegetais; produção de manteiga, cacau, gorduras de origem animal para alimentação; fabricação de fermentos e leveduras; fabricação de rações balanceadas e de alimentos preparados para animais; fabricação de vinhos e vinagre; fabricação de cervejas, chopes e maltes; fabricação de bebidas não alcoólicas, bem como engarrafamento e gaseificação de águas minerais; fabricação de bebidas alcoólicas.
LgBR
◊ *Atividade ou empreendimento sujeito ao Licenciamento Ambiental.*

INDÚSTRIA DE PRODUTOS DE MATÉRIA PLÁSTICA
LgBR RES CONAMA 237 de 22/12/97, Anexo I.
plastic products industry WEPA
industria de productos de materia plástica WFCEMA
Fabricação de laminados plásticos; fabricação de artefatos de material plástico.
LgBR
◊ *Atividade ou empreendimento sujeito ao Licenciamento Ambiental.*
INDÚSTRIA DE PRODUTOS MINERAIS NÃO-METÁLICOS
LgBR RES CONAMA 237 de 22/12/97, Anexo I.
non-metallic minerals industry WEPA
industria de productos minerales no metálicos WEU
Beneficiamento de minerais não metálicos não associados à extração; fabricação e elaboração de produtos minerais não metálicos tais como: produção de material cerâmico, cimento, gesso, amianto e vidro, entre outros.
LgBR
◊ *Atividade ou empreendimento sujeito ao Licenciamento Ambiental.*
INDÚSTRIA DO PETRÓLEO
LgBR LEI 9478 de 06/08/97, art. 6º, XIX
petroleum industry WEPA
industria del petróleo WMECON
Conjunto de atividades econômicas relacionadas com a exploração, desenvolvimento, produção, refino, processamento, transporte, importação e exportação de petróleo, gás natural, outros hidrocarbonetos fluidos e seus derivados.
LgBR
⇨ DESCOBERTA COMERCIAL; AGÊNCIA NACIONAL DO PETRÓLEO, GÁS NATURAL E BIOCOMBUSTÍVEIS.
INDÚSTRIA MECÂNICA
LgBR RES CONAMA 237 de 22/12/97, Anexo I.
mechanical industry WEPA
industria mecánica WFCEMA

Fabricação de máquinas, aparelhos, peças, utensílios e acessórios com e sem tratamento térmico e/ou de superfície.
LgBR
◊ *Atividade ou empreendimento sujeito ao Licenciamento Ambiental.*
INDÚSTRIA METALÚRGICA
LgBR RES CONAMA 237 de 22/12/97, Anexo I.
metallurgical industry WEPA
industria metalúrgica WFCEMA
Fabricação de aço e de produtos siderúrgicos; produção de fundidos de ferro e aço forjados, arames relaminados com ou sem tratamento de superfície, inclusive galvanoplastia; metalurgia dos metais não-ferrosos, em formas primárias e secundárias, inclusive ouro; produção de laminados, ligas, artefatos de metais não-ferrosos com ou sem tratamento de superfície, inclusive galvanoplastia; relaminação de metais não-ferrosos, inclusive ligas; produção de soldas e anodos; metalurgia de metais preciosos; metalurgia do pó, inclusive peças moldadas; fabricação de estruturas metálicas com ou sem tratamento de superfície, inclusive galvanoplastia; fabricação de artefatos de ferro, aço e de metais não-ferrosos com ou sem tratamento de superfície, inclusive galvanoplastia; têmpera e cementação de aço, recozimento de arames, tratamento de superfície.
LgBR
◊ *Atividade ou empreendimento sujeito ao Licenciamento Ambiental.*
INDÚSTRIA PESQUEIRA
LgBR DEL 221 de 28/02/67, art. 19
fishing industry WEPA
industria pesquera PNU92:146
◊ *Ver INDÚSTRIA DE PESCA.*
INDÚSTRIA QUÍMICA
LgBR RES CONAMA 237 de 22/12/97, Anexo I.
chemical industry WEPA
industria química WFCEMA
Produção de substâncias e fabricação de produtos químicos; fabricação de produtos derivados do processamento de petróleo, de rochas betuminosas e da madeira; fabricação de combustíveis não derivados de petróleo; produção de óleos, gorduras, ceras vegetais-animais, óleos essenciais vegetais e outros produtos da destilação da madeira; fabricação de resinas e de fibras e fios artificiais e sintéticos e de borracha e látex sintéticos; fabricação de pólvora, explosivos detonantes, munição para caça-desporto, fósforo de segurança e artigos pirotécnicos; recuperação e refino de solventes, óleos minerais, vegetais e animais; fabricação de concentrados aromáticos naturais, artificiais e sintéticos; fabricação de preparados para limpeza e polimento, desinfetantes, inseticidas, germicidas e fungicidas; fabricação de tintas, esmaltes, lacas, vernizes, impermeabilizantes, solventes e secantes; fabricação de fertilizantes e agroquímicos; fabricação de produtos farmacêuticos e veterinários; fabricação de sabões, detergentes e velas; fabricação de perfumarias e cosméticos; produção de álcool etílico, metanol e similares.
LgBR
◊ *Atividade ou empreendimento sujeito ao Licenciamento Ambiental.*
INDÚSTRIAS DIVERSAS
LgBR RES CONAMA 237 de 22/12/97, Anexo 1.
miscellaneous industries WFAO
industrias diversas WFCEMA
Usinas de produção de concreto; usinas de asfalto; serviços de galvanoplastia.
LgBR
◊ *Atividade ou empreendimento sujeito ao Licenciamento Ambiental.*
INDÚSTRIA TÊXTIL, DE VESTUÁRIO, CALÇADOS E ARTEFATO DE TECIDOS
LgBR RES CONAMA 237 de 22/12/97, Anexo I.
industria textil, de vestuario y calzados WFCEMA
Beneficiamento de fibras têxteis vegetais, de origem animal e sintética; fabricação e acabamento de fios e tecidos;

tingimento, estamparia e outros acabamentos em peças de vestuário e artigos diversos de tecidos; fabricação de calçados e componentes para calçados.
LgBR
◊ *Atividade ou empreendimento sujeito ao Licenciamento Ambiental.*
INFORMAÇÕES CIENTÍFICAS
LgBR DEC 99280 de 06/06/90, Anexo II, 3.
scientific information WEPA
informes científicos WCPC
Informações que incluem: pesquisa, tanto a planejada como a em curso, governamental ou particular, para facilitar a coordenação de programas de pesquisas, e de modo a tornar mais efetivo o uso de recursos nacionais e internacionais disponíveis; os dados sobre emissões necessários para pesquisas; resultados científicos, divulgados em publicações especializadas, sobre como operam a física e a química da atmosfera terrestre, e de como isso é suscetível de mudança, em particular no que diz respeito à situação da camada de ozônio e aos efeitos sobre a saúde humana, o meio ambiente e o clima, que resultariam de modificações em todas as escalas temporais, quer no total do conteúdo da coluna, quer na distribuição vertical do ozônio; a avaliação dos resultados de pesquisas e recomendações para pesquisas futuras.
LgBR
⇨ INFORMAÇÕES TÉCNICAS.
INFORMAÇÕES TÉCNICAS
LgBR DEC 99280 de 06/06/90, Anexo II, 4.
technical information WEPA
informes técnicos WCPC
Informações que incluem: disponibilidade e os custos de substitutos químicos e de tecnologias alternativas para reduzir as emissões de substâncias modificadoras do ozônio, e de pesquisas referentes ao assunto, planejadas ou em curso; limitações e riscos envolvidos no uso de substitutos químicos ou de outra natureza, e de tecnologias alternativas.
LgBR
⇨ INFORMAÇÕES CIENTÍFICAS.
INFRAÇÃO
LgBR DEC 4074 de 04/01/02, art. 82
infraction WIBA
infracción MAR94:226
Ação ou omissão que importe na inobservância do disposto da LEI DOS AGROTÓXICOS.
⇨ AGROTÓXICOS E AFINS.
INFRAÇÃO ADMINISTRATIVA AMBIENTAL
LgBR LEI 9605 de 12/02/98, VI, art. 70.
environmental administrative violation WMMA
infracción administrativa ambiental WINE
Ação ou omissão que viole as regras jurídicas de uso, gozo, promoção, proteção e recuperação do meio ambiente.
LgBR
⇨ INFRAÇÃO AMBIENTAL; LEGISLAÇÃO AMBIENTAL.
INFRAÇÃO ADMINISTRATIVA AMBIENTAL *1
LgRS LEI 11520 de 04/08/00, art. 99.
environmental administrative violation WMMA
infracción administrativa ambiental WINE
Ação ou omissão que importe na inobservância dos preceitos desta Lei, de seus regulamentos e das demais legislações ambientais.
LgRS
⇨ CÓDIGO ESTADUAL DE MEIO AMBIENTE DO RIO GRANDE DO SUL.
INFRAÇÃO AMBIENTAL
LgBR LEI 9605 de 12/02/98.
environmental violation WEPA
infracción ambiental WPAG
Ação ou omissão que importa inobservância dos preceitos da legislação ambiental, seus decretos, normas técnicas, resoluções e outros dispositivos dela decorrentes, que se destinam à promoção, proteção e recuperação da qualidade ambiental.

⇨ DANO AMBIENTAL; INFRAÇÃO ADMINISTRATIVA AMBIENTAL; LEGISLAÇÃO AMBIENTAL.

INGREDIENTE ATIVO
LgBR PRT MF/MS/MINTER 292 de 28/04/89, art. 3º, § 2º.
active ingredient WEPA
ingrediente activo WFAO
◊ Ver PRINCÍPIO ATIVO *1.

INGREDIENTE ATIVO *1
LgBR DEC 4074 de 04/01/02, art. 1º, XVII.
active ingredient WEPA
ingrediente activo WFAO
Agente químico, físico ou biológico que confere eficácia aos agrotóxicos e afins.
LgBR
⇨ DESATIVAÇÃO DOS COMPONENTES DOS AGROTÓXICOS; NOVO PRODUTO.

INGREDIENTE INERTE
LgBR DEC 4074 de 04/01/02, art. 1º, XVIII
inert ingredient WEPA
ingrediente inerte WFAO
Substância ou produto não ativo em relação à eficácia dos agrotóxicos e afins, usado apenas como veículo, diluente ou para conferir características próprias às formulações.
LgBR
⇨ COMPONENTES.

INGREDIENTES ATIVOS
LgBR PRT MF/MS/MINTER 292 de 28/04/89, art. 3º, § 1º.
active ingredients WEPA
ingredientes activos WPPD
Substâncias de natureza química ou biológica que dão eficácia aos preservativos de madeira.
LgBR
⇨ PRINCÍPIO ATIVO; USINA PILOTO.

INOCULANTE
LgBR LEI 6894 de 16/12/80, art. 3º, c.
inoculator WEPA
inoculante WSECYT
Material que contenha microorganismos fixadores de nitrogênio e que atue favoravelmente no desenvolvimento das plantas.
LgBR
⇨ MATÉRIA-PRIMA *2.

INOCULANTE *1
LgBR DEC 4954 de 14/01/04, art. 2º, V
inoculator WEPA
inoculante WSECYT
Produto que contém microorganismos com atuação favorável ao crescimento de plantas.
LgBR
⇨ PUREZA DO INOCULANTE; SUPORTE.

INSERTO
LgBR RES CONAMA 305 de 12/06/02, Anexo I, Glossário.
insert WFAO
inserto WIIC
Seqüência de DNA/RNA inserida no organismo receptor por meio de engenharia genética.
LgBR
⇨ EXPRESSÃO GÊNICA; VETOR.

INSETICIDA
LgBR DEC 79094 de 05/01/77, art. 3º, X, a.
insecticide COL88:94
insecticida ALL84:225
Saneante domissanitário destinado ao combate, à prevenção e ao controle de insetos em habitações, recintos e lugares de uso público e suas cercanias.
LgBR
⇨ DESINFETANTE; DETERGENTE; FUNGICIDA; SANEANTE DOMISSANITÁRIO.

INSPEÇÃO *1
LgBR LEI 6934 de 13/07/81, art. 5º, § 3º, a.
inspection WEPA
inspección WSPA
Constatação das condições higiênico-sanitárias e técnicas dos produtos ou estabelecimentos.
LgBR
⇨ FISCALIZAÇÃO.

INSPEÇÃO *2
LgBR DEC 4074 de 04/01/02, art. 1º, XIX.
inspection WEPA
inspección WSPA
Acompanhamento, por técnicos especializados, das fases de produção, transporte, armazenamento, manipulação, comercialização, utilização, importa-

ção, exportação e destino final dos agrotóxicos, seus componentes e afins, bem como de seus resíduos e embalagens.
LgBR
⇨ AGROTÓXICOS E AFINS.
INSPEÇÃO DE QUALIDADE
LgBR DEC 79094 de 05/01/77, art. 3º, XXVII.
quality inspection WEPA
inspección de calidad WCAN
Conjunto de medidas destinadas a garantir a qualquer momento, durante o processo de fabricação, a produção de lotes de medicamentos e demais produtos como: medicamentos, insumos farmacêuticos, drogas, correlatos, cosméticos, produtos de higiene, perfumes e similares, saneantes domissanitários e outros, tendo em vista o atendimento das normas sobre atividade, pureza, eficácia e inocuidade.
LgBR
⇨ ANÁLISE PRÉVIA; CONTROLE DE QUALIDADE; LICENÇA.
INSTALAÇÃO
LgBR RES CONAMA 293 de 12/12/01, art. 2º, II
instalaciones WSCRUZ
Porto organizado, instalação portuária ou terminal, dutos, plataforma, bem como suas respectivas instalações de apoio.
LgBR
⇨ DUTO; INSTALAÇÕES DE APOIO; TERMINAL DE ÓLEO.
INSTALAÇÃO NUCLEAR
LgBR DEC 2210 de 22/04/97, art. 2º, VIII
nuclear installation KIS83:159
instalación nuclear UNB86:477
Instalação na qual o material nuclear é produzido, processado, reprocessado, utilizado, manuseado ou estocado em quantidades relevantes, assim compreendidos: reator nuclear; usina que utilize combustível nuclear para a produção de energia térmica ou elétrica para fins industriais; fábrica ou usina para a produção ou tratamento de materiais nucleares, integrante do ciclo do combustível nuclear; usina de reprocessamento de combustível nuclear irradiado; e depósito de materiais nucleares, não incluindo local de armazenamento temporário usado durante os transportes.
LgBR
⇨ EQUIPAMENTO ESPECIFICADO; INTELIGÊNCIA; PLANO DE RADIOPROTEÇÃO.
INSTALAÇÃO PORTUÁRIA
LgBR LEI 9966 de 28/04/00, art. 2º, XIII
permanent harbour works WUNC
instalación portuaria WRPP
Instalação explorada por pessoa jurídica de direito público ou privado, dentro ou fora da área do porto organizado, utilizada na movimentação e armazenagem de mercadorias destinadas ou provenientes de transporte aquaviário.
LgBR
⇨ INSTALAÇÕES DE APOIO; PLATAFORMAS; PORTO ORGANIZADO.
INSTALAÇÃO RADIOATIVA
LgBR DEC 2210 de 22/04/97, art. 2º, IX
radioactive installation WINT
instalación radiactiva WCIL
Local onde se produzem, utilizam, transportam ou armazenam fontes de radiação, excetuam-se desta definição: as instalações nucleares; os veículos transportadores de fontes de radiação quando essas não são parte integrante dos mesmos.
LgBR
⇨ MATERIAL RADIOATIVO.
INSTALAÇÃO TERMINAL
LgBR LEI 9966 de 28/04/00, art. 2º, XIII
permanent harbour works WUNC
instalación terminal WAGN
◊ Ver INSTALAÇÃO PORTUÁRIA.
INSTALAÇÕES DE APOIO
LgBR LEI 9966 de 28/04/00, art. 2º, VII
off-shore installations WUNC
instalaciones de apoyo WJUN
Instalações ou equipamentos de apoio à execução das atividades das plataformas ou instalações portuárias de movimetação de cargas a granel, tais como dutos, monobóias, quadro de bóias para amarração de navios e outras.
LgBR

⇨ ALIJAMENTO *1; INSTALAÇÃO; INSTALAÇÃO PORTUÁRIA; PLATAFORMAS.

INSTITUTO BRASILEIRO DO DESENVOLVIMENTO FLORESTAL
LgBR LEI 7732 de 14/02/89, art. 2º.
Brazilian Forestry Development Institute WFAO
Instituto Brasileño de Desarrollo Forestal TRE77a:130
Instituto criado em 1967, no Ministério da Agricultura, extinto por esta lei, transferindo-se suas atribuições, estrutura e patrimônio, como seus recursos financeiros e orçamentários para a Secretaria Especial do Meio Ambiente – SEMA, do Ministério do Interior.
LgBR
◊ Sigla: IBDF. A SEMA foi extinta em 22/02/89 pela Lei 7.735.
⇨ SECRETARIA ESPECIAL DO MEIO AMBIENTE.

INSTITUTO BRASILEIRO DO MEIO AMBIENTE E DOS RECURSOS NATURAIS RENOVÁVEIS
LgBR LEI 7735 de 22/02/89, art. 2º.
Brazilian Institute for Environment and Renewable Natural Resources WUNEP
Instituto Brasileño del Medio Ambiente y Recursos Naturales Renovables WCEPIS
Órgão executor do Sistema Nacional de Meio Ambiente, autarquia federal de regime especial, dotada de personalidade jurídica de direito público, autonomia administrativa e financeira, vinculada à Secretaria do Meio Ambiente da Presidência da República, com a finalidade de assessorá-la na formação e coordenação, bem como executar e fazer executar a política nacional do meio ambiente e da preservação, conservação e uso racional, fiscalização, controle e fomento dos recursos naturais.
LgBR
◊ Sigla: IBAMA.
⇨ SISTEMA NACIONAL DE MEIO AMBIENTE.

INSTITUTO DE PESQUISAS ENERGÉTICAS E NUCLEARES
Nuclear and Energy Research Institute WNIST
Instituto de Investigaciones Energéticas y Nucleares WCONICYT
Instituto, gerido pela COMISSÃO NACIONAL DE ENERGIA NUCLEAR, que desenvolve atividades de pesquisa científica e tecnológica no campo das aplicações pacíficas da energia nuclear.
◊ Sigla: IPEN.
⇨ COMISSÃO NACIONAL DE ENERGIA NUCLEAR; RADIOISÓTOPOS.

INSTRUMENTO PROCESSUAL
procedural instrument WJUD
instrumento LGEEPA
Procedimento juridicamente regulamentado com o objetivo de assegurar a normalização de reivindicação de direitos protegidos pela lei.
⇨ AÇÃO.

INSUMO FARMACÊUTICO
LgBR DEC 79094 de 05/01/77, art. 3º, III.
pharmaceutical input WFAO
insumo farmacéutico WMSA
Droga ou matéria-prima aditiva ou complementar de qualquer natureza, destinada a emprego em medicamentos, quando for o caso, ou em seus recipientes.
LgBR
⇨ ADITIVO *1; MATÉRIA-PRIMA.

INTELIGÊNCIA
LgBR DEC 2210 de 22/04/97, art. 2º, VII
inteligencia WHCDN
Conjunto de atividades que versem sobre a produção e a proteção dos conhecimentos acerca da energia nuclear considerados de interesse do Estado, particularmente os que envolvam projeto, atividade ou instalação nuclear.
LgBR
⇨ INSTALAÇÃO NUCLEAR.

INTEMPERIZAÇÃO
LgBR RES CONAMA 293 de 12/12/01, art. 2º, X
intemperización WMED
Alteração, por processos naturais, das propriedades físico-químicas do óleo derramado exposto à ação do tempo.
LgBR
⇨ DERRAMAMENTOS.

INTERESSES COLETIVOS
LgBR LEI 8078 de 11/09/90, art. 81, parágrafo único, II.

community of interest BLA91:192
intereses colectivos WPOR
Interesses transindividuais de natureza indivisível de que seja titular grupo, categoria ou classe de pessoas ligadas entre si ou com a parte contrária por uma relação jurídica-base.
LgBR
⇨ DIREITOS COLETIVOS; INTERESSES DIFUSOS; INTERESSES INDIVIDUAIS HOMOGÊNEOS.

INTERESSES DIFUSOS
LgBR LEI 8078 de 11/09/90, art. 81, parágrafo único, I.
diffuse interests WGAO
intereses difusos WPOR
Interesses transindividuais, de natureza indivisível, de que sejam titulares pessoas indeterminadas e ligadas por circunstâncias ou fatos.
LgBR
⇨ AÇÃO CIVIL PÚBLICA; AÇÃO POPULAR; DANO AMBIENTAL; INTERESSES COLETIVOS; VITIMAÇÃO DIFUSA.

INTERESSES INDIVIDUAIS HOMOGÊNEOS
LgBR LEI 8078 de 11/09/90, art. 81, parágrafo único,.
homogeneous individual interests WPJF
intereses individuales homogéneos WSCJN
Interesses decorrentes de origem comum.
LgBR
◊ *Def. compl. Interesse titulado por uma pessoa determinada ou determinável, cuja homogeneidade com o interesse titulado a outros sujeitos de direito, em face de uma origem comum, gera uma série numerosa e uniforme de interesses da mesma natureza, possibilitando a sua tutela coletiva.*
⇨ DIREITOS INDIVIDUAIS HOMOGÊNEOS; INTERESSES COLETIVOS.

INTERVALO DE REENTRADA
LgBR DEC 4074 de 04/01/02, art. 1º, XX.
re-entry interval WEPA
intervalo de reentrada WDAPR
Intervalo de tempo entre a aplicação de agrotóxicos ou afins e a entrada de pessoas na área tratada sem a necessidade de uso de Equipamento de Proteção Individual.
LgBR
⇨ EQUIPAMENTO DE PROTEÇÃO INDIVIDUAL.

INTERVALO DE SEGURANÇA
LgBR DEC 4074 de 04/01/02, art. 1º, XXI.
restricted-entry intervals WEPA
intervalo de seguridad RD94
Aplicação de agrotóxicos ou afins: antes da colheita: intervalo de tempo entre a última aplicação e a colheita; pós-colheita: intervalo de tempo entre a última aplicação e a comercialização do produto tratado; em pastagens: intervalo de tempo entre a última aplicação e o consumo do pasto; em ambientes hídricos: intervalo de tempo entre a última aplicação e o reinício das atividades de irrigação, dessedentação de animais, balneabilidade, consumo de alimentos provenientes do local e captação para abastecimento público; em relação a culturas subseqüentes: intervalo de tempo transcorrido entre a última aplicação e o plantio consecutivo de outra cultura.
LgBR
⇨ AGROTÓXICOS E AFINS.

INTERVENÇÃO ANTROPOGÊNICA
LgBR RES CONAMA 05 de 15/06/89, 2, 2.3, classe 1.
anthropogenic intervention WEPA
intervención antropogénica WUNE
◊ *Ver AÇÃO ANTRÓPICA.*

INVENTÁRIO AMOSTRAL
LgBR LEI 11284 de 02/03/06, art. 3º, XII
inventario forestal WFAO
Levantamento de informações qualitativas e quantitativas sobre determinada floresta, utilizando-se processo de amostragem.
LgBR
⇨ FLORESTAS PÚBLICAS.

INVENTÁRIO FLORESTAL
LgBR PRN IBDF 302 de 03/07/84, Anexo I.
forest inventory WEPA
inventario forestal GON79:56
Atividade que compreende a descrição de uma população florestal previamente definida, o caráter de posse, es-

timativas que demonstram qualitativa e quantitativamente o povoamento.
LgBR
⇨ INCREMENTO FLORESTAL; POVOAMENTO FLORESTAL.

INVENTÁRIO NACIONAL DE RESÍDUOS SÓLIDOS INDUSTRIAIS
LgBR RES CONAMA 313 de 29/10/02, art. 2º, II
Conjunto de informações sobre a geração, características, armazenamento, transporte, tratamento, reutilização, reciclagem, recuperação e disposição final dos resíduos sólidos gerados pelas indústrias do país.
LgBR
⇨ RESÍDUO SÓLIDO INDUSTRIAL.

INVERSÕES TÉRMICAS ATMOSFÉRICAS
thermal inversion ONU92#6554
inversiones térmicas ONU92#6554
Condições em que uma camada de ar quente se sobrepõe a uma camada de ar frio impedindo o movimento ascendente do ar atmosférico.
ACA87:110

◊ Em locais industrializados, a inversão térmica leva à retenção dos poluentes nas camadas mais baixas podendo ocasionar problemas de saúde em muitos indivíduos. Ibid.

⇨ ATMOSFERA; PLANOS DE EMERGÊNCIA.

IPEN
IPEN WIPEN
◊ Sigla de INSTITUTO DE PESQUISAS ENERGÉTICAS E NUCLEARES.

IRRIGAÇÃO
LgBR LEI 4504 de 30/11/64, art. 89.
irrigation CLA90:164
riego GAL92:1271
Aplicação artificial de água ao solo, com finalidade de proporcionar a umidade necessária ao crescimento normal das plantas nele existentes, suprindo a falta, insuficiência ou má distribuição das chuvas.
GOU91:98
⇨ IRRIGANTE; PROGRAMA DE IRRIGAÇÃO.

IRRIGANTE
LgBR LEI 6662 de 25/06/79, art. 26.
irrigator WEPA
Pessoa física ou jurídica que se dedique, em determinado projeto de irrigação, à exploração de lote agrícola, do qual seja proprietária, promitente-compradora ou concessionária de uso.
LgBR
⇨ IRRIGAÇÃO.

ISÓTOPO FÉRTIL
fertile isotope WIF
isótopo fértil WEU
◊ Ver MATERIAL FÉRTIL.

ISÓTOPOS
isotopes IAEA80:07
isótopos WCNEA
Nuclídeos com o mesmo número atômico (Z) mas diferente número de massa (A), tais como urânio-235 (Z= 92, A= 235) e urânio-238 (Z= 92, A= 238).
IAEA80
⇨ ELEMENTO NUCLEAR; ENRIQUECIMENTO DO URÂNIO; MATERIAL FÉRTIL.

j

JARDIM BOTÂNICO
LgBR RES CONAMA 339 de 25/09/03, art. 1º.
botanical garden UNB86:138
jardín botánico UNB86:138
Área protegida, constituída no seu todo ou em parte, por coleções de plantas vivas cientificamente reconhecidas, organizadas, documentadas e identificadas, com a finalidade de estudo, pesquisa e documentação do patrimônio florístico do país, acessível ao público, no todo ou em parte, servindo à educação, à cultura, ao lazer e à conservação do meio ambiente.
LgBR
⇨ UNIDADE DE CONSERVAÇÃO.
JARDIM BOTÂNICO *1
LgRS DEC 38814 de 26/08/98, art. 12, III.
botanical garden UNB86:138
jardín botánico UNB86:138
Área de domínio público ou privado, com o objetivo de manejo visando a conservação *ex situ* de coleções de plantas, a pesquisa científica, o lazer e a educação ambiental.
LgRS
⇨ UNIDADES DE MANEJO SUSTENTADO/CATEGORIA DE USO DIRETO.
JARDIM ZOOLÓGICO
LgBR LEI 7173 de 14/12/83, art. 1º.
zoological garden UNB86:138
jardín zoológico UNB86:138
Coleção de animais silvestres mantidos vivos em cativeiro ou em semi-liberdade e expostos à visitação pública.
LgBR

⇨ SÍTIOS ECOLÓGICOS DE RELEVÂNCIA CULTURAL.

JAZIDA
LgBR DEL 227 de 28/02/67, art. 4º.
deposit WEPA
yacimiento WSEGEMAR
Massa individualizada de substância mineral ou fóssil, aflorando à superfície ou existente no interior da terra, e que tenha valor econômico.
LgBR
◊ Ver *SAMBAQUIS* e *MINERAIS GARIMPÁVEIS*.
⇨ EMPRESA DE MINERAÇÃO; LAVRA; MINA; PESQUISA MINERAL; VEEIROS.

JAZIDA *1
LgBR LEI 9478 de 06/08/97, art. 6º, XI.
deposit WEPA
yacimiento WGBA
Reservatório ou depósito já identificado e possível de ser posto em produção.
LgBR
◊ *Trata-se do reservatório de combustíveis líquidos e gás natural.*
⇨ RESERVATÓRIO *1.

JOÃO BOBO
LgBR DEC 4256 de 03/06/02, art. X, c.
línea de flote WPDA
Iscas feitas com garrafa e anzóis que ficam à deriva na água, utilizadas para pescar.
VOC02
⇨ PETRECHOS DE CAPTURA.

L

LAPA
LgBR PRT IBAMA 887 de 15/06/90, art. 10º, I.
◊ Ver *CAVIDADE NATURAL SUBTERRÂNEA*. *Na designação "cavidade natural subterrânea" estão incluídos todos os termos regionais, como gruta, lapa, toca, abismo, furna, buraco. Ibid.*

LASTRO LIMPO
LgBR LEI 9966 de 28/04/00, art. 2º, XVII.
clean ballast tank WIMO
lastre limpio WMTR
Água de lastro contida em um tanque que, desde que transportou óleo pela última vez, foi submetido à limpeza em nível tal que, se esse lastro fosse descarregado pelo navio parado em águas limpas e tranquilas, em dia claro, não produziria traços visíveis de óleo na superfície da água ou sobre o litoral adjacente.
LgBR
⇨ TANQUE DE RESÍDUOS.

LATIFÚNDIO
LgBR LEI 4504 de 30/11/64, art. 4º, V.
latifundium WEPA
latifundio WCPN
Imóvel rural que: exceda à dimensão máxima fixada na forma do artigo 46, § 1º, alínea "b" desta Lei, tendo-se em vista as condições ecológicas, sistemas agrícolas regionais e o fim a que se destine; não excedendo o limite referido na alínea anterior, e tendo área igual ou superior à dimensão do módulo de propriedade rural, seja mantido inexplorado em relação às possibilidades físicas,

econômicas e sociais do meio, com fins especulativos, ou seja deficiente ou inadequadamente explorado, de modo a vedar-lhe a inclusão no conceito de empresa rural.
LgBR
◊ *O artigo 46, § 1º, alínea "b" fixa o limite permitido de áreas dos imóveis rurais, os quais não excederão a seiscentas vezes o módulo médio da propriedade rural nem a seiscentas vezes a área média dos imóveis rurais, na respectiva zona.*
Ibid.
⇨ EMPRESA RURAL; MINIFÚNDIO; MÓDULO RURAL; PROPRIEDADE FAMILIAR.

LAVRA
LgBR DEL 227 de 28/02/67, art. 36.
mining CLA90:201
minería STE94:232
Conjunto de operações coordenadas objetivando o aproveitamento industrial da jazida, desde a extração das substâncias minerais úteis que contiver até o beneficiamento das mesmas.
LgBR
⇨ JAZIDA; MINA; REGIME DE PERMISSÃO DA LAVRA GARIMPEIRA.

LAVRA *1
LgBR LEI 9478 de 06/08/97, art. 6º, XVI.
mining CLA90:201
minería STE94:232
Conjunto de operações coordenadas de extração de petróleo ou gás natural de uma jazida e de preparo para sua movimentação.
LgBR
⇨ CAMPO DE PETRÓLEO; PESQUISA.

LCM
LgBR RES CONAMA 297 DE 20/02/02, art. 2º.
◊ *Sigla de LICENÇA PARA USO DA CONFIGURAÇÃO DE CICLOMOTORES, MOTOCICLOS E SIMILARES.*

LEGISLAÇÃO AMBIENTAL
environmental legislation CEN90:22
legislación ambiental CEN90:22
Conjunto de leis, normas e dispositivos legais que têm por objetivo a proteção jurídica do meio ambiente.

⇨ CONSTITUIÇÃO; DIREITO AMBIENTAL; INFRAÇÃO AMBIENTAL; INFRAÇÃO ADMINISTRATIVA AMBIENTAL.

LEI
law BLA91:612
ley MAR94:262
Prescrição emanada da autoridade soberana ou preceito oriundo do poder legislativo no sistema legislativo brasileiro.
⇨ DECRETO; LEI COMPLEMENTAR; PORTARIA; RESOLUÇÃO.

LEI COMPLEMENTAR
supplementary law WUSAID
ley complementaria WMINEM
Diploma legal destinado a complementar a constituição, conforme orientação desta, no sistema legislativo brasileiro.
ACQ94
◊ *É inferior ao texto constitucional e à própria emenda.*
⇨ LEI.

LEI DA BIOSSEGURANÇA
LgBR LEI 11105 de 24/03/05
Biosafety Law WCTB
Lei que estabelece normas de segurança e mecanismos de fiscalização no uso de técnicas de engenharia genética na construção, cultivo, manipulação, transporte, comercialização, consumo, liberação e descarte de organismos geneticamente modificados, visando a proteger a vida e a saúde do homem, dos animais e das plantas bem como a integridade do meio ambiente.
⇨ ENGENHARIA GENÉTICA.

LEI DAS ÁGUAS
Ley de las Aguas WRIRH
Lei que institui a Política Nacional de Recursos Hídricos e cria o Sistema Nacional de Gerenciamento de Recursos Hídricos promulgada pela LgBR LEI 9433 de 08/01/97.
⇨ ÁGUA.

LEI DE CRIMES AMBIENTAIS
Environmental Crimes Law WMMA
Ley de Crímenes Ambientales WFAO
Lei que dispõe sobre as sanções penais e administrativas derivadas de condutas e atividades lesivas ao meio ambien-

te promulgada pela LgBR LEI 9605 de 12/02/98.
◊ *Também conhecida como Lei da Natureza.*
⇨ CRIMES CONTRA O MEIO AMBIENTE; PRESTAÇÃO DE SERVIÇOS À COMUNIDADE; PRESTAÇÃO PECUNIÁRIA; RECOLHIMENTO DOMICILIAR.

LEI DE PROTEÇÃO DE CULTIVARES
LgBR LEI 9456 DE 25/04/97, art. 1º.
Law of Protection to Cultivars WSBT
Ley de Protección de Cultivares WSPGA
Lei que institui a proteção dos direitos relativos à propriedade intelectual referente a cultivar.
⇨ CERTIFICADO DE PROTEÇÃO DE CULTIVAR; COMPLEXO AGROFLORESTAL; PEQUENO PRODUTOR RURAL.

LEI DOS AGROTÓXICOS
Ley de Pesticidas WMAG
Lei que dispõe sobre os agrotóxicos seus componentes e afins promulgada pela LgBR LEI 7802 de 11/07/89.

LEI FLORESTAL BRASILEIRA
LgBR LEI 11284 de 02/03/06
Lei que dispõe sobre a gestão de florestas publicas para a produção sustentavel.
LgBR
⇨ FUNDO NACIONAL DE DESENVOLVIMENTO FLORESTAL; PODER CONCEDENTE; SERVIÇO FLORESTAL BRASILEIRO.

LEITO MAIOR SAZONAL
LgBR RES CONAMA 04 de 18/09/85, art. 2º, c.
seasonal riverbed WOHCHY
lecho mayor GAL92:841
Calha alargada ou maior de um rio, ocupada nos períodos anuais de cheia.
LgBR
⇨ LENÇOL FREÁTICO; NÍVEL MAIS ALTO.

LENÇOL FREÁTICO
LgBR RES CONAMA 04 de 18/09/85, art. 2º, d.
phreatic water CLA90:239
capa freática GAL92:638
Água subterrânea situada próxima à superfície de terreno que alimenta poços e fontes e sofre variações em função das épocas e estiagens.
⇨ AQÜÍFERO; LEITO MAIOR SAZONAL; NASCENTE.

LEVANTAMENTO TOPOGRÁFICO
LgBR DEC 28348 de 07/07/50, art. 2º.
topographic survey BAT87:691
levantamiento topográfico UNB86:146
Conjunto de operações necessárias para determinar o contorno, dimensão e posição relativa de uma porção limitada da superfície terrestre, inclusive os fundos dos mares e interior das minas.
◊ *As operações abrangem a medição de ângulos e de distâncias e a execução de desenhos e de cálculos matemáticos indispensáveis para representar fielmente no papel os elementos colhidos no trabalho de campo.*
⇨ FLORESTAS.

LI
LgBR DEC 99274 de 06/06/90, art. 19, II.
IL WNYC
LI WSECYT
◊ *Sigla de LICENÇA DE INSTALAÇÃO.*

LIANAS
LgBR PRT IBAMA 19 de 06/06/91, art. 3º, parágrafo único.
liane ALL94:230
lianas PAR84:193
Plantas dependentes de suporte mecânico para atingir melhores condições de luminosidade no ambiente florestal, permanecendo enraizadas no solo.
⇨ FLORESTA DESCARACTERIZADA; FLORESTA OMBRÓFILA.

LICENÇA
LgBR DEC 79094 de 05/01/77, art. 3º, XIX.
license ONU92#3584
licencia ONU92#3584
Ato privativo do órgão de saúde competente dos Estados, do Distrito Federal e dos Territórios, contendo permissão para o funcionamento dos estabelecimentos que desenvolvam qualquer das atividades a que foi autorizada a empresa.
LgBR
⇨ ANÁLISE PRÉVIA; INSPEÇÃO DE QUALIDADE; LICENÇA AMBIENTAL.

LICENÇA AMBIENTAL
LgBR RES CONAMA 237 de 22/12/97, art. 1º, II.
environmental license WEPA

licencia ambiental WMED
Ato administrativo pelo qual o órgão ambiental competente, estabelece as condições, restrições e medidas de controle ambiental que deverão ser obedecidas pelo empreendedor, pessoa física ou jurídica, para localizar, instalar, ampliar e operar empreendimentos ou atividades utilizadoras dos recursos ambientais consideradas efetiva ou potencialmente poluidoras ou aquelas que, sob qualquer forma, possam causar degradação ambiental.
LgBR
⇨ LICENÇA; LICENCIAMENTO AMBIENTAL; LICENÇA DE INSTALAÇÃO *1.

LICENÇA AMBIENTAL *1
LgRS LEI 11520 de 04/08/00, art. 14, XXVII.
environmental license WEPA
licencia ambiental WMED
Instrumento da Política Estadual de Meio Ambiente, decorrente do exercício do Poder de Polícia Ambiental, cuja natureza jurídica é autorizatória.
LgRS
⇨ POLÍTICA ESTADUAL DO MEIO AMBIENTE

LICENÇA COMPULSÓRIA
LgBR LEI 9456 de 25/04/97, art. 29
compulsory license WEPA
Ato da autoridade competente que, a requerimento de legítimo interessado, autorizar a exploração da cultivar independentemente da autorização de seu titular, por prazo de três anos prorrogável por iguais períodos, sem exclusividade e mediante remuneração na forma a ser definida em regulamento.
LgBR
⇨ CERTIFICADO DE PROTEÇÃO DE CULTIVAR.

LICENÇA DE INSTALAÇÃO
LgBR DEC 99274 de 06/06/90, art. 19, II.
installation license WEPA
licencia de instalación WSECYT
Licença que autoriza o início da implantação, de acordo com as especificações constantes, do Projeto Executivo aprovado.
LgBR
◊ Sigla: LI. A licença refere-se à construção, instalação, ampliação e funcionamento de estabelecimentos de atividades utilizadoras de recursos ambientais, consideradas efetiva ou potencialmente poluidoras, bem assim os empreendimentos capazes, sob qualquer forma, de causar degradação ambiental. Ibid.
⇨ LICENÇA DE INSTALAÇÃO *1; LICENÇA PRÉVIA; LICENCIAMENTO AMBIENTAL.

LICENÇA DE INSTALAÇÃO *1
LgBR RES CONAMA 237 de 22/12/97, art. 8º, II.
installation license WEPA
licencia de instalación WSECYT
Licença que autoriza a instalação do empreendimento ou atividade de acordo com as especificações constantes dos planos, programas e projetos aprovados, incluindo as medidas de controle ambiental e demais condicionantes, da qual constituem motivo determinante.
LgBR
◊ Sigla: LI.
⇨ LICENÇA AMBIENTAL; LICENÇA DE INSTALAÇÃO.

LICENÇA DE OPERAÇÃO
LgBR DEC 99274 de 06/06/90, art. 19, III.
operation license WEPA
licencia de operación WINF
Licença que autoriza, após as verificações necessárias, o início da atividade licenciada e o funcionamento de seus equipamentos de controle de poluição, de acordo com o previsto nas Licenças Prévia e de Instalação.
LgBR
◊ Sigla: LO. A licença refere-se: a construção, instalação, ampliação e funcionamento de estabelecimentos de atividades utilizadoras de recursos ambientais, consideradas efetiva ou potencialmente poluidoras, bem assim como aos empreendimentos capazes, sob qualquer forma, de causar degradação ambiental. Ibid.
⇨ LICENÇA DE OPERAÇÃO *1; LICENÇA PRÉVIA; LICENCIAMENTO AMBIENTAL.

LICENÇA DE OPERAÇÃO *1
LgBR RES CONAMA 237 de 22/12/97, art. 8º, III.

operation license WEPA
licencia de operación WINF
Licença que autoriza a operação da atividade ou empreendimento, após a verificação do efetivo cumprimento do que consta das licenças anteriores, com as medidas de controle ambiental e condicionantes determinados para operação.
LgBR
◊ Sigla: LO.
⇨ LICENÇA DE OPERAÇÃO.
LICENÇA DE PESQUISA SÍSMICA
LgBR RES CONAMA 350 de 06/07/04, art. 2º, XIII.
Ato administrativo pelo qual o Instituto Brasileiro do Meio Ambiente e dos Recursos Naturais Renováveis autoriza e estabelece condições, restrições e medidas de controle ambiental que devem ser seguidas pelo empreendedor para a realização das atividades de aquisição de dados sísmicos.
LgBR
◊ Sigla: LPS.
⇨ TERMO DE REFERÊNCIA.
LICENÇA PARA USO DA CONFIGURAÇÃO DE CICLOMOTORES, MOTOCICLOS E SIMILARES
LgBR RES CONAMA 297 DE 20/02/02, art. 2º.
License for Use of the Configuration of Vehicles or Motors WMMA
Licencia para Uso de la Configuración de Ciclomotores, Motocicletas y Similares WALA
Licença instituída pelo Instituto Brasileiro do Meio Ambiente e dos Recursos Naturais Renováveis, a partir de 1º de janeiro de 2000, como requisito prévio para a importação, produção e comercialização de ciclomotores novos, motociclos novos e similares.
LgBR
◊ Sigla: LCM.
⇨ REVALIDAÇÃO.
LICENÇA PRÉVIA
LgBR DEC 99274 de 06/06/90, art. 19, I.
previous license WFDA
licencia previa WIAFE
Licença que, na fase preliminar do planejamento da atividade, contém requisitos básicos a serem atendidos nas fases de localização, instalação e operação, observados os planos municipais, estaduais ou federais de uso do solo.
LgBR
⇨ LICENÇA DE INSTALAÇÃO; LICENÇA DE OPERAÇÃO; LICENÇA PRÉVIA *1.
LICENÇA PRÉVIA *1
LgBR RES CONAMA 237 de 22/12/97, art. 8º, I.
previous license WFDA
licencia previa WIAFE
Licença concedida na fase preliminar do planejamento do empreendimento ou atividade, aprovando sua localização e concepção, atestando a viabilidade ambiental e estabelecendo os requisitos básicos e condicionantes a serem atendidos nas próximas fases de sua implementação.
LgBR
◊ Sigla: LP.
⇨ LICENÇA PRÉVIA.L
LICENÇA PRÉVIA DE PRODUÇÃO PARA PESQUISA
LgBR RES CONAMA 23 de 07/12/94, art. 5º, II.
Licença autorizando a produção para pesquisa da viabilidade econômica da jazida, apresentando, o empreendedor, para a concessão deste ato, o Estudo de Viabilidade Ambiental – EVA.
LgBR
◊ Sigla: LPpro. Trata-se da licença relacionada à exploração e lavra de jazidas de combustíveis líquidos e gás natural.
LICENÇA PRÉVIA PARA PERFURAÇÃO
LgBR RES CONAMA 23 de 07/12/94, art. 5º, I.
Licença autorizando a atividade de perfuração e apresentando, o empreendedor, para a concessão deste ato, Relatório de Controle Ambiental – RCA, das atividades e a delimitação da área de atuação pretendida.
LgBR

◊ Sigla: LPper. Trata-se da licença relacionada à exploração e lavra de jazidas de combustíveis líquido e gás natural.

LICENCIAMENTO AMBIENTAL
LgBR RES CONAMA 237 de 22/12/97, art. 1º, II.
environmental license WEPA
permiso ambiental WCNMA
Procedimento administrativo pelo qual o órgão ambiental competente licencia a localização, instalação, ampliação e a operação de empreendimentos e atividades utilizadoras de recursos ambientais consideradas efetiva ou potencialmente poluidoras ou daquelas que, sob qualquer forma, possam causar degradação ambiental, considerando as disposições legais e regulamentares e as normas técnicas aplicáveis ao caso.
LgBR
⇨ ESTUDOS AMBIENTAIS; LICENÇA AMBIENTAL; LICENÇA DE INSTALAÇÃO; LICENÇA DE OPERAÇÃO.

LIGAÇÃO PREDIAL
LgBR DEC 5440 de 04/05/05, Anexo, art. 4º, IX.
Derivação da água da rede de distribuição que se liga às edificações ou pontos de consumo por meio de instalações assentadas na via pública até a edificação.
LgBR
⇨ SOLUÇÃO ALTERNATIVA COLETIVA DE ABASTECIMENTO DE ÁGUA PARA CONSUMO HUMANO.

LIMITE MÁXIMO DE RESÍDUO
LgBR DEC 4074 de 04/01/02, art. 1º, XXII.
residue maximum level WEU
límite máximo de residuos WFAO
Quantidade máxima de resíduo de agrotóxico ou afim oficialmente aceita no alimento, em decorrência da aplicação adequada numa fase específica, desde sua produção até o consumo, expressa em partes (em peso) do agrotóxico, afim ou seus resíduos por milhão de partes de alimento (em peso) (ppm ou mg/kg).
LgBR
◊ Sigla LMR.
⇨ RESÍDUO.

LIMITE REAL DA PROPRIEDADE
LgPOA DEC 8185 de 07/03/83, art. 3º, XVII.
real property limit WCBMS
límite de la propiedad WAMSS
Plano imaginário que separa a propriedade real de uma pessoa física ou jurídica de outra.
LgPOA
⇨ CONTAMINAÇÃO EXTERNA; DIREITO DE VIZINHANÇA; SERVIÇOS DE CONSTRUÇÃO CIVIL.

LIMITES DE EMISSÃO
LgRS LEI 11520 de 04/08/00, art. 14, XXIII.
emission limits WEPA
límites de emisión WCEDOM
◊ Ver: PADRÕES DE EMISSÃO *1.

LIMITES MÁXIMOS DE EMISSÃO
LgBR RES CONAMA 05 de 15/06/89, 2.1.
maximum emission limits WEPA
norma de emisión ONU92#1917
Quantidade de poluentes permissível de ser lançada por fontes poluidoras para a atmosfera.
LgBR
◊ Os limites máximos de emissão serão diferenciados em função da classificação de usos pretendidos para as diversas áreas e serão mais rígidos para as fontes novas de poluição. Ibid.
⇨ FONTES NOVAS DE POLUIÇÃO.

LINDANO
LgBR PRT MS/MSD 1565 de 26/08/94.
lindane POR92:224
lindane ALL84:241
Inseticida organoclorado de amplo espectro, bioacumulativo de toxicidade comprovada para todos os seres vivos.
◊ Isômero gama do hexaclorociclohexano considerado cancerígeno pela Organização Mundial de Saúde. Var. reg. RS: PÓ DE GAFANHOTO. GAMEXAME é uma marca comercial registrada da substância LINDANO.
⇨ GAMEXAME.

LINHA DE BAIXA-MAR
LgBR CF, art. 20, VI.
low water line BRA92:253
línea de bajamar WSEIC
Linha determinada pelo nível da maré baixa.
⇨ MAR TERRITORIAL BRASILEIRO.

LINHA DE CRISTA
LgBR RES CONAMA 04 de 18/09/85, art. 2º, m.
divide ONU92#7179
línea de cresta GAL92:350
◊ Ver LINHA DE CUMEADA. O texto legal registra "crista", "linha de crista" ou "cumeada" como variantes do termo "linha de cumeada".

LINHA DE CUMEADA
LgBR RES CONAMA 303 de 20/03/02, art. 2º, VII.
divide (US) watershed (UK) ONU92#7179
línea divisoria de las aguas ONU92#7179
Linha que une os pontos mais altos de uma seqüência de morros ou de montanhas, constituindo-se no divisor de águas.
LgBR
⇨ MONTANHA; MORRO.

LINHAGENS
LgBR LEI 9456 de 25/04/97, art. 3º, X.
cell lines WEPA
linajes WINTA
Materiais genéticos homogêneos, obtidos por algum processo autogâmico continuado.
LgBR
⇨ HÍBRIDO.

LINHAS DE BASE
LgBR DEC 5300 de 07/12/04, art. 2º, VI.
líneas de base WPNA
Linhas estabelecidas de acordo com a CONVENÇÃO DAS NAÇÕES UNIDAS SOBRE O DIREITO DO MAR, a partir das quais se mede a largura do MAR TERRITORIAL.
LgBR

LÍQUENES
LgBR RES CONAMA 10 de 01/10/93, art. 3º, c.
lichen ALL94:230
líquenes ALL84:243
Organismos mistos que proliferam no tronco das árvores e nas rochas como resultado da associação simbiótica entre fungos e algas.
◊ Var. ort.: líquens. São utilizados como indicadores da poluição atmosférica devido aos diferentes graus de resistência à que apresentam.

⇨ BRIÓFITAS; ESTÁGIO INICIAL DE REGENERAÇÃO DA VEGETAÇÃO SECUNDÁRIA; PTERIDÓFITAS.

LÍQUIDOS CORPÓREOS
LgBR RES CONAMA 358 de 29/04/05, art. 2º, IV.
líquidos corporales WSSM
Líquidos cefalorraquidiano, pericárdico, pleural, articular, ascítico e amniótico.
LgBR
⇨ SOBRAS DE AMOSTRAS.

LISTA DAS ESPÉCIES AMEAÇADAS DE EXTINÇÃO NO RIO GRANDE DO SUL
LgRS DEC 41672 de 11/06/02.
Lista oficial definida a partir do conhecimento das peculiaridades regionais e das demandas da sociedade previstas no Código Estadual do Meio Ambiente e nas Resoluções da Conferência Estadual do Meio Ambiente em 2000.
⇨ ESPÉCIE AMEAÇADA DE EXTINÇÃO.

LISTA OFICIAL DE ESPÉCIES DA FAUNA BRASILEIRA AMEAÇADA DE EXTINÇÃO
LgBR PRT IBAMA 1522 de 19/12/89, art. 1º.
Lista Oficial de Especies de la Fauna Brasileña Amenazadas de Extinción WUCEV
Lista oficial publicada pelo Ministério do Meio Ambiente e Recursos Naturais Renováveis e periodicamente renovada.
◊ Renovada em 1992 e 2003.
⇨ FLORA E FAUNA SILVESTRES AMEAÇADAS DE EXTINÇÃO; PESCA.

LIVRO DO TOMBO
Livro próprio no qual são inseridos, pelo Poder Público, os bens considerados de valor histórico, artístico ou paisagístico.
⇨ TOMBAMENTO; VALOR PAISAGÍSTICO.

LIXÍVIA
LgPOA DEC 9367 de 29/12/88, art. 1º, XV.
leaching ONU92#3550
lixiviación ONU92#3550
Líquido que percola através dos resíduos sólidos, contendo materiais dissolvidos ou em suspensão, dali provenientes.
LgPOA
⇨ ATERRO SANITÁRIO; CHORUME; MATERIAL DE COBERTURA; PERCOLAÇÃO.

LIXO
waste WEPA
basura MAR00
◊ Ver RESÍDUOS SÓLIDOS.
LIXO *1
LgBR LEI 9966 de 28/04/00, art. 2º, XV.
ships' garbage WIMO
basura WMED
Lixo de sobra de víveres e resíduos resultantes de faxinas e trabalhos rotineiros nos navios, portos organizados, instalações portuárias, plataformas e suas instalações de apoio.
LgBR
LIXÕES
LgBR PRT MINTER 53 de 01/03/79.
open dump WEPA
basureros WPAHO
Locais em que são descarregados, no solo, os resíduos sólidos sem medidas de proteção ao meio ambiente ou à saúde pública.
⇨ DEPÓSITOS DE LIXO A CÉU ABERTO; SUCATA.
LIXO ESPECIAL
LgPOA LEI COMPL. 234 de 10/10/90, art. 5º.
special waste POR92:346
Resíduos sólidos que, por sua composição, peso ou volume, necessitam de tratamento específico.
LgPOA
⇨ LIXO PÚBLICO; LIXO ORDINÁRIO DOMICILIAR; SERVIÇO DE LIMPEZA URBANA.
LIXO ORDINÁRIO DOMICILIAR
LgPOA LEI COMPL. 234 de 10/10/90, art. 4º.
domestic waste WEPA
residuos domésticos ALL84:347
Resíduos sólidos produzidos em imóveis, residenciais ou não, que possam ser acondicionados em sacos plásticos.
LgPOA
⇨ LIXO PÚBLICO; LIXO ESPECIAL; SERVIÇO DE LIMPEZA URBANA.
LIXO PÚBLICO
LgPOA LEI COMPL. 234 de 10/10/90, art. 3º.
municipal waste COL88:115
basura pública WSETC

Resíduos sólidos provenientes dos serviços de limpeza urbana executados nas vias e logradouros públicos.
LgPOA
⇨ LIXO ESPECIAL; LIXO ORDINÁRIO DOMICILIAR; SERVIÇO DE LIMPEZA URBANA.
LIXO RADIOATIVO
LgBR RES CONAMA 02 de 15/06/89.
radioactive waste ALL91:306
residuo radiactivo ALL84:347
Material residual altamente radioativo produzido pelos combustíveis usados em reatores nucleares.
DUR73:194
⇨ RESÍDUOS RADIOATIVOS.
LMR
LgBR DEC 4074 de 04/01/02, art. 1º, XXII.
LMR WFAO
◊ Sigla de LIMITE MÁXIMO DE RESÍDUO.
LO
LgBR DEC 99274 de 06/06/90, art. 19, III.
LO WDIN
◊ Sigla de LICENÇA DE OPERAÇÃO.
LOCAIS DE INTERESSE TURÍSTICO
LgBR LEI 6513 de 20/12/77, art. 4º.
sites of touristic interest WUNEP
sitios de interés turístico WGCBA
Trechos do território nacional, compreendidos ou não em Áreas Especiais, destinados por sua adequação ao desenvolvimento de atividades turísticas e à realização de projetos específicos, e que compreendam: bens não sujeitos a regime específico de proteção; os respectivos entornos de proteção e ambientação.
LgBR
⇨ ÁREAS ESPECIAIS DE INTERESSE TURÍSTICO; ÁREAS ESPECIAIS DE INTERESSE TURÍSTICO PRIORITÁRIAS; ÁREAS ESPECIAIS DE INTERESSE TURÍSTICO DE RESERVA; ENTORNO DE AMBIENTAÇÃO; ENTORNO DE PROTEÇÃO.
LOTE
LgBR DEC 4954 de 14/01/04, art. 2º, IX.
lote WSNI
Quantidade definida de produto de mesma especificação e procedência.

LgBR
⇨ PARTIDA.
LOTEAMENTO
LgBR LEI 6766 de 19/12/79, art. 2º, § 1º.
allotment BLA90:76
loteo WCEO
Subdivisão da gleba em lotes destinados à edificação, com abertura de novas vias de circulação, de logradouros públicos ou prolongamento, modificação ou ampliação das vias existentes.
LgBR
⇨ DESMEMBRAMENTO.
LOTEAMENTO *1
LgPOA LEI COMPL. 434 de 01/12/99, art. 143.
allotment BLA90:76
loteo WCEO
Subdivisão do imóvel em lotes destinados à edificação, com a abertura de novas vias de circulação, de logradouros públicos ou prolongamento, modificação ou ampliação das vias existentes.
LgPOA
◊ *Não caracteriza loteamento a execução de vias públicas de circulação - compreendendo abertura, prolongamento, modificação ou ampliação - efetivada pelo Município, de acordo com planos de prioridades, com vistas a dar continuidade a sua malha viária. Ibid.*
⇨ DESMEMBRAMENTO *1; PARCELAMENTO DO SOLO URBANO.
LOTE DE CONCESSÃO FLORESTAL
LgBR LEI 11284 de 02/03/06, art. 3º, IX.
forest concession areas WFAO
Conjunto de unidades de manejo a serem licitadas.
LgBR
⇨ UNIDADE DE MANEJO.
LOTES DE COLONIZAÇÃO
LgBR LEI 4504 de 30/11/64, art. 64.
colonization lots WGEF
lotes de colonización WICAA
◊ *Ver LOTES URBANOS.*

LOTES URBANOS
LgBR LEI 4504 de 30/11/64, art. 64, II.
urban lots WEPA
Lotes de colonização que se destinam a constituir o centro da comunidade incluindo as residências dos trabalhadores dos vários serviços implantados no núcleo ou distritos, eventualmente às dos próprios parceleiros, e as instalações necessárias à localização dos serviços administrativos assistenciais, bem como das atividades cooperativas, comerciais, artesanais e industriais.
LgBR
⇨ DISTRITO DE COLONIZAÇÃO; NÚCLEO DE COLONIZAÇÃO; PARCELAS; PARCELEIRO.
LP
LgBR DEC 99274 de 06/06/90.
◊ *Sigla de LICENÇA PRÉVIA.*
LPPER
LgBR RES CONAMA 23 de 07/12/94, art. 5º, I.
◊ *Sigla de LICENÇA PRÉVIA PARA PERFURAÇÃO.*
LPPRO
LgBR RES CONAMA 23 de 07/12/94, art. 5º, II.
◊ *Sigla de LICENÇA PRÉVIA DE PRODUÇÃO PARA PESQUISA.*
LPS
LgBR RES CONAMA 350 de 06/07/04, art. 2º, XIII.
◊ *Sigla de LICENÇA DE PESQUISA SÍSMICA.*
LUGARES DE INTERESSE AMBIENTAL
LgPOA LEI COMPL. 434 de 01/12/99, art. 86, II.
Porções de território, situados ou não em Áreas, que permitem identificar a ocorrência de conjuntos de elementos culturais ou naturais relacionados entre si, que, por seus valores, são passíveis de ações de preservação.
LgPOA
⇨ ÁREAS DE INTERESSE AMBIENTAL.

m

MACRODIAGNÓSTICO
LgBR DEC 5300 de 07/12/04, art. 7º, IX
macrodiagnosis WUN.
Processo que reúne informações, em escala nacional, sobre as características físico-naturais e socioeconômicas da zona costeira, com a finalidade de orientar ações de preservação, conservação, regulamentação e fiscalização dos patrimônios naturais e culturais.
LgBR
⇨ PLANO NACIONAL DE GERENCIAMENTO COSTEIRO *1

MACRONUTRIENTES PRIMÁRIOS
LgBR DEC 4954 de 14/01/04, art. 2º, XIV, a.
primary macronutrients WASA
macronutrientes primarios WUNEE
Nitrogênio (N), Fósforo (P), Potássio (K), expressos nas formas de Nitrogênio (N), Pentóxido de Fósforo (P_2O_5) e Óxido de Potássio (K_2O).
LgBR
⇨ FERTILIZANTE BINÁRIO; FERTILIZANTE MONONUTRIENTE; FERTILIZANTE TERNÁRIO; NUTRIENTE.

MACRONUTRIENTES SECUNDÁRIOS
LgBR DEC 4954 de 14/01/04, art. 2º, XIV, b.
secondary macronutrients WASA
macronutrientes secundarios WUNEE
Cálcio (Ca), Magnésio (Mg), e Enxofre (S), expressos nas formas de Cálcio (Ca) ou Óxido de Cálcio (CaO), Magnésio (Mg) ou Óxido de Magnésio (MgO) e Enxofre (S).
LgBR

⇨ FERTILIZANTE COM OUTROS MACRONUTRIENTES; NUTRIENTE.

MACROZONEAMENTO
LgBR DEC 87561 de 13/09/82, art. 2º, I.
macrozoning WMCT
macrozoneamiento WUNE
Planejamento ambiental na área de abrangência econômica e política de uma bacia hidrográfica, com a redistribuição espacial de usos, ocupação e com definição de áreas de proteção através de levantamento de dados em macroescala com critérios homogêneos.
⇨ ZONEAMENTO ECOLÓGICO-ECONÔMICO.

MACROZONEAMENTO AMBIENTAL
LgBR RES CONAMA 305 de 12/06/02, Anexo I, Glossário.
environmental macrozoning WIADB
Delimitação de zonas no território nacional que podem abranger um ou mais ecossistemas, levando em consideração as especificidades biogeográficas e sócio-econômicas, que possam indicar adequação ou restrição para a liberação do uso comercial de Organismo Geneticamente Modificado.
LgBR
⇨ ESTUDOS AMBIENTAIS.

MADEIRA BENEFICIADA
LgBR PRN IBDF 302 de 03/07/84, Anexo I.
treated wood WEPA
madera elaborada WFAO
Madeira produzida mediante operação industrial posterior à do mero desdobro ou serragem, constituída de peças tais como: cepilhadas ou aplainadas em uma ou mais de suas faces ou lados, peças macheadas, peças semiterminadas, retas ou vergadas, chanfradas, frisadas ou não, peças para caixas e engradados, etc.
LgBR
⇨ MADEIRA COMPENSADA; MADEIRA LAMINADA; MADEIRA DE LEI; MADEIRA SERRADA.

MADEIRA COMPENSADA
LgBR PRN IBDF 302 de 03/07/84, Anexo I.
plywood WEPA
madera compensada SEN94:31
Madeira formada pela superposição, unidas entre si mediante adesivo, e/ou por 3 (três) ou mais lâminas coladas, com a direção de suas fibras cruzadas entre si, e/ou aquela cuja alma ou miolo é formado por outros materiais, em vez de lâminas.
LgBR
⇨ MADEIRA BENEFICIADA; MADEIRA LAMINADA; MADEIRA DE LEI; MADEIRA SERRADA.

MADEIRA DE LEI
LgBR PRN IBDF 302 de 03/07/84, Anexo I.
hardwood SEN94:65
madera dura SEN94:65
Espécie de valor comercial, a qual é utilizada principalmente em indústrias tais como serraria, fábrica de móveis, compensados, laminados, etc.
LgBR
⇨ MADEIRA BENEFICIADA; MADEIRA COMPENSADA; MADEIRA LAMINADA; MADEIRA SERRADA.

MADEIRA LAMINADA
LgBR PRN IBDF 302 de 03/07/84, Anexo I.
laminated wood WEPA
madera laminada WFAO
Madeira que se obtém por corte rotativo, em torno de laminar madeira e/ou por corte plano, em máquina faqueadeira ou laminador.
LgBR
⇨ CHAPA DE FIBRA; MADEIRA BENEFICIADA; MADEIRA COMPENSADA; MADEIRA DE LEI; MADEIRA SERRADA.

MADEIRA PRESERVADA
LgBR DEC 58016 de 18/03/66, art. 6º, a.
preserved wood SEN94:67
madera preservada SEN94:67
Madeira que foi submetida a um tratamento preservativo adequado, com o propósito de aumentar a sua vida útil.
LgBR
⇨ MADEIRA PRESERVADA *1; PRESERVATIVO DE MADEIRA; PROCESSO DE PRESERVAÇÃO; TRATAMENTO PRESERVATIVO.

MADEIRA PRESERVADA *1
LgBR LEI 4797 de 29/10/65, art. 2º.
preserved wood SEN94:67

madera preservada SEN94:67
Madeira que for tratada com substâncias químicas que assegurem satisfatória conservação das peças, especialmente quando em contato com o solo ou sob condições que contribuem para a diminuição de sua durabilidade.
LgBR
⇨ MADEIRA PRESERVADA.

MADEIRA SERRADA
LgBR PRN IBDF 302 de 03/07/84, Anexo I.
sawnwood ONU92#5711
madera de sierra SEN94:67
Madeira que resulta diretamente do desdobro de toros ou toretes, constituída de peças cortadas longitudinalmente por meio de serras.
LgBR
⇨ MADEIRA BENEFICIADA; MADEIRA COMPENSADA; MADEIRA LAMINADA; MADEIRA DE LEI.

MANANCIAIS
LgRS LEI 10330 de 27/12/94, art. 9º, XI, a.
springs CEN90:94
manantiales CEN90:94
Fontes de água perene e abundante.
⇨ ÁREAS DE URBANIZAÇÃO RESTRITA; MARISMAS; NASCENTES; SISTEMA ESTADUAL DE PROTEÇÃO AMBIENTAL.

MANANCIAIS DE ABASTECIMENTO PÚBLICO
LgBR DEC 97507 de 13/02/89, art. 2º, § 1º.
water supply springs WEPA
Fontes, superficiais ou subterrâneas, utilizadas para o suprimento de água de uma população.
⇨ RESERVAS GARIMPEIRAS.

MANANCIAIS DE ÁGUA
LgBR LEI 6902 de 27/04/81, art. 9º, a.
water springs WEPA
manantiales de agua WSAGP
◊ Ver MANANCIAIS.

MANEJO
LgPOA DEC 9367 de 29/12/88, art. 1º, I.
ecological handling WMMA
control de desechos ONU92#7116
Trabalhos de armazenamento, coleta, transporte, processamento e disposição final do resíduo sólido.
LgPOA
⇨ CATAÇÃO; RESÍDUOS SÓLIDOS; SÍTIO DE DISPOSIÇÃO FINAL; TRATAMENTO.

MANEJO *1
LgBR LEI 9985 DE 18/07/00, art. 2º, VIII
ecological handling WMMA
manejo WORI
Procedimento que vise assegurar a conservação da diversidade biológica e dos ecossistemas.
LgBR
⇨ CONSERVAÇÃO DA NATUREZA *1; DIVERSIDADE BIOLÓGICA; RESERVA DE DESENVOLVIMENTO SUSTENTÁVEL; RESERVA DE FAUNA *1.

MANEJO CERTIFICADO
LgBR DEC 4339 de 22/08/02, Anexo, 12.2.8
certified handling WFAS
manejo certificado WWTO
Conjunto de técnicas praticadas por uma empresa em determinado local que foram atestadas, por um organismo ambiental de certificação internacionalmente reconhecido, como atividades realizadas de acordo com os princípios da exploração sustentável dos recursos naturais, garantindo a conservação da natureza de modo economicamente viável sem prejudicar as comunidades locais.
⇨ SUSTENTABILIDADE AMBIENTAL.

MANEJO ECOLÓGICO
LgBR CF, art. 225, § 1º.
ecological handling WMMA
manejo ecológico PNU92:97
Utilização dos recursos naturais pelo homem, baseada em princípios e métodos que preservam a integridade dos ecossistemas, com redução da interferência humana nos mecanismos de auto-regulação dos seres vivos e do meio físico.
⇨ CONSERVAÇÃO.

MANEJO ECOLÓGICO *1
LgRS LEI 11520 de 04/08/00, art. 14, XXVIII.
ecological handling WMMA
manejo ecológico PNU92:97
Utilização dos ecossistemas conforme os critérios ecológicos, buscando a conservação e a otimização do uso dos re-

cursos naturais e a correção dos danos verificados no meio ambiente.
LgRS
⇨ CONSERVAÇÃO *1; PROCESSOS ECOLÓGICOS.

MANEJO FLORESTAL
LgBR PRN IBDF 302 de 03/07/84, Anexo I.
forest management UNB86:06
manejo forestal UNB86:152
Conjunto de atividades de planejamento e controle da produção de uma floresta ou povoamento.
LgBR
⇨ CORTE RASO; PLANO DE EXPLORAÇÃO; PLANO INTEGRADO FLORESTAL INDUSTRIAL; RECOMPOSIÇÃO FLORESTAL; RENDIMENTO SUSTENTADO.

MANEJO FLORESTAL SUSTENTÁVEL
LgBR LEI 11284 de 02/03/06, art. 3º, VI
sustainable forest management WFAO
manejo forestal sostenible WINTA
Administração da floresta para a obtenção de benefícios econômicos, sociais e ambientais, respeitando-se os mecanismos de sustentação do ecossistema objeto do manejo e considerando-se, cumulativa ou alternativamente, a utilização de múltiplas espécies madeireiras, de múltiplos produtos e subprodutos não madeireiros, bem como a utilização de outros bens e serviços de natureza florestal.
LgBR
⇨ PLANO DE MANEJO FLORESTAL SUSTENTÁVEL; PRODUTOS FLORESTAIS; UNIDADE DE MANEJO.

MANEJO FLORESTAL SUSTENTÁVEL DE USO MÚLTIPLO
LgBR DEC 2788 de 28/09/98, art. 1º, § 2º.
sustainable forest management WWOR
manejo forestal sustentable MEX92
Administração da floresta para obtenção de benefícios econômicos, sociais e ambientais, respeitando-se os mecanismos de sustentação do ecossistema objeto do manejo, e considerando-se, cumulativa ou alternativamente, a utilização de múltiplas espécies madereiras, de múltiplos produtos e sub produtos não madereiros, bem como a utilização de outros bens e serviços de natureza florestal.
LgBR
⇨ MANEJO FLORESTAL.

MANEJO INTEGRADO DE PRAGAS
integrated pest management WFAO
manejo integrado de plagas WFAO
Controle integrado de pragas, que envolve a utilização de uma bagagem mista de meios, incluindo as práticas culturais antigas, mas sensatas, a utilização criteriosa de pesticidas químicos degradáveis, ou de "vida curta", e uma maior utilização e simulação dos métodos de controle próprios da natureza, isto é, o controle biológico.
ODU88:708-9
◊ Controle integrado inclui a utilização de: predadores; parasitas; doenças; plantas armadilhas; rotação e diversificação de culturas; esterilização química ou por radiação; estimulantes hormonais; feromonas; inseticidas químicos degradáveis; seleção artificial.
⇨ AGENTE BIOLÓGICO DE CONTROLE; CONTROLE INTEGRADO DE PRAGAS.

MANEJO SUSTENTADO
LgBR LEI 7511 de 07/07/86, art. 19
sustainable management WEPA
manejo sostenible BRA91b:05
Modelo de planificação e uso dos recursos naturais baseado na avaliação de fatores culturais, políticos, socioeconômicos e ecológicos, que visa a conservação da natureza juntamente com a satisfação das necessidades humanas.
⇨ REGIME DE PRODUÇÃO SUSTENTADA; RENDIMENTO SUSTENTADO.

MANGAL
LgBR DEL 3438 de 17/07/41, art. 30.
mangrove swamps UNB86:152
manglar UNB86:152
◊ Ver MANGUEZAL.

MANGUE
LgBR DEL 3438 de 17/07/41, art. 20, § 1º.
mangrove ONU92#3762
mangle ONU92#3762

Vegetação característica do ecossistema manguezal.
◊ Principais espécies componentes: mangue-vermelho (Rhizophora), mangue-branco (Laguncularia) e mangue-preto ou mangue siriuba (Avicennia).
⇨ MANGUEZAL.

MANGUE BRANCO
LgBR RES CONAMA 10 de 01/10/93, art. 5º, I.
white mangrove WEPA
mangle blanco WMARN
Manguezal em que predominam as espécies arbóreas do gênero *Laguncularia*, colonizando os locais mais baixos.
⇨ MANGUE SECO; MANGUE SIRIÚBA; MANGUE VERMELHO; MANGUEZAL.

MANGUE SECO
LgBR RES CONAMA 10 de 01/10/93, art. 5º, I.
dry mangrove WFAO
Manguezal que penetra em locais arenosos.
⇨ MANGUE BRANCO; MANGUE SIRIÚBA; MANGUE VERMELHO.

MANGUE SIRIÚBA
LgBR RES CONAMA 10 de 01/10/93, art. 5º, I.
siriuba mangrove WIADB
mangle salado WCARM
Manguezal em que predominam as espécies arbóreas do gênero *Avicennia*, colonizando os locais mais altos e mais afastados da influência das marés.
⇨ MANGUEZAL; MANGUE BRANCO; MANGUE SECO; MANGUE VERMELHO.

MANGUE VERMELHO
LgBR RES CONAMA 10 de 01/10/93, art. 5º, I.
red mangrove WEPA
mangle rojo WCARM
Manguezal em que predominam as espécies arbóreas do gênero *Rhizophora*, colonizando os locais mais baixos.
⇨ MANGUE BRANCO; MANGUE SECO; MANGUE SIRIÚBA.

MANGUEZAL
LgBR RES CONAMA 303 de 20/03/02, art. 2º, IX.
mangrove ONU92#3762
manglar UNB86:152
Ecossistema litorâneo que ocorre em terrenos baixos sujeitos à ação das marés, localizadas em áreas relativamente abrigadas e formado por vasas lodosas recentes às quais se associa, predominantemente, a vegetação natural conhecida como mangue, com influência flúvio-marinha, típica de solos limosos de regiões estuarinas e com dispersão descontínua ao longo da costa brasileira, entre os Estados do Amapá e Santa Catarina.
LgBR
⇨ ECOSSISTEMAS COSTEIROS.

MANIPULADOR
LgBR DEC 4074 de 04/01/02, art. 1º, XXIII.
handler WEPA
manipulador WEPA
Pessoa física ou jurídica habilitada e autorizada a fracionar e reembalar agrotóxicos e afins, com o objetivo específico de comercialização.
LgBR
⇨ COMERCIALIZAÇÃO.

MAR
LgBR DEC 87566 de 16/09/82, art. III, 3.
sea KIS83:283
mar SUG92:74
Águas marinhas que não sejam águas interiores dos Estados.
LgBR
⇨ CONVENÇÃO SOBRE PREVENÇÃO DA POLUIÇÃO MARINHA POR ALIJAMENTO DE RESÍDUOS E OUTRAS MATÉRIAS.

MARCHA LENTA
LgBR RES CONAMA 18 de 06/05/86, Anexo I, 13.
slow gear WCTGAS
marcha lenta GAL92:908
Regime de trabalho em que a velocidade angular do motor, especificada pelo fabricante, deve ser mantida dentro de +/- 50RPM e o motor deve estar operando sem carga e com os controles do sistema de alimentação do combustível, acelerador e afogador, na posição de repouso.
LgBR
⇨ CONFIGURAÇÃO DO VEÍCULO.

MARCHA LENTA *1
LgBR RES CONAMA 297 de 20/02/02, Anexo I, 9.
slow gear WCTGAS
marcha lenta GAL92:908
Regime de trabalho do motor, especificado pelo fabricante ou importador, operando sem carga.
LgBR
⇨ CICLOMOTOR.

MARÉ CHEIA
LgBR DEC 5300 de 07/12/04, art. 2º, XII
high tide WEPA
marea llena WFPD
◊ Ver PREAMAR *1.

MARGEM MÍNIMA
LgBR LEI 9456 DE 25/04/97, art. 3º, III
minimum margin WSBT
Conjunto mínimo de descritores, a critério do órgão competente, suficiente para diferenciar uma nova cultivar ou uma cultivar essencialmente derivada das demais cultivares conhecidas.
LgBR
⇨ CULTIVAR ESSENCIALMENTE DERIVADA; DESCRITOR; NOVA CULTIVAR.

MARICULTURA
LgBR DEC 1203 de 28/07/94, 2.3.
mariculture UNB86:155
maricultura UNB86:155
Cultura de organismos marinhos.
ACA87:120
⇨ AUTOECOLOGIA DAS ESPÉCIES; CARCINICULTURA; ECOSSISTEMAS MARINHOS.

MARISCAR
LgBR PRT IBAMA 51-N de 11/05/94, 8.3.3.
gather shellfish WEPA
mariscar WTCES
Coleta manual de mariscos, camarões e lagostas.
⇨ PISCICULTURA.

MARISMA
LgBR DEC 5300 de 07/12/04, art. 2º, VII
mire WUSG
marisma WJUN
Terreno baixo, costeiro, pantanoso, de pouca drenagem, essencialmente alagado por águas salobras e ocupados por plantas halófitas anuais e perenes, bem como por plantas de terras alagadas por água doce.
LgBR
⇨ ECOSSISTEMAS COSTEIROS; REGIÃO ESTUARINA-LAGUNAR.

MARISMAS
LgRS LEI 10330 de 27/12/94, art. 9º, XI, a.
mires WUSG
marismas ONU92#7233
Ecossistemas litorâneos, predominantemente temperados, que ocorrem em terrenos baixos, sujeitos à ação das marés, formados essencialmente por espécies herbáceas, sendo comuns os gêneros *Spartina, Scirpus, Crinum* e *Salicornia*.
⇨ MANANCIAIS; SISTEMA ESTADUAL DE PROTEÇÃO AMBIENTAL; VEGETAÇÕES CILIARES.

MAR TERRITORIAL BRASILEIRO
LgBR LEI 8617 de 04/01/93, cap. I, art. 1º
Brazilian territorial sea WFAO
mar territorial brasileño WINF
Faixa de doze milhas marítimas de largura, medidas a partir da linha de baixa-mar do litoral continental e insular brasileiro, tal como indicada nas cartas náuticas de grande escala, reconhecidas oficialmente no Brasil.
LgBR
⇨ LINHA DE BAIXA-MAR; PLATAFORMA CONTINENTAL DO BRASIL; ZONA CONTÍGUA BRASILEIRA; ZONA ECONÔMICA EXCLUSIVA BRASILEIRA.

MASSA DO VEÍCULO PARA ENSAIO
LgBR RES CONAMA 297 de 20/02/02, Anexo I, 8.
test vehicle mass WRS
masa del vehículo para ensayo WINF
Massa em ordem de marcha acrescida de 75 kg.
LgBR
⇨ MASSA EM ORDEM DE MARCHA.

MASSA EM ORDEM DE MARCHA
LgBR RES CONAMA 297 de 20/02/02, Anexo I, 7.
unladen mass WUNEC
masa en orden de marcha WSIC
Massa total do veículo com todos os reservatórios de fluídos necessários abas-

tecidos conforme recomendado pelo fabricante, e o tanque de combustível com pelo menos, 90% da sua capacidade máxima.
LgBR
⇨ MASSA DO VEÍCULO PARA ENSAIO.
MATA ALUVIAL
LgBR DEC 529 de 20/05/92, art. 1º.
alluvial forest WEPA
bosque de galería SEO96:101
Formação florestal ribeirinha encontrada nas áreas de depósitos aluvionares, localizadas nas várzeas ao longo dos rios, em baixas altitudes.
PRO86:574
⇨ MATA CILIAR; MATA ATLÂNTICA.
Mata Atlântica
LgBR DEC 750 de 10/02/93, art. 3º.
Atlantic Forest WMMA
Mata Atlântica WMED
Formações florestais e ecossistemas associados inseridos no domínio Mata Atlântica, com as respectivas delimitações pelo mapa de vegetação do Brasil, IBGE, 1988: Floresta Ombrófila Densa Atlântica, Floresta Ombrófila Mista, Floresta Ombrófila Aberta, Floresta Estacional Semidecidual, Floresta Estacional Decidual, manguezais, restingas, campos de altitude, brejos interioranos e encraves florestais do Nordeste.
LgBR
◊ *Def. compl.: Conjunto de tipologias florestais, formadas por árvores altas (de 25 a 35 m), que revestem as encostas e as planícies fortemente influenciadas pela regulação térmica e pelo regime de chuvas abundantes da proximidade do Oceano Atlântico estendendo-se em estreita faixa costeira do Rio Grande do Norte até o Rio Grande do Sul.*
⇨ ENCRAVE FLORESTAL DO NORDESTE; MATA ALUVIAL.
Mata Atlântica *1
LgRS LEI 11520 de 04/08/00, art. 14, XXIX.
Atlantic Forest WMMA
Mata Atlântica WMED
Formações florestais e ecossistemas associados inseridos no domínio Mata Atlântica: Floresta Ombrófila Densa ou Mista, Floresta Estacional Semidecidual, Floresta Decidual, restingas e campos de altitudes.
LgRS
⇨ UNIDADES DE CONSERVAÇÃO.
MATA CILIAR
gallery forest WEPA
Formações florestais na margem de cursos d'água que começam subarbustivas nas nascentes, desenvolvem-se em matinhas na encosta seca e rochosa e terminam em matas de extensão e altura regulares, de acordo com o volume de água e com os terrenos de aluvião.
⇨ MATA ALUVIAL; VEGETAÇÕES CILIARES.
MATERIAIS DE ASSISTÊNCIA À SAÚDE
LgBR RES CONAMA 358 de 29/04/05, art. 2º, V
Materiais relacionados diretamente com o processo de assistência aos pacientes.
LgBR
⇨ ESTABELECIMENTO *1.
MATERIAIS FISSIONÁVEIS
fissionable materials UNB86:156
materiales fisionables WCICT
Materiais cuja reação de fissão pode ser causada por nêutrons.
⇨ FISSÃO NUCLEAR; MATERIAL FÍSSIL; MATERIAL FÍSSIL ESPECIAL.
MATERIAL DE COBERTURA
LgPOA DEC 9367 de 29/12/88, art. 1º, XIV.
covering material WEPA
material de cobertura WCNMA
Material utilizado para cobrir os resíduos sólidos compactados em um aterro sanitário, não devendo possuir elementos que venham a permitir a proliferação de vetores.
LgPOA
⇨ ATERRO SANITÁRIO; CÉLULA; COMPACTAÇÃO; LIXÍVIA; SÍTIO DE DISPOSIÇÃO FINAL.
MATERIAL DRAGADO
LgBR RES CONAMA 344 de 25/03/04, art. 2º, I
dredged material WEPA
material dragado WSTGC
Material retirado ou deslocado do leito dos corpos d'água decorrente da ativi-

dade de dragagem, desde que esse material não constitua bem mineral.
LgBR
⇨ DISPOSIÇÃO FINAL DO MATERIAL DRAGADO; EUTROFIZAÇÃO.

MATERIAL ESPECIFICADO
LgBR DEC 2210 de 22/04/97, art. 2º, X.
Material especialmente preparado para o processamento, uso ou produção de material nuclear.
LgBR
⇨ EQUIPAMENTO ESPECIFICADO; MATERIAL RADIOATIVO.

MATERIAL FÉRTIL
LgBR LEI 4118 de 27/08/62, art. 2º.
fertile material IAEA80:07
material fértil WCICT
Materiais tais como: o urânio natural; o urânio cujo teor em isótopo 235 é inferior ao que se encontra na natureza; o tório; qualquer dos materiais anteriormente citados sob a forma de metal, liga, composto químico ou concentrado; qualquer outro material que contenha um ou mais dos materiais supracitados em concentração que venha a ser estabelecida pela Comissão Nacional de Energia Nuclear; e qualquer outro material que venha a ser subseqüentemente considerado como material fértil pela Comissão Nacional de Energia Nuclear.
LgBR
◊ Ver URÂNIO ENRIQUECIDO NOS ISÓTOPOS 235 OU 233.
⇨ ELEMENTO NUCLEAR; ISÓTOPOS; TÓRIO; TÓRIO-232.

MATERIAL FÍSSIL
LgBR LEI 4118 de 27/08/62, art. 2º.
fissile material ELS90:295
material físil WCNEA
Material capaz de sofrer fissão nuclear, causada por nêutrons térmicos de baixa energia.
◊ Os materiais físseis são uma subclasse dos materiais fissionáveis. Poucos materiais são físseis: plutônio-238, plutônio-239, plutônio-241, urânio-233, urânio-235, ou qualquer combinação desses radionuclídeos. Estão excluídos desta especificação urânio natural e urânio empobrecido não irradiados ou que tenham sido, somente, irradiados em reatores térmicos.
⇨ MATERIAL FÍSSIL ESPECIAL; MATERIAIS FISSIONÁVEIS.

MATERIAL FÍSSIL ESPECIAL
LgBR LEI 4118 de 27/08/62, art. 2º.
special fissionable material IAEA80:07
material fisionable UNB86:156
Plutônio 239; urânio 233; urânio enriquecido nos isótopos 235 ou 233; qualquer material que contenha um ou mais desses materiais; qualquer material físsil que venha a ser subseqüentemente classificado como material físsil especial pela Comissão Nacional de Energia Nuclear.
LgBR
◊ A expressão material físsil especial não se aplica, porém, ao material fértil. Ibid.
⇨ FISSÃO NUCLEAR; MATERIAL FÍSSIL; MATERIAIS FISSIONÁVEIS; SUBPRODUTO NUCLEAR; URÂNIO ENRIQUECIDO NOS ISÓTOPOS 235 OU 233.

MATERIAL GENÉTICO
LgBR DEC 2519 de 16/03/98, art. 2º
genetic material WCBD
material genético WCNEA
Material de origem vegetal, animal, microbiana ou outra que contenha unidades funcionais de hereditariedade.
LgBR
⇨ ÁCIDO NUCLÉICO; GENE; RECURSOS GENÉTICOS.

MATERIAL NUCLEAR
LgBR DEC 95 de 16/04/91, art. 1º, a.
nuclear material TRE87:126
material nuclear UNB86:477
Materiais tais como: o plutônio, à exceção do plutônio cuja concentração isotópica em plutônio 238 superar 80%; o urânio 233; o urânio enriquecido em seus isótopos 235 ou 233; o urânio contendo a mistura de isótopos encontrada na natureza, salvo se sob a forma de minério ou resíduo de minério, bem como qualquer material contendo um ou mais dos elementos ou isótopos acima.
LgBR
⇨ CONVENÇÃO SOBRE A PROTEÇÃO FÍSICA DO MATERIAL NUCLEAR; PLUTÔNIO; SUBPRODUTO NUCLEAR.

MATERIAL PROPAGATIVO
LgBR LEI 9456 de 25/04/97, art. 3º, XVI
propagation material WSBT
plantas para plantar WFAO
Parte da planta ou estrutura vegetal utilizada na sua reprodução e multiplicação.
LgBR
⇨ PLANTA INTEIRA; PROPAGAÇÃO.

MATERIAL RADIOATIVO
LgBR DEC 2210 de 22/04/97, art. 2º, XII
radioactive materials UNB86:477
material radiactivo UNB86:485
Material emissor de qualquer radiação eletromagnética ou particulada, direta ou indiretamente ionizante.
LgBR
◊ *Def. compl.: Material que contenha substâncias emissoras de radiação ionizante. CNEN-NE-6.05*
⇨ CONTAMINAÇÃO INTERNA; INSTALAÇÃO RADIOATIVA; MATERIAL ESPECIFICADO.

MATERIAL RESISTENTE À CORROSÃO
LgRS DEC 23430 de 24/10/74, art. 342, parágrafo único, V.
corrosion-resistant material WEPA
material resistente a la corrosión WANMAT
Material que mantenha as características originais de sua superfície sob a influência prolongada de alimentos, compostos para limpeza ou soluções desinfetantes ou outras que possam entrar em contato com o mesmo.
LgRS
⇨ APROVEITAMENTO CONDICIONAL; EMBALAGEM; REQUISITOS DE HIGIENE.

MATÉRIA-PRIMA
LgBR DEC 79094 de 05/01/77, art. 3º, XII.
raw material UNB86:485
materia prima UNB86:485
Substância ativa ou inativa que se emprega na fabricação dos medicamentos e demais produtos como: medicamentos, insumos farmacêuticos, drogas, correlatos, cosméticos, produtos de higiene, perfumes e similares, saneantes domissanitários e outros, tanto a que permanece inalterada, quanto a passível de modificações.
LgBR
⇨ INSUMO FARMACÊUTICO.

MATÉRIA-PRIMA *1
LgBR DEC 4074 de 04/01/02, art. 1º, XXIV.
raw material UNB86:485
materia prima UNB86:485
Substância, produto ou organismo utilizado na obtenção de um ingrediente ativo, ou de um produto que o contenha, por processo químico, físico ou biológico.
LgBR
⇨ COMPONENTES.

MATÉRIA-PRIMA *2
LgBR DEC 4954 de 14/01/04, art. 2º, VII
raw material UNB86:485
materia prima WUCDU
Material destinado à obtenção direta de fertilizantes, corretivos, inoculantes ou biofertilizantes, por processo químico, físico ou biológico.
LgBR
⇨ BIOFERTILIZANTE; INOCULANTE.

MATÉRIA-PRIMA ALIMENTAR
LgRS DEC 23430 de 24/10/74, art. 342, II.
food raw material WUSDA
materia prima alimentaria WSERNAC
Substância de origem vegetal ou animal, em estado bruto que para ser utilizada como alimento precise sofrer tratamento e/ou transformação de natureza física, química ou biológica.
LgRS
⇨ APROVEITAMENTO CONDICIONAL; PADRÃO DE IDENTIDADE E QUALIDADE.

MATÉRIA-PRIMA FLORESTAL
LgRS LEI 9519 de 21/01/92, art. 42, XIV.
forest raw material WUSDA
materia prima forestal no maderable WSEMAR
Produtos de origem florestal que não tenham sido submetidos a processamentos, tais como: toras, toretes, lenha, resina, plantas medicinais, ornamentais e comestíveis, frutos, folhas e cascas.
LgRS
⇨ PRODUTO FLORESTAL.

MATÉRIA-PRIMA FLORESTAL *1
LgBR PRN IBDF 302 de 03/07/84, Anexo I.
forest raw material WUSDA
materia prima forestal maderable WINE
Substância florestal (advinda da floresta ou originária desta) bruta, principal e essencial com que é fabricado algum produto.
LgBR
⇨ MATÉRIA-PRIMA LENHOSA.

MATÉRIA-PRIMA LENHOSA
LgBR PRN IBDF 302 de 03/07/84, Anexo I.
woody raw material WUSDA
materia prima forestal maderable WORI
Madeira usada com a qual se obtém lenha para combustível, cavacos (chips) para transformação em polpa.
LgBR
⇨ CARVÃO VEGETAL; MATÉRIA-PRIMA FLORESTAL *1; POLPA DE MADEIRA; POTENCIAL MADEIREIRO.

MDL
LgBR DEC 3515 de 20/06/00,
CDM WTER
MDL WSAGP
◊ Sigla de MECANISMO DE DESENVOLVIMENTO LIMPO.

MEANDROS
LgBR DEC 1203 de 28/07/94, 4, 4.5.
meander CLA90:194
meandros ALL84:253
Sinuosidade no curso de uma corrente de água que ocorre em planícies ou próximo à foz quando a declividade do rio é baixa ou quase nula.
⇨ RESSURGÊNCIA COSTEIRA; REGIME HIDROLÓGICO; VÓRTICE.

MECANISMO DE DESENVOLVIMENTO LIMPO
LgBR DEC 5445 de 12/05/05, art. 12
Clean Development Mechanism WTER
Mecanismo de Desarrollo Limpio WCONAM
Mecanismo de flexibilização incluído no Protocolo de Quioto como instrumento internacional multilateral, que consiste no intercâmbio de metas de redução de emissões mais brandas para países industrializados relacionados no Anexo I do Protocolo por investimentos em projetos ambientais localizados em países em desenvolvimento relacionados no Anexo II do mesmo Protocolo.
◊ Siglas: CDM, MDL.
⇨ CERTIFICADOS DE REDUÇÃO DE EMISSÕES; FÓRUM BRASILEIRO DE MUDANÇAS CLIMÁTICAS; MERCADO DE CARBONO; PROTOCOLO DE QUIOTO.

MÉDIA PROPRIEDADE
LgBR LEI 8629 de 25/02/93, art. 4º, III.
average agricultural property WNDSG
mediana propiedad WSGP
Imóvel rural de área superior a 4 (quatro) até 15 (quinze) módulos fiscais.
LgBR
⇨ IMÓVEL RURAL; PEQUENA PROPRIEDADE.

MEDIDA PROVISÓRIA
interim provision WUSHR
medida provisional ALC96:1044
Regulamentação com força de lei, adotada pelo Poder Executivo em caso de relevância e urgência, devendo ser submetida à apreciação do Poder Legislativo que poderá ou não convertê-la em lei.
⇨ DECRETO; DECRETO-LEI; DECRETO LEGISLATIVO.

MEDIDAS DE EMERGÊNCIA
LgPOA DEC 8183 de 07/03/83, art. 3º, XII.
emergency action ONU92#1885
medidas de emergencia ONU92#1885
Regulamentações que visam a evitar a ocorrência ou impedir a continuidade de um estado de emergência.
LgPOA
⇨ ESTADO DE EMERGÊNCIA; RELATÓRIO DE IMPACTO AMBIENTAL.

MEDIDAS FITOSSANITÁRIAS
LgBR DEC 4280 DE 25/06/02,
phytosanitary measures WWTO
medidas fitosanitarias WCOS
Normas ou procedimentos que tenham o propósito de prevenir o ingresso e/ou disseminação de pragas quarentenárias.
WCOS
⇨ PLANTAS; PRAGA QUARENTENÁRIA.

MEDIDAS PREVENTIVAS
LgBR DEC 79437 de 28/03/77, art. I, 7.
preventive measures WAUS
medidas de prevención WEMOR
Regulamentações razoáveis, tomadas por qualquer pessoa, após ter ocorrido um incidente, visando prevenir ou minimizar o dano causado pela poluição.
LgBR
⇨ DANO POR POLUIÇÃO; INCIDENTE.

MEGÁPTERO JUBARTE
LgBR DEC 73497 de 17/01/74, 8 (Regimento), b, 2.
humpback whale KIS83:69
ballena jorobada WLEY25577
Mamífero marinho *Megaptera novaeangliae* da subordem dos Misticetáceos ameaçado de extinção, protegido por condições de pesca e captura estabelecidas por lei, classificado como espécie vulnerável criticamente em perigo na Lista Oficial De Espécies Da Fauna Brasileira Ameaçada De Extinção.
◊ *Var.:* bunch, humpback, humpback whale, humpbacked whale, hump whale *ou* hunchbacked whale. Status *UICN-União Internacional para a Conservação da Natureza e dos Recursos Naturais: espécie ameaçada.*
⇨ MISTICETÁCEOS.

MEIO AMBIENTE
LgBR CF, art. 225.
environment ONU92#1992
medio ambiente ONU92#1992
Bem de uso comum do povo e essencial à sadia qualidade de vida, impondo-se ao Poder Público e à coletividade o dever de defendê-lo e preservá-lo para as presentes e futuras gerações.
LgBR
⇨ BENS AMBIENTAIS.

MEIO AMBIENTE *1
LgBR LEI 6938 de 31/08/81, art. 3º, I.
environment ONU92#1992
medio ambiente ONU92#1992
Conjunto de condições, leis, influências e interações de ordem física, química e biológica, que permite, abriga e rege a vida em todas as suas formas.
LgBR
⇨ POLÍTICA NACIONAL DO MEIO AMBIENTE.

MEIO AMBIENTE *2
LgPOA LEI COMPL. 65 de 22/12/81, parágrafo único.
environment ONU92#1992
medio ambiente ONU92#1992
Conjunto do espaço físico e os elementos naturais nele contidos até o limite do território do Município, passível de ser alterado pela atividade humana.
LgPOA
⇨ POLUIÇÃO AMBIENTAL.

MEIO AMBIENTE *3
LgRS LEI 11520 de 04/08/00, art. 14, XXX.
environment ONU92#1992
medio ambiente ONU92#1992
Conjunto de condições, elementos, leis, influências e interações de ordem física, química, biológica, social e cultural que permite, abriga e rege a vida em todas as suas formas.
LgRS
⇨ POLÍTICA ESTADUAL DO MEIO AMBIENTE.

MEIO AMBIENTE ARTIFICIAL
LgRS LEI 10330 de 27/12/94, art. 6º, II.
artificial environment WEPA
medio ambiente artificial WUNAP
Conjunto das condições de ordem física, química e biológica criadas por formas não naturais, decorrentes da intervenção humana.
⇨ MEIO AMBIENTE DO TRABALHO.

MEIO AMBIENTE DO TRABALHO
LgRS LEI 10330 de 27/12/94, art. 6º, II.
working environment WEPA
medio ambiente de trabajo WORI
Conjunto das condições internas e externas do espaço ou local de trabalho e sua interação com o trabalhador.
⇨ MEIO AMBIENTE ARTIFICIAL.

MEIO BIOLÓGICO
LgBR RES CONAMA 01 de 23/01/86, art. 6º, I, b.
biological environment WFS
medio biológico WMIS
Fauna e flora, destacando as espécies indicadoras da qualidade ambiental, de valor científico e econômico, raras e ameaçadas de extinção e as áreas de preservação permanente.

LgBR
◊ *Def. compl.*: Interação entre espaço físico e organismos que cria as condições de substrato para sua sobrevivência e evolução.
⇨ DIAGNÓSTICO AMBIENTAL; MEIO FÍSICO; MEIO SOCIOECONÔMICO.

MEIO FÍSICO
LgBR RES CONAMA 01 de 23/01/86, art. 6º, I, a.
physical environment WFS
medio físico WMIS
Subsolo, as águas, o ar e o clima, destacando os recursos minerais, a topografia, os tipos e aptidões do solo, os corpos d'água, o regime hidrológico, as correntes marinhas, as correntes atmosféricas.
LgBR
⇨ DIAGNÓSTICO AMBIENTAL; MEIO BIOLÓGICO.

MEIO MARINHO
LgBR DEC 87566 de 16/09/82.
marine environment ONU92#3794
medio marino ONU92#3794
Meio ambiente constituído pelas águas marinhas e a plataforma continental, a zona econômica exclusiva, os fundos marinhos e oceânicos e seu subsolo.
SIL94:94
⇨ PLATAFORMA CONTINENTAL; ZONA ECONÔMICA EXCLUSIVA.

MEIOS BACTERIOLÓGICOS DE GUERRA
LgBR DEC 67200 de 15/09/70
bacteriological methods of warfare WGEN
medios bacteriológicos de guerra WBVS
Métodos de disseminação deliberada no meio ambiente de bactérias nocivas ao ser humano e demais seres vivos.
⇨ PROTOCOLO DE GENEBRA DE 17 DE JUNHO DE 1925 SOBRE A PROIBIÇÃO DO EMPREGO NA GUERRA DE GASES ASFIXIANTES, TÓXICOS OU SIMILARES E DE MEIOS BACTERIOLÓGICOS DE GUERRA.

MEIO SOCIOECONÔMICO
LgBR RES CONAMA 01 de 23/01/86, art. 6º, I, c.
socio-economic environment WEPA
medio socioeconómico RD82
Uso e ocupação do solo, os usos da água e a socioeconomia, destacando os sítios e monumentos arqueológicos, históricos e culturais da comunidade, as relações de dependência entre a sociedade local, os recursos ambientais e a potencial utilização futura desses recursos.
LgBR
⇨ DIAGNÓSTICO AMBIENTAL; MEIO BIOLÓGICO.

MELHORAMENTO DO SOLO
LgRS LEI 11520 de 04/08/00, art. 14, XXXI.
soil improvement WFAO
mejoramiento del suelo WPA
Conjunto de ações que visam ao aumento de sua capacidade produtiva através da modificação de suas características físicas, químicas e biológicas, sem que sejam comprometidos seus usos futuros e os recursos com eles relacionados.
LgRS
⇨ SOLO AGRÍCOLA.

MELHORES TÉCNICAS DISPONÍVEIS
LgBR RES CONAMA 316 de 29/10/02, art. 2º, II
the best techniques available WEPA
mejores técnicas disponibles WINE
Estágio mais eficaz e avançado de desenvolvimento das diversas tecnologias de tratamento, beneficiamento e de disposição final de resíduos, bem como das suas atividades e métodos de operação, indicando a combinação prática destas técnicas que levem à produção de emissões em valores iguais ou inferiores aos fixados por esta Resolução, visando eliminar e, onde não seja viável, reduzir as emissões em geral, bem como os seus efeitos no meio ambiente como um todo.
LgBR
⇨ REMEDIADOR; RESÍDUOS *2.

MELHORISTA
LgBR LEI 9456 DE 25/04/97, art. 3º, I
improver WSBT
mejorador WINTA
Pessoa física que obtiver cultivar e estabelecer descritores que a diferenciem das demais.

LgBR
⇨ DESCRITOR.
MELIPONÁRIO
LgBR RES CONAMA 346 de 16/08/04, art. 2º, II.
meliponary WGMR
meliponario WFMCN
Local destinado à criação racional de abelhas silvestres nativas, composto de um conjunto de colônias alojadas em colméias especialmente preparadas para o manejo e manutenção dessas espécies.
LgBR
⇨ MELIPONICULTURA.
MELIPONICULTOR
meliponiculturist WBW
meliponicultor WUNAM
Pessoa que se dedica à criação de abelhas silvestres, sem ferrão, para extrair-lhes o mel.
⇨ CADASTRO TÉCNICO FEDERAL DE ATIVIDADES POTENCIALMENTE POLUIDORAS E UTILIZADORAS DE RECURSOS NATURAIS; MELIPONICULTURA.
MELIPONICULTURA
LgBR RES CONAMA 346 de 16/08/04.
meliponiculture WNBP
melipornicultura WCEDIT
Criação artesanal de abelhas indígenas sem ferrão da subfamília dos meliponineos.
⇨ ABELHA MELIPONA; MELIPONÁRIO; MELIPONICULTOR; UTILIZAÇÃO.
MEMBRO DE UM COMITÊ DE GERENCIAMENTO DE BACIA HIDROGRÁFICA
LgRS DEC 37034 de 21/11/96, art. 3º.
watershed management committee member WEPA
Instituição ou organismo que tem assento no Comitê de Gerenciamento de Bacia Hidrográfica.
LgRS
⇨ COMITÊS DE GERENCIAMENTO DE BACIA HIDROGRÁFICA.
MERCADO COMUM DO CONE SUL
Southern Common Market WFAO
Mercado Común del Sur WMERCO
◊ Ver MERCOSUL.

MERCADO DE CARBONO
carbon market WEPA
mercado de carbono WFAO
Sistema financeiro internacional que permite o comércio de unidades de emissão de gases de efeito estufa entre os países que mais poluem e aqueles que menos poluem em um esforço para alcançar as quotas limite de emissões estabelecidas pelo Protocolo de Quioto.
⇨ COMÉRCIO DE EMISSÕES; MECANISMO DE DESENVOLVIMENTO LIMPO; PROTOCOLO DE QUIOTO.
MERCOSUL
Southern Common Market WFAO
Mercado Común del Sur WMERCO
União aduaneira de quatro países, Argentina, Brasil, Paraguai e Uruguai criada pelo Tratado de Assunção, firmado em 1991 e revisto pelo Tratado de Ouro Preto em 1994, com o objetivo de promover uma política comercial comum de livre movimentação de bens e de pessoas e de moedas.
◊ Bolívia e Chile participam como membros associados desde 1996 e adesão da Venezuela foi formalizada em 2006.
⇨ ACORDO-QUADRO SOBRE MEIO AMBIENTE DO MERCOSUL; TRATADO DE ASSUNÇÃO.
MERCÚRIO
mercury WEPA
mercurio TER97:144
Metal pesado tóxico, encontrado naturalmente na superfície da terra ou em conseqüência da ação do homem na mineração do ouro e da prata e na disposição inadequada de rejeitos.
◊ Símbolo Hg. Em contato com o ar, a água, ou matéria orgânica, incorpora-se à cadeia alimentar e se acumula persistentemente na natureza, contaminando rios e solos e danificando seriamente a saúde humana, animal e vegetal.
⇨ MERCÚRIO METÁLICO; METAIS PESADOS.
MERCÚRIO METÁLICO
LgBR DEC 97634 de 10/04/89, art. 1º.
metallic mercury WEPA
mercurio metálico WUCM
Mercúrio de forma pura que se vaporiza à temperatura ambiente, usado nos pro-

cessos de separação do ouro e da prata nos garimpos e nas indústrias química e farmacológica, na fabricação de produtos de uso generalizado, como: lâmpadas fluorescentes, tintas, solventes e pesticidas.

◊ Altamente tóxico e prejudicial ao homem e ao ambiente.

⇨ COMERCIANTE; IMPORTADOR; MERCÚRIO; PRODUTOR.

METABÓLITOS
LgBR DEC 4074 de 04/01/02, art. 1º, XLIV
metabolite KIN95:398
metabolitos ALL84:259
Substâncias produzidas em um organismo vivo ou por um organismo vivo através de processos biológicos.
KIN95:398
⇨ RESÍDUO.

METAIS PESADOS
heavy metals ONU92#2977
metales pesados ONU92#2977
Elementos metálicos de alto peso molecular, tais como: mercúrio, cádmio, arsênico e chumbo, altamente tóxicos, bioacumulativos, que se incorporam à cadeia alimentar, constituindo grave perigo para a saúde humana e para o ambiente.
⇨ BIOACUMULAÇÃO; MERCÚRIO.

METANO
LgBR DEC 99280 de 06/06/90, Anexo I, 4, a, iii
methane COL88:110
metano ALL84:261
Hidrocarboneto gasoso (CH_4) incolor, inflamável, produzido naturalmente, nas minas de carvão e a partir da decomposição de resíduos orgânicos em pântanos; em biodigestores.

◊ Símbolo: CH_4. Um dos gases responsáveis pelo efeito estufa tem fontes naturais e antropogênicas; suas emissões podem ser recuperadas e transformadas em combustível menos poluidor do que o petróleo, mas ainda poluente. Var. pop.: gás das minas, gás dos pântanos, grisu, boitatá.

⇨ BIOGÁS; ESPÉCIES DE HIDROCARBONOS SEM METANO; GASES DE EFEITO ESTUFA; METANOL COMBUSTÍVEL.

METANOL COMBUSTÍVEL
methanol ONU92#3902
metanol ONU92#3902
Álcool líquido, venenoso, inflamável, volátil, poluente, produzido sinteticamente ou através da destilação destrutiva da madeira e usado principalmente como combustível de veículos automotores devido a seu alto desempenho.

◊ Símbolo: CH_3OH. Seu uso envolve problemas de segurança humana e de poluição ambiental. Var. álcool metílico, álcool da madeira.

⇨ METANO.

METAS
LgBR RES CONAMA 357 de 17/03/05, cap. I, art. 2º, XXIV
metas WEPAS
Desdobramento do objeto em realizações físicas e atividades de gestão, de acordo com unidades de medida e cronograma preestabelecidos, de caráter obrigatório.
LgBR
⇨ PROGRAMA PARA EFETIVAÇÃO DO ENQUADRAMENTO.

MÉTODOS DE REFERÊNCIA
LgBR RES CONAMA 03 de 28/06/90, art. 3º, § 1º.
reference methods KIN95:566
métodos de referencia WCEPIS
Métodos aprovados pelo Instituto Nacional de Metrologia, Normalização e Qualidade Industrial – INMETRO, e, na ausência deles, os recomendados pelo Instituto Brasileiro do Meio Ambiente e dos Recursos Naturais como os mais adequados e que devam ser utilizados preferencialmente.
LgBR

◊ Usados para verificação da qualidade do ar.

⇨ MÉTODOS EQUIVALENTES; PADRÕES PRIMÁRIOS DE QUALIDADE DO AR.

MÉTODOS EQUIVALENTES
LgBR RES CONAMA 03 de 28/06/90, art. 3º, a
equivalent methods KIN95:233
métodos equivalentes WNOM
Métodos de amostragem e análise para um poluente do ar, que tenham uma re-

lação consistente com os métodos de referência, e que sejam aprovados pelo Instituto Brasileiro do Meio Ambiente e dos Recursos Naturais Renováveis.
LgBR
◊ Usados para verificação da qualidade do ar.
⇨ MÉTODOS DE REFERÊNCIA.

METRALHA
LgBR RES CONAMA 307 de 05/07/02, art 2º, I.
construction wastes WEPA
◊ Ver RESÍDUOS DA CONSTRUÇÃO CIVIL.

MICROBACIAS HIDROGRÁFICAS
LgBR DEC 94076 de 05/03/87, art. 1º.
microcuenca hidrográfica WMAG
Unidades espaciais mínimas do sistema fluvial, correspondentes a um canal perene, cujos tributários estão ligados diretamente à nascente.
⇨ PROGRAMA NACIONAL DE MICROBACIAS HIDROGRÁFICAS; REGIME HIDROLÓGICO.

MICRONUTRIENTES
LgBR DEC 4954 de 14/01/04, art. 2º, XIV, c
micronutrient ONU92#3939
micronutrientes ONU92#3939
Boro (B), Cloro (Cl), Cobre (Cu), Ferro (Fe), Manganês (Mn), Molibdênio (Mo), Zinco (Zn), Cobalto (Co), Silício (Si) e outros elementos que a pesquisa científica vier a definir, expressos nas suas formas elementares.
LgBR
⇨ FERTILIZANTE COM MICRONUTRIENTES; FRITAS; NUTRIENTE.

MICROÔNIBUS
LgBR RES CONAMA 315 DE 29/10/02, Anexo I, 11
microbus WEPA
microbús WPAN
Veículo automotor de transporte coletivo com capacidade para até vinte passageiros.
LgBR
⇨ PROCONVE.

MICROORGANISMOS TRANSGÊNICOS
LgBR LEI 9279 de 14/05/96, art. 18, III.
transgenic microorganisms WUSDA
microorganismos transgénicos WFAG
Microorganismos que possuem genes de outros organismos colocados em seu genoma através de técnicas de ADN recombinante.
⇨ GENOMA; MOLÉCULAS DE ADN/ARN RECOMBINANTE.

MILHA NÁUTICA
LgBR DEC 5300 de 07/12/04, art. 2º, VIII
nautical mile WUSHR
milla náutica WSIG
Unidade de distância usada em navegação e que corresponde a um mil, oitocentos e cinqüenta e dois metros.
LgBR

MINA
LgBR DEL 227 de 28/02/67, art. 4º.
mine GLA97:71
mina TER97:147
Jazida em lavra, ainda que suspensa.
LgBR
⇨ GARIMPO; JAZIDA; LAVRA.

MINERAIS GARIMPÁVEIS
LgBR LEI 7805 de 18/07/89, art. 10º, § 1º.
prospectable minerals WCIDH
minerales explotables WINDEX
Ouro, diamante, cassiterita, columbita, tantalita e wolframita, nas formas aluvionar e coluvial; a sheelita, as demais gemas, o rutilo, o quartzo, o berilo, a muscovita, o espodumênio, a lepidolita, o feldspato, a mica e outros, em tipos de ocorrência que vierem a ser indicados, a critério do Departamento Nacional de Produção Mineral.
LgBR
⇨ DEPARTAMENTO NACIONAL DE PRODUÇÃO MINERAL; REGIME DE PERMISSÃO DA LAVRA GARIMPEIRA.

MINERALIZAÇÃO DAS ÁGUAS
water mineralization WFAO
mineralización de las aguas WFAO
Processo de degradação qualitativa dos rios e aqüíferos, manifestada pelo aumento da concentração de sólidos dissolvidos em suas águas.
◊ A mineralização das águas pode ser positiva para o meio ambiente, sendo provocada por processos naturais, como sedimentos com nutrientes, ou com águas carbonatadas, ou via manejo na piscicultura.
⇨ AQÜÍFERO.

MINERAL NUCLEAR
LgBR LEI 4118 de 27/08/62, art. 2º.
nuclear mineral WTO
mineral nuclear WMED
Mineral que contenha em sua composição um ou mais elementos nucleares.
LgBR
⇨ ELEMENTO NUCLEAR; MINÉRIO NUCLEAR; SUBPRODUTO NUCLEAR.

MINÉRIO NUCLEAR
LgBR LEI 4118 de 27/08/62, art. 2º.
nuclear ore WUSHR
mineral nuclear WSECYT
Concentração natural de mineral nuclear na qual o elemento ou elementos nucleares ocorrem em proporção e condição tais que permitam sua exploração econômica.
LgBR
⇨ ELEMENTO NUCLEAR; MINERAL NUCLEAR; SUBPRODUTO NUCLEAR.

MINIFÚNDIO
LgBR LEI 4504 de 30/11/64, art. 4º, IV.
small landholding WFAO
minifundio WINTA
Imóvel rural de área e possibilidades inferiores às da propriedade familiar.
LgBR
⇨ EMPRESA RURAL; LATIFÚNDIO; MÓDULO RURAL; PROPRIEDADE FAMILIAR.

MINISTÉRIO PÚBLICO
LgBR CF, art. 127.
Ministry of Justice WUSAID
Ministerio Público PNU92:449
Instituição permanente, essencial à função jurisdicional do Estado, incumbindo-lhe a defesa da ordem jurídica, do regime democrático e dos interesses sociais e individuais indisponíveis.
LgBR
◊ *Entre suas atribuições compete-lhe promover o inquérito civil e a ação civil pública, para a proteção do patrimônio público e social, do meio ambiente e de outros interesses difusos e coletivos.*
⇨ AÇÃO CIVIL PÚBLICA; AÇÃO POPULAR; COMPETÊNCIA DO MUNICÍPIO; MINISTÉRIO PÚBLICO FEDERAL; PATRIMÔNIO PÚBLICO.

MINISTÉRIO PÚBLICO FEDERAL
Federal Department of Justice MEL 94:145
Ministerio Público Federal WLANETA
Ramo do Ministério Público da União que atua judicialmente junto ao Supremo Tribunal Federal, ao Superior Tribunal de Justiça, à Justiça Federal Comum, ao Tribunal Superior Eleitoral, aos Tribunais Regionais Federais, e à Justiça Federal de 1ª Instância, ao qual são cometidas as mesmas atribuições institucionais definidas na Constituição Federal para os Ministérios Públicos dos Estados e para os demais ramos do Ministério Público da União, respeitadas as áreas de competência em que cada Instituição atua.
⇨ MINISTÉRIO PÚBLICO.

MISTICETÁCEOS
LgBR DEC 73497 de 17/01/74.
baleen whale WEPA
misticetos WUANTO
Baleias que possuem barbatanas ou cerdas bucais ao invés de dentes, e constituem a subordem Mysticeti.
⇨ BALEIA AZUL; BALEIA CINZENTA; MEGAPTERO JUBARTE; BALEIA FRANCA; BALEIA SEI.

MISTURA EM TANQUE
LgBR DEC 4074 de 04/01/02, art. 1º, XXV.
tank mixture WEPA
mezcla en tanque WGRIF
Associação de agrotóxicos e afins no tanque do equipamento aplicador, imediatamente antes da aplicação.
LgBR

MISTURA OLEOSA
LgBR DEC 2508 de 04/03/98, Anexo I, 2
oily mixture KIS83.327
mezcla oleosa TRE83c:226
Mistura com qualquer conteúdo de óleo.
LgBR
⇨ ÓLEO COMBUSTÍVEL.

MISTURA OLEOSA *1
LgBR LEI 9966 de 28/04/00, art. 2º, IX
oily mixture KIS83:327
mezcla oleosa TRE83c:226
Mistura de água e óleo, em qualquer proporção.
LgBR
⇨ ÓLEO *2

MITOCÔNDRIAS
mitochondria COL88:113
mitocondrias ALL84:266
Organelas citoplasmáticas contendo enzimas respiratórias que geram energia química, utilizada nos processos metabólicos celulares.
⇨ CLOROPLASTOS; PLASMÍDEOS; RECEPTOR PROCARIÓTICO; RECEPTOR EUCARIÓTICO; VÍRUS.

MODELO DE VEÍCULO
LgBR RES CONAMA 297 de 20/02/02, Anexo I, 10.
vehicle model WMCT
modelo del vehículo WINF
Nome que caracteriza uma linha de produção de veículos de um mesmo fabricante, com as mesmas características construtivas, exceto ornamentais.
LgBR
⇨ CONFIGURAÇÃO DO VEÍCULO.

MÓDULO RURAL
LgBR LEI 4504 de 30/11/64, art. 4º, III.
rural module WUNECE
Área fixada nos termos da propriedade familiar.
LgBR
⇨ EMPRESA RURAL; LATIFÚNDIO; MINIFÚNDIO; PROPRIEDADE FAMILIAR; PROPRIEDADES RURAIS.

MOLÉCULAS DE ADN/ARN RECOMBINANTE
LgBR LEI 11105 de 24/03/05, art. 3º, III
recombinant DNA/RNA molecules WUSDA
moléculas de ADN/ARN recombinante WCRC
Moléculas manipuladas fora das células vivas, mediante a modificação de segmentos de ADN/ARN natural ou sintético que possam multiplicar-se em uma célula viva, ou ainda, as moléculas de ADN/ARN resultantes dessa multiplicação.
LgBR
◊ Consideram-se, ainda, os segmentos de ADN/ARN sintéticos equivalentes aos de ADN/ARN natural. Ibid.
⇨ ÁCIDO DESOXIRRIBONUCLÉICO; ENGENHARIA GENÉTICA; MICROORGANISMOS TRANSGÊNICOS; ORGANISMO.

MONITORAMENTO
LgBR RES CONAMA 357 de 17/03/05, cap. I, art. 2º, XXV
monitoreo WEULA
Medição ou verificação de parâmetros de qualidade e quantidade de água, que pode ser contínua ou periódica, utilizada para acompanhamento da condição e controle da qualidade do corpo de água.
LgBR
⇨ CONTROLE DA QUALIDADE DA ÁGUA.

MONITORAMENTO AMBIENTAL
LgBR DEC 84017 de 21/09/79, art. 7º, I.
environmental monitoring WEPA
monitoreo ambiental WRES664
Determinação periódica e sistemática das características qualitativas e quantitativas dos recursos ambientais.
⇨ PLANO DE MANEJO; PREDADORES NATURAIS; ZONA INTANGÍVEL.

MONITORAMENTO AMBIENTAL *1
LgBR RES CONAMA 264 de 26/08/99, Anexo I, 9.
environmental monitoring WEPA
monitoreo ambiental WRES664
Avaliação constante das emissões provenientes dos fornos de produção de clínquer que co-processam resíduos, bem como da qualidade ambiental na área de influência do empreendimento.
LgBR
⇨ FORNO ROTATIVO DE PRODUÇÃO DE CLÍNQUER.

MONITORAMENTO DA EFICIÊNCIA
LgBR RES CONAMA 269 de 14/09/00, Anexo
efficiency monitoring WEPA
Observação visual ou de outro tipo para determinar a eficiência da aplicação de dispersante.
LgBR
◊ Ver: REGULAMENTO PARA USO DE DISPERSANTES QUÍMICOS EM DERRAMES DE ÓLEO NO MAR
⇨ EFICIÊNCIA DISPERSANTE RELATIVA.

MONITORAMENTO DOS EFEITOS
LgBR RES CONAMA 269 DE 14/09/00, Anexo
effects monitoring WEPA

Medição dos efeitos em espécies alvo específicas resultantes da aplicação de dispersante.
LgBR
◊ Trata-se dos efeitos dos dispersantes químicos.
Ver: REGULAMENTO PARA USO DE DISPERSANTES QUÍMICOS EM DERRAMES DE ÓLEO NO MAR
⇨ EFICIÊNCIA DISPERSANTE RELATIVA.

MONOPÓLIO DO PETRÓLEO E DO GÁS NATURAL
LgBR LEI 9478 de 06/08/97, cap.III, art. 3º.
natural gas and petroleum monopoly WWGA
Pesquisa e lavra das jazidas de petróleo e gás natural e outros hidrocarbonetos fluidos; refinação de petróleo nacional ou estrangeiro; importação e exportação dos produtos e derivados básicos resultantes dessas atividades; transporte marítimo do petróleo bruto de origem nacional ou de derivados básicos de petróleo produzidos no País, bem como o transporte, por meio de conduto, de petróleo bruto, seus derivados e de gás natural.
⇨ DERIVADOS BÁSICOS; GÁS NATURAL; PETRÓLEO.

MONÓXIDO DE CARBONO
LgBR DEC 99280 de 06/06/90, Anexo I, 4, i.
carbon monoxide ONU92#690
monóxido de carbono ONU92#690
Gás formado a partir da combustão incompleta dos combustíveis fósseis, sendo os automóveis sua fonte preponderante.
◊ Símbolo: CO. Tem importantes fontes naturais e antropogênicas, e provavelmente desempenha um importante papel indireto na fotoquímica estratosférica.
⇨ DIÓXIDO DE CARBONO; ESPÉCIES DE HIDROCARBONOS SEM METANO; MONÓXIDO DE CARBONO *1; SUBSTÂNCIAS DO GRUPO DO CARBONO.

MONÓXIDO DE CARBONO *1
LgBR RES CONAMA 297 de 20/02/02, Anexo I, 12.
carbon monoxide ONU92#690
monóxido de carbono ONU92#690
Gás poluente, resultante da queima incompleta de combustíveis em motores de combustão interna.
LgBR
◊ Poluente atmosférico, grave ameaça à saúde humana.
⇨ MONÓXIDO DE CARBONO.

MONTANHA
LgBR RES CONAMA 303 de 20/03/02, art. 2º, V.
mountain COL88:115
montaña GAL92:986
Elevação do terreno com cota em relação à base superior a trezentos metros.
LgBR
⇨ BASE DE MORRO; LINHA DE CUMEADA.

MONUMENTO NATURAL
LgRS DEC 38814 de 26/08/98, art. 12, I.
natural monuments KIS83:64
monumento natural WMNP
Sítios de características naturais raras, singulares ou de grande beleza cênica, de significância em nível nacional, estadual ou municipal, administrados pelo Poder Público, proporcionando oportunidades para educação ambiental, recreação e pesquisas.
LgRS
⇨ UNIDADES DE PROTEÇÃO INTEGRAL/CATEGORIA DE USO INDIRETO.

MONUMENTO NATURAL *1
LgBR LEI 9985 DE 18/07/00, art. 12.
natural monuments KIS83:64
monumento natural WMNP
Unidade de conservação cujo objetivo básico é preservar sitios naturais raros, singulares ou de grande beleza cênica.
LgBR
⇨ ESTAÇÃO ECOLÓGICA *1; UNIDADES DE PROTEÇÃO INTEGRAL *1.

MONUMENTOS ARQUEOLÓGICOS
LgBR LEI 3924 de 26/07/61, art. 2º.
archaeological monuments WUNESCO
monumentos arqueológicos WRES1134
Monumentos que incluem: jazidas de qualquer natureza, origem ou finalidade, que representem testemunhos da cultura

dos paleoameríndios do Brasil, tais como: sambaquis, montes artificiais ou tesos, poços sepulcrais, jazigos, aterrados, estearias e quaisquer outras não especificadas aqui, mas de significado idêntico, a juízo da autoridade competente; os sítios nos quais se encontram vestígios positivos de ocupação pelos paleoameríndios, tais como grutas, lapas e abrigos sob rocha; os sítios identificados como cemitérios, sepulturas ou locais de pouso prolongado ou de aldeiamento, "estações" e "cerâmios", nos quais se encontrem vestígios humanos de interesse arqueológico ou paleoetnográfico; as inscrições rupestres ou locais como sulcos de polimentos de utensílios e outros vestígios de atividade de paleoameríndios.
LgBR
⇨ MONUMENTOS NATURAIS; SAMBAQUIS; SÍTIOS ARQUEOLÓGICOS.

MONUMENTOS NATURAIS
LgBR DEC 58054 de 23/03/66, art. 1º, 3.
natural monuments KIS83:64
monumentos naturales ONU92#4132
Regiões, objetos ou espécies vivas de animais ou plantas, de interesse estético ou valor histórico ou científico, aos quais é dada proteção absoluta, com o fim de conservar um objeto específico ou uma espécie determinada da flora ou da fauna, declarando uma região, um objeto ou uma espécie isolada, monumento natural inviolável, exceto para a realização de investigações científicas devidamente autorizadas ou inspeções oficiais.
LgBR
⇨ CONVENÇÃO PARA A PROTEÇÃO DA FLORA, DA FAUNA E DAS BELEZAS CÊNICAS DOS PAÍSES DA AMÉRICA; MONUMENTOS ARQUEOLÓGICOS; RESERVAS DE REGIÕES VIRGENS; RESERVAS NACIONAIS; SÍTIOS ECOLÓGICOS DE RELEVÂNCIA CULTURAL.

MONUMENTOS PRÉ-HISTÓRICOS
LgBR LEI 3924 de 26/07/61, art. 24.
prehistoric monuments WUNESCO
monumentos prehistóricos WPUENTES
◊ Ver MONUMENTOS ARQUEOLÓGICOS.

MORRO
LgBR RES CONAMA 303 de 20/03/02, art. 2º, IV.
hill COL88:87
monte ONU92:2477
Elevação do terreno com cota do topo em relação à base entre 50 (cinqüenta) e 300 (trezentos) metros e encostas com declividade superior a 30% (aproximadamente 17°) na linha de maior declividade.
LgBR
⇨ BASE DE MORRO; LINHA DE CUMEADA; MONTANHA.

MORROS TESTEMUNHOS
LgRS LEI 10330 de 27/12/94, art. 9º, XI, i.
witness mountains WUSAT
Formas de relevo que se destacam no contexto de uma superfície plana ou planície, associadas a rochas mais resistentes e mais antigas que testemunham a sua existência pretérita mais expressiva no contexto regional.
⇨ SISTEMA ESTADUAL DE PROTEÇÃO AMBIENTAL.

MOTOCICLO
LgBR RES CONAMA 297 de 20/02/02, Anexo I, 11.
motorcycle WEPA
motociclo GAL92:992
Veículo automotor de duas rodas e seus similares de três rodas (triciclos), ou quatro rodas (quadriciclo), dotado de motor de combustão interna com cilindrada superior a cinqüenta centímetros cúbicos e cuja velocidade máxima ultrapasse cinqüenta quilômetros por hora.
LgBR
⇨ CICLOMOTOR.

MOTOR DO CICLO DIESEL
LgBR RES CONAMA 18 de 06/05/86, 3, 3.1.
diesel cycle engine WCAL
motor diesel WUNA
Motor a combustão interna no qual a ignição da mistura ar/combustível se dá pelo calor gerado na compressão do ar.
⇨ ESCALA RINGELMANN; FULIGEM; MOTOR DO CICLO OTTO; VEÍCULO LEVE; VEÍCULO PESADO.

MOTOR DO CICLO OTTO
LgBR RES CONAMA 18 de 06/05/86, 2, 2.1.
Otto-cycle engine WAFD
motor ciclo Otto WCNMA
Motor a combustão interna no qual a ignição da mistura ar e combustível se dá pelo calor de uma centelha entre dois eletrodos.
⇨ MOTOR DO CICLO DIESEL; VEÍCULO LEVE; VEÍCULO PESADO.

MOTO-SERRA
LgBR PRT IBAMA 149-P de 30/12/92, art. 1º, § 1º.
chain saw WEPA
tronzadera GAL92:1481
Equipamento utilizado para o corte de árvore e/ou madeira em geral, constituído de motor de combustão interna, sabre e corrente.
LgBR
⇨ CONTINGENCIAMENTO.

MOVIMENTO TRANSFRONTEIRIÇO
LgBR DEC 875 de 19/07/93, art. 1º.
transboundary movement WBASEL
movimiento transfronterizo WLEY25279
Movimento de resíduos perigosos ou outros resíduos procedentes de uma área sob a jurisdição nacional de um Estado para ou através de uma área sob a jurisdição nacional de outro Estado ou para ou através de uma área não incluída na jurisdição nacional de qualquer Estado, desde que o movimento afete a pelo menos dois Estados.
LgBR
⇨ CONVENÇÃO DE BASILÉIA SOBRE O CONTROLE DE MOVIMENTOS TRANSFRONTEIRIÇOS DE RESÍDUOS PERIGOSOS E SEU DEPÓSITO; RESÍDUOS PERIGOSOS; TRÁFICO ILEGAL.

MUDANÇA DO CLIMA
LgBR DEC 2652 de 01/07/98, Anexo, art. 1, 2.
climate change WUNI
cambio climático MAN95:93
Mudança que possa ser direta ou indiretamente atribuída à atividade humana, que altere a composição da atmosfera mundial e que se some àquela provocada pela variabilidade climática natural observada ao longo de períodos comparáveis.
LgBR
⇨ CONVENÇÃO QUADRO DAS NAÇÕES UNIDAS SOBRE MUDANÇA DO CLIMA; EFEITOS NEGATIVOS DA MUDANÇA DO CLIMA.

MULTA
LgBR DEC 84017 de 21/09/79, art. 50.
pecuniary penalty WUSHR
multa WLEY13273
Penalidade pecuniária aplicada ao infrator pelos fiscais do Parque Nacional e fixada com base no Maior Valor de Referência vigente no País.
LgBR
◊ *Penalidade a que ficam sujeitas as pessoas físicas ou jurídicas que infringem as disposições do regulamento dos Parques Nacionais Brasileiros.*
⇨ PARQUES NACIONAIS.

MUTAGÊNESE
LgBR LEI 8974 de 05/01/95, art. 4º, I.
mutagenesis ONU92#4094
mutagénesis ONU92#4094
Processo que dá origem a uma alteração em um locus particular no ADN de um organismo, incluindo desde mutações de ponto, que envolvem alteração em um único gene, até alterações cromossômicas.
⇨ CARACTERÍSTICAS MUTAGÊNICAS; POTENCIAL MUTAGÊNICO; PROTOPLASMA.

MUTIRÃO AMBIENTAL
LgBR RES CONAMA 03 de 16/03/88.
environmental co-operation WEPA
Auxílio voluntário prestado por entidades civis de caráter ambientalista aos órgãos ambientais na fiscalização e proteção do meio ambiente.
⇨ ECOLOGISTA; ECÓLOGO.

n

N_2O
LgBR DEC 99280 de 06/06/90, Anexo I, b, i.
N_2O WINTA
◊ *Símbolo de ÓXIDO NITROSO.*

NASCENTE
LgBR RES CONAMA 303 de 20/03/02, art. 2º, II.
spring ONU92#6205
fuente GAL92:649
Local onde se verifica o aparecimento de água por afloramento do lençol freático.
LgBR
◊ *Var: OLHO D'ÁGUA.*
⇨ LENÇOL FREÁTICO; PARALELOGRAMA DE COBERTURA FLORESTAL; VEREDA.

NASCENTE *1
LgPOA LEI COMPL. 434 de 01/12/99, art. 16, II.
spring ONU92#6205
fuente GAL92:649
Local onde se verifica o aparecimento de água por afloramento do lençol freático.
LgPOA
◊ *A definição também se aplica a OLHO D'ÁGUA.*
⇨ FAIXAS DE PROTEÇÃO DE ÁGUAS SUPERFICIAIS.

NASCENTES
LgRS LEI 11520 de 04/08/00, art. 14, XXXII.
spring ONU92#6205
fuentes GAL92:649
Pontos ou áreas no solo ou numa rocha de onde a água flui naturalmente para a superfície do terreno ou para uma massa de água.
LgRS
⇨ MANANCIAIS.

NAVIO
LgBR DEC 2508 de 04/03/98, art. 2º, 4.
ship KIS83:320
buque GAL92:186
Embarcação de qualquer tipo operando no ambiente marinho e inclui I, veículos a colchão de ar, submersíveis, engenhos flutuantes e plataformas fixas ou flutuantes.
LgBR
⇨ ESTADO DE REGISTRO DE NAVIO; NAVIO *1; PETROLEIRO.

NAVIO *1
LgBR DEC 79437 de 28/03/77, art. I, 1.
ship KIS83:320
buque GAL92:186
Embarcação marítima ou engenho marítimo flutuante, qualquer que seja o tipo, que transporte efetivamente óleo a granel como carga.
LgBR
⇨ NAVIO.

NAVIO *2
LgBR LEI 9966 de 28/04/00, art. 2º, V.
ship KIS83:320
buque GAL92:186
Embarcação de qualquer tipo que opere no ambiente aquático, inclusive hidrofólios, veículos a colchão de ar, submersíveis e outros engenhos flutuantes.
LgBR
⇨ ALIJAMENTO *1.

NAVIO BALEEIRO
LgBR DEC 73497 de 17/01/74, art. I, 1.
whale catcher KIS83:67
barco cazador de ballenas WCCC
Navio utilizado para capturar, rebocar, prender ou localizar baleias.
LgBR
⇨ ESTAÇÕES DE TERRA; USINA FLUTUANTE.

NAVIO TANQUE DE PRODUTOS QUÍMICOS
LgBR DEC 2508 de 04/03/98, Anexo II, 1.
chemical tanker KIS83:357
buque-tanque químico TRE83c:277
Navio construído ou adaptado principalmente para transportar a granel um carregamento de substâncias líquidas nocivas.
LgBR
⇨ PETROLEIRO.

NÍVEIS CALCULADOS
LgBR DEC 99280 de 06/06/90, art. I, 7.
calculated levels WSED
niveles calculados ARG90
Níveis calculados de produção, importações, exportações e consumo, estabelecidos de acordo com os termos do Artigo 3.
LgBR
◊ *Artigo 3 – Cálculo dos Níveis de Controle. Para os fins dos Artigos 2 a 5, e para cada Grupo de Substâncias no Anexo A, cada Parte determinará seus níveis calculados de: produção, mediante a multiciplidade de sua produção anual de cada substância, controlada pelo potencial de destruição de ozônio, tal como especificado no Anexo A e a adição, para cada Grupo, das cifras resultantes; importações e exportações, respectivamente, pela obediência,* mutatis mutandis, *do procedimento estabelecido no subparágrafo (a) e (c) consumo, mediante a adição de seus níveis calculados de produção e de importações, seguida de subtração de seu nível calculado de exportações, como estabelecido nos termos dos subparágrafos (a) e (b). A partir de 1º de janeiro de 1993, no entanto, exportações de substâncias controladas para não-Partes deixarão de ser subtraídas no cômputo do nível de consumo da Parte exportadora.*
⇨ RACIONALIZAÇÃO INDUSTRIAL; SUBSTÂNCIA CONTROLADA.

NÍVEL DE ALERTA
LgBR RES CONAMA 03 de 28/06/90, art. 5º, § 6º.
warning level ONU92#7097
nivel de alerta ONU92#7097
Nível de poluição do ar declarado quando, prevendo-se a manutenção das emissões, bem como condições meteorológicas desfavoráveis à dispersão de poluentes nas 24 (vinte e quatro) horas subseqüentes, for atingida uma ou mais das condições a seguir enumeradas: concentração de dióxido de enxofre (SO_2), média de 24 (vinte e quatro) horas, 1.600 (hum mil e seiscentos) microgramas por metro cúbico; concentração de partículas totais em suspensão, média de 24 (vinte e quatro) horas, de 625 (seiscentos e vinte e cinco) microgramas por metro cúbico; produto, igual a 261×10^3,

entre a concentração de dióxido de enxofre (SO_2) e a concentração de partículas totais em suspensão – ambas em microgramas por metro cúbico, média de 24 (vinte e quatro) horas; concentração de monóxido de carbono (CO), média de 8 (oito) horas, de 34.000 (trinta e quatro mil) microgramas por metro cúbico (30 ppm); concentração de ozônio, média de 1 (uma) hora, de 800 (oitocentos) microgramas por metro cúbico; concentração de partículas inaláveis, média de 24 (vinte e quatro) horas, de 420 (quatrocentos e vinte) microgramas por metro cúbico; concentração de fumaça, média de 24 (vinte e quatro) horas, de 420 (quatrocentos e vinte) microgramas por metro cúbico; concentração de dióxido de nitrogênio (NO_2), média de 1 (uma) hora de 2.260 (dois mil duzentos e sessenta) microgramas por metro cúbico.
LgBR
⇨ EPISÓDIO CRÍTICO DE POLUIÇÃO DO AR; NÍVEL DE ATENÇÃO; NÍVEL DE EMERGÊNCIA.

NÍVEL DE ATENÇÃO
LgBR RES CONAMA 03 de 28/06/90, art. 5º, § 5º.
attention level WEPA
nivel de alarma WNCAA
Nível de poluição do ar declarado quando, prevendo-se a manutenção das emissões, bem como condições meteorológicas desfavoráveis à dispersão dos poluentes nas 24 (vinte e quatro) horas subseqüentes, for atingida uma ou mais das condições a seguir enumeradas: concentração de dióxido de enxofre (SO_2), média de 24 (vinte e quatro) horas, de 800 (oitocentos) microgramas por metro cúbico; concentração de partículas totais em suspensão, média de 24 (vinte e quatro) horas, de 375 (trezentos e setenta e cinco) microgramas por metro cúbico; produto, igual a 65×10^3, entre a concentração de dióxido de enxofre (SO_2) e a concentração de partículas totais em suspensão – ambas em microgramas por metro cúbico, média de 24 (vinte e quatro) horas; concentração de monóxido de carbono (CO), média de 8 (oito) horas, de 17.000 (dezessete mil) microgramas por metro cúbico (15 ppm); concentração de ozônio, média de 1 (uma) hora, de 400 (quatrocentos) microgramas por metro cúbico; concentração de partículas inaláveis, média de 24 (vinte e quatro) horas, de 250 (duzentos e cinqüenta) microgramas por metro cúbico; concentração de fumaça, média de 24 (vinte e quatro) horas, de 250 (duzentos e cinqüenta) microgramas por metro cúbico; concentração de dióxido de nitrogênio (NO_2), média de 1 (uma) hora, de 1130 (hum mil cento e trinta) microgramas por metro cúbico.
LgBR
⇨ EPISÓDIO CRÍTICO DE POLUIÇÃO DO AR; NÍVEL DE ALERTA; NÍVEL DE EMERGÊNCIA; POLUIÇÃO DO AR.

NÍVEL DE EMERGÊNCIA
LgBR RES CONAMA 03 de 28/06/90, art. 5º, § 7º.
emergency level WEPA
nivel de emergencia WNCAA
Nível de poluição do ar declarado quando, prevendo-se a manutenção das emissões, bem como condições meteorológicas desfavoráveis à dispersão dos poluentes nas 24 (vinte e quatro) horas subseqüentes, for atingida uma ou mais das condições a seguir enumeradas: concentração de dióxido de enxofre (SO_2); média de 24 (vinte e quatro) horas, de 2.100 (dois mil e cem) microgramas por metro cúbico; concentração das partículas totais em suspensão, média de 24 (vinte e quatro) horas, de 875 (oitocentos e setenta e cinco) microgramas por metro cúbico; produto igual a 393×10^3, entre a concentração de dióxido de enxofre (SO_2) e a concentração de partículas totais em suspensão – ambas em microgramas por metro cúbico, média de 24 (vinte e quatro) horas; concentração de monóxido de carbono (CO), média de 8 (oito) horas, de 46.000 (quarenta e seis mil) microgramas por metro cúbico (40 ppm); concentração de ozônio, média de 1 (uma) hora, de 1.000 (hum mil) mi-

crogramas por metro cúbico; concentração de partículas inaláveis, média de 24 (vinte e quatro) horas, de 500 (quinhentos) microgramas por metro cúbico; concentração de fumaça, média de 24 (vinte e quatro) horas, de 500 (quinhentos) microgramas por metro cúbico; concentração de dióxido de nitrogênio (NO_2), média de 1 (uma) hora, de 3.000 (três mil) microgramas por metro cúbico.
LgBR
⇨ EPISÓDIO CRÍTICO DE POLUIÇÃO DO AR; NÍVEL DE ATENÇÃO; NÍVEL DE ALERTA.

NÍVEL DE EMISSÃO
LgPOA DEC 9325 de 30/11/88, art. 2º, II.
pollution level ONU92#4983
nivel de contaminación ONU92#4983
Concentração de cada contaminante emitido na atmosfera, num período determinado, medido nas unidades de aplicação que correspondem a cada um deles.
LgPOA
⇨ TRANSTORNOS ATMOSFÉRICOS.

NÍVEL DE PRESSÃO SONORA
LgPOA DEC 8185 de 07/03/83, art. 3º, VI.
sound pressure level POR92:345
nivel de presión sonora ALL84:281
Avaliação quantitativa do som de um determinado meio, significando 20 vezes o logaritmo de base 10 da proporção entre a pressão sonora medida e a pressão de referência de 20x10 (elevado à sexta potência negativa) N/m (elevado à segunda potência).
LgPOA
◊ Sigla: NPS.
⇨ PRESSÃO SONORA, RUÍDO.

NÍVEL FREÁTICO
LgPOA DEC 9367 de 29/12/88, art. 1º, V.
groundwater level ONU92#7193
nivel freático ONU92#7193
Distância entre a superfície e a zona saturada em água do solo.
LgPOA
⇨ ÁGUA SUBTERRÂNEA; ÁGUAS SUPERFICIAIS; PERCOLAÇÃO.

NÍVEL III DE INATIVAÇÃO MICROBIANA
LgBR RES CONAMA 358 de 29/04/05, art. 2º, VIII

Inativação de bactérias vegetativas, fungos, vírus lipofílicos e hidrofílicos, parasitas e microbactérias com redução igual ou maior que 6Log10, e inativação de esporos do bacilo *stearothermophilus* ou de esporos do bacilo subtilis com redução igual ou maior que 4Log10.
LgBR
⇨ REDUÇÃO DE CARGA MICROBIANA.

NÍVEL MAIS ALTO
LgBR RES CONAMA 303 de 20/03/02, art. 2º, I.
higher level WEPA
nivel más alto WMED
Nível alcançado por ocasião da cheia sazonal do curso d'água perene ou intermitente.
LgBR
⇨ LEITO MAIOR SAZONAL.

NÍVEL MÁXIMO NORMAL
LgBR RES CONAMA 302 de 20/03/02, art. 2º, IV.
normal maximum level WSWPA
nivel máximo normal de operación WMECON
Cota máxima normal de operação do reservatório.
LgBR
⇨ RESERVATÓRIO ARTIFICIAL.

NMHC
LgBR RES CONAMA 291 de 25/10/01, art. 3º, III.
NMHC WDSCA
◊ Símbolo de HIDROCARBONETOS NÃO METANO.

NO
NO WRES61
◊ Símbolo de ÓXIDO NÍTRICO.

NO_2
LgBR DEC 99280 de 06/06/90, Anexo I, 4, b, i.
NO_2 WGCBA
◊ Símbolo de DIÓXIDO DE NITROGÊNIO.

NOVA CULTIVAR
LgBR LEI 9456 DE 25/04/97, art. 3º, V.
new cultivar WSBT
cultivar nuevo WAMP
Cultivar que não tenha sido oferecida à venda no Brasil há mais de doze meses

em relação à data do pedido de proteção e que, observado o prazo de comercialização no Brasil, não tenha sido oferecida à venda em outros países, com o consentimento do obtentor, há mais de seis anos para espécies de árvores e videiras e há mais de quatro anos para as demais espécies.
LgBR
⇨ CULTIVAR ESSENCIALMENTE DERIVADA; MARGEM MÍNIMA.

NOVAS CONFIGURAÇÕES
LgBR RES CONAMA 315 DE 29/10/02, Anexo I, 9.
new configurations WSAE
nuevas configuraciones WRES1270
Modelos de veículos leves lançados no mercado, que não sejam derivados de veículos em produção.
LgBR
⇨ NOVAS HOMOLOGAÇÕES; VEÍCULO LEVE.

NOVAS HOMOLOGAÇÕES
LgBR RES CONAMA 315 DE 29/10/02, Anexo I, 7.
new homologations WEU
nuevas homologaciones WBOE
Homologações que abrangerem as novas configurações de veículos ainda não em produção ou as configurações já existentes com alterações no sistema de controle de emissão, excetuando-se, contudo, as revalidações de homologações já existentes.
LgBR
⇨ NOVAS CONFIGURAÇÕES.

NOVO PRODUTO
LgBR DEC 4074 de 04/01/02, art. 1º, XXVI.
new product WEPA
nuevo producto WRES440
Produto técnico, pré-mistura ou produto contendo ingrediente ativo ainda não registrado no Brasil.
LgBR
⇨ INGREDIENTE ATIVO *1.

NOVOS RECURSOS PESQUEIROS
LgBR DEC 1203 de 28/07/94, 4.3, a.
new fishing resources WFAO
nuevos recursos pesqueros WTTG
Espécies de boa aceitação que não têm sido exploradas direta e eficientemente, sobre as quais existem indicações de potencialidade elevada, sendo insuficiente a disponibilidade atual de conhecimento.
LgBR
⇨ RECURSOS PESQUEIROS.

NPS
LgPOA DEC 8185 de 07/03/83, art. 3º, VI.
NPS WISP
◊ Sigla de NÍVEL DE PRESSÃO SONORA.

NÚCLEO DE COLONIZAÇÃO
LgBR LEI 4504 de 30/11/64, art. 67.
colonization center WUSDA
Conjunto de parcelas integradas por uma sede administrativa e serviços comunitários.
LgBR
⇨ COLONIZAÇÃO; DISTRITO DE COLONIZAÇÃO; EMPRESAS PARTICULARES DE COLONIZAÇÃO; LOTES URBANOS; PARCELAS.

NÚCLEO DE SUBABITAÇÃO
LgPOA LEI COMPL. 251 de 25/07/91, art. 4º, § 1º.
Conjuntos de aglomerados construídos por habitações precárias, com ocupação desordenada do solo e com carência de infra-estrutura.
LgPOA
⇨ ÁREAS EDIFICADAS; ÁREAS URBANIZADAS.

NUTRIENTE
LgBR DEC 4954 de 14/01/04, art. 2º, XIV.
nutrient ONU92#4331
nutriente ONU92#4331
Elemento essencial ou benéfico para o crescimento e produção dos vegetais.
LgBR
⇨ MACRONUTRIENTES PRIMÁRIOS; MACRONUTRIENTES SECUNDÁRIOS; MICRONUTRIENTES; CARGA.

NUTRIMENTO
LgBR DEC 79094 de 05/01/77, art. 3º, VI.
nutriment WEPA
nutriente WMECON
Substância constituinte dos alimentos de valor nutricional, incluindo proteínas, gorduras, hidratos de carbono, água, elementos minerais e vitaminas.
LgBR
⇨ ALIMENTO IRRADIADO.

O

OBD
LgBR RES CONAMA 315 de 29/10/02, Anexo I, 4.
OBD WMTT
◊ Sigla de DISPOSITIVOS DA AUTODIAGNOSE e SISTEMAS DA AUTODIAGNOSE.
OBRA FERROVIÁRIA
LgBR RES CONAMA 349 de 16/08/04, art. 2º, III
railway work WUNE
obra ferroviaria WPTU
Obra de construção, duplicação, ampliação ou qualquer outra intervenção da via permanente e unidades de apoio.
LgBR
⇨ UNIDADE DE APOIO; VIA PERMANENTE.
OBRA INICIADA
LgPOA LEI COMPL. 434 de 01/12/99, art. 159, § 2º.

obra iniciada WMEPA
Obra cujas fundações estejam concluídas e a conclusão tenha sido comunicada ao Poder Executivo, desde que executadas de forma tecnicamente adequada à edificação licenciada.
LgPOA
OBRAS CIVIS
LgBR RES CONAMA 237 de 22/12/97, Anexo I.
civil works WEPA
obras civiles WORI
Rodovias, ferrovias, hidrovias, metropolitanos; barragens e diques; canais para drenagem; retificação de curso de água; abertura de barras, embocaduras e canais; transposição de bacias hidrográficas; outras obras de arte.

LgBR
◊ Atividades ou empreendimentos sujeitos ao Licenciamento Ambiental, conforme estabelecido na LgBR RES CONAMA 237 de 22/12/97, Anexo I.

OD
LgBR RES CONAMA 20 de 18/06/86, art. 4º, h.
DO ONU92#1634
OD WSAGP
◊ Sigla de OXIGÊNIO DISSOLVIDO.

ODONTOCETÁCEOS
odontocetes WENC
Cetáceos que possuem dentes e constituem a subordem Odontoceti.
⇨ BALEIAS DENTICETE.

OGM
LgBR LEI 11105 de 24/03/05, art. 3º, V.
GMO ONU92#2677
OMG ONU92#2677
◊ Sigla de ORGANISMO GENETICAMENTE MODIFICADO.

ÓLEO
LgBR DEC 79437 de 28/03/77, art. 1º, 5.
oil UNI03:540
aceite WSAGP
Óleo persistente, tais como petróleo bruto, óleo combustível, óleo diesel pesado, óleo lubrificante e óleo de baleia, quer transportado a bordo de um navio como carga ou nos tanques de um navio, quer nos tanques de combustível desse navio.
LgBR
⇨ ÓLEO COMBUSTÍVEL.

ÓLEO *1
LgBR DEC 2508 de 04/03/98, Anexo I, 1.
oil UNI03:540
aceite WSAGP
Forma de petróleo incluindo óleo cru, óleo combustível, borra, resíduos de óleo e produtos refinados (outros que não os petroquímicos, os quais são assuntos das disposições do Anexo II da Presente Convenção) e, sem limitar a generalidade dos precedentes, inclui as substâncias relacionadas no Apêndice I deste Anexo.
LgBR
⇨ CONVENÇÃO INTERNACIONAL PARA PREVENÇÃO DA POLUIÇÃO CAUSADA POR NAVIOS; ÓLEO COMBUSTÍVEL; PETROLEIRO.

ÓLEO *2
LgBR LEI 9966 de 28/04/00, art. 2º, VIII.
oil UNI03:540
aceite WSAGP
Forma de hidrocarboneto (petróleo e seus derivados), incluindo óleo cru, óleo combustível, borracha, resíduos de petróleo e produtos refinados.
LgBR
⇨ MISTURA OLEOSA *1.

ÓLEO COMBUSTÍVEL
LgBR DEC 2508 de 04/03/98, Anexo I, 3.
oil fuel KIS83:327
aceite combustible ONU92#2615
Óleo usado como combustível relativo às máquinas de propulsão e auxiliares do navio no qual tal óleo é transportado.
LgBR
⇨ MISTURA OLEOSA; ÓLEO; ÓLEO *1.

OLHO D'ÁGUA
LgBR RES CONAMA 303 de 20/03/02, art. 2º, II.
spring ONU92#6205
fuente GAL92:649
◊ Ver NASCENTE (Var.)

OMM
WMO WWMO
OMM WWMO
Organização Mundial de Meteorologia, organismo do Sistema ONU, sediado em Genebra, responsável pelos estudos de meteorologia e outras ciências afins que gera e troca informações sobre o tempo, a água e o clima, realizando pesquisas a nível nacional e internacional.

OMS
WHO WWHO
OMS WWHO
Organização Mundial da Saúde, órgão das Nações Unidas estabelecida em 1948, sediada em Genebra, que objetiva que todos os povos possam atingir o mais alto grau possível de saúde e bem estar.

ONDAS DE TEMPESTADES
LgBR DEC 5300 de 07/12/04, art. 2º, X.
storm waves WEPA
olas de tempestades WCID

Ondas do mar de grande amplitude geradas por fenômeno meteorológico.
LgBR
⇨ ZONA COSTEIRA BRASILEIRA.
ONGs
LgBR RES CONAMA 292 de 21/03/02, art. 1º.
NGOs WNGOS
ONGs PAD93:85
◊ *Sigla de* ORGANIZAÇÕES NÃO-GOVERNAMENTAIS.
ÔNIBUS URBANO
LgBR RES CONAMA 315 DE 29/10/02, Anexo I, 10.
city bus WMTA
omnibus urbano WDEC779
Veículo automotor de transporte coletivo com capacidade para mais de vinte passageiros, ainda que, em virtude de adaptações com vista à maior comodidade destes, transporte número menor, de uso predominantemente urbano.
LgBR
⇨ VEÍCULO PESADO.
OPERAÇÃO FERROVIÁRIA
LgBR RES CONAMA 349 de 16/08/04, art. 2º, IV.
railway operation WUSHR
operación ferroviaria WDEC502
Atividades de formação da composição ferroviária, carregamento e descarregamento e circulação de trens, além das atividades de manutenção, reparação e melhoria da via permanente.
LgBR
⇨ UNIDADE DE APOIO.
OPERADOR
LgBR LEI 6453 de 17/10/77, art. 1º, I.
operator KIS83:22
operador WDEC1390
Pessoa jurídica devidamente autorizada para operar instalação nuclear.
LgBR
⇨ PESSOA JURÍDICA.
OPRC/90
LgBR RES CONAMA 269 de 14/09/00.
OPRC 90 WUNEP
◊ *Sigla de* International Convention on Oil Pollution Preparedness Response and Co-Operation. *Var.*
CONVENÇÃO INTERNACIONAL SOBRE O PREPARO, RESPOSTA E COOPERAÇÃO EM CASO DE POLUIÇÃO POR ÓLEO.
ORDEM ECONÔMICA
LgBR CF, art. 170.
economic order WUSDS
orden económico WPJN
Conjunto de princípios constitucionais de conformação do processo econômico, que instituem uma determinada forma de organização e funcionamento das forças produtivas, do mercado e da sua forma de atuação quanto aos consumidores, ao aproveitamento dos recursos naturais e demais fatores de produção.
⇨ DEFESA DO CONSUMIDOR; FUNÇÃO SOCIAL DA PROPRIEDADE.
ORDEM PÚBLICA
LgBR CF, art. 136.
public order WUSDS
orden público WFOR
Conjunto de regras formais que emanam do ordenamento jurídico da Nação, tendo por escopo regular as relações sociais de todos os níveis, do interesse público, estabelecendo um clima de convivência harmoniosa e pacífica, fiscalizado pelo poder de polícia e constituindo-se uma situação ou condição que conduza ao bem comum.
JUC93:0600
⇨ ESTADO DE CALAMIDADE PÚBLICA; PODER DE POLÍCIA; SITUAÇÃO DE EMERGÊNCIA.
ORGANISMO
LgBR LEI 11105 de 24/03/05, art. 3º, I.
organism WEPA
organismo WPMSIDA
Entidade biológica capaz de reproduzir ou transferir material genético, inclusive vírus e outras classes que venham a ser conhecidas.
LgBR
⇨ MOLÉCULAS DE ADN/ARN RECOMBINANTE; ORGANISMO GENETICAMENTE MODIFICADO.
ORGANISMO GENETICAMENTE MODIFICADO
LgBR LEI 11105 de 24/03/05, art. 3º, V
genetically modified organism
ONU92#2677

organismo modificado genéticamente ONU92#2677
Organismo cujo material genético ADN/ARN tenha sido modificado por qualquer técnica de engenharia genética.
LgBR
◊ *Sigla: OGM.*
⇨ CONSTRUÇÃO GÊNICA; ENGENHARIA GENÉTICA; FUSÃO CELULAR; ORGANISMO; TECNOLOGIAS GENÉTICAS DE RESTRIÇÃO DO USO.

ORGANISMO HOSPEDEIRO
LgBR RES CONAMA 305 de 12/06/02, Anexo I, Glossário.
host organism WEPA
organismo huésped WIIC
Microorganismo original não transformado pelo processo de engenharia genética, a ser utilizado no experimento de engenharia genética.
LgBR
⇨ ORGANISMO RECEPTOR.

ORGANISMO PARENTAL
parental organism ONU92#4672
organismo parental ONU92#4672
◊ *Ver ORGANISMO RECEPTOR.*

ORGANISMO RECEPTOR
receptor organism WEPA
organismo parental WIIC
Organismo capaz de receber uma nova informação genética.
⇨ ORGANISMO HOSPEDEIRO; RECEPTOR EUCARIÓTICO; VETOR/INSERTO.

ORGANISMOS QUARENTENÁRIOS
LgBR DEC 4282 de 25/06/02, art. 2, 1.
quarantine organisms WIPEA
organismos cuarentenarios WASOEX
Pragas, plantas patogênicas e as ervas daninhas constantes das listas dos Anexos I e II.
LgBR
◊ *Os Anexos I e II deste Decreto listam os organismos quarentenários não registrados na Rússia e no Brasil. Def. Compl. Seres vivos que não ocorrem em uma área e que podem ser disseminados para uma outra área, acarretando riscos para o meio ambiente, sujeitos às diretrizes sanitárias internacionais sobre a importação.*
⇨ ACORDO SOBRE COOPERAÇÃO NA ÁREA DA QUARENTENA VEGETAL; CERTIFICADO FITOSSANITÁRIO; QUARENTENA VEGETAL.

ORGANIZAÇÃO DE INTEGRAÇÃO ECONÔMICA REGIONAL
LgBR DEC 99280 de 06/06/90, art. 1, 6.
Regional Economic Integration Organization WUNEP
Organización de Integración Económica Regional ARG94a
Organização constituída por Estados soberanos de uma determinada região, que tem por competência em matérias reguladas por esta Convenção ou seus protocolos, e que tenha sido devidamente autorizada, nos termos de seus procedimentos internos, a assinar, ratificar, aceitar, aprovar ou aderir aos instrumentos em apreço.
LgBR
◊ *Trata-se da CONVENÇÃO DE VIENA PARA A PROTEÇÃO DA CAMADA DE OZÔNIO.*

ORGANIZAÇÃO MARÍTIMA CONSULTIVA INTERGOVERNAMENTAL
LgBR DEC 79437 de 28/03/77, art. 1º, 9.
Intergovernmental Maritime Consultative Organization KIS83:320
Organización Marítima Internacional ARG94
Agência das Nações Unidas instituída para estimular a abolição de medidas discriminatórias e restritivas sobre a marinha mercante, desenvolver a cooperação internacional sobre a segurança da vida no mar e controlar a poluição provocada por embarcações.
◊ *Denominação: ORGANIZAÇÃO MARÍTIMA INTERNACIONAL.*

ORGANIZAÇÃO MARÍTIMA INTERNACIONAL
International Maritime Organization WIMO
Organización Marítima Internacional ARG94
◊ *Ver ORGANIZAÇÃO MARÍTIMA CONSULTIVA INTERGOVERNAMENTAL.*

ORGANIZAÇÃO REGIONAL DE INTEGRAÇÃO ECONÔMICA
LgBR DEC 2519 de 16/03/98, art. 2º
Regional Economic Integration Organization WUNI
Organización de Integración Política y/o Económica ARG91

Organização constituída de Estados soberanos de uma determinada região, a que os Estados-Membros transferiram competência em relação a assuntos regidos por esta Convenção, e que foi devidamente autorizada, conforme seus procedimentos internos, a assinar, ratificar, aceitar, aprovar a mesma e a ela aderir.
LgBR
◊ Trata-se da CONVENÇÃO SOBRE DIVERSIDADE BIOLÓGICA.

ORGANIZAÇÕES NÃO-GOVERNAMENTAIS
LgBR RES CONAMA 292 de 21/03/02, art. 1º.
◊ Ver ENTIDADES AMBIENTALISTAS.

ÓRGÃO AMBIENTAL
LgBR LEI 9966 de 28/04/00, art. 2º, XXI.
environmental organ WSBB
órgão ambiental WMED
Órgão do poder executivo federal, estadual ou municipal, integrante do Sistema Nacional do Meio Ambiente, responsável pela fiscalização, controle e proteção ao meio ambiente no âmbito de suas competências.
LgBR
⇨ ÓRGÃO AMBIENTAL COMPETENTE *1; SISTEMA NACIONAL DE MEIO AMBIENTE.

ÓRGÃO AMBIENTAL COMPETENTE
LgBR RES CONAMA 344 de 25/03/04, art. 2º, II.
competent environmental body WMMA
órgão ambiental competente WMMAE
Órgão ambiental de proteção e controle ambiental do poder executivo federal, estadual ou municipal, integrante do Sistema Nacional do Meio Ambiente, responsável pelo licenciamento ambiental, no âmbito de suas competências.
LgBR
⇨ ÓRGÃO AMBIENTAL COMPETENTE *1.

ÓRGÃO AMBIENTAL COMPETENTE *1
LgBR RES CONAMA 293 de 12/12/01, art. 2º, I.
competent environmental body WMMA
órgano ambiental competente WMMAE
Órgão de proteção e controle ambiental do poder executivo federal, estadual ou municipal, integrante do Sistema Nacional do Meio Ambiente, responsável pelo licenciamento ambiental das atividades dos portos organizados, instalações portuárias ou terminais, dutos, plataformas e suas instalações de apoio, bem como pela fiscalização dessas unidades quanto às exigências previstas no referido licenciamento, no âmbito de suas competências.
LgBR
⇨ ÓRGÃO AMBIENTAL; ÓRGÃO AMBIENTAL COMPETENTE.

ÓRGÃO CONSULTIVO
LgBR LEI 11284 de 02/03/06, art. 3º, XIV.
consultative council WIBA
órgano consultivo WPNU
Órgão com representação do Poder Público e da sociedade civil, com a finalidade de assessorar, avaliar e propor diretrizes para a gestão de florestas públicas.
LgBR
⇨ FLORESTAS PÚBLICAS.

ÓRGÃO DE MEIO AMBIENTE
LgBR LEI 9966 de 28/04/00, art. 2º, XXI.
environmental organ WSBB
órgano de medio ambiente WMMAE
◊ Ver ÓRGÃO AMBIENTAL.

ÓRGÃO GESTOR
LgBR LEI 11284 de 02/03/06, art. 3º, XIII.
management body WUSDA
órgano gestor WFAO
Órgão ou entidade do poder concedente com a competência de disciplinar e conduzir o processo de outorga da concessão florestal.
LgBR
⇨ AUDITORIA FLORESTAL; PLANO ANUAL DE OUTORGA FLORESTAL.

ÓRGÃO REGULADOR DA INDÚSTRIA DO PETRÓLEO
LgBR LEI 9966 de 28/04/00, art. 2º, XXIV.
órgano regulador de la industria del petróleo WMECON
Órgão do poder executivo federal, responsável pela regulação, contratação e

fiscalização das atividades econômicas da indústria do petróleo, sendo tais atribuições exercidas pela Agência Nacional do Petróleo.
LgBR
⇨ AGÊNCIA NACIONAL DO PETRÓLEO, GÁS NATURAL E BIOCOMBUSTÍVEIS.

ORLA MARÍTIMA
LgBR DEC 5300 de 07/12/04.
coastal margins ONU92#1049
franja litoral ONU92#1049
Zona marginal do oceano sobre o continente.
⇨ TRECHO DA ORLA MARÍTIMA.

OUTORGA DE DIREITOS DE USO DOS RECURSOS HÍDRICOS
LgBR LEI 9433 de 08/01/97, art. 5º, III.
award of water-use rights BRA97b:7
otorga de derecho de uso de recursos hídricos WPNU
Instrumento da Política Nacional de Recursos Hídricos pelo qual o usuário recebe uma autorização, ou uma concessão, ou ainda uma permissão (conforme o caso), para fazer uso da água.
BRA97a
⇨ POLÍTICA NACIONAL DE RECURSOS HÍDRICOS.

OUTRO INGREDIENTE
LgBR DEC 4074 de 04/01/02, art. 1º, XVIII.
◊ Ver INGREDIENTE INERTE.

OXIDANTES FOTOQUÍMICOS
LgBR PRT MINTER 231 de 27/04/76, V, d.
photochemical oxidants ONU92#4821
oxidantes fotoquímicos ONU92#4821
Poluentes atmosféricos formados pela ação da luz solar sobre os óxidos de nitrogênio e hidrocarbonetos do ar que constituem o smog fotoquímico.
⇨ FULIGEM; SMOG FOTOQUÍMICO.

ÓXIDO NÍTRICO
LgBR RES CONAMA 18 de 06/05/86, Anexo I, 15.
nitric oxide ONU92#4190
óxido nítrico ONU92#4190
Variedade de óxido de nitrogênio.

◊ Símbolo: NO.
⇨ DIÓXIDO DE NITROGÊNIO.

ÓXIDO NITROSO
LgBR DEC 99280 de 06/06/90, Anexo I, 4, b, i.
nitrous oxide ONU92#1561
óxido nitroso ONU92#1561
Gás gerado naturalmente pela decomposição de bactérias do solo, reage com os átomos de oxigênio na estratosfera para produzir o monóxido de nitrogênio, que ataca a camada de ozônio.
◊ Símbolo: N_2O. Var. gás hilariante
⇨ ÓXIDOS DE NITROGÊNIO.

ÓXIDOS DE ENXOFRE
sulphur oxides ONU92#6402
óxidos de azufre ONU92#6402
Compostos de enxofre e oxigênio produzidos na natureza pelos vulcões e fontes sulfurosas e pela decomposição da matéria orgânica fitoplânctica.
⇨ CHUVA ÁCIDA; DIÓXIDO DE ENXOFRE.

ÓXIDOS DE NITROGÊNIO
LgBR DEC 99280 de 06/06/90, Anexo I, 4, b, ii.
nitrogen oxides ONU92#4212
óxidos de nitrógeno ONU92#4212
Soma do óxido nítrico e do dióxido de nitrogênio presentes no gás de escapamento, como se o óxido nítrico estivesse sob a forma de dióxido de nitrogênio.
LgBR
◊ Liberados em excesso pela queima de combustíveis fósseis, ação de fertilizantes e fumaça de cigarro, causa o smog fotoquímico e o bloqueio da formação do ozônio na atmosfera. O texto legal designa como óxido de nitrogênio "qualquer um dos vários óxidos de nitrogênio, NOx, óxido nítrico, NO, dióxido de nitrogênio, NO_2, pentóxido de nitrogênio, N_2O_5".
⇨ ÓXIDO NITROSO; ÓXIDOS DE NITROGÊNIO *1; SMOG FOTOQUÍMICO.

ÓXIDOS DE NITROGÊNIO *1
LgBR RES CONAMA 297 de 20/02/02, Anexo I, 13.
nitrogen oxides ONU92#4212
óxidos de nitrógeno ONU92#4212

Gases poluentes gerados pela combinação do oxigênio do ar e do nitrogênio nas condições de temperatura e pressão no interior do cilindro do motor.
LgBR
⇨ ÓXIDOS DE NITROGÊNIO.

OXIGÊNIO DISSOLVIDO
dissolved oxygen ONU92#1634
oxígeno disuelto ONU92#1634

Moléculas de oxigênio dissolvidas na água, geralmente expressas em miligramas por litro, partes por milhão ou percentagem de saturação.
◊ *Sigla: OD. A taxa de oxigênio dissolvido, expressa em porcentagem de saturação, é uma característica representativa de certa massa de água e de seu grau de poluição.*
⇨ ÁGUAS POLUÍDAS; AUTODEPURAÇÃO; DEMANDA BIOQUÍMICA DE OXIGÊNIO.

P

PADRÃO
LgBR RES CONAMA 357 de 17/03/05, cap. I, art. 2º, XXVI.
standard WEPA
estándar WGCBA
Valor limite adotado como requisito normativo de um parâmetro de qualidade de água ou efluente.
LgBR
⇨ PARÂMETRO DE QUALIDADE DA ÁGUA.

PADRÃO DE EFLUENTES
effluent standard ONU92#1863
normas en materia de efluentes ONU92#1863
Níveis de poluentes presentes em efluentes, geralmente expressos em mg/l, que se constituem em referência para definir a concentração máxima permitida de ser lançada no meio ambiente.

◊ *Def. Compl. Níveis de intensidade e concentração a serem obedecidos pelos lançamentos diretos e indiretos de efluentes líquidos, provenientes de atividades poluidoras, em águas interiores ou costeiras, superficiais ou subterrâneas.*

⇨ CONTROLE DE EFLUENTES; EFLUENTES; TRATAMENTO DE EFLUENTES.

PADRÃO DE IDENTIDADE E QUALIDADE
LgRS DEC 23430 de 24/10/74, art. 342, XI.
food quality standards CEN90:96
norma de calidad de los alimentos CEN90:96
Padrão estabelecido pelo órgão competente do Ministério da Saúde, dispondo sobre a denominação, definição e composição de alimentos, matérias-primas alimentares, alimentos *in natura* e adi-

tivos intencionais, fixando requisitos de higiene, normas de envasamento e rotulagem, métodos de amostragem e análise.
LgRS
⇨ ALIMENTO IN NATURA; MATÉRIA-PRIMA ALIMENTAR; RÓTULO.

PADRÃO DE POTABILIDADE DAS ÁGUAS
LgBR PRT MS/MSD 36 de 19/01/90, 4, 4.8.
drinking water standard ONU92#1699
norma de calidad del agua potable ONU92#1699
Conjunto de valores máximos permissíveis das características de qualidade da água destinada ao consumo humano.
LgBR
◊ Def. compl.: Parâmetro de qualidade da água, estabelecido como uma base de controle para várias classificações de utilização da água, inserido em conjunto de normas ou especificações que disciplinam o que pode ser tolerado em matéria de impurezas da água, de acordo com o uso que dela se fará.
⇨ ÁGUA POTÁVEL; ÁGUAS POTÁVEIS DE MESA.

PADRÕES
LgPOA DEC 9331 de 07/12/88, art. 2º, II.
standards UNB86:492
normas UNB86:492
Limites quantitativos e qualitativos oficiais, regularmente estabelecidos.
LgPOA
◊ Referem-se a padrões de emissão de lançamento de poluentes.
⇨ COLIFORMES; DESPEJO INDUSTRIAL; PADRÕES DE EMISSÃO; PARÂMETRO; ZONA DE MISTURA.

PADRÕES DE CONDICIONAMENTO E PROJETO
LgPOA LEI COMPL. 65 de 22/12/81, art.8º, IV.
Características e condições de lançamento ou liberação de toda e qualquer forma de matéria ou energia nos recursos ambientais, bem como as características e condições de localização das fontes poluidoras.
LgPOA
⇨ PADRÕES DE EMISSÃO; PADRÕES DE QUALIDADE DO MEIO AMBIENTE.

PADRÕES DE EMISSÃO
LgPOA LEI COMPL. 65 de 22/12/81, art. 8º, III.
emission standards ONU92#1917
normas de emisión ONU92#1917
Níveis de intensidade e concentração exigidos legalmente de qualquer forma de matéria ou energia cujo lançamento ou liberação nos recursos ambientais seja permitido.
◊ Os padrões de emissões são fixadas pelo IBAMA e pelos órgãos ambientais estaduais.
⇨ PADRÕES; PADRÕES DE CONDICIONAMENTO E PROJETO; PADRÕES DE QUALIDADE DO MEIO AMBIENTE.

PADRÕES DE EMISSÃO *1
LgRS LEI 11520 de 04/08/00, art. 14, XXXIII.
emission standards ONU92#1917
normas de emisión ONU92#1917
Quantidades máximas de poluente permissíveis de lançamentos
LgRS
⇨ LIMITES DE EMISSÃO.

PADRÕES DE QUALIDADE DAS ÁGUAS
LgBR RES CONAMA 357 de 17/03/05, art. 7º
water quality standards POR92:402
normas de la calidad de las aguas WCNMA
Níveis de qualidades organolépticas, físico-químicas e microbiológicas dos corpos d'água definidos de acordo com seu uso preponderante por parâmetros e indicadores específicos estabelecidos pelo CONSELHO NACIONAL DO MEIO AMBIENTE.
⇨ BALNEABILIDADE; CLASSIFICAÇÃO; ENTEROCOCOS.

PADRÕES DE QUALIDADE DO AR
LgBR RES CONAMA 03 de 28/06/90, art. 1º
air quality standards CEN90:96
normas de calidad del aire CEN90:96
Níveis de concentração de poluentes atmosféricos que, ultrapassados, poderão afetar a saúde, a segurança e o bem-estar da população, bem como ocasionar danos à flora e, à fauna, aos materiais e ao meio ambiente em geral.

LgBR
⇨ PADRÕES PRIMÁRIOS DE QUALIDADE DO AR; PADRÕES SECUNDÁRIOS DE QUALIDADE DO AR; POLUIÇÃO DO AR; POLUENTE ATMOSFÉRICO.

PADRÕES DE QUALIDADE DO MEIO AMBIENTE
LgPOA LEI COMPL. 65 de 22/12/81, art.8º, II.
environmental quality standards ONU92#2136
normas de calidad del medio ambiente ONU92#2136
Intensidade, concentração, quantidade e características de toda e qualquer forma de mátéria ou energia, cuja presença nos recursos ambientais seja permitida.
LgPOA
◊ *Def. compl.: Quantidade de um efluente ou poluente que é aceita em um ambiente dado, tal como traços na água potável ou a quantidade de aditivos no alimento. ONU92:185*
⇨ PADRÕES DE CONDICIONAMENTO E PROJETO; PADRÕES DE EMISSÃO; POLUENTE.

PADRÕES PRIMÁRIOS DE QUALIDADE DO AR
LgBR RES CONAMA 03 de 28/06/90, art. 2º, parágrafo único.
air quality primary standards WEPA
normas primarias de calidad del aire WCONICYT
Concentrações de poluentes que, ultrapassadas, poderão afetar a saúde da população.
LgBR
⇨ MÉTODOS DE REFERÊNCIA; PADRÕES DE QUALIDADE DO AR; PADRÕES SECUNDÁRIOS DE QUALIDADE DO AR.

PADRÕES PRIMÁRIOS DE QUALIDADE DO AR *1
LgRS LEI 11520 de 04/08/00, art. 14, XXXIV.
air quality primary standards WEPA
normas primarias de calidad del aire WCONICYT
Concentrações de poluentes que, ultrapassadas, poderão afetar a saúde da população.
LgRS
⇨ POLUENTE ATMOSFÉRICO *2.

PADRÕES SECUNDÁRIOS DE QUALIDADE DO AR
LgBR RES CONAMA 03 de 28/06/90, art. 2º, II.
air quality secondary standards WEPA
normas secundarias de la calidad del aire WCNMA
Concentrações de poluentes abaixo das quais se prevê o mínimo efeito adverso sobre o bem-estar da população, assim como o mínimo dano à fauna, à flora, aos materiais e ao meio ambiente em geral.
LgBR
⇨ PADRÕES PRIMÁRIOS DE QUALIDADE DO AR; PADRÕES DE QUALIDADE DO AR.

PADRÕES SECUNDÁRIOS DE QUALIDADE DO AR *1
LgRS LEI 11520 de 04/08/00, art. 14, XXXV.
air quality secondary standards WEPA
normas secundarias de la calidad del aire WCNMA
Concentrações de poluentes abaixo das quais se prevê o mínimo efeito adverso sobre o bem-estar da população, assim como o mínimo dano à fauna, à flora, aos materiais e ao meio ambiente em geral.
LgRS
⇨ POLUENTE ATMOSFÉRICO *2.

PAF
LgBR DEC 5300 de 07/12/04, art. 7º, II
◊ *Sigla de: PLANO DE AÇÃO FEDERAL DA ZONA COSTEIRA.*

PAINEL INTERGOVERNAMENTAL SOBRE MUDANÇA DO CLIMA
LgBR DEC 5445 de 12/05/05, art. 1, 3.
Intergovernmental Panel on Climate Change WMCT
Panel Intergubernamental sobre el Cambio Climático WMED
Painel estabelecido em 1988 conjuntamente pelo Programa das Nações Unidas para o Meio Ambiente e pela Organização Mundial de Meteorologia, encarregado de subsidiar as Partes da Convenção com informações relevantes e trabalhos técnico-científicos e socioeconômicos relacionados às causas

da mudança do clima, aos potenciais impactos e às opções de estratégias responsáveis.
⇨ PROTOCOLO DE QUIOTO.

PAISAGEM URBANA
LgPOA DEC 8184 de 07/03/83, art. 5º.
urban landscape WSUL
paisaje urbano WSOP
Configuração resultante da contínua e dinâmica interação entre os elementos naturais, os elementos edificados ou criados e o próprio homem, numa constante relação de escala, forma, função e movimento.
LgPOA
⇨ ANÚNCIOS; ANÚNCIOS DE PROPAGANDA; PINTURAS MURAIS VEICULADORAS DE ANÚNCIOS; VEÍCULOS DE DIVULGAÇÃO.

PAÍS DE ORIGEM
LgBR DEC 4074 de 04/01/02, art. 1º, XXVII.
origin country WUPS
país de origen WMSAL
País em que o agrotóxico, componente ou afim é produzido.
LgBR
⇨ PRODUÇÃO *1.

PAÍS DE ORIGEM DE RECURSOS GENÉTICOS
LgBR DEC 2519 de 16/03/98, art 2º
country of origin of genetic resources WCBD
país de origen de recursos genéticos WCNA
País que possui esses recursos genéticos em condições F.
LgBR
◊ *"esses" refere-se aos recursos genéticos citados na CONVENÇÃO SOBRE DIVERSIDADE BIOLÓGICA.*
⇨ CONDIÇÕES *IN SITU*; PAÍS PROVEDOR DE RECURSOS GENÉTICOS; RECURSOS GENÉTICOS.

PAÍS DE PROCEDÊNCIA
LgBR DEC 4074 de 04/01/02, art. 1º, XXVIII.
País exportador do agrotóxico, componente ou afim para o Brasil.
LgBR
⇨ IMPORTAÇÃO.

PAÍS PROVEDOR DE RECURSOS GENÉTICOS
LgBR DEC 2519 de 16/03/98, art. 2º

country providing the genetic resources WCBD
país que aporta recursos genéticos WCNA
País que provê recursos genéticos coletados de fontes *in situ*, incluindo populações de espécies domesticadas e silvestres, ou obtidas de fontes *ex situ*, que possam ou não ter sido originados nesse país.
LgBR
⇨ CONDIÇÕES *IN SITU*; PAÍS DE ORIGEM DE RECURSOS GENÉTICOS; RECURSOS GENÉTICOS.

PAOF
LgBR LEI 11284 de 02/03/06, art. 10º
◊ *Sigla de PLANO ANUAL DE OUTORGA FLORESTAL.*

PARALELOGRAMA DE COBERTURA FLORESTAL
LgBR LEI 7754 de 14/04/89, art. 2º.
Área constituída nas nascentes dos rios, em forma de paralelograma, na qual são vedadas a derrubada de árvores e qualquer forma de desmatamento.
LgBR
⇨ NASCENTE.

PARÂMETRO
LgPOA DEC 9331 de 07/12/88, art. 2º, I.
parameter WEPA
parámetro GAL92:1086
Valor qualquer de uma variável independente, referente a elemento ou tributo, que configura situação qualitativa e/ou quantitativa de determinada propriedade de corpos físicos a caracterizar.
LgPOA
⇨ COLIFORMES; DESPEJO INDUSTRIAL; PADRÕES; ZONA DE MISTURA.

PARÂMETRO DE QUALIDADE DA ÁGUA
LgBR RES CONAMA 357 de 17/03/05, cap.I, art. 2º, XXVII.
water quality parameter WEPA
parámetro de calidad del agua WFAO
Substâncias ou outros indicadores representativos da qualidade da água.
LgBR
⇨ PADRÃO; VAZÃO DE REFERÊNCIA.

PARCÉIS
LgBR LEI 7661 de 16/05/88, art. 3º, I.
reefs CLA90:265

Áreas costeiras caracterizadas por apresentarem acidentes como baixios, escolhos, recifes e restingas.
◊ Rochas na orla marítima que não "afloram" na superfície d'água e ficam escondidas.
⇨ COSTÕES; PLANO NACIONAL DE GERENCIAMENTO COSTEIRO; ZONA COSTEIRA.

PARCELAMENTO DO SOLO DE USO RURAL
LgRS LEI 11520 de 04/08/00, art. 194, parágrafo único.
Subdivisão de glebas em zonas rurais cujas características não permitam, por simples subdivisão, transformarem-se lotes urbanos.
LgRS

PARCELAMENTO DO SOLO URBANO
LgPOA LEI COMPL.434 de 01/12/99
parcelling of urban land WECGIS
Divisão da terra em unidades juridicamente independentes, com vistas à edificação, podendo ser realizado na forma de loteamento, desmembramento e fracionamento, sempre mediante aprovação municipal.
LgPOA
⇨ DESMEMBRAMENTO *1; FRACIONAMENTO; LOTEAMENTO *1.

PARCELAS
LgBR LEI 4504 de 30/11/64, art. 64, I.
parcels WEPA
parcelas rurais ONU92#5643
Lotes de colonização que se destinam ao trabalho agrícola do parceleiro e sua família cuja moradia, quando não for no próprio local, há de ser no centro da comunidade a qual elas pertencem.
LgBR
⇨ LOTES URBANOS; NÚCLEO DE COLONIZAÇÃO; PARCELEIRO; PARCERIA RURAL.

PARCELEIRO
LgBR LEI 4504 de 30/11/64, art. 4º, VII.
parcel owner WEPA
aparcero WJGM
Indivíduo que venha a adquirir lotes ou parcelas em área destinada à Reforma Agrária ou à colonização pública ou privada.
LgBR
⇨ LOTES URBANOS; PARCELAS; PARCERIA RURAL.

PARCERIA AGRÍCOLA
LgBR LEI 4504 de 30/11/64, art. 92.
aparcería agrícola WDEC88
Parceria rural que tem por objetivo a cultura da terra.
⇨ PARCERIA PECUÁRIA; PARCERIA RURAL.

PARCERIA PECUÁRIA
LgBR LEI 4504 de 30/11/64, Tít.III, cap. IV, seç.I, art.92.
aparcería pecuaria WDEC88
Parceria rural que tem por objetivo o desenvolvimento de atividades agropastoris.
⇨ PARCERIA AGRÍCOLA; PARCERIA RURAL.

PARCERIA RURAL
LgBR LEI 4504 de 30/11/64, art.92.
aparcería rural WLARM
Contrato pelo qual uma pessoa cede a outra, imóvel rural, com objetivo de nele ser desenvolvida atividade de exploração da espécie ou mista, mediante participação de rendimento proporcional de rendimento econômico daí resultante.
SID95:556
⇨ PARCELAS; PARCELEIRO; PARCERIA AGRÍCOLA; PARCERIA PECUÁRIA.

PARI
LgBR DEC 4256 de 03/06/02, art. IX, b.
Petrecho de pesca constituído por uma armadilha feita de varas colocada em rios para apanhar peixes.
◊ Conforme o Protocolo Adicional ao Acordo para Conservação da Fauna Aquática nos Cursos dos Rios Limítrofes entre Brasil e Paraguai, o emprego desse aparelho de pesca é proibido na pesca comercial, no rio Paraná, nos limites geográficos estabelecidos.
⇨ PROTOCOLO ADICIONAL AO ACORDO PARA A CONSERVAÇÃO DA FAUNA AQUÁTICA NOS CURSOS DOS RIOS LIMÍTROFES ENTRE BRASIL E PARAGUAI.

PARQUE AQÜÍCOLA
LgBR DEC 2869 de 09/12/98, art. 2º, III.
aquaculture park WPML
parque acuícola WCOSAES
Espaço físico contínuo em meio aquático, delimitado, que compreende um conjunto de áreas aqüícolas afins, em cujos espaços físicos intermediários podem ser

desenvolvidas outras atividades compatíveis com a prática da aqüicultura.
LgBR
⇨ ÁREA AQÜÍCOLA.

PARQUE INDÍGENA
LgBR LEI 6001 de 19/12/73, art. 28.
Indian park WNPS
parque indígena WINATUR
Área contida em terra na posse de índios, cujo grau de integração permita assistência econômica, educacional e sanitária dos órgãos da União, em que se preservem as reservas de flora e fauna e as belezas naturais da região.
LgBR
⇨ COLÔNIA AGRÍCOLA INDÍGENA; RESERVA INDÍGENA; TERRITÓRIO FEDERAL INDÍGENA.

PARQUE INDUSTRIAL
LgBR RES CONAMA 06 de 15/06/88.
industrial estates UNB86:179
parque industrial UNB86:179
Área reservada por ato governamental para a concentração de atividades industriais.
⇨ PÓLO INDUSTRIAL.

PARQUE NACIONAL
LgBR LEI 9985 DE 18/07/00, art. 11.
national park WEPA
parque nacional MAN95:208
Unidade de conservação cujo objetivo básico é a preservação de ecossistemas naturais de grande relevância ecológica e beleza cênica, possibilitando a realização de pesquisas científicas e o desenvolvimento de atividades de educação e interpretação ambiental, de recreação em contato com a natureza e de turismo ecológico.
LgBR
⇨ ESTAÇÃO ECOLÓGICA *1; FLORESTA NACIONAL; UNIDADES DE PROTEÇÃO INTEGRAL *1.

PARQUE NATURAL
LgPOA LEI COMPL. 434 de 01/12/99, art. 32, VIII
parque natural WMTR
Área em que se pretendem resguardar atributos excepcionais da natureza, conciliando a proteção integral da flora, da fauna e das belezas naturais, com a utilização para objetivos educacionais, de lazer e recreação.
LgPOA
⇨ ÁREAS DE PROTEÇÃO DO AMBIENTE NATURAL.

PARQUES DE CAÇA
LgBR LEI 5197 de 03/01/67, art. 5º, b.
hunting parks WHPD
parques de caza WUCV
Parques de Caça Federais, Estaduais e Municipais, onde o exercício da caça é permitido, abertos total ou parcialmente ao público, em caráter permanente ou temporário, com fins recreativos, educativos e turísticos.
LgBR
⇨ CAÇA AMADORISTA; PERÍODO DE PERMISSÃO DE CAÇA.

PARQUES LINEARES
LgRS DEC 38814 de 26/08/98, art. 12, III.
◊ Ver ESTRADA-PARQUE.

PARQUES NACIONAIS
LgBR DEC 84017 de 21/09/79, art. 1º, § 1º.
National Parks WMCT
parques nacionales ONU92#4109
Áreas geográficas extensas e delimitadas, dotadas de atributos naturais excepcionais, objeto de preservação permanente, submetidas à condição de inalienabilidade e indisponibilidade no seu todo.
LgBR
⇨ AMBIENTE NATURAL; APREENSÃO; EMBARGO; MULTA; PLANO DE MANEJO.

PARQUES NACIONAIS *1
LgBR DEC 58054 de 23/03/66, art. 1º, 1
National Parks WMCT
parques nacionales ONU92#4109
Regiões estabelecidas para a proteção e conservação das belezas cênicas naturais e da flora e fauna de importância nacional das quais o público pode aproveitar-se melhor ao serem postas sob a superintendência oficial.
LgBR
⇨ RESERVAS DE REGIÕES VIRGENS; RESERVAS NACIONAIS.

PARTE INTERESSADA
LgBR RES CONAMA 306 de 05/07/02, Anexo I, XIV.
interested party EN/ISO14001:3.11
parte interesada UNIT/ISO14001:3.11
Indivíduo ou grupo interessado ou afetado pelo desempenho ambiental de uma instalação.
LgBR
⇨ EMPREENDEDOR; DESEMPENHO AMBIENTAL.

PARTÍCULA
LgBR PRN IBDF 302 de 03/07/84, Anexo I.
particle WFPL
partícula SEN94:77
Porção diminuta, bem definida, de madeira, produzida mecanicamente para constituir a massa de que se fabrica placa ou chapa de fibra de madeira ou de madeira aglomerada.
LgBR
⇨ CHAPA DE FIBRA; CHAPA DE MADEIRA AGLOMERADA; PASTA MECÂNICA.

PARTÍCULAS RESPIRÁVEIS DE AMIANTO
LgBR DEC 126 de 22/05/91, Anexo
asbestos breathable particles WEPA
Fibras de amianto cujo diâmetro seja inferior a 3 nanômetros e cuja relação comprimento/diâmetro seja superior a 3:1.
LgBR
◊ Somente as fibras de comprimento superior a 5 nanômetros serão levadas em conta para fins de mensuração. Ibid.
⇨ PÓ DE AMIANTO EM SUSPENSÃO NO AR.

PARTIDA
LgBR DEC 4954 de 14/01/04, art. 2º, X
shipment WEPA
partida WSENASA
Quantidade de produto de uma mesma especificação constituída por vários lotes de origens distintas.
LgBR
⇨ LOTE.

PASSIVO AMBIENTAL
LgBR RES CONAMA 258 de 26/08/99
environmental passive WMMA
pasivo ambiental WDEC0101
Custos e responsabilidade da adequação de um empreendimento aos requisitos da legislação ambiental.

◊ Os pneumáticos inservíveis abandonados ou dispostos inadequadamente constituem passivo ambiental, que resulta em sério risco ao meio ambiente e à saúde pública. Ibid.
⇨ PNEU INSERVÍVEL.

PASTA MECÂNICA
LgBR PRN IBDF 302 de 03/07/84, Anexo I.
chemical wood pulp WFAO
pasta mecánica WCEAMSE
Material obtido por separação das fibras da madeira, mediante tratamento químico e mecânico.
LgBR
⇨ CHAPA DE FIBRA; CHAPA DE MADEIRA AGLOMERADA; ESTÉREO; PARTÍCULA; POLPA DE MADEIRA.

PÁTIO DE CRUZAMENTO
LgBR RES CONAMA 349 de 16/08/04, art. 2º, X
punto de cruzamiento WCEHFE
Local de espera técnica de cruzamento de duas composições em linha ferroviária, em mesmo nível.
LgBR
⇨ DESVIO.

PATRIMÔNIO COMUM DA HUMANIDADE
heritage of humanity ONU92#2993
patrimonio de la humanidad ONU92#2993
Bens naturais ou construídos pelo homem de grande valor para a humanidade e reconhecidos internacionalmente pela ONU.
⇨ PATRIMÔNIO CULTURAL BRASILEIRO.

PATRIMÔNIO CULTURAL BRASILEIRO
LgBR DEC 99556 de 01/10/90, art. 1º.
Brazilian Cultural Heritage WIPHAN
patrimonio cultural brasileño WDGPA
Bens de natureza material e imaterial, tomados individualmente ou em conjunto, portadores de referência à identidade, à memória dos diferentes grupos formadores da sociedade brasileira, nos quais se incluem: os conjuntos urbanos e sítios de valor histórico, paisagístico, arqueológico, paleontológico, ecológico e científico.
LgBR

⇨ PATRIMÔNIO COMUM DA HUMANIDADE; SÍTIOS ARQUEOLÓGICOS.

PATRIMÔNIO ESPELEOLÓGICO
LgBR DEC 99556 de 01/10/90, art. 5º, I.
speleological heritage WIUCN
patrimonio espeleológico WLEY2213
Conjunto de elementos bióticos e abióticos, socioeconômicos e histórico-culturais, subterrâneos ou superficiais, representados pelas cavidades naturais subterrâneas ou a estas associados.
LgBR
⇨ ABISMO; ATIVIDADES ESPELEOLÓGICAS; CAVIDADES NATURAIS SUBTERRÂNEAS; FORMAÇÕES CÁRSTICAS.

PATRIMÔNIO GENÉTICO
LgBR CF, art. 225, § 1º, II.
genetic heritage WMMA
patrimonio genético PNU92:18
Riqueza biológica representada pelo conjunto da biota de um país.
⇨ PATRIMÔNIO NACIONAL.

PATRIMÔNIO GENÉTICO *1
LgRS LEI 11520 de 04/08/00, art. 14, XXXVI.
genetic heritage WMMA
patrimonio genético PNU92:18
Conjunto de seres vivos que integram os diversos ecossistemas de uma região.
LgRS
⇨ FAUNA*1; FLORA*1

PATRIMÔNIO GENÉTICO *2
LgBR MPR 2186-16 de 23/08/01, art. 7º, I
genetic heritage WMMA
patrimonio genético PNU92:18
Informação de origem genética, contida em amostras do todo ou de parte de espécime vegetal, fúngico, microbiano ou animal, na forma de moléculas e substâncias provenientes do metabolismo destes seres vivos e de extratos obtidos destes organismos vivos ou mortos, encontrados em condições *in situ*, inclusive domesticados, ou mantidos em coleções *ex situ*, desde que coletados em condições *in situ* no território nacional, na plataforma continental ou na zona econômica exclusiva.
LgBR

⇨ ACESSO À TECNOLOGIA E TRANSFERÊNCIA DE TECNOLOGIA; CONDIÇÃO *EX SITU*; CONTRATO DE UTILIZAÇÃO DO PATRIMÔNIO GENÉTICO E DE REPARTIÇÃO DE BENEFÍCIOS; ESPÉCIE AMEAÇADA DE EXTINÇÃO *1.

PATRIMÔNIO HISTÓRICO E ARTÍSTICO NACIONAL
LgBR DEL 25 de 30/11/37, art. 1º.
National Historical and Artistic Heritage WUNESCO
patrimonio histórico y artístico nacional WLEY163
Conjunto dos bens móveis e imóveis existentes no país e cuja conservação seja de interesse público, quer por sua vinculação a fatos memoráveis da história do Brasil, quer por seu excepcional valor arqueológico ou etnográfico, bibliográfico ou artístico.
LgBR
⇨ BENS TOMBADOS; PATRIMÔNIO NACIONAL; TOMBAMENTO.

PATRIMÔNIO NACIONAL
LgBR CF, art. 225, § 4º.
National Heritage WUNESCO
patrimonio nacional ARG81
Conjunto de bens naturais que, em razão de sua elevada importância para a Nação brasileira, estão sob especial tutela do Poder Público.
◊ *O artigo 225, § 4º, da Constituição Federal elenca como integrantes do patrimônio nacional, entre outros, a Floresta Amazônica brasileira, a Mata Atlântica, a Serra do Mar, o Pantanal Matogrossense e a Zona Costeira.*
⇨ PATRIMÔNIO GENÉTICO; PATRIMÔNIO HISTÓRICO E ARTÍSTICO NACIONAL.

PATRIMÔNIO PÚBLICO
LgBR LEI 4717 de 29/06/65, art. 1º, § 1º.
public patrimony WFAO
patrimonio público WCNH
Universalidade de bens que pertencem ao domínio das pessoas jurídicas de direito público, União, Estados, Distrito Federal, Municípios, respectivas autarquias e fundações de direito público, todo os imóveis de sua propriedade, todos os bens de uso comum, terras devolutas, terrenos de marinha, todos os

bens de uso especial e dominicais, bem como as empresas públicas, o subsolo, o domínio eminente, os diretos e ações, as águas públicas, depósitos e jazidas minerais, bem como os que, embora não pertencentes a tais pessoas, estejam afetos à prestação de um serviço público.
⇨ AÇÃO POPULAR; MINISTÉRIO PÚBLICO.

PBCO
LgBR RES CONAMA 267 de 14/09/00.
◊ *Sigla de: PROGRAMA BRASILEIRO DE ELIMINAÇÃO DA PRODUÇÃO E DO CONSUMO DAS SUBSTÂNCIAS QUE DESTROEM A CAMADA DE OZÔNIO.*

PBT
LgBR RES CONAMA 252 de 07/01/99, Anexo B.
◊ *Sigla de PESO BRUTO TOTAL.*

PCAS
LgBR RES CONAMA 350 de 06/07/04, art. 2º, X.
◊ *Sigla de: PLANO DE CONTROLE AMBIENTAL DE SÍSMICA.*

PCBS
LgBR DLG 204 de 07/05/04.
PCB's CEN90:59
PCB's CEN90:59
◊ *Sigla de BIFENILAS POLICLORADAS do termo em inglês polychlclorinated biphenyl.*

PCOPS
LgBR RES CONAMA 264 de 26/08/99, Anexo I, 13.
PCOPS WUHU
◊ *Sigla de PRINCIPAIS COMPOSTOS ORGÂNICOS PERIGOSOS.*

PDO
LgBR DEC 99280 de 06/06/90.
ODP ONU92#4558
PAD ONU92#4558
◊ *Sigla de POTENCIAL DE DESTRUIÇÃO DO OZÔNIO.*

PEGC
LgBR DEC 5300 de 07/12/04, art. 7º, III.
◊ *Sigla de: PLANO ESTADUAL DE GERENCIAMENTO COSTEIRO.*

PEIXE-BOI AMAZÔNICO
LgBR PRT IBAMA 544 de 06/04/90.
Amazon manatee WUSDA
manatí del Amazonas WCNCB

Sirênio, nome científico *Trichechus inunguis*, atinge 3m de comprimento, 500 kg de peso, vive até 50 anos, ocorre nos rios amazônicos do Brasil, Colômbia, Equador, Guiana e Peru.
◊ *Espécie em vias de extinção conforme a LISTA OFICIAL DE ESPÉCIES DA FAUNA BRASILEIRA AMEAÇADA DE EXTINÇÃO.*
⇨ PEIXE-BOI MARINHO; SIRÊNIOS.

PEIXE-BOI MARINHO
LgBR PRT IBAMA 544 de 06/04/90.
marine manatee WIAF
manatí de la costa WMINAM
Sirênio, nome científico *Trichechus manatus*, atinge até 4,5m de comprimento e 600 kg de peso, encontrado nas águas costeiras tropicais e subtropicais que vão da Flórida (EUA) e Caribe até o Brasil.
◊ *Espécie em vias de extinção conforme a LISTA OFICIAL DE ESPÉCIES DA FAUNA BRASILEIRA AMEAÇADA DE EXTINÇÃO.*
⇨ PEIXE-BOI AMAZÔNICO; SIRÊNIOS.

PENAS DE INTERDIÇÃO TEMPORÁRIA DE DIREITO
LgBR LEI 9605 de 12/02/98, Cap. II, art. 10º.
temporary deprivation of rights WWVG
Pena restritiva de direitos que consiste na proibição de o condenado contratar com o Poder Público, de receber incentivos fiscais ou quaisquer outros benefícios, bem como de participar de licitações, pelo prazo de cinco anos, no caso de crimes dolosos, e de três anos, no caso de crimes culposos.
LgBR
⇨ RECOLHIMENTO DOMICILIAR.

PENTACLOROFENATO DE SÓDIO
LgBR RES CONAMA 05 de 20/11/85, art. 1º.
sodium pentachlorophenate WEPA
pentaclorofenato de sodio WCONICYT
Composto químico utilizado como conservante de madeira, cupinicida e herbicida.
◊ *A inalação do Pentaclorofenato de Sódio pode ser fatal ao ser humano; o contato com a pele provoca queimaduras. Var.: pó-da-china e pó da China.*
⇨ PENTACLOROFENOL.

PENTACLOROFENOL
LgBR RES CONAMA 05 de 20/11/85, art. 1º.
pentachlorophenate WEPA
pentaclorofenol WMSAL
Composto químico à base do pentaclorofenato de sódio usado principalmente como preservativo de madeira, fungicida ou desinfetante.
◊ *Substância altamente tóxica.*
⇨ PENTACLOROFENATO DE SÓDIO.

PEQUENA PROPRIEDADE
LgBR LEI 8629 de 25/02/93, art. 4º, II.
small agricultural property WUSDA
pequeña propiedad WMED
Imóvel rural de área compreendida entre 1 (um) e 4 (quatro) módulos fiscais.
⇨ IMÓVEL RURAL; MÉDIA PROPRIEDADE; PEQUENA PROPRIEDADE *1.

PEQUENA PROPRIEDADE *1
LgBR MPR 1956 de 26/05/00, art. 1º, I
Propriedade explorada mediante o trabalho pessoal do proprietário ou posseiro e de sua família, admitida a ajuda eventual de terceiro e cuja renda bruta seja proveniente, no mínimo, em oitenta por cento, de atividade agroflorestal ou do extrativismo, cuja área não supere: a) cento e cinqüenta hectares se localizada nos estados do Acre, Pará, Amazonas, Roraima, Rondônia, Amapá e Mato Grosso e nas regiões situadas ao norte do paralelo 13oS, dos Estados de Tocantins e Goiás, e ao oeste do meridiano de 44o W, do Estado do Maranhão ou no Pantanal mato-grossense ou sul-mato-grossense; b) cinqüenta hectares, se localizada no polígono das secas ou a leste do Meridiano de 44º W, do Estado do Maranhão; e c) trinta hectares, se localizada em qualquer outra região do país.
LgBR
⇨ PEQUENA PROPRIEDADE.

PEQUENO PRODUTOR RURAL
LgBR LEI 9456 de 25/04/97, art. 3º.
small agricultural producer WUSDA
pequeño productor rural WCBA
Produtor que atenda os seguintes requisitos: explore parcela de terra na condição de proprietário, posseiro, arrendatário ou parceiro; mantenha até dois empregados permanentes, sendo admitido ainda o recurso eventual à ajuda de terceiros, quando a natureza sazonal da atividade agropecuária o exigir; não tenha, a qualquer título, área superior a quatro módulos fiscais, quantificados segundo a legislação em vigor; tenha, no mínimo, oitenta por cento de sua renda bruta anual proveniente da exploração agropecuária ou extrativa; e resida na propriedade ou em aglomerado urbano ou rural próximo.
LgBR
⇨ LEI DE PROTEÇÃO DE CULTIVARES.

PERCOLAÇÃO
LgPOA DEC 9367 de 29/12/88, art. 1º, VII.
percolation ONU92#4733
percolación ONU92#4733
Movimento lento de penetração de água no solo e subsolo, que vai dar origem ao lençol freático.
LgPOA
⇨ ÁGUA SUBTERRÂNEA; LIXÍVIA; NÍVEL FREÁTICO; PERMEABILIDADE.

PERCOLADOS
LgBR RES CONAMA 308 de 21/03/02, Anexo, II.
percolated WEPA
lixiviado WCNMA
Líquidos oriundos do processo de decomposição de resíduos e de sua mistura com as águas infiltradas nas valas de deposição.
WPER
◊ *Infiltrados no aqüífero subterrâneo, geram sérios danos à qualidade das águas do lençol freático.*
⇨ SISTEMA DE DISPOSIÇÃO FINAL DE RESÍDUOS SÓLIDOS.

PERFIL GEOLÓGICO
LgPOA DEC 8187 de 07/03/83, art. 2º.
geological profile WEPA
perfil geológico WECOC
Corte do terreno no qual observamos a topografia e sucessão dos horizontes estratigráficos.
LgPOA

⇨ EROSÃO; HORIZONTES ESTRATIGRÁFICOS; TOPO DE MORRO.

PERFLUORCARBONOS
LgBR DEC 5445 de 12/05/05, Anexo A.
perfluorocarbons WEPA
perfluorocarbonos WINA
Classe de compostos químicos antropogênicos constituídos basicamente de carbono e flúor, comumente usados como solventes, aerossóis, propulsores e refrigerantes, principais responsáveis pela destruição da camada de ozônio da atmosfera.
◊ Sigla: PFCs.
⇨ HIDROFLUORCARBONOS.

PERÍODO DE CARÊNCIA
LgBR DEC 4074 de 04/01/02, art. 1º, XXI.
qualifying period WFAO
periodo de carencia WFAO
◊ Ver INTERVALO DE SEGURANÇA.

PERÍODO DE PERMISSÃO DE CAÇA
LgBR LEI 5197 de 03/01/67, art. 10º, j.
hunting season WEPA
periodo de caza WJAEN
Período do ano fixado pelo órgão disciplinador competente no qual é permitida a caça de determinadas espécies.
⇨ PARQUES DE CAÇA.

PERÍODOS DE DEFESO
LgBR LEI 7679 de 23/11/88, art. 1º, I.
closed season WEPA
periodos de veda WCONICET
Períodos do ano em que o órgão disciplinador competente proíbe a pesca e/ou captura de espécies determinadas.
⇨ PERÍODOS DE DESOVA; PESCA PREDATÓRIA.

PERÍODOS DE DESOVA
LgBR LEI 7679 de 23/11/88, art. 1º, I.
spawning season WEPA
periodos de desove WCENIAP
Períodos do ano em que se dá a postura ou lançamento dos ovos e/ou da matéria fecundante da fauna ictiológica.
⇨ PERÍODOS DE DEFESO; PIRACEMA.

PERMEABILIDADE
LgPOA DEC 9367 de 29/12/88, art. 1º, VI.
permeability ONU92#3096

permeabilidad ONU92#3096
Capacidade de um material se deixar atravessar por uma substância líquida ou gasosa.
LgPOA
⇨ ÁGUA SUBTERRÂNEA; PERCOLAÇÃO.

PERMISSÃO
permit WEPA
licencia MAR94:267
Ato administrativo, em regra vinculado, pelo qual a Administração Pública outorga precariamente a particular a prestação de um serviço público ou o uso especial de bem público.
⇨ ATO ADMINISTRATIVO.

PERTURBAÇÃO AMBIENTAL
environmental disorder ONU92#2030
perturbación del medio ambiente ONU92#2030
Alteração do meio ambiente, de origem natural ou humana, como a contaminação do ar, das águas e do solo, desfiguração da paisagem, erosão de monumentos e contaminação de comunidades naturais.
⇨ IMPACTO AMBIENTAL.

PESCA
LgBR LEI 9605 de 12/02/98, art. 36.
fishing UNB86:457
pesca GAL92:1106
Ato tendente a retirar, extrair, coletar, apanhar, apreender ou capturar espécimes dos grupos de peixes, crustáceos, moluscos e vegetais hidróbios, suscetíveis ou não de aproveitamento econômico, ressalvadas as espécies ameaçadas de extinção, constantes nas listas oficiais da fauna e flora.
LgBR
⇨ CÓDIGO DE PESCA; LISTA OFICIAL DE ESPÉCIES DA FAUNA BRASILEIRA AMEAÇADA DE EXTINÇÃO.

PESCA *1
LgRS LEI 10164 de 11/05/94, art. 1º.
fishing UNB86:457
pesca GAL92:1106
Ato tendente a capturar ou extrair elementos animais ou vegetais que tenham na água seu normal ou mais freqüente meio de vida.

LgRS
⇨ PESCA ARTESANAL.

PESCA AMADORA
LgBR PRT IBAMA 1583 de 21/12/89, art. 2º, I.
recreational fishing WEPA
pesca deportiva PNU92:147
Pesca praticada por brasileiros ou estrangeiros com a finalidade de lazer ou desporto, sem finalidade comercial.
LgBR
⇨ CLUBE DE AMADORES DE PESCA; PESCA EMBARCADA; PESCADOR AMADOR.

PESCA AMADORÍSTICA
LgRS LEI 10254 de 08/09/94, art. 1º.
pleasure fishing WPPF
pesca deportiva PNU92:147
Pesca praticada por brasileiros ou estrangeiros com a finalidade de lazer ou desporto, sem finalidade comercial.
LgRS
⇨ PESCADOR DESEMBARCADO; PESCADOR EMBARCADO.

PESCA ARTESANAL
LgRS LEI 10164 de 11/05/94, art. 2º.
artisanal fishery WEPA
pesca artesanal PNU92:147
Pesca profissional exercida ou não com embarcação pesqueira, desde que sem vínculo empregatício com indústria, praticada em águas litorâneas e interiores com fins complementares ao regime de economia familiar.
LgRS
⇨ PESCA *1.

PESCA CIENTÍFICA
LgBR DEL 221 de 28/02/67, art. 2º, § 3º.
scientific fishing WFAO
pesca científica PNU92:147
Pesca exercida unicamente com fins de pesquisa por instituições ou pessoas devidamente habilitadas para esse fim.
LgBR
⇨ EMBARCAÇÕES DE PESCA; PLANO SETORIAL PARA OS RECURSOS DO MAR.

PESCA COMERCIAL
LgBR DEL 221 de 28/02/67, art. 2º, § 1º.
commercial fishing WEPA
pesca comercial PNU92:147
Pesca que tem por finalidade realizar atos de comércio na forma da legislação em vigor.
LgBR
⇨ EMBARCAÇÕES DE PESCA; INDÚSTRIA DE PESCA; PESCADOR PROFISSIONAL; TAPAGEM.

PESCA DESEMBARCADA
LgBR PRT IBAMA 1583 de 21/12/89, art. 3º, I.
disembarked fishing WTARI
Pesca realizada sem o auxílio de embarcação e com a utilização de linha-de-mão, tarrafa, puçá, caniço simples, caniço com molinete, espingarda de mergulho ou anzóis simples e múltiplos empregados com caniço simples, com carretilhas ou molinetes, providos de isca natural ou artificial.
LgBR
⇨ PESCA DE SUBSISTÊNCIA.

PESCA DESPORTIVA
LgBR DEL 221 de 28/02/67, art. 2º, § 2º.
sport fishing WEPA
pesca deportiva PNU92:147
Pesca que se pratica com linha de mão, por meio de aparelhos de mergulho ou quaisquer outros permitidos pela autoridade competente, e que em nenhuma hipótese venha a importar em atividade comercial.
LgBR
⇨ PESCADOR AMADOR.

PESCA DE SUBSISTÊNCIA
LgBR DEC 4256 de 03/06/02, art. VII, d.
subsistence fishery WFAO
pesca de subsistencia WOTS
Pesca praticada para consumo do pescador e sua família.
LgBR
◊ *Para efeito do Protocolo Adicional ao Acordo para Conservação da Fauna Aquática nos Cursos dos Rios Limítrofes entre Brasil e Paraguai, a pesca de subsistência deve praticar-se desde o barranco e sem embarcação, com anzol, linha de mão ou caniço com ou sem molinete no rio Paraná, nos limites geográficos estabelecidos. LgBR DEC 4256 de 03/06/02, art. VII, d. Ibid.*
⇨ PESCA DESEMBARCADA.

PESCADO CONGELADO
LgRS DEC 23430 de 24/10/74, art. 379, c.
frozen fish WEPA
pescado congelado GAL92:1107
Pescado submetido a processo industrial adequado de congelação, em temperatura não superior a -25°C (menos vinte e cinco graus centígrados) e, posteriormente, mantido em câmara ou dispositivo frigorífico, até sua entrega ao consumidor, em temperatura não superior a -18°C (menos dezoito graus centígrados).
LgRS
⇨ PESCADO FRESCO; PESCADO RESFRIADO.

PESCADO FRESCO
LgRS DEC 23430 de 24/10/74, art. 379, a.
fresh fish WEPA
pescado fresco WCAN
Pescado dado ao consumo sem ter sofrido qualquer processo anterior de conservação, exceto a ação contínua do gelo, na proporção de 30% (trinta por cento) do peso da mercadoria.
LgRS
⇨ PESCADO CONGELADO; PESCADO RESFRIADO.

PESCADOR AMADOR
LgBR PRT IBAMA 1583 de 21/12/89, art. 2º, III.
amateur fisherman WFAO
pescador aficionado WUNAM
Pescador que pratica a pesca com finalidade de lazer ou desporto, sem fins comerciais.
⇨ CLUBE DE AMADORES DE PESCA; PESCA AMADORA; PESCA DESPORTIVA.

PESCADOR DESEMBARCADO
LgRS LEI 10254 de 08/09/94, art. 2º, I.
Pescador que, mediante pagamento de documento único de arrecadação, obtém o direito de pescar com linha de mão, caniço simples, molinete e carretilha.
LgRS
⇨ PESCA AMADORÍSTICA.

PESCADOR EMBARCADO
LgRS LEI 10254 de 08/09/94, art. 2º, II.
Pescador que, mediante pagamento da taxa correspondente, obtém o direito de pescar com barco, linha de mão, tarrafa com o mínimo de 25 milímetros de malha, em mar aberto, arroios, rios e açudes, utilizando caniço, puçá, molinete, carretilha e espinéis com o máximo de 50 anzóis e redes com malha mínima de 10 centímetros, num total de até 50 metros por pescador.
LgRS
⇨ PESCA AMADORÍSTICA.

PESCADO RESFRIADO
LgRS DEC 23430 de 24/10/74, art. 379, b.
refreshed fish WPS
pescado enfriado WFAO
Pescado devidamente acondicionado em gelo e mantido em temperatura entre -0,5°C e -2°C (menos meio grau centígrado e menos dois graus centígrados) em câmara ou dispositivo frigorífico.
LgRS
⇨ PESCADO CONGELADO; PESCADO FRESCO.

PESCADOR PROFISSIONAL
LgBR DEL 221 de 28/02/67, art. 26.
professioal fisherman WFAO
pescador profesional WINAES
Pescador que, matriculado na repartição competente segundo as leis e regulamentos em vigor, faz da pesca sua profissão ou meio principal de vida.
LgBR
⇨ EMPRESA COMERCIAL; PESCA COMERCIAL.

PESCA EMBARCADA
LgBR PRT IBAMA 1583 de 21/12/89, art. 3º, II.
Pesca realizada em embarcações da classe "recreio" e com o emprego dos petrechos citados no inciso anterior.
LgBR
◊ *O inciso cita: linha de mão, tarrafa, puçá, caniço com molinete, espingarda de mergulho ou anzóis simples e múltiplos empregados com caniço simples, com carretilhas ou molinetes, providos de isca natural ou artificial.*
⇨ PESCA AMADORA.

PESCA EMPRESARIAL/INDUSTRIAL
LgBR DEC 1203 de 28/07/94, 2.3.
industrial fishing WEPA
pesca industrial PNU92:147
Pesca que se caracteriza pela exploração de espécies de exportação ou de

espécies de valor comercial já bem estabelecido, utilizando embarcações acima de 20 toneladas, de grande autonomia, capazes de operar em áreas distantes da costa, explorando recursos pesqueiros que se apresentam relativamente concentrados geograficamente, com mecanização a bordo para a manipulação dos petrechos e da captura, motorização da propulsão com motores diesel de potência elevada, equipamento eletrônico de navegação e detecção, e material do casco feito em aço e madeira.
⇨ INDÚSTRIA DE PESCA.

PESCA PREDATÓRIA
LgBR DEL 454 de 05/02/69.
predatory fishing WFAO
pesca predatoria WSRH
Pesca praticada em pelo menos uma das seguintes condições: com material proibido pela legislação; em lugar não permitido; no período de defeso.
⇨ PERÍODOS DE DEFESO.

PESO BRUTO TOTAL
LgBR RES CONAMA 252 de 07/01/99, Anexo B.
total gross weight WEPA
peso neto total WANMAT
Peso indicado pelo fabricante para condições específicas de operação, baseado em considerações sobre resistência dos materiais, capacidade de carga dos pneus etc., conforme NBR-6070:87.
LgBR
◊ Sigla: PBT.
⇨ FASE INICIAL DOS PROGRAMAS DE INSPEÇÃO.

PESQUISA
LgBR LEI 9478 de 06/08/97, art. 6º, XV.
research WEPA
investigación WMINE
Conjunto de operações ou atividades destinadas a avaliar áreas, objetivando a descoberta e a identificação de jazidas de petróleo ou gás natural.
LgBR
⇨ CAMPO DE PETRÓLEO; LAVRA *1.

PESQUISA E EXPERIMENTAÇÃO
LgBR DEC 4074 de 04/01/02, art. 1º, XXIX.
research and experimentation WCJF
investigación y experimentación WSECYT
Procedimentos técnico-científicos efetuados visando gerar informações e conhecimentos a respeito da aplicabilidade de agrotóxicos, seus componentes e afins, da sua eficiência e dos seus efeitos sobre a saúde humana e o meio ambiente.
LgBR
⇨ REGISTRO ESPECIAL TEMPORÁRIO.

PESQUISA MINERAL
LgBR DEL 227 de 28/02/67, art. 14, § 2º.
mineral research WEPA
investigación de yacimientos RAI93:19
Execução de trabalhos, necessários à definição da jazida, sua avaliação e a determinação da exeqüibilidade de seu aproveitamento econômico.
LgBR
◊ A pesquisa mineral compreende, entre outros, os seguintes trabalhos de campo e de laboratório: levantamentos geológicos pormenorizados da área a pesquisar, em escala conveniente; estudos dos afloramentos e suas correlações; levantamentos geofísicos e geoquímicos; abertura de escavações visitáveis e execução de sondagens no corpo mineral; amostras sistemáticas, análises físicas e químicas das amostras e dos testemunhos de sondagens; e ensaios de beneficiamento dos minérios ou das substâncias minerais úteis, para obtenção de concentrados de acordo com as especificações do mercado ou aproveitamento industrial. Ihid.
⇨ EMPRESA DE MINERAÇÃO; JAZIDA; RECURSOS MINERAIS; SERVIDÃO; TESTEMUNHO DE SONDAGEM.

PESQUISAS PALEOECOLÓGICAS
LgBR DEC 4339 de 22/08/02, Anexo, 13.3.4.
paleoecologic researches WNAP
investigaciones paleoecológicas WUAM
Pesquisas que têm como objeto o estudo das relações dos organismos entre si e seu meio ambiente em épocas geológicas passadas, visando entender os processos

evolutivos dos ecossistemas, tais como: mudanças climáticas, transformações geológicas e dinâmica das populações.
⇨ DIVERSIDADE BIOLÓGICA.
PESSOA
LgBR DEC 79437 de 28/03/77, Art. I, 2.
person BLA91:791
persona MAR94:337
Pessoa física ou jurídica de direito público ou de direito privado, incluindo um Estado e suas subdivisões políticas constitucionais.
LgBR
⇨ PESSOA FÍSICA; PESSOA JURÍDICA.
PESSOA FÍSICA
natural person BLA91:791
persona física MAR94:338
Ser humano, dotado de personalidade jurídica, e, portanto, sujeito de direito.
⇨ PESSOA; PESSOA JURÍDICA.
PESSOA JURÍDICA
LgBR LEI 6453 de 17/10/77, art. 1º, I.
legal entity BLA91:620
persona jurídica MAR94:338
Sujeito de direito, organizado de forma associativa ou institucional, cuja personalidade decorre da lei, formada para realização de um fim lícito, capaz de direitos e obrigações na ordem jurídica.
⇨ AQÜICULTOR; OPERADOR; PESSOA; PESSOA FÍSICA.
PESTICIDA
LgBR DEC 50040 de 24/01/61, Tabela II.
pesticide UNI03:04
pesticida ALL84:307
Produto químico utilizado para prevenir, eliminar e controlar a ação de agentes nocivos que infestam animais e plantas.
◊ *Incluem inseticidas, herbicidas, fungicidas, raticidas, bactericidas."Na terminologia internacional, utiliza-se este termo ainda que o Brasil não o tenha inserido na nomenclatura oficial" MAC92:341-2. Na legislação federal é utilizado o termo AGROTÓXICOS E AFINS e na legislação do Rio Grande do Sul, além de AGROTÓXICOS aparece também o termo DEFENSIVOS AGRÍCOLAS.*
⇨ BIOCIDA.
PETRECHOS DE CAPTURA
LgBR DEC 1203 de 28/07/94, 4.3, c.

catching gear WFAO
aparatos de captura WMIS
Aparelhos e implementos de toda a natureza suscetíveis de serem empregados para a pesca.
⇨ COLHER; ESPINHÉIS; FISGA; JOÃO BOBO; GARATÉIA.
PETRECHOS PARA PESCA
LgBR DEC 4256 DE 03/06/02, art. VIII
fishing gear WEPA
aparatos de pesca WMIS
◊ *Ver PETRECHOS DE CAPTURA.*
PETROLEIRO
LgBR DEC 2508 de 04/03/98, Anexo I, 4
oil tanker KIS83:327
petrolero GAL92:1111
Navio construído ou adaptado principalmente para transportar óleo a granel nos compartimentos de carga e inclui transportadores combinados e qualquer "navio tanque de produtos químicos", quando estiver transportando uma carga, ou parte da carga, de óleo a granel.
LgBR
⇨ NAVIO; NAVIO TANQUE DE PRODUTOS QUÍMICOS; ÓLEO *1.
PETRÓLEO
LgBR LEI 9478 de 06/08/97, art. 6º, I
petroleum WEPA
petróleo GAL92:1109
Hidrocarboneto líquido em seu estado natural, a exemplo do óleo cru e condensado.
LgBR
⇨ DERIVADOS DE PETRÓLEO; ENERGIA FÓSSIL; MONOPÓLIO DO PETRÓLEO E DO GÁS NATURAL.
PFCs
LgBR DEC 3515 DE 20/06/00, Anexo A
PFCs WEPA
PFCs WMED
◊ *Sigla de PERFLUORCARBONOS.*
PGRSS
LgBR RES CONAMA 358 de 29/04/05, art. 2º, XI
◊ *Sigla de PLANO DE GERENCIAMENTO DE RESÍDUOS DE SERVIÇOS DA SAÚDE.*
pH
LgBR RES CONAMA 20 de 18/06/86, art. 4º, l.

pH ONU92#4788
pH ONU92#4788
Símbolo do potencial de hidrogênio, medida padrão de acidez ou alcalinidade de uma substância líquida ou sólida, atribuída numa escala de 0 a 14, sendo os seus valores de referência: 0 = ácido, 7 = neutro e 14 = alcalino.
⇨ TURBIDEZ.

PIFI
LgBR PRN IBDF 302 de 03/07/84, Anexo I.
◊ *Sigla de PLANO INTEGRADO FLORESTAL INDUSTRIAL.*

PILHA
LgBR RES CONAMA 257 de 30/06/99, art. 2º, II
cell WEPA
pila GAL92:1119
Gerador eletroquímico de energia elétrica, mediante conversão geralmente irreversível de energia química. NBR-7039:87.
LgBR
◊ *Art. 1º As pilhas e baterias que contenham em suas composições chumbo, cádmio, mercúrio e seus compostos, necessárias ao funcionamento de quaisquer tipos de aparelhos, veículos ou sistemas, móveis ou fixos, bem como os produtos eletro-eletrônicos que as contenham integradas em sua estrutura de forma não substituível, após seu esgotamento energético, serão entregues pelos usuários aos estabelecimentos que as comercializam ou à rede de assistência técnica autorizada pelas respectivas indústrias, para repasse aos fabricantes ou importadores, para que estes adotem, diretamente ou por meio de terceiros, os procedimentos de reutilização, reciclagem, tratamento ou disposição final ambientalmente adequada. Ibid.*
⇨ BATERIA; PILHAS DE APLICAÇÃO ESPECIAL; PILHAS PORTÁTEIS.

PILHAS DE APLICAÇÃO ESPECIAL
LgBR RES CONAMA 257 de 30/06/99, art. 2º, VIII
special application cells WIEEE
Pilhas utilizadas em aplicações específicas de caráter científico, médico ou militar e aquelas que sejam parte integrante de circuitos eletro-eletrônicos para exercer funções que requeiram energia elétrica ininterrupta em caso de fonte de energia primária sofrer alguma falha ou flutuação momentânea.
LgBR
⇨ PILHA; PILHAS PORTÁTEIS.

PILHAS PORTÁTEIS
LgBR RES CONAMA 257 de 30/06/99, art. 2º, VII.
portable cells WUNECE
pilas portátiles WJUN
Pilhas utilizadas em telefonia e equipamentos eletro-eletrônicos, tais como jogos, brinquedos, ferramentas elétricas portáteis, informática, lanternas, equipamentos fotográficos, rádios, aparelhos de som, relógios, agendas eletrônicas, barbeadores, instrumentos de medição, de aferição, equipamentos médicos e outros.
LgBR
⇨ PILHA; PILHAS DE APLICAÇÃO ESPECIAL.

PINTURAS MURAIS VEICULADORAS DE ANÚNCIOS
LgPOA DEC 8184 de 07/03/83, cap. VI, art. 23, § 3º.
outdoors advertising ELL90:412
carteles WALIC
Pinturas executadas sobre muros e fachadas de edificações que tenham área igual ou maior do que 10 m² (dez metros quadrados).
LgPOA
⇨ ANÚNCIOS; ANÚNCIOS DE PROPAGANDA; PAISAGEM URBANA; VEÍCULOS DE DIVULGAÇÃO.

PIONEIRO
LgBR PRT IBAMA 19 de 06/06/91, art. 6º, §1º.
pioneer ALL94:303
pionero GON79:70
Vegetação em estágio geófita rizomatosa e as hemicriptófitas, cujas ervas são mais expressivas e invasoras na primeira fase de cobertura dos solos degradados, bem assim as terófitas que formam grupamento de cobertura mais densa.
LgBR
⇨ FLORESTA SECUNDÁRIA; TERÓFITAS.

PIRACEMA
subienda WPN

Fenômeno da subida dos peixes, em enormes cardumes, pelos rios, em busca das nascentes para a desova.
⇨ PERÍODOS DE DESOVA.

PISCICULTURA
LgBR LEI 3824 de 23/11/60, art. 2º.
psiculture WFAO
piscicultura UNB86:456
Criação racional de peixes que exerce particular controle sobre o seu crescimento, reprodução e alimentação.
⇨ ESTAÇÃO DE PISCICULTURA; MARISCAR; POSTO DE PISCICULTURA.

PLACA DE FIBRA
LgBR PRN IBDF 302 de 03/07/84, anexo I.
fiberboard WAFA
placa de fibra WTDX
◊ Ver CHAPA DE FIBRA.

PLACA DE MADEIRA AGLOMERADA
LgBR PRN IBDF 302 de 03/07/84, Anexo I.
particle board WEPA
placa de madera aglomerada WMVU
◊ Ver CHAPA DE MADEIRA AGLOMERADA.

PLÁCERES
LgBR DEC 97507 de 13/02/89, art. 1º.
placer CLA90:240
placeres GAL92:1130
Acumulações de minerais depositados pelos rios, pelas águas marinhas e pelos ventos, em concentrações economicamente exploráveis.
⇨ COLÚVIO; ELÚVIO; RECURSOS MINERAIS MARINHOS DE ÁGUAS RASAS.

PLANO AMBIENTAL DE CONSERVAÇÃO
LgBR RES CONAMA 302 de 20/03/02, art. 2º, III.
environmental conservation plan WIRN
Conjunto de diretrizes e proposições com o objetivo de disciplinar a conservação, recuperação, o uso e ocupação do entorno do reservatório artificial, respeitados os parâmetros estabelecidos nesta Resolução e em outras normas aplicáveis.
LgBR
⇨ ÁREA DE PRESERVAÇÃO PERMANENTE DE RESERVATÓRIO ARTIFICIAL; RESERVATÓRIO ARTIFICIAL.

PLANO ANUAL DE OUTORGA FLORESTAL
LgBR LEI 11284 de 02/03/06, art. 10º.
Plano que contém a descrição de todas as florestas públicas a serem submetidas a processos de concessão no ano em que vigorar.
LgBR
◊ Sigla: PAOF
⇨ ÓRGÃO GESTOR; SERVIÇO FLORESTAL BRASILEIRO.

PLANO DE AÇÃO FEDERAL DA ZONA COSTEIRA
LgBR DEC 5300 de 07/12/04, art. 7º, II.
Federal Action Plan For The Coastal Zone WUNEP
Plan de Acción Federal para la Zona Costera WUNEP
Planejamento de ações estratégicas para a integração de políticas públicas incidentes na zona costeira, buscando responsabilidades compartilhadas de atuação.
LgBR
◊ Sigla: PAF.
⇨ PLANO NACIONAL DE GERENCIAMENTO COSTEIRO *1.

PLANO DE CONTINGÊNCIA
LgBR LEI 9966 de 28/04/00, art. 2º, XX.
contingent plan WEPA
plan de contingencia WMADRY
Conjunto de procedimentos e ações que visam à integração dos diversos planos de emergência setoriais, bem como a definição dos recursos humanos, materiais e equipamentos complementares para a prevenção, controle e combate da poluição das águas.
LgBR
⇨ PLANO DE EMERGÊNCIA *1.

PLANO DE CONTROLE AMBIENTAL DE SÍSMICA
LgBR RES CONAMA 350 de 06/07/04, art. 2º, X.
Documento elaborado pelo empreendedor que prevê as medidas de controle ambiental da atividade de aquisição de dados sísmicos.
LgBR
◊ Sigla: PCAS.
⇨ DADOS SÍSMICOS; ESTUDO AMBIENTAL DE SÍSMICA.

PLANO DE EMERGÊNCIA
LgBR RES CONAMA 306 de 05/07/02, Anexo I, XV.
emergency plan WEPA
plan de emergencia WSUN
Conjunto de medidas que determinam e estabelecem as responsabilidades setoriais e as ações a serem desencadeadas imediatamente após um incidente, bem como definem os recursos humanos, materiais e equipamentos adequados à prevenção, controle e combate à poluição ambiental.
LgBR
⇨ SISTEMA DE GESTÃO AMBIENTAL.

PLANO DE EMERGÊNCIA *1
LgBR LEI 9966 de 28/04/00, art. 2º, XIX.
emergency plan WEPA
plan de emergencia WSUN
Conjunto de medidas que determinam e estabelecem as responsabilidades setoriais e as ações a serem desencadeadas imediatamente após um incidente, bem como definem os recursos humanos, materiais e equipamentos adequados à prevenção, controle e combate à poluição das águas.
LgBR
⇨ ÁREAS ECOLOGICAMENTE SENSÍVEIS; INCIDENTE *2; PLANO DE CONTINGÊNCIA.

PLANO DE EMERGÊNCIA *2
LgBR DEC 2210 de 22/04/97, art. 2º, XIII.
emergency plan WEPA
plan de emergencia WSUN
Conjunto de medidas a serem implementadas em caso de situação potencial e/ou real de acidente.
LgBR
◊ Plano relativo ao Sistema de Proteção do Programa Nuclear Brasileiro.
⇨ SISTEMA DE PROTEÇÃO AO PROGRAMA NUCLEAR BRASILEIRO; SITUAÇÃO DE EMERGÊNCIA *2.

PLANO DE EMERGÊNCIA DE ÁREA
LgBR RES CONAMA 306 de 05/07/02, Anexo I, XVIII.
area emergency plan WEPA
Plano de emergência acordado entre a organização, o poder público e outras organizações situadas na mesma área de influência.
LgBR
⇨ SISTEMA DE GESTÃO AMBIENTAL.

PLANO DE EMERGÊNCIA INDIVIDUAL
LgBR RES CONAMA 306 de 05/07/02, Anexo I, XVI.
individual emergency plan WEPA
Plano de emergência específico da instalação.
LgBR
⇨ SISTEMA DE GESTÃO AMBIENTAL.

PLANO DE EMERGÊNCIA INDIVIDUAL *1
LgBR RES CONAMA 293 de 12/12/01, art. 2º, IX
individual emergency plan WEPA
Documento, ou conjunto de documentos, que contenha as informações e descreva os procedimentos de resposta da instalação a um incidente de poluição por óleo, decorrente de suas atividades.
LgBR
⇨ INCIDENTE DE POLUIÇÃO POR ÓLEO.

PLANO DE EXPLORAÇÃO
LgBR PRN IBDF 302 de 03/07/84, Anexo I.
exploitation plan WFAO
plan de explotación WCNMA
Conjunto de trabalhos técnicos realizados para a consecução de colheita (no caso de florestas plantadas) e/ou explotação (florestas nativas) de matéria-prima florestal.
LgBR
⇨ FLORESTAS PLANTADAS; MANEJO FLORESTAL.

PLANO DE FOGO
LgPOA DEC 8187 de 07/03/83, art. 2º.
blasting plan WBUI
plan de fuego WUNE
Projeto relativo a operações de perfuração, carregamento e de detonação de explosivos.
LgPOA
⇨ BLASTER; TERRAPLENAGEM.

PLANO DE GERENCIAMENTO DE RESÍDUOS DE SERVIÇOS DA SAÚDE
LgBR RES CONAMA 358 de 29/04/05, art. 2º, XI.

Medical Waste Management Plan WEPA
Plan de Gestión de Residuos de los Servicios de Salud WCEPIS
Documento integrante do processo de licenciamento ambiental, baseado nos princípios da não geração de resíduos e na minimização da geração de resíduos, que aponta e descreve as ações relativas ao seu manejo, no âmbito dos serviços mencionados no art. 1º desta Resolução, contemplando os aspectos referentes à geração, segregação, acondicionamento, coleta, armazenamento, transporte, reciclagem, tratamento e disposição final, bem como a proteção à saúde pública e ao meio ambiente.
LgBR
◊ *Sigla: PGRSS. Art. 1º Esta Resolução aplica-se a todos os serviços relacionados com o atendimento à saúde humana ou animal, inclusive os serviços de assistência domiciliar e de trabalhos de campo; laboratórios analíticos de produtos para saúde; necrotérios, funerárias e serviços onde se realizem atividades de embalsamamento (tanatopraxia e somatoconservação); serviços de medicina legal; drogarias e farmácias inclusive as de manipulação; estabelecimentos de ensino e pesquisa na área de saúde; centros de controle de zoonoses; distribuidores de produtos farmacêuticos; importadores, distribuidores e produtores de materiais e controles para diagnóstico in vitro; unidades móveis de atendimento à saúde; serviços de acupuntura; serviços de tatuagem, entre outros similares.*
⇨ RESÍDUOS DE SERVIÇOS DE SAÚDE.

PLANO DE MANEJO
LgBR DEC 84017 de 21/09/79, art. 6º.
manegement plan WEPA
plan de manejo GON79:71
Projeto dinâmico que, utilizando técnicas de planejamento ecológico, determine o zoneamento de um Parque Nacional, caracterizando cada uma de suas zonas e propondo seu desenvolvimento físico, de acordo com suas finalidades.
LgBR
◊ *Instrumento de planejamento e proteção utilizado para consolidar as Unidades de Conservação em todo Brasil.*
⇨ ENTORNO DE UNIDADES DE CONSERVAÇÃO; MONITORAMENTO AMBIENTAL; PARQUES NACIONAIS; ZONA DE USO ESPECIAL.

PLANO DE MANEJO *1
LgBR LEI 9985 DE 18/07/00, art. 2º, XVII.
manegement plan WEPA
plan de manejo GON79:71
Documento técnico mediante o qual, com fundamento nos objetivos gerais de uma unidade de conservação, se estabelece o seu zoneamento e as normas que devem presidir o uso da área e o manejo dos recursos naturais, inclusive a implantação das estruturas físicas necessárias à gestão da unidade.
LgBR
⇨ ZONEAMENTO.

PLANO DE MANEJO ESPELEOLÓGICO
LgBR RES CONAMA 347 de 10/09/04, art. 2º, V.
Plan de Manejo Espeleológico WSPELEO
Documento técnico mediante o qual, com fundamento nos objetivos gerais da área, se estabelece o seu zoneamento e as normas que devem presidir o uso da área e o manejo dos recursos naturais, inclusive a implantação das estruturas físicas necessárias à gestão da cavidade natural subterrânea.
LgBR
⇨ ZONEAMENTO ESPELEOLÓGICO.

PLANO DE MANEJO FLORESTAL
LgRS LEI 9519 de 21/01/92, art. 42, XIX.
forest management plan WEPA
plan de manejo forestal WHCDN
Documento técnico onde constam todas as atividades a serem executadas durante o período de manejo florestal.
LgRS
⇨ POLÍTICA FLORESTAL DO ESTADO DO RIO GRANDE DO SUL; REGIME SUSTENTADO E USO MÚLTIPLO.

PLANO DE MANEJO FLORESTAL SUSTENTÁVEL
LgBR LEI 11284 de 02/03/06, art. 3º, VIII
Sustainable Forest Management Plan WFAO
plan de manejo sostenible WFAO
Documento exigido pela LEI FLORESTAL BRASILEIRA que descreve como a floresta será explorada e que ações serão tomadas para assegurar a conservação

dos recursos naturais, a preservação da estrutura da floresta e de suas funções, a manutenção da diversidade biológica, e o desenvolvimento socioeconômico da região.

◊ *Sigla: PMFS. Compreende um conjunto de práticas de administração dos recursos florestais que visam à produção de produtos madeireiros e não madeireiros como frutos, resinas e óleos, conservando as florestas em pé.*

⇨ MANEJO FLORESTAL SUSTENTÁVEL.

PLANO DE PROTEÇÃO AO SOLO E DE COMBATE À EROSÃO
LgBR DEC 77775 de 08/06/76, art. 3º.
Conjunto de medidas que visa a promover a racionalização do uso do solo e o emprego de tecnologia adequada, objetivando a recuperação de sua capacidade produtiva e a sua preservação.
LgBR
⇨ SOLO.

PLANO DE RADIOPROTEÇÃO
Radiation Protection Plan WEPA
Documento exigido para fins de licenciamento da instalação nuclear ou radioativa, que estabelece o sistema de radioproteção a ser implantado pelo Serviço de Radioproteção.
CNEN-NE-3.02
⇨ INSTALAÇÃO NUCLEAR.

PLANO DIRETOR
LgBR CF, art. 182, § 1º.
Director Plan WEPA
plan director WROS
Lei municipal que fixa as diretrizes técnicas e legais básicas de utilização, desenvolvimento e expansão do espaço urbano, ordenando os aspectos físicos, sociais e econômicos do Município, tendo em vista o bem-estar de seus habitantes.
⇨ ÁREAS URBANAS; SOLO CRIADO.

PLANO DIRETOR DE DESENVOLVIMENTO URBANO AMBIENTAL
LgPOA LEI COMPL. 434 de 01/12/99, art. 2º.
Plan Director de Desarrollo Urbano Ambiental WSMA
Plano que incorpora o enfoque ambiental de planejamento na definição de modelo de desenvolvimento do Município, das e das estratégias para a execucnao de planos, programas e projetos, enfatizando a participação popular a sustentabilidade econômica, social e ambiental.
LgPOA

PLANO DO TESTE DE QUEIMA
LgBR RES CONAMA 264 de 26/08/99, Anexo I, 10.
burning test plan WAIAA
Plano que contempla dados, cálculos e procedimentos relacionados com as operações de co-processamento propostas para o resíduo.
LgBR
◊ *Sigla: PTQ*
⇨ ESTUDO DE VIABILIDADE DE QUEIMA.

PLANO ESTADUAL DE GERENCIAMENTO COSTEIRO
LgBR DEC 5300 de 07/12/04, art. 7º, III.
State Coastal Zone Management Plan WUNEP
Plano que implementa a Política Estadual de Gerenciamento Costeiro, define responsabilidades e procedimentos institucionais para a sua execução, tendo como base o Plano Nacional de Gerenciamento Costeiro.
LgBR
◊ *Sigla: PEGC.*
⇨ COLEGIADO ESTADUAL.

PLANO INTEGRADO FLORESTAL INDUSTRIAL
LgBR PRN IBDF 302 de 03/07/84, Anexo I.
Conjunto de métodos e medidas levadas a termo na execução de um empreendimento florestal, que tem por finalidade indicar as fontes de suprimento de matéria-prima florestal e unidade de produção visando seu plano de abastecimento.
LgBR
◊ *Sigla: PIFI.*
⇨ MANEJO FLORESTAL.

PLANO MUNICIPAL DE GERENCIAMENTO COSTEIRO
LgBR DEC 5300 de 07/12/04, art. 7º, IV
Municipal Coastal Management Plan WUM

Plano que implementa a Política Municipal de Gerenciamento Costeiro, define responsabilidades e procedimentos institucionais para a sua execução, tendo como base o PLANO NACIONAL DE GERENCIAMENTO COSTEIRO e o PLANO ESTADUAL DE GERENCIAMENTO COSTEIRO, devendo observar, ainda, os demais planos de uso e ocupação territorial ou outros instrumentos de planejamento municipal.
LgBR
◊ Sigla: PMGC
⇨ COLEGIADO MUNICIPAL.

PLANO NACIONAL DE GERENCIAMENTO COSTEIRO
LgBR LEI 7661 de 16/05/88, art. 1º e 2º.
National Coastal Zone Management Plan WUN
Plano integrante da Política Nacional para os Recursos do Mar e da Política Nacional do Meio Ambiente, visando a orientar a utilização nacional dos recursos na Zona Costeira, de forma a contribuir para elevar a qualidade de vida da população, e a proteção do seu patrimônio natural, histórico, étnico e cultural.
LgBR
◊ Sigla: PNGC.
⇨ GERENCIAMENTO COSTEIRO; PARCÉIS; ZONA COSTEIRA.

PLANO NACIONAL DE GERENCIAMENTO COSTEIRO *1
LgBR DEC 5300 de 07/12/04, art. 7º, I.
National Coastal Zone Management Plan WUN
Conjunto de diretrizes gerais aplicáveis nas diferentes esferas de governo e escalas de atuação, orientando a implementação de políticas, planos e programas voltados ao desenvolvimento sustentável da zona costeira.
LgBR
◊ Sigla: PNGC.
⇨ MACRODIAGNÓSTICO; PLANO DE AÇÃO FEDERAL DA ZONA COSTEIRA; ZONA COSTEIRA BRASILEIRA.

PLANOS DE EMERGÊNCIA
emergency plans ONU92#1895
planes de acción de emergencia ONU92#1895
Planos que poderão prever a redução das atividades das fontes poluidoras, fixas ou móveis, durante período de inversões térmicas atmosféricas ou em outras situações perigosas.
⇨ INVERSÕES TÉRMICAS ATMOSFÉRICAS.

PLANOS DE RECURSOS HÍDRICOS
LgBR LEI 9433 de 08/01/97, art. 6º.
water resources plans BRA97b:36
planes de recursos hídricos WSOP
Planos diretores que visam a fundamentar e orientar a implementação da Política Nacional de Recursos Hídricos e o gerenciamento dos recursos hídricos.
LgBR
⇨ AGÊNCIAS DE ÁGUA; POLÍTICA NACIONAL DE RECURSOS HÍDRICOS.

PLANO SETORIAL PARA OS RECURSOS DO MAR
LgBR DEC 1203 de 28/07/94, 1.
Sectoral Plan for Marine Resources WUN
Plan Sectorial para los Recursos del Mar WFAO
Conjunto de providências que possibilitam a estruturação das atividades de pesquisa e prospecção dos recursos do mar, orientando interesses significativos para incorporação desses recursos ao sistema produtivo nacional.
◊ Sigla: PSRM.
⇨ BANCO NACIONAL DE DADOS OCEANOGRÁFICOS; PESCA CIENTÍFICA.

PLANTA INTEIRA
LgBR LEI 9456 de 25/04/97, art. 3º, XVII.
full plant WSBT
planta entera WINTA
Planta com todas as suas partes passíveis de serem utilizadas na propagação de uma cultivar.
LgBR
⇨ MATERIAL PROPAGATIVO; PROPAGAÇÃO.

PLANTAS
LgBR DEC 4280 de 25/06/02, art. 3.
plants WFAO
plantas WFAO
Plantas vivas e suas partes incluindo sementes.

LgBR
⇨ MEDIDAS FITOSSANITÁRIAS.

PLASMÍDEOS
plasmids DAR95:G14
plasmidios RIE82:307
Elementos genéticos compostos de moléculas de ADN circular, extracromossômico e autônomo encontrado em certas bactérias, podendo conferir à célula bacteriana resistência a um ou mais antibióticos.
⇨ CLOROPLASTOS; MITOCÔNDRIAS; RECEPTOR EUCARIÓTICO; RECEPTOR PROCARIÓTICO.

PLATAFORMA CONTINENTAL
LgBR DEC 1530 de 22/06/95, art. 1º.
continental shelf WBASEL
plataforma continental GAL92:1140
Plataforma que abrange: o leito do mar e subsolo das regiões submarinas adjacentes às costas, mas situadas fora do mar territorial, até uma profundidade de 200 metros, ou além deste limite, até o ponto em que a profundidade das águas sobrejacentes permita o aproveitamento dos recursos naturais das referidas regiões; o leito do mar e o subsolo das regiões submarinas análogas, que são adjacentes às costas das ilhas.
LgBR
◊ *Def. compl.: Zona de suave declividade, adjacente a um continente ou que circunda uma ilha, desde a linha de água mais baixa até a profundidade de cerca de 200 metros mar adentro, quando tem início o talude continental.*
⇨ MEIO MARINHO; RECURSOS MINERAIS MARINHOS DE ÁGUAS RASAS.

PLATAFORMA CONTINENTAL DO BRASIL
LgBR LEI 8617 de 04/01/93, cap IV, art. 11.
Brazilian Continental Shelf WUN
plataforma continental brasileña WIAPG
Plataforma que compreende o leito e o subsolo das áreas submarinas que se estendem além do seu mar territorial, em toda a extensão do prolongamento natural do seu território terrestre, até ao bordo exterior da margem continental, ou até uma distância de duzentas milhas marítimas das linhas de base, a partir das quais se mede a largura do mar territorial, nos casos em que o bordo exterior da margem continental não atinja essa distância.
LgBR
⇨ MAR TERRITORIAL BRASILEIRO.

PLATAFORMAS
LgBR LEI 9966 de 28/04/00, art. 2º, VI.
shelfs WEPA
plataformas WSHN
Instalação ou estrutura, fixa ou móvel, localizada em águas sob jurisdição nacional, destinada a atividade direta ou indiretamente relacionada com a pesquisa e a lavra de recursos minerais oriundos do leito das águas interiores ou de seu subsolo, ou do mar, da plataforma continental ou de seu subsolo.
LgBR
⇨ ÁGUAS SOB JURISDIÇÃO NACIONAL; ALIJAMENTO *1; INSTALAÇÕES DE APOIO; INSTALAÇÃO PORTUÁRIA.

PLATAFORMA SUBMARINA
LgBR DEC 28840 de 08/11/50.
sea bed ONU92#5754
plataforma submarina GAL92:1140
Território submerso que borda os continentes e ilhas e se prolonga sob o alto mar, constituindo assim, com as terras a que é adjacente, uma só unidade geográfica.
LgBR
⇨ ALTO-MAR.

PLATÔ RESIDUAL
LgBR DEC 4339 de 22/08/02, Anexo, 10.1.10.
residual plateau WSTA
meseta residual WGC
◊ *Constitui ambiente especial altamente ameaçado pela atividade de exploração econômica, inclusive a mineral.*
⇨ CÓDIGO DE MINERAÇÃO.

PLOIDIA
LgBR LEI 11105 de 24/03/05, art. 3º, VII.
ploidia WAMJC
ploidía WCFN
Avaliação da quantidade de DNA em amostra de células através de método laboratorial que define seu tamanho, a morfologia e outras características.
⇨ CÉLULA GERMINAL HUMANA.

PLUTÔNIO
LgBR DEC 95 de 16/04/91, art. I, a.
plutonium IAEA80:31
plutonio ALL84:316
Elemento radioativo, número atômico 94, símbolo Pu, produzido pela irradiação urânio; contém várias porcentagens dos isótopos 238 a 242.
◊ *O plutônio é usado como combustível nuclear e pode ser gerado em grande quantidade nos reatores regeneradores.*
⇨ MATERIAL NUCLEAR; URÂNIO.

PMFS
LgBR LEI 11284 de 02/03/06, art. 3º, VIII
SFMP WFAO
◊ *Sigla de PLANO DE MANEJO FLORESTAL SUSTENTÁVEL.*

PMGC
LgBR DEC 5300 de 07/12/04, art. 7º, IV
◊ *Sigla de: PLANO MUNICIPAL DE GERENCIAMENTO COSTEIRO.*

PNB
LgBR DEC 2210 de 22/04/97, art. 2º, XIV
PNB WDCA
◊ *Sigla de PROGRAMA NUCLEAR BRASILEIRO.*

PNB *1
LgBR LEI 11105 de 24/03/05, art. 8º
PNB WINAI
◊ *Sigla de POLÍTICA NACIONAL DE BIOSSEGURANÇA.*

PNEU
LgBR RES CONAMA 258 de 26/08/99, art. 2º, I.
tire WEPA
neumático GAL92:1013
Artefato inflável, constituído basicamente por borracha e materiais de reforço utilizados para rodagem em veículos.
LgBR
⇨ PNEU INSERVÍVEL.

PNEU INSERVÍVEL
LgBR RES CONAMA 258 de 26/08/99, art. 2º, IV.
scrap tire WRMA
neumático insersible WMREU
Artefato que não mais se presta a processo de reforma que permita condição de rodagem adicional.
LgBR
⇨ PASSIVO AMBIENTAL; PNEU.

PNEUMÁTICO
LgBR RES CONAMA 258 de 26/08/99, art. 2º, I.
neumático GAL92:1013
◊ *Ver PNEU.*

PNEUMÁTICO INSERVÍVEL
LgBR RES CONAMA 258 de 26/08/99, art. 2º, IV.
neumático inservible WMREU
◊ *Ver PNEU INSERVÍVEL.*

PNEUMÁTICO NOVO
LgBR RES CONAMA 258 de 26/08/99, art. 2º, II.
neumático nuevo WMREU
◊ *Ver PNEU NOVO.*

PNEUMÁTICO REFORMADO
LgBR RES CONAMA 258 de 26/08/99, art. 2º, III.
neumático reformado WMREU
◊ *Ver PNEU REFORMADO.*

PNEU NOVO
LgBR RES CONAMA 258 de 26/08/99, art. 2º, II.
new tire WEPA
neumático nuevo WMREU
Artefato que nunca foi utilizado para rodagem sob qualquer forma, enquadrando-se, para efeito de importação, no código 4011 da Tarifa Externa Comum.
LgBR
⇨ PNEU REFORMADO.

PNEU REFORMADO
LgBR RES CONAMA 258 de 26/08/99, art. 2º, III.
restored tire WTL
neumático reformado WMREU
Pneumático que foi submetido a algum tipo de processo industrial com o fim específico de aumentar sua vida útil de rodagem em meios de transporte, tais como recapagem, recauchutagem ou remoldagem, enquadrando-se, para efeitos de importação, no código 4012.10 da Tarifa Externa Comum.
LgBR
⇨ PNEU NOVO.

PNF
LgBR DEC 3420 de 20/04/00, art. 1º.
NFP WFAO

◊ Sigla de PROGRAMA NACIONAL DE FLORESTAS.
PNGC
LgBR LEI 7661 de 16/05/88, art. 1º.
◊ Sigla de PLANO NACIONAL DE GERENCIAMENTO COSTEIRO.
PNMA
LgBR LEI 6938 de 31/08/81, ementa.
PNMA WIADB
◊ Sigla de POLÍTICA NACIONAL DO MEIO AMBIENTE.
PNRM
LgBR DEC 1203 de 28/07/94, 6.
◊ Sigla de POLÍTICA NACIONAL PARA OS RECURSOS DO MAR.
PNUD
UNDP WUNDP
PNUD WUNDP
◊ Sigla de PROGRAMA DAS NAÇÕES UNIDAS PARA O DESENVOLVIMENTO.
PNUMA
UNEP WUNEP
PNUMA WPNU
◊ Sigla de PROGRAMA DAS NAÇÕES UNIDAS PARA O MEIO AMBIENTE.
PÓ DA CHINA
LgBR RES CONAMA 05 de 20/11/85, ementa.
lindane POR92:224
◊ Ver PENTACLOROFENOL e PENTACLOROFENATO DE SÓDIO. Var. pó-da-china.
PÓ DE AMIANTO
LgBR DEC 126 de 22/05/91, Anexo
asbesto powder WFAO
polvo de amianto WENRE
Partículas de amianto em suspensão no ar ou partículas de amianto em repouso suscetíveis de ficarem em suspensão no ar nos locais de trabalho.
LgBR
⇨ EXPOSIÇÃO DE AMIANTO; PÓ DE AMIANTO EM SUSPENSÃO NO AR.
PÓ DE AMIANTO EM SUSPENSÃO NO AR
LgBR DEC 126 de 22/05/91, Anexo
polvo de amianto en suspensión en el aire WILO
Partículas de poeira medidas por meio de uma avaliação gravimétrica ou por outro método equivalente.

LgBR
⇨ PARTÍCULAS RESPIRÁVEIS DE AMIANTO; PÓ DE AMIANTO.
PÓ DE GAFANHOTO
lindane POR92:224
lindane ALL84:241
◊ Ver LINDANO.
PODER CONCEDENTE
LgBR LEI 11284 de 02/03/06, art. 3º, XV.
conceding power WNSA
poder concedente WMED
União, Estado, Distrito Federal ou Município.
LgBR
⇨ CONCESSÃO FLORESTAL; FLORESTAS PÚBLICAS; LEI FLORESTAL BRASILEIRA.
PODER DE NEUTRALIZAÇÃO
neutralization power WRSCC
poder de neutralización WUAH
Eficácia do conteúdo de neutralizantes contidos em corretivo de acidez, expresso em equivalente de carbonato de cálcio ($CaCo_3$).
⇨ CORRETIVO DE ACIDEZ.
PODER DE POLÍCIA
LgBR LEI 9605 de 12/02/98, cap. VI, § 2º.
police power BLA91:800
poder de policía ARG93a
Atividade da Administração Pública que tem por fim condicionar e restringir, nos termos da Constituição e das Leis, o exercício das liberdades individuais e direitos dos particulares, bem como o uso e gozo de bens, em benefício dos interesses gerais da coletividade.
⇨ CONTROLE; FISCALIZAÇÃO; FISCALIZAÇÃO *2; ORDEM PÚBLICA; PODER PÚBLICO.
PODER PÚBLICO
LgBR CF, art. 1º, parágrafo único.
public authority WEPA
poder público WCRBV
Orgão ou instituição a que se atribui uma parcela da soberania do Estado, para que se constitua em autoridade e exerça as funções jurídicas de ordem política e administrativa que lhe são concedidas por lei.
SIL97:613
⇨ PODER DE POLÍCIA.

POLANTAR
LgBR DEC 94401 de 03/06/87, art. 1º.
◊ Sigla de POLÍTICA NACIONAL PARA ASSUNTOS ANTÁRTICOS.
POLÍTICA AGRÍCOLA
LgBR LEI 4504 de 30/11/64, art. 1º, § 2º.
Agricultural Policy UNB86:436
Política Agraria UNB86:436
Conjunto de providências de amparo à propriedade da terra, que se destinem a orientar, no interesse da economia rural, as atividades agropecuárias, seja no sentido de garantir-lhes o pleno emprego, seja no de harmonizá-las como processo de industrialização do país.
LgBR
⇨ COOPERATIVA INTEGRAL DE REFORMA AGRÁRIA; ESTATUTO DA TERRA; REFORMA AGRÁRIA.
POLÍTICA ENERGÉTICA NACIONAL
LgBR LEI 9478 de 06/08/97, cap. I, art. 1º.
National Energy Policy WUSDA
Política Energética Nacional WMECON
Política nacional que tem por objetivo o aproveitamento racional das fontes de energia, a proteção do meio ambiente e a promoção da conservação de energia.
POLÍTICA ESTADUAL DO MEIO AMBIENTE
LgRS LEI 11520 de 04/08/00.
environmental state policy WUNECE
Política Departamental del Medio Ambiente WSGSR
Política estadual que visa a garantir a preservação, melhoria e recuperação da qualidade ambiental propícia à vida, destinada a orientar a ação do Estado e dos Municípios como integrantes do Sistema Nacional de Meio Ambiente.
⇨ AUDITORIAS AMBIENTAIS; CÓDIGO ESTADUAL DE MEIO AMBIENTE DO RIO GRANDE DO SUL; LICENÇA AMBIENTAL *1; MEIO AMBIENTE *3.
POLÍTICA FLORESTAL DO ESTADO DO RIO GRANDE DO SUL
LgRS LEI 9519 de 21/01/92, art. 2º.
Política estadual que tem por fim o uso adequado e racional dos recursos florestais com base nos conhecimentos ecológicos, visando à melhoria da qualidade de vida da população e à compatibilização do desenvolvimento socioeconômico com a preservação do ambiente e do equilíbrio ecológico.
LgRS
⇨ CONSUMIDOR *1; PLANO DE MANEJO FLORESTAL; UNIDADES DE CONSERVAÇÃO ESTADUAIS.
POLÍTICA NACIONAL DA BIODIVERSIDADE
LgBR DEC 4339 de 22/08/02, Anexo 5.
National Biodiversity Policy WMMA
Política Nacional de la Biodiversidad WINE
Política nacional que tem como objetivo geral a promoção, de forma integrada, da conservação da biodiversidade e da utilização sustentável de seus componentes, com a repartição justa e eqüitativa dos benefícios derivados da utilização dos recursos genéticos, de componentes do patrimônio genético e dos conhecimentos tradicionais associados a esses recursos.
LgBR
⇨ PROGRAMA NACIONAL DA DIVERSIDADE BIOLÓGICA; SUSTENTABILIDADE AMBIENTAL; SUSTENTABILIDADE CULTURAL; SUSTENTABILIDADE ECONÔMICA; SUSTENTABILIDADE SOCIAL.
POLÍTICA NACIONAL DE BIOSSEGURANÇA
LgBR DEC 1752 de 20/12/95, art. 2º, I.
Biosafety National Policy WUNEP
Política Nacional de Bioseguridad WMED
Política nacional que tem por objetivo o estabelecimento de normas e regulamentos relativos às atividades e projetos que contemplem construção, cultivo, manipulação, uso, transporte, armazenamento, comercialização, consumo, liberação e descarte relacionados a organismos geneticamente modificados.
⇨ BIOSSEGURANÇA; SISTEMA DE INFORMAÇÕES EM BIOSSEGURANÇA.
POLÍTICA NACIONAL DE EDUCAÇÃO AMBIENTAL
LgBR LEI 9795 de 27/04/99, art. 14.
national policy on environmental education WPNU
Política Nacional de Educación Ambiental WPNU

Política nacional que tem como objetivo a promoção da educação ambiental em todos os setores da sociedade.

◊ *Diferente de outras Leis, não estabelece regras ou sanções, mas estabelece responsabilidades e obrigações.WMEC.*

⇨ EDUCAÇÃO AMBIENTAL *1.

POLÍTICA NACIONAL DE RECURSOS HÍDRICOS
LgBR LEI 9433 de 08/01/97, art. 2º.
National Water Resources Policy WMMA
Política Nacional de los Recursos Hídricos WDGA
Política nacional que tem por objetivos: assegurar à atual e às futuras gerações a necessária disponibilidade de água, em padrões de qualidade adequados aos respectivos usos; a utilização racional e integrada dos recursos hídricos, incluindo o transporte aquaviário, com vistas ao desenvolvimento sustentável; a prevenção e a defesa contra eventos hidrológicos críticos de origem natural ou decorrentes do uso inadequado dos recursos naturais.
LgBR
⇨ OUTORGA DE DIREITOS DE USO DOS RECURSOS HÍDRICOS; PLANOS DE RECURSOS HÍDRICOS; SISTEMA DE INFORMAÇÃO SOBRE RECURSOS HÍDRICOS; SISTEMA NACIONAL DE GERENCIAMENTO DE RECURSOS HÍDRICOS.

POLÍTICA NACIONAL DO MEIO AMBIENTE
LgBR LEI 6938 de 31/08/81, art. 2º
National Environmental Policy WMMA
Política Nacional del Medio Ambiente WMED
Política nacional que tem por objetivo a preservação, melhoria e recuperação da qualidade ambiental propícia à vida, visando a assegurar, no país, condições ao desenvolvimento socioeconômico, aos interesses da segurança nacional e à proteção da dignidade da vida humana, atendidos os seguintes princípios: ação governamental na manutenção do equilíbrio ecológico, considerando o meio ambiente como um patrimônio público a ser necessariamente assegurado e protegido, tendo em vista o uso coletivo; racionalização do uso do solo, do subsolo, da água e do ar; planejamento e fiscalização do uso dos recursos ambientais; proteção dos ecossistemas, com a preservação de áreas representativas; controle e zoneamento das atividades potencial ou efetivamente poluidoras; incentivos ao estudo e à pesquisa de tecnologias orientadas para o uso racional e a proteção dos recursos ambientais; acompanhamento do estado da qualidade ambiental; recuperação de áreas degradadas; proteção de áreas ameaçadas de degradação; educação ambiental a todos os níveis de ensino, inclusive a educação da comunidade, objetivando capacitá-la para participação ativa na defesa do meio ambiente.
LgBR
◊ *Sigla: PNMA.*
⇨ CONSELHO NACIONAL DO MEIO AMBIENTE; MEIO AMBIENTE *1; SISTEMA NACIONAL DE INFORMAÇÃO SOBRE O MEIO AMBIENTE; ZONEAMENTO AMBIENTAL.

POLÍTICA NACIONAL PARA ASSUNTOS ANTÁRTICOS
LgBR DEC 94401 de 03/06/87, II, 7.
National Policy for Antarctic Issues WMCT
Política nacional que visa à consecução dos objetivos do Brasil na Antártica, levando em consideração os compromissos assumidos no âmbito do Sistema do Tratado da Antártida.
LgBR
◊ *Sigla: POLANTAR.*
⇨ TRATADO DA ANTÁRTIDA.

POLÍTICA NACIONAL PARA OS RECURSOS DO MAR
LgBR DEC 1203 de 28/07/94, 6.
National Policy for Marine Resources WFAO
Política Nacional para los Recursos del Mar WUNEP
Política nacional que visa a orientar as atividades relacionadas com o aproveitamento sustentável dos recursos do mar de modo a garantir sua preservação.

◊ *Sigla: PNRM.*
⇨ BANCO NACIONAL DE DADOS OCEANOGRÁFICOS.

PÓLO INDUSTRIAL
industrial pole WAI
polo industrial WMECP
Conjunto de indústrias já implantadas, em fase de instalação ou projeto, que caracteriza uma concentração industrial inter-relacionada e integrada, planejada ou espontânea, que tenha significativa expressão política, técnica e econômica para um dado estado ou região, independente do porte e do valor do investimento incorporado.
⇨ PARQUE INDUSTRIAL.

POLPA DE MADEIRA
LgBR PRN IBDF 302 de 03/07/84, Anexo I.
wood pulp UNB86:203
pulpa de la madera UNB86:203
Material obtido por tratamento mecânico e/ou químico da madeira, que pode ser transformado posteriormente em papel, rayon, plásticos e similares.
LgBR
⇨ CELULOSE; MATÉRIA-PRIMA LENHOSA; PASTA MECÂNICA.

POLPA MECÂNICA
LgBR PRN IBDF 302 de 03/07/84, Anexo I.
mechanical pulp WEPA
pulpa mecánica WMTAS
◊ *Ver PASTA MECÂNICA.*

POLUENTE
LgPOA LEI COMPL. 65 de 22/12/81, art. 2º, § 1º.
pollutant ONU92#4962
contaminante ONU92#4962
Forma de matéria ou energia que, direta ou indiretamente, provoque poluição ambiental nos termos do art. 1º, em intensidade, em quantidade, em concentração ou com características em desacordo com as que forem estabelecidas em decorrência desta Lei Complementar, respeitados os critérios, normas e padrões fixados pelo Governo Federal.
LgPOA
⇨ PADRÕES DE QUALIDADE DO MEIO AMBIENTE.

POLUENTE *1
LgRS LEI 11520 de 04/08/00, art. 14, XXXVII.
pollutant ONU92#4962
contaminante ONU92#4962
Forma de matéria ou energia que, direta ou indiretamente, cause ou possa causar poluição do meio ambiente.
LgRS
⇨ POLUIÇÃO*1.

POLUENTE ATMOSFÉRICO
LgBR RES CONAMA 03 de 28/06/90, art. 1º, parágrafo único.
air pollutant ONU92#171
contaminante atmosférico ONU92#171
Forma de matéria ou energia com intensidade e em quantidade, concentração, tempo ou características em desacordo com os níveis estabelecidos, e que tornem ou possam tornar o ar impróprio, nocivo ou ofensivo à saúde; inconveniente ao bem-estar público; danoso aos materiais, à fauna e flora; prejudicial à segurança, ao uso e gozo da propriedade e às atividades normais da comunidade.
LgBR
⇨ EPISÓDIO CRÍTICO DE POLUIÇÃO DO AR; PADRÕES DE QUALIDADE DO AR; POLUIÇÃO DO AR.

POLUENTE ATMOSFÉRICO *2
LgRS LEI 11520 de 04/08/00, art. 14, XXXVIII.
air pollutant ONU92#171
contaminante atmosférico ONU92#171
Forma de matéria ou energia com intensidade e em quantidade, concentração, tempo ou características em desacordo com os níveis estabelecidos, e que tornem ou possam tornar o ar: impróprio, nocivo ou ofensivo à saúde; inconveniente ao bem-estar público; danoso aos materiais, à fauna e flora; prejudicial à segurança, ao uso e gozo da propriedade e às atividades normais da comunidade.
LgRS

⇨ CLASSES DE USO; FUMAÇA; PADRÕES PRIMÁRIOS DE QUALIDADE DO AR *1; PADRÕES SECUNDÁRIOS DE QUALIDADE DO AR *1.

POLUENTES ORGÂNICOS PERSISTENTES
LgBR DLG 204 de 07/05/04.
Persistent Organic Pollutants WPOPS
Contaminantes Orgánicos Persistentes WMED
Substâncias tóxicas de alta periculosidade, as quais, por suas características físico-químicas, não se decompõem facilmente, mantendo-se inalteradas por longos períodos de tempo.
WMDICE
◊ Sigla POPS. *A CONVENÇÃO DE ESTOCOLMO SOBRE POLUENTES ORGÂNICOS PERSISTENTES identificou, inicialmente, doze POPS, sobre os quais a comunidade internacional adotará ações com vistas à sua eliminação: 8 pesticidas (DDT, aldrin, dieldrin, clordano, endrin, heptacloro, mirex, toxafeno), 2 produtos industriais (Hexaclorobenzeno-HCBs e Bifenilas Policloradas-PCBs) e dois produtos não intencionais gerados da combustão de matéria orgânica (dioxinas e furanos). Ibid.*
⇨ DICLORO-DIFENIL-TRICLORO-ETANO; PRINCIPAIS COMPOSTOS ORGÂNICOS PERIGOSOS.

POLUIÇÃO
LgBR LEI 6938 de 31/08/81, art. 3º, III.
pollution UNI03:497
contaminación UNB86:482
Degradação da qualidade ambiental resultante de atividades que direta ou indiretamente: prejudiquem a saúde, a segurança e o bem-estar da população; criem condições adversas às atividades sociais e econômicas; afetem desfavoravelmente a biota; afetem as condições estéticas ou sanitárias do meio ambiente; lancem matérias ou energia em desacordo com os padrões ambientais estabelecidos.
LgBR
⇨ DEGRADAÇÃO DA QUALIDADE AMBIENTAL; POLUIDOR.

POLUIÇÃO *1
LgRS LEI 11520 de 04/08/00, art. 14, XXXIX.
pollution UNI03:497
contaminación UNB86:482
Alteração dos padrões de qualidade e da disponibilidade dos recursos ambientais e naturais, resultantes de atividades ou de qualquer forma de matéria ou energia que, direta ou indiretamente, mediata ou imediatamente: prejudique a saúde, a segurança e o bem-estar das populações ou que possam vir a comprometer seus valores culturais; criem condições adversas às atividades sociais e econômicas; afetem desfavoravelmente a biota; comprometam as condições estéticas e sanitárias do meio ambiente; alterem desfavoravelmente o patrimônio genético e cultural (histórico, arqueológico, paleontológico, turístico, paisagístico e artístico); lancem matérias ou energia em desacordo com os padrões ambientais estabelecidos; criem condições inadequadas de uso do meio ambiente para fins públicos, domésticos, agropecuários, industriais, comerciais, recreativos e outros.
LgRS
⇨ ÁGUAS RESIDUÁRIAS *1; FONTES DE POLUIÇÃO; POLUENTE *1.

POLUIÇÃO AMBIENTAL
LgPOA DEC 8183 de 07/03/83, art. 3º, I.
environmental pollution ONU92#2127
contaminación ambiental ONU92#2127
Alteração das condições físicas, químicas ou biológicas do meio ambiente, causada por qualquer forma de matéria ou energia resultante das atividades humanas, em níveis capazes de, direta ou indiretamente: serem impróprias, nocivas ou ofensivas à saúde, à segurança e ao bem-estar da população; criarem condições adversas às atividades sociais e econômicas; ocasionarem danos à flora, à fauna, a outros recursos naturais, às propriedades públicas e privadas ou à paisagem urbana.
LgPOA
⇨ ATIVIDADE REALMENTE POLUIDORA; MEIO AMBIENTE *2.

POLUIÇÃO DAS ÁGUAS
water pollution UNB86:499
contaminación de las aguas UNB86:499

Alteração das propriedades físicas, químicas e biológicas das águas, que possa importar em prejuízo à saúde, à segurança e ao bem-estar das populações e ainda comprometer a sua utilização para fins agrícolas, industriais, comerciais, recreativos e, principalmente, a existência normal da fauna aquática.
⇨ ÁGUAS POLUÍDAS; ÍNDICE COLIFORME.
POLUIÇÃO DO AR
LgBR RES CONAMA 03 de 28/06/90, art. 6º, § 9º.
air pollution UNB86:50
contaminación atmosférica UNB86:50
Presença de contaminantes no ar em concentrações que alteram a capacidade normal de dispersão do ar, interferindo na saúde humana, na segurança, conforto ou no pleno uso e desfrute da propriedade.
DES78:219
⇨ EPISÓDIO CRÍTICO DE POLUIÇÃO DO AR; NÍVEL DE ATENÇÃO; PADRÕES DE QUALIDADE DO AR; POLUENTE ATMOSFÉRICO.
POLUIÇÃO HÍDRICA
LgBR LEI 9984 de 17/07/00, art. 4º, XI.
water pollution WEPA
contaminación hídrica WAGU
Alteração das águas contaminadas pelos detritos, detergentes domésticos, inseticidas agrícolas e produtos químicos vertidos pelas fábricas situadas à margem de um rio.
GAL92:317
⇨ AGÊNCIA NACIONAL DE ÁGUAS.
POLUIÇÃO INDUSTRIAL
LgBR DEC 76389 de 03/10/75, art. 1º.
industrial pollution CEN90:100
contaminación industrial CEN90:100
Alteração das propriedades físicas, químicas ou biológicas do meio ambiente, causadas por qualquer forma de energia ou de substância sólida, líquida ou gasosa, ou combinação de elementos despejados pelas indústrias, em níveis capazes, direta ou indiretamente, de: prejudicar a saúde, a segurança e o bem-estar da população; criar condições adversas às atividades sociais e econômicas; ocasionar danos relevantes à flora, à fauna e a outros recursos naturais.
LgBR
⇨ ÁREAS CRÍTICAS DE POLUIÇÃO; PROGRAMA NACIONAL DE CONTROLE DA POLUIÇÃO INDUSTRIAL.
POLUIÇÃO SONORA
LgPOA DEC 8185 de 07/03/83, art. 3º, I.
sound pollution CEN90:100
contaminación sonora CEN90:100
Emissão de som que, direta ou indiretamente, seja ofensiva ou nociva à saúde, à segurança e ao bem-estar da coletividade ou transgrida as disposições fixadas neste Decreto.
LgPOA
◊ Este decreto regulamenta a emissão e imissão de ruídos e vibrações.
⇨ PRESSÃO SONORA; RUÍDO; SOM; VIBRAÇÃO.
POLUIDOR
LgBR LEI 6938 de 31/08/81, art. 3º, IV.
pollutant ONU92#4962
contaminador WCICA
Pessoa física ou jurídica, de direito público ou privado, responsável, direta ou indiretamente, por atividades causadoras de degradação ambiental.
LgBR
⇨ DEGRADAÇÃO DA QUALIDADE AMBIENTAL; POLUIÇÃO.
POLUIDOR *1
LgRS LEI 11520 de 04/08/00, art. 14, XL.
pollutant ONU92#4962
contaminador WCICA
Pessoa física ou jurídica, de direito público ou privado, responsável direta ou indiretamente por atividade causadora de degradação ambiental.
LgRS
⇨ FONTE DE POLUIÇÃO.
POPs
LgBR DLG 204 de 07/05/04
POPs WPOPS
COP's WMED
LgBR
◊ Sigla de POLUENTES ORGÂNICOS PERSISTENTES.
POPULAÇÃO COM TRADIÇÃO EXTRATIVISTA
LgBR DEC 532 de 20/05/92, art. 2º.

groups with a historical tradition of extractivism WFAO
População que, tradicionalmente, utiliza o extrativismo de acordo com suas crenças e valores na exploração dos recursos naturais renováveis, realizando atividades econômicas sem alterar o equilíbrio ecológico.
⇨ RESERVAS EXTRATIVISTAS; RESERVAS EXTRATIVISTAS *1.

PORTARIA
administrative rule MEL94:169
Ato escrito, por meio do qual o ministro de Estado, ou outro agente graduado do poder público, determina providências de caráter administrativo, dá instruções sobre a execução de uma lei, ou serviço, nomeia ou designa certos funcionários, segundo a sua capacidade ou competência, e aplica medidas de ordem disciplinar a subordinados, que incidam em falta.
NUN76:672
⇨ LEI; DECRETO; RESOLUÇÃO.

PORTO ORGANIZADO
LgBR LEI 9966 de 28/04/00, art. 2º, XII
organized port WOASO
puerto organizado WICESI
Porto constituído e aparelhado para atender às necessidades da navegação e da movimentação e armazenagem de mercadorias, concedido ou explorado pela União, cujo tráfego e operações portuárias estejam sob a jurisdição de uma autoridade portuária.
LgBR
⇨ AUTORIDADE PORTUÁRIA, INSTALAÇÃO PORTUÁRIA.

POSSE RURAL FAMILIAR
LgBR MPR 1956 de 26/05/00, art. 1º, I
◊ Ver PEQUENA PROPRIEDADE *1.

POSTO
LgBR RES CONAMA 334 de 03/04/03, art. 2º, I.
station WEPA
Unidade que se destina ao recebimento, controle e armazenamento temporário das embalagens vazias de agrotóxicos e afins, até que as mesmas sejam transferidas à central, ou diretamente à destinação final ambientalmente adequada.
LgBR
⇨ CENTRAL; POSTO DE RECEBIMENTO.

POSTO DE PISCICULTURA
LgBR PRT SUDEPE 1-N de 04/01/77, art. 6º, b.
fish culture station WEPA
puesto de piscicultura WFAO
Conjunto de obras, instalações e equipamento de pequena amplitude, destinado a servir de apoio aos trabalhos executados pelas estações de piscicultura.
LgBR
⇨ ESTAÇÃO DE PISCICULTURA; PISCICULTURA.

POSTO DE RECEBIMENTO
LgBR DEC 4074 de 04/01/02, art. 1º, XXX.
Estabelecimento mantido ou credenciado por um ou mais estabelecimentos comerciais ou conjuntamente com os fabricantes destinado a receber e armazenar provisoriamente embalagens vazias de agrotóxicos e afins devolvidas pelo usuário.
LgBR
⇨ POSTO.

POTENCIAIS SUSTENTÁVEIS DE CAPTURA DOS RECURSOS VIVOS
LgBR DEC 1203 de 28/07/94, 1.
maximum sustainable yield ONU92#3835
captura máxima permisible ONU92#3835
Índices que indicam o maior número de organismos que podem ser retirados sem diminuir a população ou prejudicar os índices de reprodução ou substituição.
⇨ PROGRAMA PARA O LEVANTAMENTO DOS POTENCIAIS SUSTENTÁVEIS DE CAPTURA DE RECURSOS VIVOS DE ZONA ECONÔMICA EXCLUSIVA.

POTENCIAL BIÓTICO
LgBR DEC 95922 de 14/04/88, art. 1º, § 1º.
biotic potential WEPA
potencial biótico GON79:73
Índice que expressa a capacidade geral de sobrevivência de uma espécie sob

determinadas condições físicas do meio ambiente.
◊ *Utilizado como medida da resistência ambiental da espécie ou de sua capacidade reprodutiva máxima.*
⇨ ESTRUTURAS BIÓTICAS; FATORES BIÓTICOS; POTENCIAL FAUNÍSTICO; POTENCIAL FLORÍSTICO.

POTENCIAL CARCINOGÊNICO
LgBR PRN IBAMA 349 de 14/03/90, Anexo I, IV, d, 4.
carcinogenic potential WEPA
potencial carcinógeno WGCRA
Índice que expressa a capacidade que tem um agente químico ou físico de produzir ou estimular o desenvolvimento de qualquer tipo de câncer.
⇨ CARACTERÍSTICAS CARCINOGÊNICAS; POTENCIAL MUTAGÊNICO; POTENCIAL EMBRIO-FETOTÓXICO.

POTENCIAL DE AQUECIMENTO GLOBAL
LgBR DLG 144 de 01/05/02, art. 5, 3.
global warming potential WEPA
potencial de calentamiento atmosférico WSID
Índice numérico que expressa a contribuição para o aquecimento global de um quilograma de gases de efeito estufa, tomando como parâmetro a emissão de um quilograma de gás carbônico.
⇨ AQUECIMENTO GLOBAL; CARBONO EQUIVALENTE; EFEITO ESTUFA.

POTENCIAL DE DESTRUIÇÃO DO OZÔNIO
LgBR DEC 99280 de 06/06/90, art. 3º.
ozone-depleting potential ONU92#4558
potencial de agotamiento del ozono ONU92#4558
Índice numérico que indica o grau de ameaça de uma substância química, à camada estratosférica de ozônio tomando como parâmetro a emissão de um quilograma de gás carbônico.
◊ *Sigla: PDO. Os potenciais de destruição do ozônio do CFC13,C2F5CI e CF3Br são 1,0 (para o CFC-11); 0,6 (para o CFC-115) e 10 (para o Halon 1.301).*
⇨ SUBSTÂNCIA CONTROLADA.

POTENCIAL DE PERICULOSIDADE AMBIENTAL
LgBR PRN IBAMA 84 de 15/10/96, art. 1º.
environmental hazard potential WEPA
Ameaça de efeitos danosos ao ser humano e ao meio ambiente da utilização dos agrotóxicos, seus componentes e afins, baseada nos parâmetros relativos a bioacumulação, persistência e transporte, toxicidade a diversos organismos, características mutagênicas, teratogênicas, carcinogênicas.
◊ *Sigla: PPA*
⇨ CLASSIFICAÇÃO DO POTENCIAL DE PERICULOSIDADE AMBIENTAL; SISTEMA PERMANENTE DA AVALIAÇÃO E CONTROLE DOS AGROTÓXICOS.

POTENCIAL ECOTOXICOLÓGICO
ecotoxicological potential WEPA
potencial ecotoxicológico WCIRCA
Expressão da capacidade de uma substância produzir efeitos nocivos e tóxicos ao homem, aos outros seres vivos e do meio ambiente, obedecendo a seguinte graduação: classe I – extremamente tóxico; classe II – altamente tóxico; classe III – medianamente tóxico; e classe IV – pouco tóxico.
◊ *Potencial estabelecido pela Agência Nacional de Vigilância Sanitária do Ministério da Saúde.*
⇨ AVALIAÇÃO TOXICOLÓGICA; ECOTOXICIDADE; POTENCIAL EMBRIO-FETOTÓXICO; TOXINAS.

POTENCIAL EMBRIO-FETOTÓXICO
LgBR PRN IBAMA 349 de 14/03/90, Anexo I, IV, d, 4.
fetotoxic potential WJAS
Expressão da capacidade de uma substância de produzir efeitos tóxicos com conseqüente má-formação no embrião ou no feto de seres humanos e/ou animais.
⇨ POTENCIAL ECOTOXICOLÓGICO; POTENCIAL CARCINOGÊNICO; POTENCIAL MUTAGÊNICO; POTENCIAL TERATOGÊNICO.

POTENCIAL FAUNÍSTICO
LgBR DEC 95922 de 14/04/88, art. 1º, § 1º.
faunal potential WING
potencial faunístico WJUJUY
Índice quantitativo e qualitativo que expressa a capacidade de sobrevivência das espécies animais num determinado ambiente.

⇨ POTENCIAL BIÓTICO; POTENCIAL FLORÍSTICO.

POTENCIAL FLORÍSTICO
LgBR DEC 95922 de 14/04/88, art. 1º, § 1º.
floristic potential WEPA
potencial florístico WUNAM
Índice quantitativo e qualitativo que expressa a capacidade de sobrevivência das espécies vegetais num determinado ambiente.
⇨ FLORA; POTENCIAL BIÓTICO; POTENCIAL FAUNÍSTICO.

POTENCIAL MADEIREIRO
LgBR PRN IBDF 302 de 03/07/84, anexo I.
timber potential WFAO
Valor resultante da relação entre o volume do material lenhoso por unidades de área (m³/ha, st/ha, etc).
LgBR
⇨ MATÉRIA-PRIMA LENHOSA.

POTENCIAL MÁXIMO EXPLORÁVEL
LgBR DEC 1203 de 28/07/94, 2.3.
maximum exploitable potential WUVL
◊ Ver POTENCIAIS SUSTENTÁVEIS DE CAPTURA DOS RECURSOS VIVOS.

POTENCIAL MUTAGÊNICO
LgBR PRN IBAMA 349 de 14/03/90, Anexo I, IV, d, 4.
mutagenic potential WEPA
potencial mutagénico WSENASA
Índice que expressa a capacidade de um agente causar modificação molecular no genoma de um indivíduo.
⇨ CARACTERÍSTICAS MUTAGÊNICAS; MUTAGÊNESE; POTENCIAL CARCINOGÊNICO; POTENCIAL EMBRIO-FETOTÓXICO; POTENCIAL TERATOGÊNICO.

POTENCIAL TERATOGÊNICO
LgBR LEI 7802 de 11/07/89, art. 3º, § 6, c.
teratogenic potential WNCBI
potencial teratogénico WUANL
Índice que expressa a capacidade de um agente causar deformidades em fetos de animais.
⇨ CARACTERÍSTICAS TERATOGÊNICAS; POTENCIAL EMBRIO-FETOTÓXICO; POTENCIAL MUTAGÊNICO.

POUSIO
fallow cycle ONU92#2311
periodo de barbecho ONU92#2311
Interrupção do cultivo da terra por um período de um ou mais anos.
⇨ ÁREAS DEVOLUTAS; ATIVIDADES AGROSILVOPASTORIS.

POUSO DE AVES
LgBR RES CONAMA 04 de 18/09/85, art. 2º, a.
bird landing WMMS
poso de aves WRAMSAR
Local onde as aves se alimentam, ou se reproduzem, ou pernoitam ou descansam.
LgBR
⇨ AVES MIGRATÓRIAS; AVES DE ARRIBAÇÃO.

POVOAMENTO FLORESTAL
LgBR PRN IBDF 302 de 03/07/84, Anexo I.
standing crop WFS
población forestal WDNA
Conjunto de todas as árvores e demais vegetações lenhosas, que ocupam determinada área.
LgBR
⇨ ÁREA BASAL DO POVOAMENTO; DENSIDADE DO PLANTIO; DESBASTE; INVENTÁRIO FLORESTAL; ROTAÇÃO FLORESTAL.

POVOS INDÍGENAS
LgBR DEC 4339 de 22/08/02, Anexo XII.
indigenous people WUNESCO
pueblos indígenas WPA
Comunidades autóctones que se estabeleceram no Brasil antes do descobrimento.
➡ USO ETNOAMBIENTAL.

POVOS QUILOMBOLAS
LgBR DEC 4339 de 22/08/02, Anexo XII.
Quilombola people WEEUB
comunidades quilombolas WSAGP
Comunidades remanescentes dos escravos que se estabeleceram nos quilombos.
⇨ USO ETNOAMBIENTAL.

PPA
LgBR PRN IBAMA 84 de 15/10/96, art. 1º.
◊ Sigla de: POTENCIAL DE PERICULOSIDADE AMBIENTAL.

PRAGA
LgBR DEC 51342 de 28/10/61, art. 2º, II.
pest UNI03:04
plaga PLA92:154
Forma de vida vegetal ou animal, ou qualquer agente patogênico daninho ou potencialmente daninho para os vegetais ou produtos vegetais.
LgBR
⇨ CONVENÇÃO INTERNACIONAL PARA PROTEÇÃO DOS VEGETAIS; PRAGA DE QUARENTENA; PRODUTOS VEGETAIS; VEGETAIS.

PRAGA DE QUARENTENA
LgBR DEC 51342 de 28/10/61, art. 2º, II.
quarantine pest WFAO
plaga de cuarentena WFAO
Praga que tem importância potencial para a economia nacional do país exposto e que ainda não esteja presente neste país, ou, caso já se encontre nele, não esteja propagada em larga escala e se encontre sob controle ativo.
LgBR
⇨ CONVENÇÃO INTERNACIONAL PARA PROTEÇÃO DOS VEGETAIS; PRAGA.

PRAGA QUARENTENÁRIA
LgBR DEC 4280 de 25/06/02, art. 3.
quarantine pest WFAO
plaga cuarentenaria WCOS
Praga de importância econômica potencial para a área posta em perigo e onde ainda não está presente, ou, se está, não se encontra amplamente distribuída e é oficialmente controlada.
WCOS
⇨ MEDIDAS FITOSSANITÁRIAS; TRATAMENTO QUARENTENÁRIO QUÍMICO.

PRAGUICIDA
LgBR DEC 50040 de 24/01/61, Tabela II.
pesticide WEPA
plaguicida PLA92:154
◊ Ver PESTICIDA.

PRAIA
LgBR LEI 7661 de 16/05/88, art. 10º, § 3º.
beach CEN90:100
playa CEN90:100
Área coberta e descoberta periodicamente pelas águas, acrescida da faixa subseqüente de material detrítico, tais como areias, cascalhos, seixos e pedregulhos, até o limite onde se inicie a vegetação natural, ou, em sua ausência, onde comece um outro ecossistema.
LgBR
⇨ PREAMAR.

PRAIA *2
LgRS LEI 11520 de 04/08/00, art. 14, XLI.
beach CEN90:100
playa CEN90:100
Área coberta e descoberta periodicamente pelas águas, acrescida da faixa subseqüente de material detrítico, tal como areias, cascalhos, seixos e pedregulhos, até o limite onde se inicie a vegetação natural, ou, em sua ausência, onde comece um outro ecossistema.
LgRS
⇨ PROCESSOS ECOLÓGICOS.

PREAMAR
LgBR DEC 97688 de 25/04/89, art. 2º.
high water ONU92#3045
pleamar ONU92#3045
Altura máxima alcançada pelas águas, duas vezes por dia, por ocasião da maré montante.
⇨ PRAIA.

PREAMAR *1
LgBR DEC 5300 de 07/12/04, art. 2º, XII.
high water ONU92#3045
pleamar ONU92#3045
Altura máxima do nível do mar ao longo de um ciclo de maré, também chamada de maré cheia.
LgBR
◊ Var. MARÉ CHEIA.

PRÉ-AQUECEDOR
LgBR RES CONAMA 264 de 26/08/99, Anexo I, 11.
pre-heater WEPA
precalentador WGM
Região do sistema forno constituída por um conjunto de ciclones, onde a farinha é alimentada, sendo pré-aquecida e parcialmente calcinada pelo fluxo de gases quentes provenientes do forno rotativo, em contra corrente.
LgBR

⇨ FARINHA; FORNO ROTATIVO DE PRODUÇÃO DE CLÍNQUER.
PRÉ-CALCINADOR
LgBR RES CONAMA 264 de 26/08/99, Anexo I, 12.
pre-calciner WEPA
precaldinador WCPV
Dispositivo secundário de queima onde ocorre uma pré-calcinação da matéria-prima.
LgBR
⇨ TESTE DE QUEIMA.
PRÉ-CONDICIONAMENTO DE RESÍDUOS
LgBR RES CONAMA 264 de 26/08/99, Anexo I.
◊ Ver UNIDADES DE MISTURA.
PREDAÇÃO
predation ALL94:315
predacción WCIA
Relação alimentar entre os organismos de espécies diferentes, na qual um organismo mata e consome o outro.
⇨ PREDADORES NATURAIS.
PREDADORES NATURAIS
LgBR DEC 84017 de 21/09/79, art. 15.
natural predators WEPA
predadores naturales ALL84:322
Organismos que matam outros organismos para deles se alimentarem, constituindo-se em agentes importantes para a manutenção do equilíbrio populacional da espécie predada.
⇨ EQUILÍBRIO ECOLÓGICO; MONITORAMENTO AMBIENTAL; PREDAÇÃO.
PRÉ-MISTURA
LgBR DEC 4074 de 04/01/02, art.1º, XXXI.
pre-mixture WEPA
premezcla WSNI
Produto obtido a partir de produto técnico, por intermédio de processos químicos, físicos ou biológicos, destinado exclusivamente à preparação de produtos formulados.
LgBR
⇨ PRODUTO FORMULADO; PRODUTO TÉCNICO.
PRESERVAÇÃO
LgRS LEI 11520 de 04/08/00, art. 14, XLII.
preservation WEPA
preservación ONU92:5096
Manutenção de um ecossistema em sua integridade, eliminando do mesmo ou evitando nele qualquer interferência humana, salvo aquelas destinadas a possibilitar ou auxiliar a própria preservação.
LgRS
⇨ ÁREAS DE PRESERVAÇÃO PERMANENTE *1.
PRESERVAÇÃO *1
LgBR LEI 9985 DE 18/07/00, art. 2º, V
preservation WEPA
preservación ONU92:5096
Conjunto de métodos, procedimentos e políticas que visem à proteção a longo prazo das espécies, *habitats* e ecossistemas, além da manutenção dos processos ecológicos, prevenindo a simplificação dos sistemas naturais.
LgBR
⇨ CONSERVAÇÃO DA NATUREZA *1.
PRESERVAÇÃO AMBIENTAL
LgBR LEI 6938 de 31/08/81, art. 2º.
environmental preservation WEPA
preservación ambiental WPINA
Manutenção da integridade e perenidade dos recursos ambientais.
⇨ QUALIDADE AMBIENTAL.
PRESERVATIVO DE MADEIRA
LgBR DEC 58016 de 18/03/66, art. 6º, d.
wood preservative WEPA
Substância química, oleosa, hidrossolúvel e oleossolúvel que apresente as seguintes características: alta toxidez aos organismos xilófagos; alto grau de retenção dos tecidos lenhosos; alta difusibilidade através dos tecidos lenhosos; estabilidade; seja incorrosível para os metais e para a própria madeira; ofereça segurança aos manipuladores.
LgBR
⇨ MADEIRA PRESERVADA; PROCESSO DE PRESERVAÇÃO.
PRESSÃO ANTRÓPICA
anthropic pressure WUSDA
presión antrópica WMED
Reunião de todas as influências das ações humanas sobre o ambiente.
⇨ AÇÃO ANTRÓPICA.

PRESSÃO SONORA
LgPOA DEC 8185 de 07/03/83, art. 3º, V.
sound pressure WEPA
presión sonora WLEY1540
Diferença instantânea entre a pressão real e a pressão barométrica média medida em um determinado ponto do espaço e produzida por energia sonora.
LgPOA
⇨ NÍVEL DE PRESSÃO SONORA; POLUIÇÃO SONORA.

PRESTAÇÃO DE SERVIÇOS À COMUNIDADE
LgBR LEI 9605 de 12/02/98, Cap. II, art. 9º.
community service BLA91:192
prestación de servicios a la comunidad WLPJ
Pena restritiva de direitos que consiste na atribuição ao condenado de tarefas gratuitas junto a parques e jardins públicos e unidades de conservação, e, no caso de dano da coisa particular, pública ou tombada, na restauração desta, se possível.
LgBR
⇨ LEI DE CRIMES AMBIENTAIS; PRESTAÇÃO PECUNIÁRIA.

PRESTAÇÃO PECUNIÁRIA
LgBR LEI 9605 de 12/02/98, art. 12.
pecuniary service WUSSCC
prestación pecuniaria WINE
Pena restritiva de direitos que consiste no pagamento em dinheiro à vítima ou à entidade pública ou privada com fim social, de importância, fixada pelo juiz, não inferior a um salário mínimo nem superior a trezentos e sessenta salários mínimos.
LgBR
⇨ LEI DE CRIMES AMBIENTAIS; PRESTAÇÃO DE SERVIÇOS À COMUNIDADE.

PRESTADOR DE SERVIÇO
LgBR DEC 4074 de 04/01/02, art. 1º, XXXII.
service provider WEPA
prestador de servicio WSENASA
Pessoa física ou jurídica habilitada a executar trabalho de aplicação de agrotóxicos e afins.
LgBR

⇨ RECEITA; REGISTRO DE EMPRESA; VENDA APLICADA.

PRINCIPAIS COMPOSTOS ORGÂNICOS PERIGOSOS
LgBR RES CONAMA 264 de 26/08/99, Anexo I, 13.
principal hazardous organic compounds WOWR
principales compuestos orgánicos peligrosos WALCION
Substâncias orgânicas perigosas de difícil destruição térmica.
LgBR
◊ Sigla de PCOPS.
⇨ POLUENTES ORGÂNICOS PERSISTENTES.

PRINCÍPIO ATIVO
LgBR PRT MF/MS/MINTER 292 de 28/04/89, art. 3º, § 1º.
active principle WANV
principio activo WINTA
Substâncias de natureza química ou biológica que dão eficácia aos preservativos de madeira.
LgBR
⇨ INGREDIENTES ATIVOS.

PRINCÍPIO ATIVO *1
LgBR DEC 4074 de 04/01/02, art. 1º, XVII.
active principle WANV
principio activo WINTA
◊ Ver INGREDIENTE ATIVO *1.

PRINCÍPIO DA PRECAUÇÃO
precautionary principle ONU92#5062
principio de precaución ONU92#5062
Princípio segundo o qual, diante de ameaça séria ou irresistível ao meio ambiente, a ausência absoluta de certeza científica não deve servir de pretexto para a demora na adoção de medidas para prevenir a degradação ambiental.
ONU92:5062:427
◊ Princípio formulado na Conferência de Bergen para a Comissão Mundial sobre o Meio Ambiente e o Desenvolvimento, realizada de 08 a 16 de Maio, 1990.
⇨ RESPONSABILIDADE POR RISCO; RESPONSABILIDADE AMBIENTAL CIVIL SEM CULPA; RISCO *1.

PRINCÍPIO DO POLUIDOR-PAGADOR
LgBR DEC 4339 de 22/08/02, Anexo, 13.3.1.

polluter pays principle WEEA
principio del contaminador pagador WSECYT
Princípio segundo o qual o agente responsável de qualquer impacto sobre o meio ambiente é obrigado a financiar as medidas necessárias para reabilitação da área degradada.
⇨ DANO AMBIENTAL.

PRÍON
LgBR RES CONAMA 358 de 29/04/05, art. 2º, VI.
prion WINTA
Estrutura protéica alterada relacionada como agente etiológico das diversas formas de encefalite espongiforme.
LgBR
⇨ REDUÇÃO NA FONTE.

PRÍONS
LgBR LEI 8974 de 05/01/95, art. 3º, I.
prions WEPA
priones WINTA
Agentes infecciosos, constituídos unicamente de proteínas, que causam desordens degenerativas no sistema nervoso central em animais e humanos.
⇨ VÍRUS.

PROBEM
LgBR DEC 4284 de 26/06/02, art. 1º.
PROBEM WFAO
◊ Sigla de PROGRAMA BRASILEIRO DE ECOLOGIA MOLECULAR PARA O USO SUSTENTÁVEL DA BIODIVERSIDADE DA AMAZÔNIA.

PROCESSAMENTO DE GÁS NATURAL
LgBR LEI 9478 de 06/08/97, art. 6º, VI.
natural gas processing WEPA
procesamiento de gas natural WMECON
◊ Ver TRATAMENTO DE GÁS NATURAL.

PROCESSO DE PRESERVAÇÃO
LgBR DEC 58016 de 18/03/66, art. 6º, c.
preservation process WEPA
proceso de preservación WINTA
Processo que, comprovadamente, resulte numa impregnação adequada dos tecidos lenhosos das peças com soluções preservativas, sem ocasionar lesões prejudiciais na estrutura das mesmas ou alterações sensíveis em suas características físico-mecânicas.

LgBR
⇨ MADEIRA PRESERVADA; PRESERVATIVO DE MADEIRA; TRATAMENTO PRESERVATIVO.

PROCESSOS ECOLÓGICOS
LgRS LEI 11520 de 04/08/00, art. 14, XLIII.
ecological processes WEPA
procesos ecológicos WMED
Mecanismo ou processo natural, físico ou biológico que ocorre em ecossistemas.
LgRS
⇨ MANEJO ECOLÓGICO *1; PRAIA *2.

PROCONVE
LgBR RES CONAMA 18 de 06/05/86, I.
PROCONVE WMED
◊ Sigla de PROGRAMA DE CONTROLE DA POLUIÇÃO DO AR POR VEÍCULOS AUTOMOTORES.

PRODUÇÃO
LgBR DEC 99280 de 06/06/90, art. I, 5, (Definições).
production TRE92a:352
producción WIIC
Quantidade de substâncias controladas produzidas, menos a quantidade destruída por tecnologias a serem aprovadas pelas Partes.
LgBR
◊ Partes são os países signatários do Protocolo de Montreal.
⇨ SUBSTÂNCIA CONTROLADA.

PRODUÇÃO *1
LgBR DEC 4074 de 04/01/02, art. 1º, XXXIII.
production TRE92a:352
producción WSMC
Processo de natureza química, física ou biológica para obtenção de agrotóxicos, seus componentes e afins.
LgBR
⇨ PAÍS DE ORIGEM.

PRODUÇÃO *2
LgBR DEC 4954 de 14/01/04, art. 2º, I.
production TRE92a:352
producción WSAGP
Operação de fabricação ou industrialização e acondicionamento que modifique a natureza, acabamento, apresentação ou finalidade do produto.

LgBR
⇨ ESTABELECIMENTO; PRODUTO *1; VARREDURA.
PRODUÇÃO *3
LgBR LEI 9478 de 06/08/97, art. 6º, XVI.
production TRE92a:352
producción WIIC
◊ Ver LAVRA *1.
PRODUÇÃO SUSTENTADA
producción sostenida WCPN
Utilização racional dos recursos naturais com fins de produção, considerando prioritariamente a preservação dos bens ambientais.
⇨ RECURSOS NATURAIS RENOVÁVEIS.
PRODUTO
LgBR LEI 8078 de 11/09/90, art. 3º, § 1º.
producto WCDI
Bem, móvel ou imóvel, material ou imaterial.
LgBR
⇨ CÓDIGO DE DEFESA DO CONSUMIDOR; FORNECEDOR.
PRODUTO *1
LgBR DEC 4954 de 14/01/04, art. 2º, XI
producto WINTA
Fertilizante, corretivo, inoculante ou biofertilizante.
LgBR
⇨ DOSE; PRODUÇÃO *2; PRODUTO NOVO; VARREDURA.
PRODUTO ALIMENTÍCIO
LgBR DEL 986 de 21/10/69, art. 2º, X.
producto alimentario WSENASA
Alimento derivado de matéria-prima alimentar ou de alimento *in natura*, ou não, de outras substâncias permitidas, obtido por processo tecnológico adequado.
LgBR
⇨ ALIMENTO ENRIQUECIDO.
PRODUTO DA AGRICULTURA ORGÂNICA
LgBR LEI 10831 de 23/12/03, art. 2º
producto de la agricultura orgánica WPROAR
Produto *in natura* ou processado, obtido em sistema orgânico de produção agropecuário ou oriundo de processo extrativista sustentável e não prejudicial ao ecossistema local.

LgBR
◊ Toda pessoa, física ou jurídica, responsável pela geração de produto definido no caput deste artigo é considerada como produtor para efeito desta Lei. Ibd.
⇨ SISTEMA ORGÂNICO DE PRODUÇÃO AGROPECUÁRIA.
PRODUTO DE DEGRADAÇÃO
LgBR DEC 4074 de 04/01/02, art. 1º, XXIV.
degradation product WFAO
producto de degradación WEPA
Substância ou produto resultante de processos de degradação, de um agrotóxico, componente ou afim.
LgBR
⇨ PRODUTO TÉCNICO.
PRODUTO FLORESTAL
LgRS DEC 41467 de 08/03/02, art. 3º, § 1º.
forest product ONU92#2512
producto forestal ONU92#2512
Produto não beneficiado, tais como: madeira em tora, torete, lenha, poste não imunizado, palanque roliço, dormente nas fases de extração/fornecimento, mourão, pranchão desdobrado com moto-serra, escoramento, palmito, casca, resina, outros, resultantes de licença florestal; e produto beneficiado: madeira serrada de origem de espécies nativas sob qualquer forma, laminada, aglomerada, prensada, compensada, em chapas de fibra, desfolhada, faqueada, contraplacada e outras; palmito em conserva, na fase de saída da indústria; dormente e poste na fase de saída da indústria; taquara e espécies afins; resíduo de indústria madeireira de origem de espécies nativas; carvão vegetal, bem como, muda, raiz, propágulo, bulbo, semente, cipó, folha e planta ornamental, medicinal, comestível e aromática, provenientes de cultivos para produção.
LgRS
⇨ MATÉRIA-PRIMA FLORESTAL; RÓTULO FLORESTAL.
PRODUTO FORMULADO
LgBR DEC 4074 de 04/01/02, art. 1º, XXXV.

formulated product WFAO
producto formulado WRCP
Agrotóxico ou afim obtido a partir de produto técnico ou de pré-mistura por intermédio de processo físico, ou diretamente de matérias-primas por meio de processos físicos, químicos ou biológicos.
LgBR
⇨ ADJUVANTE; CERTIFICADO DE REGISTRO; PRÉ-MISTURA; PRODUTO FORMULADO EQUIVALENTE.

PRODUTO FORMULADO EQUIVALENTE
LgBR DEC 4074 de 04/01/02, art.1º, XXXVI.
Produto que, se comparado com outro produto formulado já registrado, possui a mesma indicação de uso, produtos técnicos equivalentes entre si, a mesma composição qualitativa e cuja variação quantitativa de seus componentes não o leve a expressar diferença no perfil toxicológico e ecotoxicológico frente ao do produto em referência.
LgBR
⇨ PRODUTO FORMULADO.

PRODUTO NOVO
LgBR DEC 4954 de 14/01/04, art. 2º, XII.
producto nuevo WSENASA
Produto sem antecedentes de uso e eficiência agronômica comprovada no País ou cujas especificações técnicas não estejam contempladas nas disposições vigentes.
LgBR
◊ Especificações contempladas nas disposições vigentes sobre os fertilizantes.
⇨ PRODUTO *1.

PRODUTO ORGÂNICO
LgBR LEI 10831 de 23/12/03, art. 2º
producto orgánico WPROAR
◊ Ver PRODUTO DA AGRICULTURA ORGÂNICA.

PRODUTOR
LgBR DEC 97634 de 10/04/89, art. 2º.
producer COL88:142
Pessoa que se dedica à obtenção do mercúrio metálico nas especificações técnicas para sua utilização.
LgBR

⇨ COMERCIANTE; IMPORTADOR; MERCÚRIO METÁLICO.

PRODUTOR *2
LgRS DEC 41467 de 08/03/02, art. 3º, § 2
producer COL88:142
productor WSENASA
Silvicultor, produtor de sementes, raízes, bulbos, folhas e propágulos de espécies florestais, ornamentais e medicinais; produtor de mudas florestais, ornamentais, medicinais e aromáticas.
LgRS
⇨ CADASTRO FLORESTAL ESTADUAL.

PRODUTORES
productores PLA92:157
Organismos autótrofos, membros de uma cadeia alimentar, constituindo fonte primária de matéria orgânica para os demais componentes da cadeia.
⇨ AUTÓTROFOS; CADEIA ALIMENTAR.

PRODUTOS DE PLANTAS
LgBR DEC 4280 de 25/06/02, art. 3.
plant products WFAO
Produtos vegetais, não manufaturados de origem vegetal (incluindo grãos) e aqueles produtos manufaturados que, por sua natureza ou de seu processamento, podem criar um risco de dispersão de pragas.
WCOS
⇨ PRODUTOS VEGETAIS.

PRODUTOS DE USO VETERINÁRIO
LgRS DEC 32854 de 27/05/88, art. 1º, II.
productos de uso veterinario WMEPV
Preparados de fórmula simples ou complexa, de natureza química, farmacêutica, biológica ou mista, com propriedades definidas e destinadas a prevenir, diagnosticar ou curar doenças dos animais, ou que possam contribuir para a manutenção da higiene animal.
LgRS
⇨ SANEAMENTOS DOMISSANITÁRIOS.

PRODUTOS FLORESTAIS
LgBR LEI 11284 de 02/03/06, art. 3º, III.
forest products WUSDA
productos forestales WCIP

Produtos madeireiros e não madeireiros gerados pelo manejo florestal sustentável.
LgBR
⇨ CICLO; MANEJO FLORESTAL SUSTENTÁVEL.

PRODUTOS FLORESTAIS MADEIRÁVEIS
LgRS DEC 38355 de 01/04/98, art. 39, par. 2º.
wooden forest products WFAO
productos forestales maderables WPA
Toras, toretes, escoras, palanques, moirões, postes, lenha, carvão e outros da mesma natureza.
LgRS
⇨ SUBPRODUTOS FLORESTAIS MADEIRÁVEIS.

PRODUTOS FLORESTAIS NÃO MADEIRÁVEIS
LgRS DEC 38355 de 01/04/98, art. 39, par. 1º.
non-wooden forest products WFAO
productos forestales no maderables WPA
Produtos não madeiráveis os que não sejam oriundos diretamente do corte de árvores, tais como: bambus, nó de pinho, plantas ou frações de plantas medicinais, aromáticas, frutos, resinas, folhas e outros da mesma natureza.
LgRS
⇨ SUBPRODUTOS FLORESTAIS NÃO MADEIRÁVEIS.

PRODUTOS RADIOATIVOS
LgBR LEI 6453 de 17/10/77, art. 1º, III.
radioactive products TRE75a
productos radioactivos WACS
Materiais radioativos obtidos durante o processo de produção ou de utilização de combustíveis nucleares, ou cuja radioatividade se tenha originado da exposição às radiações inerentes a tal processo, salvo os radioisótopos que tenham alcançado o estágio final de elaboração e já se possam utilizar para fins científicos, médicos, agrícolas, comerciais ou industriais.
LgBR
⇨ RADIOISÓTOPOS; REJEITOS RADIOATIVOS.

PRODUTOS VEGETAIS
LgBR DEC 51342 de 28/10/61.
plant products KIS83:90
productos vegetales WFAO
Materiais não-manufaturados de origem vegetal (inclusive sementes quando não estejam incluídas no termo "vegetais") e aqueles produtos manufaturados que, por sua natureza ou pelo seu processamento, possam envolver risco de disseminação de pragas.
LgBR
⇨ CONVENÇÃO INTERNACIONAL PARA PROTEÇÃO DOS VEGETAIS; PRAGA; PRODUTOS DE PLANTAS.

PRODUTO TÉCNICO
LgBR DEC 4074 de 04/01/02, art. 1º, XXXVII.
technical product WPTI
producto técnico WDEC180
Produto obtido diretamente de matérias-primas por processo químico, físico ou biológico, destinado à obtenção de produtos formulados ou de pré-misturas e cuja composição contenha teor definido de ingrediente ativo e impurezas, podendo conter estabilizantes e produtos relacionados, tais como isômeros.
LgBR
⇨ CERTIFICADO DE REGISTRO; PRÉ-MISTURA; PRODUTO DE DEGRADAÇÃO; PRODUTO TÉCNICO EQUIVALENTE.

PRODUTO TÉCNICO EQUIVALENTE
LgBR DEC 4074 de 04/01/02, art. 1º, XXXVIII.
Produto que tem o mesmo ingrediente ativo de outro produto técnico já registrado, cujo teor, bem como o conteúdo de impurezas presentes, não variem a ponto de alterar seu perfil toxicológico e ecotoxicológico.
LgBR
⇨ PRODUTO TÉCNICO.

PROGRAMA BRASILEIRO DE ECOLOGIA MOLECULAR PARA O USO SUSTENTÁVEL DA BIODIVERSIDADE DA AMAZÔNIA
LgBR DEC 4284 de 26/06/02, art. 1º.
Brazilian Program of Molecular Ecology for the Sustainable Use of the Amazon Biodiversity WBRA
Programa Brasileño de Ecología Molecular para Uso Sostenible de la Biodiversidad del Amazonas WTIE

Programa, no âmbito do Ministério do Meio Ambiente, a ser implementado de forma participativa e integrada pelos governos federal, estaduais e municipais, e pela sociedade civil organizada, com o objetivo de executar pesquisas básicas e aplicadas e outros serviços cujo resultado será transferido às empresas que utilizam matéria prima local na elaboração de produtos da biodiversidade e de promover a inserção das populações tradicionais da Amazônia Legal brasileira no processo produtivo e na bioprospecção.
LgBR
◊ Sigla: PROBEM.
⇨ ECOLOGIA MOLECULAR.

PROGRAMA BRASILEIRO DE ELIMINAÇÃO DA PRODUÇÃO E DO CONSUMO DAS SUBSTÂNCIAS QUE DESTROEM A CAMADA DE OZÔNIO
LgBR RES CONAMA 267 de 14/09/00
Brazilian Program for the Elimination of Ozone Layer-depleting Substances WEART
Compromisso formalizado pelo Governo Brasileiro junto ao Secretariado do Protocolo de Montreal, em junho de 1994, que estabelece a eliminação gradativa de substâncias que destroem a camada de ozônio no País.
◊ Sigla: PBCO
⇨ SUBSTÂNCIAS QUE DESTROEM A CAMADA DE OZÔNIO.

PROGRAMA DAS NAÇÕES UNIDAS PARA O DESENVOLVIMENTO
Programa de las Naciones Unidas para el Desarrollo WUNDP
Organização criada em resposta ao compromisso dos líderes mundiais de atingir os Objetivos de Desenvolvimento do Milênio, adota uma estratégia integrada, sempre respeitando as especificidades de cada país, para a promoção da governabilidade democrática, o apoio à implantação de políticas públicas e ao desenvolvimento local integrado, a prevenção de crises e a recuperação de países devastados, a utilização sustentável da energia e do meio ambiente, a disseminação da tecnologia da informação e comunicação em prol da inclusão dos países em desenvolvimento.
◊ Sigla: PNUD.

PROGRAMA DAS NAÇÕES UNIDAS PARA O MEIO AMBIENTE
Programa de las Naciones Unidas para el Medio Ambiente WPNU
Organismo do Sistema ONU, sediado no Quênia, responsável por catalisar a ação internacional e nacional para a proteção do meio ambiente no contexto do desenvolvimento sustentável.
◊ Sigla: PNUMA. Atua através de escritórios regionais, estando o escritório da América Latina e Caribe baseado no México. Em 2004, inaugurou seu escritório no Brasil.

PROGRAMA DE CONTROLE DA POLUIÇÃO DO AR POR VEÍCULOS AUTOMOTORES
LgBR RES CONAMA 18 de 06/05/86, I.
Vehicles Air Pollution Control Program WMW
programa de control a la contaminación vehicular WCARR
Programa nacional que tem os objetivos de: – reduzir os níveis de emissão de poluentes por veículos automotores, visando o atendimento aos padrões de qualidade do ar, especialmente nos centros urbanos; – promover o desenvolvimento tecnológico nacional, tanto na engenharia automobilística, como também em métodos e equipamentos para ensaios e medições da emissão de poluentes; – criar programas de inspeção e manutenção para veículos automotores em uso; – promover a conscientização da população com relação à questão da poluição do ar por veículos automotores; – estabelecer condições de avaliação dos resultados alcançados; – promover a melhoria das características técnicas dos combustíveis líquidos, postos à disposição da frota nacional de veículos automotores, visando à redução de emissões poluidoras à atmosfera.
LgBR
◊ Sigla: PROCONVE.

⇨ PROGRAMA NACIONAL DE CONTROLE DA QUALIDADE DO AR.

PROGRAMA DE IRRIGAÇÃO
LgBR LEI 6662 de 25/06/79, art. 6º.
irrigation program WEPA
programa de riego WINTA
Conjunto de ações que tenha por finalidade o desenvolvimento socioeconômico de determinada área do meio rural, através da implantação da agricultura irrigada.
LgBR
⇨ IRRIGAÇÃO.

PROGRAMA INTEGRADO DE AVALIAÇÃO E CONTROLE AMBIENTAL DA AMAZÔNIA LEGAL
LgBR RES CONAMA 16 de 07/12/89.
Programa que tem como objetivo geral a criação de mecanismos técnicos operacionais que subsidiem os órgãos ambientais competentes no controle das atividades potencialmente impactantes do meio ambiente.
◊ *Programa integrado por seis sub-programas: de Mineração, de Garimpagem, de Extrativismo Vegetal, de Projetos Agropecuários, de Projetos Hidrotermoelétricos e de Projetos Industriais.*
⇨ AMAZÔNIA LEGAL.

PROGRAMA NACIONAL DA DIVERSIDADE BIOLÓGICA
LgBR DEC 1354 de 29/12/94, art. 2º.
National Biodiversity Program WFAO
Programa Nacional de Diversidad Biológica WECLAC
Programa nacional que objetiva, em consonância com as diretrizes e estratégias da Comissão Interministerial para o Desenvolvimento Sustentável, promover parceria entre o Poder Público e a sociedade civil na conservação da diversidade biológica, utilização sustentável de seus componentes e repartição justa e eqüitativa dos benefícios dela decorrentes, mediante a realização das seguintes atividades: definição de metodologias, instrumentos e processos; estímulo à cooperação internacional; promoção de pesquisa e estudos; produção e disseminação de informações; capacitação de recursos humanos, aprimoramento institucional e conscientização pública; desenvolvimento de ações demonstrativas para a conservação da diversidade biológica e utilização sustentável de seus componentes.
LgBR
◊ *Sigla: PRONABIO.*
⇨ POLÍTICA NACIONAL DA BIODIVERSIDADE.

PROGRAMA NACIONAL DE CONTROLE DA POLUIÇÃO INDUSTRIAL
LgBR RES CONAMA 05 de 15/06/89, 3, 3.1
Programa Nacional de Control de la Contaminación Industrial WFARN
Programa nacional de atendimento aos empreendimentos que visam à conservação e controle da qualidade ambiental, incluindo os procedimentos de coleta, tratamento e disposição de resíduos.
◊ *Sigla: PRONACOP.*
⇨ POLUIÇÃO INDUSTRIAL.

PROGRAMA NACIONAL DE CONTROLE DA QUALIDADE DO AR
LgBR RES CONAMA 05 de 15/06/89, 1.
National Programme for Air Quality Control WMMA
Programa Nacional de Control de la Calidad del Aire WFARN
Instrumento básico da gestão ambiental para proteção da saúde e bem-estar das populações e melhoria da qualidade de vida com o objetivo de permitir o desenvolvimento econômico e social do país de forma ambientalmente segura, pela limitação dos níveis de emissão de poluentes por fontes de poluição atmosférica com vistas a: uma melhoria na qualidade do ar; o atendimento aos padrões estabelecidos; o não comprometimento da qualidade do ar em áreas consideradas não degradadas.
LgBR
◊ *Sigla: PRONAR.*
⇨ PROGRAMA DE CONTROLE DA POLUIÇÃO DO AR POR VEÍCULOS AUTOMOTORES.

PROGRAMA NACIONAL DE FLORESTAS
LgBR DEC 3420 de 20/04/00, art. 1º.

National Forestry Program WFAO
Política Nacional de Bosques WFAO
Programa nacional constituído de projetos concebidos e executados de forma participativa e integrada pelos governos federal, estaduais, distritais e municipais e a sociedade civil organizada, com o objetivo de: estimular o uso sustentável de florestas nativas e plantadas; proteção da biodiversidade e dos ecossistemas florestais.
LgBR
◊ Sigla: PNF.
⇨ FLORESTAS PLANTADAS.

PROGRAMA NACIONAL DE MICROBACIAS HIDROGRÁFICAS
LgBR DEC 94076 de 05/03/87, art. 1º.
Programa Nacional de Microcuencas WINIFAP
Programa nacional que visa prevenir e corrigir à degradação dos recursos ambientais tendo como base física de planejamento as microbacias hidrográficas.
⇨ MICROBACIAS HIDROGRÁFICAS.

PROGRAMA NACIONAL DE PROTEÇÃO AO PATRIMÔNIO ESPELEOLÓGICO
LgBR RES CONAMA 347 de 10/09/04
Programa nacional que visa a preservação das cavernas naturais originadas pela ação da água subterrânea em rochas calcárias.
⇨ CADASTRO NACIONAL DE INFORMAÇÕES ESPELEOLÓGICAS.

PROGRAMA NUCLEAR BRASILEIRO
LgBR DEC 2210 de 22/04/97, art. 2º, XIV
Brazilian Nuclear Programme WINT
Programa Nuclear Brasileño WEBC
Conjunto dos projetos e atividades relacionados com a utilização da energia nuclear, segundo orientação, controle e supervisão do Governo Federal.
LgBR
◊ Sigla:PNB.
⇨ SISTEMA DE PROTEÇÃO AO PROGRAMA NUCLEAR BRASILEIRO; SALVAGUARDAS NACIONAIS; SITUAÇÃO DE EMERGÊNCIA *2; UNIDADE OPERACIONAL.

PROGRAMA PARA EFETIVAÇÃO DO ENQUADRAMENTO
LgBR RES CONAMA 357 de 17/03/05, cap. I, art. 2º, XXIX.
Conjunto de medidas ou ações progressivas e obrigatórias, necessárias ao atendimento das metas intermediárias e final de qualidade de água estabelecidas para o enquadramento do corpo hídrico.
LgBR
⇨ EFETIVAÇÃO DO ENQUADRAMENTO; METAS.

PROGRAMA PARA O LEVANTAMENTO DOS POTENCIAIS SUSTENTÁVEIS DE CAPTURA DE RECURSOS VIVOS DE ZONA ECONÔMICA EXCLUSIVA
LgBR DEC 1203 de 28/07/94, 1.
Programa de Evaluación del Potencial Sustentable de los Recursos en la Zona Económica Exclusiva WUNE
Programa elaborado por um grupo de especialistas, oriundos da comunidade científica nacional, prevendo atividades de 1990 a 2001, visando à estruturação da pesquisa e prospecção dos recursos do mar, orientando interesses significativos para incorporação desses recursos ao sistema produtivo nacional.
◊ Var.: PROGRAMA REVIZEE.
⇨ POTENCIAIS SUSTENTÁVEIS DE CAPTURA DOS RECURSOS VIVOS; ZONA ECONÔMICA EXCLUSIVA.

PROGRAMA REVIZEE
LgBR DEC 1203 de 28/07/94, 1.
Program to Assess the Sustainable Yield of Living Resources of the Exclusive Economic Zones WMMA
REVIZEE WUNE
◊ Ver PROGRAMA PARA O LEVANTAMENTO DOS POTENCIAIS SUSTENTÁVEIS DE CAPTURA DE RECURSOS VIVOS DE ZONA ECONÔMICA EXCLUSIVA.

PROJETOS DE ENGENHARIA CIVIL
LgPOA DEC 8186 de 07/03/83, art. 1º, XIV.
civil engineering projects WEPA
proyectos de ingeniería civil WFRBB

Projetos destinados à execução de obras civis, tais como edificações, loteamentos e desmembramentos.
LgPOA
⇨ ÁREA EDIFICADA; FUNDAÇÃO; SERVIÇOS DE CONSTRUÇÃO CIVIL; TERRAPLENAGEM.
PROJETOS NO ÂMBITO DE ENTIDADE
LgBR LEI 11105 de 24/03/05, art. 2º, § 1º.
projects under responsibility of an entity WCTB
Projetos conduzidos em instalações próprias ou sob a responsabilidade administrativa, técnica ou científica da entidade.
LgBR
◊ *Projetos de que trata este artigo são vedados a pessoas físicas em atuação autônoma e independente, ainda que mantenham vínculo empregatício ou qualquer outro com pessoas jurídicas. Ibid.*
⇨ ATIVIDADES NO ÂMBITO DE ENTIDADE.
PROMONTÓRIOS
LgBR LEI 7661 de 16/05/88, art. 3º, I.
headland ONU92#2942
promontorios GAL92:1177
Porção saliente e alta de qualquer área continental, que avança para dentro de um corpo aquoso.
SUG92:101
⇨ COSTÕES; ZONA COSTEIRA.
PRONABIO
LgBR DEC 1354 de 29/12/94, art. 1º.
PRONABIO WECLAC
◊ *Sigla de PROGRAMA NACIONAL DA DIVERSIDADE BIOLÓGICA.*
PRONACOP
LgBR RES CONAMA 05 de 15/06/89, 3, 3.1.
◊ *Sigla de PROGRAMA NACIONAL DE CONTROLE DA POLUIÇÃO INDUSTRIAL.*
PRONAR
LgBR RES CONAMA 05 de 15/06/89, 1.
PRONAR WFARN
◊ *Sigla de PROGRAMA NACIONAL DE CONTROLE DA QUALIDADE DO AR.*
PROPAGAÇÃO
LgBR LEI 9456 DE 25/04/97, art. 3º, XV.
propagation WSBT
propagación WFAO
Reprodução e a multiplicação de uma cultivar, ou concomitância dessas ações.

LgBR
⇨ MATERIAL PROPAGATIVO; PLANTA INTEIRA; SEMENTE; TESTE DE DISTINGUIBILIDADE, HOMOGENEIDADE E ESTABILIDADE.
PROPRIEDADE FAMILIAR
LgBR LEI 4504 de 30/11/64, art. 4º, II.
family property WEPA
propiedad familiar WSAGP
Imóvel rural que, direta e pessoalmente explorado pelo agricultor e sua família, lhes absorva toda a força de trabalho, garantindo-lhes a subsistência e o progresso social e econômico, com área máxima fixada para cada região e tipo de exploração, e, eventualmente com a ajuda de terceiros.
LgBR
⇨ COLONIZAÇÃO; LATIFÚNDIO; MINIFÚNDIO; MÓDULO RURAL.
PROPRIEDADE PRODUTIVA
LgBR LEI 8629 de 25/02/93, art. 6º.
economically productive property WUN
propiedad productiva WFOR
Propriedade que, explorada econômica e racionalmente, atinge simultaneamente, graus de utilização da terra e de eficiência na exploração, segundo índices fixados pelo órgão federal competente.
LgBR
⇨ IMÓVEL RURAL; PROPRIEDADE RURAL.
PROPRIEDADE RURAL
LGPOA LEI COMPL. 434 de 01/12/99, art. 32, § 2º.
propiedad rural WIDEAM
Propriedade explorada para a produção agropecuária, extrativa vegetal ou agroindustrial, que assegure a conservação dos recursos naturais e possua produção satisfatória, conforme legislação específica.
LgPOA
⇨ CORREDOR AGROINDUSTRIAL.
PROPRIEDADES MUTAGÊNICAS
mutagenic properties WEPA
propiedades mutagénicas WSAC
Características que conferem a uma substância a capacidade de produzir mudanças genéticas.

⇨ DADOS SOBRE PROPRIEDADES MUTAGÊNICAS.
PROPRIEDADES RURAIS
LgBR LEI 4771 de 15/09/65, art. 16, d, §1º.
rural properties WEPA
propiedades rurales WHCDM
Propriedades situadas fora do perímetro urbano.
⇨ MÓDULO RURAL.
PROPRIETÁRIO
LgBR DEC 79437 de 28/03/77, art. I, 3.
owner WAUS
propietario WCCPC
Pessoa ou pessoas registradas como proprietárias do navio, ou em falta de matrícula, a pessoa ou pessoas que têm o navio por propriedade.
LgBR
◊ Nos casos de um navio de propriedade de um Estado e operado por uma companhia que, nesse Estado, é registrada como operadora do navio, o termo "proprietário" designa essa companhia.
⇨ ESTADO DE REGISTRO DE NAVIO.
PROSPECTO
LgBR LEI 9478 de 06/08/97, art. 6º, XII.
prospect WEPA
prospecto WDCT
Feição geológica mapeada como resultado de estudos geofísicos e de interpretação geológica, que justificam a perfuração de poços exploratórios para a localização de petróleo ou gás natural.
LgBR
⇨ BLOCO.
PROTEÇÃO FÍSICA
LgBR DEC 2210 de 22/04/97, art. 2º, XV.
physical protection WEPA
protección física WCNEA
Conjunto de medidas destinadas a evitar atos de sabotagem contra material, equipamento e instalação, a impedir a remoção não autorizada de material, em especial nuclear e a prover meios para rápida localização e recuperação de material desviado; e a defender o patrimônio e a integridade física do pessoal de uma Unidade Operacional.

LgBR
⇨ RADIOPROTEÇÃO; SALVAGUARDAS NACIONAIS.
PROTEÇÃO INTEGRAL
LgBR LEI 9985 DE 18/07/00, art. 2º, VI.
integral protection WFAO
protección integral WRES87
Manutenção dos ecossistemas livres de alterações causadas por interferência humana, que admite apenas o uso indireto dos seus atributos naturais.
LgBR
⇨ UNIDADES DE PROTEÇÃO INTEGRAL *1; USO INDIRETO.
PROTEÇÃO RADIOLÓGICA
LgBR DEC 2210 de 22/04/97, art. 2º, XVI.
radiological protection WEPA
protección radiológica WCNEA
◊ Ver: RADIOPROTEÇÃO.
PROTOCOLO ADICIONAL À CONVENÇÃO INTERNACIONAL PARA A REGULAMENTAÇÃO DA PESCA DA BALEIA
LgBR DEC 46873 de 16/09/59.
Protocol to the International Convention for the Regulation of Whaling WUSDS
Protocolo adicional com o objetivo de estender a aplicação dessa Convenção a helicópteros e outras aeronaves de pesca, incluindo disposições sobre métodos de inspeção no seu Regimento que poderão ser emendadas pela Comissão Internacional para a Pesca da Baleia.
◊ Protocolo assinado pelo Brasil em 04 de dezembro de 1956, em Washington.
⇨ CONVENÇÃO INTERNACIONAL PARA REGULAMENTAÇÃO DA PESCA DA BALEIA.
PROTOCOLO ADICIONAL AO ACORDO PARA A CONSERVAÇÃO DA FAUNA AQUÁTICA NOS CURSOS DOS RIOS LIMÍTROFES ENTRE BRASIL E PARAGUAI
LgBR DEC 4256 de 03/06/02.
Protocolo Adicional al Acuerdo para la Conservación de la Fauna Acuática en los Cursos de los Ríos Limítrofes, entre Brasil y Paraguay WLgPY
Protocolo adicional com o objetivo de regular a exploração dos recursos ictícos e o exercício das atividades pesquei-

ras nas águas dos rios limítrofes entre os territórios das Partes.
◊ *Assinado pelo Brasil em 19 de maio de 1999, em Brasília.*
⇨ ACORDO PARA A CONSERVAÇÃO DA FAUNA AQUÁTICA NOS CURSOS DOS RIOS LIMÍTROFES ENTRE BRASIL E PARAGUAI; COMPRIMENTO TOTAL; PARI; RECURSOS ICTÍICOS.

PROTOCOLO DA CONVENÇÃO DE SEGURANÇA NUCLEAR
LgBR DEC 2648 de 01/07/98, Preâmbulo.
Protocol to the Convention on Nuclear Safety WNUC
Protocolo multilateral com o objetivo de alcançar e manter um alto nível de segurança nuclear mundial através do fortalecimento de medidas nacionais e da cooperação internacional, incluindo, onde for apropriado, cooperação técnica relacionada com segurança.
◊ *Assinado pelo Brasil em 20 de setembro de 1994, em Viena.*
⇨ SEGURANÇA NUCLEAR.

PROTOCOLO DE GENEBRA DE 17 DE JUNHO DE 1925 SOBRE A PROIBIÇÃO DO EMPREGO NA GUERRA DE GASES ASFIXIANTES, TÓXICOS OU SIMILARES E DE MEIOS BACTERIOLÓGICOS DE GUERRA
LgBR DEC 67200 de 15/09/70.
Protocol for the Prohibition of the Use in War of Asphyxiating, Poisonous or Other Gases, and of Bacteriological Methods of Warfare WUSDS
Protocolo de Ginebra Relacionado con la Prohibición de Empleo en la Guerra de Gases Asfixiantes, Tóxicos o Similares y de Métodos Bacteriológicos WINF
Protocolo multilateral com o objetivo de tornar universalmente reconhecida como parte do Direito Internacional a proibição do emprego de gases asfixiantes, tóxicos, de similares e de meios bacteriológicos de guerra.
◊ *Protocolo assinado pelo Brasil em 17 junho de 1925, em Genebra. Var.: PROTOCOLO DE GENEBRA.*
⇨ CONVENÇÃO SOBRE A PROIBIÇÃO DO DESENVOLVIMENTO, PRODUÇÃO E ESTOCAGEM DE ARMAS BACTERIOLÓGICAS (BIOLÓGICAS) E À BASE DE TOXINAS E SUA DESTRUIÇÃO; MEIOS BACTERIOLÓGICOS DE GUERRA.

PROTOCOLO DE KIOTO
LgBR DLG 144 de 01/05/02.
Kyoto Protocol WFAO
Protocolo de Kyoto WFAO
◊ *Ver PROTOCOLO DE QUIOTO.*

PROTOCOLO DE MONTREAL
LgBR DEC 99280 de 06/06/90.
Montreal Protocol ONU92#4053
Protocolo de Montreal ONU92#4053
Protocolo multilateral com o objetivo de proteger a camada de ozônio mediante a adoção de medidas cautelatórias para controlar, de modo eqüitativo, as emissões globais de substâncias que a destroem.
◊ *Assinado pelo Brasil em 16 de setembro de 1987, em Viena; ratificado e atualizado em Londres em 1990 pela Emenda ao Protocolo de Montreal sobre Substâncias que Destroem a Camada de Ozônio promulgada no Brasil pelo LgBR DEC 2699 de 30/07/98.*
⇨ CAMADA DE OZÔNIO; CONVENÇÃO DE VIENA PARA A PROTEÇÃO DA CAMADA DE OZÔNIO; RACIONALIZAÇÃO INDUSTRIAL.

PROTOCOLO DE QUIOTO
LgBR DEC 5445 de 12/05/05.
Kyoto Protocol WFAO
Protocolo de Kyoto WFAO
Acordo internacional que visa a reduzir o aquecimento global, causado principalmente pelo dióxido de carbono, que propõe aos países industrializados que reduzam as emissões de gases que causem o efeito estufa em aproximadamente 5% em relação aos níveis registrados em 1990.
◊ *Assinado pelo Brasil em 1997 e 178 países, em Quioto, promulgado em 2005, que propõe três mecanismos de flexibilidade: Comércio de Emissões, Implementação Conjunta e Mecanismo de Desenvolvimento Limpo, que permitem aos países desenvolvidos e com economias em transição complementar seus esforços domésticos de redução de emissões com vistas a cumprir as respectivas metas acordada no âmbito do Protocolo.*
⇨ CONVENÇÃO QUADRO DAS NAÇÕES UNIDAS SOBRE MUDANÇA DO CLIMA; MECANISMO DE DESENVOLVIMENTO LIMPO; MERCADO DE CAR-

BONO; PAINEL INTERGOVERNAMENTAL SOBRE MUDANÇA DO CLIMA.

PROTOPLASMA
LgBR LEI 11105 de 24/03/05, art. 4º, III
protoplasm WEPA
protoplasma ALL84:331
Substância que se encontra no interior da membrana plasmática da célula, compreendendo o núcleo e o citoplasma.
⇨ FUSÃO CELULAR; HIBRIDOMA ANIMAL; MUTAGÊNESE.

PSRM
LgBR DEC 1203 de 28/07/94, 1.
PSRM WUNE
◊ Sigla de PLANO SETORIAL PARA OS RECURSOS DO MAR.

PTERIDÓFITAS
LgBR RES CONAMA 10 de 01/10/93, art. 3º, c.
pteridophytes WEPA
pteridofitas WSECYT
Organismos vegetais sem flores, geralmente terrestres, raras vezes aquáticas e de tamanho muito variável; apresentando alternância de gerações, uma que produz esporos e outra que produz gametas, tais como samambaias, xaxins e avencas.
◊ Desempenham importante papel na conservação da biodiversidade dos ecossistemas.

⇨ ESTÁGIO INICIAL DE REGENERAÇÃO DA VEGETAÇÃO SECUNDÁRIA; LÍQUENES.

PTQ
LgBR RES CONAMA 264 de 26/08/99, Anexo I, 10.
◊ Sigla de PLANO DO TESTE DE QUEIMA.

PUREZA
LgBR DEC 79094 de 05/01/77, art. 3º, XXVIII.
purity ONU92#5247
pureza ONU92#5247
Grau em que uma droga determinada contém outros materiais estranhos.
LgBR
◊ Def. compl.: Índice que expressa a quantidade de impurezas permitidas nas substâncias químicas indicando o percentual de substância pura que deve apresentar. COO65
⇨ ANÁLISE PRÉVIA; CONTROLE DE QUALIDADE.

PUREZA DO INOCULANTE
LgBR DEC 4954 de 14/01/04, art. 2º, V, b.
purity of the inoculant WOXOID
pureza del inoculante WMERCO
Ausência de qualquer tipo de microorganismos que não sejam os especificados.
LgBR
◊ Microorganismos especificados na composição do inoculante.
⇨ INOCULANTE *1.

q

QUALIDADE AMBIENTAL
LgBR LEI 7797 de 10/07/89, art. 1º.
environmental quality ONU92#2135
calidad ambiental ONU92#2135
Estado de integridade do meio ambiente, percebido objetivamente pela medição de seus componentes, ou subjetivamente através de atributos como harmonia, beleza e valor.
◊ *Var.: QUALIDADE DO MEIO AMBIENTE.*
⇨ PRESERVAÇÃO AMBIENTAL; QUALIDADE DE VIDA.

QUALIDADE DE VIDA
LgBR LEI 7797 de 10/07/89, art. 1º.
quality of life UNB86:32
calidad de la vida UNB86:32
Nível de bem-estar fisiológico, social e psicológico de um indivíduo ou de uma população em função das suas relações com o meio ambiente.
⇨ FUNDO NACIONAL DO MEIO AMBIENTE; QUALIDADE AMBIENTAL.

QUALIDADE DO MEIO AMBIENTE
LgBR LEI 9605 de 12/02/98, art. 4º.
environmental quality ONU92#2135
calidad ambiental ONU92#2135
◊ *Var. QUALIDADE AMBIENTAL.*

QUARENTENA VEGETAL
LgBR DEC 4282 de 25/06/02, art. 3, a.
plant quarantine WFAO
cuarentena vegetal WFAO
Conjunto de regulamentações e atividades destinadas a prevenir a introdução e/ou dispersão de pragas quarentenárias ou para assegurar o seu controle oficial.

WCOS
⇨ ACORDO SOBRE COOPERAÇÃO NA ÁREA DA QUARENTENA VEGETAL; CERTIFICADO FITOSSANITÁRIO; ORGANISMOS QUARENTENÁRIOS.

QUEIMA CONTROLADA
LgBR DEC 2661 de 08/07/98, art. 2º, parágrafo único.
controlled burn WPFCB
quema controlada WLEY5590
Emprego do fogo como fator de produção e manejo em atividades agropastoris ou florestais, e para fins de pesquisa científica e tecnológica em áreas com limites físicos previamente definidos.
LgBR
⇨ QUEIMADA DE MANEJO

QUEIMADA
LgBR RES CONAMA 11 de 14/12/88, art. 3º.
burning WDF
quema WINTA
Ação do fogo sobre áreas campestres ou florestais originada por causas naturais ou provocada pelo homem, acidental ou propositalmente.
⇨ ACEIRO; DESMATAMENTO; INCÊNDIO FLORESTAL; QUEIMADA DE MANEJO.

QUEIMADA DE MANEJO
LgBR RES CONAMA 11 de 14/12/88, art. 3º, § 1º.
forest management burning WARB
Utilização planejada do fogo sob condições controladas em áreas campestres, florestais ou de uso agrícola, visando a atingir objetivos específicos, tais como preparação do solo para agricultura, pecuária ou construção.
⇨ ACEIRO; INCÊNDIO FLORESTAL; QUEIMADA; QUEIMA CONTROLADA.

QUIMIOSSÍNTESE
chemeosynthesis WPLANT
quimiosíntesis PAR84:241
Assimilação de energia pela oxidação química de compostos inorgânicos simples, na ausência de luz e na presença de oxigênio, realizada por bactérias quimiossintéticas, para a fixação de compostos orgânicos em componentes celulares.
⇨ AUTÓTROFOS; HETERÓTROFOS.

r

RACIONALIZAÇÃO INDUSTRIAL
LgBR DEC 99280 de 06/06/90, art. 1, 8.
industrial rationalization WUNEP
racionalización industrial ARG90
Transferência da totalidade ou de parcela do nível calculado de produção de uma Parte para outra, com o intuito de alcançar eficiência econômica ou reagir a deficiências previstas no fornecimento, em conseqüência do fechamento de fábricas.
LgBR
◊ *Fábricas que emitam ou produzam substâncias que afetam a camada de ozônio. Parte significa País que participou e assinou o Protocolo de Montreal.*
⇨ NÍVEIS CALCULADOS; PROTOCOLO DE MONTREAL.

RADIAÇÃO
radiation WEPA
radiación GAL92:1211
Forma de energia, emitida por uma fonte, que se propaga de um ponto a outro sob a forma de partículas com ou sem carga elétrica, ou sob a forma de ondas eletromagnéticas.
⇨ EMISSÕES RADIOLÓGICAS; RADIOFÁRMACO.

RADIAÇÃO IONIZANTE
LgBR LEI 6453 de 17/10/77, art. 1º, IX.
ionizing radiation POR92:199
radiación ionizante CEN90:101
Emissão de partículas alfa, beta, nêutrons, íons acelerados ou raios X ou gama, capazes de provocar a formação de íons no tecido humano.

LgBR
◊ *Def. compl.: Radiação (eletromagnética ou partícula) capaz de produzir íons, direta ou indiretamente, na passagem através da matéria.CNEN-NE-6.02*
⇨ EMISSÕES RADIOLÓGICAS; FONTE DE RADIAÇÃO; RADIOPROTEÇÃO.

RADIAÇÃO SOLAR ULTRAVIOLETA COM EFEITOS BIOLÓGICOS
LgBR DEC 99280 de 06/06/90, Anexo I, a.
radiación ultravioleta con efectos biológicos WCVCO
◊ *Ver RADIAÇÃO UV-B.*

RADIAÇÃO ULTRAVIOLETA
ultraviolet radiation CEN90:101
radiación ultravioleta CEN90:101
◊ *Var. RADIAÇÃO UV.*

RADIAÇÃO UV
UV radiation RIV93:312
radiación ultravioleta CEN90:101
Radiação eletromagnética de curto comprimento de onda, produzida pelo sol ou por fontes artificais, tais como lâmpadas especiais, aparelhos de solda e outras.
◊ *Var.: RADIAÇÃO ULTRAVIOLETA. Existem três tipos de raios ultravioleta: UV-A, UV-B, UV-C.*
⇨ EFEITO ESTUFA; RADIAÇÃO UV-B.

RADIAÇÃO UV-B
LgBR DEC 99280 de 06/06/90, art. 21, 2, b, ii.
ultraviolet radiation CEN90:101
radiación ultravioleta TER97:183
Radiação ultravioleta, capaz de produzir efeitos nocivos em plantas e animais e câncer de pele no homem, quando submetidos à intensa exposição, tendo seu efeito reduzido pela camada de ozônio da estratosfera.
⇨ DINÂMICA ATMOSFÉRICA; FOTODEGRADAÇÃO; RADIAÇÃO UV; SMOG FOTOQUÍMICO.

RADIOFÁRMACO
radiopharmaceutical WDRUGS
radiofármaco WSECYT
Preparação radioativa cujas propriedades físicas, químicas e biológicas fazem com que seja seguro e benéfico para uso em seres humanos.
CNEN-NE-3.05
⇨ ALIMENTO IRRADIADO; RADIAÇÃO.

RADIOISÓTOPOS
LgBR LEI 6453 de 17/10/77, art. 1º, III.
radioisotopes COL88:149
radioisótopos GAL92:803
Núcleos radioativos que sofrem transformações conforme leis estatísticas, emitindo partículas ou ondas eletromagnéticas.
⇨ INSTITUTO DE PESQUISAS ENERGÉTICAS E NUCLEARES; PRODUTOS RADIOATIVOS; REJEITOS RADIOATIVOS.

RADIOPROTEÇÃO
LgBR DEC 2210 de 22/04/97, art. 2º, XVI
radiological safety ONU92#5292
radioprotección WCNEA
Conjunto de medidas legais, técnicas e administrativas que visam a reduzir a exposição de seres vivos à radiação ionizante a níveis tão baixos quanto razoavelmente exeqüível.
LgBR
◊ *A norma NE-3.05 apresenta os níveis recomendados pela CNEN.*
⇨ PROTEÇÃO FÍSICA; RADIAÇÃO IONIZANTE.

RAMAL FERROVIÁRIO
LgBR RES CONAMA 349 de 16/08/04, art. 2º, XII
railroad branch line WWVA
ramal ferroviario WSALTA
Linha secundária que deriva da linha tronco.
LgBR
⇨ VIA PERMANENTE.

RAS
LgBR RES CONAMA 279 de 27/06/01, art. 2º, I.
◊ *Sigla de RELATÓRIO AMBIENTAL SIMPLIFICADO.*

RATICIDA
LgBR DEC 79094 de 05/01/77, art. 3º, X, b.
raticide CEN90:73
raticida GAL92:803
Saneante domissanitário destinado ao combate a ratos, camundongos e outros roedores, em domicílios, embarcações, recintos e lugares de uso público contendo substâncias ativas, isoladas ou em associação, que não ofereçam

risco à vida ou à saúde do homem e dos animais úteis de sangue quente, quando aplicado em conformidade com as recomendações contidas em sua apresentação.
LgBR
⇨ DESINFETANTE; DETERGENTE; SANEANTE DOMISSANITÁRIO.
REATOR NUCLEAR
LgBR LEI 6453 de 17/10/77, art. 1º, V.
nuclear reactor IAEA80:11
reactor nuclear CEN90:101
Estrutura que contenha combustível nuclear disposto de tal maneira que, dentro dela, possa ocorrer processo auto-sustentado de fissão nuclear, sem necessidade de fonte adicional de nêutrons.
LgBR
⇨ COMBUSTÍVEL NUCLEAR; TRANSMUTAÇÃO; USINAS NUCLEOELÉTRICAS.
RECEITA
LgBR DEC 4074 de 04/01/02, art. 1º, XXXIX.
prescription WWHO
receta WMSAL
Prescrição e orientação técnica para utilização de agrotóxico ou afim, por profissional legalmente habilitado.
LgBR
⇨ PRESTADOR DE SERVIÇO.
RECEITUÁRIO
LgBR DEC 4074 de 04/01/02, art. 1º, XXIX.
prescription book WWHO
◊ Ver RECEITA.
RECEPTOR EUCARIÓTICO
eukaryotic receptor WNCBI
célula eucariota WDMG
Célula que apresenta um envoltório nuclear.
⇨ MITOCÔNDRIAS; ORGANISMO RECEPTOR; RECEPTOR PROCARIÓTICO; PLASMÍDEOS.
RECEPTOR LOCAL
LgRS DEC 38356 de 01/04/98, art. 13, par. 2º.
local receptor WIISBE
Pessoa física ou jurídica que, mediante contrato com o fornecedor, opera como intermediário no recolhimento dos produtos mencionados no caput.
LgRS
◊ Os produtos mencionados no caput são os seguintes: recipientes, embalagens, contêineres, invólucros e assemelhados, quando destinados ao acondicionamento dos produtos listados na Portaria 204, de 26 de maio de 1997, do Ministério dos Transportes e aqueles enquadráveis como resíduo perigoso de acordo com a NBR-10004 da ABNT, deverão ser obrigatoriamente devolvidos ao fornecedor desses produtos.
⇨ FORNECEDOR *1.
RECEPTOR PROCARIÓTICO
prokaryotic receptor WBIND
célula procariota WDMG
Célula que não apresenta um envoltório nuclear.
⇨ MITOCÔNDRIAS; PLASMÍDEOS; RECEPTOR EUCARIÓTICO.
RECICLAGEM
LgPOA DEC 9367 de 29/12/88, art. 1º, XVII.
recycling ONU92#5388
reciclaje VIC96:126
Obtenção de materiais, a partir de resíduos, introduzindo-os novamente no ciclo de reutilização.
LgPOA
⇨ COLETA E RECICLAGEM.
RECICLAGEM *1
LgBR RES CONAMA 307 de 05/07/02, art. 2º, VII.
recycling ONU92#5388
reciclaje VIC96:126
Processo de reaproveitamento de um resíduo, após ter sido submetido à transformação.
LgBR
⇨ AGREGADO RECICLADO; BENEFICIAMENTO; CÓDIGO DE CORES.
RECOLHIMENTO DOMICILIAR
LgBR LEI 9605 de 12/02/98, art. 13.
probation WNYC
encierro domiciliario WINE
Pena restritiva de direitos que se baseia na autodisciplina e senso de responsabilidade do condenado, que deverá, sem vigilância, trabalhar, freqüentar curso

ou exercer atividade autorizada, permanecendo recolhido nos dias e horários de folga em residência ou em qualquer local destinado à sua moradia habitual, conforme estabelecido na sentença condenatória.
LgBR
⇨ LEI DE CRIMES AMBIENTAIS; PENAS DE INTERDIÇÃO TEMPORÁRIA DE DIREITO.

RECOMPOSIÇÃO
regeneration WFAO
recomposición WSAN
Restauração natural do ambiente, sem interferência do homem.
ACA87:146
⇨ RECOMPOSIÇÃO FLORESTAL; RECUPERAÇÃO DA ÁREA DEGRADADA.

RECOMPOSIÇÃO FLORESTAL
LgBR PRN IBDF 302 de 03/07/84, Anexo I.
forest regeneration WFR
repoblación forestal VIC96:128
Ação visando recompor área, objeto de exploração florestal, adotando-se, para tal, técnicas de regeneração natural ou induzida aplicável a cada tipologia.
LgBR
⇨ INCREMENTO FLORESTAL; MANEJO FLORESTAL; REGENERAÇÃO ARTIFICIAL; RECOMPOSIÇÃO; REGENERAÇÃO NATURAL.

RECREAÇÃO DE CONTATO PRIMÁRIO
LgBR RES CONAMA 274 de 29/11/00, art. 1º, j.
primary contact water recreation WEPA
recreación de contacto primario WDNPEI
Contato direto do usuário com os corpos de água como, por exemplo, as atividades de natação, esqui aquático e mergulho.
LgBR
⇨ BALNEABILIDADE.

RECREAÇÃO DE CONTATO SECUNDÁRIO
LgBR RES CONAMA 357 de 17/03/05, cap. I, art. 2º, XXXI
recreación de contacto secundario WPRES
Recreação associada a atividades em que o contato com a água é esporádico ou acidental e a possibilidade de ingerir água é pequena, como na pesca e na navegação (tais como iatismo).
LgBR

RECUPERAÇÃO *1
LgBR LEI 9985 DE 18/07/00, art. 2º, XIII
recovery CEN90:102
recuperación CEN90:102
Restituição de um ecossistema ou de uma população silvestre degradada a uma condição não degradada, que pode ser diferente de sua condição original.
LgBR
⇨ RESTAURAÇÃO.

RECUPERAÇÃO DA ÁREA DEGRADADA
LgBR DEC 97632 de 10/04/89, parágrafo único.
recovery of degraded area WMMA
recuperación de la zona degradada WDVA
Execução de técnicas que têm por objetivo o retorno do sítio degradado a uma forma de utilização, de acordo com um plano preestabelecido para o uso de solo, visando a obtenção de uma estabilidade do meio ambiente.
⇨ ÁREA DEGRADADA; RECOMPOSIÇÃO.

RECUPERAÇÃO DO SOLO
LgRS LEI 11520 de 04/08/00, art. 14, XLIV.
soil regeneration WFAO
recuperación del suelo WINTA
Conjunto de ações que visam ao restabelecimento das características físicas, químicas e biológicas do solo, tornando-o novamente apto à utilização agrossilvipastoril.
LgRS
⇨ USO ADEQUADO DO SOLO.

RECURSO
resource CLA90:269
recurso ALL84:342
Elemento ou elementos que um organismo, população ou ecossistema exigem para a manutenção de seus processos produtivos.
⇨ ECOSSISTEMA.

RECURSO *1
LgRS LEI 11520 de 04/08/00, art. 14, XLV.

resource CLA90:269
recurso ALL84:342
Componentes do ambiente que podem ser utilizados por um organismo, tais como alimento, solo, mata, minerais.
LgRS
⇨ RECURSOS AMBIENTAIS*1.

RECURSO MINERAL
LgRS LEI 11520 de 04/08/00, art. 14, XLVI.
mineral resource WEPA
recurso mineral WCPN
Elemento ou composto químico formado, em geral, por processos inorgânicos, o qual tem uma composição química definida e ocorre naturalmente, podendo ser aproveitado economicamente.
LgRS
⇨ RECURSO NÃO-RENOVÁVEL.

RECURSO NÃO-RENOVÁVEL
LgRS LEI 11520 de 04/08/00, art. 14, XLVII.
non-renewable resource WNREL
recurso no renovable WSECYT
Recurso que não é regenerado após o uso, tais como recursos minerais que se esgotam.
LgRS
⇨ RECURSO MINERAL; RECURSO NATURAL; RECURSO RENOVÁVEL.

RECURSO NATURAL
LgRS LEI 11520 de 04/08/00, art. 14, XLVIII.
natural resource WEPA
recurso natural UNB86:208
Recurso ambiental que pode ser utilizado pelo homem.
LgRS
◊ O recurso será renovável ou não na dependência da exploração e/ou de sua capacidade de reposição.
⇨ RECURSO RENOVÁVEL; RECURSO NÃO-RENOVÁVEL; RECURSOS AMBIENTAIS *2.

RECURSO RENOVÁVEL
LgRS LEI 11520 de 04/08/00, art. 14, XLIX.
renewable resource WNREL
recurso renovable TER97:187
Recurso que pode ser regenerado.
LgRS

◊ Tipicamente recurso que se renova por produção, como recurso biológico, vegetação, proteína animal.
⇨ RECURSO NATURAL; RECURSO NÃO-RENOVÁVEL.

RECURSOS AMBIENTAIS
LgBR LEI 9985 de 18/07/00, art. 2º, IV.
environmental resources ONU92#2144
recursos ambientales ONU92#2144
Atmosfera, águas interiores, superficiais e subterrâneas, os estuários, o mar territorial, o solo, o subsolo, os elementos da biosfera, a fauna e a flora.
LgBR
⇨ ÁGUAS INTERIORES; RECURSOS AMBIENTAIS *1.

RECURSOS AMBIENTAIS *1
LgPOA LEI COMPL. 65 de 22/12/81, art. 2º, § 2º.
environmental resources ONU92#2144
recursos ambientales ONU92#2144
Atmosfera, as águas superficiais e subterrâneas, o solo e os elementos nele contidos, a flora e a fauna.
LgPOA
⇨ ÁGUAS SUPERFICIAIS; RECURSO *1; RECURSOS NATURAIS.

RECURSOS AMBIENTAIS *2
LgRS LEI 11520 de 04/08/00, art. 14, L.
environmental resources ONU92#2144
recursos ambientales ONU92#2144
Componentes da biosfera necessários à manutenção do equiíbrio e da qualidade do meio ambiente associada à qualidade de vida e à proteção do patrimônio cultural histórico, arqueológico, paleontológico, artístico, paisagístico e turístico, passíveis ou não de utilização econômica.
LgRS
⇨ RECURSO NATURAL.

RECURSOS BIOLÓGICOS
LgBR DEC 2519 de 16/03/98, art. 2º
biological resourses WCBD
recursos biológicos ONU92#555
Recursos genéticos, organismos ou partes destes, populações, ou qualquer outro componente biótico de ecossistemas, de real ou potencial utilidade ou valor para a humanidade.

LgBR
⇨ BIOTECNOLOGIA; CONVENÇÃO SOBRE DIVERSIDADE BIOLÓGICA.
RECURSOS DO MAR
LgBR DEC 1203 de 28/07/94, 2, 2.2.
marine resources UNB86:208
recursos marinos UNB86:208
Recursos vivos e não vivos que se encontram na coluna de água, no solo, no subsolo marinho, bem como nas áreas adjacentes, cuja exploração racional é relevante dos pontos de vista econômico, social e/ou de segurança nacional.
LgBR
⇨ ACORDO DE CONSERVAÇÃO DOS RECURSOS NATURAIS DO ATLÂNTICO SUL ENTRE BRASIL E ARGENTINA; RECURSOS ENERGÉTICOS DO MAR CONVENCIONAIS; RECURSOS ENERGÉTICOS DO MAR NÃO CONVENCIONAIS; RECURSOS MINERAIS MARINHOS DE ÁGUAS RASAS; RECURSOS PESQUEIROS.
RECURSOS ENERGÉTICOS DO MAR CONVENCIONAIS
LgBR DEC 1203 de 28/07/94, 2, 2.2.
Petróleo, gás natural e carvão, os quais formam a base energética do desenvolvimento industrial moderno.
LgBR
⇨ RECURSOS DO MAR; RECURSOS ENERGÉTICOS DO MAR NÃO CONVENCIONAIS; RECURSOS MINERAIS MARINHOS DE ÁGUAS RASAS.
RECURSOS ENERGÉTICOS DO MAR NÃO CONVENCIONAIS
LgBR DEC 1203 de 28/07/94, 2, 2.2.
Recursos propiciados pelas marés, ondas e gradientes térmicos (diferenças de temperatura).
LgBR
⇨ RECURSOS DO MAR; RECURSOS ENERGÉTICOS DO MAR CONVENCIONAIS; RECURSOS MINERAIS MARINHOS DE ÁGUAS RASAS.
RECURSOS FLORESTAIS
LgBR LEI 11284 de 02/03/06, art. 3º, II
forest resources WFAO
recursos forestales WSEMAR
Elementos ou características de determinada floresta, potencial ou efetivamente geradores de produtos ou serviços florestais.

LgBR
⇨ CONCESSÃO FLORESTAL; SERVIÇOS FLORESTAIS.
RECURSOS GENÉTICOS
LgBR DEC 2519 de 16/03/98, art. 2º
genetic resources WCBD
recursos genéticos UNB86:208
Material genético de valor real ou potencial.
LgBR
⇨ BIOTECNOLOGIA; CONVENÇÃO SOBRE DIVERSIDADE BIOLÓGICA; MATERIAL GENÉTICO; PAÍS DE ORIGEM DE RECURSOS GENÉTICOS; PAÍS PROVEDOR DE RECURSOS GENÉTICOS.
RECURSOS HÍDRICOS
LgRS LEI 10350 de 30/12/94, art. 1º, parágrafo único.
water resources UNB86:207
recursos hídricos UNB86:207
Recursos hídricos considerados na unidade do ciclo hidrológico, compreendendo as fases aérea, superficial e subterrânea, e tendo a bacia hidrográfica como unidade básica de intervenção.
LgRS
⇨ ÁGUA *1; USO DA ÁGUA; USUÁRIO DA ÁGUA.
RECURSOS ICTÍICOS
LgBR DEC 4256 de 03/06/02, art. 1º.
fishing resources WMMA
recursos ícticos WLPY
Recursos provenientes das atividades pesqueiras.
LgBR
⇨ ACORDO PARA A CONSERVAÇÃO DA FAUNA AQUÁTICA NOS CURSOS DOS RIOS LIMÍTROFES ENTRE BRASIL E PARAGUAI; PROTOCOLO ADICIONAL AO ACORDO PARA A CONSERVAÇÃO DA FAUNA AQUÁTICA NOS CURSOS DOS RIOS LIMÍTROFES ENTRE BRASIL E PARAGUAI.
RECURSOS MINERAIS
LgBR DEL 227 de 28/02/67, art. 1º.
mineral resources UNB86:208
recursos minerales UNB86:208
Concentração de materiais de ocorrência natural que se encontram no estado sólido, líquido ou gasoso, no interior ou sobre a crosta terrestre, cuja extração tem potencial econômico.

⇨ CÓDIGO DE MINERAÇÃO; EMPRESA DE MINERAÇÃO; FILÕES; PESQUISA MINERAL.
RECURSOS MINERAIS MARINHOS DE ÁGUAS RASAS
LgBR DEC 1203 de 28/07/94, 2, 2.1.
recursos minerales del mar WOMEGA
Recursos da plataforma continental brasileira tais como areia e cascalhos, pláceres de minerais pesados e sedimentos carbonáticos.
⇨ PLÁCERES; PLATAFORMA CONTINENTAL; RECURSOS DO MAR; RECURSOS ENERGÉTICOS DO MAR CONVENCIONAIS; RECURSOS ENERGÉTICOS DO MAR NÃO CONVENCIONAIS.
RECURSOS NATURAIS
LgBR CF, art. 225, § 4º.
natural resources UNI03:540
recursos naturales UNB86:208
Fontes de riquezas naturais utilizáveis pelo ser humano, tais como a água, o solo, as florestas, os campos, a vida animal, os minerais e a paisagem.
⇨ DIREITO AMBIENTAL; GERENCIAMENTO AMBIENTAL; RECURSOS NATURAIS RENOVÁVEIS; RECURSOS NATURAIS NÃO-RENOVÁVEIS.
RECURSOS NATURAIS NÃO-RENOVÁVEIS
LgBR LEI 7661 de 16/05/88, art. 3º, I.
non-renewable resources CLA90:215
recursos naturales no renovables GON79:76
Recursos naturais não vivos, não passíveis de reconstituição depois de consumidos.
⇨ RECURSOS NATURAIS; RECURSOS NATURAIS RENOVÁVEIS.
RECURSOS NATURAIS RENOVÁVEIS
LgBR LEI 7661 de 16/05/88, art. 3º, I.
renewable natural resources TRE77a:132
recursos naturales renovables GON79:76
Recursos naturais que têm assegurada sua manutenção ao longo do tempo, pela reprodução, no caso dos seres vivos, ou pela regeneração através de processos naturais.
◊ A renovação destes recursos é garantida pelo funcionamento adequado dos ecossistemas.
⇨ EXPLORAÇÃO AUTO-SUSTENTÁVEL; PRODUÇÃO SUSTENTADA; RECURSOS NATURAIS; RECURSOS NATURAIS NÃO-RENOVÁVEIS; RECURSOS PESQUEIROS.

RECURSOS PESQUEIROS
LgBR DEC 1203 de 28/07/94, 4, 4.3.
fishing resources ONU92#2369
recursos pesqueros ONU92#2369
Recursos naturais renováveis, animais ou vegetais, que tenham na água seu normal ou mais freqüente meio de vida, cuja capacidade de renovação é limitada pela estrutura genética das espécies e pela dinâmica dos ecossistemas.
⇨ ACORDO DE PESCA E PRESERVAÇÃO DE RECURSOS VIVOS BRASIL-URUGUAI; CÓDIGO DE CONDUTA PARA A PESCA RESPONSÁVEL; NOVOS RECURSOS PESQUEIROS; RECURSOS DO MAR; RECURSOS NATURAIS RENOVÁVEIS.
RECURSOS VIVOS MARINHOS ANTÁRTICOS
LgBR DEC 93935 de 15/01/87, art. I, 1
antarctic marine living resources WSED
recursos vivos marinos antárticos PNU93:1239
Populações de peixes com nadadeiras, moluscos, crustáceos e todas as demais espécies de organismos vivos incluindo pássaros, encontrados ao sul da Convergência Antártica.
LgBR
⇨ CONVENÇÃO SOBRE A CONSERVAÇÃO DOS RECURSOS VIVOS MARINHOS ANTÁRTICOS; ECOSSISTEMA MARINHO ANTÁRTICO; TRATADO DA ANTÁRTIDA.
REDE DE ARRASTO
seine GLA97:500
red de arrastre GAL92:1239
Rede que é mantida mergulhada no fundo do mar, lagoa ou rio por meio de pesos e é arrastada para capturar peixes ou outro recurso pesqueiro.
REDE DE COLETA
LgBR DEC 97718 de 05/05/89, art. 3º, V, § 4º, a.
red de alcantarillado CEN89:67
Conjunto constituído por ligações prediais, coletores de esgoto e seus órgãos acessórios.
NBR-9649
⇨ SANEAMENTO; REDE DE ESGOTOS; TRATAMENTO DE ESGOTOS.
REDE DE ESGOTOS
LgBR LEI 5027 de 14/06/66, art. 23.

sewerage ONU92#5869
sistema de alcantarillado ONU92#5869
Sistema de tubulações e canais que direciona os esgotos das edificações urbanas para descarga em estação de tratamento ou no ambiente natural.
⇨ DEJETOS; ESTAÇÕES DE TRATAMENTO; REDE DE COLETA; SANEAMENTO; TRATAMENTO DE ESGOTOS.

REDUÇÃO DE CARGA MICROBIANA
LgBR RES CONAMA 358 de 29/04/05, art. 2º, VII.
reducción de la carga microbiana WFUCOA
Aplicação de processo que visa a inativação microbiana das cargas biológicas contidas nos resíduos.
LgBR
⇨ NÍVEL III DE INATIVAÇÃO MICROBIANA; REDUÇÃO NA FONTE.

REDUÇÃO NA FONTE
LgBR RES CONAMA 358 de 29/04/05, art. 2º, XIV.
reducción en la fuente WGIRS
Atividade que reduza ou evite a geração de resíduos na origem, no processo, ou que altere propriedades que lhe atribuam riscos, incluindo modificações no processo ou equipamentos, alteração de insumos, mudança de tecnologia ou procedimento, substituição de materiais, mudanças na prática de gerenciamento, administração interna do suprimento e aumento na eficiência dos equipamentos e dos processos.
LgBR
⇨ PRÍON; REDUÇÃO DE CARGA MICROBIANA.

REDUÇÕES CERTIFICADAS DE CARBONO
Reducciones Certificadas de Carbono WSEM
◊ Ver REDUÇÕES CERTIFICADAS DE EMISSÕES.

REDUÇÕES CERTIFICADAS DE EMISSÕES
Certified Emissions Reductions WCER
Reducciones Certificadas de Emisión WFAO
Quantidade de carbono devidamente comprovada que deixou de ser liberada na atmosfera graças à implementação de projetos autorizados financiados pelos países signatários do Protocolo de Quioto.
⇨ CRÉDITOS DE CARBONO.

REFINAÇÃO
LgBR LEI 9478 de 06/08/97, art. 6º, V.
refining WEPA
refinación WCONAE
◊ Ver REFINO.

REFINO
LgBR LEI 9478 de 06/08/97, art. 6º, V.
refining WEPA
refino WCSIC
Conjunto de processos destinados a transformar o petróleo em derivados de petróleo.
LgBR
⇨ TRATAMENTO DE GÁS NATURAL.

REFLORESTAMENTO
LgBR LEI 5106 de 02/09/66, art. 1º.
reforestation WMMA
reforestación GON79:76
Estabelecimento de florestas onde estas já existiam, mesmo quando, após o desmatamento, as áreas tenham sido usadas para atividades agropastoris.
◊ Pode ser natural, sem a interferência direta do homem, ou artificial, através da semeadura direta ou plantio de mudas. Ibid.
⇨ DESMATAMENTO; DESPESAS DE FLORESTAMENTO E REFLORESTAMENTO; FLORESTAMENTO; TORA; USO ALTERNATIVO DO SOLO.

REFORMA AGRÁRIA
LgBR LEI 4504 de 30/11/64, Tít. I, cap. I, art. 1º, § 1º.
agrarian reform UNB86:209
reforma agraria UNB86:209
Conjunto de medidas que visem a promover melhor distribuição da terra mediante modificações no regime de sua posse e uso, a fim de atender aos princípios de justiça social e ao aumento de produtividade.
LgBR
⇨ COMISSÃO AGRÁRIA; COOPERATIVA INTEGRAL DE REFORMA AGRÁRIA; ESTATUTO DA TERRA; FUNÇÃO SOCIAL DA PROPRIEDADE; POLÍTICA AGRÍCOLA.

REFÚGIO DE VIDA SILVESTRE
LgRS DEC 38814 de 26/08/98, art. 12, I.

wildlife refuge WREF
refugio de vida silvestre WMIS
Área de domínio público ou privado, com o objetivo de garantir, através do manejo específico, a preservação de espécies ou populações migratórias ou residentes.
LgRS
⇨ UNIDADES DE PROTEÇÃO INTEGRAL/CATEGORIA DE USO INDIRETO.

REFÚGIO DE VIDA SILVESTRE *1
LgBR LEI 9985 DE 18/07/00, art. 13.
wildlife refuge WREF
refugio de vida silvestre WMIS
Unidade de conservação cujo objetivo é proteger ambientes naturais onde se asseguram condições para a existência ou reprodução de espécies ou comunidades da flora local e da fauna residente ou migratória.
LgBR
⇨ ESTAÇÃO ECOLÓGICA *1; UNIDADES DE PROTEÇÃO INTEGRAL *1.

REFÚGIO PARTICULAR DE ANIMAIS NATIVOS
LgBR PRT IBDF 327-P de 29/08/77, art. 2º.
Área de propriedade particular, onde o exercício de qualquer atividade de caça é proibido por iniciativa do proprietário legalmente amparado mediante ato específico do poder público.
LgBR
⇨ FAUNA SILVESTRE.

REGENERAÇÃO ARTIFICIAL
LgBR PRN IBDF 302 de 03/07/84, Anexo I.
artificial regeneration WFR
regeneración artificial GON79:77
Regeneração que visa a promover o repovoamento, usando-se processos artificiais para interferir na regeneração.
LgBR
◊ Var.: regeneração induzida. Repovoamento referese à regeneração florestal.
⇨ REGENERAÇÃO NATURAL; RECOMPOSIÇÃO FLORESTAL.

REGENERAÇÃO NATURAL
LgBR PRN IBDF 302 de 03/07/84, Anexo I.

natural regeneration WFR
regeneración natural GON79:77
Recuperação da cobertura florestal de determinada área, sem a interferência do homem, visando à sua reconstituição.
LgBR
⇨ FLORESTA REGENERADA; RECOMPOSIÇÃO FLORESTAL; RESISTÊNCIA AMBIENTAL.

REGIÃO ESTUARINA-LAGUNAR
LgBR DEC 5300 de 07/12/04, art. 2º, IX.
Área formada em função da inter-relação dos cursos fluviais e lagunares, em seu deságüe no ambiente marinho.
LgBR
⇨ MARISMA.

REGIME DE PERMISSÃO DA LAVRA GARIMPEIRA
LgBR LEI 7805 de 18/07/89, art. 1º, parágrafo único.
régimen de permiso de labranza garimpeira WSECYT
Aproveitamento imediato de jazimento mineral que, por sua natureza, dimensão, localização e utilização econômica, possa ser lavrado, independentemente de prévios trabalhos de pesquisa, segundo critérios fixados pelo Departamento Nacional de Produção Mineral.
LgBR
⇨ LAVRA; MINERAIS GARIMPÁVEIS.

REGIME DE PRODUÇÃO SUSTENTADA
LgBR DEC 97629 de 10/04/89, art. 3º.
régimen de rendimiento sostenido WFAO
Conjunto de normas estabelecidas juridicamente a fim de garantir a produção sustentada.
⇨ MANEJO SUSTENTADO; RENDIMENTO SUSTENTADO.

REGIME HIDROLÓGICO
LgBR DEL 200 de 25/02/67, art. 39, Minas e Energia, II.
hydrologic regimen WMMA
régimen hidrológico WAIC
Comportamento do leito de um curso d'água durante um certo período, levando em conta vários fatores: descarga sóli-

da e líquida, largura, profundidade, declividade, forma dos meandros e progressão do momento da barra, entre outros.
DEP76
⇨ BACIA HIDROGRÁFICA; BARRAGENS; MEANDROS; MICROBACIAS HIDROGRÁFICAS.

REGIME JARDINADO
LgRS LEI 9519 de 21/01/92, art. 42, XVI.
garden regime WMCNP
Sistema de manejo para florestas heterogêneas e inequianas, com intervenções baseadas em corte seletivo de árvores, regeneração natural ou artificial, visando à produção contínua e manutenção da biodiversidade de espécies.
LgRS
⇨ FLORESTAS INEQUIANAS; REGIME SUSTENTADO E USO MÚLTIPLO.

REGIME SUSTENTADO E USO MÚLTIPLO
LgRS LEI 9519 de 21/01/92, art. 42, XVII.
multiple use sustained yield WGEO
Produção constante e contínua de bens florestais materiais, madeira, semente, extrativo, folha, casca, caça, pesca, e imateriais (proteção da água, ar, solo, fauna, flora e recreação) mantendo a capacidade produtiva do sítio, em benefício da sociedade.
LgRS
⇨ ENRIQUECIMENTO; FOMENTO FLORESTAL; PLANO DE MANEJO FLORESTAL; REGIME JARDINADO.

REGIÕES DE CONTROLE DA QUALIDADE DO AR
LgRS LEI 11520 de 04/08/00, art. 14, LI.
air quality control regions WEPA
regiones de control de la calidad del aire WCEPIS
Áreas físicas do território do Estado do Rio Grande do Sul, dentro das quais poderão haver políticas diferenciadas de controle da qualidade do ar, em função de suas peculiaridades geográficas, climáticas e geração de poluentes atmosféricos, visando à manutenção de integridade da atmosfera.
LgRS
⇨ ÁREAS EM VIAS DE SATURAÇÃO; ÁREAS ESPECIAIS DE CONTROLE DA QUALIDADE DO AR; ÁREA SATURADA.

REGISTRANTE DE PRODUTO
LgBR DEC 4074 de 04/01/02, art. 1º, XL.
product register WEPA
registrante del producto WMIF
Pessoa física ou jurídica, legalmente habilitada, que solicita o registro de um agrotóxico, componente ou afim.
LgBR
⇨ REGISTRO DE PRODUTO *1; TITULAR DE REGISTRO.

REGISTRO DE AGROTÓXICOS, SEUS COMPONENTES E AFINS
LgBR DEC 4074 de 04/01/02, art. 18
Registro do produto, concedido por prazo previamente determinado, de acordo com as diretrizes e exigências dos órgãos responsáveis pelos setores de agricultura, saúde e meio ambiente para uso em emergências quarentenárias, fitossanitárias, sanitárias e ambientais.
⇨ REGISTRO DE PRODUTO *1.

REGISTRO DE EMPRESA
LgBR DEC 4074 de 04/01/02, art. 1º, XLI.
company registration WCVM
registro de empresa WUNEP
Ato dos órgãos competentes estaduais, municipais e do Distrito Federal que autoriza o funcionamento de um estabelecimento produtor, formulador, importador, exportador, manipulador ou comercializador, ou a prestação de serviços na aplicação de agrotóxicos e afins.
LgBR
⇨ PRESTADOR DE SERVIÇO.

REGISTRO DE PRODUTO
LgBR DEC 79094 de 05/01/77, art. 3º, XVII.
product registration ELS90
registro de producto WMSAL
Ato privativo de órgão competente do Ministério da Saúde destinado a comprovar o direito de fabricação de produto.
LgBR
⇨ ANÁLISE DE CONTROLE; CONTROLE DE QUALIDADE.

REGISTRO DE PRODUTO *1
LgBR DEC 4074 de 04/01/02, art. 1º, XLII.

product registration ELS90
registro de producto WCAN
Ato privativo de órgão federal competente, que atribui o direito de produzir, comercializar, exportar, importar, manipular ou utilizar um agrotóxico, componente ou afim.
LgBR
⇨ CERTIFICADO DE REGISTRO; REGISTRANTE DE PRODUTO; REGISTRO DE AGROTÓXICOS, SEUS COMPONENTES E AFINS.

REGISTRO ESPECIAL TEMPORÁRIO
LgBR DEC 4074 de 04/01/02, art. 1º, XLIII.
special temporary registration WEMB
Ato privativo de órgão federal competente, destinado a atribuir o direito de utilizar um agrotóxico, componente ou afim para finalidades específicas em pesquisa e experimentação, por tempo determinado, podendo conferir o direito de importar ou produzir a quantidade necessária à pesquisa e experimentação.
LgBR
◊ Sigla: RET.
⇨ PESQUISA E EXPERIMENTAÇÃO.

REGULAMENTO PARA USO DE DISPERSANTES QUÍMICOS EM DERRAMES DE ÓLEO NO MAR
LgBR RES CONAMA 269 de 14/09/00, Anexo
chemical oil dispersant use regulations WPIMS
Documento que tem por objetivo estabelecer as diretrizes para o uso desses produtos durante as operações de emergência.
LgBR
⇨ CONVENÇÃO INTERNACIONAL SOBRE O PREPARO, RESPOSTA E COOPERAÇÃO EM CASO DE POLUIÇÃO POR ÓLEO; TAXA DE APLICAÇÃO.

REJEITOS RADIOATIVOS
LgBR LEI 6453 de 17/10/77, art. 1º, IV.
radioactive wastes COL88:148
desechos radiactivos PNU92:465
Materiais radioativos obtidos durante o processo de produção ou de utilização de combustíveis nucleares, ou cuja radioatividade se tenha originado da exposição às radiações inerentes a tal processo, salvo os radioisótopos que tenham alcançado o estágio final de elaboração e já se possam utilizar para fins científicos, médicos, agrícolas, comerciais ou industriais.
LgBR
⇨ DANOS RADIOLÓGICOS; PRODUTOS RADIOATIVOS; RADIOISÓTOPOS; USINAS NUCLEOELÉTRICAS.

RELATÓRIO AMBIENTAL
LgBR RES CONAMA 349 de 16/08/04, art. 2º, IX.
environmental report WINEM
informe ambiental WFING
Documento sobre os aspectos ambientais relacionados à implantação de obras ferroviárias de pequeno potencial de impacto ambiental e ao funcionamento das unidades de apoio decorrentes de tais obras, compreendendo a caracterização do empreendimento, a identificação das intervenções ambientais previstas, as respectivas ações de controle e de mitigação associadas e o respectivo cronograma de execução.
LgBR
⇨ EMPREENDIMENTO FERROVIÁRIO.

RELATÓRIO AMBIENTAL SIMPLIFICADO
LgBR RES CONAMA 279 de 27/06/01, art. 2º, I.
Simplified Environmental Report WMCT
Estudos relativos aos aspectos ambientais relacionados à localização, instalação, operação e ampliação de uma atividade ou empreendimento, apresentados como subsídio para a concessão da licença prévia requerida, que conterá, dentre outras, as informações relativas ao diagnóstico ambiental da região de inserção do empreendimento, sua caracterização, a identificação dos impactos ambientais e das medidas de controle, de mitigação e de compensação.
LgBR
◊ Sigla: RAS.
⇨ RELATÓRIO DE DETALHAMENTO DOS PROGRAMAS AMBIENTAIS; SISTEMAS ASSOCIADOS

AOS EMPREENDIMENTOS ELÉTRICOS; REUNIÃO TÉCNICA INFORMATIVA.

RELATÓRIO DE DETALHAMENTO DOS PROGRAMAS AMBIENTAIS
LgBR RES CONAMA 279 de 27/06/01, art. 2º, II.
Documento que apresenta, detalhadamente, todas as medidas mitigatórias e compensatórias e os programas ambientais propostos no Relatório Ambiental Simplificado.
LgBR
⇨ RELATÓRIO AMBIENTAL SIMPLIFICADO; REUNIÃO TÉCNICA INFORMATIVA.

RELATÓRIO DE IMPACTO AMBIENTAL
LgPOA DEC 8183 de 07/03/83, art.3º, VIII.
Environmental Impact Report WEPA
Informe de Impacto Ambiental ARG93:10
Documento que visa a avaliar as interações da implantação ou da operação de uma atividade real ou potencialmente poluidora com o meio ambiente.
LgPOA
◊ Siglas: RIA e RIMA.
⇨ ACOMPANHAMENTO AMBIENTAL; MEDIDAS DE EMERGÊNCIA.

RELATÓRIO DE IMPACTO AMBIENTAL *1
LgBR RES CONAMA 01 de 23/01/86, art. 9º.
Environmental Impact Report WEPA
Informe de Impacto Ambiental WSECYT
Documento legal que registra e analisa o conjunto dos dados do Estudo de Impacto Ambiental, para fins de licenciamento de atividade real ou potencialmente poluidora.
◊ Sigla RIMA.
⇨ AVALIAÇÃO DE IMPACTO AMBIENTAL.

RELATÓRIO DE IMPACTO AMBIENTAL DE SÍSMICA
LgBR RES CONAMA 350 de 06/07/04, art. 2º, XII.
Documento elaborado pelo empreendedor que apresenta a síntese do Estudo Ambiental de Sísmica em linguagem acessível aos interessados, demonstrando as conseqüências ambientais da implementação das atividades de aquisição de dados sísmicos.
LgBR
◊ Sigla: RIAS *1.
⇨ ESTUDO AMBIENTAL DE SÍSMICA.

RELATÓRIO DE QUALIDADE AMBIENTAL DA ZONA COSTEIRA
LgBR DEC 5300 de 07/12/04, art. 7º, VII.
Informe de Calidad Ambiental de la Zona Costera WGPA
Relatório que consolida, periodicamente, os resultados produzidos pelo monitoramento ambiental e avalia a eficiência e eficácia das ações da gestão.
LgBR
◊ Sigla: RQA-ZC.
⇨ ZONA COSTEIRA BRASILEIRA.

REMEDIAÇÃO
LgBR RES CONAMA 314 de 29/10/02.
remediation WRT
remediación WINE
Aplicação de um conjunto de técnicas em uma área contaminada, visando à remoção ou contenção das substâncias nocivas introduzidas, de modo a possibilitar a utilização dessa área com o mínimo de riscos para os recursos naturais.
⇨ REMEDIADOR.

REMEDIADOR
LgBR RES CONAMA 314 de 29/10/02, art. 2º, I
remediator WRRD
Produto, constituído ou não por microrganismos, destinado à recuperação de ambientes e ecossistemas contaminados, tratamento de efluentes e resíduos, desobstrução e limpeza de dutos e equipamentos atuando como agente de processo físico, químico, biológico ou combinados entre si.
LgBR
⇨ MELHORES TÉCNICAS DISPONÍVEIS; REMEDIAÇÃO.

RENDIMENTO SUSTENTADO
LgBR PRN IBDF 302 de 03/07/84, Anexo I.
sustained yield WFS
rendimiento sostenido WFAO

Situação alcançada em uma floresta submetida a práticas de manejo, onde se tenta obter o equilíbrio entre a produção de matéria-prima e o corte.
LgBR
⇨ MANEJO FLORESTAL; MANEJO SUSTENTADO; REGIME DE PRODUÇÃO SUSTENTADA.
REQUISITOS DE HIGIENE
LgRS DEC 23430 de 24/10/74, art. 344, II.
sanitation requirements WHL
requisitos de higiene WCAN
Medidas sanitárias concretas e demais disposições necessárias à obtenção de um alimento puro, comestível e de qualidade comercial.
LgRS
⇨ ALIMENTO *IN NATURA*; ALIMENTOS ADULTERADOS; EMBALAGEM; MATERIAL RESISTENTE À CORROSÃO.
RESERVA BIOLÓGICA
LgRS DEC 38814 de 26/08/98, art. 12, I.
biological reserve ECO88:35
reserva biológica BRA91a:04
Área destinada à preservação integral da biota, administrada pelo Poder Público, sem interferência humana direta, cuja superfície varia em função do ecossistema ou ente biológico de valor científico a ser preservado, sendo que o acesso público é restrito à pesquisa científica e a educação ambiental.
LgRS
⇨ UNIDADES DE PROTEÇÃO INTEGRAL/CATEGORIA DE USO INDIRETO.
RESERVA BIOLÓGICA *1
LgBR LEI 9985 DE 18/07/00, art. 10.
biological reserve ECO88:35
reserva biológica BRA91a:04
Unidade de conservação cujo objetivo é a preservação integral da biota e demais atributos naturais existentes em seus limites, sem interferência humana direta ou modificações ambientais, excetuando-se as medidas de recuperação de seus ecossistemas alterados e as ações de manejo necessárias para recuperar e preservar o equilíbrio natural, a diversidade biológica e os processos ecológicos naturais.

LgBR
⇨ ÁREA DE RELEVANTE INTERESSE ECOLÓGICO; ESTAÇÃO ECOLÓGICA *1; RESERVA BIOLÓGICA *2.
RESERVA BIOLÓGICA *2
LgPOA LEI COMPL. 434 de 01/12/99, art. 32, VII.
reserva biológica WUSFQ
Área que tem por finalidade proteger integralmente a flora, a fauna e seu substrato em conjunto, assegurando a proteção da paisagem e a normal evolução do ecossistema, bem como cumprindo objetivos científicos e educacionais.
LgPOA
⇨ ÁREAS DE PROTEÇÃO DO AMBIENTE NATURAL.
RESERVA DA BIOSFERA
LgBR DEC 4340 de 22/08/02, art. 41.
Biosphere Reserve WMRE
reserva de la biosfera WJUN
Área que abriga uma coleção representativa de ecossistemas terrestres, costeiros e marítimos integrados designada pela UNESCO como um instrumento de conservação com o propósito de promover e demonstrar o relacionamento equilibrado entre o homem o meio ambiente.
◊ *Através do zoneamento e manejo adequado, a conservação da biodiversidade desses ecossistemas deverá ser mantida. A Mata Atlântica foi estabelecida como reserva da Biosfera em 1992.*
⇨ RESERVA DE FAUNA *1; USO SUSTENTÁVEL.
RESERVA DE DESENVOLVIMENTO SUSTENTÁVEL
LgBR LEI 9985 DE 18/07/00, art. 20.
Sustainable Development Reserve WMCT
reserva de desarrollo sustentable WIADB
Unidade de conservação constituída por uma área natural que abriga populações tradicionais, cuja existência baseia-se em sistemas sustentáveis de exploração dos recursos naturais, desenvolvidos ao longo de gerações e adaptados às condições ecológicas locais e que desem-

penham um papel fundamental na proteção da natureza e na manutenção da diversidade biológica.
LgBR

⇨ MANEJO *1; RESERVA DE FAUNA *1.

Reserva de Fauna
LgRS DEC 38814 de 26/08/98, art. 12, III.
Fauna Reserve WPARP
reserva de fauna WLEY3915
Área de domínio público ou privado, que abriga populações de espécies de fauna nativa, com potencial para uso sustentado de produtos de origem animal.
LgRS

◊ *A utilização dos recursos será feita mediante manejo cientificamente conduzido, de forma sustentada, sob fiscalização governamental, oportunizando investigação, educação ambiental e recreação em contato com a natureza. Ibd.*

⇨ FAUNA *1.

Reserva de Fauna *1
LgBR LEI 9985 DE 18/07/00, art. 19
reserva de fauna WLEY3915
Unidade de conservação constituída por uma área natural com populações animais de espécie nativas, terrestres ou aquáticas, residentes ou migratórias, adequadas para estudos técnico-científicos sobre o manejo econômico sustentável de recursos faunísticos.
LgBR

⇨ MANEJO *1; RESERVA DA BIOSFERA; RESERVA DE DESENVOLVIMENTO SUSTENTÁVEL.

RESERVA DE RECURSOS NATURAIS
LgRS DEC 38814 de 26/08/98, art. 12, II.
Natural Resources Reserve WCVRD
reserva de recursos naturales WUNDP
Áreas de domínio público, desabitadas ou pouco habitadas que, por falta de definição sobre o uso da terra e de seus recursos, convém serem preservadas até que pesquisas e critérios sociais, econômicos e ecológicos, indiquem seu uso adequado.
LgRS

⇨ UNIDADES DE MANEJO PROVISÓRIO.

RESERVA EXTRATIVA
LgRS DEC 38814 de 26/08/98, art. 12, III.
extractive reserve WMCT
reserva extractiva WFAO
Áreas naturais ou pouco alteradas, de domínio público, ocupadas por grupos extrativistas que tenham como fonte de sobrevivência a coleta de produtos da biota nativa e que a realizem segundo formas tradicionais de exploração, conforme planos de manejo preestabelecidos.
LgRS

⇨ UNIDADES DE MANEJO SUSTENTADO/CATEGORIA DE USO DIRETO.

Reserva Extrativista
LgBR LEI 9985 DE 18/07/00, art. 18
extractive reserve WMCT
reserva extractivista WINE
Unidade de conservação constituída por uma área utilizada por populações extrativistas tradicionais, cuja subsistência baseia-se no extrativismo e, complementarmente, na agricultura de subsistência e na criação de animais de pequeno porte, e tem como objetivos básicos proteger os meios de vida e a cultura dessas populações, e assegurar o uso sustentável dos recursos naturais da unidade.
LgBR

⇨ APICULTURA; EXTRATIVISMO.

Reserva Florestal
LgRS LEI 9519 de 21/01/92, art. 9º.
Forest Reserve WBEW
reserva forestal WHCDP
Vinte por cento da área com floresta nativa imune ao corte, sendo vedada a alteração de sua destinação a qualquer título ou desmembramento da área.
LgRS

⇨ FLORESTA NATIVA; FLORESTAS PROTETORAS.

Reserva Indígena
LgBR LEI 6001 de 19/12/73, art. 27.
Indian Reserve WWWF
reserva indígena WSAGP
Área destinada a servir de *habitat* a grupo indígena, com os meios suficientes à sua subsistência.
LgBR

⇨ COLÔNIA AGRÍCOLA INDÍGENA; ESTATUTO DO ÍNDIO; PARQUE INDÍGENA; TERRAS TRADICIONALMENTE OCUPADAS PELOS ÍNDIOS; TERRITÓRIO FEDERAL INDÍGENA.

RESERVA LEGAL
LgBR LEI 7803 de 18/07/89, art. 16º, II, § 2º.
legal reserve WIFCN
reserva legal WIUFRO
Área de, no mínimo, 20% (vinte por cento) de cada propriedade, onde não é permitido o corte raso, deverá ser averbada à margem da inscrição de matrícula do imóvel, no registro de imóveis competente, sendo vedada a alteração de sua destinação, nos casos de transmissão, a qualquer título, ou desmembramento da área.
LgBR
◊ Aplica-se às áreas de cerrado a reserva legal de 20% (vinte por cento) para todos os efeitos legais. Ibid.
⇨ CORTE RASO; RESERVA LEGAL *1.

RESERVA LEGAL *1
LgBR LEI 7803 de 18/07/89, art. 44º.
legal reserve WIFCN
reserva legal WIUFRO
Área de, no mínimo, 50% (cinqüenta por cento), de cada propriedade, onde não é permitido o corte raso, deverá ser averbada à margem da inscrição da matrícula do imóvel no registro de imóveis competente, sendo vedada a alteração de sua destinação, nos casos de transmissão, a qualquer título, ou de desmembramento da área.
LgBR
⇨ RESERVA LEGAL.

RESERVA LEGAL *2
LgBR MPR 1956 de 26/05/00, art. 1º, III.
legal reserve WIFCN
reserva legal WIUFRO
Área localizada no interior de uma propriedade ou posse rural, excetuada a de preservação permanente, necessária ao uso sustentável dos recursos naturais, à conservação e reabilitação dos processos ecológicos, à conservação da biodiversidade e ao abrigo e proteção de fauna e flora nativas.
LgBR

RESERVA PARTICULAR DE PATRIMÔNIO NATURAL
LgRS DEC 38814 de 26/08/98, art. 12, I
natural heritage private reserve WMCT
reserva privada del patrimonio cultural WINTA
Áreas particulares, com objetivo de preservação do ambiente natural, gravada com perpetuidade, sem implicar em desapropriações, sob a fiscalização governamental.
LgRS
◊ Sigla: RPPN *1
⇨ UNIDADES DE PROTEÇÃO INTEGRAL/CATEGORIA DE USO INDIRETO.

RESERVA PARTICULAR DO PATRIMÔNIO NATURAL
LgBR DEC 1922 de 05/06/96, art. 1º.
natural heritage private reserve WMCT
reserva privada del patrimonio cultural WINTA
Área de domínio privado a ser especialmente protegida, por iniciativa de seu proprietário, mediante reconhecimento do Poder Público, por ser considerada de relevante importância pela sua biodiversidade, ou pelo aspecto paisagístico, ou ainda por suas características ambientais que justifiquem ações de recuperação.
LgBR
◊ Sigla: RPPN
⇨ ÁREA PROTEGIDA.

RESERVA PARTICULAR DO PATRIMÔNIO NATURAL *1
LgBR LEI 9985 DE 18/07/00, art. 21.
private natural heritage reserve WMCT
reserva privada del patrimonio cultural WINTA
Unidade de conservação constituída por uma área privada, gravada com perpetuidade, com o objetivo de conservar a diversidade biológica.
LgBR
⇨ DIVERSIDADE BIOLÓGICA.

RESERVAS BIOLÓGICAS
LgBR LEI 5197 de 03/01/67, art. 5º, a.
Biological Reserve WMCT
reservas biológicas BRA91a:04
Reservas Biológicas Nacionais, Estaduais e Municipais, onde as atividades de utilização, perseguição, caça, apanha, ou introdução de espécimes da fauna e da

flora silvestres e domésticas, bem como modificações do meio ambiente a qualquer título, são proibidas, ressalvadas as atividades científicas devidamente autorizadas pela autoridade competente.
LgBR
⇨ ÁREA PROTEGIDA.

RESERVAS DE REGIÕES VIRGENS
LgBR DEC 58054 de 23/03/66, art. I, 4.
reservas de regiones vírgenes PNU92:407
Região administrada pelos poderes públicos, onde existem condições primitivas naturais de flora, fauna, habitação e transporte, com ausência de caminhos para o tráfico de veículos e onde é proibida toda exploração comercial.
LgBR
⇨ CONVENÇÃO PARA A PROTEÇÃO DA FLORA, DA FAUNA E DAS BELEZAS CÊNICAS DOS PAÍSES DA AMÉRICA; MONUMENTOS NATURAIS; PARQUES NACIONAIS *1; RESERVAS NACIONAIS.

RESERVAS ECOLÓGICAS
LgBR LEI 6938 de 31/08/81, art. 18.
Ecological Reserves WMCT
reservas ecológicas BRA91a:04
Florestas e as demais formas de vegetação natural de preservação permanente e os pousos das aves de arribação protegidos por convênios, acordos ou tratados assinados pelo Brasil com outras nações.
LgBR
⇨ ESTAÇÕES ECOLÓGICAS.

RESERVAS EXTRATIVISTAS
LgBR PRT IBAMA 51-N de 11/05/94, art. 1º.
extractive reserve ONU92#2295
reservas extractivistas WINE
Espaços territoriais protegidos pelo poder público, destinados à exploração auto-sustentável e à conservação dos recursos naturais renováveis, por populações com tradição no uso de recursos extrativos, e regulados por contrato de concessão real de uso, mediante plano de utilização aprovado pelo Instituto Brasileiro do Meio ambiente e dos Recursos Naturais Renováveis.
LgBR
⇨ COMUNIDADES EXTRATIVISTAS; EXPLORAÇÃO AUTO-SUSTENTÁVEL; POPULAÇÃO COM TRADIÇÃO EXTRATIVISTA; RESERVAS EXTRATIVISTAS *1.

RESERVAS EXTRATIVISTAS *1
LgBR DEC 98897 de 30/01/90, art. 1º.
extractive reserve ONU92#2295
reservas extractivistas WINE
Espaços territoriais destinados à exploração auto-sustentável e conservação dos recursos naturais renováveis, por população extrativista.
LgBR
⇨ COMUNIDADES EXTRATIVISTAS; POPULAÇÃO COM TRADIÇÃO EXTRATIVISTA; RESERVAS EXTRATIVISTAS.

RESERVAS GARIMPEIRAS
LgBR DEC 97507 de 13/02/89, art. 3º.
prospecting reserves WTNK-BP
Regiões em que são desenvolvidas atividades garimpeiras, sob licença mineral e ambiental dos órgãos competentes.
⇨ CIANETAÇÃO; EXTRATIVISMO MINERAL; MANANCIAIS DE ABASTECIMENTO PÚBLICO.

RESERVAS GENÉTICAS *IN SITU*
LgBR RES CONAMA 339 de 25/09/03, art. 2º, III.
insitu genetic reserves WGRCP
reservas genéticas *in situ* WFAO
Unidade dinâmica de conservação da variabilidade genética de populações, mantida no próprio hábitat natural da espécie com a finalidade de proteger sua extinção e dispor de material genético para pesquisa.
⇨ BANCO DE GERMOPLASMA *IN SITU*.

RESERVAS NACIONAIS
LgBR DEC 58054 de 23/03/66, art. 1º, 2
conservation area ONU92#1158
reservas nacionales ONU92#1158
Regiões estabelecidas para a conservação e utilização, sob a vigilância oficial, das riquezas naturais, nas quais se protegerá a flora e a fauna tanto quanto compatível com os fins para os quais estas reservas são criadas.
LgBR
⇨ CONVENÇÃO PARA A PROTEÇÃO DA FLORA, DA FAUNA E DAS BELEZAS CÊNICAS DOS PAÍSES DA

AMÉRICA; MONUMENTOS NATURAIS; PARQUES NACIONAIS *1; RESERVAS DE REGIÕES VIRGENS.
RESERVATÓRIO
LgBR DEC 2652 de 01/07/98, Anexo, art. 1, 7.
reservoir WEPA
depósito MAN95:93
Componente do sistema climático no qual fica armazenado um gás de efeito estufa ou um precursor de um gás de efeito estufa.
LgBR
⇨ GASES DE EFEITO ESTUFA.
RESERVATÓRIO *1
LgBR LEI 9478 de 06/08/97, art. 6º, X.
reservoir WEPA
depósito MAN95:93
Configuração geológica dotada de propriedades específicas, armazenadora de petróleo ou gás, associados ou não.
LgBR
⇨ BACIA SEDIMENTAR; ESTOCAGEM DE GÁS NATURAL; JAZIDA *1.
RESERVATÓRIO ARTIFICIAL
LgBR RES CONAMA 302 de 20/03/02, art. 2º, I.
artificial reservoir WFAO
depósito artificial WCLARA
Acumulação não natural de água destinada a quaisquer de seus múltiplos usos.
LgBR
⇨ ÁREA DE PRESERVAÇÃO PERMANENTE DE RESERVATÓRIO ARTIFICIAL; NÍVEL MÁXIMO NORMAL;PLANO AMBIENTAL DE CONSERVAÇÃO.
RESÍDUO
LgBR DEC 4074 de 04/01/02, art. 1º, XLIV.
waste WMMA
residuo ONU92#5517
Substância ou mistura de substâncias remanescentes ou existentes em alimentos ou no meio ambiente, decorrente do uso ou não de agrotóxicos e afins, inclusive qualquer derivado específico, tais como produto de conversão e de degradação, metabólitos, produtos de reação e impurezas, considerados toxicológica e ambientalmente importantes.
LgBR

⇨ LIMITE MÁXIMO DE RESÍDUO; METABÓLITOS; RESÍDUOS FLORESTAIS.
RESÍDUO *1
LgBR PRN IBAMA 138 de 22/12/92, art. 2º, § 1 e 2.
waste WMMA
residuo ONU92#5517
Material nos estados sólido ou semi-sólido que resulta de atividades de comunidade, de origem: industrial, doméstica, hospitalar, comercial, agrícola, de serviços e de varrições.
LgBR
◊ *Característica básica da conceituação de resíduo é a condição de inutilidade, indesejabilidade ou descartabilidade do material em relação à sua utilização original. Os resíduos abrangem ou têm como sinônimos de uso corrente: as sucatas, os desperdícios, as cinzas, os rejeitos, as borras, os lodos, os pós, os cavacos, as granalhas, as limalhas, os descartes, as aparas, as sobras, as carcaças e os lixões. Ibid. Def. compl.: Material ou resto de material cujo proprietário ou produtor não mais o considera com valor suficiente para conservá-lo. NBR-9896:82.*
⇨ RESÍDUOS INDUSTRIAIS.
RESÍDUOS *1
LgBR RES CONAMA 264 de 26/08/99, Anexo I, 14.
waste ONU92#7107
residuos ONU92#6519
Resíduos que se apresentem nos estados sólido, semi-sólido e os líquidos não passíveis de tratamento convencional, resultantes de atividades humanas.
LgBR
◊ *Fica também estabelecido que o termo resíduo compreende um único tipo de resíduo ou mistura de vários, para fins de co-processamento. Ibid.*
⇨ FORNO ROTATIVO DE PRODUÇÃO DE CLÍNQUER.
RESÍDUOS *2
LgBR RES CONAMA 316 de 29/10/02, art. 2º, I
waste ONU92#7107
residuos ONU92#6519
Materiais ou substâncias, que sejam inservíveis ou não passíveis de aproveitamento econômico, resultantes de atividades de origem industrial, urbana,

serviços de saúde, agrícola e comercial dentre os quais se incluem aqueles provenientes de portos, aeroportos e fronteiras, e outras, além dos contaminados por agrotóxicos.
LgBR
⇨ MELHORES TÉCNICAS DISPONÍVEIS; TRATAMENTO TÉRMICO.

RESÍDUOS DA CONSTRUÇÃO CIVIL
LgBR RES CONAMA 307 de 05/07/02, art 2º, I.
building waste WBDCEE
residuo de la construcción TER97:191
Resíduos provenientes de construções, reformas, reparos e demolições de obras de construção civil, c os rc sultantes da preparação e da escavação de terrenos, tais como: tijolos, blocos cerâmicos, concreto em geral, solos, rochas, metais, resinas, colas, tintas, madeiras e compensados, forros, argamassa, gesso, telhas, pavimento asfáltico, vidros, plásticos, tubulações, fiação elétrica etc.
LgBR
◊ Comumente chamados de ENTULHOS DE OBRAS; CALIÇA; METRALHA. Ibid.
⇨ ATERRO DE RESÍDUOS DA CONSTRUÇÃO CIVIL; CLASSES DE RESÍDUOS DA CONSTRUÇÃO CIVIL; GERADORES; REUTILIZAÇÃO *1.

RESÍDUOS DA CONSTRUÇÃO CIVIL CLASSE A
LgBR RES CONAMA 307 de 05/07/02, art. 3º, I
Resíduos reutilizáveis como agregados, tais como: de construção, demolição, reformas e reparos de pavimentação e de outras obras de infra-estrutura, inclusive solos provenientes de terraplanagem; de construção, demolição, reformas e reparos de edificações: componentes cerâmicos (tijolos, blocos, telhas, placas de revestimento etc.), argamassa e concreto; de processo de fabricação e/ou demolição de peças pré-moldadas em concreto (blocos, tubos, meios-fios etc.) produzidas nos canteiros de obras.
LgBR

⇨ CLASSES DE RESÍDUOS DA CONSTRUÇÃO CIVIL; ATERRO DE RESÍDUOS DA CONSTRUÇÃO CIVIL.

RESÍDUOS DA CONSTRUÇÃO CIVIL CLASSE B
LgBR RES CONAMA 307 de 05/07/02, art. 3º, II.
Resíduos recicláveis para outras destinações, tais como: plásticos, papel/papelão, metais, vidros, madeiras e outros.
LgBR
◊ Outras destinações não especificadas em RESÍDUOS DA CONSTRUÇÃO CIVIL CLASSE A.
⇨ CLASSES DE RESÍDUOS DA CONSTRUÇÃO CIVIL.

RESÍDUOS DA CONSTRUÇÃO CIVIL CLASSE C
LgBR RES CONAMA 307 de 05/07/02, art. 3º, III.
Resíduos para os quais não foram desenvolvidas tecnologias ou aplicações economicamente viáveis que permitam a sua reciclagem/recuperação, tais como os produtos oriundos do gesso.
LgBR
⇨ CLASSES DE RESÍDUOS DA CONSTRUÇÃO CIVIL.

RESÍDUOS DA CONSTRUÇÃO CIVIL CLASSE D
LgBR RES CONAMA 348 de 16/08/04, art. 3º, IV.
Resíduos perigosos oriundos do processo de construção, tais como tintas, solventes, óleos e outros ou aqueles contaminados ou prejudiciais à saúde oriundos de demolições, reformas e reparos de clínicas radiológicas, instalações industriais e outros, bem como telhas e demais objetos e materiais que contenham amianto ou outros produtos nocivos à saúde.
LgBR
⇨ CLASSES DE RESÍDUOS DA CONSTRUÇÃO CIVIL.

RESÍDUOS DE SERVIÇOS DE SAÚDE
LgBR RES CONAMA 358 de 29/04/05, art. 2º, X
Medical Waste WEPA
residuos de servicios de salud WMONO
Resíduos resultantes de atividades exercidas nos serviços definidos no art. 1º

desta Resolução que, por suas características, necessitam de processos diferenciados em seu manejo, exigindo ou não tratamento prévio à sua disposição final.
LgBR
◊ Art.1º Esta Resolução aplica-se a todos os serviços relacionados com o atendimento à saúde humana ou animal, inclusive os serviços de assistência domiciliar e de trabalhos de campo; laboratórios analíticos de produtos para saúde; necrotérios, funerárias e serviços onde se realizem atividades de embalsamamento (tanatopraxia e somatoconservação); serviços de medicina legal; drogarias e farmácias, inclusive as de manipulação; estabelecimentos de ensino e pesquisa na área de saúde; centros de controle de zoonoses; distribuidores de produtos farmacêuticos; importadores, distribuidores e produtores de materiais e controles para diagnóstico in vitro; unidades móveis de atendimento à saúde; serviços de acupuntura; serviços de tatuagem; entre outros similares.
⇨ DISPOSIÇÃO FINAL DE RESÍDUOS DE SERVIÇOS DE SAÚDE; PLANO DE GERENCIAMENTO DE RESÍDUOS DE SERVIÇOS DA SAÚDE.

RESÍDUOS FLORESTAIS
LgBR PRN IBDF 302 de 03/07/84, Anexo I.
forest residues ONU92#2517
residuos forestales WINTI
Sobras de material, que não o objeto prioritário da atividade, resultante da alteração sofrida pela matéria-prima florestal quando submetida à ação exterior através de processos mecânicos, físicos e/ou químicos.
LgBR
◊ Exemplos: galhos, tocos, raiz, aparas de madeira, serragem, etc.
⇨ RESÍDUO.

RESÍDUOS INDUSTRIAIS
industrial wastes UNI03:531
residuos industriales JUR96:87
Resíduos sólidos e semi-sólidos resultantes do processamento industrial, assim como determinados resíduos líquidos oriundos do mesmo processamento que, por suas características peculiares, não podem ser lançados na rede de esgoto ou em corpos de água e não são passíveis de tratamento pelos métodos convencionais.
BAT87:100
◊ Nos resíduos industriais incluem-se também os lodos provenientes das estações de tratamento de efluentes.
⇨ CO-PROCESSAMENTO DE RESÍDUOS EM FORNOS DE PRODUÇÃO DE CLÍNQUER; EQUIPAMENTO DE CONTROLE DE POLUIÇÃO; RESÍDUO *1.

RESÍDUO SÓLIDO INDUSTRIAL
LgBR RES CONAMA 313 de 29/10/02, art. 2º, I.
solid industrial waste WEPA
residuo sólido industrial WUSACH
Resíduo que resulte de atividades industriais e que se encontre nos estados sólido, semi-sólido, gasoso – quando contido, e líquido – cujas particularidades tornem inviável o seu lançamento na rede pública de esgoto ou em corpos d`água, ou exijam para isso soluções técnica ou economicamente inviáveis em face da melhor tecnologia disponível.
LgBR
◊ Ficam incluídos nesta definição os lodos provenientes de sistemas de tratamento de água e aqueles gerados em equipamentos e instalações de controle de poluição.
⇨ INVENTÁRIO NACIONAL DE RESÍDUOS SÓLIDOS INDUSTRIAIS.

RESÍDUOS PERIGOSOS
LgBR DEC 875 de 19/07/93, art. 1º.
hazardous wastes ONU92#2932
residuos peligrosos JUR96:87
Resíduos ou misturas de resíduos que, em função de suas características de inflamabilidade, corrosividade, reatividade, toxicidade e patogenicidade, podem apresentar risco à saúde pública, provocando ou contribuindo para um aumento de mortalidade ou incidência de doenças, apresentando efeitos adversos ao meio ambiente, quando manuseados ou dispostos de forma inadequada.
◊ A classificação de resíduos perigosos é definida pela norma técnica da ABNT-NBR-10004.

⇨ CONVENÇÃO DE BASILÉIA SOBRE O CONTROLE DE MOVIMENTOS TRANSFRONTEIRIÇOS DE RESÍDUOS PERIGOSOS E SEU DEPÓSITO; DEPÓSITO; MOVIMENTO TRANSFRONTEIRIÇO; TRÁFICO ILEGAL.

RESÍDUOS RADIOATIVOS
LgBR DEC 58256 de 26/04/66, art. 1º b.
radioactive wastes COL95:190
residuos radiactivos ALL84:347
Materiais radioativos usados ou produzidos por reatores nucleares, complexos industriais ou hospitalares, que não são passíveis de recuperação, sendo destinados ao descarte.
⇨ LIXO RADIOATIVO; TRATAMENTO DE RESÍDUOS RADIOATIVOS; TRATADO DE PROSCRIÇÃO DAS EXPERIÊNCIAS COM ARMAS NUCLEARES NA ATMOSFERA, NO ESPAÇO CÓSMICO E SOB A ÁGUA.

RESÍDUOS SÓLIDOS
LgRS LEI 9921 de 27/07/93, art. 2º.
solid wastes ONU92#6085
residuos sólidos ONU92#6085
Resíduos provenientes de: atividades industriais, atividades urbanas (doméstica e de limpeza urbana), comerciais, de serviços de saúde, rurais, de prestação de serviços e de extração de minerais; outros equipamentos e instalações de controle de poluição.
LgRS
◊ *Def. compl.: Material inútil, indesejado ou descartado, cuja composição ou quantidade de líquido não permita que escoe livremente. ONU92#6085.*
⇨ ACUMULAÇÃO TEMPORÁRIA; MANEJO; RESÍDUOS SÓLIDOS *1.

RESÍDUOS SÓLIDOS *1
LgPOA DEC 9367 de 29/12/88, art. 1º, II.
solid wastes ONU92#6085
residuos sólidos ONU92#6085
Substância de origem orgânica e inorgânica, no estado sólido ou semi-sólido, tais como alimentos, cinzas ou restos de animais mortos, sobras de demolição e/ou construções e, ainda, pesticidas, materiais contaminados, explosivos ou radioativos e outros resultantes de atividades industriais, comerciais, agrícolas e residenciais.

LgPOA
⇨ RESÍDUOS SÓLIDOS.

RESÍDUOS SÓLIDOS GRUPO A
LgRS LEI 10099 de 07/02/94, Anexo único.
Resíduos sólidos que apresentam risco potencial à saúde pública e ao meio ambiente devido à presença de agentes biológicos.
LgRS
◊ *Enquadram-se neste grupo: sangue e hemoderivados; animais usados em experimentação, bem como os materiais que tenham entrado em contato com os mesmos; excreções e líquidos orgânicos; meios de cultura; tecidos, órgãos, fetos e peças anatômicas; filtro de gases aspirados de área contaminada; resíduos advindos de área de isolamento; restos alimentares de unidade de isolamento; resíduos de laboratórios de análises clínicas; resíduos de unidades de atendimento ambulatorial; resíduos de sanitários de unidade de internação e de enfermaria e animais mortos. Neste grupo incluem-se os objetos perfurantes ou cortantes capazes de causar punctura ou corte, tais como lâminas de barbear, bisturi, agulhas, escalpes, vidros quebrados, etc., provenientes de estabelecimentos prestadores de serviços de saúde.*

RESÍDUOS SÓLIDOS GRUPO B
LgRS LEI 10099 de 07/02/94, Anexo único.
Resíduos sólidos que apresentam risco potencial à saúde pública e ao meio ambiente devido às suas características químicas.
LgRS
◊ *Enquadram-se neste grupo: drogas quimioterápicas e produtos por ela contaminados; resíduos farmacêuticos (medicamentos vencidos, contaminados, interditados ou não utilizados); demais produtos considerados perigosos, conforme classificação da NBR-10004 da ABNT (tóxicos, corrosivos, inflamáveis e reativos).*

RESÍDUOS SÓLIDOS GRUPO C
LgRS LEI 10099 de 07/02/94, Anexo único.
Rejeitos radioativos.
LgRS
◊ *Enquadram-se neste grupo os materiais radioativos ou contaminados com radionuclídeos, provenientes de laboratórios de análises clínicas, serviços*

de medicina nuclear e radioterapia, segundo Resolução CNEN-NE-6.05.

RESÍDUOS SÓLIDOS GRUPO D
LgRS LEI 10099 de 07/02/94, Anexo único.
Resíduos comuns são todos os demais que não se enquadram nos grupos descritos anteriormente.
LgRS
◊ *Os grupos descritos anteriormente são: RESÍDUOS SÓLIDOS GRUPO A; RESÍDUOS SÓLIDOS GRUPO B; RESÍDUOS SÓLIDOS GRUPO C.*

RESÍDUOS SÓLIDOS PERIGOSOS
LgPOA DEC 9367 de 29/12/88, art. 1º, III.
hazardous solid wastes CEN90:103
residuos sólidos peligrosos CEN90:103
Substância simples ou composta, potencialmente nociva ao meio ambiente por sua dificuldade de degradação ou capacidade de degradação ou capacidade de provocar efeitos de caráter cumulativo, entre as quais estão, pesticidas, substâncias contaminadas, explosivas, radioativas e outras resultantes de atividades industriais, comerciais, agrícolas e residenciais.
LgPOA
⇨ CAPACIDADE DE DEGRADAÇÃO; DIFICULDADE DE DEGRADAÇÃO.

RESÍDUOS SÓLIDOS URBANOS
LgBR RES CONAMA 308 de 21/03/02, art. 2º.
solid urban waste WEMB
residuos sólidos domiciliarios WCNMA
Resíduos provenientes de residências ou qualquer outra atividade que gere resíduos com características domiciliares, bem como os resíduos de limpeza pública urbana.
LgBR
◊ *Ficam excluídos desta resolução os resíduos perigosos que, em função de suas características intrínsecas de inflamabilidade, corrosividade, reatividade, toxidade ou patogenicidade, apresentam riscos à saúde ou ao meio ambiente. Ibid.*
⇨ ÁREAS DE DESTINAÇÃO DE RESÍDUOS.

RESINA
LgBR PRN IBAMA 137 de 22/12/92, art. 1º
resine WFAO
resina WMINC
Secreção viscosa que exsuda do caule de árvores florestais pertencentes ao grupo botânico das gimnospermas, tais como pinheiros e ciprestes entre outras.
⇨ RESINAGEM.

RESINAGEM
LgBR PRN IBAMA 137 de 22/12/92, art. 1º, § 1º
resinification WFAO
resinación WSEM
Conjunto de operações realizadas com vistas a extrair resina das árvores pela abertura de feridas no tronco.
⇨ RESINA.

RESINAGEM INTENSIVA
LgBR PRN IBAMA 137 de 22/12/92, art. 1º, § 2º.
resinación intensiva WCFMR
Modalidade que tem por objetivo o corte das árvores resinadas, logo após o encerramento da operação de extração de goma-resina.
LgBR
⇨ FLORESTAS PLANTADAS.

RESISTÊNCIA AMBIENTAL
environmental resistant COL95:85
resistencia ambiental ALL84:348
Capacidade do meio ambiente de suportar perturbações e manter sua estrutura e funcionamento.
⇨ REGENERAÇÃO NATURAL.

RESOLUÇÃO
resolución MAR94:392
Ato formal de órgão legislativo ou autoridade administrativa, deliberando ou regulamentando um assunto de sua competência.
⇨ LEI; PORTARIA.

RESPONSABILIDADE
liability ONU92#3579
responsabilidad ONU92#3579
Obrigação da pessoa física ou jurídica de assumir as conseqüências de seus atos e reparar o dano causado a outrem.
⇨ CASO FORTUITO; FORÇA MAIOR; RESPONSABILIDADE OBJETIVA.

RESPONSABILIDADE AMBIENTAL CIVIL SEM CULPA
Obrigação jurídica do poluidor, independentemente da existência de culpa, de indenizar ou reparar os danos causados ao meio ambiente e a terceiros.
⇨ PRINCÍPIO DA PRECAUÇÃO; RESPONSABILIDADE CIVIL.

RESPONSABILIDADE CIVIL
LgBR LEI 6453 de 17/10/77, II.
civil liability UNB86:214
responsabilidad civil MAR94:392
Obrigação jurídica de indenização do dano causado a outrem.
⇨ RESPONSABILIDADE AMBIENTAL CIVIL SEM CULPA; RESPONSABILIDADE POR RISCO; RESPONSABILIDADE PENAL.

RESPONSABILIDADE CRIMINAL
LgBR LEI 6453 de 17/10/77, III
criminal liability WSICE
responsabilidad criminal MAR94:392
Obrigação jurídica de cumprir as sanções previstas na lei pela prática de contravenção penal.
⇨ RESPONSABILIDADE; RESPONSABILIDADE CIVIL.

RESPONSABILIDADE OBJETIVA
responsabilidad objetiva MAR94:393
Obrigação jurídica de indenizar a vítima, baseada no prejuízo causado pela ação independentemente de culpabilidade ou inocência do agente.
⇨ RESPONSABILIDADE.

RESPONSABILIDADE PENAL
penal liability UNB86:215
responsabilidad penal UNB86:215
◊ Ver RESPONSABILIDADE CRIMINAL.

RESPONSABILIDADE POR RISCO
liability risk WLAW
responsabilidad por riesgo WGCBA
Obrigação de pessoa física ou jurídica de responder pelos prováveis efeitos que possam advir de uma atividade perigosa desenvolvida.
⇨ PRINCÍPIO DA PRECAUÇÃO; RESPONSABILIDADE CIVIL.

RESSURGÊNCIA COSTEIRA
LgBR DEC 1203 de 28/07/94, 4, 4.5.
resurgence; upwelling SUG92:104
corriente de surgencia SUG92:104
Fenômeno oceanográfico de substituição das águas superficiais mais leves e mais aquecidas, de regiões litorâneas, por águas de profundidade, mais pesadas e mais frias, provocando o enriquecimento de nutrientes do fitoplâncton e, conseqüentemente, da cadeia alimentar.
⇨ MEANDROS; TALUDE; VÓRTICE.

RESTAURAÇÃO
LgBR LEI 9985 DE 18/07/00, art. 2º, XIV
restoration WIFAS
restauración WMECON
Restituição de um ecossistema ou de uma população silvestre degradada o mais próximo possível da sua condição original.
LgBR
⇨ RECUPERAÇÃO *1.

RESTINGA
LgBR RES CONAMA 04 de 18/09/85, art. 2º, n.
coastal shrubs WPCA
restinga SUG92:104
Acumulação arenosa litorânea, paralela à linha da costa, de forma geralmente alongada, produzida por sedimentos transportados pelo mar, onde se encontram associações vegetais mistas características, comumente conhecidas como vegetação de restingas.
LgBR
⇨ DUNA; ECOSSISTEMAS MARINHOS.

RESTINGA *2
LgBR RES CONAMA 10 de 01/10/93, art. 5º, II.
coastal shrubs WPCA
restinga SUG92:104
Vegetação que recebe influência marinha, presente ao longo do litoral brasileiro, também considerada comunidade edáfica, por depender mais da natureza do solo do que do clima.
LgBR
◊ Ocorre em mosaicos e encontra-se em praias, cordões arenosos, dunas e depressões, apresentando, de acordo com o estágio sucessional, estrato herbáceo,

arbustivo e arbóreo, este último mais interiorizado.
Ibid.
⇨ RESTINGA *3.
RESTINGA *3
LgBR RES CONAMA 303 de 20/03/02, art. 2º, VIII.
coastal shrubs WPCA
restinga SUG92:104
Depósito arenoso paralelo a linha da costa, de forma geralmente alongada, produzido por processos de sedimentação, onde se encontram diferentes comunidades que recebem influência marinha, também consideradas comunidades edáficas por dependerem mais da natureza do substrato do que do clima.
LgBR
⇨ DUNA *1; RESTINGA *2.
RET
LgBR DEC 4074 de 04/01/02, art. 1º, XLIII
◊ *Sigla de REGISTRO ESPECIAL TEMPORÁRIO.*
REUNIÃO TÉCNICA INFORMATIVA
LgBR RES CONAMA 279 de 27/06/01, art 2º, III.
reunión técnica informativa WINT
Reunião promovida pelo órgão ambiental competente, às expensas do empreendedor, para apresentação e discussão do Relatório Ambiental Simplificado, Relatório de Detalhamento dos Programas Ambientais e demais informações, garantidas a consulta e participação pública.
LgBR
⇨ RELATÓRIO AMBIENTAL SIMPLIFICADO; RELATÓRIO DE DETALHAMENTO DOS PROGRAMAS AMBIENTAIS.
REUTILIZAÇÃO *1
LgBR RES CONAMA 307 de 05/07/02, art. 2º, VI.
re-use (of waste) ONU92#5566
reutilización TER97:194
Processo de reaplicação de um resíduo, sem transformação do mesmo.
LgBR
⇨ RESÍDUOS DA CONSTRUÇÃO CIVIL.
REVALIDAÇÃO
LgBR RES CONAMA 297 de 20/02/02, Anexo I, 14.
revaluation WEMB

revalidación WLEY11430
Revalidação que pode estender a validade da LICENÇA PARA USO DA CONFIGURAÇÃO DE CICLOMOTORES, MOTOCICLOS E SIMILARES para o próximo ano cível, desde que o veículo homologado não apresente alterações em sua configuração básica.
LgBR
⇨ CONFIGURAÇÃO DO VEÍCULO.
REVENDA
LgBR LEI 9478 de 06/08/97, art. 6º, XXI.
resale WEPA
reventa WMECON
Atividade de venda a varejo de combustíveis, lubrificantes e gás liquefeito envasado, exercida por postos de serviços ou revendedores, na forma das leis e regulamentos aplicáveis.
LgBR
⇨ DISTRIBUIÇÃO.
RIA
LgPOA DEC 8183 de 07/03/83, art. 3º, VIII.
IIA WMINE
◊ *Sigla de RELATÓRIO DE IMPACTO AMBIENTAL.*
RIAS *1
LgBR RES CONAMA 350 de 06/07/04, art. 2º, XII
◊ *Sigla de RELATÓRIO DE IMPACTO AMBIENTAL DE SÍSMICA.*
RIMA
LgBR RES CONAMA 01 de 23/01/86, art. 9º
IIA WMINE
◊ *Sigla de RELATÓRIO DE IMPACTO AMBIENTAL *1.*
Rio + 10
Rio+10 WRIO
Río+10 WDSOST
Evento mundial promovido pela ONU em 26/09/2002, em Joanesburgo, África, com o objetivo de discutir e avaliar os acertos e falhas nas ações relativas ao meio ambiente mundial acordadas pelos países participantes da Eco92.
◊ *Foram acertadas intenções, mas poucas metas, dentre essas destacam-se duas: a) o comprometimento dos*

países em reduzir pela metade a população sem acesso a água potável e saneamento básico até 2015; b) o "Programa Áreas Protegidas da Amazônia" (ARPA), que prevê a criação e implementação de 500 mil km2 de parques e reservas na Amazônia até 2012 triplicando a área de florestas atualmente protegidas.
⇨ CONFERÊNCIA DO RIO.

RISCO
risk ONU92#5590
riesgo ONU92#5590
Possibilidade ou proximidade de perigo por acontecimento eventual ou incerto, que ameaça de dano a pessoa ou a coisa.
NUN76:72.
⇨ AGENTE DE CLASSE 4; ANÁLISE DE RISCO AMBIENTAL; ANÁLISE DE RISCOS.

RISCO *1
LgBR RES CONAMA 305 de 12/06/02, Anexo I, Glossário.
risk ONU92#5590
riesgo ONU92#5590
Medida de incerteza.
LgBR
◊ *Trata-se da possibilidade de perigo para o meio ambiente acarretado pela manipulação de Organismos Geneticamente Modificados.*
⇨ PRINCÍPIO DA PRECAUÇÃO.

RNA
◊ *Símbolo de ÁCIDO RIBONUCLÉICO. símbolo do termo RNA em língua inglesa* rybonucleic acid.

ROTAÇÃO FLORESTAL
LgBR PRN IBDF 302 de 03/07/84, Anexo I.
forest rotation WUSDA
rotación forestal WINTA
Intervalo planejado de anos entre a utilização inicial de um determinado povoamento, e o retorno para nova exploração.
LgBR
⇨ POVOAMENTO FLORESTAL.

ROTAS DE MIGRAÇÃO
LgBR DEC 98182 de 26/09/89, art. 2º.
migrating paths ONU92#3962
rutas de migración ONU92#3962
Trajetórias utilizadas por determinadas espécies de aves para se deslocar de uma área a outra, sob a influência de fatores periódicos, com regresso ulterior ao ponto de partida.
⇨ ANILHA; ANILHAMENTO; AVES DE ARRIBAÇÃO; SÍTIOS DE ARRIBAÇÃO.

ROTULAGEM
LgBR DEC 4074 de 04/01/02, art. 43
labeling WEPA
rotulaje WAAF
Procedimento de identificação através da afixação de inscrição, legenda, imagem e/ou texto na embalagem de um produto.
⇨ EMBALAGEM *1.

RÓTULO
LgRS DEC 23430 de 24/10/74, art. 342, XII.
label WEPA
rótulo WSAGP
Identificação impressa ou litografada, bem como os dizeres pintados ou gravados a fogo, por pressão ou decalcação, aplicados sobre o recipiente, vasilhame, envoltório, cartucho ou qualquer outro tipo de embalagem do alimento ou sobre o que acompanha o continente.
LgRS
⇨ EMBALAGEM; PADRÃO DE IDENTIDADE E QUALIDADE.

RÓTULO FLORESTAL
LgRS DEC 41467 de 08/03/02, art. 14
forest label WNCSA
etiqueta forestal WMMAE
Rótulo para identificar e qualificar o produto florestal, garantindo ao consumidor que o produto adquirido tem situação de regularidade junto ao Órgão Florestal Estadual.
⇨ PRODUTO FLORESTAL.

RPPN
LgBR DEC 1922 de 05/06/96, art. 1º.
◊ *Sigla de RESERVA PARTICULAR DO PATRIMÔNIO NATURAL.*

RPPN *1
LgRS DEC 38814 de 26/08/98, art.12, I
◊ *Sigla de RESERVA PARTICULAR DE PATRIMÔNIO NATURAL.*

RQA-ZC
LgBR DEC 5300 de 07/12/04, art. 7º, VII
◊ *Sigla de RELATÓRIO DE QUALIDADE AMBIENTAL DA ZONA COSTEIRA.*

RUÍDO
LgPOA DEC 8185 de 07/03/83, art. 3º, IV.
noise CEN90:103
ruido CEN90:103
Som que cause ou tenda a causar perturbações ao sossego público ou produzir efeitos psicológicos e/ou fisiológicos negativos em seres humanos.
LgPOA
⇨ NÍVEL DE PRESSÃO SONORA; DISTÚRBIO POR RUÍDO; POLUIÇÃO SONORA; RUÍDO DE FUNDO; SOM INCÔMODO.

RUÍDO DE FUNDO
LgPOA DEC 8185 de 07/03/83, art. 3º, VIII.
background noise WBGN
ruido de fondo TER97:204
Som que esteja sendo emitido durante o período de medições, que não aquele objeto das medições.
LgPOA
⇨ RUÍDO; SOM.

S

SAIBRO
LgPOA DEC 8187 de 07/03/83, art. 2º.
gravel WHP
guija GAL92:710
Material oriundo da decomposição *in situ* do granito ou gnaisse, geralmente usado na pavimentação de estradas.
LgPOA
⇨ AREIA; ARENITO; ARGILA; GRANITO; GNAISSE.

SALIÊNCIAS
LgPOA DEC 8186 de 07/03/83, art. 1º, XVI.
projections WNYC
relieve WRES15
Elementos ornamentais da edificação que avançam além dos planos das fachadas.
LgPOA
⇨ ÁREA EDIFICADA; BALANÇOS; BEIRAIS; FUNDAÇÃO.

SALINIDADE
LgBR RES CONAMA 20 de 18/06/86, art. 2º, g.
salinity ONU92#5670
salinidad ONU92#5670
Conjunto de sais normalmente dissolvidos na água, formado pelos bicarbonatos, cloretos, sulfatos e, em menor quantidade, pelos demais sais.
NBR-9896:84
◊ *Dependendo da concentração de sais, a água pode ser classificada em doce, salobra ou salgada. A salinidade, no caso da água do mar, é expressa em gramas de sais por 1000g de água; para as demais águas, utilizam-se miligramas de cloretos por litro de água. Ibid.*

⇨ ÁGUAS DOCES; ÁGUAS SALOBRAS; ÁGUAS SALINAS.

SALVADOR
LgBR LEI 7203 de 03/07/84, art.1º, § 3º.
rescuer WEPA
salvador WCRA
Pessoa que presta, prestou ou irá prestar serviço de salvamento.
LgBR
⇨ ASSISTÊNCIA E SALVAMENTO; SALVAMENTO.

SALVAGUARDAS NACIONAIS
LgBR DEC 2210 de 22/04/97, art. 2º, XVIII.
national safeguards WEPA
salvaguardias nacionales WESTRUC
Conjunto de medidas destinadas a evitar ou a detectar, em tempo hábil, o desvio para uso não autorizado de material e equipamento definidos neste artigo, e a resguardar dado técnico cujo sigilo seja de interesse para o Estado no campo da utilização da energia nuclear.
LgBR
◊ *Trata-se de material nuclear.*
⇨ PROGRAMA NUCLEAR BRASILEIRO; PROTEÇÃO FÍSICA; SEGURANÇA NUCLEAR; SISTEMA DE PROTEÇÃO AO PROGRAMA NUCLEAR BRASILEIRO.

SALVAMENTO
LgBR LEI 7203 de 03/07/84, art. 1º, § 2º.
rescue WEPA
salvamento GAL92:1293
◊ *Ver ASSISTÊNCIA E SALVAMENTO.*

SAMBAQUIS
LgBR LEI 3924 de 26/07/61, art. 2º, a.
shell mound SUG92:106
sambaquíes WNAYA
Depósitos de conchas de moluscos marinhos, fluviais ou terrestres, feitos por índios e que, muitas vezes, funcionam como jazigos, onde são depositados ossos humanos, objetos líticos e peças de cerâmica.
⇨ DEPÓSITOS FOSSILÍFEROS; MONUMENTOS ARQUEOLÓGICOS.

SANEAMENTO
LgBR LEI 5027 de 14/06/66, art. 10º.
sanitation ONU92#5695
saneamiento ONU92#5695
Aplicação de medidas que visem a controlar os fatores físicos do meio ambiente que possam causar efeitos adversos ao desenvolvimento físico, saúde ou sobrevivência dos seres humanos.
⇨ COMPATIBILIDADE ENTRE PRODUTOS; REDE DE ESGOTOS; REDE DE COLETA.

SANEAMENTO BÁSICO
LgRS CE, art. 24.
basic sanitation CEN90:103
saneamiento básico CEN90:103
Captação, tratamento e distribuição de água potável; a coleta, o tratamento e a disposição final de esgotos cloacais e do lixo, bem como a drenagem urbana.
LgRS
⇨ SANEAMENTO DO MEIO.

SANEAMENTO DO MEIO
LgRS DEC 23430 de 24/10/74, art. 5º, § 1º.
environmental sanitation ONU92#2151
saneamiento del medio ambiente ONU92#2151
Atividades destinadas ao controle do meio ambiente, visando à promoção e proteção da saúde e prevenção da doença.
LgRS
⇨ SANEAMENTO BÁSICO.

SANEAMENTOS DOMISSANITÁRIOS
LgRS DEC 32854 de 27/05/88, art. 1º, III.
household sanitation WUSAID
Higienizações, desinfecções ou desinfestações domiciliares, em ambientes coletivos ou públicos, em lugares de uso comum e no tratamento da água.
⇨ PRODUTOS DE USO VETERINÁRIO.

SANEANTE DOMISSANITÁRIO
LgBR DEC 79094 de 05/01/77, art. 3º, X.
household cleaner WEPA
Substância ou preparação destinada à higienização, desinfecção ou desinfestação domiciliar, em ambientes coletivos ou públicos, em lugares de uso comum e no tratamento da água.
LgBR
⇨ AGROTÓXICOS E AFINS DE USO DOMISSANITÁRIO; DESINFETANTE; DETERGENTE; INSETICIDA; RATICIDA.

SAVANAS
LgBR RES CONAMA 11 de 14/12/88.
savanna WFWS
sabanas ALL84:357
Formações vegetais abertas, com predomínio de gramíneas intercaladas de árvores e/ou arbustos, ocorrendo em áreas de clima tropical.
◊ Ver CERRADOS. A designação savanas pode abranger vários tipos de vegetação do Brasil; não corresponde exatamente ao conceito do termo "cerrado".
⇨ CERRADOS; SUCESSÃO ECOLÓGICA.

SDOs
LgBR RES CONAMA 267 de 14/0-9/00
ODSs WEPA
SDOs WFAO
◊ Sigla de SUBSTÂNCIAS QUE DESTROEM A CAMADA DE OZÔNIO.

SECRETARIA ESPECIAL DO MEIO AMBIENTE
Special Secretariat for the Environment WMMA
Secretaría Especial del Medio Ambiente PNU92:59
Orgão do Ministério do Interior, criado em 1973, para zelar pela conservação do meio ambiente e o uso racional dos recursos naturais, extinto em 1989.
◊ Sigla: SEMA. Com a extinção do SEMA, em 1989 pela Lei 7.735 de 22/02/89, suas atividades foram transferidas para o IBAMA.
⇨ CONSELHO NACIONAL DO MEIO AMBIENTE; INSTITUTO BRASILEIRO DO DESENVOLVIMENTO FLORESTAL.

SEGURANÇA NUCLEAR
LgBR DEC 2210 de 22/04/97, art. 2º, XIX.
nuclear safety WEPA
seguridad nuclear ONU92#4319
Conjunto de medidas preventivas de caráter técnico incluídos no projeto, na construção, na manutenção e na operação de uma Unidade Operacional do Sistema de Proteção ao Programa Nuclear Brasileiro, destinadas a evitar a ocorrência de acidente ou a atenuar o efeito deste.
LgBR
⇨ ACIDENTE; FORÇA DE APOIO; SISTEMA DE PROTEÇÃO AO PROGRAMA NUCLEAR BRASILEIRO; PROTOCOLO DA CONVENÇÃO DE SEGURANÇA NUCLEAR; SALVAGUARDAS NACIONAIS.

SEGURANÇA TÉCNICA NUCLEAR
LgBR DEC 2210 de 22/04/97, art. 2º, XIX
◊ Ver SEGURANÇA NUCLEAR.

SELO RUÍDO
LgBR RES CONAMA 20 de 07/12/94, art. 1º.
noise label WEPA
sello ruido WCA
Forma de indicação do nível de potência sonora, medido em decibel – dB(A), de uso obrigatório para aparelhos eletrodomésticos, que venham a ser produzidos, importados e que gerem ruído no seu funcionamento.
LgBR
⇨ APARELHO ELETRODOMÉSTICO.

SEMA
SEMA WCEPIS
◊ Sigla de SECRETARIA ESPECIAL DO MEIO AMBIENTE.

SEMENTE
LgBR LEI 9456 DE 25/04/97, art. 3º, XIV
seed WSBT
semilla WCA
Estrutura vegetal utilizada na propagação de uma cultivar.
LgBR
⇨ PROPAGAÇÃO.

SEMENTES
LgBR DEC 2869 de 09/12/98, art. 2º, V.
seeds WSBT
semillas WCA
Formas jovens de organismos aquáticos destinados ao cultivo.
LgBR
⇨ AQÜICULTURA.

SEQÜESTRO DE CARBONO
carbon sequestration WEPA
secuestro de carbono WFAO
Captura de dióxido de carbono da atmosfera pela fotossíntese, também chamado fixação de carbono.
◊ Var. CAPTURA DE CARBONO.

SERPENTINAS
LgBR LEI 9055 de 01/06/95, art. 2º.
serpentine UNI03:106
serpentinas GAL92:1325

Compostos minerais da família dos amiantos que apresentam fibras curvas e maleáveis que têm como principal variedade o amianto branco ou crisotila.
◊ *A extração, industrialização, comercialização e utilização do amianto branco ou crisotila em todo o território nacional é regulamentada pela LgBR Lei 9055 de 01/06/95.*
⇨ AMIANTO; CRISOTILA.

SERRAPILHEIRA
LgBR RES CONAMA 10 de 01/10/93, art. 1º, VI.
burlap WEPA
mantillo GAL92:903
Camada superficial de solos sob floresta consistindo de restos de vegetação como folhas, ramos, caules e cascas de frutos, em diferentes estágios de decomposição.
WEMB
⇨ ESTÁGIO AVANÇADO DE REGENERAÇÃO DA VEGETAÇÃO SECUNDÁRIA; ESTÁGIO MÉDIO DE REGENERAÇÃO DA VEGETAÇÃO SECUNDÁRIA.

SERVIÇO
LgBR LEI 8078 de 11/09/90, art. 3º, § 2.
service WEPA
servicio MAR94:409
Atividade fornecida no mercado de consumo, mediante remuneração, inclusive as de natureza bancária, financeira, de crédito e securitária, salvo as decorrentes das relações de caráter trabalhista.
LgBR
⇨ CÓDIGO DE DEFESA DO CONSUMIDOR; CONSUMIDOR; FORNECEDOR.

SERVIÇO DE LIMPEZA URBANA
LgPOA LEI COMPL. 234 de 10/10/90, art. 2º.
urban cleaning service WIBA
servicio de limpieza urbana WAPAE
Coleta, transporte e disposição final do lixo público, ordinário domiciliar e especial; conservação da limpeza de vias, praias, balneários, sanitários públicos, viadutos, elevadas, áreas verdes, parques e outros logradouros e bens de uso comum do povo do município de Porto Alegre; remoção de bens móveis abandonados nos logradouros públicos; outros serviços concernentes à limpeza da Cidade.
LgPOA
⇨ LIXO PÚBLICO; LIXO ESPECIAL; LIXO ORDINÁRIO DOMICILIAR.

SERVIÇO FLORESTAL BRASILEIRO
LgBR LEI 11284 de 02/03/06, art. 54
Brazilian Forest Service WFAO
Servicio Forestal Brasileño WFAO
Órgão autônomo da administração direta, na estrutura do Ministério do Meio Ambiente, responsável pelo sistema de gestão de florestas públicas tendo por objetivo fomentar o desenvolvimento florestal sustentável no Brasil e gerir o Fundo Nacional de Desenvolvimento Florestal.
◊ *Sigla: SFB.*
⇨ LEI FLORESTAL BRASILEIRA; PLANO ANUAL DE OUTORGA FLORESTAL.

SERVIÇOS DE CONSTRUÇÃO CIVIL
LgPOA DEC 8185 de 07/03/83, art. 3º, XVIII.
civil construction works WUSAID
servicios de construcción civil WMINAL
Operações em canteiro de obra, montagem, elevação, reparo substancial, alteração ou ação similar, demolição ou remoção no local, de qualquer estrutura, instalação ou adição a estas, incluindo todas as atividades relacionadas, mas não restritas à limpeza de terreno, movimentação, detonação e paisagismo.
LgPOA
⇨ LIMITE REAL DA PROPRIEDADE; PROJETOS DE ENGENHARIA CIVIL; TERRAPLENAGEM; VIBRAÇÃO.

SERVIÇOS DE UTILIDADE
LgBR RES CONAMA 237 de 22/12/97, Anexo I.
utility services WUSDA
servicios de utilidad pública WECLAC
Produção de energia termoelétrica; transmissão de energia elétrica; estações de tratamento de água; interceptores, emissários, estação elevatória e tratamento de esgoto sanitário; tratamento e destinação de resíduos industriais (líquidos e sólidos); tratamento/

disposição de resíduos especiais tais como de agroquímicos e suas embalagens usadas e de serviço de saúde, entre outros; tratamento e destinação de resíduos sólidos urbanos, inclusive aqueles provenientes de fossas; dragagem e derrocamentos em corpos d'água; recuperação de áreas contaminadas ou degradadas.
LgBR
◊ Atividades ou empreendimentos sujeitos ao Licenciamento Ambiental.

SERVIÇOS FLORESTAIS
LgBR LEI 11284 de 02/03/06, art. 3º, IV.
forest services WFAO
servicios forestales WFAO
Turismo e outras ações ou benefícios decorrentes do manejo e conservação da floresta, não caracterizados como produtos florestais.
LgBR
⇨ RECURSOS FLORESTAIS.

SERVIDÃO
easement BLA91:352
servidumbre MAR94:409
Direito que permite a utilização de parte de uma propriedade em proveito público.
⇨ PESQUISA MINERAL.

SERVIDÕES DO SOLO E DO SUBSOLO
LgBR DEL 227 de 28/02/67, art. 59.
ground and underground easement WFAP
servidumbres de paso MAR94:410
◊ Ver SERVIDÃO.

SETOR AGRÍCOLA
LgBR LEI 8171 de 17/01/91, art. 2º, II.
agricultural sector WEPA
sector agrícola WFOR
Setor constituído por segmentos como: produção, insumos, agroindústria, comércio, abastecimento e afins, os quais respondem diferenciadamente às políticas e às forças de mercados.
LgBR
⇨ AGROENERGIA; ATIVIDADE AGRÍCOLA; SOLO AGRÍCOLA.

SEUC
LgRS DEC 34256 de 02/04/92
◊ Sigla de SISTEMA ESTADUAL DE UNIDADES DE CONSERVAÇÃO.

SF$_6$
LgBR DEC 3515 DE 20/06/00, Anexo A.
SF$_6$ WEPA
SF$_6$ WCOPANT
◊ Símbolo de HEXAFLUORETO DE ENXOFRE.

SFB
LgBR LEI 11284 de 02/03/06, art. 54.
◊ Sigla de SERVIÇO FLORESTAL BRASILEIRO.

SIA
LgBR DEC 4074 de 04/01/02, art. 94.
◊ Sigla de SISTEMA DE INFORMAÇÕES SOBRE AGROTÓXICOS.

SIB
LgBR LEI 11105 de 24/03/05, art. 19.
◊ Sigla de SISTEMA DE INFORMAÇÕES EM BIOSSEGURANÇA.

SIC
LgBR DEC 4074 de 04/01/02, art. 29.
◊ Sigla de SISTEMA DE INFORMAÇÕES DE COMPONENTES.

SIGERCO
LgBR DEC 5300 de 07/12/04, art. 7º, V.
SIGERCO WUCA
◊ Sigla de SISTEMA DE INFORMAÇÕES DE GERENCIAMENTO COSTEIRO.

SILVÍCOLA
LgBR LEI 6001 de 19/12/73, art. 3º, I.
Indian WEPA
silvícola WSERV
◊ Ver ÍNDIO.

SINIMA
LgBR LEI 6938 de 31/08/81, art. 9º.
SINIMA WMED
◊ Sigla de: SISTEMA NACIONAL DE INFORMAÇÃO SOBRE O MEIO AMBIENTE.

SINPESQ
LgBR DEC 1694 de 13/11/95, art. 1º.
◊ Sigla de SISTEMA NACIONAL DE INFORMAÇÕES DA PESCA E AQÜICULTURA.

SIPRON
LgBR DEC 2210 de 22/04/97, art. 1º.
SIPRON WCNEA
◊ Sigla de SISTEMA DE PROTEÇÃO AO PROGRAMA NUCLEAR BRASILEIRO.

SIRÊNIOS
LgBR PRT IBAMA 544 de 06/04/90.
sirenia WEPA
sirenios WPUENTES

Espécies de mamíferos completamente aquáticos e herbívoros.

◊ *No Brasil existem duas espécies de sirênios: o peixe-boi da Amazônia (Trichechus inunguis) e o peixe-boi marinho ou manati (Trichechus manatus), ambos ameaçados de extinção e incluídos na LISTA OFICIAL DE ESPÉCIES DA FAUNA BRASILEIRA AMEAÇADA DE EXTINÇÃO.*

⇨ PEIXE-BOI AMAZÔNICO; PEIXE-BOI MARINHO.

SISEPRA
LgRS LEI 10330 de 27/12/94, art. 1º.
SESEPRA WFAO
◊ *Sigla de SISTEMA ESTADUAL DE PROTEÇÃO AMBIENTAL.*

SISMAD
LgBR PRN IBAMA 71 de 11/07/94, art. 1º.
SISMAD WFAO
◊ *Sigla de SISTEMA DE CONTROLE DE MADEIRA SERRADA CONTINGENCIADA.*

SISNAMA
LgBR LEI 9605 de 12/02/98, art. 70, § 1º.
SISNAMA WMED
◊ *Sigla de SISTEMA NACIONAL DE MEIO AMBIENTE.*

SISTEMA CLIMÁTICO
LgBR DEC 2652 de 01/07/98, Anexo, art. 1, 3.
climate system WUNI
sistema climático MAN95:93
Totalidade da atmosfera, hidrosfera, biosfera e geosfera e suas interações.
LgBR
⇨ EMISSÕES; GASES DE EFEITO ESTUFA.

SISTEMA DE ABASTECIMENTO DE ÁGUA PARA CONSUMO HUMANO
LgBR DEC 5440 de 04/05/05, Anexo, art. 4º, II
sistema de abastecimiento de agua para consumo humano WIADB
Instalação composta por conjunto de obras civis, materiais e equipamentos, destinada à produção e à distribuição canalizada de água potável para populações, sob a responsabilidade do Poder Público, mesmo que administrada em regime de concessão ou permissão.
LgBR
⇨ ÁGUA POTÁVEL *1.

SISTEMA DE CONTROLE DE MADEIRA SERRADA CONTINGENCIADA
LgBR PRN IBAMA 71 de 11/07/94, art 1º.
System for Rationed Sawed Timber WTN
Sistema de Control de Madera Aserrada Reservada WFAO
Sistema que envolve o contingenciamento de madeira serrada ou fendida longitudinalmente, mesmo aplainada, polida ou unida por malhetes, compreendida na Nomenclatura Brasileira de Mercadoria no Sistema Harmonizado – NBM/SH, as espécies florestais mogno *Swietenia macrophylla*, virola *Virola surinamensis*, pinho *Araucaria angustifolia* e imbuia *Ocotea porosa*.
LgBR
◊ *Sigla: SISMAD.*
⇨ CONTINGENCIAMENTO.

SISTEMA DE DISPOSIÇÃO FINAL DE RESÍDUOS SÓLIDOS
LgBR RES CONAMA 308 de 21/03/02, art. 5º.
solid waste final disposal system WSWP
sistema de disposición final de residuos sólidos WBIP
Sistema de seleção de áreas e concepção tecnológica: os sistemas de drenagem de águas pluviais; a coleta e a destinação final e tratamento adequado dos percolados; a coleta e queima dos efluentes gasosos, quando necessário; o uso preferencial de equipamentos simplificados para operação; e um plano monitoramento ambiental.
◊ *A área selecionada para implantação do sistema de disposição final dos resíduos sólidos deverá ser isolada com cerca, impedindo a entrada de pessoas não autorizadas e de animais. Ibid.*
⇨ ÁREAS DE DESTINAÇÃO DE RESÍDUOS; PERCOLADOS.

SISTEMA DE ESCAPAMENTO
LgBR RES CONAMA 252 de 07/01/99, Anexo B.
exhaust system WEPA
sistema de escape WCPN

Conjunto de componentes compreendendo o coletor do escapamento, tubo de escapamento, tubo de descarga, câmara(s) de expansão, silencioso(s) e conversor(es) catalítico(s), quando aplicáveis.
LgBR
◊ *Trata-se de componentes de veículos automotores.*
⇨ GÁS DE ESCAPAMENTO *1.
SISTEMA DE GESTÃO AMBIENTAL
LgBR RES CONAMA 306 de 05/07/02, Anexo I, XVIII.
environmental management system EN/ISO14001:3.5
Sistema de Gestión Ambiental UNIT/ISO14001:3.5
Parte do sistema de gestão global que inclui estrutura organizacional, atividades de planejamento, responsabilidades, práticas, procedimentos, processos e recursos para desenvolver, implementar, atingir, analisar criticamente e manter a política da instalação.
LgBR
⇨ GESTÃO AMBIENTAL; PLANO DE EMERGÊNCIA; PLANO DE EMERGÊNCIA DE ÁREA; PLANO DE EMERGÊNCIA INDIVIDUAL.
SISTEMA DE INFORMAÇÃO SOBRE RECURSOS HÍDRICOS
LgBR LEI 9433 de 08/01/97, art. 25.
Water Resources Information System BRA97b:11
Sistema de Información sobre Recursos Hídricos WECLAC
Sistema de coleta, tratamento armazenamento e recuperação de informações sobre recursos hídricos e fatores intervenientes em sua gestão.
BRA97a:20
◊ *Os dados gerados pelos órgãos integrantes do Sistema Nacional de Gerenciamento de Recursos Hídricos serão incorporados ao Sistema Nacional de Informações Sobre Recursos Hídricos. Ibid.*
⇨ POLÍTICA NACIONAL DE RECURSOS HÍDRICOS.
SISTEMA DE INFORMAÇÕES DE COMPONENTES

LgBR DEC 4074 de 04/01/02, art. 29
component information system WASL
Sistema instituído sob a forma de banco de dados, com a finalidade de registrar os componentes de agrotóxicos caracterizados como matérias-primas, ingredientes inertes e aditivos.
◊ *Sigla: SIC. Os componentes só poderão ser empregados em processos de fabricação de produtos técnicos, agrotóxicos e afins, se registrados neste Sistema e atendidas as diretrizes e exigências estabelecidas pelos órgãos federais responsáveis pelos setores da agricultura, saúde e meio ambiente,*
⇨ SISTEMA DE INFORMAÇÕES SOBRE AGROTÓXICOS.
SISTEMA DE INFORMAÇÕES DE GERENCIAMENTO COSTEIRO
LgBR DEC 5300 de 07/12/04, art. 7º, V.
Coastal Management Information System WUNEP
Sistema de Gerenciamento Costero WUCA
Componente do Sistema Nacional de Informação sobre o Meio Ambiente, que integra informações georreferenciadas sobre a zona costeira.
LgBR
◊ *Sigla: SIGERCO.*
⇨ SISTEMA DE MONITORAMENTO AMBIENTAL DA ZONA COSTEIRA.
SISTEMA DE INFORMAÇÕES EM BIOSSEGURANÇA
LgBR LEI 11105 de 24/03/05, art. 19.
biosafety information system WFAO
Sistema criado no âmbito do Ministério da Ciência e Tecnologia, destinado à gestão das informações decorrentes das atividades de análise, autorização, registro, monitoramento e acompanhamento das atividades que envolvam Organismos Geneticamente modificados e seus derivados.
LgBR
◊ *Sigla: SIB.*
⇨ POLÍTICA NACIONAL DE BIOSSEGURANÇA.
SISTEMA DE INFORMAÇÕES SOBRE AGROTÓXICOS
LgBR DEC 4074 de 04/01/02, art. 94
Pesticide Information System WEPA

Órgão de responsabilidade da Agência Nacional de Vigilância Sanitária, com objetivos específicos, como, permitir a interação eletrônica entre os órgãos federais envolvidos no registro de agrotóxicos, seus componentes e afins; disponibilizar nos órgãos federais competentes, informações sobre andamento de processos relacionados com agrotóxicos, seus componentes e afins, implementar, manter e disponibilizar informações sobre tecnologia de aplicação e segurança no uso de agrotóxicos; implementar, manter e disponibilizar informações do Sistema de Informações de Componentes de Agrotóxicos.
◊ *Sigla: SIA.*
⇨ CLASSIFICAÇÃO DO POTENCIAL DE PERICULOSIDADE AMBIENTAL; CLASSIFICAÇÃO TOXICOLÓGICA; COMITÊ TÉCNICO DE ASSESSORAMENTO PARA AGROTÓXICOS; SISTEMA DE INFORMAÇÕES DE COMPONENTES.

SISTEMA DE MONITORAMENTO AMBIENTAL DA ZONA COSTEIRA
LgBR DEC 5300 de 07/12/04, art. 7º, VI.
coastal environmental monitoring system WEPA
Sistema de Monitoreo Ambiental de la Zona Costera WENGR
Estrutura operacional de coleta contínua de dados e informações para o acompanhamento da dinâmica de uso e ocupação da zona costeira e avaliação das metas de qualidade socioambiental.
LgBR
◊ *Sigla: SMA.*
⇨ SISTEMA DE INFORMAÇÕES DE GERENCIAMENTO COSTEIRO.

SISTEMA DE PROTEÇÃO AO PROGRAMA NUCLEAR BRASILEIRO
LgBR DEC 2210 de 22/04/97, art. 1º.
System for the Protection of the Brazilian Nuclear Programme WINT
Sistema de Protección al Programa Nuclear WCNEA
Sistema que tem por objetivo assegurar o planejamento integrado e coordenar a ação conjunta e a execução continuada de providências que visem a atender às necessidades de segurança das atividades, das instalações e dos projetos nucleares brasileiros, particularmente do pessoal neles empregados, bem como da população e do meio ambiente com eles relacionados.
LgBR
◊ *Sigla: SIPRON.*
⇨ COMUNICAÇÕES DE SEGURANÇA; PLANO DE EMERGÊNCIA *2; PROGRAMA NUCLEAR BRASILEIRO; SALVAGUARDAS NACIONAIS; SEGURANÇA NUCLEAR.

SISTEMA DE TRATAMENTO DE RESÍDUOS DE SERVIÇOS DE SAÚDE
LgBR RES CONAMA 358 de 29/04/05, art. 2º, XII.
medical waste treatment system WUSDS
Conjunto de unidades, processos e procedimentos que alteram as características físicas, físico-químicas, químicas ou biológicas dos resíduos, podendo promover a sua descaracterização, visando à minimização do risco para a saúde pública, à preservação da qualidade do meio ambiente, à segurança e à saúde do trabalhador.
LgBR
⇨ DISPOSIÇÃO FINAL DE RESÍDUOS DE SERVIÇOS DE SAÚDE.

SISTEMA DE VIGILÂNCIA DA AMAZÔNIA
LgBR DEC 4339 de 22/08/02, Anexo, 13.1.4.
System for the Vigilance of the Amazon WUSDS
Sistema de Vigilancia de la Amazonia WMINDEF
Rede de coleta e processamento de informações obtidas por cada órgão governamental que trabalha na Amazônia.
LgBR
◊ *Sigla: SIVAM. O SIVAM terá uma infra-estrutura comum e integrada de meios técnicos destinados à aquisição e tratamento de dados e para a visualização e difusão de imagens, mapas, previsões e outras informações. Ibid.*
⇨ AMAZÔNIA LEGAL.

SISTEMA DO USO DO ESPAÇO VISUAL
LgRS LEI 11520 de 04/08/00, art. 231.

Sistema Estadual com os seguintes objetivos: ordenar a exploração ou utilização dos veículos de divulgação; elaborar e implementar normas para a construção e instalação dos veículos de divulgação; a proteção da saúde, segurança e o bem-estar da população; estabelecer o equilíbrio entre o direito público e privado, visando ao bem da coletividade.
LgRS
⇨ VEÍCULOS DE DIVULGAÇÃO *1.

SISTEMA ESTADUAL DE PROTEÇÃO AMBIENTAL
LgRS LEI 10330 de 27/12/94, art. 1º.
State Environmental Protection System WUNEP
Conjunto articulado de órgãos, entidades, regras e práticas responsáveis pela proteção e melhoria da qualidade ambiental no Estado do Rio Grande do Sul.
◊ Sigla: SISEPRA.
⇨ MANANCIAIS; MARISMAS; MORROS TESTEMUNHOS.

SISTEMA ESTADUAL DE RECURSOS HÍDRICOS
LgRS CE, art. 171.
Conjunto articulado de órgãos, entidades, regras e práticas integrado ao Sistema Nacional de Gerenciamento de Recursos Hídricos, que adota as bacias hidrográficas como unidades básicas de planejamento e gestão.
◊ Regulamentado pela LgRS Lei 10350 de 30/12/94.

SISTEMA ESTADUAL DE UNIDADES DE CONSERVAÇÃO
LgRS DEC 34256 de 02/04/92.
State Protected Areas System WGCO
Sistema constituído pelo conjunto de Unidades de Conservação estaduais e municipais de acordo com o estabelecido neste Decreto.
LgRS
◊ Sigla: SEUC. Sua estrutura será estabelecida de forma a incluir comunidades bióticas geneticamente significativas, abrangendo a maior diversidade possível de ecossistemas naturais existentes no território estadual e nas águas jurisdicionais, dando-se prioridade àqueles que se encontrarem mais ameaçados de degradação ou eliminação.

⇨ UNIDADES DE CONSERVAÇÃO ESTADUAIS.

SISTEMA FORNO
LgBR RES CONAMA 264 de 26/08/99, Anexo I, 15.
kiln system WEPA
sistema hornos WGEM
Sistema composto por um conjunto de equipamentos envolvendo as etapas de aquecimento, calcinação e produção final de clínquer, constituído basicamente de forno rotativo, pré-aquecedor, pré-calcinador e resfriador.
LgBR
⇨ COMBUSTÍVEL PRIMÁRIO; COMBUSTÍVEL SECUNDÁRIO; TESTE EM BRANCO; ZONA DE COMBUSTÃO PRIMÁRIA; ZONA DE COMBUSTÃO SECUNDÁRIA.

SISTEMA NACIONAL DE CRÉDITO RURAL
LgBR LEI 4829 de 05/11/65, art. 2º
National Rural Credit System WPLA
Sistema Nacional de Crédito Rural WIADB
Suprimento de recursos financeiros por entidades públicas e estabelecimentos de crédito particulares a produtores rurais ou a suas cooperativas para aplicação exclusiva em atividades que se enquadrem nos objetivos indicados na legislação em vigor.
LgBR
◊ Sigla: SNCR.
⇨ TERMO DE COMPROMISSO, RESPONSABILIDADE E AJUSTAMENTO DE CONDUTA.

SISTEMA NACIONAL DE GERENCIAMENTO DE RECURSOS HÍDRICOS
LgBR LEI 9433 de 08/01/97, art. 32.
National Water Resources Management System WMMA
Sistema Nacional de Gestión de Recursos Hídricos WIADB
Sistema criado com o objetivo de coordenar a gestão integrada das águas; arbitrar administrativamente os conflitos relacionados com os recursos hídricos; implementar a Política Nacional de Recursos Hídricos; promover a cobrança pelo uso desses recursos.
BRA97a:23
⇨ AGÊNCIA NACIONAL DE ÁGUAS; AGÊNCIA NACIONAL DE ENERGIA ELÉTRICA; CONSELHO NA-

CIONAL DE RECURSOS HÍDRICOS; POLÍTICA NACIONAL DE RECURSOS HÍDRICOS.
SISTEMA NACIONAL DE INFORMAÇÃO SOBRE O MEIO AMBIENTE
LgBR LEI 6938 de 31/08/81, 9º
National System for Environmental Information WUNEP
Sistema Nacional de Informaciones sobre Medio Ambiente WFARN
Sistema instituído com o objetivo de organizar a informação necessária para apoiar a tomada de decisão na área de meio ambiente, permitindo a rápida recuperação e atualização bem como o compartilhamento dos recursos informacionais e serviços disponíveis.
◊ *Sigla: SINIMA.*
⇨ POLÍTICA NACIONAL DO MEIO AMBIENTE.
SISTEMA NACIONAL DE INFORMAÇÕES DA PESCA E AQÜICULTURA
LgBR DEC 1694 de 13/11/95, art. 1º.
National Information System on Fisheries and Aquaculture WFAO
Sistema constituído por conjunto articulado de órgãos que visam a coletar, agregar, processar, analisar, intercambiar e disseminar informações sobre o setor pesqueiro nacional.
◊ *Sigla: SINPESQ.*
⇨ CÓDIGO DE PESCA.
SISTEMA NACIONAL DE MEIO AMBIENTE
LgBR LEI 6938 de 31/08/81, art. 6º.
National Environment System WMMA
Sistema Nacional de Medio Ambiente WMED
Sistema constituído por conjunto de órgãos e entidades da União, dos Estados, do Distrito Federal, dos Territórios e Municípios, bem como as fundações instituídas pelo Poder Público, responsáveis pela proteção e melhoria da qualidade ambiental.
LgBR
◊ *Sigla: SISNAMA.*
⇨ CONSELHO NACIONAL DO MEIO AMBIENTE; INSTITUTO BRASILEIRO DO MEIO AMBIENTE E DOS RECURSOS NATURAIS RENOVÁVEIS; ÓRGÃO AMBIENTAL.

SISTEMA NACIONAL DE UNIDADES DE CONSERVAÇÃO DA NATUREZA
LgBR LEI 9985 DE 18/07/00, art. 3º.
National System of Conservation Units WMCT
Sistema Nacional de Unidades de Conservación de la Naturaleza WMMBT
Sistema constituído pelo conjunto das unidades de conservação federais, estaduais e municipais, de acordo com o disposto nesta Lei.
LgBR
◊ *Sigla: SNUC.*
⇨ UNIDADE DE CONSERVAÇÃO.
SISTEMA ORGÂNICO DE PRODUÇÃO AGROPECUÁRIA
LgBR LEI 10831 de 23/12/03, art. 1º
organic farming system WFAO
sistema orgánico de producción agropecuaria WABC
Sistema que adota técnicas específicas, mediante a otimização do uso dos recursos naturais e socioeconômicos disponíveis e o respeito à integridade cultural das comunidades rurais, tendo por objetivo a sustentabilidade econômica e ecológica, a maximização dos benefícios sociais, a minimização da dependência de energia não-renovável, empregando, sempre que possível, métodos culturais, biológicos e mecânicos, em contraposição ao uso de materiais sintéticos, a eliminação do uso de organismos geneticamente modificados e radiações ionizantes, em qualquer fase do processo de produção, processamento, armazenamento, distribuição e comercialização, e a proteção do meio ambiente.
LgBR
◊ *O conceito de orgânico abrange os sistemas: ecológico, biodinâmico, natural, regenerativo, biológico, agroecológicos, permacultura e outros que atendam os princípios estabelecidos por esta Lei. art. 1º, IX, § 2º.*
⇨ ATIVIDADE BIOLÓGICA DO SOLO; PRODUTO DA AGRICULTURA ORGÂNICA.
SISTEMA PERMANENTE DA AVALIAÇÃO E CONTROLE DOS AGROTÓXICOS
LgBR PRN IBAMA 84 de 15/10/96, art. 2º.

Sistema constituído por conjunto de procedimentos exigidos pelo Instituto Brasileiro do Meio Ambiente e dos Recursos Naturais, para efeito de registro e avaliação de agrotóxicos, seus componentes e afins, que incluem classificação do potencial de periculosidade ambiental, estudo de conformidade, avaliação do risco ambiental, divulgação de informações, monitoramento ambiental e fiscalização.
⇨ POTENCIAL DE PERICULOSIDADE AMBIENTAL.

SISTEMAS ASSOCIADOS AOS EMPREENDIMENTOS ELÉTRICOS
LgBR RES CONAMA 279 de 27/06/01, art. 2º, IV.
Sistemas elétricos, pequenos ramais de gasodutos e outras obras de infra-estrutura comprovadamente necessárias à implantação e operação dos empreendimentos.
LgBR
◊ Trata-se de empreendimentos relacionados a usinas elétricas e termelétricas.
⇨ RELATÓRIO AMBIENTAL SIMPLIFICADO.

SISTEMAS DA AUTODIAGNOSE
LgBR RES CONAMA 315 de 29/10/02, Anexo I, 4.
autodiagnosis system WISAS
sistemas de autodiagnosis WHEZK
Sistemas instalados a bordo do veículo e conectados ao módulo eletrônico de controle, visando à identificar deterioração e/ou mau funcionamento dos componentes do sistema de controle de emissões, alertar ao usuário do veículo para proceder à manutenção ou reparo do sistema de controle de emissões, armazenar e prover acesso às ocorrências de defeitos e/ou desregulagens nos sistemas de controle e disponibilizar informações para interessados sobre estado de manutenção e reparo nos sistemas de controle de emissões.
LgBR
◊ Sigla: OBD.
⇨ DISPOSITIVOS DA AUTODIAGNOSE; FAMÍLIA VEÍCULO-OBD; VEÍCULOS-OBD.

SISTEMAS INTEGRADOS
LgBR DEC 5440 de 04/05/05, Anexo, art. 4º, VII.
sistemas intregrados WMED
Sistemas que abastecem de água diversos municípios simultaneamente ou quando mais de uma unidade produtora abastece em um único município, bairro, setor ou localidade.
LgBR
⇨ UNIDADE DE INFORMAÇÃO.

SISTEMAS INTENSIVOS DE ECONOMIA AGROPECUÁRIA
LgRS LEI 11915 de 21/05/03, art. 14.
Métodos cujas características sejam a criação de animais em confinamento, usando para tal fim um alto grau de tecnologia que permita economia de espaço e trabalho e o rápido ganho de peso.
LgRS
⇨ CÓDIGO ESTADUAL DE PROTEÇÃO AOS ANIMAIS.

SISTEMAS ISOLADOS
LgBR DEC 5440 de 04/05/05, Anexo, art. 4º, VI.
Sistemas que abastecem de água isoladamente bairros, setores ou localidades.
LgBR
⇨ UNIDADE DE INFORMAÇÃO.

SISTEMA VIÁRIO
LgRS LEI 10116 de 23/03/94, art. 28.
roadway system WEPA
sistema viario WCIVITAS
Conjunto de vias hierarquizadas, necessário para a circulação no território municipal.
LgRS
⇨ ÁREAS DE URBANIZAÇÃO RESTRITA.

SÍTIO DE DISPOSIÇÃO FINAL
LgPOA DEC 9367 de 29/12/88, art. 1º, X.
final disposal site WEPA
sitio de disposición final WSAN
Local onde é feita a deposição de forma organizada, dos resíduos sólidos.
LgPOA
⇨ ATERRO SANITÁRIO; CATAÇÃO; MANEJO; MATERIAL DE COBERTURA.

SÍTIOS ARQUEOLÓGICOS
archaeological sites WEPA
sitios arqueológicos WGCRA

Áreas de ocupação humana no passado, refletindo anteriores estágios da civilização.
SUP77:14
◊ Podem ocorrer sítios arqueológicos em áreas comunitárias ainda ocupadas pelo homem, sendo, então considerados sítios históricos.
⇨ MONUMENTOS ARQUEOLÓGICOS; PATRIMÔNIO CULTURAL BRASILEIRO; SÍTIOS PALEONTOLÓGICOS; ZONA HISTÓRICO-CULTURAL.

SÍTIOS DE ARRIBAÇÃO
LgBR DEC 98182 de 26/09/89, art. 2º.
migration sites WFWS
sitios de migración WRAMSAR
Locais que servem de abrigo e proporcionam fonte de alimentos para animais em processo migratório.
⇨ AVES DE ARRIBAÇÃO; ROTAS DE MIGRAÇÃO.

SÍTIOS ECOLÓGICOS DE RELEVÂNCIA CULTURAL
LgBR RES CONAMA 11 de 03/12/87, art.1º.
culturally relevant ecological sites WMCT
sitios ecológicos de relevancia cultural WFUN
Universalidade das unidades de conservação previstas na legislação, monumentos naturais, jardins botânicos, jardins zoológicos e hortos florestais criados a nível federal, estadual e municipal, as reservas ecológicas especificadas no artigo 18 da LgBR Lei 6938 de 31/08/81, as reservas ecológicas previstas no artigo 3º do Código Florestal Brasileiro e o patrimônio espeleológico nacional.
LgBR
⇨ HORTOS FLORESTAIS; JARDIM ZOOLÓGICO; MONUMENTOS NATURAIS.

SÍTIOS GEOMORFOLÓGICOS
LgBR DEC 84017 de 21/09/79, art. 2º, II.
geomorphological sites WLC
sitios geomorfológicos WINE
Áreas geográficas que possuem atributos naturais excepcionais por sua formação topográfica e geológica.
⇨ ECOTURISMO; TESTEMUNHOS GEOLÓGICOS.

SÍTIOS PALEONTOLÓGICOS
LgRS LEI 10330 de 27/12/94, art. 9º, XI, h.
paleontological sites WEPA

sitios paleontológicos WORD1497
Locais onde se processam pesquisa e coleta de material paleontológico, servindo freqüentemente como parques turísticos.
⇨ SÍTIOS ARQUEOLÓGICOS.

SITUAÇÃO DE EMERGÊNCIA
LgBR DEC 895 de 16/08/93, art. 2º, III.
cases of emergency WBASEL
situación de emergencia WDGP
Reconhecimento pelo poder público de situação anormal, provocada por desastres, causando sérios danos à comunidade afetada.
LgBR
⇨ DEFESA CIVIL; DESASTRE; ESTADO DE CALAMIDADE PÚBLICA; ORDEM PÚBLICA.

SITUAÇÃO DE EMERGÊNCIA *2
LgBR DEC 2210 de 22/04/97, art. 2º, XX
cases of emergency WBASEL
situación de emergencia WCNEA
Situação anormal de um projeto ou atividade do Programa Nuclear Brasileiro que, a partir de um determinado momento, foge ao controle planejado e pretendido pelo órgão encarregado de sua execução, demandando a implementação do Plano de Emergência.
LgBR
⇨ PLANO DE EMERGÊNCIA *2; PROGRAMA NUCLEAR BRASILEIRO.

SIVAM
LgBR DEC 4339 de 22/08/02, Anexo, 13.1.4
SIVAM WMINDEF
◊ Sigla de SISTEMA DE VIGILÂNCIA DA AMAZÔNIA.

SMA
LgBR DEC 5300 de 07/12/04, art. 7º, VI
◊ Sigla de SISTEMA DE MONITORAMENTO AMBIENTAL DA ZONA COSTEIRA.

SMOG FOTOQUÍMICO
photochemical smog ONU92#4824
smog fotoquímico VIC96:138
Nevoeiro produzido na atmosfera pela reação do dióxido de nitrogênio e hidrocarbonetos em presença da radiação ultravioleta da luz solar.

◊ Automóveis e aerossóis são os maiores responsáveis por este tipo de poluição atmosférica que causa alterações no crescimento dos vegetais e no sistema respiratório humano.
⇨ ALDEÍDOS; DIÓXIDO DE NITROGÊNIO; ÓXIDOS DE NITROGÊNIO; OXIDANTES FOTOQUÍMICOS; RADIAÇÃO UV-B.

SMOG INDUSTRIAL
smog industrial WCEIT
Nevoeiro produzido por gases e/ou material particulado lançados diretamente na atmosfera a partir de suas fontes emissoras, como chaminés industriais e instalações de combustão para geração de calor e energia elétrica.

SNCR
LgBR LEI 4829 de 05/11/65.
SNCR WFAO
◊ Sigla de SISTEMA NACIONAL DE CRÉDITO RURAL.

SNUC
LgBR LEI 9985 DE 18/07/00, art. 1º.
SNUC WMMBT
◊ Sigla de SISTEMA NACIONAL DE UNIDADES DE CONSERVAÇÃO DA NATUREZA.

SO$_2$
LgBR RES CONAMA 03 de 28/06/90, art. 6º, § 5º, c.
SO$_2$ WRES528
◊ Símbolo de DIÓXIDO DE ENXOFRE.

SOBRAS DE AMOSTRAS
LgBR RES CONAMA 358 de 29/04/05, art. 2º, IX.
Restos de sangue, fezes, urina, suor, lágrima, leite, colostro, líquido espermático, saliva, secreções nasal, vaginal ou peniana, pêlo e unha que permanecem nos tubos de coleta após a retirada do material necessário para a realização de investigação.
LgBR
⇨ LÍQUIDOS CORPÓREOS.

SOJA CONVENCIONAL
LgBR LEI 11092 de 12/01/05, art. 4º, 2.
conventional soy WFDA
soja convencional WESI
Soja obtida a partir de sementes de plantas não-modificadas por técnica de engenharia genética.
LgBR
⇨ ENGENHARIA GENÉTICA.

SOLAS/74
LgBR DEC 87186 de 18/05/82.
SOLAS/74 WMED
◊ Sigla de CONVENÇÃO INTERNACIONAL PARA SALVAGUARDA DA VIDA HUMANA NO MAR.

SOLO
LgBR LEI 7661 de 16/05/88, art. 3º.
soil CEN90:105
suelo ALL84:375
Porção da superfície terrestre formada pela transformação e acumulação de materiais provenientes da desintegração das rochas, decomposição da matéria orgânica, interações com organismos vivos, sob ação de fatores climáticos como vento, chuva, temperatura e umidade.
⇨ PLANO DE PROTEÇÃO AO SOLO E DE COMBATE À EROSÃO; SOLO AGRÍCOLA; USO ALTERNATIVO DO SOLO.

SOLO AGRÍCOLA
agriculture soil CEN90:105
suelo agrícola CEN90:105
Solo cuja aptidão e destinação for exclusivamente de exploração agrossilvopastoril.
SIL94:74
⇨ MELHORAMENTO DO SOLO; SETOR AGRÍCOLA; SOLO.

SOLO AGRÍCOLA *1
LgRS LEI 11520 de 04/08/00, art. 14, LII.
agriculture soil CEN90:105
suelo agrícola CEN90:105
Solo que tenha aptidão para utilização agrossilvipastoril não localizado em área de preservação permanente.
LgRS
⇨ USO ADEQUADO DO SOLO.

SOLO CRIADO
floor area ration WNYC
suelo creado WCMCR
Área construída que ultrapasse, em metros quadrados, o coeficiente único de aproveitamento, fixado pelo Município para as edificações urbanas.
⇨ PLANO DIRETOR.

SOLUÇÃO ALTERNATIVA COLETIVA DE ABASTECIMENTO DE ÁGUA PARA CONSUMO HUMANO
LgBR DEC 5440 de 04/05/05, Anexo, art. 4º, III.
Modalidade de abastecimento coletivo de água distinta do sistema público de abastecimento de água, incluindo, dentre outras, fonte, poço comunitário, distribuição por veículo transportador, instalações condominiais horizontais e verticais.
LgBR
⇨ LIGAÇÃO PREDIAL.

SOM
LgPOA DEC 8185 de 07/03/83, art. 3º, III.
sound POR92:345
sonido GAL92:1360
Fenômeno físico provocado pela propagação de vibrações mecânicas em um meio elástico, dentro da faixa de freqüência de 16Hz a 20KHz e passível de excitar o aparelho auditivo humano.
LgPOA
⇨ POLUIÇÃO SONORA; RUÍDO DE FUNDO; SOM IMPULSIVO; SOM INCÔMODO; SOM INTERMITENTE.

SOM IMPULSIVO
LgPOA DEC 8185 de 07/03/83, art. 3º, VII.
impulsive noise WEPA
ruido impulsivo WCNMA
Som de curta duração, com início abrupto e parada rápida, caracterizado por um pico de pressão de duração menor que um segundo.
LgPOA
⇨ DISTÚRBIO POR RUÍDO; SOM; SOM INCÔMODO; SOM INTERMITENTE.

SOM INCÔMODO
LgPOA DEC 8185 de 07/03/83, art. 3º, X.
disturbing noise WHUD
ruido WINFOM
Emissão de som medido dentro dos limites reais da propriedade da parte supostamente incomodada.
LgPOA
⇨ DISTÚRBIO POR RUÍDO; RUÍDO; SOM; SOM IMPULSIVO; SOM INTERMITENTE.

SOM INTERMITENTE
LgPOA DEC 8185 de 07/03/83, art. 3º, XIV.
intermittent noise WEPA
sonido intermitente WCEPIS
Som que possui um tempo de duração menor que 15 minutos e superior a 0,25 segundos com variações maiores ou iguais a mais ou menos 3 decibéis.
LgPOA
⇨ SOM; SOM IMPULSIVO; SOM INCÔMODO.

SPRAY
spray WEPA
spray PAR84:261
Aerossol usado na forma de jato gasoso ou de líquido, tal como inseticidas, desodorantes, perfumes, tintas, fixadores de cabelo.
⇨ AEROSSOL; SPRAY *1.

SPRAY *1
spray WEPA
spray PAR84:261
Recipiente fechado provido de dispositivo capaz de emitir *spray*, tal como atomizador, nebulizador ou vaporizador.
⇨ SPRAY.

ST
LgBR PRN IBDF 302 de 03/07/84, Anexo I.
st WFAO
◊ Símbolo de ESTÉREO.

STTADE
LgRS DEC 38356 de 01/04/98, art. 9º, par. 1º.
Sistema que trata, transfere, armazena ou dispõe os resíduos, localizado em área externa ao gerador, conforme a norma técnica da ABNT, NBR-13221.
LgRS

SUB-BOSQUE
LgBR RES CONAMA 10 de 01/10/93, art. 1º, VII.
understory WEPA
Camada de vegetação abaixo da copa das árvores em um floresta.
⇨ ESTÁGIO AVANÇADO DE REGENERAÇÃO DA VEGETAÇÃO SECUNDÁRIA; ESTÁGIO MÉDIO DE REGENERAÇÃO DA VEGETAÇÃO SECUNDÁRIA.

SUBPRODUTO NUCLEAR
LgBR LEI 4118 de 27/08/62, art. 2º.
residuo nuclear WDRNP
Material, radioativo ou não, resultante de processo destinado à produção ou utilização de material físsil especial, ou todo material, com exceção do material físsil especial, formado por exposição de quaisquer elementos químicos à radiação libertada nos processos de produção ou de utilização de materiais físseis especiais.
LgBR
⇨ ELEMENTO NUCLEAR; MATERIAL FÍSSIL ESPECIAL; MATERIAL NUCLEAR; MINERAL NUCLEAR; MINÉRIO NUCLEAR.

SUBPRODUTOS FLORESTAIS MADEIRÁVEIS
LgRS DEC 38355 de 01/04/98, art. 39, par. 2º.
timber forest products WUNEP
subproductos forestales maderables WINRENA
◊ Ver PRODUTOS FLORESTAIS MADEIRÁVEIS.

SUBPRODUTOS FLORESTAIS NÃO MADEIRÁVEIS
LgRS DEC 38355 de 01/04/98, art. 39, par. 1º.
non-timber forest products WFAO
subproductos forestales no maderables WINRENA
◊ Ver PRODUTOS FLORESTAIS NÃO MADEIRÁVEIS.

SUBSTÂNCIA CONTROLADA
LgBR DEC 2699 de 30/07/98, art. 1º, b, 1.
controlled substance ONU92#1202
sustancia controlada ONU92#1202
Substância que conste no Anexo A ou do Anexo B deste Protocolo, quer se apresente pura, quer em mistura, excluem-se, contudo, quaisquer dessas substâncias ou misturas que estejam em um produto manufaturado que não sejam sua embalagem original usada para o transporte ou armazenagem da substância listada.
LgBR
◊ Este Protocolo é o Protocolo de Montreal e sua Emenda que listam as substâncias controladas que afetam a camada de ozônio.

⇨ CLOROFLUORCARBONOS; NÍVEIS CALCULADOS; POTENCIAL DE DESTRUIÇÃO DO OZÔNIO; PRODUÇÃO; SUBSTÂNCIAS ALTERNATIVAS.

SUBSTÂNCIA NOCIVA
LgBR DEC 2508 de 04/03/98, art. II, 2.
harmful substance KIS83:320
sustancia nociva ONU92#2918
Substância que, se despejada no mar, é capaz de gerar riscos para a saúde humana, danificar os recursos biológicos e a vida marinha, prejudicar as atividades marítimas recreativas ou interferir com outras utilizações legítimas do mar e inclui toda substância sujeita a controle pela CONVENÇÃO INTERNACIONAL PARA PREVENÇÃO DA POLUIÇÃO CAUSADA POR NAVIOS.
LgBR
⇨ DESCARGA.

SUBSTÂNCIA NOCIVA *1
LgBR LEI 9966 de 28/04/00, art. 2º, X.
harmful substance KIS83:320
sustancia nociva WCNMA
Substância que, se descarregada nas águas, é capaz de gerar riscos ou causar danos à saúde humana, ao ecossistema aquático ou prejudicar o uso da água e de seu entorno.
LgBR
⇨ DESCARGA *1; INCIDENTE *2.

SUBSTÂNCIA PERIGOSA
LgBR LEI 9966 de 28/04/00, art. 2º, X.
sustancia peligrosa WTDX
◊ Ver SUBSTÂNCIA NOCIVA *1.

SUBSTÂNCIAS ALTERNATIVAS
LgBR DEC 99280 de 06/06/90, art. 1º, 4.
alternative substances WUNEP
sustancias alternativas MAN95:70
Substâncias que reduzem, eliminam ou evitam efeitos adversos sobre a camada de ozônio.
LgBR
⇨ EFEITOS ADVERSOS; SUBSTÂNCIA CONTROLADA; TECNOLOGIAS ALTERNATIVAS.

SUBSTÂNCIAS DO GRUPO DO BROMO
LgBR DEC 99280 de 06/06/90, Anexo I, 4, d.
bromine substances WUNEP
sustancias bromadas MAN95:81

Substâncias químicas antropogênicas representadas pelos alcanos completamente halogenados que contêm bromo, potencialmente capazes de modificar as propriedades químicas e físicas da camada de ozônio.
⇨ SUBSTÂNCIAS DO GRUPO DO CLORO.

SUBSTÂNCIAS DO GRUPO DO CARBONO
LgBR DEC 99280 de 06/06/90, Anexo I, 4, a.
carbon substances WUNEP
sustancias compuestas de carbono MAN95:80
◊ Ver MONÓXIDO DE CARBONO (CO), DIÓXIDO DE CARBONO (CO_2), METANO (CH_4) e ESPÉCIES DE HIDROCARBONOS SEM METANO.

SUBSTÂNCIAS DO GRUPO DO CLORO
LgBR DEC 99280 de 06/06/90, Anexo I, 4, c.
chlorine substances WUNEP
sustancias cloradas MAN95:80
◊ Ver ALCANOS COMPLETAMENTE HALOGENADOS e ALCANOS PARCIALMENTE HALOGENADOS.

SUBSTÂNCIAS DO GRUPO DO NITROGÊNIO
LgBR DEC 99280 de 06/06/90, Anexo I, 4, b.
nitrogen substances WUNEP
sustancias nitrogenadas MAN95:80
◊ Ver ÓXIDO NITROSO e ÓXIDO DE NITROGÊNIO. "Óxido de nitrogênio" é designação genérica que inclui vários óxidos, como óxido nítrico e óxido nitroso.

SUBSTÂNCIAS DO GRUPO HIDROGÊNIO
LgBR DEC 99280 de 06/06/90, Anexo I, 4, e.
hydrogen substances WUNEP
sustancias hidrogenadas MAN95:81
◊ Ver HIDROGÊNIO. (H_2) e ÁGUA (H_2O).

SUBSTÂNCIAS MINERAIS DA CLASSE II
LgPOA DEC 8187 de 07/03/83, art. 2º
Granitos, gnaisse, saibro, quando utilizados *in natura* para preparo de agregados, pedras de talhe ou argamassa e não se destinam, como matéria-prima, à indústria de transformação.
LgPOA
⇨ BRITAGEM.

SUBSTÂNCIAS QUE DESTRÓEM A CAMADA DE OZÔNIO
LgBR RES CONAMA 267 de 14/0-9/00

Ozone Depleting Substances WEPA
Sustancias que Destruyen la Capa de Ozono WONU
Substâncias listadas nos anexos do PROTOCOLO DE MONTREAL e disponíveis no endereço eletrônico do CADASTRO TÉCNICO FEDERAL.
◊ Sigla: SDOs
⇨ CADASTRO TÉCNICO FEDERAL DE ATIVIDADES POTENCIALMENTE POLUIDORAS E UTILIZADORAS DE RECURSOS NATURAIS; PROGRAMA BRASILEIRO DE ELIMINAÇÃO DA PRODUÇÃO E DO CONSUMO DAS SUBSTÂNCIAS QUE DESTRÓEM A CAMADA DE OZÔNIO; USOS ESSENCIAIS.

SUBSTRATO
LgBR RES CONAMA 282 de 12/07/01, Anexo I, II.
Substrate WJBCS
sustrato GAL92:1366
Elemento cerâmico ou metálico utilizado como suporte dos produtos químicos do catalisador.
LgBR
⇨ CATALISADOR.

SUBSTRATO PARA PLANTAS
LgBR DEC 4954 de 14/01/04, art. 2º, IV, e
substrate for plants WMDA
sustrato para plantas WINPI
Produto usado como meio de crescimento de plantas.
LgBR
⇨ CORRETIVO *1.

SUCATA
scrap ONU92#5743
sobra ONU92#5743
Refugo sólido orgânico ou inorgânico, doméstico ou industrial, passível de ser reutilizado.
⇨ LIXÕES.

SUCESSÃO ECOLÓGICA
LgBR RES CONAMA 11 de 14/12/88, art. 1º.
ecological succession WEPA
sucesión ecológica VIC96:139
Mudança seqüencial, por acréscimo ou substituição, na forma, composição e volume da biomassa, em função das alterações físico-químicas locais, resultando na modificação gradual da comunidade em período variável de tempo.

⇨ CLÍMAX; CUMES LITÓLICOS; ECÓTONO; EFEITO DE BORDA; SAVANAS.
SUDAM
LgBR LEI 5173 de 27/10/66.
SUDAM WOAS
◊ *Sigla de SUPERINTENDÊNCIA DO DESENVOLVIMENTO DA AMAZÔNIA.*
SUDEPE
LgBR LEI 7735 de 22/02/89.
SUDEPE WCEPIS
◊ *Sigla de SUPERINTENDÊNCIA DO DESENVOLVIMENTO DA PESCA.*
SUMEIRO
LgPOA DEC 9367 de 29/12/88, art. 1º, XVI.
drippings WEPA
◊ *Ver CHORUME.*
SUMIDOURO
LgBR DEC 2652 de 01/07/98, Anexo, art. 1, 8.
sink WUNI
sumidero MAN95:93
Processo, atividade ou mecanismo que remova um gás de efeito estufa, um aerossol ou um precursor de um gás de efeito estufa da atmosfera.
LgBR
⇨ FONTE.
SUPERINTENDÊNCIA DO DESENVOLVIMENTO DA AMAZÔNIA
LgBR LEI 5173 de 27/10/66.
Superintendency for the Development of the Amazon WFAO
Superintendencia del Desarrollo de la Amazonia WOAS
Autarquia vinculada à Secretaria Especial de Políticas Regionais do Ministro do Planejamento e Orçamento, criada com a finalidade de planejar, coordenar, promover a execução e controlar a ação federal na Amazônia Legal, formular, catalisar, mobilizar, induzir e viabilizar iniciativas e recursos voltados para o desenvolvimento regional.
◊ *Sigla: SUDAM.*
⇨ AMAZÔNIA LEGAL.
SUPERINTENDÊNCIA DO DESENVOLVIMENTO DA PESCA
LgBR LEI 7735 de 22/02/89, art.1º, II.

Superintendency for Fisheries Development WDLC
Superintendencia de Desarrollo Pesquero WCEPIS
Autarquia vinculada ao Ministério da Agricultura que, ao ser extinta, teve suas atribuições transferidas para o Instituto Brasileiro do Meio Ambiente e dos Recursos Naturais Renováveis.
LgBR
◊ *Sigla: SUDEPE.*
⇨ CÓDIGO DE PESCA.
SUPORTE
LgBR DEC 4954 de 14/01/04, art. 2º, V, a.
support WFDA
soporte WSAGP
Material excipiente e esterilizado, livre de contaminantes segundo os limites estabelecidos, que acompanha os microorganismos e tem a função de suportar ou nutrir, ou ambas as funções, o crescimento e a sobrevivência destes microorganismos, facilitando a sua aplicação.
LgBR
◊ *Limites estabelecidos na composição do inoculante.*
⇨ INOCULANTE *1.
SUPRESSÃO
LgPOA DEC 8186 de 07/03/83, art. 1º, XVII.
suppression WEPA
supresión WOMPZV
Eliminação de um espécime vegetal.
LgPOA
⇨ ALTERAÇÃO DOS RECURSOS FLORÍSTICOS; DENDROCIRURGIA; GRUPAMENTO VEGETAL SIGNIFICATIVO; TRANSPLANTE.
SUSTENTABILIDADE AMBIENTAL
LgBR DEC 4339 de 22/08/02, Anexo, 12.4.2.
environmental sustainability WEPA
sustentabilidad ambiental WCHACO
Propriedade característica das atividades humanas que respeitam os princípios de preservação dos componentes da biodiversidade, regulando o uso dos recursos renováveis e não-renováveis e a assimilação da poluição e dos resíduos.

⇨ MANEJO CERTIFICADO; POLÍTICA NACIONAL DA BIODIVERSIDADE.

SUSTENTABILIDADE CULTURAL
LgBR DEC 4339 de 22/08/02, Anexo, 12.4.2.
cultural sustainability WEPA
sustentabilidad cultural WBOTH
Propriedade característica das atividades que se vinculam ao conhecimento e a capacidade criativa de transformá-lo, envolvendo os aspectos da cultura e das comunidades locais, visando à conservação dos componentes da biodiversidade.
⇨ POLÍTICA NACIONAL DA BIODIVERSIDADE.

SUSTENTABILIDADE ECONÔMICA
LgBR DEC 4339 de 22/08/02, Anexo, 12.4.2.
economic sustainability WEPA
sustentabilidad económica WORAN
Propriedade característica das atividades que proporcionam a criação de novas oportunidades econômicas e a melhoria da qualidade de vida da população, favorecendo a articulação dos sistemas produtivos na construção social dos mercados locais sem prejudicar a biodiversidade.
⇨ POLÍTICA NACIONAL DA BIODIVERSIDADE.

SUSTENTABILIDADE SOCIAL
LgBR DEC 4339 de 22/08/02, Anexo, 12.4.2.
social sustainability WEPA
sustentabilidad social WORAN
Propriedade característica das atividades que asseguram às pessoas a condição de cidadania com garantia de acesso aos bens e serviços essenciais, na utilização responsável dos componentes da biodiversidade.
⇨ POLÍTICA NACIONAL DA BIODIVERSIDADE.

t

TABULEIRO
LgBR RES CONAMA 303 de 20/03/02, art. 2º, XI.
tableland CLA90:242
meseta GAL92:939
Paisagem de topografia plana, com declividade média inferior a dez por cento, aproximadamente seis graus, e superfície superior a dez hectares, terminada de forma abrupta em escarpa.
LgBR
⇨ CHAPADA; ESCARPA.

TALHÃO
LgBR PRN IBDF 302 de 03/07/84, Anexo I.
plot WEPA
Área definida por divisas permanentes e visíveis no campo.

LgBR
◊ *Trata-se de uma unidade operacional de preparo do solo para cultivo.*
⇨ ACEIRO; ÁREA BASAL DO POVOAMENTO.

TALUDE
LgBR DEC 1203 de 28/07/94, 4, 4.5.
slope WEPA
talud GAL92:1386
Terreno com a superfície inclinada, podendo ser de origem natural ou antrópica, resultante de uma escavação ou de um aterro.
⇨ RESSURGÊNCIA COSTEIRA; VÓRTICE.

TALVEGUE
LgPOA LEI COMPL. 434 de 01/12/99, art. 16, III.
thalweg ONU92#6587
talweg GAL92:1386

Linha de maior profundidade de um vale.
LgPOA
⇨ FAIXAS DE PROTEÇÃO DE ÁGUAS SUPERFICIAIS.

TAMANHO DA MALHA
LgBR DEC 4256 de 03/06/02, art. XIII, parágrafo único.
mesh size WFAO
tamaño de la malla WLPY
Medida tomada entre os eixos dos nós dos ângulos opostos da malha esticada.
LgBR
◊ Trata-se da malha de rede de pescar. Conforme o Protocolo Adicional ao Acordo para Conservação da Fauna Aquática nos Cursos dos Rios Limítrofes entre Brasil e Paraguai.
⇨ TARRAFA.

TANQUE DE RESÍDUOS
LgBR LEI 9966 de 28/04/00, art. 2º, XVIII
residue tank WEPA
tanque de residuos WMADRID
Tanque destinado especificamente a depósito provisório dos líquidos de drenagem e lavagem de tanques, e outras misturas e resíduos.
LgBR
⇨ LASTRO LIMPO.

TAPAGEM
LgBR DEC 4256 de 03/06/02, art. IX, b.
block net WEPA
valla WLPY
Barragem feita com cipós para represar a água na margem dos rios e apanhar os peixes.
◊ Conforme o Protocolo Adicional ao Acordo para Conservação da Fauna Aquática nos Cursos dos Rios Limítrofes entre Brasil e Paraguai, o emprego de tapagem é proibido, na pesca comercial, no rio Paraná, nos limites geográficos estabelecidos.
⇨ PESCA COMERCIAL.

TARRAFA
LgBR DEC 4256 de 03/06/02, art. X, b.
circular fishing net WABS
tarrafa WLPY
Petrecho de pesca constituído por rede circular, de malha fina, com pesos na periferia e um cabo fino no centro, pelo qual é puxada.

◊ Conforme o Protocolo Adicional ao Acordo para Conservação da Fauna Aquática nos Cursos dos Rios Limítrofes entre Brasil e Paraguai, o emprego desse aparelho de pesca é proibido, na pesca comercial, no rio Paraná, nos limites geográficos estabelecidos.
⇨ TAMANHO DA MALHA.

TARTARUGA MARINHA
LgBR DEC 3842 de 13/06/01, art. I, 1.
sea turtle WCON
tortuga marina WCON
Tartaruga de qualquer uma das espécies enumeradas no Anexo I da Convenção.
LgBR
◊ A Convenção enumera as seguintes espécies: Caretta caretta (Linnaeus, 1758); Chelonia mydas (Linnaeus, 1958); Dermochelys coriacea (Vandelli, 1761); Eretmochelys imbricata (Linnaeus, 1766); Lepidochelis kempii (Garman, 1880); Lepidochelis olivacea (Eschscholtz, 1829), que estão na LISTA OFICIAL DE ESPÉCIES DA FAUNA BRASILEIRA AMEAÇADA DE EXTINÇÃO que inclui também Phrynops hogei (Mertens, 1957); devido à existência de uma grande variedade de nomes comuns, inclusive no mesmo país, a presente relação dos mesmos não é exaustiva.
⇨ CONVENÇÃO INTERAMERICANA PARA A PROTEÇÃO E A CONSERVAÇÃO DAS TARTARUGAS MARINHAS; *HABITAT* DAS TARTARUGAS MARINHAS.

TAXA DE APLICAÇÃO
LgBR RES CONAMA 269 de 14/09/00, Anexo
application rate WEPA
tasa de aplicación WORD12
Volume de dispersante aplicado por unidade de área.
LgBR
⇨ DOSAGEM DE APLICAÇÃO; EFICIÊNCIA DA APLICAÇÃO; REGULAMENTO PARA USO DE DISPERSANTES QUÍMICOS EM DERRAMES DE ÓLEO NO MAR.

TAXA DE CONTROLE E FISCALIZAÇÃO AMBIENTAL
LgBR LEI 10165 de 27/12/00, art. 17 B
Environmental Control and Inspection Tax WISA
Quantia que deve ser recolhida ao Instituto Brasileiro do Meio Ambiente e Recursos Naturais Renováveis por todo aquele que exerça atividades potencial-

mente poluidoras e utilizadoras de recursos ambientais.
◊ Sigla: TCFA. A relação nas atividades e os valores da quantia constam dos anexos VII e IX respectivamente da Lei.
⇨ ATO DECLARATÓRIO AMBIENTAL; CADASTRO TÉCNICO FEDERAL DE ATIVIDADES POTENCIALMENTE POLUIDORAS E UTILIZADORAS DE RECURSOS NATURAIS.

TAXA DE OCUPAÇÃO
LgPOA LEI COMPL. 434 de 01/12/99, art. 112, I.
occupancy rate WNWN
coeficiente de ocupación WGOBCAN
Relação entre as projeções máximas de construção e as áreas de terreno sobre as quais ascendem as construções.
LgPOA
◊ Sigla: TO.
⇨ ÍNDICE DE APROVEITAMENTO.

TCFA
LgBR LEI 10165 de 27/12/00, art. 17 B.
◊ Sigla de TAXA DE CONTROLE E FISCALIZAÇÃO AMBIENTAL.

TÉCNICO ADMINISTRATIVO
LgBR LEI 10410 de 11/01/02, art. 7º.
administrative technician WBNDES
técnico administrativo WGRC
Cargo da carreira de Especialista em Meio Ambiente com atribuição, a atuação em atividades administrativas e logísticas de apoio relativas ao exercício das competências constitucionais e legais a cargo do Instituto Brasileiro do Meio Ambiente e dos Recursos Naturais Renováveis, fazendo uso de equipamentos e recursos disponíveis para a consecução dessas atividades.
⇨ ESPECIALISTA EM MEIO AMBIENTE.

TÉCNICO AMBIENTAL
LgBR LEI 10410 de 11/01/02, art. 6º.
technician WEPA
técnico ambiental WROS
Cargo da carreira de Especialista em Meio Ambiente com as seguintes atribuições: prestação de suporte e apoio técnico especializados às atividades dos Gestores e Analistas Ambientais; execução de atividades de coleta, seleção e tratamento de dados e informações especializadas voltadas para as atividades finalísticas; e orientação e controle de processos voltados às áreas de conservação, pesquisa, proteção e defesa ambiental.
⇨ ESPECIALISTA EM MEIO AMBIENTE.

TECNOLOGIAS ALTERNATIVAS
LgBR DEC 99280 de 06/06/90, art. I, 3.
alternative technologies ONU92#229
tecnologías alternativas ONU92#229
Tecnologias cujo uso torna possível reduzir ou eliminar efetivamente emissões de substâncias que têm, ou podem ter, efeitos adversos sobre a camada de ozônio.
LgBR
⇨ EFEITOS ADVERSOS; EQUIPAMENTO ALTERNATIVO; SUBSTÂNCIAS ALTERNATIVAS.

TECNOLOGIAS GENÉTICAS DE RESTRIÇÃO DO USO
LgBR LEI 10814 de 15/12/03, art. 12
restricted use genetic technologies WCTB
tecnologías genéticas de restricción del uso WFAO
Processo de intervenção humana para geração ou multiplicação de plantas geneticamente modificadas para produzir estruturas reprodutivas, estéreis, bem como qualquer forma de manipulação genética que vise à ativação ou desativação de genes relacionados à fertilidade das plantas por indutores químicos externos.
LgBR
⇨ ORGANISMO GENETICAMENTE MODIFICADO.

TERMINAL DE ÓLEO
LgBR RES CONAMA 293 de 12/12/01, art. 2º, III.
oil terminal WEPA
terminal de petróleo WMREV
Instalação explorada por pessoa jurídica de direito público ou privado, dentro ou fora da área do porto organizado, utilizada na movimentação e armazenagem de óleo.
LgBR
⇨ INSTALAÇÃO.

Termo de Compromisso, Responsabilidade e Ajustamento de Conduta
LgBR LEI 10814 de 15/12/03, art. 3º.
term of commitment, responsibility and adjustment of conduct WISA
Termo que, conforme normas legais e regulamentares vigentes, deve ser assinado pelo agricultor plantador de sementes geneticamente modificadas, assumindo o compromisso de promover o plantio e comercialização somente da safra de soja do ano 2005.
⇨ SISTEMA NACIONAL DE CRÉDITO RURAL.

Termo de Referência
LgBR RES CONAMA 350 de 06/07/04, art. 2º, V.
reference term WCFA
Documento fornecido pelo IBAMA ao empreendedor, em que são estabelecidas as diretrizes, o conteúdo mínimo e a abrangência dos estudos ambientais necessário ao licenciamento da atividade de aquisição de dados sísmicos.
LgBR
◊ Sigla: TR.
⇨ LICENÇA DE PESQUISA SÍSMICA.

Termo de Transferência de Material
LgBR MPR 2186-16 de 23/08/01, art. 7º, XII.
material transfer form WUMIC
Instrumento de adesão a ser firmado pela instituição destinatária antes da remessa de qualquer amostra de componente do patrimônio genético, indicando, quando for o caso, se houve acesso a conhecimento tradicional associado.
LgBR
⇨ AUTORIZAÇÃO DE ACESSO E DE REMESSA; AUTORIZAÇÃO ESPECIAL DE ACESSO E DE REMESSA.

Terófitas
LgBR PRT IBAMA 19 de 06/06/91, art. 6º, § 1º.
therophyte ALL94:385
teróﬁtos PAR84:244
Plantas anuais, cujo ciclo vital é completado por sementes que sobrevivem à estação desfavorável, ocorrendo exclusivamente nas áreas campestres.
⇨ CAMÉFITOS XEROMÓRFICOS; GEÓFITA RIMATOSA; HEMICRIPTÓFITAS; PIONEIRO.

Terraplenagem
LgPOA DEC 8187 de 07/03/83, art. 2º.
earthwork WEPA
terraplenado GAL92:1434
Escavação, transporte, depósito, compactação de um terreno, visando ao seu nivelamento para a realização de um projeto de engenharia civil.
LgPOA
⇨ BOTA-FORA; PROJETOS DE ENGENHARIA CIVIL; PLANO DE FOGO; SERVIÇOS DE CONSTRUÇÃO CIVIL.

Terras Indígenas
LgBR CF, art. 231.
Indian lands UNI03:312
territorios indígenas WPNL
◊ Ver TERRAS TRADICIONALMENTE OCUPADAS PELOS ÍNDIOS.

Terras Propensas à Expansão Urbana
LgBR DEC 527 de 20/05/92, art. 6º.
urban lands suitable for urban planning WAPA
terrenos urbanos ONU92#6985
◊ Ver TERRAS URBANIZADAS.

Terras Tradicionalmente Ocupadas pelos Índios
LgBR CF, art. 231, § 1º.
land traditionally occupied by the Indians WUN
tierras tradicionalmente ocupadas por los indios WNAYA
Terras habitadas pelos índios em caráter permanente, as utilizadas para suas atividades produtivas, as imprescindíveis à preservação dos recursos ambientais necessários a seu bem estar e as necessárias à sua reprodução física e cultural segundo seus usos, costumes e tradições.
LgBR
⇨ COMUNIDADE INDÍGENA; ÍNDIO; RESERVA INDÍGENA.

Terras Urbanizadas
LgBR DEC 527 de 20/05/92, art. 6º.
urban land ONU92#6985
terrenos urbanos ONU92#6985

Terras que possuem rede pública de abastecimento de água, de energia elétrica e sistema viário.
LgBR
TERRA VEGETAL
LgPOA DEC 8187 de 07/03/83, art. 2º.
topsoil WEPA
tierra negra GAL92:1439
Porção do solo constituída pela camada superficial, na qual existe vida macrobiana.
LgPOA
⇨ EROSÃO.
TERRENOS ACRESCIDOS DE MARINHA
LgBR DEL 3438 de 17/07/41, art 2º.
Terrenos que se tiverem formado, natural ou artificialmente, para o lado do mar ou dos rios e lagoas em seguimento aos terrenos de marinha.
LgBR
⇨ TERRENOS DE MARINHA.
TERRENOS DE MARINHA
LgBR DEL 3438 de 17/07/41, art. 1º.
marine terrain WIUCN
terrenos de marina WOAS
Terrenos situados no continente, na costa marítima e nas margens dos rios e lagoas, até onde se faça sentir a influência das marés; os que contornam as ilhas situadas em zona onde se faça sentir a influência das marés.
LgBR
⇨ TERRENOS ACRESCIDOS DE MARINHA.
TERRITÓRIO
LgBR DEC 1246 de 16/09/94.
territory WINT
territorio MAR94:427
Mar territorial, o espaço aéreo e qualquer outro âmbito sobre o qual o Estado exerça soberania de acordo com sua própria legislação.
LgBR
⇨ FAIXA DE FRONTEIRA; TRATADO PARA A PROSCRIÇÃO DE ARMAS NUCLEARES NA AMÉRICA LATINA E NO CARIBE.
TERRITÓRIO FEDERAL INDÍGENA
LgBR LEI 6001 de 19/12/73, art. 30.
federal Indian land WEPA
territorio federal indígena WECLAC

Unidade administrativa subordinada à União, instituída em região na qual pelo menos um terço da população seja formado por índios.
LgBR
⇨ COLÔNIA AGRÍCOLA INDÍGENA; ESTATUTO DO ÍNDIO; PARQUE INDÍGENA; RESERVA INDÍGENA.
TESTE DE DISTINGUIBILIDADE, HOMOGENEIDADE E ESTABILIDADE
LgBR LEI 9456 DE 25/04/97, art. 3º, XII
test of distinguishability, homogeneity and stability (DHS) WSBT
pruebas de novedad, distinguibilidad, homogeneidad y estabilidad WIDEAM
Procedimento técnico de comprovação de que a nova cultivar ou a cultivar essencialmente derivada são distinguíveis de outra cujos descritores sejam conhecidos, homogêneas quanto às suas características em cada ciclo reprodutivo e estáveis quanto a repetição das mesmas características ao longo de gerações sucessivas.
LgBR
◊ Sigla: DHE
⇨ DESCRITOR; PROPAGAÇÃO.
TESTE DE QUEIMA
LgBR RES CONAMA 264 de 26/08/99, Anexo I, 16.
burning test WEPA
test de quema WCNMA
Conjunto de medições realizadas na unidade operando com a alimentação de resíduos, para avaliar a compatibilidade das condições operacionais da instalação de produção de clínquer com o atendimento aos limites de emissões definidos na Resolução e com as exigências técnicas fixadas pelo Órgão Ambiental.
LgBR
⇨ PRÉ-CALCINADOR.
TESTE EM BRANCO
LgBR RES CONAMA 264 de 26/08/99, Anexo I, 17.
blank test WCOL
Conjunto de medições realizadas no forno em funcionamento normal, operando sem a alimentação de resíduos, para avaliação das condições operacionais

da unidade de produção de clínquer e do atendimento às exigências técnicas fixadas pelo Órgão Ambiental.
LgBR
⇨ SISTEMA FORNO.

TESTEMUNHO DE SONDAGEM
LgBR DEL 227 de 28/02/67, Cap. II, art. 14, § 1º.
well logging ALL91:402
registros de pozos WPET
Seção cilíndrica de rocha, usualmente com diâmetro entre 5 e 10 cm, cujo comprimento pode atingir diversos metros, tomada como amostra de um intervalo de sondagem geológica do subsolo.
⇨ PESQUISA MINERAL.

TESTEMUNHOS GEOLÓGICOS
LgBR RES CONAMA 10 de 14/12/88, art. 6º.
monadnock WEPA
testimonios geológicos WEAP
Elevações topográficas residuais constituídas por remanescentes de rochas que, no passado, cobriam extensivamente determinada região afetada pela ação de ciclos de erosão.
⇨ SÍTIOS GEOMORFOLÓGICOS.

THC
LgBR RES CONAMA 291 de 25/10/01, art. 3º, III.
THC WDSCA
◊ Símbolo de HIDROCARBONETOS TOTAIS.

TITULAR DE REGISTRO
LgBR DEC 4074 de 04/01/02, art. 1º, XLV.
registrant WEPA
titular de registro WIPFSA
Pessoa física ou jurídica que detém os direitos e as obrigações conferidas pelo registro de um agrotóxico, componente ou afim.
LgBR
⇨ REGISTRANTE DE PRODUTO.

TO
LgPOA LEI COMPL. 434 de 01/12/99, art. 112, I.
◊ Sigla de TAXA DE OCUPAÇÃO.

TOCA
LgBR PRT IBAMA 887 de 15/06/90, art. 10º.
cave UNB86:443
cueva GAL92:372
◊ Ver CAVIDADE NATURAL SUBTERRÂNEA. Na designação "cavidade natural subterrânea" estão incluídos todos os termos regionais, como gruta, lapa, toca, abismo, furna, buraco. Ibid.

TOLERÂNCIA
LgBR DEC 4954 de 14/01/04, art. 2º, XXI.
tolerance WEPA
tolerancia WCHACO
Desvios admissíveis entre o resultado analítico encontrado em relação às garantias registradas ou declaradas.
LgBR
◊ Garantias registradas ou declaradas no ato de inspeção e fiscalização dos fertilizantes, corretivos, inoculantes ou biofertilizantes destinados à agricultura.
⇨ EMBARAÇO; IMPEDIMENTO.

TOMBAMENTO
LgBR DEL 25 de 30/11/37, Cap. I, art. 1º, § 2º.
declaración de patrimonio nacional WDEC882
Declaração pelo Poder Público do valor histórico, artístico ou paisagístico de coisas, locais ou bens móveis, sejam públicos ou privados, mediante inscrição em livro próprio, em decorrência da qual os bens tombados ficam sujeitos a regime próprio quanto a seu uso e fruição, tendo em vista a preservação das peculiaridades que motivaram o tombamento.
⇨ BENS TOMBADOS; LIVRO DO TOMBO; PATRIMÔNIO HISTÓRICO E ARTÍSTICO NACIONAL.

TOPO DE MORRO
LgPOA DEC 8187 de 07/03/83, art. 2º.
hilltop WEPA
cumbre de monte WGOBCAN
Local situado acima de 5/6 (cinco sextos) da cota máxima da área requerida, calculada em relação ao nível do mar.
LgPOA
◊ "Área requerida" refere-se à área em que se pretenda explorar substâncias minerais. Este Decreto veda a autorização para exploração de jazidas em áreas de topo de morro.
⇨ EXTRATIVISMO MINERAL; PERFIL GEOLÓGICO.

TOPO DE MORRO *1
LgPOA LEI COMPL. 434 de 01/12/99, art. 16, I.

hilltop WEPA
cumbre de monte WGOBCAN
Área delimitada a partir da curva de nível correspondente a ¾ (três quartos) de sua altitude máxima, medida em relação ao nível do mar.
LgPOA
TORA
LgBR PRN IBDF 302 de 03/07/84, Anexo I.
log WEPA
leño WMED
Parte do tronco de uma árvore, livre de ramificação, suscetível de ser industrializada, sob qualquer forma.
LgBR
⇨ REFLORESTAMENTO.
TÓRIO
LgBR LEI 4118 de 27/08/62, art. 2º.
thorium IAEA80:09
torio GAL92:1453
Elemento químico radioativo encontrado na natureza somente na forma tório-232, usado na indústria aeroespacial e em reações nucleares, considerado uma alternativa possível para o urânio como combustível nuclear.
IAEA80
⇨ MATERIAL FÉRTIL; TÓRIO-232; URÂNIO.
TÓRIO-232
thorium-232 IAEA80:09
torio 232 GAL92:1453
Material fértil que, através de transmutação, transforma-se em urânio-233, nuclídeo físsil, ao capturar um nêutron.
⇨ MATERIAL FÉRTIL; TÓRIO; URÂNIO.
TOXICIDADE
LgBR DEC 4074 de 04/01/02, art. 20.
toxicity WEPA
toxicidad ARG93:20
Propriedade de uma substância ou mistura de substâncias de causar efeitos venenosos aos seres vivos.
◊ A toxicidade inclui-se entre os critérios de avaliação de registro de novo produto, o qual somente será concedido se a sua ação tóxica sobre o ser humano e o meio ambiente for, comprovadamente, igual ou menor do que a daqueles já registrados para o mesmo fim.

⇨ AGROTÓXICOS ORGANOCLORADOS; AVALIAÇÃO TOXICOLÓGICA *1; AVALIAÇÃO TOXICOLÓGICA PRELIMINAR; ECOTOXICIDADE; TÓXICO.
TÓXICO
toxic WEPA
tóxico PLA92:181
Substância química que produz efeitos nocivos ao organismo vivo.
⇨ ECOTOXICIDADE; TOXICOLOGIA; TOXICIDADE.
TOXICOLOGIA
toxicology WEPA
toxicología ALL84:392
Estudo científico das características e efeitos das substâncias químicas que produzem efeitos nocivos ao organismo vivo e ao meio ambiente.
⇨ TÓXICO; TOXINAS.
TOXINAS
LgBR DEC 554 de 29/05/92.
toxins COL88:183
toxinas WCPN
Substâncias químicas altamente tóxicas geralmente de natureza protéica, de efeito específico, sintetizadas por um organismo vivo.
⇨ ECOTOXICIDADE; POTENCIAL ECOTOXICOLÓGICO; TOXICOLOGIA.
TR
LgBR RES CONAMA 350 de 06/07/04, art. 2º, V.
◊ Sigla de TERMO DE REFERÊNCIA.
TRABALHO EM CONTENÇÃO
LgBR RES CONAMA 305 de 12/06/02, Anexo I, Glossário.
contained manipulation WUMN
trabajo en condiciones de contención WCA
Atividade com o Organismo Geneticamente Modificado em condições que não permitam o seu escape ou liberação para o meio ambiente.
LgBR
⇨ ESCAPE GÊNICO.
TRÁFICO ILEGAL
LgBR DEC 875 de 19/07/93, art. 9º.
illegal traffic WBASEL
tráfico ilegal WSCRUZ
Movimento transfronteiriço de resíduos perigosos ou outros rejeitos, sem

notificação, segundo os dispositivos da Convenção sobre o Controle de Movimentos Transfronteiriços de Resíduos Perigosos e seu Depósito, para todos os Estados interessados; ou sem o consentimento, segundo os dispositivos da presente Convenção, de um Estado interessado; ou com o consentimento dos Estados obtido por meio de falsificação, descrição enganosa ou fraude; ou que não esteja materialmente em conformidade com os documentos; ou que resulte em um depósito deliberado por exemplo, *dumping* de resíduos perigosos ou outros resíduos caracterizando violação da presente Convenção e de princípios gerais do direito internacional, será considerado tráfico ilegal.
LgBR
⇨ CONVENÇÃO DE BASILÉIA SOBRE O CONTROLE DE MOVIMENTOS TRANSFRONTEIRIÇOS DE RESÍDUOS PERIGOSOS E SEU DEPÓSITO; DUMPING; MOVIMENTO TRANSFRONTEIRIÇO; RESÍDUOS PERIGOSOS.

TRANSFERÊNCIA
LgBR LEI 9478 de 06/08/97, art. 6º, VIII.
transfer WEPA
transferencia WIMPM
Movimentação de petróleo, derivados ou gás natural em meio ou percurso considerado de interesse específico e exclusivo do proprietário ou explorador das facilidades.
LgBR
⇨ TRANSPORTE *1.

TRANSMUTAÇÃO
transmutation IAEA80:08
transmutación GAL92:1466
Conversão de um nuclídeo em outro através de uma ou mais reações nucleares.
◊ *Quando o urânio-238 é convertido em plutônio-239, ocorre transmutação.*
⇨ REATOR NUCLEAR.

TRANSPLANTE
LgPOA DEC 8186 de 07/03/83, art. 1º, XVIII.
transplant WFTM
trasplante WINTA

Remoção de um vegetal de determinado local e o seu implante em outro.
LgPOA
⇨ ALTERAÇÃO DOS RECURSOS FLORÍSTICOS; DENDROCIRURGIA; SUPRESSÃO.

TRANSPORTADORES
LgBR RES CONAMA 307 de 05/07/02, art. 2º, III.
waste collectors WPWC
transportadores WMED
Pessoas, físicas ou jurídicas, encarregadas da coleta e do transporte dos resíduos entre as fontes geradoras e as áreas de destinação.
LgBR
⇨ ÁREAS DE DESTINAÇÃO DE RESÍDUOS.

TRANSPORTE
LgBR DEC 4954 de 14/01/04, art. 2º, XVIII.
transportation WEPA
transporte WINTA
Ato de deslocar, em todo o território nacional, fertilizantes, corretivos, inoculantes ou biofertilizantes e suas matérias-primas.
LgBR
⇨ FERTILIZANTE.

TRANSPORTE *1
LgBR LEI 9478 de 06/08/97, art. 6º, VII.
transportation WEPA
transporte WRBV
Movimentação de petróleo e seus derivados ou gás natural em meio ou percurso considerado de interesse geral.
LgBR
⇨ TRANSFERÊNCIA.

TRANSPORTE NUCLEAR INTERNACIONAL
LgBR DEC 95 de 16/04/91, art. 1º, c.
international nuclear transport
TRE87:126
transporte nuclear internacional WCSN
Transporte do material nuclear consignado por qualquer meio de transporte destinado a ir além do território do Estado onde o transporte tem início, começando com sua partida de uma instalação do expedidor naquele Estado e terminando com sua chegada em uma instalação do destinatário no território do Estado de destino final.

LgBR
⇨ URÂNIO ENRIQUECIDO NOS ISÓTOPOS 235 OU 233.

TRANSPORTE, TERMINAIS E DEPÓSITOS
LgBR RES CONAMA 237 de 22/12/97, Anexo I
transportation, terminals and warehouses WTDL
Transporte de cargas perigosas; transporte por dutos; marinas, portos e aeroportos; terminais de minério, petróleo e derivados e produtos químicos; depósitos de produtos químicos e produtos perigosos.
LgBR
◊ Atividades ou empreendimentos sujeitos ao Licenciamento Ambiental.

TRANSTORNOS ATMOSFÉRICOS
LgPOA DEC 9325 de 30/11/88, art. 2º, I.
atmospheric disturbance ONU92#340
perturbaciones atmosféricas ONU92#340
Presença na atmosfera de materiais ou formas de energia que impliquem em riscos ou moléstias graves para pessoas e bens de qualquer natureza, bem como alterem as condições de qualidade do ar.
LgPOA
⇨ NÍVEL DE EMISSÃO.

TRATADO DA ANTÁRTIDA
LgBR DEC 75963 de 11/07/75.
Antarctic Treaty ONU92#270
Tratado Antártico ONU92#270
Tratado multilateral com o objetivo de assegurar que a Antártida seja utilizada para fins pacíficos e promover a cooperação internacional para sua pesquisa científica.
◊ Assinado pelo Brasil em 1º de dezembro de 1959, em Washington.
⇨ CONVENÇÃO SOBRE A CONSERVAÇÃO DOS RECURSOS VIVOS MARINHOS ANTÁRTICOS; POLÍTICA NACIONAL PARA ASSUNTOS ANTÁRTICOS; RECURSOS VIVOS MARINHOS ANTÁRTICOS.

TRATADO DE ASSUNÇÃO
Treaty of Asunción WMRE
Tratado de Asunción WMERCO
Tratado para a constituição do Mercado Comum do Sul – MERCOSUL, assinado em 26 de março de 1991, em Assunção, pelos países-membros: República Argentina, República Federativa do Brasil, República do Paraguai e República Oriental do Uruguai.
⇨ MERCOSUL.

TRATADO DE COOPERAÇÃO AMAZÔNICA
LgBR DEC 85050 de 18/08/80.
Treaty for Amazonian Co-operation ONU92#6792
Tratado de Cooperación Amazónica ONU92#6792
Tratado multilateral com o objetivo de promover o desenvolvimento harmônico da Amazônia, de modo a permitir uma distribuição dos benefícios desse desenvolvimento, entre as partes contratantes, para elevar o nível de vida de seus povos e lograr a plena incorporação de seus territórios amazônicos às respectivas economias nacionais.
◊ Assinado pelo Brasil em 03 de julho de 1978, em Brasília.
⇨ ACORDO DE COOPERAÇÃO AMAZÔNICA ENTRE O GOVERNO DA REPÚBLICA FEDERATIVA DO BRASIL E O GOVERNO DA REPÚBLICA COOPERATIVISTA DA GUIANA; BACIA AMAZÔNICA.

TRATADO DE PROSCRIÇÃO DAS EXPERIÊNCIAS COM ARMAS NUCLEARES NA ATMOSFERA, NO ESPAÇO CÓSMICO E SOB A ÁGUA
LgBR DEC 58256 de 26/04/66.
Treaty Banning Nuclear Weapon Tests in the Atmosphere, in Outer Space and under Water ONU92#6791
Tratado por el que se prohíben los ensayos con armas nucleares en la atmósfera, en el espacio ultraterrestre y debajo del agua ONU92#6791
Tratado multilateral com o objetivo de concluir um acordo de desarmamento geral e completo sob estrito controle internacional conforme os objetivos das Nações Unidas, pôr fim à corrida armamentista, eliminar incentivos à produção de armas de todo gênero, inclusive as armas nucleares e as experiências com elas, obter a cessação de

todas as explosões experimentais de armas nucleares, a contaminação do meio natural pelo homem por substâncias radioativas.
◊ Assinado pelo Brasil em 05 de agosto de 1963, em Moscou.
⇨ ÁGUAS TERRITORIAIS; ESPAÇO CÓSMICO; EXPLOSÃO NUCLEAR; RESÍDUOS RADIOATIVOS; TRATADO PARA A PROSCRIÇÃO DE ARMAS NUCLEARES NA AMÉRICA LATINA E NO CARIBE.

TRATADO PARA A PROSCRIÇÃO DE ARMAS NUCLEARES NA AMÉRICA LATINA E NO CARIBE
LgBR DEC 1246 de 16/09/94.
Treaty for the Prohibition of Nuclear Weapons in Latin America ONU92#6793
Tratado para la Proscripción de las Armas Nucleares en la América Latina ONU92#6793
Tratado multilateral com o objetivo de contribuir para pôr termo à corrida de armamentos, especialmente nucleares e consolidar a paz no mundo mantendo a América Latina desnuclearizada.
◊ Assinado pelo Brasil em 14 de fevereiro de 1967, no México. Var.: TRATADO DE TLATELOLCO
⇨ TERRITÓRIO; TRATADO DE PROSCRIÇÃO DAS EXPERIÊNCIAS COM ARMAS NUCLEARES NA ATMOSFERA, NO ESPAÇO CÓSMICO E SOB A ÁGUA.

TRATADO SOBRE PRINCÍPIOS REGULADORES DAS ATIVIDADES DOS ESTADOS NA EXPLORAÇÃO E USO DO ESPAÇO CÓSMICO, INCLUSIVE A LUA E DEMAIS CORPOS CELESTES
LgBR DEC 64362 DE 17/04/69.
Treaty on Principles Governing the Activities of States in the Exploration and Use of Outer Space Including the Moon and Other Celestial Bodies ONU92#6794
Tratado sobre los principios que deben regir las actividades de los Estados en la exploración y utilización del espacio ultraterrestre, incluso la Luna y otros cuerpos celestes ONU92#6794
Tratado multilateral com o objetivo de contribuir para o desenvolvimento de uma ampla cooperação internacional no que concerne aos aspectos científicos e jurídicos da exploração e uso do espaço cósmico para fins pacíficos.
◊ Assinado pelo Brasil em 19 de dezembro de 1966, em Londres, Moscou e Washington.
⇨ ASTRONAUTA.

TRATAMENTO
LgPOA DEC 9367 de 29/12/88, art. 1º, VIII.
treatment COL88:184
tratamiento MAR00:189
Atividade ou processo visando a modificar a forma física ou composição química do resíduo.
LgPOA
⇨ CÉLULA; MANEJO.

TRATAMENTO AVANÇADO
LgBR RES CONAMA 357 de 17/03/05, cap. I, art. 2º, XXXII.
tratamiento avanzado WFFII
Técnicas de remoção e/ou inativação de constituintes refratários aos processos convencionais de tratamento, os quais podem conferir à água características, tais como: cor, odor, sabor, atividade tóxica ou patogênica.
LgBR
⇨ DESINFECÇÃO.

TRATAMENTO CONVENCIONAL
LgBR RES CONAMA 357 de 17/03/05, cap. I, art. 2º, XXXIII.
tratamiento convencional WAYTOM
Clarificação com utilização de coagulação e floculação, seguida de desinfecção e correção de pH.
LgBR
⇨ DESINFECÇÃO; EFLUENTES; TRATAMENTO SIMPLIFICADO.

TRATAMENTO DE EFLUENTES
LgBR LEI 6803 de 02/07/80, art. 2º.
refuse treatment ONU92#5429
tratamiento de desechos ONU92#5429
Conjunto de operações físicas, químicas ou biológicas com vistas à remoção de poluentes presentes nos efluentes.
⇨ EFLUENTES; CONTROLE DE EFLUENTES; PADRÃO DE EFLUENTES; TRATAMENTO DE ESGOTOS.

TRATAMENTO DE ESGOTOS
LgBR RES CONAMA 10 de 14/12/88, art. 8º, b.
sewage treatment POR92:333
tratamiento de aguas residuales STE94:323
Seqüência de processos técnicos realizados com o objetivo de remover as impurezas físicas, químicas ou biológicas das águas servidas.
⇨ REDE DE COLETA; REDE DE ESGOTOS; TRATAMENTO DE EFLUENTES.

TRATAMENTO DE GÁS NATURAL
LgBR LEI 9478 de 06/08/97, art. 6º, VI.
natural gas treatment WEPA
tratamiento de gas natural WMECON
Conjunto de operações destinadas a permitir o transporte, distribuição e utilização de gás natural.
LgBR
⇨ GÁS NATURAL *1; REFINO.

TRATAMENTO DE RESÍDUOS RADIOATIVOS
LgBR DEC 9 de 15/01/91, art. 1º, 2, c.
radioactive waste treatment WEPA
tratamiento de residuos radiactivos WINF
Seqüência de processos químicos aplicada a resíduos radioativos com vistas à sua recuperação energética para posterior reutilização.
⇨ CONVENÇÃO SOBRE PRONTA NOTIFICAÇÃO DE ACIDENTE NUCLEAR; RESÍDUOS RADIOATIVOS.

TRATAMENTO PRESERVATIVO
LgBR DEC 58016 de 18/03/66, art. 6º, b.
preservation treatment WFAO
tratamiento preservativo WINTA
Processo através do qual se realiza a impregnação dos tecidos lenhosos com substâncias letais aos organismos destruidores da madeira.
LgBR
⇨ MADEIRA PRESERVADA; PROCESSO DE PRESERVAÇÃO.

TRATAMENTO QUARENTENÁRIO
quarantine treatment WEPA
tratamiento cuarentenario WCNEA
Procedimento oficialmente autorizado para exterminar, remover ou tornar inférteis as pragas quarentenárias.
WCOS
⇨ TRATAMENTO QUARENTENÁRIO QUÍMICO.

TRATAMENTO QUARENTENÁRIO QUÍMICO
Tratamento no qual se aplica um produto fitossanitário para destruir as pragas quarentenárias.
WCOS
⇨ PRAGA QUARENTENÁRIA; TRATAMENTO QUARENTENÁRIO.

TRATAMENTO SIMPLIFICADO
LgBR RES CONAMA 357 de 17/03/05, cap. I, art. 2º, XXXIV.
tratamiento simplificado WRES222
Clarificação por meio de filtração e desinfecção e correção de pH quando necessário.
LgBR
⇨ EFLUENTES; TRATAMENTO CONVENCIONAL.

TRATAMENTO TÉRMICO
LgBR RES CONAMA 316 de 29/10/02, art. 2º, III.
termal treatment WEPA
tratamiento térmico WMONO
Processo cuja operação seja realizada acima da temperatura mínima de oitocentos graus Celsius.
LgBR
◊ Trata-se de processo de tratamento de resíduos.
⇨ RESÍDUOS *2.

TRECHO DA ORLA MARÍTIMA
LgBR DEC 5300 de 07/12/04, art. 2º, XIII.
coastal margin areas WTAMU
Seção da orla marítima abrangida por parte ou todo da unidade paisagística e geomorfológica da orla, delimitado como espaço de intervenção e gestão.
⇨ ORLA MARÍTIMA; TRECHO DA ORLA MARÍTIMA DE INTERESSE ESPECIAL.

TRECHO DA ORLA MARÍTIMA DE INTERESSE ESPECIAL
LgBR DEC 5300 de 07/12/04, art. 2º, XIV
Parte ou todo da unidade paisagística e geomorfológica da orla, com existência de áreas militares, tombadas, de tráfego aquaviário, instalações portuárias, instalações geradoras e transmissoras de energia, unidades de conservação, reservas indígenas, comunidades tradicionais e remanescentes de quilombos.

LgBR
⇨ TRECHO DA ORLA MARÍTIMA.

TREMOLITA
LgBR LEI 9055 de 01/06/95, art. 1º, I.
tremolite WEPA
tremolita GAL92:1473
Mineral da família dos anfibólios constituído por silicatos hidroxilados de cálcio e magnésio, de cor branca e cinza claro, freqüentemente laminado em agregados colunares, radiados, utilizado como amianto.
◊ *A legislação federal proibe em todo o território nacional sua extração, produção, industrialização, utilização e comercialização.*
⇨ ANFIBÓLIOS.

TRESMALHO
LgBR DEC 4256 de 03/06/02, art. IX, parágrafo único.
trammel WFAO
trasmallo WLPY
Petrecho de pesca consituído por rede composta de três malhas justapostas.
⇨ FEITICEIRA.

TRIBUTÁRIO
LgBR RES CONAMA 357 de 17/03/05, cap. I, art. 2º, XXXV
tributario WSCRUZ
Corpo de água que flui para um rio maior, para um lago ou reservatório.
LgBR
⇨ CORPO RECEPTOR.

TRÍPLICE LAVAGEM
LgRS DEC 38356 de 01/04/98, art. 15, parágrafo único.
triple washing WEPA
triple lavado WAFI
Repetição por três vezes da seguinte seqüência de procedimentos: colocar água até, no mínimo, um terço da embalagem de agrotóxico esvaziada agitando vigorosamente; despejar a solução resultante da lavagem no tanque de aplicação do agrotóxico, utilizando-a como parte da diluição do agrotóxico para uma nova aplicação na lavoura.
LgRS
⇨ AGROTÓXICOS.

TURBIDEZ
LgBR RES CONAMA 20 de 18/06/86, art. 4º, i.
turbidity ONU92#6865
turbidez ONU92#6865
Característica física da água provocada pela suspensão dos sedimentos ou microorganismos, reduzindo ou impedindo a passagem de luz pelo líquido.
⇨ pH.

TURFEIRA
LgBR LEI 624 de 20/02/49.
peat ONU92#4713
turbera WMED
Ecossistema composto por camada de substância vegetal parcialmente decomposta, acumulada sob a água e a vegetação que sobre ela se desenvolve.
◊ *Esta lei revoga o LgBR Decreto-Lei 4631 de 27/08/42 que autorizou a Estrada de Ferro Central do Brasil a explorar turfeiras.*
⇨ COMUNIDADES VEGETAIS.

TURISMO
LgBR RES CONAMA 237 de 22/12/97, Anexo I.
tourism WEPA
turismo VIC96:144
Complexo turístico e de lazer, inclusive parques temáticos e autódromos.
LgBR
◊ *Atividades ou empreendimentos sujeitos ao Licenciamento Ambiental.*

TURISMO ECOLÓGICO
LgBR DEC 529 de 20/05/92, art. 1º.
eco-tourism ONU92#1845
turismo ecológico ONU92#1845
◊ *Ver ECOTURISMO.*

U

UCS
LgRS LEI 11520 de 04/08/00, art. 14, LIII.
UCS WALIC
◊ Sigla de UNIDADES DE CONSERVAÇÃO.
UICN
IUCN WRAM
UICN WUICN
◊ Sigla de UNIÃO INTERNACIONAL PARA A CONSERVAÇÃO DA NATUREZA E DOS RECURSOS NATURAIS.
UNIÃO
Union MEL94:217
nación MAR94:297
Conjunto de Estados que formam a República Federativa do Brasil.
◊ Na terminologia do Direito brasileiro, União é especialmente empregado para designar o "Estado Brasileiro" ou "Estado Federal", em distinção às subunidades nacionais, primitivas "províncias", integrantes da Unidade Federativa, às quais se atribui, em sentido todo particular, a denominação de Estados, de "Estados-membros".
SIL97:841
⇨ BENS DA UNIÃO.
UNIÃO INTERNACIONAL PARA A CONSERVAÇÃO DA NATUREZA E DOS RECURSOS NATURAIS
International Union for the Conservation of Nature and Natural Resources WRAM
Unión Internacional para la Conservación de la Naturaleza WRAM
Organismo independente criado na Suiça em 1948, promove medidas de conservação da natureza cientificamente

fundamentadas e publica a lista das espécies animais e vegetais ameaçadas de extinção, classificando-as em termos do grau de ameaça a que estejam sujeitas.
◊ *Sigla: UICN. A classificação inclui as seguintes denominações: extintas, em perigo de extinção, vulneráveis, raras, indeterminadas (podem ser enquadradas como em perigo, vulneráveis ou raras, por não existirem informações para afirmar seu status de ameaça) e insuficientemente conhecidas.*
⇨ FLORA E FAUNA SILVESTRES AMEAÇADAS DE EXTINÇÃO.

UNIDADE DE APOIO
LgBR RES CONAMA 349 de 16/08/04, art. 2º, VII.
support unit WFAO
Unidade necessária à operação ferroviária, como, pátios para formação, manobras, transbordo e cruzamentos de trens, oficinas e postos de manutenção de material rodante (locomotivas e vagões), estações de tratamento de dormentes, oficinas de manutenção de equipamentos de via permanente, postos de abastecimento, estaleiro de soldagem de trilhos, estações de controle de tráfego, estações de passageiros, estações de controle de carga e descarga, subestações elétricas e de comunicação, e terminais de cargas.
LgBR
⇨ OPERAÇÃO FERROVIÁRIA; OBRA FERROVIÁRIA.

UNIDADE DE CONSERVAÇÃO
LgBR LEI 9985 DE 18/07/00, art. 2º, I.
conservation unit WEPA
unidad de conservación WCCB
Porções do território federal, estadual ou municipal, incluindo as águas circunscritas, com características naturais de relevante valor, de domínio público ou de propriedade privada, legalmente instituídas sob regimes especiais de administração, às quais se aplicam garantias adequadas de proteção.
⇨ ÁREAS DE PROTEÇÃO AMBIENTAL; CORREDORES ECOLÓGICOS; JARDIM BOTÂNICO; SISTEMA NACIONAL DE UNIDADES DE CONSERVAÇÃO DA NATUREZA; ZONA DE AMORTECIMENTO.

UNIDADE DE INFORMAÇÃO
LgBR DEC 5440 de 04/05/05, Anexo, art. 4º, VIII.
unidad de información WJUN
Área de abrangência do fornecimento de água pelo sistema de abastecimento.
LgBR
⇨ SISTEMAS ISOLADOS; SISTEMAS INTEGRADOS.

UNIDADE DE MANEJO
LgBR LEI 11284 de 02/03/06, art. 3º, VIII.
forest management unit WFAO
unidad de manejo forestal WONU
Perímetro definido a partir de critérios técnicos, socioculturais, econômicos e ambientais, localizado em florestas públicas, objeto de um Plano de Manejo Florestal Sustentável, podendo conter áreas degradadas para fins de recuperação por meio de plantios florestais.
LgBR
⇨ COMUNIDADES LOCAIS; LOTE DE CONCESSÃO FLORESTAL; MANEJO FLORESTAL SUSTENTÁVEL.

UNIDADE DE TRANSPORTE
LgBR DEC 2210 de 22/04/97, art. 2º, XXII.
transport unit WEPA
Conjunto de meios de transporte, sob chefia única, quando utilizado em proveito de projeto, de atividade ou de instalação nuclear.
LgBR
⇨ COMUNICAÇÕES DE SEGURANÇA.

UNIDADE GEOAMBIENTAL
LgBR DEC 5300 de 07/12/04, art. 2º, XV.
geoenvironmental unit WTUB
unidad geoambiental WRSI
Porção do território com elevado grau de similaridade entre as características físicas e bióticas, podendo abranger diversos tipos de ecossistemas com interações funcionais e forte interdependência.
LgBR
⇨ GERENCIAMENTO COSTEIRO.

UNIDADE OPERACIONAL
LgBR DEC 2210 de 22/04/97, art. 2º, XXI.
operational unit WEPA
Unidade cuja atividade se relaciona com a produção, utilização, processamento, reprocessamento, manuseio, transporte

ou estocagem de materiais de interesse para o Programa Nuclear Brasileiro.
LgBR
⇨ PROGRAMA NUCLEAR BRASILEIRO.

UNIDADES DE CONSERVAÇÃO
LgRS LEI 11520 de 04/08/00, art. 14, LIII.
conservation units WEPA
unidades de conservación WMIS
Porções do ambiente de domínio público ou privado, legalmente instituídas pelo Poder Público, destinadas à preservação como referencial do respectivo ecossistema.
LgRS
◊ Sigla: UCS.
⇨ ÁREAS DE CONSERVAÇÃO; MATA ATLÂNTICA *1.

UNIDADES DE CONSERVAÇÃO ESTADUAIS
LgRS LEI 9519 de 21/01/92, art. 42º, XIII.
state conservation units WEPA
unidades de conservación provinciales WMIS
Porções do território estadual, incluindo as águas circunscritas, com características naturais de relevante valor, de domínio público ou de propriedade privada, legalmente instituídas pelo Poder Público, com objetivos e limites definidos e sob regimes especiais de administração às quais se aplicam garantias adequadas de proteção.
LgRS
⇨ POLÍTICA FLORESTAL DO ESTADO DO RIO GRANDE DO SUL; SISTEMA ESTADUAL DE UNIDADES DE CONSERVAÇÃO.

UNIDADES DE INTERESSE AMBIENTAL
LgPOA LEI COMPL. 434 de 01/12/99, art. 86, III.
Elementos pontuais, naturais ou culturais, que possuem valor significativo passível de ações de preservação.
LgPOA
⇨ ÁREAS DE INTERESSE CULTURAL.

UNIDADES DE MANEJO PROVISÓRIO
LgRS DEC 38814 de 26/08/98, art. 12, II.
temporary management units WNAP
unidades de manejo provisorio WPUA
Unidades cujo objetivo básico é assegurar temporariamente a preservação integral do ambiente, até que estudos técnico-científicos indiquem o seu uso adequado.
LgRS
⇨ RESERVA DE RECURSOS NATURAIS

UNIDADES DE MANEJO SUSTENTADO/ CATEGORIA DE USO DIRETO
LgRS DEC 38814 de 26/08/98, art. 12, III.
direct use category WEPA
categoría de uso directo WFONAM
Unidades cujo objetivo básico é promover e assegurar o uso sustentado do ambiente.
LgRS
⇨ ÁREA DE PROTEÇÃO AMBIENTAL; FLORESTA ESTADUAL; HORTO FLORESTAL; JARDIM BOTÂNICO *1; RESERVA EXTRATIVA.

UNIDADES DE MANEJO SUSTENTÁVEL
LgRS DEC 34256 de 02/04/92, art. 5º, III.
unidades de manejo sustentable WRDH
Reserva de fauna, área de proteção ambiental, floresta estadual, floresta municipal e reserva extrativista, horto florestal e jardim botânico.
LgRS
⇨ UNIDADES DE PROTEÇÃO INTEGRAL.

UNIDADES DE MISTURA
LgBR RES CONAMA 264 de 26/08/99, Anexo I, 18.
blending units WEPA
Unidades onde se realiza o preparo e/ou mistura de resíduos diversos, resultando em um produto com determinadas características para serem utilizados os resíduos no co-processamento.
LgBR
⇨ CO-PROCESSAMENTO DE RESÍDUOS EM FORNOS DE PRODUÇÃO DE CLÍNQUER.

UNIDADES DE PROTEÇÃO INTEGRAL
LgRS DEC 34256 de 02/04/92, art. 5º, I.
unidades de protección integral WFAO
Reserva biológica, estação ecológica, parque estadual, parque natural municipal, monumento natural e refúgio de vida silvestre.
LgRS
⇨ UNIDADES DE MANEJO SUSTENTÁVEL.

UNIDADES DE PROTEÇÃO INTEGRAL *1
LgBR LEI 9985 DE 18/07/00, art. 7º, I
unidades de protección integral WFAO

Unidade de conservação cujo objetivo básico é preservar a natureza, sendo admitido apenas o uso indireto dos seus recursos naturais.
LgBR
◊ *Casos previstos por esta Lei: visitação pública com as restrições do Plano de Manejo, restauração de ecossistemas modificados, manejo de espécies para preservação da diversidade biológica e pesquisa científica. Ibid.*
⇨ ÁREA DE RELEVANTE INTERESSE ECOLÓGICO; MONUMENTO NATURAL *1; PARQUE NACIONAL; PROTEÇÃO INTEGRAL; REFÚGIO DE VIDA SILVESTRE *1.

UNIDADES DE PROTEÇÃO INTEGRAL/ CATEGORIA DE USO INDIRETO
LgRS DEC 38814 de 26/08/98, art. 12, I.
categoría de uso indirecto WFONAM
Unidades cujo objetivo básico é a preservação ambiental permitindo, tão somente, o uso indireto do ambiente, salvo as exceções legais.
LgRS
⇨ ESTAÇÃO ECOLÓGICA; MONUMENTO NATURAL; REFÚGIO DE VIDA SILVESTRE; RESERVA BIOLÓGICA; RESERVA PARTICULAR DE PATRIMÔNIO NATURAL.

UNIDADES DE USO SUSTENTÁVEL
LgBR LEI 9985 DE 18/07/00, art. 7º, II.
sustainable use unit WMMA
unidades de uso sustentable WBVMC
Unidades de conservação cujo objetivo básico é compatibilizar a conservação da natureza com o uso sustentável de parte dos seus recursos naturais.
LgBR
⇨ USO SUSTENTÁVEL.

UNIDADE VOLANTE
LgBR RES CONAMA 334 de 03/04/03, art. 2º, III.
Veículo destinado à coleta regular de embalagens vazias de agrotóxicos e afins para posterior entrega em posto, central ou local, de destinação final ambientalmente adequada.
LgBR
⇨ CENTRO DE RECOLHIMENTO.

URÂNIO
LgBR DEC 95 de 16/04/91, art. 1º, a.
uranium IAEA80:08
uranio GAL92:1499
Principal elemento químico radioativo usado na produção da energia nuclear, encontrado na natureza na mistura de três isótopos, oxida-se rapidamente ao ar livre.
◊ *Isótopos de Urânio: U-234 0,0057% (material básico da indústria nuclear), U-235 0,71% (único isótopo físsil natural), U-238 99,28%, (material fértil), transformando-se em plutônio-239, nuclídeo físsil, ao capturar um nêutron. Ibid.*
⇨ PLUTÔNIO; TÓRIO; URÂNIO ENRIQUECIDO NOS ISÓTOPOS 235 OU 233.

URÂNIO EMPOBRECIDO
depleted uranium WWHO
Subproduto do urânio enriquecido utilizado nas usinas nucleares e na indústria bélica de projéteis e misseis.
◊ *Sigla: U-234. A sua exposição e inalação causa sérios danos à saúde humana.*
⇨ URÂNIO ENRIQUECIDO.

URÂNIO ENRIQUECIDO
enriched uranium WEPA
Urânio que contem até 3% de urânio 235.
⇨ URÂNIO EMPOBRECIDO; URÂNIO ENRIQUECIDO NOS ISÓTOPOS 235 OU 233.

URÂNIO ENRIQUECIDO NOS ISÓTOPOS 235 OU 233
LgBR DEC 95 de 16/04/91, Anexo, art. I, b.
uranium enriched TRE87:126
uranio enriquecido UNB86:245
Urânio contendo os isótopos 235 e/ou 233 ou ainda, ambos esses isótopos, em quantidade tal que a razão entre a soma desses dois isótopos e o isótopo 238 seja superior à razão entre o isótopo 235 e o isótopo 238 no urânio natural.
LgBR
◊ *Conforme a AIEA, é o urânio contendo mais de 0,72% em massa de U-235. Ibid.*
⇨ MATERIAL FÍSSIL ESPECIAL; TRANSPORTE NUCLEAR INTERNACIONAL; URÂNIO; ENRIQUECIMENTO DO URÂNIO; URÂNIO ENRIQUECIDO.

USINA FLUTUANTE
LgBR DEC 73497 de 17/01/74.
factory ship KIS83:67

buque factoría STE94:141
Navio a bordo do qual as baleias são tratadas no todo ou em parte.
LgBR
◊ *Var.: fábrica*
⇨ ESTAÇÕES DE TERRA; NAVIO BALEEIRO.

USINA PILOTO
LgBR PRT MF/MS/MINTER 292 de 28/04/89, art. 8º, III.
pilot plant WEPA
planta piloto WINTI
Unidade destinada exclusivamente à pesquisa e ao aperfeiçoamento dos processos de tratamento.
LgBR
⇨ INGREDIENTES ATIVOS; USINAS DE PRESERVAÇÃO DE MADEIRAS SEM PRESSÃO; USINAS DE PRESERVAÇÃO DE MADEIRAS SOB PRESSÃO.

USINAS DE PRESERVAÇÃO DE MADEIRAS SEM PRESSÃO
LgBR PRT MF/MS/MINTER 292 de 28/04/89, art. 8º, II.
Unidades industriais dotadas de equipamentos necessários, inclusive fonte de calor, que permitam submeter a madeira a um tratamento preservativo, sem utilização de pressão.
LgBR
⇨ USINA PILOTO.

USINAS DE PRESERVAÇÃO DE MADEIRAS SOB PRESSÃO
LgBR PRT MF/MS/MINTER 292 de 28/04/89, art. 8º, I.
plants of wood preservation under pressure WEPA
Unidades industriais dotadas de autoclaves, bombas de vácuo, bombas de pressão e fonte de calor, este último quando o produto e o processo utilizados assim o exigirem.
LgBR
⇨ USINA PILOTO.

USINAS EÓLICAS
LgBR RES CONAMA 279 DE 27/06/01, art. 1º, IV.
wind power stations WEPA
centrales eólicas GAL92:245
Conjunto de grandes hélices instaladas em locais altos, acionadas pela velocidade do vento, que movimentam um aparelho gerador que transforma a energia mecânica em energia elétrica.
◊ *Com perdas de transmissão reduzidas produzem energia limpa renovável não poluente, constituem imenso potencial ainda a ser devidamente explorado no território nacional.*
⇨ ENERGIA EÓLICA.

USINAS HIDRELÉTRICAS
LgBR RES CONAMA 279 DE 27/06/01, art. 1º, I
hydroelectric power stations WEPA
centrales hidroeléctricas GAL92:247
Conjunto de instalações e equipamentos que transforma a energia hidráulica em energia elétrica a partir da força de uma corrente de água vinda de um desnível natural ou criado por uma barragem e conduzida a uma turbina, situada sempre em nível tão baixo quanto possível em relação à captação.
WLAC
◊ *Sua instalação gera impactos ambientais e sociais.*
⇨ ENERGIA ELÉTRICA; ENERGIA HIDRÁULICA.

USINAS NUCLEOELÉTRICAS
LgBR MPR 64 de 05/06/89, art. 10º.
nuclear power stations ELS90:292
centrales nucleoeléctricas WCNE
Instalações nucleares nas quais a energia produzida por um reator é usada para gerar eletricidade.
◊ *Oferecem alto risco de acidentes e sérios problemas com os rejeitos.*
⇨ REATOR NUCLEAR; REJEITOS RADIOATIVOS.

USINAS TERMELÉTRICAS
LgBR RES CONAMA 279 DE 27/06/01, art. 1º, II
thermoelectric power stations WEPA
centrales termoeléctricas TER97:54
Conjunto de instalações e equipamentos geradores de energia elétrica por meio da queima de combustíveis fósseis.
◊ *Causam poluição atmosférica pela emissão de gases e partículas na combustão.*
⇨ ENERGIA ELÉTRICA.

USO ADEQUADO DO SOLO
LgRS LEI 11520 de 04/08/00, art. 14, LIV.

adequate land use WEPA
uso adecuado del suelo WAIDI
Conjunto de práticas, técnicas e procedimentos com vista à recuperação, conservação e melhoramento do solo agrícola, atendendo a função sócio-econômica e ambiental de estabelecimentos agrícolas da região e do Estado.
LgRS
⇨ ÁREAS DE CONSERVAÇÃO; CONSERVAÇÃO DO SOLO; RECUPERAÇÃO DO SOLO; SOLO AGRÍCOLA *1.

USO ALTERNATIVO DO SOLO
LgBR PRN IBAMA 71 de 11/07/94, art. 2º, § 2º.
alternative land use WEPA
uso alternativo del suelo WHERB
Uso do solo destinado à implantação de projetos de colonização, assentamento de população, agropecuário, industrial, reflorestamento, geração e transmissão de energia, mineração e transporte.
LgBR
◊ O "uso alternativo do solo" pode ser feito com a substituição total ou com a substituição parcial da cobertura do vegetal. Ibid.
⇨ REFLORESTAMENTO; SOLO.

USO DA ÁGUA
LgRS DEC 37033 de 21/11/96, art. 2º.
water use UNI03:148
uso del agua WINA
Utilização, serviço ou obra em recurso hídrico, independentemente de haver ou não retirada de água, barramento ou lançamento de efluentes, que altere seu regime ou suas condições qualitativas ou quantitativas.
LgRS
⇨ RECURSOS HÍDRICOS.

USO DE RECURSOS NATURAIS
LgBR RES CONAMA 237 de 22/12/97, Anexo I.
natural resource use WEPA
uso de recursos naturales WSALTA
Silvicultura; exploração econômica da madeira ou lenha e subprodutos florestais; atividade de manejo de fauna exótica e criadouro de fauna silvestre; utilização do patrimônio genético natural; manejo de recursos aquáticos vivos; introdução de espécies exóticas e/ou geneticamente modificadas; uso da diversidade biológica pela biotecnologia.
LgBR
◊ Atividades ou empreendimentos sujeitos ao Licenciamento Ambiental.

USO DIRETO
LgBR LEI 9985 DE 18/07/00, art. 2º, X.
direct use WEPA
uso directo WCBA
Uso que envolve coleta e uso, comercial ou não, dos recursos naturais.
LgBR
⇨ EXTRATIVISMO.

USO DO ENTORNO DE RESERVATÓRIO ARTIFICIAL
LgBR RES CONAMA 302 de 20/03/02, art. 2º, III.
◊ Ver PLANO AMBIENTAL DE CONSERVAÇÃO.

USO ETNOAMBIENTAL
LgBR DEC 4339 de 22/08/02, Anexo 11.1.7.
Utilização dos recursos ambientais, respeitando as práticas tradicionais das primeiras comunidades humanas ocupantes dos ecossistemas tais como povos indígenas e povos quilombolas.
⇨ POVOS INDÍGENAS; POVOS QUILOMBOLAS.

USO INDIRETO
LgBR LEI 9985 DE 18/07/00, art. 2º, IX.
indirect use WEPA
uso indirecto WPA
Uso que não envolve consumo, coleta, dano ou destruição dos recursos naturais.
LgBR
⇨ PROTEÇÃO INTEGRAL.

USO MÚLTIPLO
LgRS LEI 9519 de 21/01/92, art. 42, XVII.
multiple use UNI03:1270
uso múltiple WLEY12175
◊ Ver REGIME SUSTENTADO E USO MÚLTIPLO.

USOS ESSENCIAIS
LgBR RES CONAMA 267 de 14/09/00, art. 2º.
essential uses WUNEP
usos esenciales WUNEP

Usos e/ou aplicações permitidas para utilização das substâncias constantes nos Anexos A e B do Protocolo de Montreal, quais sejam: para fins medicinais e formulações farmacêuticas para medicamentos na forma aerossol, como os Inaladores de Dose de Medida-MDI e/ou assemelhados na forma *spray* para uso nasal ou oral; como agente de processos químicos e analíticos e como reagente em pesquisas científicas; em extinção de incêndio na navegação aérea e marítima, aplicações militares não especificadas; acervos culturais e artísticos, centrais de geração e transformação de energia elétrica e nuclear; e em plataformas marítimas de extração de petróleo – Halons: bromoclorodifluormetano (Halons 1211) e bromotrifluormetano (Halons 1301).
LgBR
⇨ SUBSTÂNCIAS QUE DESTROEM A CAMADA DE OZÔNIO.

USO SUSTENTÁVEL
LgBR LEI 9985 DE 18/07/00, art. 2º, XI
sustainable use WMMA
uso sostenible WIUC
Exploração do ambiente de maneira a garantir a perenidade dos recursos ambientais renováveis e dos processos ecológicos, mantendo a biodiversidade e os demais atributos ecológicos, de forma socialmente justa e economicamente viável.
LgBR
⇨ ABORDAGEM ECOSSISTÊMICA; CONSERVAÇÃO DA NATUREZA *1; RESERVA DA BIOSFERA; UNIDADES DE USO SUSTENTÁVEL.

USUÁRIO DA ÁGUA
LgRS LEI 10350 de 30/12/94, art. 13º, parágrafo único.
water user WEPA
usuario del agua WSRH
Indivíduos, grupos, entidades públicas e privadas e coletividades que, em nome próprio ou no de terceiros, utilizam os recursos hídricos como: insumo em processo produtivo ou para consumo final, como receptor de resíduos, ou meio de suporte de atividades de produção ou consumo.
LgRS
⇨ ÁGUA *1; COMITÊS DE GERENCIAMENTO DE BACIA HIDROGRÁFICA; RECURSOS HÍDRICOS.

UTILIZAÇÃO
LgBR RES CONAMA 346 de 16/08/04, art. 2º, I.
utilization WFAO
utilización WINTA
Exercício de atividades de criação de abelhas silvestres nativas para fins de comércio, pesquisa científica, atividades de lazer e, ainda, para consumo próprio ou familiar de mel e de outros produtos dessas abelhas, objetivando também a conservação das espécies e sua utilização na polinização das plantas.
LgBR
⇨ MELIPONICULTURA.

UTILIZAÇÃO SUSTENTÁVEL
LgBR DEC 2519 de 16/03/98, art. 2º.
sustainable use WFAO
utilización sostenible WCNA
Utilização de componentes da diversidade biológica de modo e em ritmo tais que não levem, em longo prazo, à diminuição da diversidade biológica, mantendo, assim seu potencial para atender às necessidades e aspirações presentes e futuras.
LgBR
⇨ CONVENÇÃO SOBRE DIVERSIDADE BIOLÓGICA.

UTM
LgBR DEC 86676 de 01/12/81, art. 1º.
UTM DES78:301
UTM WMINE
Sistema cartográfico baseado na projeção cilíndrica transversa que permite especificar coordenadas para localizar pontos sobre a superfície terrestre.
◊ *Sigla do inglês Universal Transverse Mercator. Substitui e completa o método tradicional de latitudes e longitudes.*

V

VALOR PAISAGÍSTICO
LgBR LEI 9605 de 12/02/98, Cap. V, Seção IV, art. 63.
landscape value WEPA
valor paisajístico WMIS
Conjunto de atributos de beleza cênica natural e/ou características geomorfológicas excepcionais.
⇨ LIVRO DO TOMBO; VEGETAÇÃO DE EXCEPCIONAL VALOR PAISAGÍSTICO.

VALOR TÍPICO DE EMISSÃO
LgBR RES CONAMA 18 de 06/05/86, Anexo I, 16.
typical emission rate WEPA
valor típico de emisión WINF
Valor de emissão de poluentes, obtido através de levantamentos estatísticos e que deve representar a configuração de veículos e/ou motores sob consideração.
LgBR
⇨ CONFORMIDADE DA PRODUÇÃO.

VALOR TÍPICO DE EMISSÃO *1
LgBR RES CONAMA 297 de 20/02/02, Anexo I, 15.
typical emission rate WEPA
valor típico de emisión WINF
Valor de emissão de poluentes, obtidos através de levantamentos estatísticos e que deve representar a configuração de motociclos e similares, não podendo ser considerado como limite específico regulamentado.
LgBR
⇨ GÁS DE ESCAPAMENTO *1.

VARREDURA
LgBR DEC 4954 de 14/01/04, art. 2º, XXII.
sweeping WEPA
Sobra de fertilizantes, sem padrão definido, resultante da limpeza de equipamento de produção, instalações ou movimentação de produtos, quando do seu carregamento ou ensaque.
LgBR
⇨ PRODUTO *1; PRODUÇÃO *2.

VÁRZEA
LgRS LEI 11520 de 04/08/00, art. 14, LV.
water meadows COL88:108
llanuras de inundación GAL92:841
Terrenos baixos e mais ou menos planos que se encontram junto às margens de corpos d'água.
LgRS
⇨ ÁREAS ALAGADIÇAS; ÁREAS SUJEITAS A INUNDAÇÃO.

VÁRZEAS
water meadows COL88:108
llanuras de inundación GAL92:841
Terrenos baixos que, por se encontrarem junto às margens dos rios, são sujeitos a inundações.
⇨ ÁLVEO.

VAZADOUROS
LgBR PRT MINTER 53 de 01/03/79.
disposal site ONU92#1626
basurales CEN90:05
◊ LIXÕES.

VAZÃO
flow rate ONU92#2418
caudal ONU92#2418
Volume de fluido que passa por unidade de tempo, através da seção transversal de um escoamento.
NBR-9896:92
⇨ CORPO RECEPTOR.

VAZÃO DE REFERÊNCIA
LgBR RES CONAMA 357 de 17/03/05, cap. I, art. 2º, XXXVI
caudal de referencia WFIUBA
Vazão do corpo hídrico utilizada como base para o processo de gestão, tendo em vista o uso múltiplo das águas e a necessária articulação das instâncias do Sistema Nacional de Meio Ambiente e do Sistema Nacional de Gerenciamento de Recursos Hídricos.
LgBR
⇨ PARÂMETRO DE QUALIDADE DA ÁGUA.

VEEIROS
LgBR DEL 227 de 28/02/67, Cap. VI, art. 70, III.
vein BAT87:
venas GAL92:1517
Depósitos tabuliformes de minerais que preenchem as fraturas de uma rocha encaixante, podendo conter minerais de interesse para aproveitamento econômico.
LEI59:146
⇨ CATA; FILÕES; JAZIDA.

VEGETAÇÃO
LgBR LEI 4771 de 15/09/65, art. 1º.
vegetation CLA90:346
vegetación WSCRUZ
Conjunto de plantas de uma área condicionado por fatores relativos ao clima, ao solo e a ação humana.
⇨ CÓDIGO FLORESTAL; VEGETAÇÃO PRIMÁRIA; VEGETAÇÃO SECUNDÁRIA; VEGETAÇÃO DE EXCEPCIONAL VALOR PAISAGÍSTICO.

VEGETAÇÃO *1
LgRS LEI 11520 de 04/08/00, art. 14, LVI.
vegetation CLA90:346
vegetación WSCRUZ
Flora característica de uma região.
LgRS
⇨ FLORA *1.

VEGETAÇÃO DE EXCEPCIONAL VALOR PAISAGÍSTICO
LgBR RES CONAMA 10 de 01/10/93, art. 6º, II.
Vegetação existente nos sítios considerados de excepcional valor paisagístico em legislação pelo Poder Público Federal, Estadual ou Municipal.
LgBR
⇨ VALOR PAISAGÍSTICO; VEGETAÇÃO; VEGETAÇÃO PRIMÁRIA.

VEGETAÇÃO EM REGENERAÇÃO
LgBR RES CONAMA 10 de 01/10/93, art. 2º, III.
vegetación en regeneración WNN
◊ Ver VEGETAÇÃO SECUNDÁRIA.

VEGETAÇÃO NATURAL DE PRESERVAÇÃO PERMANENTE
LgBR LEI 4771 de 15/09/65, art. 2º e 3º.
Floresta e demais formas de vegetação natural situadas: ao longo dos rios ou de qualquer curso d'água desde o seu nível mais alto em faixa marginal cuja largura mínima seja de 30 (trinta) metros para os cursos d'água de menos de 10 (dez) metros de largura de 50 (cinqüenta) metros para os cursos d'água que tenham de 10 (dez) a 50 (cinqüenta) metros de largura de 100 (cem) metros para os cursos d'água que tenham de 50 (cinqüenta) a 200 (duzentos) metros de largura de 200 (duzentos) metros para os cursos d'água que tenham de 200 (duzentos) a 600 (seiscentos) metros de largura de 500 (quinhentos) metros para os cursos d'água que tenham largura superior a 600 (seiscentos) metros; ao redor das lagoas, lagos ou reservatórios d'água naturais ou artificiais; nas nascentes, ainda que intermitentes, e nos chamados "olhos d'água", qualquer que seja a sua situação topográfica, em um raio mínimo de 50 (cinqüenta) metros de largura; no topo de morros, montes, montanhas e serras; nas encostas ou partes destas, com declividade superior a 45° equivalente a 100% na linha de maior declive; nas restingas, como fixadoras de dunas ou estabilizadoras de mangues; nas bordas dos tabuleiros ou chapadas, a partir da linha de ruptura do relevo em faixa nunca inferior a 100 (cem) metros em projeções horizontais; em altitude superior a 1800 (mil e oitocentos) metros, qualquer que seja a vegetação. Consideram-se, ainda, de preservação permanente, quando assim declaradas por ato do Poder Público, as florestas e demais formas de vegetação natural destinadas: a atenuar a erosão das terras; a fixar as dunas; a formar faixas de proteção ao longo de rodovias e ferrovias; a auxiliar a defesa do território nacional a critério das autoridades militares; a proteger sítios de excepcional beleza ou de valor científico ou histórico; a asilar exemplares da fauna ou flora ameaçados de extinção; a manter o ambiente necessário à vida das populações silvestres; a assegurar condições de bem-estar público.
LgBR
⇨ FLORESTAS PROTETORAS.

VEGETAÇÃO PRIMÁRIA
LgBR RES CONAMA 10 de 01/10/93, art. 2º, I.
primary vegetation WEPA
vegetación primaria WCORP
Vegetação de máxima expressão local, com grande diversidade biológica, sendo os efeitos antrópicos mínimos, a ponto de não afetar significativamente suas características originais de estrutura e de espécies.
LgBR
⇨ VEGETAÇÃO; VEGETAÇÃO SECUNDÁRIA; VEGETAÇÃO DE EXCEPCIONAL VALOR PAISAGÍSTICO.

VEGETAÇÃO SECUNDÁRIA
LgBR RES CONAMA 10 de 01/10/93, art. 2º, II.
secondary vegetation WFAO
vegetación secundaria WCORP
Vegetação resultante de processos naturais de sucessão, após supressão total ou parcial da vegetação primária por ações antrópicas ou causas naturais, podendo ocorrer árvores remanescentes da vegetação primária.
LgBR
⇨ ESTÁGIO MÉDIO DE REGENERAÇÃO DA VEGETAÇÃO SECUNDÁRIA; FLORESTA SECUNDÁRIA; FORMAÇÕES SUCESSORAS; VEGETAÇÃO; VEGETAÇÃO PRIMÁRIA.

VEGETAÇÕES CILIARES
LgRS LEI 10330 de 27/12/94, art. 9º, XI, a.
ciliary vegetation WBSCA
Formações vegetais que ocorrem naturalmente ao longo de cursos d'água e/ou nascentes.
⇨ MARISMAS; MATA CILIAR.

VEGETAIS
LgBR DEC 51342 de 28/10/61.
plants WFAO
vegetales ALL84:407

Plantas vivas e partes destas, inclusive sementes, nos casos em que as partes contratantes julguem necessário exercer controle de importação, de acordo com o artigo VI, ou emitir os certificados fitossanitários a que se referem o artigo IV, parágrafo 1, alínea a, sub-alínea IV e o artigo desta Convenção.
LgBR
◊ *Consideram-se partes contratantes as nações que assinaram a convenção. O artigo VI se refere a criação de uma organização oficial de proteção fitossanitária em cada uma das partes contratantes.*
⇨ CONVENÇÃO INTERNACIONAL PARA PROTEÇÃO DOS VEGETAIS.

VEÍCULO
LgBR DEC 4954 de 14/01/04, art. 2º, XXV.
vehicle WEPA
Excipiente líquido utilizado na elaboração de fertilizante fluido.
LgBR
⇨ FERTILIZANTE.

VEÍCULO LEVE
LgBR RES CONAMA 18 de 06/05/86, Anexo I, 17.
light-duty vehicle ONU92#3599
vehículo liviano ONU92#3599
Veículo rodoviário automotor de passageiros, de carga ou de uso misto, com capacidade para transportar até doze passageiros ou com massa total máxima igual ou inferior a 2.800 (dois mil e oitocentos) quilogramas.
LgBR
⇨ MOTOR DO CICLO DIESEL; MOTOR DO CICLO OTTO; NOVAS CONFIGURAÇÕES; VEÍCULO PESADO.

VEÍCULO PESADO
LgBR RES CONAMA 18 de 06/05/86, Anexo I, 18.
heavy-duty vehicle ONU92#2974
vehículo pesado ONU92#2974
Veículo rodoviário automotor de passageiros, de carga ou de uso misto, com capacidade para transportar mais que doze passageiros ou com massa total máxima superior a 2.800 (dois mil e oitocentos) quilogramas.

LgBR
⇨ MOTOR DO CICLO DIESEL; MOTOR DO CICLO OTTO; ÔNIBUS URBANO; VEÍCULO LEVE.

VEÍCULOS AUTOMOTORES
LgBR RES CONAMA 315 DE 29/10/02, Anexo I, 8.
automotive vehicles WEPA
vehículos automotores WVIT
Veículos automotores de uso rodoviário.
LgBR
⇨ HIDROCARBONETOS NÃO METANO.

VEÍCULOS DE DIVULGAÇÃO
LgPOA DEC 8184 de 07/03/83, art. 6º.
advertising vehicles WEPA
vehículos de difusión WIFE
Equipamentos de comunicação visual ou audiovisual utilizados para transmitir anúncios ao público.
LgPOA
⇨ ANÚNCIOS; ANÚNCIOS DE PROPAGANDA; PAISAGEM URBANA; PINTURAS MURAIS VEICULADORAS DE ANÚNCIOS.

VEÍCULOS DE DIVULGAÇÃO *1
LgRS LEI 11520 de 04/08/00, art. 232, par. 1º.
advertising vehicles WEPA
vehículos de difusión WIFE
Equipamentos de comunicação visual ou audiovisual utilizados para transmitir externamente anúncios ao público, como, tabuletas, placas e painéis, letreiros, painel luminoso ou iluminado, faixas, folhetos e prospectos, balões e bóias, muro e fachadas de edifícios, equipamentos de utilidade pública, bandeirolas.
LgRS
⇨ SISTEMA DO USO DO ESPAÇO VISUAL.

VEÍCULOS-OBD
LgBR RES CONAMA 354 de 13/12/04, art. 6º.
OBD vehicles WEPA
vehículos OBD WSTM
Veículos automotores que dispõem de sistemas de autodiagnose.
⇨ FAMÍLIA VEÍCULO-OBD; SISTEMAS DA AUTODIAGNOSE.

VENDA APLICADA
LgBR DEC 4074 de 04/01/02, art. 1º, XLVI.

venta aplicada WSICA
Operação de comercialização vinculada à prestação de serviços de aplicação de agrotóxicos e afins, indicada em rótulo e bula.
LgBR
⇨ PRESTADOR DE SERVIÇO.

VEREDA
LgBR RES CONAMA 303 de 20/03/02, art. 2º, III.
marshland COL88:108
Espaço brejoso ou encharcado que contém nascentes ou cabeceiras de cursos d'água de rede de drenagem, onde há ocorrência de solos hidromórficos com renques, buritis e outras formas de vegetação típica.
LgBR
⇨ NASCENTE.

VETOR
LgBR RES CONAMA 305 de 12/06/02, Anexo I, Glossário.
vector UNI03:07
vector WIIC
Agente carreador do inserto.
LgBR
⇨ INSERTO.

VETOR BIOLÓGICO
LgRS DEC 23430 de 24/10/74, art. 33, a.
biological vector WEPA
vector biológico WSENASA
Artrópode no qual passa, obrigatoriamente, uma das fases de desenvolvimento de determinado agente etiológico.
LgRS
⇨ AGENTE ETIOLÓGICO; VETOR MECÂNICO.

VETOR/INSERTO
insert/vector WFRCC
vector/inserto WICA
Elemento genético com capacidade autônoma de replicação utilizado para introduzir em um organismo receptor ADN ou fragmentos com finalidade de clonagem.
⇨ ORGANISMO RECEPTOR.

VETOR MECÂNICO
LgRS DEC 23430 de 24/10/74, art. 33, b.
mechanical vector WACC

vector mecánico WMONO
Artrópode que, acidentalmente, pode transportar um agente etiológico.
LgRS
⇨ AGENTE ETIOLÓGICO; VETOR BIOLÓGICO.

VIA PERMANENTE
LgBR RES CONAMA 349 de 16/08/04, art. 2º, V
permanent way WNHG
vía permanente WROP
Leito, propriamente dito, da estrada de ferro, incluindo-se os troncos, ramais e desvios ferroviários, compondo-se, ainda, de infra-estrutura obras de implantação e manutenção, como fundação, terraplanagem, drenagens, obras de arte correntes, obras de arte especiais (pontes, pontilhões, viadutos, túneis, passagens inferiores e passagens superiores) e obras complementares superestrutura, partes integrantes da via permanente, como, sub-lastro, lastro, dormentes, trilhos e acessórios.
LgBR
⇨ DESVIO FERROVIÁRIO PARTICULAR; OBRA FERROVIÁRIA; RAMAL FERROVIÁRIO.

VIBRAÇÃO
LgPOA DEC 8185 de 07/03/83, art. 3º, XIX.
vibration COL88:190
vibración WEIE
Movimento oscilatório transmitido pelo solo ou por uma estrutura qualquer, perceptível por uma pessoa.
LgPOA
⇨ POLUIÇÃO SONORA; SERVIÇOS DE CONSTRUÇÃO CIVIL.

VIDA SILVESTRE
LgBR RES CONAMA 10 de 14/12/88, art. 4º, § 1º.
wildlife UNI03:172*
vida silvestre JUR96:21
Conjunto de animais e vegetais autóctones que vivem livres em seu ambiente natural.
ACA87:180
⇨ ZONA DE PRESERVAÇÃO DE VIDA SILVESTRE; ZONA DE VIDA SILVESTRE.

VIGILÂNCIA DA QUALIDADE DA ÁGUA PARA CONSUMO HUMANO
LgBR DEC 5440 de 04/05/05, Anexo, art. 4º, V.
vigilancia de la calidad del agua para consumo humano WCEPIS
Conjunto de ações adotadas continuamente pela autoridade de saúde pública, para verificar se a água consumida pela população atende aos parâmetros estabelecidos pelo Ministério da Saúde e avaliar os riscos que os sistemas e as soluções alternativas de abastecimento de água representam para a saúde humana.
LgBR
⇨ CONTROLE DA QUALIDADE DA ÁGUA PARA CONSUMO HUMANO.

VIGILÂNCIA EPIDEMIOLÓGICA
LgBR LEI 8080 de 19/09/90, art. 6º, § 2º.
epidemiological surveillance WEPA
vigilancia epidemiológica WGPSL
Conjunto de ações que proporcionem o conhecimento, a detecção ou prevenção de qualquer mudança nos fatores determinantes e condicionantes de saúde individual ou coletiva, com a finalidade de recomendar e adotar as medidas de prevenção e controle das doenças ou agravos.
LgBR
⇨ VIGILÂNCIA NUTRICIONAL; VIGILÂNCIA SANITÁRIA.

VIGILÂNCIA NUTRICIONAL
LgBR LEI 8080 de 19/09/90.
nutrition surveillance BEN95:160
vigilancia nutricional WGBA
Conjunto de ações capazes de monitorar as condições de alimentação, conhecimentos, educação e hábitos alimentares da população, com o objetivo de planificação e assessoramento de políticas nutricionais.
⇨ VIGILÂNCIA SANITÁRIA.

VIGILÂNCIA SANITÁRIA
LgBR LEI 8080 de 19/09/90, art. 6º, § 1º.
sanitary surveillance WFAO
vigilancia sanitaria WEPI
Conjunto de ações capaz de eliminar, diminuir ou prevenir riscos à saúde e de intervir nos problemas sanitários decorrentes do meio ambiente, da produção e circulação de bens e da prestação de serviços de interesse da sáude, abrangendo o controle de bens de consumo que, direta ou indiretamente, se relacionem com a sáude, compreendidas todas as etapas e processos, da produção ao consumo, e o controle da prestação de serviços que se relacionem direta ou indiretamente com a saúde.
LgBR
⇨ AGÊNCIA NACIONAL DE VIGILÂNCIA SANITÁRIA; VIGILÂNCIA NUTRICIONAL; VIGILÂNCIA EPIDEMIOLÓGICA.

VIRTUALMENTE AUSENTES
LgBR RES CONAMA 357 de 17/03/05, cap. I, art. 2º, XXXVII.
virtualmente ausentes WRES585
Qualidade de um elemento que não é perceptível pela visão, olfato ou paladar.
LgBR

VÍRUS
LgBR LEI 11105 de 24/03/05, art. 3º, I
virus COL95:246
virus ALL84:410
Agente infeccioso que se caracteriza por não ter metabolismo independente e ter capacidade de reprodução apenas no interior de células hospedeiras vivas, à semelhança de organismos vivos, podendo reproduzir-se com continuidade genética.
◊ *Sua partícula individual é composta de ácido nucléico e de uma membrana plasmática.*
⇨ MITOCÔNDRIAS; PRÍONS.

VITIMAÇÃO DIFUSA
diffuse victimization WWSJC
victimización difusa WUNAM
Lesividade direta ou indireta, mediata ou imediata, nos danos a interesse difuso *stricto sensu*, a um número indeterminado de titulares de direito, exigindo a composição do dano mediante a efetivação de programas ou políticas públicas, cujo custeio o responsável pelo dano fica obrigado a pagar.
⇨ DANO; INTERESSES DIFUSOS.

VIVEIRO
LgBR DEC 78017 de 12/07/76, art. VI
experimental station TRE77a:133
vivero WGM
Área especialmente preparada e delimitada, com instalações próprias, onde as espécies da flora ou da fauna tenham condições adequadas para se desenvolver.
LgBR
⇨ DESPESAS DE FLORESTAMENTO E REFLORESTAMENTO.
VIVISSECÇÃO
LgRS LEI 11915 de 21/05/03, art.18
vivisection WEPA
vivisección WCPN
Experimentos realizados com animais vivos em centros de pesquisas.
LgRS
⇨ CÓDIGO ESTADUAL DE PROTEÇÃO AOS ANIMAIS.
VÓRTICE
LgBR DEC 1203 de 28/07/94, 4, 4.5.
vortex WEPA
vórtice GAL92:1546
Movimento rotacional que se produz em um fluido em escoamento.
ACA87:181
⇨ MEANDROS; RESSURGÊNCIA COSTEIRA; TALUDE.

W

WWF
WWF ONU92#7381
WWF ONU92#7381
◊ *Sigla de* FUNDO MUNDIAL PARA A NATUREZA.

Z

ZEE
LgBR DEC 1203 de 28/07/94, 1.
EEZ UNB86:250
ZEE WIUC
◊ *Sigla de ZONA ECONÔMICA EXCLUSIVA.*
ZEE *1
LgBR DEC 4297 de 10/07/02, art. 1º.
EEZ UNB86:250
ZEE WIIAP
◊ *Sigla de ZONEAMENTO ECOLÓGICO-ECONÔMICO.*
ZEEC
LgBR DEC 5300 de 07/12/04, art. 7º.
◊ *Sigla de ZONEAMENTO ECOLÓGICO-ECONÔMICO COSTEIRO.*
ZIGOTO HUMANO
LgBR LEI 11105 de 24/03/05, art. 6º, III
zygote COL95:253
cigoto humano WUGR
Ovo fertilizado, primeiro estágio de desenvolvimento de um embrião.
COL95:253
⇨ CÉLULA GERMINAL HUMANA.
ZONA *1
zone WEPA
zona MAR94:447
Conjunto de terrenos ou parte do território onde se exerce determinada jurisdição ou que está submetido à vigilância ou regime especial.
SIL97:875
⇨ ZONA CONTÍGUA.
ZONA CONTÍGUA
LgBR DEC 1530 de 22/06/95, art. 33.
contiguous zone UNI03:497
zona contigua UNB86:250

343

Zona do mar adjacente ao limite exterior do mar territorial, fazendo, portanto, parte do alto mar, em que o Estado ribeirinho poderá exercer certas competências rigorosamente especializadas.
⇨ ZONA *1.

ZONA CONTÍGUA BRASILEIRA
LgBR LEI 8617 de 04/01/93, cap. II, art. 4º.
Brazilian contiguous zone WUN
Zona que compreende uma faixa que se estende das dozes às vinte e quatro milhas marítimas, contadas a partir das linhas de base que servem para medir a largura do mar territorial.
LgBR
⇨ MAR TERRITORIAL BRASILEIRO.

ZONA COSTEIRA
LgBR LEI 7661 de 16/05/88, art. 2º, parágrafo único.
coastal zone UNI03:147
zona costera UNB86:250
Espaço geográfico de interação do ar, do mar e da terra, incluindo seus recursos renováveis ou não, abrangendo uma faixa marítima e outra terrestre, que serão definidas pelo Plano.
LgBR
◊ *"Plano" refere-se ao Plano Nacional de Gerenciamento Costeiro.*
⇨ COSTÕES; GERENCIAMENTO COSTEIRO; PARCÉIS; PLANO NACIONAL DE GERENCIAMENTO COSTEIRO; PROMONTÓRIOS.

ZONA COSTEIRA BRASILEIRA
LgBR DEC 5300 de 07/12/04, art. 3º.
Brazilian coastal zone WMMA
zona costera brasileña WUNE
Zona considerada patrimônio nacional pela Constituição de 1988, corresponde ao espaço geográfico de interação do ar, do mar e da terra, incluindo seus recursos renováveis ou não, abrangendo uma faixa marítima e uma faixa terrestre, com os seguintes limites: faixa marítima, espaço que se estende por doze milhas náuticas, medido a partir das linhas de base, compreendendo, dessa forma, a totalidade do mar territorial; faixa terrestre, espaço compreendido pelos limites dos municípios que sofrem influência direta dos fenômenos ocorrentes na zona costeira.
LgBR
⇨ ONDAS DE TEMPESTADES; PLANO NACIONAL DE GERENCIAMENTO COSTEIRO *1; RELATÓRIO DE QUALIDADE AMBIENTAL DA ZONA COSTEIRA; ZONEAMENTO ECOLÓGICO-ECONÔMICO COSTEIRO.

ZONA DE AMORTECIMENTO
LgBR LEI 9985 DE 18/07/00, art. 2º, XVIII.
absorption zone WEPA
Entorno de uma unidade de conservação, onde as atividades humanas estão sujeitas a normas e restrições específicas, com o propósito de minimizar os impactos negativos sobre a unidade.
LgBR
⇨ UNIDADE DE CONSERVAÇÃO.

ZONA DE COMBUSTÃO PRIMÁRIA
LgBR RES CONAMA 264 de 26/08/99, Anexo I, 19.
primary combustion zone WEPA
zona de calcinación y clinkerización WBEA
Região do forno rotativo onde ocorre a queima do combustível primário, de forma a proporcionar a temperatura do material em clinquerização na ordem de 1400ºC-1500ºC.
LgBR
⇨ SISTEMA FORNO.

ZONA DE COMBUSTÃO SECUNDÁRIA
LgBR RES CONAMA 264 de 26/08/99, Anexo I, 20.
secondary combustion zone WEPA
zona de presinterización WNOTI
Região do sistema forno onde ocorre a queima do combustível secundário, na faixa de temperatura da ordem de 850ºC a 1200ºC, objetivando a pré-calcinação.
LgBR
⇨ SISTEMA FORNO.

ZONA DE CONSERVAÇÃO DA VIDA SILVESTRE
LgBR RES CONAMA 10 de 14/12/88, art. 4º, § 2º.
wildlife conservation zone WFAO
áreas de conservación de la vida silvestre WVLEX

Áreas nas quais poderá ser admitido um uso moderado e auto-sustentado da biota, regulado de modo a assegurar a manutenção dos ecossistemas naturais.
LgBR
⇨ FLORA E FAUNA SILVESTRES AMEAÇADAS DE EXTINÇÃO; ZONA DE PRESERVAÇÃO DE VIDA SILVESTRE; ZONA DE VIDA SILVESTRE.

ZONA DE MISTURA
LgPOA DEC 9331 de 07/12/88, art. 2º, V.
mix zones CEN90:108
zona de mezcla CEN90:108
Região do corpo receptor que entra em contato imediato com o efluente.
LgPOA
◊ *A determinação da superfície afetada, bem como volume, fica na dependência das vazões do efluente e do corpo receptor, sendo estudada especificamente para cada caso. Ref.:LgPOA DEC 9331 de 07/03/83, art. 2º, V*
⇨ DESPEJO INDUSTRIAL; PADRÕES; PARÂMETRO.

ZONA DE MISTURA *1
LgBR RES CONAMA 357 de 17/03/05/, cap. I, art. 2º, XXXVIII.
mix zones CEN90:108
zona de mezcla WCEPIS
Região do corpo receptor onde ocorre a diluição inicial de um efluente.
LgBR
⇨ CORPO RECEPTOR.

ZONA DE PRESERVAÇÃO DE VIDA SILVESTRE
LgBR RES CONAMA 10 de 14/12/88, art. 4º, § 1º.
wildlife refuge STO93:165
Reservas ecológicas públicas ou privadas, assim consideradas de acordo com a LgBR DEC 89336 de 31/01/84, e outras áreas com proteção legal equivalente, existentes em Território das APA's.
LgBR
◊ *Nelas serão proibidas as atividades que importem na alteração antrópica da biota. Ibid.*
⇨ VIDA SILVESTRE; ZONA DE VIDA SILVESTRE; ZONA DE CONSERVAÇÃO DA VIDA SILVESTRE.

ZONA DE QUEIMA
LgBR RES CONAMA 264 de 26/08/99, Anexo I, 21.
burning zone WEPA
Local do forno onde ocorrem as reações de clinquerização.
LgBR
⇨ CLÍNQUER.

ZONA DE RECUPERAÇÃO
LgBR DEC 84017 de 21/09/79, art. 7º, VI.
restoration zone WFAO
zona de recuperación WMIS
Zona que contém áreas consideravelmente alteradas pelo homem.
LgBR
◊ *Def. compl.: Zona provisória que, uma vez restaurada, será incorporada novamente a uma das zonas permanentes, cujas espécies exóticas introduzidas deverão ser removidas e a restauração deverá ser natural ou naturalmente agilizada. Ibid.*
⇨ ZONA INTANGÍVEL; ZONA PRIMITIVA.

ZONA DE USO ESPECIAL
LgBR DEC 84017 de 21/09/79, art. 7º, VII.
special use zone WUNEP
zona de uso especial WMIS
Zona que contém as áreas necessárias à administração, manutenção e serviços do Parque Nacional, abrangendo habitações, oficinas e outros.
LgBR
◊ *Estas áreas serão escolhidas e controladas de forma a não conflitarem com seu caráter natural e devem localizar-se, sempre que possível, na periferia do Parque Nacional. Ibid.*
⇨ PLANO DE MANEJO; ZONA DE USO INTENSIVO.

ZONA DE USO EXTENSIVO
LgBR DEC 84017 de 21/09/79, art. 7º, III.
extensive use zone WUNEP
zona de uso extensivo WMIS
Zona constituída em sua maior parte por áreas naturais, podendo apresentar alguma alteração humana.
LgBR
◊ *Caracteriza-se como uma zona de transição entre a Zona Primitiva e a Zona de Uso Intensivo. O objetivo do seu manejo é a manutenção de um ambiente natural com mínimo impacto humano, apesar de oferecer acesso e facilidade públicos para fins educativos e recreativos. Ibid.*
⇨ ZONA PRIMITIVA; ZONA DE USO INTENSIVO; ZONA HISTÓRICO-CULTURAL.

ZONA DE USO INTENSIVO
LgBR DEC 84017 de 21/09/79, art. 7º, IV.
intensive use zone WUNEP
zona de uso intensivo WMIS
Zona constituída por áreas naturais ou alteradas pelo homem.
LgBR
◊ *O ambiente é mantido o mais próximo do natural, devendo conter, centro de visitantes, museus, outras facilidades e serviços. O objetivo geral do manejo é o de facilitar a recreação intensiva e a educação ambiental em harmonia com o meio. Ibid.*
⇨ ZONA DE USO EXTENSIVO; ZONA HISTÓRICO-CULTURAL; ZONA DE USO ESPECIAL.

ZONA DE VIDA SILVESTRE
LgBR DEC 99278 de 06/06/90, art. 10º.
wildlife zone WUNEP
zona de vida silvestre WSISB
Zona destinada prioritariamente à salvaguarda da biota nativa, para garantia da reprodução das espécies, proteção do *habitat* de espécies raras, endêmicas, em perigo ou ameaçadas de extinção, e proteção de ecossistemas hídricos.
LgBR
⇨ ÁREAS DE RELEVANTE INTERESSE ECOLÓGICO; VIDA SILVESTRE; ZONA DE CONSERVAÇÃO DA VIDA SILVESTRE; ZONA DE PRESERVAÇÃO DE VIDA SILVESTRE.

ZONA ECONÔMICA EXCLUSIVA
LgBR DEC 1203 de 28/07/94, art.1.
exclusive economic zone WBASEL
zona económica exclusiva UNB86:250
Zona situada além do mar territorial e a este adjacente, sujeita ao regime jurídico específico, segundo o qual os direitos e a jurisdição do Estado costeiro e os direitos e liberdades dos demais Estados são regidos pelas disposições da Convenção sobre o Direito do Mar (art.55).
SIL94:95
◊ *Sigla: ZEE.*
⇨ MEIO MARINHO; PROGRAMA PARA O LEVANTAMENTO DOS POTENCIAIS SUSTENTÁVEIS DE CAPTURA DE RECURSOS VIVOS DE ZONA ECONÔMICA EXCLUSIVA.

ZONA ECONÔMICA EXCLUSIVA BRASILEIRA
LgBR LEI 8617 de 04/01/93, cap. III, art. 6º.
Brazilian exclusive economic zone WUN
zona económica exclusiva brasileña WEADS
Faixa que se estende das doze às duzentas milhas marítimas, contadas a partir das linhas de base que servem para medir a largura do mar territorial.
LgBR
⇨ MAR TERRITORIAL BRASILEIRO.

ZONA HISTÓRICO-CULTURAL
LgBR DEC 84017 de 21/09/79, art. 7º, V.
cultural-historical zone WCSAD
zona histórico-cultural WMINAM
Zona onde são encontradas manifestações históricas e culturais ou arqueológicas que serão preservadas, estudadas, restauradas e interpretadas para o público, servindo à pesquisa, educação e uso científico.
LgBR
◊ *O objetivo do seu manejo é o de proteger sítios históricos ou arqueológicos em harmonia com o meio ambiente. Ibid.*
⇨ SÍTIOS ARQUEOLÓGICOS; ZONA INTANGÍVEL; ZONA DE USO EXTENSIVO; ZONA DE USO INTENSIVO; ZONA PRIMITIVA.

ZONA INTANGÍVEL
LgBR DEC 84017 de 21/09/79, art. 7º, I.
intangible zone WUNEP
zona intangible WMIS
Zona onde a primitividade da natureza permanece intacta, não se tolerando quaisquer alterações humanas, representando o mais alto grau de preservação.
LgBR
◊ *Funciona como matriz de repovoamento de outras zonas onde já são permitidas atividades humanas regulamentadas. Esta zona é dedicada à proteção integral de ecossistemas, dos recursos genéticos e ao monitoramento ambiental. O objetivo básico do seu manejo é a preservação garantindo a evolução natural. Ibid.*
⇨ MONITORAMENTO AMBIENTAL; ZONA PRIMITIVA; ZONA HISTÓRICO-CULTURAL; ZONA DE RECUPERAÇÃO.

ZONA PRIMITIVA
LgBR DEC 84017 de 21/09/79, art. 7º, II.
primitive zone WDVUS
zona primitiva WMINAM

Zona onde tenha ocorrido pequena ou mínima intervenção humana, contendo espécies da flora e da fauna ou fenômenos naturais de grande valor científico.
LgBR
◊ *Deve possuir as características de zona de transição entre a Zona Intangível e a Zona de Uso Extensivo. O objetivo geral do seu manejo é a preservação do ambiente natural e, ao mesmo tempo, facilitar as atividades de pesquisa científica, educação ambiental e proporcionar formas primitivas de recreação. Ibid.*
⇨ ZONA INTANGÍVEL; ZONA DE USO EXTENSIVO; ZONA HISTÓRICO-CULTURAL; ZONA DE RECUPERAÇÃO.

ZONAS DE PARQUE NATURAL
LgRS DEC 28436 de 28/02/79, art. 2º, § 3º e art. 4º, c.
natural parks WUN
zonas de parque natural WFARN
Áreas em que se pretende resguardar atributos excepcionais da natureza, conciliando a proteção da flora, da fauna e das belezas naturais, com a utilização, para objetivos educacionais, científicos e de lazer.
LgRS
◊ *Sigla: ZPN. Só admitem os usos previstos em legislação federal para Parques Naturais, que serão regulamentados por instrumento interno do órgão administrativo do Parque. Ibid. Este Decreto institui o Plano Básico do Parque Estadual Delta do Jacuí.*
⇨ ZONAS DE RESERVA BIOLÓGICA; ZONAS DE RESERVA NATURAL; ZONAS DE USO RESTRITO.

ZONAS DE RESERVA BIOLÓGICA
LgRS DEC 28436 de 28/02/79, art. 2º, § 1º, art. 4º, a.
biological reserve areas WD
zonas de reserva biológica WCNCB
Áreas de maior ou menor extensão (suficiente para sua viabilidade ecológica) que têm por finalidade proteger integralmente a flora, a fauna e seu substrato em conjunto, ou seja, biótopo e biocenose, assegurando a proteção da paisagem e a normal evolução do ecossistema.
LgRS
◊ *Sigla: ZRB. Além de garantir a preservação plena da natureza, poderão cumprir objetivos científicos,*

educacionais e servir como bancos genéticos. Têm sua utilização regulamentada por instrumento interno do órgão administrativo do Parque não sendo permitido qualquer uso público ou privado. Este Decreto institui o Plano Básico do Parque Estadual do Delta do Jacuí. Ibid.
⇨ ZONAS DE PARQUE NATURAL; ZONAS DE RESERVA NATURAL; ZONAS DE USO RESTRITO.

ZONAS DE RESERVA NATURAL
LgRS DEC 28436 de 28/02/79, art. 2º, § 2º e art. 4º, b.
natural reserve zones WEPA
zonas de reserva natural WHISPA
Áreas de maior ou menor extensão que têm por finalidade proteger a flora, a fauna e seu substrato e conservar a paisagem atual, com a permissão de instalações de uso público e interesse social ou manutenção transitória dos usos humanos existentes, que devem ser compatíveis com a conservação do ambiente natural.
LgRS
◊ *Sigla: ZRN. Admitem as instalações existentes ou funções de uso público e interesse social, desde que não prejudiquem o equilíbrio natural. Ibid.*
⇨ ZONAS DE PARQUE NATURAL; ZONAS DE RESERVA BIOLÓGICA; ZONAS DE USO RESTRITO.

ZONAS DE TRANSIÇÃO
LgRS LEI 11520 de 04/08/00, art. 14, LVII.
transition zones WEPA
zonas de transición WDIN
Áreas de passagem entre dois ou mais ecossistemas distintos, que se caracterizam por apresentarem características específicas no que se refere às comunidades que as compõem.
LgRS
⇨ FAUNA *1; FLORA *1.

ZONAS DE TRANSIÇÃO *1
LgBR RES CONAMA 350 de 06/07/04, art. 2º, II.
transition zones WEPA
Áreas que incluem a água rasa e a área terrestre adjacente, caso estas integrem um mesmo levantamento de dados sísmicos.
LgBR
⇨ ÁREA DE SENSIBILIDADE AMBIENTAL.

ZONAS DE USO DIVERSIFICADO
LgBR LEI 6803 de 02/07/80, art. 4º.
multiple-use zones WUSAID
zonas de uso diversificado WFARN
Zonas que se destinam à localização de estabelecimentos industriais cujo processo produtivo seja complementar das atividades do meio urbano ou rural em que se situem, e com elas se compatibilizem, independentemente do uso de métodos especiais de controle da poluição, não ocasionando, em qualquer caso, inconvenientes à saúde, ao bem-estar e à segurança das populações vizinhas.
LgBR
⇨ ÁREAS CRÍTICAS DE POLUIÇÃO; GRAU DE SATURAÇÃO; ZONAS DE USO ESTRITAMENTE INDUSTRIAL; ZONAS DE USO PREDOMINANTEMENTE INDUSTRIAL.

ZONAS DE USO ESTRITAMENTE INDUSTRIAL
LgBR LEI 6803 de 02/07/80, art. 2º.
strictly industrial zones WDSSG
Zonas que se destinam, preferencialmente, à localização de estabelecimentos industriais cujos resíduos sólidos, líquidos e gasosos, ruídos, vibrações, emanações e radiações possam causar perigo à saúde, ao bem-estar e à segurança das populações, mesmo depois da aplicação de métodos adequados de controle e tratamento de efluentes, nos termos da legislação vigente.
LgBR
⇨ ÁREAS CRÍTICAS DE POLUIÇÃO; CONTROLE DE EFLUENTES; GRAU DE SATURAÇÃO; ZONAS DE USO DIVERSIFICADO; ZONAS DE USO PREDOMINANTEMENTE INDUSTRIAL.

ZONAS DE USO PREDOMINANTEMENTE INDUSTRIAL
LgBR LEI 6803 de 02/07/80, art. 3º.
zonas predominantemente industriales WFARN
Zonas que se destinam, preferencialmente, à instalação de indústrias cujos processos, submetidos a métodos adequados de controle e tratamento de efluentes, não causem incômodos sensíveis às demais atividades urbanas e nem perturbem o repouso noturno das populações.
LgBR
⇨ ÁREAS CRÍTICAS DE POLUIÇÃO; CONTROLE DE EFLUENTES; GRAU DE SATURAÇÃO; ZONAS DE USO DIVERSIFICADO; ZONAS DE USO ESTRITAMENTE INDUSTRIAL.

ZONAS DE USO RESTRITO
LgRS DEC 28436 de 28/02/79, art. 2º, § 4º e art. 4º, d.
restricted use zone WUNEP
Áreas que, por suas características naturais e pela tolerância do ecossistema às interferências humanas, admitem a liberação de funções, quer para atividade do próprio Parque como para determinados tipos de ocupação particular.
LgRS
◊ Sigla: ZUR. São permitidas instalações particulares e semi-privadas, respeitados os instrumentos legais vigentes e o disciplinamento previsto no presente Decreto. Ibid.
⇨ ZONAS DE PARQUE NATURAL; ZONAS DE RESERVA BIOLÓGICA; ZONAS DE RESERVA NATURAL.

ZONA SENSÍVEL A RUÍDO
LgPOA DEC 8185 de 07/03/83, art. 3º, XV.
noise sensitive zone WNYC
zona sensible a ruido WCNMA
Zona que, para atingir seus propósitos, necessita que lhe seja assegurado um silêncio excepcional.
LgPOA
⇨ DISTÚRBIO POR RUÍDO.

ZONEAMENTO
LgBR LEI 9985 DE 18/07/00, art. 2º, XVI.
zoning WMMA
zonificación WCAM
Definição de setores ou zonas em uma unidade de conservação com objetivo de manejo e normas específicos, com o propósito de proporcionar os meios e as condições para que todos os objetivos da unidade possam ser alcançados de forma harmônica e eficaz.
LgBR
⇨ PLANO DE MANEJO *1; UNIDADE DE CONSERVAÇÃO.

ZONEAMENTO AMBIENTAL
LgBR LEI 6938 de 31/08/81, art 9º.
environmental zoning WMMA

zonificación ambiental PNU92:61
Instrumento de Política Ambiental que institui setores territoriais com o objetivo de definir a gestão mais adequada dos recursos naturais, tendo em vista a preservação, melhoria e recuperação da qualidade ambiental, além de utilização de áreas para fins específicos.
⇨ POLÍTICA NACIONAL DO MEIO AMBIENTE.
ZONEAMENTO ECOLÓGICO-ECONÔMICO
LgBR DEC 2119 de 13/01/97, art. 2º, parágrafo único.
ecological-economical zoning WGIS
zonificación ecológica-económica WFAO
Delimitação de determinadas áreas levando-se em consideração os preceitos ecológicos e a economicidade da atividade.
LgBR
⇨ AVALIAÇÃO AMBIENTAL ESTRATÉGICA; AMAZÔNIA LEGAL; DESENVOLVIMENTO SUSTENTÁVEL; ENTORNO DE UNIDADES DE CONSERVAÇÃO; MACROZONEAMENTO.
ZONEAMENTO ECOLÓGICO-ECONÔMICO COSTEIRO
LgBR DEC 5300 de 07/12/04, art. 7º,
ecological-economic coastal zoning WIUCN
Orientação do processo de ordenamento territorial, necessário para a obtenção das condições de sustentabilidade do desenvolvimento da zona costeira, em consonância com as diretrizes do Zoneamento Ecológico-Econômico do território nacional, como mecanismo de apoio às ações de monitoramento, licenciamento, fiscalização e gestão.

LgBR
◊ *Sigla: ZEEC.*
⇨ ZONA COSTEIRA BRASILEIRA.
ZONEAMENTO ESPELEOLÓGICO
LgBR RES CONAMA 347 de 10/09/04, art. 2º, VI.
Definição de setores ou zonas em uma cavidade natural subterrânea, com objetivo de manejo e normas específicos, com o propósito de proporcionar os meios e as condições para que todos os objetivos do manejo sejam atingidos.
LgBR
⇨ PLANO DE MANEJO ESPELEOLÓGICO.
ZOOLÓGICOS
LgRS LEI 11520 de 04/08/00, art. 14, LVIII.
zoological gardens UNB86:138
zoológicos WZOO
Instituições especializadas na manutenção e exposição de animais silvestres em cativeiro ou semi-cativeiro, que preencherem os requisitos definidos na forma da lei.
LgRS
⇨ ANIMAIS SILVESTRES.
ZPN
LgRS DEC 28436 de 28/02/79, art. 2º, e.
◊ *Sigla de ZONAS DE PARQUE NATURAL.*
ZRB
LgRS DEC 28436 de 28/02/79, art. 2º, a.
◊ *Sigla de ZONAS DE RESERVA BIOLÓGICA.*
ZRN
LgRS DEC 28436 de 28/02/79, art. 2º, b.
◊ *Sigla de ZONAS DE RESERVA NATURAL.*
ZUR
LgRS DEC 28436 de 28/02/79, art. 2º, d.
◊ *Sigla de ZONAS DE USO RESTRITO.*

fontes de coleta dos termos

Diário do Congresso Nacional
Diário Oficial da União
Diário Oficial do Estado do Rio Grande do Sul

LEX: Legislação Federal e Marginária. São Paulo: LEX, 1937.
(Foram pesquisados os volumes desde 1937 até 1997)

PRODASEN. Processamento de Dados do Senado

INTERNET:
http://www.mma.gov.br
http://www.sen.gov.br
http://www.ibama.gov.br
http://www.mma.gov.por/conama/
http://www.al.rs.gov.br

BRA86 BRASIL. *Legislação de conservação da natureza*, 1986. Compilado pEEEE rEr m Moretzsohn Rocha. 4.ed. São Paulo: Companhia Enérgetica de São Paulo, 196. 720p.

BRA91 BRASIL. *Meio ambiente: legislação*. Brasília: Senado Federal, Subsecretaria de Edições Técnicas, 1991. 788p.

BRA92a BRASIL. Secretaria do Meio Ambiente. Instituto Brasileiro do Meio Ambiente e dos Recursos Naturais Renováveis. *Coletânea da legislação federal de meio ambiente*. Brasília, 1992. 797p.

BRA96 BRASIL *Legislação do meio ambiente: atos internacionais e normas federais*. Brasília: Senado Federal, Subsecretaria de Edições Técnicas, 1996, v.1, 801p, v.2 667p.

BRA97 BRASIL. *Ministério do Meio Ambiente dos Recursos Hídricos e da Amazônia Legal*. Secretaria dos Recursos Hídricos. Política Nacional de Recursos Hídricos.(Brasília, 1997) 35p.

COS92 COSTA, Maria Diana Braga; RAMOS, Oldon Costa. *Ecologia e meio ambiente*. Brasília: Brasília Jurídica, 1992. 1546p 2v.

POR91 PORTO ALEGRE. Secretaria Municipal do Meio Ambiente. *Impacto ambiental: coletânea de legislação ambiental*. Compilado por Clarice Mautone; Carmem Von Hoonholtz. 2.ed. Porto Alegre, 1991. 96p.

POR91a PORTO ALEGRE. *Lei Complementar n. 234, de 10 de outubro de 1990. Institui o Código municipal de limpeza urbana*. Porto Alegre, 1991. 16p.

POR94 PORTO ALEGRE. *Lei Complementar n. 43, de 21 de julho de 1979. Plano diretor de desenvolvimento urbano de Porto Alegre: PDDU*. 4.ed. Porto Alegre: Secretaria do Planejamento Municipal, 1994. 428p.

REI92 REIS, J. P. *Lei de Bases do Ambiente*. Coimbra: Almedina, 1992. 1069p.

RIO93 RIO GRANDE DO SUL. *Código Florestal do Estado do Rio Grande do Sul. Lei n. 9.519, de 21 de janeiro de 1992*. Porto Alegre: Setor de Publicações Técnicas, 1993. Inclui legislação complementar. 23p.

RIO93a RIO GRANDE DO SUL. *Decreto n. 23.430, de 24 de outubro de 1974. Regulamento sobre a promoção, proteção e recuperação da Saúde Pública*. 2.ed. Porto Alegre, 1993. Inclui legislação complementar. Com: Lei n. 6.503, de 22 de dezembro de 1972.

RIO93b RIO GRANDE DO SUL. *Lei n. 6.503, de 22 de dezembro de 1972. Dispõe sobre a promoção, proteção e recuperação da Saúde Pública*. 2.ed. Porto Alegre, 1993. Inclui legislação complementar. Com: Decreto n. 23.430, de 24 de outubro de 1974.

SEN97 SENADO FEDERAL. Legislação Brasileira. Normas jurídicas de hierarquia superior. Bibliografia brasileira de direito. Brasília, outubro 1997, Secretaria de Informações e Documentação. Subsecretaria de Informações e Bibliotecas. CDROM

ocorrência dos termos nos textos legais

L

LgBR CF, art. 1º, parágrafo único
⇨ República Federativa do Brasil, formada pela união indissolúvel dos Estados e Municípios e do Distrito Federal, constitui-se em Estado Democrático de Direito e tem como fundamentos: I – a soberania; II – a cidadania; III – a dignidade da pessoa humana; IV – os valores sociais do trabalho e da livre iniciativa; V – pluralismo político.

LgBR CF, art. 5º, § 24
Todos são iguais perante a lei, sem distinção de qualquer natureza, garantindo-se aos brasileiros e aos estrangeiros residentes no País a inviolabilidade do direito à vida, à liberdade, à igualdade, à segurança e à propriedade (...) XXIV – a lei estabelecerá o procedimento para a desapropriação por necessidade ou utilidade pública, ou por interesse social, mediante justa e prévia indenização em dinheiro, ressalvados os casos previstos nesta Constituição;

LgBR CF, art. 20
Discrimina os bens imóveis da União conforme Decreto-lei nº 9.760, de 5/09/46.

LgBR CF, art. 21, § 19
Compete à União: (...) XIX – instituir sistema nacional de gerenciamento de recursos hídricos e definir critérios de outorga de direitos de uso.

LgBR CF, art. 22
Discrimina os ítens os quais a União deve legislar sobre.

LgBR CF, art. 23
É competência comum da União, dos Estados e do Distrito Federal e dos Municípios: I - (...) III – proteger os documentos, as obras e outros bens de valor histórico, artístico e cultural, os monumentos, as paisagens naturais notáveis e os sítios arqueológicos; (...) VI – proteger o meio ambiente e combater a poluição em qualquer de suas formas; VII – preservar as florestas, a fauna e a flora; (...) XI – registrar, acompanhar e fiscalizar as concessões de direito de pesquisa e exploração de recursos hídricos e minerais em seus territórios.

LgBR CF, art. 24
Discrimina os ítens que competem à União, aos Estados e ao Distrito Federal legislar concorrentemente.

LgBR CF, art. 25
Os Estados organizam-se e regem-se pelas Constituições e leis que adotarem, observados os princípios desta Constituição: §1º São reservadas aos Estados as competências que não lhes sejam vedadas por esta Constituição.

LgBR CF, art. 30
Compete aos Municípios: I – legislar sobre assuntos de interesse local;

LgBR CF, art. 59
O processo legislativo compreende a elaboração de: I – emendas à Constituição;

LgBR CF, art. 127
O Ministério Público é instituição permanente, essencial à função jurisdicional do Estado, incumbindo-lhe a defesa da ordem jurídica, do regime democrático e dos interesses sociais e individuais indisponíveis. Promulgada em 05/10/88.

LgBR CF, art. 129
São funções institucionais do Ministério Público: I – promover, privativamente, a ação penal pública, na forma da lei; II – zelar pelo efetivo respeito dos Poderes Públicos e dos serviços de relevância pública aos direitos assegurados nesta Constituição, promovendo as medidas necessárias a sua garantia; III – promover o inquérito civil e a ação civil pública, para a proteção do patrimônio público e social, do meio ambiente e de outros interesses difusos e coletivos; IV – promover a ação de inconstitucionalidade ou representação para fins de intervenção da União e dos Estados, nos casos previstos nesta Constituição; V – defender judicialmente os direitos e interesses das populações indígenas; VI – expedir notificações nos procedimentos administrativos de sua competência, requisitando informações e documentos para instruí-los, na forma da lei complementar respectiva; VII – exercer o controle externo da atividade policial, na forma da lei complementar mencionada no artigo anterior; VIII – requisitar diligências investigatórias e a instauração de inquérito policial, indicados os fundamentos jurídicos de suas manifestações processuais; IX – exercer outras funções que lhe forem conferidas, desde que compatíveis com sua finalidade, sendo-lhe vedada a representação judicial e a consultoria jurídica de entidades públicas. Promulgada em 05/10/88.

LgBR CF, art. 136
O Presidente da República pode, ouvidos o Conselho da República e o Conselho de Defesa Nacional, decretar estado de defesa para preservar ou prontamente restabelecer, em locais restritos e determinados, a ordem pública ou a paz social ameaçadas por grave e iminente instabilidade institucional ou atingidas por calamidades de grandes proporções na natureza.

LgBR CF, art. 170
⇨ ordem econômica, fundada na valorização do trabalho humano e na livre iniciativa, tem por fim assegurar a todos existência digna, conforme os ditames da justiça social.

LGBR CF, ART. 176
As jazidas, em lavra ou não, e demais recursos minerais e os potenciais de energia hidráulica constituem propriedade distinta da do solo, para efeito de exploração ou aproveitamento, e pertencem à União, garantida ao concessionário a propriedade do produto da lavra. Constituição da República Federativa do Brasil. Promulgada em Brasília em 05/10/88.

LGBR CF, ART. 182
Da Política Urbana

LGBR CF, ART. 225
Todos têm direito ao meio ambiente ecologicamente equilibrado, bem de uso comum do povo e essencial à sadia qualidade de vida, impondo-se ao Poder Público e à coletividade o dever de defendê-lo e preservá-lo para as presentes e futuras gerações.

LGBR CF, ART. 231
São reconhecidos aos índios sua organização social, costumes, línguas, crenças e tradições, e os direitos originários sobre as terras que tradicionalmente ocupam, competindo à União demarcá-las, proteger e fazer respeitar todos os seus bens. Promulgada em Brasília em 05/10/88.

LGBR DEC 8 DE 15/01/91
Promulga a Convenção sobre a Assistência no Caso de Acidente Nuclear ou Emergência Radiológica. Pub. DOU 16/01/91.

LGBR DEC 9 DE 15/01/91
Promulga a Convenção sobre Pronta Notificação de Acidente Nuclear. Pub. DOU 16/01/91.

LGBR DEC 527 DE 20/05/92
Delimita a área de Proteção Ambiental da Região Serrana de Petrópolis, no Estado do Rio de Janeiro, criada pelo artigo 6º do Decreto 87561, de 13 de setembro de 1982, e dá outras providências. Pub. DOU 21/05/92.

LGBR DEC 529 DE 20/05/92
Declara como Área de Proteção Ambiental do Ibirapuitã, no Estado do Rio Grande do Sul, a região que delimita, e dá outras providências. Pub. DOU 21/05/92.

LGBR DEC 527 DE 20/05/92
Delimita a área de Proteção Ambiental da Região Serrana de Petrópolis, no Estado do Rio de Janeiro, criada pelo artigo 6º do Decreto 87561, de 13 de setembro de 1982, e dá outras providências. Pub. DOU 21/05/92.

LGBR DEC 529 DE 20/05/92
Declara como Área de Proteção Ambiental do Ibirapuitã, no Estado do Rio Grande do Sul, a região que delimita, e dá outras providências. Pub. DOU 21/05/92.

LGBR DEC 532 DE 20/05/92
Cria a reserva Extrativista da Mata Grande. Pub. DOU 21/05/92.

LGBR DEC 554 DE 29/05/92
Dispõe sobre a Execução do Primeiro Protocolo Adicional ao Acordo de Complementação Econômica nº 18, entre Brasil, Argentina, Paraguai e Uruguai. Pub. DOU 01/06/92.

LGBR DEC 563 DE 05/06/92
Institui o Programa Piloto para a Proteção das Florestas Tropicais do Brasil e cria a Comissão de Coordenação. Pub. DOU 08/06/92. REVOGADO pelo LgBR DEC 2119 de 13/01/97.

LGBR DEC 750 DE 10/02/93
Dispõe sobre o corte, a exploração e a supressão de vegetação primária ou nos estágios avançado e médio de regeneração da Mata Atlântica, e dá outras providências. Pub. DOU 11/02/93.

LGBR DEC 875 DE 19/07/93
Promulga o texto da Convenção sobre o Controle de Movimentos Transfronteiriços de Resíduos Perigosos e seu Depósito. Pub. DOU 20/07/93.

LGBR DEC 895 DE 16/08/93
Dispõe sobre a organização do Sistema Nacional de Defesa Civil.

LGBR DEC 1141 DE 19/05/94
Dispõe sobre as ações de proteção ambiental, saúde e apoio às atividades produtivas, para as comunidades indígenas. Pub. DOU 20/05/94.

LgBR DEC 1203 DE 28/07/94
Aprova o IV Plano Setorial para os Recursos do Mar (IV PSMR). Pub. DOU 29/07/94.

LgBR DEC 1246 DE 16/09/94
Promulga o Tratado para a Proscrição das Armas Nucleares na América Latina e no Caribe (Tratado de Tlatelolco), concluído na Cidade do México, em 14 de fevereiro de 1967, e as Resoluções nº 267 (E-V), de 3 de julho de 1990, 268 (XII), de 10 de maio de 1991, e 290 (VII), de 26 de agosto de 1992, as três adotadas pela Conferência Geral do Organismo para a Proscrição das Armas Nucleares na América Latina e no Caribe – OPANAL, na Cidade do México. Pub. DOU 19/09/94.

LgBR DEC 1254 DE 29/09/94
Promulga a Convenção nº 155 da Organização Internacional do Trabalho, sobre Segurança e Saúde dos Trabalhadores e o Meio Ambiente de Trabalho, concluída em Genebra, em 22 de junho de 1981. Pub. DOU 30/09/94.

LgBR DEC 126 DE 22/05/91
Promulga a Convenção 162 da Organização Internacional do Trabalho – OIT, sobre a utilização do asbesto com segurança. Pub. DOU 23/05/91.

LgBR DEC 1282 DE 19/10/94
Regulamenta os artigos 15, 19, 20, 21, da Lei nº 4771 de 15 de setembro de 1965, e dá outras providências.

LgBR DEC 1306 DE 09/11/94
Regulamenta o Fundo de Defesa de Direitos Difusos, de que tratam os artigos 13 e 20, da Lei nº 7347, de 24 de julho de 1985, seu Conselho Gestor e dá outras providências. Pub. DOU 10/11/94. Ret. DOU 11/11/94.

LgBR DEC 1354 DE 29/12/94
Institui, no âmbito do Ministério do Meio Ambiente e da Amazônia Legal, o Programa Nacional da Diversidade Biológica, e dá outras providências. Pub. DOU 30/12/94. REVOGADO pelo LgBR DEC 4703 de 21/05/03.

LgBR DEC 1478 DE 02/05/95
Dispõe sobre a execução do Protocolo de Adesão do Uruguai ao Acordo de Alcance Parcial de Cooperação e Intercâmbio de Bens Utilizados na Defesa e Proteção do Meio Ambiente entre Brasil, Argentina e Uruguai, de 15 de julho de 1994. Pub. DOU 03/05/95.

LgBR DEC 1530 DE 22/06/95
Declara a entrada em vigor da Convenção das Nações Unidas sobre o Direito do Mar, concluída em Montego Bay, Jamaica, em 10 de dezembro de 1982. Pub. DOU 23/06/95.

LgBR DEC 1540 DE 27/06/95
Dispõe sobre a composição e o funcionamento do Grupo de Coordenação incumbido da atualização do Plano Nacional de Gerenciamento Costeiro (PNGC). Pub. DOU 28/06/95.

LgBR DEC 1575 DE 31/07/95
Acordo de Cooperação na Área de Meio Ambiente entre o Governo da República Federativa do Brasil e o Governo dos Estados Unidos Mexicanos. Pub. DOU 01/08/95.

LgBR DEC 1694 DE 13/11/95
Cria o Sistema Nacional de Informações de Pesca e Aqüicultura – SINPESQ, e dá outras providências. Pub. DOU 14/11/95.

LgBR DEC 1752 DE 20/12/95
Regulamenta a Lei nº 8974, de 5 de janeiro de 1995, dispõe sobre a vinculação, competência e composição da Comissão Técnica Nacional de Biossegurança – CTNBio, e dá outras providências. Pub. DOU 21/12/95.

LgBR DEC 1787 DE 12/01/96
Dispõe sobre a utilização de gás natural para fins automotivos, e dá outras providências. DOU 15/01/96.

LgBR DEC 1806 DE 06/02/96
Promulga o Acordo para a Conservação da Fauna Aquática nos Cursos dos Rios Limítrofes, celebrado entre o Governo da República Federativa do Brasil e o Governo da República do Paraguai, em Brasília, em 1º de setembro de 1994. Pub. DOU 07/02/96.

LgBR DEC 1922 de 05/06/96
Dispõe sobre o reconhecimento das Reservas Particulares do Patrimônio Natural, e dá outras providências. (Revoga a LgBR DEC 98914 de 31/01/90). Pub. DOU 07/06/96.

LgBR DEC 2119 de 13/01/97
Dispõe sobre o Programa Piloto para a Proteção das Florestas Tropicais do Brasil e sobre a sua Comissão de Coordenação, e dá outras providências. Pub. DOU 14/01/97.

LgBR DEC 2210 de 22/04/97
Regulamenta o Decreto-Lei nº 1809, de 7 de outubro de 1980, que instituiu o Sistema de Proteção ao Programa Nuclear Brasileiro (SIPRON), e dá outras providências. Pub. DOU 23/04/97.

LgBR DEC 2508 de 04/03/98
Promulga a Convenção Internacional para a Prevenção da Poluição causada por Navios, concluída em Londres, em 2 de novembro de 1973, seu Protocolo, concluído em Londres, em 17 de fevereiro de 1978, suas Emendas de 1984 e seus Anexos Opcionais III, IV e V. Pub. DOU 05/03/98.

LgBR DEC 2519 de 16/03/98
Promulga a Convenção sobre Diversidade Biológica, assinada durante a Conferência das Nações Unidas sobre Meio Ambiente e Desenvolvimento, realizada na cidade do Rio de Janeiro, no período de 5 a 14 de junho de 1992. Pub. DOU 17/03/98.

LgBR DEC 2648 de 01/07/98
Promulga o Protocolo da Convenção de Segurança Nuclear, assinada em Viena, em 20 de setembro de 1994. Pub. DOU 02/07/98.

LgBR DEC 2652 de 01/07/98
Promulga a Convenção-Quadro das Nações Unidas sobre Mudança do Clima, assinada em NovaYork, em 9 de maio de 1992. Pub. DOU 02/07/98.

LgBR DEC 2661 de 08/07/98
Regulamenta o parágrafo único do art. 27 da LgBR LEI 4771 de 15/09/65 (Código Florestal), mediante o estabelecimento de normas de precaução relativas ao emprego do fogo em práticas agropastoris e florestais, e dá outras providências. Pub. DOU 09/07/98.

LgBR DEC 2699 de 30/07/98
Promulga a Emenda ao Protocolo de Montreal sobre Substâncias que Destroem a Camada de Ozônio, assinada em Londres em 29 de junho de 1990. Pub. DOU 31/07/98.

LgBR DEC 2788 de 28/09/98
Altera dispositivos do Decreto nº 1282, de 19 de outubro de 1994, e dá outras providências. Pub. DOU 29/09/98.

LgBR DEC 2869 de 09/12/98
Regulamenta a cessão de águas públicas para exploração da aqüicultura, e dá outras providências. Pub. DOU 10/12/98.

LgBR DEC 2870 de 10/12/98
Promulga a Convenção Internacional sobre o Preparo, Resposta e Cooperação em Caso de Poluição por Óleo, assinada em Londres, em 30 de novembro de 1990. Pub. DOU 11/12/98.

LgBR DEC 2956 de 03/02/99
Aprova o V Plano Setorial Para os Recursos do Mar (V PSRM). Pub. DOU 04/02/99.

LgBR DEC 3420 de 20/04/00
Dispõe sobre a criação do Programa Nacional de Florestas – PNF, e dá outras providências. Pub. DOU 22/04/00.

LgBR DEC 3515 de 20/06/00
Cria o Fórum Brasileiro de Mudanças Climáticas e dá outras providências. Pub. DOU 21/06/00. REVOGADO pelo LgBR DEC s/n de 28/08/00.

LgBR DEC 3524 de 26/06/00
Regulamenta a Lei nº 7797, de 10 de julho de 1989, que cria o Fundo Nacional do Meio Ambiente e dá outras providências. Pub. DOU 27/06/00.

LgBR DEC 3842 de 13/06/01
Promulga a Convenção Interamericana para a Proteção e a Conservação das Tartarugas Marinhas, concluída em Caracas, em 1º de dezembro de 1996. Pub. DOU 15/06/01.

LgBR DEC 4074 DE 04/01/02
Regulamenta a Lei nº 7802, de 11 de julho de 1989, que dispõe sobre a pesquisa, a experimentação, a produção, a embalagem e rotulagem, o transporte, o armazenamento, a comercialização, a propaganda comercial, a importação, a exportação, o destino final dos resíduos e embalagens, o registro, a classificação, o controle, a inspeção e a fiscalização de agrotóxicos, seus componentes e afins, e dá outras providências. Pub. DOU 08/01/02.

LgBR DEC 4256 DE 03/06/02
Promulga o Protocolo Adicional ao Acordo para a Conservação da Fauna Aquática nos Cursos dos Rios Limítrofes entre o Governo da República Federativa do Brasil e o Governo da República do Paraguai, celebrado em Brasília, em 19 de maio de 1999. Pub. DOU 04/06/02.

LgBR DEC 4280 DE 25/06/02
Promulga o Acordo entre o Governo da República Federativa do Brasil e o Governo da Romênia sobre Cooperação nas Áreas da Proteção de Plantas e da Quarentena Vegetal, celebrado em Brasília, em 25 de julho de 2000. Pub. DOU 26/06/02.

LgBR DEC 4281 DE 25/06/02
Regulamenta a Lei nº 9795, de 27 de abril de 1999, que institui a Política Nacional de Educação Ambiental, e dá outras providências. Pub. DOU 26/06/02.

LgBR DEC 4282 DE 25/06/02
Promulga o Acordo entre o Governo da República Federativa do Brasil e o Governo da Federação da Rússia sobre Cooperação na Área da Quarentena Vegetal, celebrado em Moscou, em 22 de junho de 2000. Pub. DOU 26/06/02.

LgBR DEC 4284 DE 26/06/02
Institui o Programa Brasileiro de Ecologia Molecular para o Uso Sustentável da Biodiversidade da Amazônia – PROBEM, e dá outras providências. Pub. DOU 27/06/02.

LgBR DEC 4297 DE 10/07/02
Regulamenta o art. 9º, inciso II, da Lei nº 6938, de 31 de agosto de 1981, estabelecendo critérios para o Zoneamento Ecológico-Econômico do Brasil – ZEE, e dá outras providências. Pub. DOU 11/07/02.

LgBR DEC 4339 DE 22/08/02
Institui princípios e diretrizes para implementação da Política Nacional da Biodiversidade. Pub. DOU 23/08/02.

LgBR DEC 4340 DE 22/08/02
Regulamenta artigos da Lei nº 9985, de 18 de julho de 2000, que dispõe sobre o Sistema Nacional de Unidades de Conservação da Natureza – SNUC, e dá outras providências. Pub. DOU 23/08/02.

LgBR DEC 4703 DE 21/05/03
Dispõe sobre o Programa Nacional da Diversidade Biológica – PRONABIO e a Comissão Nacional da Biodiversidade, e dá outras providências. Pub. DOU 22/05/03.

LgBR DEC 4954 DE 14/01/04
Aprova o Regulamento da LgBR LEI 6894 de 16/12/80, que dispõe sobre a inspeção e fiscalização da produção e do comércio de fertilizantes, corretivos, inoculantes ou biofertilizantes destinados à agricultura, e dá outras prividências. Pub. DOU 15/01/04.

LgBR DEC 5163 DE 30/07/04
Regulamenta a Comercialização de Energia Elétrica, o Processo de Outorga de Concessões e de Autorizações de geração de Energia Elétrica, e dá outras providências. Pub. DOU 39/07/04.

LgBR DEC 5208 DE 17/09/04
Promulga o Acordo-Quadro sobre Meio Ambiente do Mercosul. Pub. DOU 20/09/04.

LgBR DEC 5300 DE 07/12/04
Regulamenta a Lei nº 7661, de 16 de maio de 1988, que institui o Plano Nacional de Gerenciamento Costeiro – PNGC, dispõe sobre regras de uso e ocupação da zona costeira e estabelece critérios de gestão da orla marítima, e dá outras providências. Pub. DOU 08/12/04.

LgBR DEC 5440 DE 04/05/05
Estabelece definições e procedimentos sobre o controle de qualidade da água

de sistemas de abastecimento e institui mecanismos e instrumentos para divulgação de informação ao consumidor sobre a qualidade da água para consumo humano. Pub. DOU 05/05/05.

LgBR DEC 5445 DE 12/05/05
Promulga o Protocolo de Quioto a Convenção-Quadro das Nações Unidas sobre Mudança do Clima, aberto a assinaturas na cidade de Quioto, Japão, em 11 dezembro de 1997, por ocasião da terceira conferencia das partes da Convenção-Quadro das Nações Unidas sobre Mudança do Clima. Pub. DOU 13/05/05.

LgBR DEC 24643 DE 10/07/34
Estabelece Código de Águas. Pub. DOU 20/07/34.

LgBR DEC 24645 DE 10/06/34
Estabelece medidas de proteção aos animais. Pub. DOU 20/07/34.

LgBR DEC 28348 DE 07/07/50
Declara protetora, de acordo com o artigo 11, e seu parágrafo único, do Decreto 23793, de 23 de janeiro de 1934, a floresta que indica. Pub. DOU 10/07/50. REVOGADO.

LgBR DEC 28840 DE 08/11/50
Declara integrada ao território nacional a plataforma submarina na parte correspondente a esse território. Pub. DOU 18/11/50.

LgBR DEC 37884 DE 13/09/55
Regula a exportação de plantas ornamentais. Pub. DOU 16/09/55.

LgBR DEC 46873 DE 16/09/59
Promulga o Protocolo Adicional à Convenção Internacional para a Regulamentação da Pesca da Baleia, entre os Estados Unidos do Brasil e outros países, assinado em Washington, em 04 de dezembro de 1956. Pub. DOU 16/09/59.

LgBR DEC 50040 DE 24/01/61
Dispõe sobre Normas Técnicas Especiais Reguladoras do Emprego de Aditivos Químicos a Alimentos. Pub. DOU 28/01/61.

LgBR DEC 50877 DE 29/06/61
Dispõe sobre o lançamento de resíduos tóxicos ou oleosos nas águas interiores ou litorâneas do País, e dá outras providências. Pub. DOU 29/06/61. REVOGADO.

LgBR DEC 51167 DE 09/08/61
Declara protetoras as florestas que menciona, existentes no Estado de Mato Grosso e Território Federal de Rondônia. Pub. DOU 09/08/61. REVOGADO.

LgBR DEC 51342 DE 28/10/61
Promulga a Convenção Internacional para a Proteção dos Vegetais, assinada em Roma a 6 de dezembro de 1951. Pub. DOU 13/11/61.

LgBR DEC 55871 DE 26/03/65
Modifica o Decreto nº 50040, de 24 de janeiro de 1961, referente a normas reguladoras do emprego de aditivos para alimentos, alterado pelo Decreto nº 681, de 13 março de 1962. Pub. DOU 09/04/65.

LgBR DEC 58016 DE 18/03/66
Regulamenta o disposto na Lei 4797, de 20 de outubro de 1965, e dá outras providências. Pub. DOU 22/03/66.

LgBR DEC 58054 DE 23/03/66
Promulga a Convenção para a Proteção da flora, fauna e das belezas cênicas dos Países da América. Pub. DOU 30/03/66.

LgBR DEC 58256 DE 26/04/66
Promulga o Tratado de Proscrição das Experiências com Armas Nucleares na Atmosfera, no Espaço Cósmico e sob a Água. Pub. DOU 29/04/66. Ret. DOU 06/03/66.

LgBR DEC 60183 DE 08/02/67
Altera o nome do Parque Nacional do Rio de Janeiro, criado pelo Decreto nº 50923, de 6 de julho de 1961, para Parque Nacional da Tijuca (PNT), com as dimensões e demais características previstas no presente Decreto, e dá outras providências. Pub. DOU 10/02/67.

LgBR DEC 64362 DE 17/04/69
Promulga o Tratado sobre Princípios Reguladores das Atividades do Estado na Exploração e Uso do Espaço Cósmico, inclusive a Lua e demais Corpos Celestes, aberto à assinatura em Londres, Moscou e Washington, a 27 de janeiro de 1967. Pub. DOU 22/04/69.

LgBR DEC 65026 de 20/08/69
Promulga a Convenção Internacional para Conservação do Atum e afins, do Atlântico. Pub. DOU 22/08/69. Ret. DOU 27/08/69.

LgBR DEC 67200 de 15/09/70
Promulga o Protocolo de Genebra, de 17 de junho de 1925, sobre a proibição do Emprego na Guerra de Gases Asfixiantes, Tóxicos ou Similares e Meios Bacteriológicos de Guerra. Pub. DOU 17/09/70.

LgBR DEC 73030 de 30/10/73
Cria, no Âmbito do Ministério do Interior, a Secretaria Especial do Meio Ambiente – SEMA, e dá outras providências. Pub. DOU 06/10/75. REVOGADO.

LgBR DEC 73497 de 17/01/74
Promulga a Convenção Internacional para Regulamentação da Pesca da Baleia. Pub. DOU 21/01/74.

LgBR DEC 73684 de 19/02/74
Cria a Floresta Nacional do Tapajós, e dá outras providências. Pub. DOU 20/02/74.

LgBR DEC 75963 de 11/07/75
Promulga o Tratado da Antártida. Pub. DOU 14/07/75.

LgBR DEC 76389 de 03/10/75
Dispõe sobre as medidas de prevenção e controle da poluição industrial de que trata o Decreto-Lei 1413, de 14 de agosto de 1975, e dá outras providências. Pub. DOU 06/10/75.

LgBR DEC 76623 de 17/11/75
Promulga a Convenção sobre Comércio Internacional das Espécies da Flora e Fauna Selvagens em Perigo de Extinção. Pub. DOU 19/11/75.

LgBR DEC 77374 de 01/04/76
Promulga a Convenção sobre a Proibição do Desenvolvimento, Produção e Estocagem de Armas Bacteriológicas (Biológicas) e à Base de Toxinas e sua destruição. Pub. DOU 02/04/76.

LgBR DEC 77775 de 08/06/76
Regulamenta a Lei 6225, de 14 de julho de 1975, que dispõe sobre a discriminação pelo Ministério da Agricultura, de regiões para execução obrigatória de planos de proteção ao solo e de combate à erosão, e dá outras providências. Pub. DOU 09/06/76.

LgBR DEC 78017 de 12/07/76
Promulga o Acordo Para a Conservação da Flora e da Fauna dos Territórios Amazônicos da República Federativa do Brasil e da República da Colômbia, firmado em Bogotá, a 20 de junho de 1973. Pub. DOU 13/07/76.

LgBR DEC 78802 de 23/11/76
Promulga o Acordo para a conservação da Flora e da Fauna dos Territórios Amazônicos do Brasil e do Peru. Pub. DOU 24/11/76.

LgBR DEC 79094 de 05/01/77
Regulamenta a Lei 6360, de 23/09/76, que submete a sistemas de vigilância sanitária os medicamentos, insumos farmacêuticos, drogas, correlatos, cosméticos, produtos de higiene, saneantes e outros. Pub. DOU 07/01/77.

LgBR DEC 79437 de 28/03/77
Promulga a Convenção Internacional Sobre Responsabilidade Civil em Danos Causados por Poluição por Óleo, 1969. Pub. DOU 29/03/77.

LgBR DEC 83540 de 04/06/79
Regulamenta a aplicação da Convenção Internacional sobre Responsabilidade Civil em Danos Causados por Poluição por Óleo, de 1969, e dá outras providências. Pub. DOU 05/06/1979.

LgBR DEC 84017 de 21/09/79
Aprova o Regulamento dos Parques Nacionais Brasileiros. Pub. DOU 21/09/79.

LgBR DEC 85050 de 18/08/80
Promulga o Tratado de Cooperação Amazônica, concluído entre os Governos da República da Bolívia, da República Federativa do Brasil, da República da Colômbia, da República do Equador, da República Cooperativa da Guiana, da República do Peru, da República do Suriname e da República da Venezuela. Pub. DOU 20/08/80.

LgBR DEC 85565 de 18/12/80
Regulamenta o Decreto-Lei nº1809 de outubro de 1980, que institui o Sistema de Proteção ao Programa Nuclear Bra-

sileiro e dá outras providências. Pub. DOU 22/12/80. REVOGADO pelo LgBR DEC 2210 de 22/04/97.

LgBR DEC 86676 de 01/12/81
Fixa novos limites do Parque Nacional do Iguaçu, no Estado do Paraná. Pub. DOU 03/12/81.

LgBR DEC 86955 de 18/02/82
Regulamenta a LgBR LEI 6894 de 16/12/80, alterada pela LgBR LEI 6934 de 13/07/81, que dispõe sobre a inspeção e a fiscalização da produção e do comércio de fertilizantes, corretivos, inoculantes, estimulantes ou biofertilizantes destinados à agricultura, e pelo LgBR DEL 1899 de 21/12/81. Pub. DOU 24/02/82. REVOGADO pelo LgBR DEC 4954 de 14/01/04.

LgBR DEC 87079 de 02/04/82
Aprova as diretrizes para o Programa de Mobilização Energética, e dá outras providências. Pub. DOU 05/04/82. REVOGADO.

LgBR DEC 87186 de 18/05/82
Promulga a Convenção Internacional Para a Salvaguarda da Vida Humana no Mar, 1974. Pub. DOU 20/05/82.

LgBR DEC 87561 de 13/09/82
Dispõe sobre as medidas de recuperação e proteção ambiental da bacia hidrográfica do rio Paraíba do Sul e dá outras providências. Pub. DOU 14/09/82.

LgBR DEC 87566 de 16/09/82
Promulga o texto da Convenção sobre Prevenção da Poluição Marinha por Alijamento de Resíduos e Outras Matérias, concluída em Londres, a 29 de dezembro de 1972. Pub. DOU 17/09/82.

LgBR DEC 87648 de 24/09/82
Aprova o Regulamento para Tráfego Marítmo. REVOGADO.

LgBR DEC 88351 de 01/06/83
Regulamenta a LgBR LEI 6938 de 31/08/81 e a LgBR LEI 6902 de 27/04/81, que dispõem, respectivamente, sobre a Política Nacional do Meio Ambiente e sobre a criação de Estações Ecológicas e Áreas de Proteção Ambiental, e dá outras providências. Pub. DOU 03/06/83. REVOGADO.

LgBR DEC 88421 de 21/06/83
Dispõe sobre a implantação da área de Proteção Ambiental de Piaçabu, no Estado de Alagoas e dá outras providências. Pub. DOU 23/06/83.

LgBR DEC 89336 de 31/01/84
Dispõe sobre as Reservas Ecológicas e Áreas de Relevante Interesse Ecológico, e dá outras providências. Pub. DOU 01/02/84.

LgBR DEC 91248 de 15/05/85
Dispõe sobre a finalidade, estrutura e competência do Conselho Nacional de Desenvolvimento Urbano (CNDU), e dá outras providências. Pub. DOU 16/05/85. REVOGADO pelo LgBR DEC s/nº de 05/09/91.

LgBR DEC 92755 de 05/06/86
Declara Área de Proteção Ambiental o Território de Fernando de Noronha, o Atol das Rocas e os Penedos de São Pedro e São Paulo, e dá outras providências. Pub. DOU 06/06/86.

LgBR DEC 92931 de 16/07/86
Promulga o Acordo de Cooperação Amazônica entre a República Federativa do Brasil e a República Cooperativista da Guiana. Pub. DOU 17/07/86.

LgBR DEC 93935 de 15/01/87
Promulga a Convenção sobre a Conservação dos Recursos Vivos Marinhos Antárticos. Pub. DOU 16/01/87.

LgBR DEC 94076 de 05/03/87
Institui o Programa Nacional de microbacias hidrográficas e dá outras providências. Pub. DOU 06/03/87.

LgBR DEC 94401 de 03/06/87
Aprova a Política Nacional para Assuntos Antárticos. Pub. DOU 04/06/87.

LgBR DEC 95922 de 14/04/88
Dispõe sobre o zoneamento para a defesa ecológica do Território Federal de Fernando de Noronha. Pub. DOU 19/04/88.

LgBR DEC 96944 de 12/10/88
Cria o Programa de Defesa do Complexo de Ecossistemas da Amazônia Legal, e dá outras providências. Pub. DOU 13/10/88.

LgBR DEC 97507 de 13/02/89
Dispõe sobre o licenciamento de atividade mineral, o uso do mercúrio metálico e do cianeto em áreas de extração de ouro, e dá outras providências. Pub. DOU 14/02/89.

LgBR DEC 97546 de 01/03/89
Cria, no Estado do Amazonas, a Floresta Nacional do Amazonas, com os limites que especifica e dá outras providências. Pub. DOU 02/03/89.

LgBR DEC 97628 de 10/04/89
Regulamenta o art. 21 da Lei nº 4771, de 15 de setembro de 1965 – Código Florestal, e dá outras providências. Pub. DOU 12/04/89.

LgBR DEC 97629 de 10/04/89
Cria, no Estado do Amazonas, a Floresta Nacional de Tefé, com os limites que especifica, e dá outras providências. Pub. DOU 12/04/89.

LgBR DEC 97632 de 10/04/89
Dispõe sobre a regulamentação do artigo 2º, inciso VIII, da Lei nº 6938, de 31 de agosto de 1981, e dá outras providências. Pub. DOU 12/04/1989.

LgBR DEC 97633 de 10/04/89
Dispõe sobre o Conselho Nacional de Proteção à Fauna (CNPF), e dá outras providências. Pub. DOU 12/04/89.

LgBR DEC 97634 de 10/04/89
Dispõe sobre o controle da produção e da comercialização de substância que comporta risco para a vida, a qualidade de vida e o meio ambiente, e dá outras providências. Pub. DOU 13/04/89.

LgBR DEC 97635 de 10/04/09
Regula o artigo 27 do Código Florestal no que diz respeito à prevenção e combate a incêndio florestal. Pub. DOU 12/04/89. REVOGADO pelo LgBR DEC 2661 de 08/07/98.

LgBR DEC 97637 de 10/04/89
Dispõe sobre a suspensão temporária dos incentivos fiscais e créditos oficiais visando à reavaliação e reorientação dos mesmos, e dá outras providências. Pub. DOU 12/04/89. REVOGADO pelo LgBR DEC s/nº de 05/09/91.

LgBR DEC 97657 de 12/04/89
Cria a Reserva Biológica de Córrego Grande, no Estado do Espírito Santo. Pub. DOU 13/04/89.

LgBR DEC 97688 de 25/04/89
Cria, no estado do Paraná, o Parque Nacional do Superagüi. Pub. DOU 26/04/89.

LgBR DEC 97718 de 05/05/89
Dispõe sobre a criação da Área de Proteção Ambiental do Igarapé Gelado, no Estado do Pará. Pub. DOU 08/05/89.

LgBR DEC 97720 de 05/05/89
Cria a Floresta Nacional do Tapirapé-Aquiri. Pub. DOU 08/05/89.

LgBR DEC 97946 de 11/07/89
Dispõe sobre a Estrutura do Instituto Brasileiro do Meio Ambiente e dos Recursos Naturais Renováveis IBAMA, e dá outras providências. Pub. DOU 12/07/89. REVOGADO pelo LgBR DEC s/nº de 05/09/91.

LgBR DEC 98051 de 14/08/89
Cria a Floresta Nacional Mapi-Inauini. Pub. DOU 15/08/89.

LgBR DEC 98161 de 21/09/89
Dispõe sobre a administração do Fundo Nacional de Meio Ambiente e dá outras providências. Pub. DOU 22/09/89. REVOGADO.

LgBR DEC 98182 de 26/09/89
Dispõe sobre a criação de Área de Proteção Ambiental no Estado de Minas Gerais e dá outras providências. Pub. DOU 27/09/89.

LgBR DEC 98816 de 11/01/90
Regulamenta a LgBR LEI 7802 de 11/07/89, que dispõe sobre a pesquisa, a experimentação, a produção, a embalagem e rotulagem, o transporte, o armazenamento, a comercialização, a propaganda comercial, a utilização, a exportação, o destino final dos resíduos e embalagens, o registro, a classificação, o controle, a inspeção e a fiscalização de agrotóxicos, seus componentes e afins, e dá outras providências. Pub. DOU 12/01/1990. REVOGADO pelo LgBR DEC 4074 de 04/01/02.

LgBR DEC 98830 DE 15/01/90
Dispõe sobre a coleta, por estrangeiros, de dados e materiais científicos no Brasil e dá outras providências. Pub. DOU 16/01/90.

LgBR DEC 98897 DE 30/01/90
Dispõe sobre as reservas extrativistas e dá outras providências. Pub. DOU 31/01/90.

LgBR DEC 98914 DE 31/01/90
Dispõe sobre a instituição, no Território Nacional, de Reservas Particulares do Patrimônio Natural, por destinação do proprietário. Pub. DOU 02/02/90.

LgBR DEC 98942 DE 12/02/90
Dispõe sobre a coordenação das atividades de proteção à saúde pública e ao meio ambiente, em razão do uso da mistura álcool-metanol-gasolina, e dá outras providências. Pub. DOU 13/02/1990. REVOGADO pelo LgBR DEC s/nº de 05/09/91.

LgBR DEC 98973 DE 21/02/90
Aprova o regulamento do Transporte Ferroviário de Produtos Perigosos e dá outras providências. Pub. DOU 22/02/90.

LgBR DEC 99165 DE 12/03/90
Promulga a Convenção das Nações Unidas sobre o Direito do Mar. Pub. DOU 14/03/90. REVOGADO pelo LgBR DEC s/nº de 05/09/91.

LgBR DEC 99193 DE 27/03/90
Dispõe sobre as atividades relacionadas ao zoneamento ecológico-econômico e dá outras providências. Pub. DOU 29/03/90.

LgBR DEC 99230 DE 30/04/90
Transfere dotações consignadas no Orçamento da União, e dá outras providências. Pub. DOU 02/05/90. REVOGADO.

LgBR DEC 99274 DE 06/06/90
Regulamenta a Lei nº 6902, de 27 de abril de 1981, e a Lei nº 6938, de 31 de agosto de 1981, que dispõem, respectivamente, sobre a criação de Estações Ecológicas e áreas de Proteção Ambiental e sobre Política Nacional do Meio Ambiente, e dá outras providências. Pub. DOU 07/06/90.

LgBR DEC 99278 DE 06/06/90
Dispõe sobre a criação da Área de Proteção Ambiental – APA nos Estados do Maranhão e Tocantins, e dá outras providências. Pub. DOU 07/06/1990.

LgBR DEC 99280 DE 06/06/90
Promulgação da Convenção de Viena para a Proteção da Camada de Ozônio e do Protocolo de Montreal sobre Substâncias que Destroem a Camada de Ozônio. Pub. DOU 07/06/90.

LgBR DEC 99540 DE 21/09/90
Institui a Comissão Coordenadora do Zoneamento Ecológico-Econômico do Território Nacional, e dá outras providências. Pub. DOU 24/09/90. REVOGADO pelo LgBR DEC s/nº de 28/12/01.

LgBR DEC 99556 DE 01/10/90
Dispõe sobre a proteção das cavidades naturais subterrâneas existentes no Território Nacional, e dá outras providências. Pub. DOU 02/10/90.

LgBR DEC s/nº DE 05/09/91
Ressalva os efeitos jurídicos de declarações de interesse social ou de utilidade pública e revoga os Decretos que menciona. Pub. DOU 06/09/91.

LgBR DEC s/nº DE 16/08/91
Dispõe sobre o grupo de Trabalho Nacional de Organização de Conferência das Nações Unidas sobre Meio Ambiente e Desenvolvimento ("Conferência do Rio") e eventos correlatos. Pub. DOU 19/08/91.

LgBR DEC s/nº DE 28/08/00
Dispõe sobre o Fórum Brasileiro de Mudanças Climáticas e dá outras providências. Pub. DOU 29/08/00.

LgBR DEC s/nº DE 28/12/01
Dispõe sobre a Comissão Coordenadora do Zoneamento Ecológico-Econômico do Território Nacional e o Grupo de Trabalho Permanente para a Execução do Zoneamento Ecológico-Econômico, institui o Grupo de Trabalho Permanente para a Execução do Zoneamento Ecológico-Econômico, denominado de Consórcio ZEE-Brasil, e dá outras providências. Pub. DOU 31/12/01.

LgBR DEL 25 de 30/11/37
Organiza a proteção do patrimônio histórico e artístico nacional. Pub. DOU 11/12/37.

LgBR DEL 44 de 18/11/66
Altera os limites do mar territorial do Brasil, estabelece uma zona contígua e dá outras providências. Pub. DOU 21/11/66. REVOGADO.

LgBR DEL 200 de 25/02/67
Dispõe sobre a organização da Administração Federal, estabelece diretrizes para Reforma Administrativa e dá outras providências. Pub. DOU 27/02/67.

LgBR DEL 221 de 28/02/67
Dispõe sobre a proteção e estímulos à pesca e dá outras providências. Pub. DOU 28/02/67. Ret. DOU 09/03/67. Ret. DOU 02/01/69.

LgBR DEL 227 de 28/02/67
Dá nova redação ao Decreto-Lei 1985 (Código de Minas), de 29 de janeiro de 1940. Pub. DOU 28/02/67.

LgBR DEL 303 de 28/02/67
Cria o Conselho Nacional de Controle da Poluição Ambiental e dá outras providências. Pub. DOU 28/02/67. Ret. DOU 21/03/67. REVOGADO.

LgBR DEL 412 de 09/01/69
Aprova o acordo de Pesca e Preservação de Recursos Vivos, entre o Brasil e o Uruguai, assinado em Montevidéu, a 12 de dezembro de 1968. Pub. DOU 27/01/69.

LgBR DEL 454 de 05/02/69
Aprova o Acordo de Conservação dos Recursos Naturais do Atlântico Sul, entre o Brasil e a Argentina, assinado em Buenos Aires, em 29 de dezembro de 1967. Pub. DOU 11/02/69.

LgBR DEL 478 de 27/02/69
Aprova a Convenção Internacional para a Conservação do Atum e Afins, do Atlântico, assinada no Rio de Janeiro, em 14 de maio de 1966. Pub. DOU 03/03/69.

LgBR DEL 852 de 11/11/38
Mantém com modificações o Decreto nº 24643/34 (Código de Águas), e dá outras providências. Pub. DOU 12/11/38.

LgBR DEL 986 de 21/10/69
Institui normas básicas sobre alimentos. Pub. DOU 21/10/69.

LgBR DEL 1098 de 25/03/70
Altera os limites do mar territorial do Brasil e dá outras providências. Pub. DOU 30/03/70.

LgBR DEL 1809 de 07/10/80
Institui o Sistema de Proteção ao Programa Nuclear Brasileiro – SIPRON e dá outras providências. Pub. DOU 08/10/80.

LgBR DEL 1899 de 21/12/81
Institui taxas relativas a atividades agropecuárias de competência do Ministério da Agricultura e dá outras providências. Pub. DOU 22/12/81.

LgBR DEL 1985 de 29/01/40
O Presidente da República, usando da atribuição que lhe confere o art. 180 da Constituição, decreta o Código de Minas. Pub. CLBR 31/12/40.

LgBR DEL 3438 de 17/07/41
Esclarece e amplia o Decreto-Lei nº 2490 de 16 de agosto de 1940. Pub. DOU 19/08/41.

LgBR DEL 5894 de 20/10/43
Aprova e Baixa o Código de Caça. Pub. CLBR 1943.

LgBR DEL 7841 de 08/08/45
Estabelece o Código de Águas Minerais. Pub. DOU 20/08/45.

LgBR DLG 1 de 03/02/94
Aprova a Convenção Quadro das Nações Unidas sobre a Mudança de Clima. Pub. DOU 04/02/94.

LgBR DLG 2 de 03/02/94
Aprova o texto da Convenção sobre Diversidade Biológica, assinada durante a Conferência das Nações Unidas sobre Meio Ambiente e Desenvolvimento, realizada na cidade do Rio de Janeiro, no período de 5 a 14 de junho de 1992. Pub. DCN 04/02/94.

LgBR DLG 3 de 13/02/48
Aprova a Convenção para a Proteção da Flora, da Fauna e das Belezas Cênicas Naturais dos Países da América. Pub. DOU 08/10/49.

LgBR DLG 4 DE 09/11/87
Aprova, com reservas, os textos da Convenção Internacional de 1973 para a Prevenção da Poluição causada por Navios, concluída em Londres, a 2 de novembro de 1973, e do Protocolo de 1978 relativo à Convenção Internacional para a Prevenção da Poluição causada por Navios, concluída a 17 de fevereiro de 1978, em Londres. Pub. DOU 10/11/87.

LgBR DLG 5 DE 09/11/87
Aprova o texto da Convenção das Nações Unidas sobre o Direito do Mar, concluído em Montego Bay, Jamaica, em 10 de dezembro de 1982. Pub. DOU 10/11/87.

LgBR DLG 10 DE 31/03/82
Aprova o texto da Convenção sobre Prevenção da Poluição Marinha por Alijamento de Resíduos e Outras Matérias, concluída em Londres a 29 de dezembro de 1982. Pub. DOU 02/04/82.

LgBR DLG 32 DE 05/12/85
Aprova o texto do Acordo de Cooperação Amazônica entre o Governo da República Federativa do Brasil e o Governo da República Cooperativista da Guiana, celebrado em Brasília, a 05 de outubro de 1982. Pub. DOU 09/12/85.

LgBR DLG 33 DE 05/12/85
Aprova o texto da Convenção sobre a Conservação dos Recursos Vivos Marinhos Antárticos, concluída em Camberra, em 20 de maio de 1980. Pub. DOU 09/12/85.

LgBR DLG 39 DE 01/07/70
Aprova o texto do Protocolo de Genebra de 17 de junho de 1925 sobre a Proibição do Emprego na Guerra de Gases Asfixiantes, Tóxicos ou Similares e Meios Bacteriológicos de Guerra. Pub. DOU 02/07/70.

LgBR DLG 41 DE 02/10/68
Aprova o Tratado sobre Princípios Reguladores das Atividades dos Estados na Exploração e Uso do Espaço Cósmico, inclusive a Lua e demais corpos celestes, adotado pela Assembléia Geral das Nações Unidas em 19 de dezembro de 1966. Pub. DCN 13/10/68.

LgBR DLG 45 DE 15/10/68
Autoriza o Presidente da República a dar a adesão do Governo brasileiro às quatro convenções sobre o Direito do Mar, concluídas em Genebra, a 29 de abril de 1958. Pub. DOU 16/10/68.

LgBR DLG 54 DE 24/06/75
Aprova o Texto da Convenção sobre o Comércio Internacional das Espécies de Flora e Fauna Selvagens em Perigo de Extinção, firmada em Washington, a 3 de março de 1973. Pub. DOU 19/11/75.

LgBR DLG 56 DE 29/06/75
Aprova o texto do Tratado da Antártida, assinado em Washington, a 1º de dezembro de 1959, e a adesão do Brasil ao referido ato jurídico internacional. Pub. DOU 01/07/75.

LgBR DLG 60 DE 19/04/95
Aprova o texto da Convenção Internacional para a Prevenção da Poluição por Navios de 1973, de seu Protocolo de 1978, de suas Emendas de 1984 e de seus Anexos Opcionais III, IV e V. Pub. DOU 28/04/95.

LgBR DLG 68 DE 18/10/78
Aprova o Tratado de Cooperação Amazônica, assinado pelos Governos da Bolívia, Brasil, Colômbia, Equador, Guiana, Peru, Suriname e Venezuela, em Brasília, a 3 de julho de 1978. Pub. DCN 19/10/78.

LgBR DLG 72 DE 04/12/73
Aprova o texto do Acordo Para Conservação da Flora e da Fauna dos territórios Amazônicos da República Federativa do Brasil e da República da Colômbia, firmado em Bogotá, a 20 de junho de 1973. Pub. DOU 04/12/73.

LgBR DLG 91 DE 15/12/89
Aprova os textos da Convenção de Viena para a Proteção da Camada de Ozônio, de 1985, e do protocolo de Montreal sobre Substâncias que destroem a Camada de Ozônio, de 1987. Pub. DOU 27/12/89.

LgBR DLG 144 DE 01/05/02
Aprova o texto do Protocolo de Quioto à Convenção-Quadro das Nações Uni-

das sobre Mudanças do Clima, aberto a assinaturas na cidade de Quioto, Japão, em 14 de dezembro de 1997, por ocasião da Terceira Conferência das Partes da Convenção-Quadro das Nações Unidas sobre Mudança do Clima. Pub. DSF 20/06/02.

LgBR DLG 204 de 07/05/04
Aprova o texto da Convenção de Estocolmo sobre Poluentes Orgânicos Persistentes, adotada, naquela cidade, em 22 de maio de 2001. Pub. DOU 10/05/04.

LgBR LEI 624 de 20/02/49
Revoga o Decreto-Lei 4631, de 27/08/42. Pub. DOU 25/02/49.

LgBR LEI 2419 de 10/02/55
Institui a Patrulha Costeira e dá outras providências. Pub. DOU 17/02/55.

LgBR LEI 3824 de 23/11/60
Torna obrigatória a destoca e conseqüente limpeza das bacias hidráulicas dos açudes, represas ou lagos artificiais. Pub. DOU 24/11/60.

LgBR LEI 3924 de 26/07/61
Dispõe sobre monumentos arqueológicos e pré-históricos. Pub. DOU 27/07/61.

LgBR LEI 4118 de 27/08/62
Dispõe sobre a Política Nacional de Energia Nuclear, cria a Comissão Nacional de Energia Nuclear, e dá outras providências. Pub. DOU 19/09/62.

LgBR LEI 4504 de 30/11/64
Dispõe sobre o Estatuto da Terra e dá outras providências. Pub. DOU 30/11/64.

LgBR LEI 4717 de 29/06/65
Regula a Ação Popular. Pub. DOU 05/07/65.

LgBR LEI 4771 de 15/09/65
Institui o novo Código Florestal. Pub. DOU 16/09/65. Ret. DOU 20/09/65.

LgBR LEI 4797 de 29/10/65
Torna obrigatório, pelas empresas concessionárias de serviço público, o emprego de madeiras preservadas e dá outras providências. Pub. DOU 22/10/65. Ret. DOU 03/11/65.

LgBR LEI 4829 de 05/11/65
Institucionaliza o Crédito Rural. Pub. DOU 09/11/65. Ret. DOU 22/11/65.

LgBR LEI 5027 de 14/06/66
Institui o Código Sanitário do Distrito Federal. Pub. DOU 17/06/66.

LgBR LEI 5106 de 02/09/66
Dispõe sobre incentivos concedidos a empreendimentos florestais. Pub. DOU 05/09/66.

LgBR LEI 5173 de 27/10/66
Dispõe sobre o Plano de Valorização Econômica da Amazônia; extingue a Superintendência do Plano de Valorização Econômica da Amazônia (SPVEA), cria a Superintendência do Desenvolvimento da Amazônia (SUDAM), e dá outras providências. Pub. DOU 31/10/66. Ret. DOU 09/12/66.

LgBR LEI 5197 de 03/01/67
Dispõe sobre a proteção à fauna e dá outras providências. Pub. DOU 05/01/67.

LgBR LEI 5371 de 05/12/67
Autoriza a Instituição da "Fundação Nacional do Índio" e dá outras providências. Pub. DOU 06/12/67. Ret. DOU 12/12/67.

LgBR LEI 5438 de 20/05/68
Altera o artigo 4º do Decreto-Lei nº 221, de 28 de fevereiro de 1967, que dispõe sobre a proteção e estímulos à pesca, e dá outras providências. Pub. DOU 21/05/68.

LgBR LEI 5851 de 07/12/72
Autoriza o Poder Executivo a instituir empresa pública, sob a denominação de Empresa Brasileira de Pesquisa Agropecuária (EMBRAPA) e dá outras providências. Pub. DOU 07/12/72.

LgBR LEI 5991 de 17/12/73
Dispõe sobre o controle sanitário do comércio de drogas, medicamentos, insumos farmacêuticos e correlatos, e dá outras providências. Pub. DOU 19/12/73.

LgBR LEI 6001 de 19/12/73
Dispõe sobre o Estatuto do Índio. Pub. DOU 19/12/73.

LgBR LEI 6050 de 24/05/74
Dispõe sobre a fluoretação da água em sistemas de abastecimento quando existir estação de tratamento. Pub. DOU 27/05/74.

LgBR LEI 6151 de 04/12/74
Dispõe sobre o Segundo Plano Nacional de Desenvolvimento-PND, para o período de 1975 a 1979. Pub. DOU 06/12/74.

LgBR LEI 6453 de 17/10/77
Dispõe sobre a responsabilidade civil por danos nucleares e a responsabilidade criminal por atos relacionados com atividades nucleares. Pub. DOU 18/10/77.

LgBR LEI 6513 de 20/12/77
Dispõe sobre a criação de Áreas Especiais e de Locais de Interesse Turístico. Pub. DOU 22/12/77.

LgBR LEI 6607 de 07/12/78
Declara o Pau-Brasil árvore nacional, institui o Dia do Pau-Brasil, e dá outras providências. Pub. DOU 12/12/78.

LgBR LEI 6634 de 02/05/79
Dispõe sobre a Faixa de Fronteira, altera o Decreto-Lei nº 1135, de 03 de dezembro de 1970, e dá outras providências. Pub. DOU 03/05/79.

LgBR LEI 6662 de 25/06/79
Dispõe sobre a Política Nacional de Irrigação e dá outras providências. Pub. DOU 26/06/79.

LgBR LEI 6766 de 19/12/79
Dispõe sobre o parcelamento do solo urbano e dá outras providências. Pub. DOU 20/12/79.

LgBR LEI 6803 de 02/07/80
Dispõe sobre as diretrizes básicas para o zoneamento industrial nas áreas críticas de poluição, e dá outras providências. Pub. DOU 03/07/80.

LgBR LEI 6894 de 16/12/80
Dispõe sobre a inspeção e fiscalização da produção e do comércio de fertilizantes, corretivos, inoculantes, estimulantes ou biofertilizantes, destinados à agricultura, e dá outras providências. Pub. DOU 17/12/80.

LgBR LEI 6902 de 27/04/81
Dispõe sobre a criação de Estações Ecológicas, Áreas de Proteção Ambiental, e dá outras providências. Pub. DOU 28/04/81.

LgBR LEI 6934 de 13/07/81
Altera a LgBR LEI 6894 de 16/12/80, que dispõe sobre a inspeção e fiscalização da produção e do comércio de fertilizantes, corretivos, inoculantes, estimulantes ou biofertilizantes, destinados à agricultura, e dá outras providências. Pub. DOU 15/07/80.

LgBR LEI 6938 de 31/08/81
Dispõe sobre a Política Nacional do Meio Ambiente, seus fins e mecanismos de formulação e aplicação, e dá outras providências. Pub. DOU 02/09/81.

LgBR LEI 7173 de 14/12/83
Dispõe sobre o estabelecimento e funcionamento de Jardins Zoológicos e dá outras providências. Pub. DOU 15/12/83.

LgBR LEI 7203 de 03/07/84
Dispõe sobre a assistência e salvamento de embarcação, coisa ou bem em perigo no mar, nos portos e nas vias navegáveis interiores. Pub. DOU 04/07/84.

LgBR LEI 7347 de 24/07/85
Disciplina a ação civil pública de responsabilidade por danos causados ao meio ambiente, ao consumidor, a bens e direitos de valor artístico, estético, histórico, turístico e paisagístico (vetado), e dá outras providências. Pub. DOU 25/07/85.

LgBR LEI 7365 de 13/09/85
Dispõe sobre a fabricação de detergentes não biodegradáveis. Pub. DOU 16/09/1985.

LgBR LEI 7511 de 07/07/86
Altera dispositivo da Lei 4771, de 15 de setembro de 1965, que institui o Código Florestal. Pub. DOU 08/07/86. REVOGADA pela LgBR LEI 7803 de 18/07/89.

LgBR LEI 7643 de 18/12/87
Proíbe a pesca de cetáceos nas águas jurisdicionais brasileiras e dá outras providências. Pub. DOU 21/12/87.

LgBR LEI 7661 de 16/05/88
Institui o Plano Nacional de Gerenciamento Costeiro, e dá outras providências. Pub. DOU 18/05/88.

LgBR LEI 7679 de 23/11/88
Dispõe sobre a proibição da pesca de espécies em período de reprodução, e dá outras providências. Pub. DOU 24/11/88.

LGBR LEI 7732 DE 14/02/89
Dispõe sobre a extinção de autarquias e fundações públicas federais, e dá outras providências.

LGBR LEI 7735 DE 22/02/89
Dispõe sobre e extinção de órgão e de entidade autárquica, cria o Instituto Brasileiro do Meio Ambiente e dos Recursos Naturais Renováveis, e dá outras providências. Pub. DOU 23/02/89. Redação dada pela LEI 8028 de 12/04/90.

LGBR LEI 7754 DE 14/04/89
Estabelece medidas para a proteção das florestas existentes nas nascentes dos rios e dá outras providências. Pub. DOU 18/04/89.

LGBR LEI 7797 DE 10/07/89
Cria o Fundo Nacional de Meio Ambiente, e dá outras providências. Pub. DOU 11/07/89.

LGBR LEI 7802 DE 11/07/89
Dispõe sobre a Pesquisa, a Experimentação, a Produção, a Embalagem e Rotulagem, o Transporte, o Armazenamento, a Comercialização, a Propaganda Comercial, a Utilização, a Importação, a Exportação, o Destino Final dos Resíduos e Embalagens, o Registro, a Classificação, o Controle, a Inspeção e a Fiscalização de Agrotóxicos, seus Componentes e afins, e dá outras providências. Pub. DOU 12/07/89.

LGBR LEI 7803 DE 18/07/89
Altera a redação da Lei 4771, de 15 de setembro de 1965, e revoga as leis 6535, de 15 de junho de 1978, e 7551, de 7 de julho de 1986. Pub. DOU 20/07/89.

LGBR LEI 7804 DE 18/07/89
Altera a Lei 6938, de 31 de agosto de 1981, que dispõe sobre a Política Nacional do Meio Ambiente, seus fins e mecanismos de formulação e aplicação, a Lei 7735, de 22 de fevereiro de 1989, a Lei 6803, de 02 de julho de 1980, a Lei 6902, de 21 de abril de 1981, e dá outras providências. Pub. DOU.

LGBR LEI 7805 DE 18/07/89
Altera o Decreto-Lei 227, de 28 de fevereiro de 1967, cria o regime de permissão de lavra garimpeira e extingue o regime de matrícula. Pub. DOU 20/07/89.

LGBR LEI 7886 DE 20/11/89
Regulamenta o artigo 43 do Ato das Disposições Constitucionais Transitórias, e dá outras providências. Pub. DOU 21/11/89.

LGBR LEI 8028 DE 12/04/90
Dispõe sobre as organizações da Presidência da República e dos Ministérios e dá outras providências.

LGBR LEI 8078 DE 11/09/90
Dispõe sobre a proteção do consumidor, e dá outras providências. Pub. DOU 12/09/90.

LGBR LEI 8080 DE 19/09/90
Dispõe sobre condições para a promoção, proteção e recuperação da saúde, a organização e o funcionamento dos serviços correspondentes, e dá outras providências. Pub. DOU 20/09/90.

LGBR LEI 8171 DE 17/01/91
Dispõe sobre a política agrícola. Pub. DOU 18/01/91.

LGBR LEI 8617 DE 04/01/93
Dispõe sobre o mar territorial, a zona contígua, a zona econômica exclusiva e a plataforma continental brasileiros, e dá outras providências. Pub. DOU 05/01/93.

LGBR LEI 8629 DE 25/02/93
Dispõe sobre a regulamentação dos dispositivos constitucionais relativos à reforma agrária, previstos no Capítulo III, Título VII, da Constituição Federal. Pub. DOU 26/02/93.

LGBR LEI 8901 DE 30/06/94
Regulamenta o disposto no § 2º do art. 176 da Constituição Federal e altera dispositivos do Decreto-lei nº 227, de 28 de fevereiro de 1967 – Código de Minas, adaptando-o às normas constitucionais vigentes. Pub. DOU de 01/07/94.

LGBR LEI 8974 DE 05/01/95
Regulamenta os incisos II e V do § 1º do art. 225 da Constituição Federal, estabelece normas para o uso das técnicas de engenharia genética e liberação no meio ambiente de organismos geneticamente

modificados, autoriza o Poder Executivo a criar, no âmbito da Presidência da República, a Comissão Técnica Nacional de Biossegurança, e dá outras providências. Pub. DOU 06/01/95. REVOGADA pela LgBR LEI 11105 de 24/03/05.

LgBR LEI 9055 de 01/06/95
Disciplina a extração, industrialização, utilização, comercialização e transporte do asbesto/amianto e dos produtos que o contenham, bem como das fibras naturais e artificiais, de qualquer origem, utilizadas para o mesmo fim, e dá outras providências. Pub. DOU 02/06/95.

LgBR LEI 9059 de 13/06/95
Introduz alterações no Decreto-Lei nº 221, de 28 de fevereiro de 1967, que dispõe sobre proteção e estímulo à pesca. Pub. DOU 14/06/95.

LgBR LEI 9279 de 14/05/96
Regula direitos e obrigações relativos à propriedade industrial. Pub. DOU 15/05/96.

LgBR LEI 9433 de 08/01/97
Institui a Política Nacional de Recursos Hídricos, cria o Sistema Nacional de Gerenciamento de Recursos Hídricos, regulamenta o inciso XIX do art. 21 da Constituição Federal e altera o art. 1º da Lei nº 8001, de 13 de março de 1990, que modificou a Lei nº 7990, de 28 de dezembro de 1989. Pub. DOU 09/01/97.

LgBR LEI 9456 DE 25/04/97
Lei que institui o direito de Proteção de Cultivares, de acordo com o estabelecido nesta Lei. Pub. DOU 28/04/97.

LgBR LEI 9478 de 06/08/97
Dispõe sobre a política energética nacional, as atividades relativas ao monopólio do petróleo, institui o Conselho Nacional de Política Energética e a Agência Nacional do Petróleo e dá outras providências. Pub. DOU 07/08/97.

LgBR LEI 9605 de 12/02/98
Dispõe sobre as sanções penais e administrativas derivadas de condutas e atividades lesivas ao meio ambiente, e dá outras providências. Pub. DOU 13/02/98.

LgBR LEI 9782 de 26/01/99
Define o Sistema Nacional de Vigilância Sanitária, cria a Agência Nacional de Vigilância Sanitária, e dá outras providências. Pub. DOU 27/11/99.

LgBR LEI 9795 de 27/04/99
Dispõe sobre a educação ambiental, institui a Política Nacional de Educação Ambiental, e dá outras providências. Pub. DOU 28/04/99.

LgBR LEI 9966 de 28/04/00
Dispõe sobre a prevenção, o controle e a fiscalização da poluição causada por lançamento de óleo e outras substâncias nocivas ou perigosas em águas sob jurisdição nacional e dá outras providências. Pub. DOU 29/04/00.

LgBR LEI 9984 de 17/07/00
Dispõe sobre a criação da Agência Nacional de Água – ANA, entidade federal de implementação da Política Nacional de Recursos Hídricos e de coordenação do Sistema Nacional de Gerenciamento de Recursos Hídricos, e dá outras providências. Pub. DOU 18/07/00.

LgBR LEI 9985 DE 18/07/00
Regulamenta o art. 225, § 1º, incisos I, II, III e VII da Constituição Federal, institui o Sistema Nacional de Unidades de Conservação da Natureza e dá outras providências. Pub. DOU 19/07/00.

LgBR LEI 10165 de 27/12/00
Altera a Lei nº 6938, de 31 de agosto de 1981 que dispõe sobre a Política Nacional de Meio Ambiente, seus fins e mecanismos de formulação e aplicação, e dá outras providências. Pub. DOU 28/12/00.

LgBR LEI 10308 de 20/11/01
Dispõe sobre a seleção de locais, a construção, o licenciamento, a operação, a fiscalização, os custos, a indenização, a responsabilidade civil e as garantias referentes aos depósitos de rejeitos radioativos, e dá outras providências. Pub. DOU 21/11/01.

LgBR LEI 10410 de 11/01/02
Cria e disciplina a carreira de Especialista em Meio Ambiente. Pub. DOU 14/01/02.

LgBR LEI 10814 de 15/12/03
Estabelece normas para o plantio e comercialização da produção de soja geneticamente modificada da safra de 2004, e dá outras providências. Pub. DOU 16/12/03.

LgBR LEI 10831 de 23/12/03
Dispõe sobre a agricultura orgânica e dá outras providências. Pub. DOU 24/12/03.

LgBR LEI 11092 de 12/01/05
Estabelece normas para o plantio e comercialização da produção de soja geneticamente modificada da safra de 2005, altera a Lei nº 10814, de 15 de dezembro de 2003, e dá outras providências. Pub. DOU 13/01/05.

LgBR LEI 11097 de 13/01/05
Dispõe sobre a introdução do biodiesel na matriz energética brasileira; altera as Leis nºs 9478, de 6 de agosto de 1997, 9847, de 26 de outubro de 1999 e 10636, de 30 de dezembro de 2002; e dá outras providências. Pub. DOU 14/01/05.

LgBR LEI 11105 de 24/03/05
Regulamenta os incisos II, IV e V do § 1º do art. 225 da Constituição Federal, estabelece normas de segurança e mecanismos de fiscalização de atividades que envolvam organismos geneticamente modificados – OGM e seus derivados, cria o Conselho Nacional de Biossegurança – CNBS, reestrutura a Comissão Técnica Nacional de Biossegurança – CTNBio, dispõe sobre a Política Nacional de Biossegurança – PNB, revoga a Lei nº 8974, de 5 de janeiro de 1995, e a Medida Provisória nº 2191-9, de 23 de agosto de 2001, e os arts. 5º, 6º, 7º, 8º, 9º, 10 e 16 da Lei nº 10814, de 15 de dezembro de 2003, e dá outras providências. Pub. DOU 28/03/05.

LgBR LEI 11284 de 02/03/06
Dispõe sobre a gestão de florestas públicas para a produção sustentável; institui, na estrutura do Ministério do Meio Ambiente, o Serviço Florestal Brasileiro – SFB; cria o Fundo Nacional de Desenvolvimento Florestal – FNDF; altera as Leis nºs 10683, de 28 de maio de 2003, 5868, de 12 de dezembro de 1972, 9605, de 12 de fevereiro de 1998, 4771, de 15 de setembro de 1965, 6938, de 31 de agosto de 1981, e 6015, de 31 de dezembro de 1973; e dá outras providências. Pub. DOU 03/03/06.

LgBR MPR 64 de 05/06/89
Dá nova redação aos artigos 2º, 10 e 19 da Lei 6189, de 16 de dezembro de 1974, e dá outras providências. Pub. DOFC 06/06/89.

LgBR MPR 1956 de 26/05/00
Altera os arts. 1º, 4º, 14, 16 e 44, e acresce dispositivos à Lei nº 4771, de 15 de setembro de 1965, que institui o Código Florestal, bem como altera o art. 10 da Lei no 9393, de 19 de dezembro de 1996, que dispõe sobre o Imposto Territorial Rural, e dá outras providências. Pub. DOU 28/05/00.

LgBR MPR 2186-16 de 23/08/01
Regulamenta o inciso II do § 1º e o § 4º do art. 225 da Constituição, os arts. 1º, 8º, alínea "j", 10, alínea "c", 15 e 16, alíneas 3 e 4 da Convenção sobre Diversidade Biológica, dispõe sobre o acesso ao patrimônio genético, a proteção e o acesso ao conhecimento à tecnologia e a transferência de tecnologia para sua conservação e utilização, e dá outras providências. Pub. DOU 24/08/01.

LgBR PRN IBAMA 71 de 11/07/94
Dispõe sobre a Instituição do Sistema de Controle de Madeira Serrada Contingenciada – SISMAD e revoga as Portarias de Normativas nº 138, de 28 de dezembro de 1993, e de 58, de 31 de maio de 1994. Pub. DOU 12/07/94.

LgBR PRN IBAMA 84 de 15/10/96
Estabelece procedimentos a serem adotados junto ao Instituto Brasileiro do Meio Ambiente e dos Recursos Naturais Renováveis – IBAMA, para efeito de registro e avaliação do potencial de periculosidade ambiental – (ppa) de agrotóxicos, seus componentes e afins; institui o Sistema Permanente da Avaliação e Controle dos Agrotóxicos. Pub. DOU 18/10/96. Ret. DOU 23/10/96.

LgBR PRN IBAMA 137 de 22/12/92
Dispõe sobre a exploração de resinas de florestas implantadas com recursos oriundos dos Incentivos Fiscais, e revoga a Portaria IBDF nº 465/82. Pub. DOU 23/12/92.

LgBR PRN IBAMA 138 de 22/12/92
Dispõe sobre a importação proibida de resíduos em todo o Território Nacional e revoga a Portaria Normativa IBAMA nº 1197, de 16 de julho de 1990. Pub. DOU 23/12/92.

LgBR PRN IBAMA 348 de 14/03/90
Fixa novos padrões de qualidade do ar e as concentrações de poluentes atmosféricos, visando a saúde e o bem-estar da população, da flora e da fauna. Pub. DOU 14/03/90.

LgBR PRN IBAMA 349 de 14/03/90
Estabelece os procedimentos a serem seguidos juntos ao IBAMA para efeito de registro, renovação de registro e extensão de uso para agrotóxicos, seus componentes e afins. Pub. DOU 14/03/90.

LgBR PRN IBAMA 440 de 09/08/89
Dispõe sobre a manutenção, por pessoas físicas ou jurídicas consumidoras de matéria-prima florestal, de florestas próprias (florestas energéticas) destinadas ao seu patrimônio. Pub. DOU 11/08/89.

LgBR PRN IBAMA 1197 de 16/07/90
Determina que a importação dos materiais (sucatas, resíduos, desperdícios e cinzas), constantes da listagem do anexo 1, só poderá ser realizada após prévia autorização do IBAMA, podendo esta listagem sofrer alterações, a critério do IBAMA. Pub. DOU 17/07/90. REVOGADA.

LgBR PRN IBDF 302 de 03/07/84
Estabelece normas à exploração de florestas e de outras formações arbóreas. Pub. DOU 11/07/84. REVOGADA.

LgBR PRT IBAMA 1 de 06/11/90
Fixar o período de 10/11/90, a 10/02/91, como defesa de piracema no Estado de Minas Gerais. Pub. DOU 13/11/90. REVOGADA.

LgBR PRT IBAMA 19 de 06/06/91
Proíbe a exploração de qualquer tipo de formação florestal em áreas de preservação permanente. Pub. DOU 11/06/91.

LgBR PRT IBAMA 29 de 24/03/94
Estabelece normas para a importação e exportação de animais. Pub. DOU 13/04/94. REVOGADA pela Portaria IBAMA 93 de 07/07/98.

LgBR PRT IBAMA 43-N de 16/04/92
Altera o Capítulo III, da Portaria nº 543, de 06 de abril de 1990 do IBAMA. Pub. DOU 20/04/92.

LgBR PRT IBAMA 51-N de 11/05/94
Aprova o roteiro para criação e legalização das reservas extrativistas. Pub. DOU 13/05/94.

LgBR PRT IBAMA 78 de 27/07/94
Dispõe sobre a instituição do Centro Nacional de Pesquisa para a Conservação de Predadores Naturais – CENAP. Pub. DOU 04/08/94.

LgBR PRT IBAMA 149-P de 30/12/92
MOTO-SERRAS- Dispõe sobre o Registro de Comerciante ou Proprietário junto ao IBAMA e revoga as portarias normativas que menciona. Pub. DOU 15/01/93.

LgBR PRT IBAMA 218 de 04/05/89
Estabelece normas de procedimento quanto às autorizações de derrubada e exploração florestal envolvendo área da Mata Atlântica. Pub. DOU 08/05/89.

LgBR PRT IBAMA 283-P de 18/05/89
Dispõe sobre o registro de Jardins Zoológicos Públicos ou Privados, e dá outras providências. Pub. DOU 24/05/89.

LgBR PRT IBAMA 332 de 13/03/90
Determina que a licença para coleta de material zoológico, destinado a fins científicos ou didáticos, poderá ser concedida pelo IBAMA em qualquer época, a cientistas e profissionais devidamente qualificados, pertencentes a instituições científicas brasileiras públicas e privadas credenciadas pelo IBAMA ou por elas indicadas. Pub. DOU 20/03/90.

LgBR PRT IBAMA 438 de 09/08/89
Altera o artigo 4º da Portaria 218, de 04 de maio de 1989, que dispõe sobre a Mata Atlântica. Pub. DOU 11/08/89.

LgBR PRT IBAMA 445 de 10/08/89
Aprova o Regimento Interno do Instituto Brasileiro do Meio Ambiente e dos Recursos Naturais. Pub. DOU 21/08/89.

LgBR PRT IBAMA 543 de 06/04/90
Institui o Centro de Estudos de Migrações de Aves – CEMAVE. Pub. DOU 11/04/90.

LgBR PRT IBAMA 544 de 06/04/90
Institui o Centro Nacional de Conservação e Manejo de Sirênios – "Peixe-boi". Pub. DOFC 11/04/90.

LgBR PRT IBAMA 710 de 19/09/89
Disciplina a participação de consumidores de produtos florestais, dentro do que prevê o Programa de Fomento Florestal estabelecido no art. 4º, item 8, da Portaria nº 441/89, de 9 de agosto de 1989, através da criação de Associações. Pub. DOU 25/09/89. REVOGADA.

LgBR PRT IBAMA 732 de 01/04/91
Estabelece normas para o registro, no IBAMA, das pessoas físicas e jurídicas que exercem atividades relacionadas com o setor florestal, revoga a PRN 288-P, de 04/10/88 e o art. 1603 da Portaria 710-DIREN/P, de 19/09/89. Pub. DOU 05/04/91. REVOGADA.

LgBR PRT IBAMA 887 de 15/06/90
Promove a realização de diagnóstico da situação do Patrimônio Espeleológico Nacional, através de levantamento e análise de dados, identificando reais críticas e definindo ações e instrumentos necessários para sua devida proteção e uso adequado. Pub. DOU 20/06/90.

LgBR PRT IBAMA 1522 de 19/12/89
Reconhece a Lista Oficial de Espécies da Fauna Brasileira Ameaçada de Extinção. Pub. DOU 22/12/89. REVOGADA.

LgBR PRT IBAMA 1583 de 21/12/89
Permite atividade pesqueira, inclusive de aqüicultura, somente com autorização, permissão e/ou registro no IBAMA. Pub. DOU 26/12/89.

LgBR PRT IBAMA 1584 de 21/12/89
Estabelece normas para o exercício da Pesca Amadora, inclusive competições de pesca e inscrição de clubes ou associações de armadores de pesca no IBAMA. Pub. DOU. REVOGADA.

LgBR PRT IBAMA 1933 de 28/09/90
Proíbe a instalação de qualquer fonte de iluminação artificial direta sobre a Beira da Praia, nas praias que relaciona. Pub. DOU 05/10/90. REVOGADA.

LgBR PRT IBAMA 1937 de 28/09/90
Poluição Ambiental – Os veículos importados para comercialização e uso no território nacional devem atender plenamente os limites de emissão e demais exigências estabelecidas pelas Resoluções CONAMA nº 18, de 06/05/85, nº 04, de 15/06/88, nº 03, e nº 04, de 15/06/89, nº 10, de 14/09/89 e resoluções complementares. Pub DOU 11/10/90.

LgBR PRT IBAMA 2230 de 07/11/90
Estabelece normas para o exercício da pesca na bacia do rio São Francisco. Pub. DOU 13/11/90. REVOGADA.

LgBR PRT IBAMA 2314 de 26/11/90
Institui os criadouros destinados à reprodução de insetos da ordem Lepidóptera da Fauna Silvestre com finalidade econômica e determina suas condições de funcionamento. Em anexo, são publicadas as diretrizes para o Plano de Manejo Sustentado para a criação de insetos da ordem Lepidóptera. Pub. DOU 03/12/90.

LgBR PRT IBDF 79-P de 03/03/75
Caça Amadorista – Traça normas ao seu exercício. Pub. DOU 05/05/75.

LgBR PRT IBDF 231-P de 08/08/88
Dispõe sobre autorização para o uso de fogo sobre forma de queima controlada. Pub. DOU 16/08/88.

LgBR PRT IBDF 327-P de 29/08/77
Refúgios particulares de animais nativos. Pub. DOU. REVOGADA.

LgBR PRT IBDF 486-P de 28/10/86
REVOGADA.

LgBR PRT INTER 01 de 20/04/94
Institui um Grupo de Trabalho Interministerial, para desenvolver e propor uma política e um Programa Nacional de Ecoturismo. Pub. DOU 23/04/94.

LgBR PRT MF/MS/MINTER 292 DE 28/04/89
Obriga o registro junto ao IBAMA das empresas que se dediquem a indústria e comércio de preservativos e preservação de madeiras. Revoga as Portarias 2748-DN, de 16/03/1972, e o 5-P, de 08/03/1982. Pub. DOU 02/05/89.

LgBR PRT MINFRA 843 DE 31/10/90
Autoriza o exercício da atividade de distribuidor de Gás Liquefeito de Petróleo – GLP, e revoga os normativos que menciona. Pub. DOU 01/11/90.

LgBR PRT MINTER 53 DE 01/03/79
Estabelece normas aos projetos específicos de tratamento e disposição final de resíduos sólidos, bem como a fiscalização de sua implantação. Pub. DOU 24/03/79.

LgBR PRT MINTER 92 DE 19/06/80
Dispõe sobre as medidas de controle dos níveis excessivos de sons e ruídos. Pub. DOU 25/06/1980.

LgBR PRT MINTER 100 DE 14/07/80
Dispõe sobre a emissão de fumaça por veículos movidos a óleo diesel. Pub. DOU 17/07/80.

LgBR PRT MINTER 231 DE 27/04/76
Estabelece os Padrões de Qualidade do Ar, e dá outras providências. Pub. DOU 07/05/76.

LgBR PRT MME 468 DE 31/03/78
Regulamenta as derivações insignificantes das águas públicas dos rios federais, referidas no artigo 43 do Código de Águas, somente poderão ser realizadas pelos proprietários ribeirinhos, para aplicações da agricultura, da indústria e da higiene, mediante permissão, através de Portaria do Diretor-Geral do Departamento Nacional de Águas e Energia Elétrica-DNAEE. Pub. DOU 07/04/78.

LgBR PRT MS/MSD 36 DE 19/01/90
Aprova normas e padrão de potabilidade da água destinada ao consumo humano. Pub. DOU 23/01/90.

LgBR PRT MS/MSD 1565 DE 26/08/94
Define o Sistema Nacional de Vigilância Sanitária e sua abrangência, esclarece a competência das três esferas de governo e estabelece as bases para a descentralização da execução de serviços e ações de vigilância em saúde no âmbito do Sistema Único de Saúde. Pub. DOU 29/08/94.

LgBR PRT MS/SNVS 04 DE 23/02/84
Autoriza o uso da substância química BHC conforme as restrições indicadas pela Secretaria Nacional de Vigilância Sanitária. Pub. DOU 24/02/84.

LgBR PRT SUDEPE 1-N DE 04/01/77
Expede normas a serem observadas na construção de barragens que implicarem na alteração de cursos d'água. Pub. DOU 15/02/77.

LgBR PRT SUDEPE 12-N DE 07/04/82
Proíbe o uso de bombas de sucção, quando da utilização de águas interiores para fins de abastecimento e irrigação. Pub. DOU 16/04/82.

LgBR RES CONAMA 1 DE 23/01/86
Estabelece as definições, as responsabilidades e os critérios básicos e diretrizes gerais para o uso e implementação da avaliação do impacto ambiental. Pub. DOU 17/02/86.

LgBR RES CONAMA 2 DE 15/06/89
Cria uma Câmara Técnica de acompanhamento e análises das soluções propostas para o destino final do lixo radioativo, produzido no país. Pub. DOU 25/08/89.

LgBR RES CONAMA 3 DE 16/03/88
Regulamenta a participação de Mutirões Ambientais, integrados no mínimo por 3 pessoas, credenciadas junto ao Órgão Ambiental Competente, na fiscalização de Áreas Protegidas. Pub. DOU 16/11/88.

LgBR RES CONAMA 3 DE 28/06/90
Estabelece padrões de qualidade do ar, previstos no PRONAR – Programa Nacional de Controle da qualidade do Ar. Pub. DOU 22/08/90.

LgBR RES CONAMA 4 DE 18/09/85
Define critérios, normas e procedimentos gerais para a caracterização e o estabelecimento de Reservas Ecológicas. Pub. DOU 20/01/86.

LgBR RES CONAMA 5 de 15/06/89
Institui o Programa Nacional de Controle da Qualidade do Ar – PRONAR, como um dos instrumentos básicos da Gestão Ambiental para proteção da saúde e melhoria da qualidade de vida. Pub. DOU 25/08/89.

LgBR RES CONAMA 5 de 06/08/87
Aprova o Programa Nacional de Proteção do Patrimônio Espeleológico. Pub. DOU 22/10/87. REVOGADA pela LgBR RES CONAMA 347 de 10/09/04.

LgBR RES CONAMA 5 de 20/11/85
Inclui entre as atividades potencialmente poluidoras o transporte, estocagem e o uso de pentaclorofenol e pentaclorofenato de sódio conhecido como Pó da China. Pub. DOU 02/05/86.

LgBR RES CONAMA 6 de 15/06/88
Determina que as indústrias geradoras de resíduos apresentem ao órgão ambiental competente informações sobre a geração, características e destino final de seus resíduos e dá outras providências. Pub. DOU 16/01/89.

LgBR RES CONAMA 6 de 15/06/89
Institui o Cadastro Nacional de Entidades Ambientalistas – CNEA. Pub. DOU 25/08/89.

LgBR RES CONAMA 6 de 16/09/87
Estabelece normas gerais para o licenciamento ambiental de obras de grande porte, em particular para aquelas em que a União tenha interesse relevante como a geração de energia elétrica. Pub. DOU 22/10/87.

LgBR RES CONAMA 9 de 24/01/86
Dispõe sobre a criação de Comissão Especial para estudos do Patrimônio Espeleológico. Pub. DOU 07/04/86.

LgBR RES CONAMA 10 de 01/10/93
Estabelece os parâmetros básicos para análise dos estágios de sucessão da Mata Atlântica e dá outras providências. Pub. DOU 03/11/93.

LgBR RES CONAMA 10 de 14/12/88
Estabelece normas gerais relativas às áreas de Proteção Ambiental – APAs. Pub. DOU 11/08/1989.

LgBR RES CONAMA 11 de 03/12/87
Declara como unidades de conservação as seguintes categorias de sítios ecológicos de relevância cultural criadas por atos do Poder Público: estações ecológicas; reservas ecológicas; APA; parques nacionais, estaduais e municipais; monumentos nacionais; jardins botânicos; jardins zoológicos e hortos florestais. Pub. DOU 18/03/1988.

LgBR RES CONAMA 11 de 14/12/88
Dispõe sobre as unidades de conservação, quando atingidas pela ação do fogo. Pub. DOU 11/08/89.

LgBR RES CONAMA 16 de 07/12/89
Institui o Programa Integrado de Avaliação e Controle Ambiental da Amazônia Legal, que terá como objetivo geral a criação de mecanismos técnicos e operacionais que subsidiem os órgãos ambientais competentes no controle das atividades potencialmente impactantes do meio ambiente. Pub. DOU 24/01/90.

LgBR RES CONAMA 18 de 06/05/86
Dispõe sobre a instituição do Programa de Controle da Poluição do Ar por Veículos Automotores – PROCONVE. Pub. DOFC 17/06/86.

LgBR RES CONAMA 20 de 18/06/86
Estabelece a classificação das águas doces, salobras e salinas do território nacional. Pub. DOU 30/07/86. REVOGADA pela LgBR RES CONAMA 357 de 17/03/05.

LgBR RES CONAMA 20 de 07/12/94
Institui o Selo Ruído, como forma de indicação do nível de potência sonora, medido em decibel – dB(A), de uso obrigatório a partir desta Resolução para aparelhos eletrodomésticos, que venham a ser produzidos, importados e que gerem ruído no seu funcionamento. Pub. DOU 30/12/94.

LgBR RES CONAMA 23 de 07/12/94
Institui procedimentos específicos para o licenciamento de atividades relacionadas à exploração e lavra de jazidas de combustíveis líquidos e gás natural. Pub. DOU 30/12/94.

LgBR RES CONAMA 237 de 22/12/97
Regulamenta os procedimentos e critérios realizado nos licenciamentos ambientais pelos órgãos do Sistema Nacional de Meio Ambiente, estabelece os critérios para o exercício da competência do licenciamento a que se refere o art. 10 da Lei 6938 de 31/08/81 e dá outras providências. Pub. DOU 22/12/97.

LgBR RES CONAMA 252 de 07/01/99
Estabelece, para os veículos rodoviários automotores, inclusive veículos encarroçados, complementados e modificados, nacionais ou importados, limites máximos de ruído nas proximidades do escapamento, para fins de inspeção obrigatória e fiscalização de veículos em uso. Pub. DOU 01/02/99.

LgBR RES CONAMA 257 de 30/06/99
Estabelece, que pilhas e baterias que contenham em suas composições chumbo, cádmio, mercúrio e seus compostos, tenham os procedimentos de reutilização, reciclagem, tratamento ou disposição final ambientalmente adequados. Pub. DOU 22/07/99.

LgBR RES CONAMA 258 de 26/08/99
Determina que as empresas fabricantes e as importadoras de pneumáticos ficam obrigadas a coletar e dar destinação final ambientalmente adequadas aos pneus inservíveis. Pub. DOU 02/12/99. OBS.: Conforme texto legal do Conselho Nacional do Meio Ambiente, consta duas datas de legislação: 26/08/99 e 30/06/99.

LgBR RES CONAMA 264 de 26/08/99
Licenciamento de fornos rotativos. Pub. DOU 27/09/00.

LgBR RES CONAMA 266 de 03/08/00
Diretrizes para a criação de jardins botânicos. Pub. DOU 27/09/00. REVOGADA pela LgBR RES CONAMA 339 de 25/09/03.

LgBR RES CONAMA 267 de 14/09/00
Proibição de Substâncias que destroem a camada de ozônio. Pub. DOU 11/12/00.

LgBR RES CONAMA 269 de 14/09/00
Regulamenta o uso de dispersantes químicos em derrames de óleo no mar. Pub. DOU 12/01/01.

LgBR RES CONAMA 274 de 29/11/00
Sistemáticas de avaliação da qualidade ambiental das águas. Pub. DOU 19/06/01.

LgBR RES CONAMA 275 de 25/04/01
Reciclagem de resíduos. Pub. DOU 19/06/01.

LgBR RES CONAMA 279 de 27/06/01
Usinas elétricas/termelétricas – Impacto ambiental. Pub. DOU 29/06/01.

LgBR RES CONAMA 282 de 12/07/01
Estabelece os requisitos para os conversores catalíticos destinados à reposição, e dá outras providências. Pub. DOU 19/11/01.

LgBR RES CONAMA 283 12/07/01
Dispõe sobre o tratamento e a destinação final dos resíduos dos serviços de saúde. Pub. DOU 01/10/01. REVOGADA pela LgBR RES CONAMA 358 de 29/04/05.

LgBR RES CONAMA 289 de 25/10/01
Estabelece diretrizes para o Licenciamento Ambiental de Projetos de Assentamentos de Reforma Agrária. Pub. DOU 21/12/01.

LgBR RES CONAMA 291 de 25/10/01
Regulamenta os conjuntos para conversão de veículos para o uso de gás natural e dá outras providências. Pub. DOU 25/04/02.

LgBR RES CONAMA 292 de 21/03/02
Disciplina o cadastramento e recadastramento das Entidades Ambientalistas no CNEA. Pub. DOU 08/05/02.

LgBR RES CONAMA 293 de 12/12/01
Dispõe sobre o conteúdo mínimo do Plano de Emergência Individual para incidentes de poluição por óleo originados em portos organizados, instalações portuárias ou terminais, dutos, plataformas, bem como suas respectivas instalações de apoio, e orienta a sua elaboração. Pub. DOU 29/04/02.

LgBR RES CONAMA 297 de 20/02/02
Estabelece os limites para emissões de gases poluentes por ciclomotores, motociclos e veículos similares novos. Pub. DOU 15/03/02.

LgBR RES CONAMA 299 de 25/10/01
Estabelece procedimentos para a elaboração de relatório de valores para o controle das emissões dos veículos novos produzidos e/ou importados. Pub. DOU 20/05/02.

LgBR RES CONAMA 302 de 20/03/02
Dispõe sobre os parâmetros, definições e limites de Áreas de Preservação Permanente de reservatórios artificiais e o regime de uso do entorno. Pub. DOU 13/05/02.

LgBR RES CONAMA 303 de 20/03/02
Dispõe sobre parâmetros, definições e limites de Áreas de Preservação Permanente. Pub. DOU 13/05/02.

LgBR RES CONAMA 305 de 12/06/02
Dispõe sobre Licenciamento Ambiental, Estudo de Impacto Ambiental e Relatório de Impacto no Meio Ambiente de atividades e empreendimentos com Organismos Geneticamente Modificados e seus derivados Pub DOU 04/07/02.

LgBR RES CONAMA 306 de 05/07/02
Estabelece os requisitos mínimos e o termo de referência para a realização de auditorias ambientais. Pub. DOU 19/07/02.

LgBR RES CONAMA 307 de 05/07/02
Estabelece diretrizes, para a gestão dos resíduos da construção civil. Pub. DOU 17/07/02.

LgBR RES CONAMA 308 de 21/03/02
Licenciamento Ambiental de sistemas de disposição final dos resíduos sólidos urbanos gerados em municípios de pequeno porte. Pub. DOU 29/07/02.

LgBR RES CONAMA 312 de 10/10/02
Dispõe sobre licenciamento ambiental dos empreendimentos de carcinicultura na zona costeira. Pub. DOU 18/10/02.

LgBR RES CONAMA 313 de 29/10/02
Dispõe sobre o Inventário Nacional de Resíduos Sólidos Industriais. Pub. DOU 22/11/02.

LgBR RES CONAMA 314 de 29/10/02
Dispõe sobre o registro de produtos destinados à remediação e dá outras providências. Pub. DOU 20/11/02.

LgBR RES CONAMA 315 de 29/10/02
Dispõe sobre a nova etapa do Programa de Controle de Emissões Veiculares-PROCONVE. Pub. DOU 20/11/02.

LgBR RES CONAMA 316 de 29/10/02
Dispõe sobre procedimentos e critérios para o funcionamento de sistemas de tratamento térmico de resíduos. Pub. DOU 20/11/02.

LgBR RES CONAMA 334 de 03/04/03
Dispõe sobre os procedimentos de licenciamento ambiental de estabelecimentos destinados ao recebimento de embalagens vazias de agrotóxicos. Pub. DOU 19/05/03.

LgBR RES CONAMA 339 de 25/09/03
Dispõe sobre a criação, normatização e o funcionamento dos jardins botânicos, e dá outras providências. Pub. DOU 03/11/03.

LgBR RES CONAMA 344 de 25/03/04
Estabelece as diretrizes gerais e os procedimentos mínimos para a avaliação do material a ser dragado em águas jurisdicionais brasileiras, e dá outras providências. Pub. DOU 07/05/04.

LgBR RES CONAMA 346 de 16/08/04
Disciplina a utilização das abelhas silvestres nativas, bem como a implantação de meliponários. Pub. DOU 17/08/04.

LgBR RES CONAMA 347 de 10/09/04
Dispõe sobre a proteção do patrimônio espeleológico. Pub. DOU 13/09/04.

LgBR RES CONAMA 348 de 16/08/04
Altera a RESOLUÇÃO nº 307, de 5 de julho de 2002, incluindo o amianto na classe de resíduos perigosos. Pub. DOU 17/08/04.

LgBR RES CONAMA 349 de 16/08/04
Dispõe sobre o licenciamento ambiental de empreendimentos ferroviários de pe-

queno potencial de impacto ambiental e a regularização dos empreendimentos em operação. Pub. DOU 17/08/04.

LgBR RES CONAMA 350 de 06/07/04
Dispõe sobre o licenciamento ambiental específico das atividades de aquisição de dados sísmicos marítimos e em zonas de transição. Pub. DOU 20/08/04.

LgBR RES CONAMA 354 de 13/12/04
Dispõe sobre os requisitos para adoção de sistemas de diagnose de bordo – OBD nos veículos automotores leves objetivando preservar a funcionalidade dos sistemas de controle de emissão. Pub. DOU 14/12/04.

LgBR RES CONAMA 357 de 17/03/05
Dispõe sobre a classificação dos corpos de água e diretrizes ambientais para o seu enquadramento, bem como estabelece as condições e padrões de lançamento de efluentes, e dá outras providências. Pub. DOU 18/03/05.

LgBR RES CONAMA 358 de 29/04/05
Dispõe sobre o tratamento e a disposição final dos resíduos dos serviços de saúde e dá outras providências. Pub. DOU 04/05/05.

LgPOA DEC 8183 de 07/03/83
Regulamenta a Lei Complementar nº 65, de 22/12/81, institui o Plano de Avaliação do Impacto Ambiental e procedimentos administrativos e dá outras providências. Pub. DOERS 11/03/83.

LgPOA DEC 8184 de 07/03/83
Regulamenta a Lei Complementar nº 65, de 22/12/81, em relação ao uso de espaço visual urbano, e dá outras providências. Pub. DOERS 11/03/83.

LgPOA DEC 8185 de 07/03/83
Regulamenta a Lei Complementar nº 65, de 22/12/81, estabelece padrões de emissão e imissão de ruídos e vibrações, bem como outros condicionantes ambientais e dá outras providências. Pub. DOERS 11/03/83.

LgPOA DEC 8186 de 07/03/83
Regulamenta a Lei Complementar nº 65 de 22/12/81, no que concerne à proteção da Flora e fauna e dá outras providências. Pub. DOERS 11/03/83.

LgPOA DEC 8187 de 07/03/83
Regulamenta a Lei Complementar nº 65, de 22/12/81, no que se refere à extração de substâncias minerais da classe II, argilas empregadas no fabrico de cerâmica vermelha e outros movimentos de terra e dá outras providências. Pub. DOERS 11/03/83.

LgPOA DEC 9325 de 30/11/88
Regulamenta a Lei Complementar nº 65, de 22/12/81, em relação à emissão de poluentes atmosféricos no município de Porto Alegre e dá outras providências. Pub. DOERS 02/12/88.

LgPOA DEC 9331 de 07/12/88
Regulamenta a Lei Complementar nº 65, de 22/12/81, em relação ao controle de poluição hídrica no município de Porto Alegre e dá outras providências. Pub. DOERS 09/12/88.

LgPOA DEC 9367 de 29/12/88
Regulamenta a Lei Complementar nº 65, de 22/12/81, em relação ao manejo de resíduos sólidos no município de Porto Alegre e dá outras providências. Pub. DOERS 30/12/88.

LgPOA LEI 6586 de 12/01/90
Institui a obrigatoriedade de programas de Educação Ambiental, a nível curricular, nas escolas de 1º e 2º graus do Município. Pub. DOE 17/01/90.

LgPOA LEI 7234 de 19/01/93
Define normas para regulamentação da propaganda ao ar livre no município de Porto Alegre, e dá outras providências. Pub. DOERS 22/01/93.

LgPOA LEI COMPL. 43 de 21/07/79
Dispõe sobre o desenvolvimento urbano no Município de Porto Alegre, institui o Primeiro Plano Diretor de Desenvolvimento Urbano e dá outras providências. Pub. DOERS 30/07/79. REVOGADA pela LgPOA LEI COMPL. 434 de 01/12/99.

LgPOA LEI COMPL. 65 de 22/12/81
Dispõe sobre a prevenção e controle do meio ambiente no município de Porto Alegre e dá outras providências. Pub. DOERS 04/01/82.

LgPOA LEI COMPL. 105 de 17/04/84
Regula o transporte, manuseio e armazenagem de cargas perigosas no Município de Porto Alegre e dá outras providências. Pub. DOERS 24/04/84.

LgPOA LEI COMPL. 108 de 28/09/84
Altera o art. 34 e acrescenta parágrafo ao art. 35 da Lei Complementar nº 12, de 07 de janeiro de 1975. Pub. DOERS 04/10/84.

LgPOA LEI COMPL. 234 de 10/10/90
Institui, em Porto Alegre, o Código Municipal de Limpeza Urbana. Pub. DOERS 16/10/90.

LgPOA LEI COMPL. 242 de 09/01/91
Disciplina a concessão do Direito Real de Uso aos ocupantes de áreas de propriedade do Poder Público Municipal. Pub. DOERS 10/01/91.

LgPOA LEI COMPL. 251 de 25/07/91
Altera dispositivos da Lei Complementar nº 242, de 09 de janeiro de 1991, que disciplina a Concessão do Direito Real de Uso aos ocupantes de área de propriedade do Poder Público Municipal e dá outras providências. Pub. DOERS 26/07/91.

LgPOA LEI COMPL. 313 de 30/12/93
Regulamenta o artigo 104 da Lei Orgânica Municipal e dá outras providências. Pub. DOERS 06/01/94.

LgPOA LEI COMPL. 434 de 01/12/99
Dispõe sobre o desenvolvimento urbano no Município de Porto Alegre, institui o Plano Diretor de Desenvolvimento Urbano Ambiental de Porto Alegre e dá outras providências. Pub. DOPA 24/12/99.

LgRS CE, art. 24
Constituição do Estado do Rio Grande do Sul, promulgada em 03/10/89. Art. 247 Seção II – Do Saneamento Básico, Cap. IV – Do Meio Ambiente.

LgRS CE, art. 171
Constituição do Estado do Rio Grande do Sul, promulgada em 03/10/89, pub. DOERS 04/10/89 e rep. em 14/12/89. Cap. II – Da Política de Desenvolvimento Estadual e Regional. Institui o Sistema Estadual de Recursos Hídricos.

LgRS DEC 23430 de 24/10/74
Aprova Regulamento que dispõe sobre a promoção, proteção e recuperação da Saúde Pública. Pub. DOERS 03/12/74.

LgRS DEC 28436 de 28/02/79
Institui o Plano Básico do Parque Estadual Delta do Jacuí, e dá outras providências. Pub. DOERS 02/03/79.

LgRS DEC 30527 de 30/12/81
Enumera as fontes de poluição referidas na Lei nº 7488, de 14 de janeiro de 1981, e dá outras providências. Pub. DOERS 04/01/82.

LgRS DEC 32854 de 27/05/88
Regulamenta o procedimento de cadastro dos produtos agrotóxicos e biocidas, instituído pela Lei 7747, de 22 de dezembro de 1982 e dá outras providências. Pub. DOERS 31/05/88.

LgRS DEC 34256 de 02/04/92
Cria o Sistema Estadual de Unidades de Conservação e dá outras providências. Pub. DOE 02/04/92.

LgRS DEC 34573 de 16/12/92
Aprova o Regulamento dos Parques do Estado do Rio Grande do Sul. Pub. DOERS 17/12/92. REVOGADO.

LgRS DEC 35096 de 25/01/94
Regulamenta o Sistema de Controle para o Transporte de Produto Florestal, através de licenciamento obrigatório, no território do Rio Grande do Sul. Pub. DOERS 26/01/94. REVOGADO.

LgRS DEC 35194 de 18/04/94
Regulamenta a Lei 10056, de 10 de janeiro de 1994, que autoriza a Caça Amadorística no Território do Estado do Rio Grande do Sul. Pub. D-O 73 19/04/94.

LgRS DEC 35439 de 18/08/94
Regulamenta a obrigatoriedade da manutenção e da formação de florestas próprias plantadas para os consumidores de matéria-prima florestal. Pub. DOERS 19/08/94.

LgRS DEC 37033 de 21/11/96
Regulamenta a outorga do direito de uso da água no Estado do Rio Grande do Sul, prevista nos artigos 29, 30 e 31 da Lei

10350, de 30 de dezembro de 1994. Pub. DOERS 22/11/96.

LgRS DEC 37034 de 21/11/96
Regulamenta o artigo 18 da Lei 10350 de 30 de dezembro de 1994. Pub. DOERS 22/11/96.

LgRS DEC 38355 de 01/04/98
Estabelece as normas básicas para o manejo dos recursos florestais nativos do Estado do Rio Grande do Sul de acordo com a legislação vigente. Pub. DOERS 02/04/98.

LgRS DEC 38356 de 01/04/98
Dispõe sobre a gestão dos resíduos sólidos no Estado do Rio Grande do Sul. Pub. DOERS 02/04/98.

LgRS DEC 38814 de 26/08/98
Regulamenta o Sistema Estadual de Unidades de Conservação–SEUC e dá outras providências. Pub. DOERS 27/08/98.

LgRS DEC 40097 de 19/05/00
Dá nova redação ao Art. 2º do Decreto nº 35194/94, que regulamenta a caça amadorística no território do Estado do Rio Grande do Sul. Pub. DO 96 22/05/00.

LgRS DEC 41467 de 08/03/02
Regulamenta a utilização do Cadastro Florestal Estadual, da Ficha de Controle Florestal e do Rótulo Florestal, e dá outras providências. DOERS 12/03/02.

LgRS DEC 41672 de 11/06/02
Declara as Espécies da Fauna Silvestre Ameaçadas de Extinção no Estado do Rio Grande do Sul, e dá outras providências. Pub. DO 12/06/02.

LgRS DLG 3063 de 29/06/73
Aprova Convênio entre o Governo do Estado e o Ministério da Marinha, para a realização de estudos e trabalhos necessários ao controle e combate à poluição das águas do Rio Guaíba e suas bacias contribuintes. Pub. DOERS 18/07/73.

LgRS LEI 6497 de 20/12/72
Autoriza a instituição de Fundação e dá outras providências. Pub. DOE 23/12/72.

LgRS LEI 6503 de 22/12/72
Dispõe sobre a promoção, proteção e recuperação da Saúde Pública. Pub. DOERS 29/12/72.

LgRS LEI 7488 de 14/01/81
Dispõe sobre a proteção do meio ambiente e o controle da poluição, e dá outras providências. Pub. DOERS 14/01/81.

LgRS LEI 7747 de 22/12/82
Dispõe sobre o controle de agrotóxicos e outros biocidas a nível estadual e dá outras providências. Pub. DOERS 22/12/82.

LgRS LEI 7877 de 28/12/83
Dispõe sobre o transporte de cargas perigosas no Estado do Rio Grande do Sul, e dá outras providências. Pub. DOERS 28/12/83.

LgRS LEI 8108 de 19/12/85
Dispõe sobre a criação de Áreas Especiais e de Locais de Interesse Turístico de que trata a Lei Federal 6513, de 20 de dezembro de 1977, e dá outras providências. Pub. DOERS.

LgRS LEI 9077 de 04/06/90
Institui a Fundação Estadual de Proteção Ambiental e dá outras providências. Pub. DOERS 05/06/90.

LgRS LEI 9474 de 20/12/91
Dispõe sobre a preservação do solo agrícola e adota outras providências. Pub. DOERS 20/12/91.

LgRS LEI 9493 de 07/01/92
Considera, no Estado do Rio Grande do Sul, a coleta seletiva e a reciclagem do lixo como atividades ecológicas, de relevância social e de interesse público. Pub. DOERS 07/01/92.

LgRS LEI 9519 de 21/01/92
Institui o Código Florestal do Rio Grande do Sul e dá outras providências. Pub. DOERS 21/01/92.

LgRS LEI 9921 de 27/07/93
Dispõe sobre a gestão dos resíduos sólidos, nos termos do artigo 247, parágrafo 3º da Constituição do Estado e dá outras providências. Pub. DOERS 28/07/93.

LgRS LEI 10056 de 10/01/94
Dispõe sobre a autorização da caça amadorística no território do Estado do Rio Grande do Sul e dá outras providências. Pub. DOERS 11/01/94.

LgRS LEI 10099 de 07/02/94
Dispõe sobre os resíduos sólidos provenientes de serviços de saúde e dá outras providências. Pub. DOERS 08/02/94.

LgRS LEI 10116 de 23/03/94
Institui a Lei do Desenvolvimento Urbano, que dispõe sobre os critérios e requisitos mínimos para a definição e a delimitação de áreas urbanas e de expansão urbana, sobre as diretrizes e normas gerais de parcelamento do solo para fins urbanos, sobre a elaboração de planos e de diretrizes gerais de ocupação do território pelos municípios e dá outras providências. Pub. DOERS 24/03/94.

LgRS LEI 10164 de 11/05/94
Dispõe sobre a definição da pesca artesanal no território do Estado do Rio Grande do Sul e dá outras providências. Pub. DOERS 12/05/94.

LgRS LEI 10227 de 06/07/94
Dispõe sobre o controle de substâncias químicas, classificadas como ácidos, e dá outras providências. Pub. DOERS 07/07/94.

LgRS LEI 10254 de 08/09/94
Dispõe sobre a pesca amadorística no Estado do Rio Grande do Sul e dá outras providências. Pub. DOERS 09/09/94.

LgRS LEI 10330 de 27/12/94
Dispõe sobre a organização do Sistema Estadual de Proteção Ambiental, a elaboração, implementação e controle da política ambiental do Estado e dá outras providências. Pub. DOERS 28/12/94.

LgRS LEI 10350 de 30/12/94
Institui o Sistema Estadual de Recursos Hídricos, regulamentando o artigo 171 da Constituição do Estado do Rio Grande do Sul. Pub. DOERS 01/01/95.

LgRS LEI 11520 de 04/08/00
Institui o Código Estadual do Meio Ambiente do Estado do Rio Grande do Sul e dá outras providências. Pub. DOERS 04/08/00.

LgRS LEI 11915 de 21/05/03
Institui o Código Estadual de Proteção aos animais, no âmbito do Estado do Rio Grande do Sul. Pub. DOERS.

LgRS PRT 06/93 de 23/04/93
Determina a implantação no Estado do Rio Grande do Sul do Sistema de Registro Estadual de produtos de uso e/ou consumo humano. Pub. DOERS 28/04/93.

M

MERCOSUL/CMD/DEC NO 06/96
Mercado Comum do Sul (MERCOSUL) DECISÕES DO CONSELHO DO MERCADO COMUM, adota o Acordo sobre a Aplicação das Medidas Sanitárias e Fitossanitárias da Organização Mundial de Comércio.

fontes referenciais

A

ABNT/NBR ASSOCIAÇÃO BRASILEIRA DE NORMAS TÉCNICAS/ NORMA BRASILEIRA.
ABR60 ABREU, S. F. Recursos minerais do Brasil. Rio de Janeiro: Ministério da Indústria e Comércio; Instituto Nacional de Tecnologia, 1960. 2v. v.1: Materiais não metálicos.
ACA87 GLOSSÁRIO de ecologia. São Paulo: Academia de Ciências do Estado de São Paulo/CNPq, 1987. 271p.
ACQ94 ACQUAVIVA, M. C. Dicionário jurídico brasileiro. 6.ed. São Paulo: Jurídica Brasileira, 1994.
ALC96 ALCARAZ VARO, E. ; HUGHES, B. Diccionario de términos económicos, financieros y comerciales: inglés-español / Spanish-English. 1.ed. Barcelona: Ariel, 1996. 1247p.
ALL55 ALLEN, S. W. Conserving natural resources: principles and practice in a democracy. New York: Maple, 1955. 347p.
ALL84 ALLABY, M. Diccionario del medio ambiente. Traducción de Joan Albert Vericat Sagristá. Madrid: Pirámide, 1984. 421p.
ALL91 ALLABY, A.; ALLABY, M. (Eds.). The Concise Oxford Dictionary of Earth Sciences. Oxford: Oxford University Press, 1991. 410p.
ALL94 ALLABY, M. (Ed.). The Concise Oxford Dictionary of Ecology. Oxford: Oxford University Press, 1994. 415p.

ANG59 ANGELY, J. Dicionário de botânica. 2.ed. Curitiba: Nobel, 1959. 403p.

ANT80 ANTAS, L. M. Dicionário de termos técnicos: inglês-português. São Paulo: Traço, 1980. 948p. v.2. (Coleção Aeroespacial).

ANT89 ANTUNES, L. F. C. A tutela dos interesses difusos em direito administrativo: para uma legislação procedimental. Coimbra: Almedina, 1989.

ANT92 ANTUNES, P. de B. Curso de direito ambiental: doutrina, legislação e jurisprudência. 2.ed. Rio de Janeiro: Renovar, 1992. 399p.

ARG80 ARGENTINA. Ley n. 22.190, de marzo de 1980. Régimen de prevención y vigilancia de la contaminación de las aguas u otros elementos del medio ambiente por agentes contaminantes provenientes de buques y artefactos navales – Derogación de la ley n. 20.481. B.O. Buenos Aires, 18/3/1980.

ARG81 ARGENTINA. Ley n. 22.428, de marzo de 1981. Ley de fomento de la conservación de suelos. B.O. Buenos Aires, 20/3/1981.

ARG886 ARGENTINA. Ley n. 1.919, de noviembre de 1886. Código de minería. B.O. Buenos Aires, 8/12/1886.

ARG89 ARGENTINA. Decreto n. 674, de mayo de 1989. Establecimientos industriales y/o especiales que produzcan en forma continua o discontinua vertidos residuales o barros originados por la depuración de aquéllos o conductos cloacales pluviales a un curso de agua – Control de la contaminación – Normas – Ambito de aplicación – Derogación del dec. n. 2.125/78. B.O. Buenos Aires, 6/6/1989.

ARG90 ARGENTINA. Ley n. 23.778, de mayo de 1990. Protocolo de Montreal relativo a las sustancias que agotan la capa de ozono, suscripto en Montreal el 16/9/87. B.O. Buenos Aires, 1/6/1990.

ARG91 ARGENTINA. Ley n. 23.922, de marzo de 1991. Convenio de Basilea sobre el control de los movimientos transfronterizos de los desechos peligrosos y su eliminación suscripto en Basilea, Suiza el 22/3/89. B.O. Buenos Aires, 24/4/1991.

ARG92 ARGENTINA. Decreto n. 181, de enero de 1992. Residuos, desechos o desperdicios procedentes de otros países – Prohibición de su transporte, introducción o importación al territorio nacional, área aduanera especial y áreas francas. B.O. Buenos Aires, 29/1/1992.

ARG92a ARGENTINA. Decreto n. 776, de mayo de 1992. Secretaría de Recursos Naturales y Ambiente Humano – Poder de Policía – Control de la contaminación hídrica – Normas – Modificación del dec. n. 674/89. B.O. Buenos Aires, 15/5/1992. 1ª sección, p.1-2.

ARG92b ARGENTINA. Ley n. 24.167, de setiembre de 1992. Enmienda del protocolo relativo a las sustancias que agotan la capa de ozono, adoptada en Londres el 29/6/90 – Aprobación. B.O. Buenos Aires, 5/11/1992.

ARG93 ARGENTINA. Decreto n. 831, de abril de 1993. Residuos peligrosos – generación, manipulación, transporte y tratamiento – Reglamentación de la ley n. 24.051. B.O. Buenos Aires, 3/5/1993. 1ª sección, p.5-22.

ARG93a ARGENTINA. Decreto n. 2.786, de diciembre de 1993. Estructura organizativa de la Secretaría de Recursos Naturales y Ambiente Humano. B.O. Buenos Aires, 1993.

ARG93b ARGENTINA. Ley n. 24.216, de mayo de 1993. Protocolo al tratado antártico sobre protección del medio ambiente adoptado por la XI Reunión Consultiva Especial del Tratado Antártico, en Madrid el 3/10/91 y suscripto por la República Argentina el 4/10/91 – Aprobación. B.O. Buenos Aires, 25/6/1993.

ARG94 ARGENTINA. Ley n. 24.292, de diciembre de 1993. Convenio internacional sobre cooperación, preparación y lucha contra la contaminación por hidrocarburos 1990 – Aprobación. B.O. Buenos Aires, 18/1/1994.

ARG94a ARGENTINA. Ley n. 24.375, de setiembre de 1994. Convenio sobre la diversidad biológica, adoptado en Río de Janeiro, Brasil el 5/6/92 – Aprobación. B.O. Buenos Aires, 6/10/1994.

ARG94b ARGENTINA. Ley n. 24.375, de setiembre de 1994. Convenio internacional para la protección de las obtenciones vegetales – Aprobación. B.O. Buenos Aires, 25/10/1994.

B

BAR76 BARCELO, J. R. Diccionario terminológico de química. 2. ed. Madrid: Alhambra, 1976. 774p.

BAT87 BATES, R. L. ; JACKSON, J. A. (Eds.). Glossary of geology. 3rd ed. Alexandria, VA: American Geological Institute, 1987. 788p.

BAT88 BATALHA, B. L. (Org.). Glossário de engenharia ambiental. 4.ed. Brasília: Secretaria Especial do Meio Ambiente, 1988. 119p.

BEN93 BENJAMIN, A. H. (Coord.). Dano ambiental: prevenção, reparação e repressão. Revista dos Tribunais, São Paulo, n.2, 1993.

BEN95 BENDER, A. E. ; BENDER, D. A. A dictionary of food and nutrition. Oxford: Oxford University Press, 1995. 413p.

BLA90 BLACK, H. C. Black´s Law Dictionary. 6.ed. St. Paul: West Publishing, 1990. 1657p.

BLA91 BLACK, H. C. Black's Law Dictionary. Abridged 6.ed. St. Paul: West Publishing, 1991. 1136p.

BRA82 BRANCO, P. de M. Dicionário de mineralogia. Porto Alegre:UFRGS, 1982. 264p.

BRA86 BRASIL. Legislação de conservação da natureza, 1986. Compilado por Carmem Moretzsohn Rocha. 4.ed. São Paulo: Companhia Enérgetica de São Paulo, 1986. 720p.

BRA90 BRASIL. Ministério do Interior. Instituto Brasileiro do Meio Ambiente e dos Recursos Naturais Renováveis. Manual de recuperação de áreas degradadas pela mineração: técnicas de revegetação. Brasília, 1990. 96p. Glossário, p.69-82.

BRA91 BRASIL. Meio ambiente: legislação. Brasília: Senado Federal, Subsecretaria de Edições Técnicas, 1991. 788p.

BRA91a BRASIL. Brasil Medio Ambiente. Brasilia, Secretaría de Prensa de la Presidencia de la República, n.1, ene. 1991.

BRA91b BRASIL. Brasil Medio Ambiente. Brasilia, Secretaría de Prensa de la Presidencia de la República, n.3, mar. 1991.

BRA92 BRAILE, P. M. Dicionário inglês-português de termos técnicos de ciências ambientais. Rio de Janeiro: SESI-DN/COHISI, 1992. 502p.

BRA92a BRASIL. Secretaria do Meio Ambiente. Instituto Brasileiro do Meio Ambiente e dos Recursos Naturais Renováveis. Coletânea da legislação federal de meio ambiente. Brasília, 1992. 797p.

BRA93 BRASIL. Ministério da Ciência e Tecnologia. Conselho Nacional de Desenvolvimento Científico e Tecnológico. Instituto Brasileiro de Informação em Ciência e Tecnologia. Manual de normas de editoração do IBICT. 2.ed. Brasília, 1993. 41p.

BRA97a BRASIL. Ministério do Meio Ambiente dos Recursos Hídricos e da Amazônia Legal. Secretaria dos Recursos Hídricos. Política Nacional de Recursos Hídricos. [Brasília, 1997] 35p.

BRA97b BRASIL. Ministério do Meio Ambiente dos Recursos Hídricos e da Amazônia Legal. Establishes the National Water Resource Policy. [Brasília, 1997] 27p.

C

CAN77 CANTER, L. W. Environmental Impact Assessment. New York: McGraw-Hill, 1977. 331p. (McGraw-Hill Series in Water Resources and Environmental Engineering).

CAP84 CAPUTO, M. V. Stratigraphy, Tectonics, Paleoclimatology and Paleogeography of Northern Basins of Brazil. 1984. 583p. PH Thesis – University of California, Santa Bárbara, 1984.

CAR80 CARVALHO, B. de A. Ecologia aplicada ao saneamento ambiental. Rio de Janeiro: ABES, 1980.

CAR81 CARVALHO, B. de A. Glossário de saneamento e ecologia. Rio de Janeiro: Associação Brasileira de Engenharia Sanitária e Ambiental, 1981. 203p.

CAS92 CASSANO, D. El rol del municipio, la participación y los nuevos espacios sociales en la institucionalidad provincial y local. Consejo Federal de Inversiones. Buenos Aires, 1992. 74p. (Estado y Administración. Documentos sobre la Reforma).

CEN89 CENTRO PANAMERICANO DE INGENIERIA SANITARIA Y CIENCIAS DEL AMBIENTE. Tesauro de ingeniería sanitaria y ciencias del ambiente. 7.ed. [S.l.]: OPS, 1989. 303p.

CEN90 CENTRO PANAMERICANO DE INGENIERIA SANITARIA Y CIENCIAS DEL AMBIENTE. RED PANAMERICANA DE INFORMACION Y DOCUMENTACION EN INGENIERIA SANITARIA Y CIENCIAS DEL AMBIENTE. Vocabulario en español, inglés y portugués de ingeniería sanitaria y ciencias del ambiente. Lima: OPS, 1990. 108p.

CEPSUL BRASIL. Instituto Brasileiro do Meio Ambiente e dos Recursos Naturais Renováveis. Centro de Pesquisa e Extensão Pesqueira da Região Sul/Sudeste.

CHA73 CHANLETT, E. T. Environmental Protection. New York: McGraw-Hill, 1973.

CLA90 CLARK, A. N. The Penguin Dictionary of Geography. London: Penguin Books, 1990. 361p.

CNEN Comissão Nacional de Energia Nuclear.

CNEN-NE-3.01 COMISSÃO NACIONAL DE ENERGIA NUCLEAR. Diretrizes Básicas de Radioproteção. Rio de Janeiro: CNEN, 1988. (Resolução – CNEN – 12/88). Publicada DOU de 01 agosto 1988.

CNEN-NE-3.02 COMISSÃO NACIONAL DE ENERGIA NUCLEAR. Serviços de Radioproteção. Rio de Janeiro, 1988. (Resolução – CNEN -10/88) (CNEN-NE-3.02, jul. 1988). Publicada no DOU de 01 agosto 1988.

CNEN-NE-3.05 COMISSÃO NACIONAL DE ENERGIA NUCLEAR. Requisitos de radioproteção e segurança para serviços de medicina nuclear. Rio de Janeiro,1989. (Portaria – CNEN/DExI – 01/89) (CNEN-NE-3.05).

CNEN-NE-5.01 COMISSÃO NACIONAL DE ENERGIA NUCLEAR. Transporte de materiais radioativos. Rio de Janeiro,1988. (Resolução – CNEN – 13/88) (CNEN-NE-5.01).

CNEN-NE-6.02 COMISSÃO NACIONAL DE ENERGIA NUCLEAR. Licenciamento de instalações radiativas. Rio de Janeiro,1984. (Resolução – CNEN – 09/84) (CNEN-NE-6.02).

CNEN-NE-6.05 COMISSÃO NACIONAL DE ENERGIA NUCLEAR. Gerência de rejeitos radioativos em instalações radiativas. Rio de Janeiro,1985. (Resolução – CNEN – 19/85) (CNEN-NE-6.05).

CNIA BRASIL Instituto Brasileiro do Meio Ambiente e dos Recursos Naturais Renováveis. Centro Nacional de Informação Ambiental.

COL86 COLLIN, P. H. English Law Dictionary. Teddington: Peter Collin Publishing, 1986. 322p.

COL88 COLLIN, P. H. Dictionary of Ecology and the Environment. Teddington: Peter Collin Publishing, 1988. 197p.

COL95 COLLIN, P. H. Dictionary of Ecology and the Environment. 3.ed. Teddington: Peter Collin Publishing, 1995. 253p.

COL97 COLLIN, P. H. Dictionary of Ecology and the Environment. 2.ed. Teddington: Peter Collin Publishing, 1997. 286p.

COM90 COMUNIDADES EUROPEAS. COMISION. Política de medio ambiente en la Comunidad Europea. 4.ed. Luxemburgo, 1990. 68p. (Serie Documentación Europea).

COM91 COMISSÃO INTERMINISTERIAL PARA PREPARAÇÃO DA CONFERÊNCIA DAS NAÇÕES UNIDAS SOBRE O MEIO AMBIENTE. O desafio do desenvolvimento sustentável. Brasília: CIMA, 1991. 204p.

COM94 COMISION SECTORIAL PARA EL MERCOSUR. Análisis del sector pesquero. Montevideo, CDD, n.7, dic. 1994. 54p.

COM95 COMISION SECTORIAL PARA EL MERCOSUR. Políticas ambientales y competitividad. Montevideo, CDD, n.23, feb. 1995. 148p.

CON92 CONSULTORIA E ENGENHARIA DO MEIO AMBIENTE. Guia de diretrizes ambientais para obras rodoviárias. [S.l.] Associação Nacional das Empresas de Obras Rodoviárias, 1992. 95p. Glossário de Termos Técnicos, p.70-89.

COO65 COOK, E. F.; MARTIN, E. W. Remington's Practice Pharmacy. A treatise. 12th ed., Easton, Philadelphia: Mack Publish Co., 1965.

COP83 COPE, C. B. et al. The Scientific Management of Hazardous Wastes. Cambridge: Cambridge University, 1983.

COS92 COSTA, M. D. B.; RAMOS, O. C. Ecologia e meio ambiente. Brasília: Brasília Jurídica, 1992. 2v.

COT78 COTTON, F. A.; WILKINSON, G. Química inorgânica. Rio de Janeiro: Livros Técnicos e Científicos, 1978.

CUQ90 CUQUEL, F. L. Recuperação de áreas degradadas através de arborização. Piracicaba: Escola Superior de Aquicultura "Luiz de Queiroz", USP, 1990. 33p.

CUR93 CURI, N. (Coord.). Vocabulário de ciência do solo. SBCS, 1993. 89p.

CUS93 CUSTÓDIO, H. B. A questão constitucional: propriedade, ordem econômica e dano ambiental. Competência legislativa concorrente. In: BENJAMIN, A. H. V. (Coord.). Dano ambiental: prevenção, reparação e repressão. São Paulo: Revista dos Tribunais, 1993. 470p. p.115-143.

D

DAG79 DAGET, P. ; GODRON, M. Vocabulaire d´écologie. 2.ed. rev. ampl. Paris; Hachette, 1979. 300p.

DAJ83 DAJOZ, R. Ecologia geral. Petrópolis: Vozes, 1983. 472p.

DAN69 DANA, J. D. Manual de mineralogia. Rio de Janeiro: LTC, 1969. 642p.

DAR95 DARNELL, J. et al. Molecular Cell Biology. 3.ed. New York: Scientific American Books, 1995.

DAS59 DASMANN, R. F. Environmental Conservation. New York: John Wiley & Sons, 1959.

DEP76 GLOSSÁRIO de termos hidrológicos. Brasília: Ministério de Minas e Energia; Departamento Nacional de Águas e Energia Elétrica, 1976. Sem numeração de páginas.

DER66 DERRUAU, M. Geomorfología. 4.ed. Barcelona: Ariel, 1966. 442p.

DER85 DE ROBERTIS, E. D. P.; DE ROBERTIS JUNIOR, E. M. F. Bases da biologia celular e molecular. Rio de Janeiro: Guanabara Koogan, 1985.

DES78 DE SANTO, R. S. Concepts of Applied Ecology. New York: Springer Verlag, 1978. 310p. (Heidelberg Science Library).

DIC66 DICIONÁRIO geográfico brasileiro. Porto Alegre: Globo, 1966.

DIC74 DICCIONARIOS Rioduero: geología y mineralogía. Madrid: Católica, 1974. 238p.

DIC78 DICIONÁRIO de termos técnicos de irrigação e drenagem. Brasília: ABID, 1978. 615p.

DIC92 DICIONÁRIO de ecologia ilustrado. São Paulo: MECA, [1992?]. 289p.

DIC94 A DICTIONARY of Law. 3rd ed. Oxford: Oxford University Press, 1994. 433p.

DOW93 DOWNES, J.; GOODMAN, J. E. Dicionário de termos financeiros e de investimentos. São Paulo: Nobel, 1993. 650p.

DUR73 DURRENBERGER, R. W. (Comp.). Dictionary of the Environmental Sciences. Palo Alto, California: National Press Books, 1973. 282p.

E

ECO88 ECONOMIC COMMISSION FOR EUROPE (Geneva). National Strategies for Protection of Flora, Fauna and their Habitats. New York: United Nations, 1988. 43p.

ECO92 ECONOMIC COMMISSION FOR EUROPE (Geneva). Code of Practice for the Conservation of Threatened Animals and Plants and other Species of International Significance. New York: United Nations, 1992. 61p.

ELK88 ELKINGTON, J. ; HAILES, J. The Green Consumer Guide: From Shampoo to Champagne High-street Shopping for a Better Environment. 7th ed. London: Victor Gollancz, 1988. 342p.

ELL90 ELLMORE, R. T. MTC'S Mass Media Dictionary. Lincolnwood, ILL.: NTC, 1990, 668p.

ELS90 ELSWORTH, S. A Dictionary of the Environment: A Practical Guide to Today´s Most Important Environmental Issues. London: Paladin Grafton Books, 1990. 516p.

ELY86 ELY, A. Economia do meio ambiente: uma apreciação introdutória interdisciplinar da poluição, ecologia e qualidade ambiental. Porto Alegre: Fundação de Economia e Estatística, 1986.

ENC77 ENCONTRO NACIONAL SOBRE CONSERVAÇÃO DA FAUNA E RECURSOS FAUNÍSTICOS, 1977, Brasília. Anais... Brasília: IBDF, 1977. 201p.

ENC92 ENCONTRO NACIONAL DE PESCA E AQUICULTURA, 1991, Santos. Documento técnico: Anais... Santos: Instituto de Pesca, 1992. 80p.

EN/ISO14001 ENVIRONMENTAL MANAGEMENT SYSTEMS, Specification with guidance for use (ISO 14001: 1996)

EN/ISO14010 GUIDELINES FOR ENVIRONMENTAL AUDITING -General principles (ISO 14010:1996)

ESP83 ESPARTEL, L.; LUDERITZ, J. Caderneta de campo. Porto Alegre: Globo, 1983.

EUR92 EUROPEAN COMMUNITIES COMMISSION. Report of the Commission of the European Communities to the United Nations Conference on Environment and Development. Rio de Janeiro, 1992.

F

FAV94 FAVERO, G. del. Ley sobre bases generales del medio ambiente. Estudios Públicos, Santiago de Chile: Centro de Estudios Públicos, n.54, p.5-48, otoño 1994.

FAW84 FAWCETT, H. H. Hazardous and Toxic Materials: Safe Handling & Disposal. New York: John Wiley & Sons, 1984.

FEL80 FELLENBERG, G. Introdução aos problemas da poluição ambiental. São Paulo: EPU, 1980. 196p.

FER89 FERRAZ JUNIOR, T. S. Introdução ao estudo do direito: técnica, decisão, dominação. São Paulo: Atlas, 1989. 335p.

FON53 FONT QUER, P. Diccionario de botánica. Barcelona: Labor, 1953. 1244p.

FOR92 FORATTINI, O. P. Ecologia, epidemiologia e sociedade. São Paulo: USP, 1992. 529p.

FRE93 FREITAS, V. P. de. Direito administrativo e meio ambiente. Curitiba: Juruá, 1993. 127p.

FRI87 FRIEDEL, H. Dicionário de ecologia e do meio ambiente. Trad. Carlos Almaça. Porto: Lello & Irmão, 1987. 273p.

FUN76 FUNDAÇÃO ZOOBOTÂNICA DO RIO GRANDE DO SUL. Preceituação ecológica para a preservação de recursos naturais na região da grande Porto Alegre, Fundação Zoobotânica do Rio Grande do Sul, Liv. Sulina, 1976. 153p.

G

GAL92 GALIANA MINGOT, T. de. Diccionario ilustrado de las ciencias. Madrid: Larousse, 1992. 1563p.

GAR74 GARCIA ROBLES, A. et al. México y el régimen del mar. 2.ed. México: Secretaría de Relaciones Exteriores, 1974. 406p.

GAR86 GARDNER, E. J.; SNUSTAD, D. P. Genética. 7.ed. Rio de Janeiro: Guanabara, 1986.

GLO60 GLOSARIO técnico de la industria del petróleo: español-inglés – inglés-español. 2.ed. Buenos Aires: Instituto Argentino del Petróleo, 1960. 523p. Edición bilingüe.

GOD79 GODMAN, A.; PAYNE, E. M. F. Longman Dictionary of Scientific Usage. London: Longman, 1979. 684p.

GON79 GONZALEZ MEDICCI, E. ; OSTOS VIVAS, J. O. Glosario ambiental. Caracas: Congreso de la República, 1979. 94p.

GOU91 GOULART, L. H. S. D. Dicionário do agrônomo. Porto Alegre: Rígel, 1991. 173p.

GUE80 GUERRA, A. T. Recursos naturais do Brasil: conservacionismo. 3.ed. Rio de Janeiro: IBGE, 1980. 220p.

GUE88 GUERRA, M. dos S. Introdução à citogenética geral. Rio de Janeiro: Guanabara, 1988.

H

HAN65 HANSEN, V. E.; ISRAELSEN, O. W. Principios y aplicaciones del riego. Barcelona: Reverté, 1965.

HAR64 HARDENBERGH, W. A. Abastecimento e purificação da água. 3.ed. Rio de Janeiro: Centro de Publicações Técnicas da Aliança, 1964. 466p.

HAU01 HAUSEN, E. C.; TEIXEIRA, O. P. B.; ÁLVARES, P. B. (Orgs). Código Estadual de Meio Ambiente do Rio Grande do Sul e Legislação Ambiental Básica. Porto Alegre: AEBA, 2001. 247p.

HAW77 HAWLEY, G. G. The Condensed Chemical Dictionary. 9th ed. New York: Van Nostrand Reinhold, 1977.

HES80 HESS, A. A. Ecologia e produção agrícola. São Paulo: Nobel, 1980.

I

IAEA INTERNATIONAL ATOMIC ENERGY AGENCY. Disponível em: <www.pub.iaea.org/>
IAEA80 INTERNATIONAL ATOMIC ENERGY AGENCY. IAEA Safeguards Glossary. Viena, 1980. 88p.

J

JAI77 JAIN, R. K.; URBAN, L. V.; STACEY, G. S. Environmental impact analysis: a new dimension in decision making. New York: Van Nostrand Reinhold, 1977. 330p. (Van Nostrand Reinhold Environmental Engineering Series).

JUC93 JUCHEM, P. A. (Coord.). Manual de avaliação de impactos ambientais. 2. ed. Curitiba: IAP, 1993.

JUN83 JUNQUEIRA, L. C. U.; CARNEIRO, J. Biologia celular e molecular. 3. ed. Rio de Janeiro: Guanabara Koogan, 1983. 270p.

JUR96 JURADO CENTURION, J. L. Diccionario de ecología. Madrid: Acento, 1996. 103p.

K

KIN72 KING, R. C. Dictionary of genetics. 2nd ed. New York: Oxford University Press, 1972.

KIN95 KING, J. J. The environmental dictionary: and regulatory cross-reference. 3rd ed. New York: John Wiley, 1995. 1295p.

KIS83 KISS, A. C. (Ed.). Selected multilateral treaties in the field of the environment. Nairobi: United Nations Environment Programme, 1983. 525p.

KLI91 KLINOWSKA, M. Dolphins, porpoises and whales of the world: the IUCN red data book. Gland, Switzerland:IUCN (World Conservation Union), 1991. 429 p.

KLO61 KLOCKMANN, F. RAMDOHR, P. Tratado de mineralogía. Barcelona: Gustavo Gili, 1961. 736p.

KOL72 KOLLER, O. C.; MARTINS, N. Notas de silvicultura. Porto Alegre: UFRGS, 1972.

L

LAD51 LADOO, R. B., MYERS, W. M. Non-metallic minerals. New York: McGraw-Hill, 1951. 605p.

LAP76 LAPEDES, D. N. (Ed.). Dictionary of scientific and technical terms. New York: McGraw-Hill, 1976.

LEI59 LEINZ, V.; MENDES, J. C. Vocabulário geológico. 2. ed. São Paulo: Nacional, 1959. 180p.

LgBR Legislação da República Federativa do Brasil.

LGEEPA LGEEPA – Ley General del Equilibrio Ecológico y la Protección al Ambiente. D.O.F. 28 de enero de 1988. México.

LgPOA Legislação do Município de Porto Alegre.

LgRS Legislação do Estado do Rio Grande do Sul.

LPF BRASIL. Instituto Brasileiro do Meio Ambiente e dos Recursos Naturais Renováveis. Laboratório de Produtos Florestais.

LYN80 LYNCH, K. Planificación del sitio. Trad. Julia Fernández de Caleya. Barcelona: Gustavo Gici, 1980. 324p. (Colección Arquitectura/Perspectivas).

M

MAC89 MACHADO, I. F. Recursos minerais: política e sociedade. São Paulo: Edgard Blücher, 1989. 410p.

MAC92 MACHADO, P. A. L. Direito ambiental brasileiro. 4. ed. São Paulo: Malheiros, 1992. 606p.

MAC93 MACHADO, P. A. L. Competência dos órgãos federais e estaduais referentes ao processo de avaliação de impactos ambientais. In: JUCHEM, P. A. (Coord.). Manual de avaliação de impactos ambientais. 2. ed. Curitiba: IAP, 1993.

MAC94 MACEDO, A. A.; FILHO, F. L. P. Glossário da qualidade total. Belo Horizonte: Fundação Christiano Ottoni, 1994. 74p.

MAC94a MACHADO, P. A. L. Estudos de direito ambiental. São Paulo: Malheiros, 1994. 166p.

MAG87 MAGLIOCCA, A. Glossário de oceanografia. São Paulo: Nova Stella, 1987. 355p.

MAN95 MANTERO, O. de S. V. Derecho Ambiental. Montevideo Uruguay: Fundación de Cultura Universitaria, 1995. 362p.

MAR00 MARTÍN, Antônio, SANTA MARIA, Jesús Miguel. Diccionario terminológico de contaminación ambiental. España: Ediciones Universidad de Navarra, 2000.

MAR73 MARTINS, C. Biogeografia e ecologia. São Paulo: Nobel, 1973.

MAR94 MARTINEZ MARIN, J.; MARTIN MARTIN, J.; AVILA MARTIN, C. Diccionario de términos jurídicos. Granada: Comares, 1994. 485p.

MEI91 MEIRELLES, H. L. Direito administrativo brasileiro. 17. ed. atual. São Paulo: Revista dos Tribunais, 1991. 700p.

MEL94 MELLO, M. C. de. Dicionário jurídico: português-inglês, inglês-português = Portuguese-English, English-Portuguese Law Dictionary. 6. ed. Rio de Janeiro: Barrister´s, 1994. 512p. Edição bilíngüe.

MER79 MERLIN, E. Apontamentos técnicos sobre recursos naturais. Curitiba: [S.n.], 1979. 235p.
MEX92 MÉXICO. El Congreso De Los Estados Unidos Mexicanos, Decreta: Ley Forestal de 22/12/92. Diario Oficial de la Federación, 22 de diciembre de 1992.
MEX96 MÉXICO. Norma Oficial n. 083, de agosto de 1996. Que establece las condiciones que deben reunir los sitios destinados a la disposición final de los resíduos sólidos municipales. México, D.F., 14/08/1996.
MIL90 MILARÉ, E. A ação civil pública na nova ordem constitucional. [S.l.]: Saraiva, 1990.
MOR90 MOREIRA, I. V. D. (Comp.). Vocabulário básico de meio ambiente. 2. ed. Rio de Janeiro: FEEMA, 1990. 246p.
MOU87 MOURÃO, R. R. de F. Dicionário enciclopédico de astronomia e astronáutica. Rio de Janeiro: Nova Fronteira, 1987. 914p.
MRE02 MINISTÉRIO DAS RELAÇÕES EXTERIORES. Divisão dos Atos Internacionais. Brasília, 2002.
MUK92 MUKAI, T. Direito ambiental: sistematizado. Rio de Janeiro: Forense Universitária, 1992. 191p.

N

NBR-10004 ASSOCIAÇÃO BRASILEIRA DE NORMAS TÉCNICAS. NORMA BRASILEIRA 10004: Classificação dos Resíduos Perigosos. Rio de Janeiro: ABNT, 1987. p. 63
NBR-12808 ASSOCIAÇÃO BRASILEIRA DE NORMAS TÉCNICAS. NORMA BRASILEIRA 12808: Resíduos de Serviços de Saúde. Rio de Janeiro: ABNT, 1993. p.
NBR-13221 ASSOCIAÇÃO BRASILEIRA DE NORMAS TÉCNICAS. NORMA BRASILEIRA 13221: Transporte de Resíduos. Rio de Janeiro: ABNT, 1994. p. 5
NBR-324 ASSOCIAÇÃO BRASILEIRA DE NORMAS TÉCNICAS. NORMA BRASILEIRA 324: Atividades de Distribuidor de Gás Liquefeito de Petróleo – GLP. Rio de Janeiro: ABNT, 1989. p.
NBR-6070 ASSOCIAÇÃO BRASILEIRA DE NORMAS TÉCNICAS. NORMA BRASILEIRA, 6070, 1987. Massas de Veículos Rodoviários Automotores; seus Rebocados e Combinados – Terminologia.
NBR-6514 ASSOCIAÇÃO BRASILEIRA DE NORMAS TÉCNICAS. NORMA BRASILEIRA 6514: Aparelhos Eletrodomésticos e Eletroprofissionais. Rio de Janeiro: ABNT, 1986. p.10
NBR-6601 ASSOCIAÇÃO BRASILEIRA DE NORMAS TÉCNICAS. NORMA BRASILEIRA 6601. Análise dos Gases de Escapamento de Veículos. Rio de Janeiro: ABNT, 2001. p. 29
NBR-7039 ASSOCIAÇÃO BRASILEIRA DE NORMAS TÉCNICAS. NORMA BRASILEIRA 7039: Pilhas e Acumuladores Elétricos. Rio de Janeiro: ABNT, 1987. p.8
NBR-9649 ASSOCIAÇÃO BRASILEIRA DE NORMAS TÉCNICAS. NORMA BRASILEIRA 9649: Projeto de Redes Coletoras de Esgotos Sanitários. Rio de Janeiro: ABNT, 1986. p. 7
NBR-9896 ASSOCIAÇÃO BRASILEIRA DE NORMAS TÉCNICAS. NORMA BRASILEIRA 9896: Glossário de Poluição das Águas. Rio de Janeiro: ABNT, 1993. p. 94
NCRP51 NCRP Report n.51 NATIONAL COUNCIL ON RADIATION PROTECTION AND MEASUREMENTS. Radiation Protection Design Guidelines for 0.1-100 MeV Particle Accelerator Facilities. Washington, D.C.: NCRP, mar. 1979.
NEL67 NELSON, A.; NELSON, K. D. Concise encyclopaedic dictionary of applied geology: mining and civil engineering. Amsterdam: Elsevier, 1967. 421p.
NIG54 NIGGLI, P. Rocks and mineral deposits. San Francisco: Freeman, 1954. 559p.
NOV51 NOVITZKI, A. Dicionário minero-metalúrgico-geológico-mineralógico-petrografico y de petroleo. Buenos Aires: [S.n.], 1951. 369p.
NOV57 NOVO, P. de; CHICARRO, F. Diccionario de geología y ciencias afines. Barcelona: Labor, 1957. 2v.
NUN76 NUNES, P. Dicionário de tecnologia jurídica. 9. ed. Rio de Janeiro: Freitas Bastos, 1976. 2v.

O

ODU86 ODUM, E. P. Ecologia. Rio de Janeiro: Guanabara, 1986. 434p.

ODU88 ODUM, E. P. Fundamentos de ecologia. Lisboa: Fundação Calouste Gulbenkian, 1988.

OHL71 OHLWEILER, O. A. Química inorgânica. São Paulo: Edgard Blücher, 1971. 2v.

ONU92 TERMINOLOGY BULLETIN. Environment and Development. New York: United Nations, n.344, mar. 1992. 2v.

ORD0789 Orden de 28 de julio de 1989, para la prevención de la contaminación producida por los residuos de las industrias del dióxido de titanio, Espanha.

P

PAD93 PADIN DE MARISCOTTI, E. T. Glosario sobre ecología y medio ambiente. Buenos Aires: Consejo Profesional de Ingeniería Agronómica, 1993. 129p.

PAR84 PARRA, F. Diccionario de ecología, ecologismo y medio ambiente. Madrid: Alianza, 1984. 288p.

PAR91 PARANÁ. Secretaria de Estado do Desenvolvimento Urbano e do Meio Ambiente. Coletânea da legislação ambiental: federal, estadual, 1990. Compilado por Geraldo Luiz Farias; Marcia Cristina Lima. 2.ed. Curitiba, 1991. 536p.

PIN76 PINTO, N. L. de S. et al. Hidrologia básica. São Paulo: Blücher, 1976.

PLA92 PLATA RODRIGUEZ, E. Diccionario ecológico ilustrado. 3. ed. Argentina: Espacio, 1992. 205p. (Colección ecológica).

PLANT WORDLIST. Disponível em: <www.plantstogrow.com/botany/alpa_list/list>

PNU92 PNUMA. Legislación ambiental general en América Latina y el Caribe. México, 1992. 467p. (Serie de Legislación Ambiental, 1).

PNU93 PNUMA. Derecho internacional ambiental regional. 1.ed. México, 1993. 629p. (Serie de Legislación Ambiental, 2).

PNU93a PNUMA. Situación actual del derecho internacional ambiental en América Latina y el Caribe. México, 1993. 104p. (Serie de Documentos sobre Derecho Ambiental, 2).

POR85 PORTUGAL. Ministério dos Negócios Estrangeiros. Convenção das Nações Unidas sobre o mar. Lisboa, 1985. 313p. (Biblioteca Diplomática-Série C).

POR91 PORTO ALEGRE. Secretaria Municipal do Meio Ambiente. Impacto ambiental: coletânea de legislação ambiental. Compilado por Clarice Mautone; Carmem Von Hoonholtz. 2. ed. Porto Alegre, 1991. 96p.

POR91a PORTO ALEGRE. Lei Complementar n. 234, de 10 de outubro de 1990. Institui o Código municipal de limpeza urbana. Porto Alegre, 1991. 16p.

POR92 PORTEOUS, A. Dictionary of environmental science and technology. New York: J. Wiley, 1992. 439p.

POR94 PORTO ALEGRE. Lei Complementar n. 43, de 21 de julho de 1979. Plano diretor de desenvolvimento urbano de Porto Alegre: PDDU. 4. ed. Porto Alegre: Secretaria do Planejamento Municipal, 1994. 428p.

PRA92 PRADO, L. R. Direito penal ambiental: problemas fundamentais. São Paulo: Revista dos Tribunais, 1992. 110p.

PRO86 PROJETO RADAMBRASIL. Folha SII. 22 Porto Alegre e parte das folhas SII. 21 Uruguaiana e SI. 22 Lagoa Mirim. Rio de Janeiro: IBGE, 1986. 2v.

PRU95 PRUSINER, S. The prion diseases. Scientific American, jan.1995. p.30-37.

PUG91 GLOSSÁRIO de biotecnologia vegetal. Organizado por Nilce T. Puga; Luciano Lourenço Nass; João Lúcio de Azevedo. São Paulo: Manole, 1991. 87p.

R

RAE92 REAL ACADEMIA ESPAÑOLA. Diccionario de la lengua española. 21. ed. Madrid: Espasa-Calpe, 1992. 1513p.

RAI93 RAIDON, G. Legislación ambiental del Paraguay: Proyecto: uso racional de la tierra. [Asunción]: Ministério de Agricultura y Ganaderia; Subsecretaría de Recursos Naturales y Medio Ambiente, 1993. 512p.

RAM56 RAMBO, B. A Fisionomia do Rio Grande do Sul: ensaio de monografia natural. 2. ed. rev. Porto Alegre: Selbach, 1956. 456p.

RAM77 RAMADE, F. Elementos de ecologia aplicada. Madrid: Mundi-Prensa, 1977. 581p.

RAM90 RAMALHO, M. A. P.; SANTOS, J. B. dos; PINTO, C. A. B. P. Genética na agropecuária. 2. ed. São Paulo: Globo, 1990.

RD82 Real Decreto 2994/1982, de 15 de octubre, sobre restauración de los Espacios Naturales afectados por actividades extractivas-España. (p. 446)

RD94 Real Decreto 2163/1994, de 4 de noviembre, por el que se implanta el sistema armonizado comunitario de autorización para comercializar y utilizar productos fitosanitarios (p. 212). España.

RD98 Real Decreto 782/1998, de 30 de abril, por el que se aprueba el Reglamento para el desarrollo y ejecución de la Ley 11/1997, de 24 de abril, de Envases y Residuos de Envases. España.

RIE82 RIEGER, R.; MICHAELIS, A.; GREEN, M. M. Diccionario de genética y citogenética clásica y molecular. Trad. María J. Puertas Gallego. Madrid: Alhambra, 1982. 530p.

RIO93 RIO GRANDE DO SUL. Código Florestal do Estado do Rio Grande do Sul. Lei n. 9.519, de 21 de janeiro de 1992. Porto Alegre: Setor de Publicações Técnicas, 1993. Inclui legislação complementar. 23p.

RIO93a RIO GRANDE DO SUL. Decreto n. 23.430, de 24 de outubro de 1974. Regulamento sobre a promoção, proteção e recuperação da Saúde Pública. 2.ed. Porto Alegre, 1993. Inclui legislação complementar. Com: Lei n. 6.503, de 22 de dezembro de 1972.

RIO93b RIO GRANDE DO SUL. Lei n. 6.503, de 22 de dezembro de 1972. Dispõe sobre a promoção, proteção e recuperação da Saúde Pública. 2.ed. Porto Alegre, 1993. Inclui legislação complementar. Com: Decreto n. 23.430, de 24 de outubro de 1974.

RIV93 RIVARD, D. Dictionnaire de la couche d´ozone. Ottawa: Groupe Communication Canada, 1993. 493p. Edição bilingüe.

RIZ76 RIZZINI, C. T. Tratado de fitogeografia do Brasil: aspectos ecológicos. São Paulo: HUCITEC, 1976. 327p.

ROB82 ROBLES SANCHEZ, R. Terminología genética y fotogenética. México: Trillas, 1982. 163p.

ROD92 RODHE, G. M. Estudo de impacto ambiental: a situação brasileira. In: VERDUM, R. ; MEDEIROS, R. M. (Orgs.). Relatório de impacto ambiental: legislação, elaboração e resultados. Porto Alegre: UFRGS, 1992.

ROM74 ROMARIZ, D. de A. Aspectos da vegetação do Brasil. [Rio de Janeiro] IBGE, 1974. 60p.

S

SAC86 SACHS, I. Ecodesenvolvimento: crescer sem destruir. São Paulo: Vértice, 1986. 207p.

SAN89 SANCHEZ, V. ; GUIZA, B. Glosario de términos sobre medio ambiente. Santiago: Oficina Regional de Educación de la UNESCO para América Latina y el Caribe, 1989. 162p.

SAN94 SANDRONI, P. (Org.). Novo dicionário de economia. São Paulo: Best Seller, 1994. 375p.

SAN95 SANCHEZ CEREZO, S. dir. Diccionário esencial Santillana de la lengua española. Pról. Gregorio Salvador. 1. ed. 7. reim. Madrid, Santillana, 1995. XV – 1.360p.

SAO87 SÃO PAULO. Secretaria Executiva de Assuntos Fundiários. Companhia Agrícola, Imobiliária e Colonizadora. Conservação de solo em microbacias. São Paulo, 1987. 41p. Cap.1: Introdução, p.3-10.

SCR85 SCRIBAN, R. (Coord.). Biotecnologia. São Paulo: Manole, 1985.

SEN94 SENAI.RS. Glossário mobiliário e madeira. Bento Gonçalves: CETEMO – NIT/MM, 1994. 173p.

SEO96 SEOANEZ CALVO, M. El gran diccionario del medio ambiente y de la contaminación. Madrid: Coediciones Mundi-Prensa, 1996. 807p.

SEW73 SEWELL, G. H. Administração e controle da qualidade ambiental. São Paulo: EPU, 1973.

SID95 SIDOU, J. M. O. Dicionário jurídico. 3. ed. Rio de Janeiro: Forense Universitária, 1995. 820p.

SIL63 SILVA, De Plácido e. Vocabulário jurídico. São Paulo: Forense, 1963.

SIL75 SILVA, De Plácido e. Vocabulário jurídico. 4.ed. Rio de Janeiro: Forense, 1975. 4v.

SIL94 SILVA, J. A. de. Direito ambiental constitucional. São Paulo: Malheiros, 1994. 234p.

SIL97 SILVA, De Plácido e. Vocabulário jurídico. 13.ed. Rio de Janeiro: Forense, 1997.

SLA64 SLATER, A. C. Minerais e minérios. 3. ed. São Paulo: LEP, 1964. 154p.

STE94 STEEL, B. Glosario de ecología y afines inglés-español. 1. ed. Madrid: Istmo, 1994. 447 p. (Colección Materiales).

STO55 STOKES, L. ; VARNES, D. J. Glossary of selected geologic terms: with special reference to their use in engineering. Denver: Peerless, 1955. 165p.

STO93 STOLOFF, N. (Comp. e Ed.). Environmental law dictionary. New York: Oceana, 1993. 166p.

STR86 STRAHLER, A. S. Geografía física. Barcelona: Omega, 1986. 767p.

SUD78 SUDESUL. Mapeamento da vegetação atual da Região Sul. Porto Alegre, 1978. 15p.

SUG92 SUGUIO, K. Dicionário de geologia marinha: com termos correspondentes em inglês, francês e espanhol. São Paulo: T. A. Queiroz, 1992. 171p. (Biblioteca de Ciências Naturais, 15).

SUP77 SUPERINTENDÊNCIA DE RECURSOS NATURAIS E MEIO AMBIENTE. Recursos naturais, meio ambiente e poluição. Rio de Janeiro: IBGE, 1977. 2v.

T

TER97 TERMCAT, Centre de terminologia. Diccionari de GESTIÓ AMBIENTAL. Enciclopèdia Catalana. Barcelona, 1997. 271p.

TERMISUL Projeto Terminológico do Cone Sul: TERMISUL. Porto Alegre: UFRGS/IL.

TRE75a TREATY SERIES. Treaties and international agreements. Recueil des Traités. Traités et accords internationaux. v. 966. New York: United Nations, 1975.

TRE75c TREATY SERIES. Treaties and international agreements. Recueil des Traités. Traités et accords internationaux. v. 973. New York: United Nations, 1975.

TRE76 TREATY SERIES. Treaties and international agreements. Recueil des Traités. Traités et accords internationaux. v. 1015. New York: United Nations, 1976.

TRE77 TREATY SERIES. Treaties and international agreements. Recueil des Traités. Traités et accords internationaux. v. 1046. New York: United Nations, 1977.

TRE77a TREATY SERIES. Treaties and international agreements. Recueil des Traités. Traités et accords internationaux. v. 1056. New York: United Nations, 1977.

TRE83b TREATY SERIES. Treaties and international agreements. Recueil des Traités. Traités et accords internationaux. v. 1333. New York: United Nations, 1983.

TRE83c TREATY SERIES. Treaties and international agreements. Recueil des Traités. Traités et accords internationaux. v. 1341. New York: United Nations, 1983.

TRE86 TREATY SERIES. Treaties and international agreements. Recueil des Traités. Traités et accords internationaux. v. 1427. New York: United Nations, 1986.

TRE87 TREATY SERIES. Treaties and international agreements. Recueil des Traités. Traités et accords internationaux. v. 1456. New York: United Nations, 1987.
TRE92a TREATY SERIES. Treaties and international agreements. Recueil des Traités. Traités et accords internationaux. v. 1684. New York: United Nations, 1992..
TUC93 TUCCI, C. E. M. (Org.). Hidrologia: ciência e aplicação. Porto Alegre: UFRGS, 1993. (Coleção ABRH de Recursos Hídricos, 4).

U

ULL85 ULLMANN´S Encyclopedia of Industrial Chemistry. 5th ed. Weinheim: VCH, 1985. 36v.
UNB86 UNBIS tesauro. Nueva York: Naciones Unidas, 1986. 571p. Edición española. 5v.
UNI03 UNITED STATES. Environmental law statutes: 2003-2004 educational edition. Minesota: West Publishing, 2003. 1400p.
UNI90 UNITED STATES. Selected Environmental Law Statutes, 1990-91. Minesota: West Publishing, 1990. 1020p.
UNIT/ISO14001 INSTITUTO URUGUAYO DE NORMAS TÉCNICAS/NORMA URUGUAYA 14001. Sistemas de Gestión Ambiental – Especificaciones con Orientación para su Uso. Montevideo, 1996.
UNIT/ISO14010 INSTITUTO URUGUAYO DE NORMAS TÉCNICAS/NORMA URUGUAYA 14010. Directrices para la Auditoría Ambiental – Principios Generales. Montevideo: 1996.
URU94 URUGUAY. Ley n. 16.466, de enero de 1994. Declara de interés general y nacional la protección del medio ambiente contra cualquier tipo de depredación, destrucción o contaminación, así como la prevención del impacto ambiental negativo o nocivo y, en su caso, la recomposición del medio ambiente dañado por actividades humanas. Montevideo, 3/1/1994.
USH66 USHER, G. A dictionary of botany by constable & Co Ltd. London, 1966.

V

VAR87 VARELA, C. A. da S. Poluição em águas continentais: alternativas de controle de resíduos líquidos industriais. São Luiz: PPPG, 1987. 68p. (Coleção Ciências da Saúde, Série Saúde Pública, 1).
VEN76 VENEZUELA. Ley orgánica del ambiente, de junio de 1976. Establece los principios rectores para la conservación, defensa y mejoramiento del ambiente en beneficio de la calidad de la vida. Boletín del Instituto de Derecho Comparado, Caracas, p.57-70, 15/6/1976.
VEN76a VENEZUELA. BOLETIN DEL INSTITUTO DE DERECHO COMPARADO. Caracas, Ministerio de Justicia, n.1, p.25-75, ene. 1976.
VEN77 VENEZUELA. BOLETIN DEL INSTITUTO DE DERECHO COMPARADO. Caracas, Ministerio de Justicia, n.13, p.70-112, ene.-mar. 1977.
VIC96 VICEN CARREÑO, M. ; VICEN ANTOLIN, C. Diccionario de términos ecológicos. Madrid: Paraninfo, 1996. 173p.
VIL78 VILLELA, S. M. ; MATTOS, A. Hidrologia aplicada. São Paulo: McGraw-Hill, 1978.
VOC02 VOCABULÁRIO, Arquivos de pescador para a pesca. Disponível em: em: <www.familiacatafish.com.br>
VOC76 VOCABULAIRE de l´environnement. Paris: Conseil International de la Langue Française: Hachette, 1976. 144p.

W

WAAB Resolución nº 79, de 13/03/2001, de la Ciudad Autónoma de Buenos Aires – Asociación de Abogados de Buenos Aires. Disponível em: <http://www.aaba.org.ar/bi04r079.htm>.

WAAF Asociación Argentina de Fitomedicina. Disponível em: <http://www.plantasmedicinales.org/>
WAAG Association of American Geographers. Disponível em: <http://www.aag.org/>
WABC ABC Digital [periódico], Paraguay. Disponível em: <http://www.abc.com.py/>
WABS ABS – ANIMAL behavior society web site. Disponível em:<http://www.animalbehavior.org/>
WABUR Ayuntamiento de Burjassot, España. Disponível em: <http://www.burjassot.org/>
WACC Austin Community College. Disponível em: <www.austin.cc.tx.us>
WACDA AMERICAN CIVIL DEFENSE ASSOCIATION. Disponível em: <www.tacda.org/>
WACS Acuerdo de cooperación y salvaguardias nucleares entre Australia y Argentina – Embajada de Australia en Chile. Disponível em: <http://www.chile.embassy.gov.au/>
WACSH American Council on Science and Health. Disponível em: <http://www.acsh.org/>
WACSO American Cetacean Society. Disponível em: <www.acsonline.org>
WADE ASOCIACIÓN DE ENTES REGULADORES DE POTABEL – Saniamento de Las Américas. Disponível em:<www.aderasa.org/es/>
WAEE Asociación Española de Evaluación de Impacto Ambiental. Disponível em: <http://www.eia.es/>
WAEESP MONTANA TECH of the UNIVERSITY OF MONTANA. Disponível em: <www.aeesp.org/>
WAEM Asociación para el Estudio de los Exilios y Migraciones Ibéricos Contemporáneos, Disponível em: <http://www.aemic.org/>
WAES AGÊNCIA ESTADO SETORIAL.Glossário. Disponível em:<http://www.aesetorial.com.br/>
WAESO SUPPLY OFFERS. Disponível em: <www.aeso.ca/files/ISO_rules.pdf>
WAFA AMERICAN FIBERBOARD ASSOCIATION. Disponível em: <www.fiberboard.org/>
WAFD AFDC – ALTERNATIVE Fuels Data Center U.S. DEPARTEMENT OF ENERGY. Disponível em: <http://www.afdc.doe.gov/>
WAFI ASOCIACIÓN Nacional de Fabricantes e Importadores de Productos Fitosanitarios Agrícolas, Chile. Disponível em:<http://www.afipa.cl/>
WAFSC The Alaska Fisheries Science Center. Disponível em: <www.afsc.noaa.gov>
WAGET Associação de Geografia Teorética. Disponível em: <www.ageteo.org.br/>
WAGN Auditoría General de la Nación, República Argentina. Disponível em: <http://www.agn.gov.ar/>
WAGR Facultad de Ciencias Agronómicas de la Universidad de Chile. Disponível em: <http:/agronomia.uchile.cl/>
WAGRO Facultad de Agronomía – Universidad de Buenos Aires, Argentina. Disponível em: <http://www.agro.uba.ar/>
WAGU ÁGUAS ANDINAS, EMPRESA DE TRATAMENTO DE ÁGUA-Chile. Disponível em: <www.aguasandinas.cl>.
WAHE Ayuntamiento de Huesca, España. Disponível em: <http://www.ayuntamientohuesca.es/>
WAI Access Indiana. Disponível em: <www.in.gov>
WAI91 WAINER, Ann Helen. Legislação ambiental brasileira: subsídios para a história do direito ambiental. Rio de Janeiro: Forense, 1991. 138p.
WAIAA American Institute of Aeronautics and Astronautics. Disponível em: <www.aiaa.org>
WAIC Autoridad Interjurisdiccional de las Cuencas de los ríos Limay, Neuquén y Negro, Argentina. Disponível em: <http://www.aic.gov.ar/>
WAIDI AIDIS: Asociación Argentina de Ingeniería Sanitaria y Ciencias del Ambiente (ONG). Disponível em: <http://www.aidisar.org/>
WALA ALADI – Asociación Latinoamericana de Integración.Uruguay. Disponível em:<http://www.aladi.org/>
WALCION Editorial Alcion, España. Disponível em: <http://www.alcion.es/>

fontes referenciais

WALIC Ayuntamiento de Alicante, España. Disponível em: <http://www.alicante-ayto.es/>
WALL ALL go wild. Disponível em: <http://www.allgowild.com/technical/>
WAMG Administración Municipal de Guarne Antioquia, Colombia. Disponível em: <http://www.municipiodeguarne.gov.co/>
WAMJC American Journal Of Clinical Oncology. Disponível em: <www.amjclinicaloncology.com>
WAMLG Admiralty & Maritime Law Guide. Disponível em: <http://www.aadmiraltylawguide.com/>
WAMP Ministerio de Agricultura do Chile, Decreto Supremo Nº 188. Disponível em: <http://www.ampros.cl/documentos/ds188%BI%5>
WAMPG Autoridad Marítima de Panamá. Disponível em: <http://www.amp.gob.pa/>
WAMSA Principles Regarding Food and Nutrition. Disponível em: <www.amsa.org/>
WAMSS Ordenanza Reguladora de la Contaminación Ambiental por la Emisión de Ruidos en el Municipio de San Salvador, 28 de junio de 2002 – Alcaldía Municipal de San Salvador, El Salvador. Disponível em: http://www.amss.gob.sv/>
WANE RESOLUCIÓN Nº 290, DEL 3 DE AGOSTO DE 2000. Disponível em: <http://www.aneel.gov.br/>
WANMAT Administración Nacional de Medicamentos, Alimentos y Tecnología Médica: Secretaría de Políticas, Regulación y Relaciones Sanitarias: Ministerio de Salud y Ambiente, República Argentina. Disponível em: <http://www.anmat.gov.ar/>
WANP ANP – Agência Nacional do Petróleo. Disponível em: <http://www.anp.gov.br/>
WANV Agência Nacional de Vigilância Sanitária – ANVISA. Disponível em: <http://www.anvisa.gov.br/>
WANY Your search for VB6. Disponível em: <anycareer.net/>
WAPA American Planning Association. Disponível em; <www.planning.org>
WAPAE Ayuntamiento de Pozuelo de Alarcón, España. Disponível em: <http://www.ayto-pozuelo.es/>
WAPC Autoridad Portuaria de Cartagena, Espana. Disponível em: <http://www.apc.es/>
WAPH APH professional hunting. Disponível em: <www.alaskaprohunter.org/>
WAPR Pereira Educa: Secretaría de Educación de Pereira, Colombia. Disponível em: <http://www.pereiraeduca.gov.co/>
WAR Annual Reviews. Disponível em:<arjournals.annualreviews.org>
WARA Sociedad de Ciencias Aranzadi, Espanha. Disponível em: <http:/www.aranzadi-zientziak.org/>
WARB Califórnia Air Resources Board. Disponível em:<www.arb.ca.gov/>
WARC ASOCIASIÓN Iberoamericana de Organismos Gubernamentales de Defensa y Protección Civil, Madrid, España. Disponível em: <http://arce.proteccioncivil.org/>
WARCH Architecture Glossary. Disponível em: <http://architecture.about.com/>
WASA American Society of Agronomy. Disponível em: <www.agronomy.org>
WASL Arizona State Legislature. Disponível em: <www.azleg.state.az.us>
WASOEX Intranet de la Asociación de los Exportadores de Chile A.G. Disponível em: <http://intranet.asoex.cl/>
WASP Arizona State Park. Disponível em: <www.pr.state.az.us>
WATLA DISPERSANTSASVATLANTOL.COM. Disponível em: <www.atlantol.com/>
WATLAN Atlantic. Disponível em: <www.atlantic-cable.com/>
WATSDR Agency for Toxic Substances and Disease Registry Disponível em: <www.atsdr.cdc.gov>
WAYTO Conataminación del Aire – Ayuntamineto de Murcia, España. Disponível em: <http://www.ayto-murcia.es/>
WAYTOM Ayuntamiento de Málaga, España. Disponível em: <http://www.ayto-malaga.es/>
WBAE Warner Creek Watershe. Disponível em: <www.bae.ncsu.edu/>

395

WBAS BASES GENERALES DEL MEDIO AMBIENTE -Chile. Disponível em: <www.conama.cl/>
WBASEL BASEL CONVENTION. Disponível em: <www.basel.int.>
WBCI Battery Council Internacional. Disponível em: <http://www.batterycouncil.org/>
WBCN Biblioteca del Congreso Nacional, República de Chile. Disponível em: <www.bcn.cl/>
WBDCEE UC Berkeley Department of Civil and Environmental Engineering. Disponível em: <http://www.ce.berkeley.edu/>
WBDT BOTTLED WATER WEB. Disponível em:<http://www.bottledwaterweb.com/>
WBEA Bravo Energy Argentina S.A.. Disponível em: <http://bravoenergy.com/>
WBETC BETTER CATCH. Disponível em: <www.bettercatch.com/>
WBEW BRAZILIAN EMBASSY IN WASHINGTON. Disponível em:<http://www.brasilemb.org/>
WBG BANCO DE GERMOPLASMA BO26/12/91-Argentina. Disponível em: <www.medioambiente.gov.ar/>
WBGN BACKGROUND NOISE. Disponível em: <www.webref.org/>
WBIB BIBLIOTHÈQUE d'ECHANGE DE DOCUMENTATION ET d'EXPÉRIENCES. Disponível em:<http://www.bede-asso.org/>
WBIND The Biomolecular Interaction Network. Disponível em: <http://submit.bind.ca:8080/bind>
WBIO BIO SÍDUS – Grupo de Empresas Farmacéuticas Sídus.Argentina. Disponível na Internet em: <http://www.sídus.com.ar/>
WBIOC Desertification. Disponível em: <www.biocab.org/>
WBIOD ECOSYSTEM. Disponível em: <www.biodiv.org/>
WBIP Banco Integrado de Proyectos, Ministerio de Planificación, Gobierno de Chile. Disponível em: <http://bip.mideplan.cl/>
WBIUN Comunicaciones – Boletín Informativo de la Universidad Pública de Navarra, España, nº 49, abril/2000. Disponível em: <http://www.unavarra.es/>
WBLA BLACK LAKE, New York: A Glossary of Fishing Terminology. Disponível em: <http://www.blacklakeny.com/>
WBMCN El Carnotaurus: Boletín del Museo Argentino de Ciencias Naturales, nº 57, diciembre/2004. Disponível em: <http://www.macn.secyt.gov.ar/>
WBNDES BNDES – Disponível em: <http://www.bndes.gov.br/>
WBOC ORDEN de 29 de septiembre de 2004, por la que se resuelve la convocatoria regulada por Orden de 21 de abril de 2004, para el fomento y gestión sostenible de montes privados para el año 2004, Consejería de Medio Ambiente y Ordenación Territorial, Boletín Oficial de Canarias – Gobierno de Canarias. Disponível em: <http://www.gobiernodecanarias.org/>
WBOE RESOLUCIÓN de 9 de diciembre de 2004, Boletín Oficial del Estado, Ministerio de la Presidencia, España. Disponível em: <http://www.boe.es/>
WBOPA Boletín Oficial del Principado de Asturias, España. Disponível em: <http://tematico.princast.es/>
WBOTH Both ENDS [ong européia]. Disponível em: <http://www.bothends.org/>
WBPDM Bridge Project Development Manual. Disponível em: <manuals.dot.state.tx.us/>
WBRC Banco de la República, Colombia. Disponível em: <http://www.banrep.gov.co/>
WBRE BREBBIA, Fernando P. El regimen jurídico de las aguas para usos agrícolas. In: CONGRESSO MUNDIAL DE DERECHO AGRARIO, 8., Porto Alegre:PUC, 2003. Disponível em: <http://www.pucrs.campus2.br/fadir/viii_congreso/ponencias/brebbia.html>
WBSCA Brazilian Speciality Coffee Association. Disponível em: <www.bsca.com.br.>
WBTO BTO WEB – LEADING BIRD RESEARCH. Disponível em: <http://www.bto.org/>

WBUE Código de Planeamiento Urbano, Gobierno de la Ciudad de Buenos Aires. Disponível em: <www.buenosaires.gov.ar/>
WBUI BUILDING CATALOG. Disponível em: <http://www.buildingcatalogue.com.au/>
WBURNS Burns Statistics Public Domain Code. Disponível em: <www.burns-stat.com/>
WBVMC Biblioteca Virtual Miguel de Cervantes. Disponível em: <http://www.cervantesvirtual.com/>
WBVS Biblioteca Virtual de Salud en Cuba. Disponível em: <http://www.bvs.sld.cu/>
WBW BEE WORLD. Disponível em: <striweb.si.edu/>
WCA COMUNIDAD ANDINA. – Normativa Dec 193. Disponível em: <http://www.comunidadandina.org/normativa/dec/d193>
WCAA Disposición de la Ley 18284, Código Alimentario Argentino, sobre Aguas, Centro Panamericano de Ingenería Sanitaria y Ciencias del Ambiente. Disponível em: <http:/www.cepis.ops-oms.org/>
WCAB Convenio Andrés Bello, convênio de integração cultural e científica entre Bolívia, Chile, Colômbia, Cuba, Equador, Espanha, México, Panamá, Paraguai, Peru e Venezuela. Disponível em: <http://www.cab.int.co/>
WCAL CALIFORNIA AIR RESOURCES BOARD HOME. Disponível em: <http://www.arb.ca.gov/>
WCAM CAMARA DE DIPUTADOS-Provincia de Salta-República Argentina. Disponível em: <http://www.camdipsalta.gov.ar/>
WCAN MERCOSUR/GMC/RES Nº 53/93: Código de Conducta Regional para la Introducción y Liberación al Medio Ambiente de Agentes de Control Biológico – Ministerio de Relaciones Exteriores, Comercio Internacional y Culto, República Argentina. Disponível em: <www.cancilleria.gov.ar/>
WCAR CARBONO BRASIL. Disponível em: <www.carbonobrasil.com/>
WCARM Corporación Autónoma Regional del Magdalena, Colombia. Disponível em: <http://www.corpamag.gov.co/>
WCARR Corporación Autónoma Regional Rionegro-Nare, Colombia. Disponível em: <http://www.cornare.gov.co/>
WCBA Gobierno de la Provincia de Córdoba, Argentina. Disponível em <http://www.cba.gov.ar/>
WCBD CONVENTION ON BIOLOGICAL DIVERSITY. Disponível em:<www.biodiv.org/>
WCBE Ciutat de Barcelona, España. Disponível em: <http://www.bcn.es/>
WCBMS Colorado Benefits Management System. Disponível em: <www.cbms.state.co.us>
WCBRO Comitê Brasileiro de Registros Ornitológicos. Disponível em: <www.cbro.org.br>
WCCAR Emissions Information. Disponível em: <www.ccar-greenlink.org/>
WCCB CONVENCIÓN INTERNACIONAL PARA LA REGULACIÓN DE LA CAZA DE LAS BALLENAS -Argentina. Disponível em: <www.medioambiente.gov.ar/>
WCCC CONVENCIÓN MARCO DE LAS NACIONES UNIDAS SOBRE EL CAMBIO CLIMÁTICO – Argentina. Disponível em: <www.medioambiente.gov.ar/>
WCCIM Ordenanza nº 6788, Convenio suscripto con el comando de infantería de Marina, Fuerza de apoyo anfíbio – Gobierno Municipal de Bahía Blanca, Argentina. Disponível em: <http://www.bahiablanca.gov.ar/ordenanzas/6500/o6768.htm>
WCCM Climate Change 2001: Mitigation. Disponível em: <www.grida.no/>
WCCO Comisión Colombiana del Océano. Disponível em: <http://www.cco.gov.co/>
WCCPC Convención Colectiva de Trabajo Nro. 313/99 para la Pesca Costera – Ministerio de Trabajo, Empleo y Seguridad Social, República Argentina. Disponível em: <http://www.trabajo.gov.ar/>
WCDC Cámara de Diputados, Congreso de la Unión, México. Disponível em: <http://www.cddhcu.gob.mx/>

Dicionário de direito ambiental

WCDCM Constitución Brasileña – Cámara de Diputados, Congreso de la Unión, México. Disponível em: <http://www.cddhcu.gob.mx/>

WCDI Centro de Documentación e Información del Ministerio de Economía, República Argentina. Disponível em: <http://www.mecon.gov.ar/>

WCDSJ Cámara de Diputados de la Provincia de San Juan, Argentina. Disponível em: <http://www.legsanjuan.gov.ar/>

WCE Código de Edificación – Gobierno Municipal de Bahía Blanca, Argentina. Disponível em: <http://www.bahiablanca.gov.ar/>

WCEAMSE Coordinación Ecológica Área Metropolitana Sociedad del Estado, Argentina. Disponível em: <http://www.ceamse.gov.ar/>

WCED Decreto nº 179/000, Control Sanitario – CEDOM – Dirección General de Información y Archivo Legislativo, Legislatura de la Ciudad de Buenos Aires. Disponível em: <http://www.cedom.gov.ar/>

WCEDIT Comité Ejecutivo de Desarrollo Económico y Tecnológico, Gobierno de Misiones, Argentina. Disponível em: <http://www.cedit.misiones.gov.ar/>

WCEDOM Ley nº 1356 – Preservación del recurso aire y prevención y control de la contaminación atmosférica – CEDOM – Dirección General de Información y Archivo Legislativo, Legislatura de la Ciudad de Buenos Aires. Disponível em: <http://www.cedom.gov.ar/es/legislacion/normas/leyes/html/ley1356.html>

WCEHFE Centro de Estudios Históricos del Ferrocarril Español. Disponível em: <http://www.cehfe.es/>

WCEIT Centro de Estudios e Investigaciones Técnicas de Gipuzkoa, España. Disponível em: <http://www.ceit.es/>

WCEM Centro Mexicano de Derecho Ambiental. Disponível em:<http://cemda.org.mx/>

WCENIAP Centro Nacional de Investigaciones Agropecuarias, Venezuela. Disponível em: <http://www.ceniap.gov.ve/>

WCEO Código de Edificación: Ordenanza nº 339, 20 de abril de 1983; Municipalidad de Firmat, Provincia de Santa Fe, Argentina. Disponível em: <http://www.firmat.gov.ar/>

WCEP CEPAL, Comisión Económica Para América Latina y el Caribe. Disponível em: <http://www.agualtiplano.net/>

WCEPIS Centro Nacional de Investigación y Capacitación Ambiental (CICAMA) de México – Centro Panamericano de Ingeniería Sanitaria y Ciencias del Ambiente. Disponível em: <http://www.cepis.ops-oms.org/>

WCER CERTIFIED EMISSIONS REDUCTIONS. Disponível em: <www.cogeneration.net/>

WCFA Conservation Finance Alliance. Disponível em:<www.conservationfinance.org>

WCFE Comisión Federal de Electrecidad, México. Disponível em: <http://www.cfe.gob.mx/>

WCFMR Comisión Federal de Mejora Regulatoria, México. Disponível em: <http://www.cofemermir.gob.mx/>

WCFN Navarra, España. Disponível em: <http://www.cfnavarra.es/>

WCFP CONSEJO FEDERAL PESQUERO – Argentina. Disponível em: <www.nuestromar.com/>

WCFSAN Center for Food Safety and Applied Nutrition – U.S. Food and Drugs Administration. Disponível em: <http://www.cfsan.fda.gov>.

WCHACAO Ordenanza nº 004-99: Ordenanza de Urbanismo, Arquitectura y Construcciones en General; Alcadía de Chaco, Venezuela. Disponível em: <http://www.chacao.gov.ve/>

WCHACO Provincia del Chaco, Argentina. Disponível em: <http://www.chaco.gov.ar/>

WCHEM Chemistry.org, the Official Website of the American Chemical Society Science. Disponível em: <www.chemistry.org/>

WCIA COOPERATIVA DE INGENIEROS AGRÓNOMOS DE ANTIOQUÍA, Colombia. Disponível em: <http://www.coopiagran.org/>

WCIC Forum Barcelona 2004 – Centro Informativo de la Construcción, España. Disponível em: <http://www.cicinformacion.com/>

WCICA Centro Informático Científico de Andalucía, España. Disponível em: <http://www.cica.es/>

WCICT Comisiones nº 170, Comisión de Industria, Comercio y Tursimo: Diario de Sesiones del Senado, Año 1997 VI Legislatura: Cortes Generales – Senado de España. Disponível em: <http://www.senado.es/>

WCID Centro de Información sobre Desastres, Biblioteca Médica Nacional, Honduras. Disponível em: <http://cidbimena.desastres.hn/>

WCIDH Inter-American Commission on Human Rights. Disponível em: <www.cidh.oas.org>

WCIE Centro de Investigación y Extensión Forestal Andino Patagónico. Disponível em: <http:/ciefap.org.ar/>

WCIL Norma Oficial Mexicana NOM-003-NUCL-1994: Clasificación de Instalaciones o Laboratorios que utilizan Fuentes Abiertas – Secretaría de Energía, México. Disponível em: <http://www.energia.gob.mx/>

WCINDOC Centro de Documentación e Información Científica: Ministerio de Educación y Ciencia, España. Disponível em: <http://pci204.cindoc.csic.es/>

WCIP Centro de Investigación y Planificación del Medio Ambiente, Chile. Disponível em: <http://www.cipma.cl/>

WCIPM Boletín nº 15, julio de 2003, Centro de Investigación y Procesamiento de Minerales (CIPROMIN) – Servicio Geológico Minero Argentino. Disponível em: <http://www.segemar.gov.ar/>

WCIRCA CIRCA: European Commission IDA programme. Disponível em: <http://forum.europa.eu.int/>

WCITES Convención sobre el Comercio Internacional de Especies Amenazadas de Fauna y Flora Silvestres del United Nations Environment Programme. Disponível em: <http://www.cites.org/>

WCIVITAS Soluciones de Internet para Gobierno Electrónico. Disponível em: <http://www.civitas.gov.ar/>

WCJF Conselho da Justiça federal – CJF. Disponível em: <http://www.cjf.gov.br/>

WCLARA Coalición para la Limpieza Activa del Recurso Agua [ong], México. Disponível em: <http://clara.ciceana.org.mx/>

WCLEIN XIII Congreso Latinoamericano de Estudiantes de Ingeniería Industrial, San Salvador, El Salvador, 16 al 20 de enero de 2006. Disponível em: <http://www.clein.org/>

WCLL Condemnation Law :lawyers, attorneys and free legal information. Disponível em: <real-estate-law.freeadvice.com/>

WCM Commonwealth of Massachusetts. Disponível em: <www.mass.gov>

WCMA COMISIÓN MUNDIAL DEL AGUA, sobre el Agua para el Siglo XXI. Disponível em: <www.unesco.org.uy/>

WCMCR Concejo Municipal de la Ciudad de Rosario, Argentina. Disponível em: <http://www.concejorosario.gov.ar/>

WCMDA Centro Mexicano de Derecho Ambiental. Disponível em: <http://cemda.org.mx/>

WCMI Conservation Management Institute. United States. Disponível em: <http://fwie.fw.vt.edu/>

WCMRC Control Municipal de los Residuos de la Construcción – Concret On-line, España. Disponível em: <http://concretonline.com/>

Dicionário de direito ambiental

WCNA Consejo Nacional del Ambiente, República del Perú. Disponível em: <http:/www.conam.gob.pe/>

WCNAM Comisión Nacional del Agua, México. Disponível em: <http://www.cna.gob.mx>.

WCNCB Comisión Nacional para el Conocimiento y Uso de la Biodiversidad, Gobierno de México. Disponível em: <http://www.conabio.gob.mx/>

WCNCT Consejo Nacional de Ciencia y Tecnología, México. Disponível em: <http://www.conacyt.mx/>

WCNE COMISIÓN NACIONAL DE ENERGÍA ATÓMICA.Argentina. Disponível em: <http://www.cab.cnea.gov.ar/>

WCNEA Laboratorio Tandar, Comisión Nacional de Energía Nuclear, Argentina. Disponível em: <http://www.tandar.cnea.gov.ar/>

WCNEC Comité Nacional de Ética en la Ciencia y la Teconología, Argentina. Disponível em: <http://www.eticacyt.gov.ar/>

WCNEE Comisión Nacional de Energía, España. Disponível em: < http://www.cne.es/ >

WCNH Convención Nacional Hacendaria, Presidencia de la República, México. Disponível em: <http://cnh.gob.mx/>

WCNIA Centro Nacional de Investigaciones Agropecuarias, Venezuela. Disponível em: <http://www.ceniap.gov.ve/>

WCNICT CONICET – Consejo Nacional de Investigaciones Científicas y Técnicas, Argentina. Disponível em: <http://www.conicet.gov.ar/>

WCNMA CONAMA – Comisión Nacional del Medio Ambiente- Chile. Disponível em: <www.conama.cl/>

WCNRC Genetic diversity in managed loblolly pine forests in the article. Disponível em: <pubs.nrc-cnrc.gc.ca/>

WCOF COFETEL – Comisión Federal de Telecomunicaciones, México. Disponível em: <http:/cofetel.gob.mx/>

WCOFE Comisión Federal para la Protección contra Riesgos Sanitarios, México. Disponível em: <http://www.cofepris.gob.mx/>

WCOH Administración Forestal del estado – Corporación Hondureña de Desarrollo Forestal. Disponível em: <http://www.cohdefor.hn/>

WCOL Columbia University in the City of New York. Disponível em:<www.columbia.edu>

WCOLC Instituto Colombiano para el Desarrollo de la Ciencia y la Tecnología – COLCIENCIAS. Disponível em: <http://zulia.colciencias.gov.co:8081/>

WCOM Comisión Reguladora de Energía, México. Disponível em: <http:/www.cre.gob.mx/ligas.html>

WCON INTER-AMERICAN CONVENTION FOR THE PROTECTION AND CONSERVATION OF SEA TURTLES. Disponível em: <http://www.seaturtle.org/>

WCONAE Comisión Nacional para el Ahorro de Energía, Gobierno de México. Disponível em: <http://www.conae.gob.mx/>

WCONAM Fundación Comisión Nacional de Medio Ambiente – España. Disponível em: <http://www.conama.org/>

WCONICET CONICET – Consejo Nacional de Investigaciones Científicas y Técnicas, Argentina. Disponível em: <http://www.conicet.gov.ar/>

WCONICIT Boletín Ciencia y Tecnología nº 32, febrero de 2005 – Consejo Nacional para Investigaciones Científicas y Tecnológicas de Costa Rica. Disponível em: <http://www.conicit.go.cr/>

WCONICYT Comisión Nacional de Investigación Científica y Tecnológica de Chile. Disponível em: <http://www.conicyt.cl/>

WCONP CONPET-Programa Nacional da Racionalização do Uso dos Derivados do Petróleo e do Gás Natural. Ministério de Minas e Energia. Disponível em: <www.conpet.gov.br/quioto/glossario>
WCOP COPESUL. Disponível em: <www.copesul.com.br/>
WCOPANT Comisión Panamericana de Normas Técnicas, Disponível em: <http://www.copant.org/>
WCOR CORPORACIÓN AUTÓNOMA REGIONAL DE CHIVOR -Colombia. Disponível em: <http://www.corpochivor.gov.co/>
WCORP Corporación Autónoma Regional de Caldas, Colombia. Disponível em: <http://www.corpocaldas.gov.co/>
WCOS COSAVE COMITÉ DE SANIDAD VEGETAL DEL CONO SUR. Disponível em: <http://www.cosave.org.py/>
WCOSAES Comité de Sanidad Acuícola del Estado de Sonora, México. Disponível em: <http://www.cosaes.com/>
WCOST COSTAS DOS COQUEIROS. Disponível em: <http://www.costadoscoqueiros.com/>
WCPC Decreto Ley n° 424/70. Poder Legislativo de la Provincia de Formosa, Argentina. Disponível em: <http://www.legislaturaformosa.gov.ar/>
WCPCM Comisión Parlamentaria Conjunta del Mercosur, Argentina. Disponível em: <http://www.cpcmercosur.gov.ar/>
WCPDEP Commonwealth Of Pennsylvania Department Of Environmental Protection. Disponível em: <http://www.dep.state.pa.us/>
WCPN Constitución de la Provincia de Neuquén – Provincia de Neuquén, Argentina. Disponível em: <http://www.neuquen.gov.ar/>
WCPSE Constitución de la Provincia de Santiago del Estero – Bibilioteca Digital del Ministerio de Justicia y Derechos Humanos, República Argentina. Disponível em: <http://www.biblioteca.jus.gov.ar/>
WCPV Cementos Portland Valderrivas, España. Disponível em: <http://www.valderrivas.es/>
WCRA Ley 17285/1967. Título VIII: Búsqueda, Asistencia y Salvamento – Comando de Regiones Aéreas, Argentina. Disponível em: <http://www.cra.gov.ar/>
WCRBV Constitución de la República Bolivariana de Venezuela – Defensoria del Pueblo, República Bolivariana de Venezuela. Disponível em: <http://www.defensoria.gov.ve/l>
WCRC Cámara de Representantes, Colombia. Disponível em: <http://www.camararep.gov.co/>
WCRE Comisión Reguladora de Energía, México. Disponível em: <www.cre.gob.mx/>
WCRF Código de Rubros Fiscales y Normas de Codificación de las Actividades Económicas, Ordenanza Fiscal n° 1874/04 T.O. Año 2005 – Municipalidad de Moreno, Argentina. Disponível em: <http://www.moreno.gov.ar/>
WCRFM Citizens for Responsible Forest Management. Disponível em: <www.crfm.org>
WCRIC Centro Regional de Investigaciones Científicas y Tecnológicas de Mendoza, Argentina. Disponível em: <http://www.cricyt.edu.ar/>
WCRP Congreso de la República del Perú. Disponível em:<http://www.congreso.gob.pe/>
WCSAD California State Assembly Democratic Caucus. Disponível em: <democrats.assembly.ca.gov/>
WCSIC Consejo Superior de Investigaciones Científicas, España. Disponível em: <http://www.csic.es/>
WCSJ ORDENANZA REGULADORA DE LOS DESECHOS SOLIDOS DEL MUNICIPIO DE NUEVA SAN SALVADOR, Decreto Municipal, 02/06/2003, NUEVA SAN SALVADOR – Corte Suprema de Justicia, República de El Salvador. Disponível em: <http://www.csj.gob.sv/>
WCSM Colorado Springs Military Newspaper Group. Disponível em: <www.csmng.com>
WCSN Consejo de Seguridad Nuclear, España. Disponível em: <http://www.csn.es/>

WCSRP Cámara de Senadores de la República del Paraguay. Disponível em: <http://www.senado.gov.py/>

WCTB Comissão Técnica de Biossegurança. Disponível em: <www.ctnbio.gov.br>

WCTGAS Centro de Tecnologia do Gás. Disponível em: < http://www.ctgas.com.br>

WCUCBA Centro Universitario de Ciencias Biológicas y Agropecuarias, Universidad de Guadalajara, México. Disponível em: <http://www.cucba.udg.mx/>

WCV Ley de Protección contra la contaminación acústica, 21/11/2002 – Corts Valencianes, España. Disponível em: <http://www.cortsvalencianes.es/>

WCVCO Convenio de Viena para la Protección de la Capa de Ozono – Misterio de Medio Ambiente y Recursos Naturales, El Salvador. Disponível em: <http://www.marn.gob.sv/>

WCVM CVM – COMISSÃO DE VALORES IMOBILIÁRIOS. Disponível em: <http://www.cvm.gov.br/>

WCVRD Companhia Vale do Rio Doce. Disponível em: <www.cvrd.com.br/>

WCWP Center for Watershed Protection. Disponível em: <www.cwp.org>

WD Drugtext. Disponível em: <www.drugtext.org>

WDAMAB Departamento Técnico Administrativo del Medio Ambiente Barranquilla. Disponível em: <http://www.damab.gov.co/>

WDAP Departamento Administrativo de Planeación, Alcadía de Santiago de Cali, Colombia, Disponível em: <http://206.48.237.166/pot/>

WDAPR Departamento de Agricultura del Estado Libre Asociado de Puerto Rico. Disponível em: <http://www.agricultura.gobierno.pr/>

WDB The Decibel. Disponível em: <www.sss-mag.com/db.html>

WDCA Diario de Cuyo, Argentina. Disponível em: <http://www.diariodecuyo.com.ar/>

WDCT Departamento de Ciencias de la Tierra, Universidad Simón Bolívar, Venezuela. Disponível em: <http://www.gc.usb.ve/>

WDEC Decreto nº 142. Medio ambiente en Cuba, Centro de Información, Gestión y Educación Ambiental, Departamento de Información Ambiental, Disponível em: <http://www.medioambiente.cu/>

WDEC0101 Decreto nº 0101: Decreto Reglamentario de la Ley nº 11.717 – Gobierno de la Provincia de Santa Fe, Argentina. Disponível em: <http://www.santafe.gov.ar/>

WDEC1390 Decreto nº 1390/98, de 27/11/1998: Apruébase la Reglamentación de la Ley nº 24.804 – Centro de Documentación e Información del Ministerio de Economía, República Argentina. Disponível em: <http://infoleg.mecon.gov.ar/>

WDEC180 Decreto 180/000: Reglamento Técnico Mercosur para Plaguicidas (Uruguay) – Red de Acción en Plaguicidas y sus Alternativas para América Latina. Disponível em: <http://www.chasque.net/rapaluy/agrotoxicos/Decreto180-000.html>

WDEC502 Decreto Nacional nº 502/91: Creación de la Empresa Ferrocarriles Metropolitanos – Memoria de las Privatizaciones, Ministerio de Economía, República Argentina. Disponível em: <http://mepriv.mecon.gov.ar/Normas/502-91.htm>

WDEC58 Decreto 58. Establece Índice de Calidad del Aire para Determinar el Nivel de Contaminación Atmosférica de la Región Metropolitana – Universidad de Santiago de Chile. Disponível em: <http://web.usach.cl/>

WDEC72 Real Decreto 72/1988, por el que se aprueba la ordenación y control de los fertilizantes afines – Junta de Castilla y León, España. Disponível em: <http://www.jcyl.es/jcyl-client/jcyl/files/Real_Decreto_72_1988?idMmedia=19234>

WDEC779 Decreto 779/95, Anexo R – Centro de Documentación e Información del Ministerio de Economía, Argentina. Disponível em: <http://infoleg.mecon.gov.ar/txtnorma/dto779-1995-anexoR.htm>
WDEC824 Real Decreto 824/2005: Productos fertilizantes – Noticias Jurídicas, España. Disponível em: <http://www.juridicas.com/base_datos/Admin/rd824-2005.html>
WDEC88 Decreto nº 88: Ley de Aparcería Agrícola y Ganadera del Estado de Guanajuato – Poder Legislativo de Guanajuato, México. Disponível em: <http://www.congresogto.gob.mx/>
WDEC882 Decreto Ley nº 882. Asamblea Nacional de la República de Nicaragua. Disponível em: <http://legislacion.asamblea.gob.ni/>
WDEM Diario Democracia, Villa Dolores, Córdoba, Argentina, Disponível em: <http://www.democracia-diario.com.ar/>
WDEMOG Demographia. Disponível em: <www.demographia.com/>
WDEP West Virginia Department of Environmental Protection. Disponível em: <www.dep.state.wv.us>
WDEQ LA. DEPARTMENT OF ENVIRONMENTAL QUALITY. Disponível em: <www.deq.state.la.us/>
WDER Facultad de Derecho de la Universidad de Chile. Disponível em: <http:/www.derecho.uchile.cl/cda/>
WDF DIVISION OF FORESTRY. Disponível em: <www.wvforestry.com/>
WDGA Política Nacional de los Recursos Hídricos – Dirección General de Aguas, Chile. Disponível em: <http://www.dga.cl/>
WDGC Departamento de Industria y Teconología, Comercio y Trabajo, Navarra, España. Disponível em: <http://www.cfnavarra.es/>
WDGP DIRECCIÓN GENERAL DE PROTECCIÓN CIVIL -Transporte de Mercancías Peligrosas, España. Disponível em: <http://www.conseguridad.net/>
WDGPA Dirección General de Patrimonio, Subsecretaría de Patrimonio Cultural, Secretaría de Cultura, Ciudad Autónoma de Buenos Aires, Argentina. Disponível em: <http://www.dgpatrimonio.buenosaires.gov.ar/>
WDGRE Dirección General de Relaciones Económicas Internacionales, Ministerio de Relaciones Exteriores, Disponível em: <http://www.direcon.cl/>
WDIA DIARIO JURÍDICO, EN INTERNET, publicación de la Editorial Albremática. Disponível em: <http://www.eldial.com.ar/>
WDIAB Diabetes Self Management. Disponível em: <www.diabetesselfmanagement.com>.
WDIC DIRECCIÓN GENERAL DE CAPITANIAS Y GUARDACOSTAS (DICAPY), Dependência de la Marina de Guerra del Perú. Disponível em: <http://www.dicapi.mil.pe/>
WDIE DIESELNET – Online information service on clean diesel engines and diesel emissions. Disponível em: <http://www.dieselnet.com/>
WDIN Plan Director "parque Natural Regional Valle del Lunarejo" – Dirección Nacional de Medio Ambiente, República Oriental del Uruguay. Disponível em: <http://www.dinama.gub.uy/>
WDIRE Armada de Chile. Disponível em: <http://www.directemar.cl/>
WDLC Digital Library of the Commons. Disponível em: <http://dlc.dlib.indiana.edu>
WDMA Departamento de Medio Ambiente y Ordenación del Territorio. Disponível em: <http://www.ingurumena.ejgv.euskadi.net/>.
WDMG Departamento de Microbiología y Genética, Universidad de Salamanca, España. Disponível em: <http://coli.usal.es/>

WDNA Dirección Nacional de Alimentos, Secretaría de Agricultura, Ganadería, Pesca y Alimentos, República Argentina. Disponível em: <http://www.alimentosargentinos.gov.ar/>

WDNPEI Resolución nº 222/02. Dirección nacional de promoción de las exportaciones e inversiones, Gobierno de Paraguay. Disponível em: <http://www.proparaguay.gov.py/>

WDNPM NATIONAL DEPARTMENT FOR MINERAL PRODUCTION. Disponível em: <www.dnpm.gov.br/>

WDP Denver Plants. Disponível em: <www.denverplants.com>

WDPC Defensoría del Pueblo de la Ciudad, Argentina. Disponível em: <http://defensoria.gov.ar/>

WDRN DIRECCIÓN DE RECURSOS NATURALES RENOVABLES. – Mendoza Argentina. Disponível em: <http://www.recursosnaturales.mendoza.gov.ar/>

WDRNP Diario Río Negro, Patagonia, Argentina. Disponível em: <http://rionegro.com.ar/>

WDRUGS Drugs information on-line. Disponível em: <http://www.drugs.com/>

WDSC Poder Legislativo, Cámara de Representantes, República Oriental del Uruguay. Disponível em: <http://www.parlamento.gub.uy/>

WDSCA Dirección de Saneamiento y Control Ambiental, Subsecretaría de Medio Ambiente, Gobierno de Mendoza, Argentina. Disponível em: <http://www.saneamiento.mendoza.gov.ar/>

WDSOST Desarrollo Sostenible [organización de ingenieros], Argentina. Disponível em: <http://www.dsostenible.com.ar/>

WDSSG DRAFT SOIL SCREENING GUIDANCE. Disponível em: <ftp.fedworld.gov/>

WDVA Diputación de Valencia, España. Disponível em: <http://www.dva.gva.es/>

WDVUS Death-Valley.us. Disponível em: <www.death-valley.us>

WDW Discovering Whales. Disponível em:<www.omplace.com/>

WEADS European Aeronautic Defense and Space Company. Disponível em: <http://www.eads.net/>

WEAP ECOLOGISTAS EN ACCIÓ-País Valenciá, España. Disponível em:<http://www.eapv.org/>.

WEAR EARTH OBSERVATORY – NASA Disponível em: <http://earthobservatory.nasa.gov/>

WEART Columbia Earthscape.Disponível em: <earthscape.org>

WEBA Embajada de Bolivia en Argentina. Disponível em: <http://www.embajadadebolivia.com.ar/>

WEBC Embajada de Brasil en Chile. Disponível em: <http://www.brasembsantiago.cl/>

WECGIS WORKSHOPS. Disponível em: <www.ec-gis.org/>

WECLAC Comisión Económica para América Latina y el Caribe. Disponível em: <http://www.eclac.cl/>

WECO ECOTAO ENTERPRISES. Disponível em: <http://www.ecotao.com/>

WECOC Ecoclub Pergamino, Argentina. Disponível em: <http://www.ecoclub.pergamino.gov.ar/>

WECOP ECOPORTALNET Glosario de términos ambientales. Disponível em:<http://www.ecoportal.net/>

WECOS Ecosystem Management. Disponível em: <www.fs.fed.usa/>

WEEA European Environment Agency. Disponível em: <www.eea.eu.int>

WEESL Environmental Expert S.L.. Disponível em: <www.environmental-expert.com/index.asp>

WEEUB Embaixada dos EUA no Brasil. Disponível em: <http://www.embaixada-americana.org.br/>

WEFN CENTRO DE INVESTIGACIONES AVANZADAS EN TECNOLOGÍA DEL HÓRMIGON. Disponível em: <http://www.efn.unc.edu.ar/>

WEIA ENERGY INFORMATION. Disponível em: <http://www.cia.doe.gov/>

WEIE Escuela de Ingeniería Electrónica, Universidad Nacional de Rosário, Argentina. Disponível em: <http://www.eie.fceia.unr.edu.ar/>

WELD Tramites, Licencia para conducir – Municipalidad de Eldorado, Argentina. Disponível em: <http://www.eldorado.gov.ar/>
WELDI Diario El Día. Disponível em: <www.eldia.com.ar>.
WELET ELETROBRÁS. Disponível em: > http://www.eletrobras.gov.br >
WELETRIC Electric Home Appliance. Disponível em: <online.onetcenter.org/>
WEMA Entidad de Medio Ambiente del Área Metropolitana de Barcelona. Disponível em: <http:/www.ema-amb.com/es/>
WEMB EMBRAPA/EMPRESA BRASILEIRA DE PESQUISA AGROPECUÁRIA. Disponível em: <http://www.cnps.embrapa.br/>
WEMOR Gobierno de Morelos, México. Disponível em: <http://www.e-morelos.gob.mx/>
WENC ENCICLOPEDIA SOBRE DELFINES. Parque Nizuc, parque aquático do México. Disponível em: <http://www.atlantidacancun.com.mx/>
WENERG Energizer.com – Home – Welcome to Energizer. Disponível em: <www.energizer.com/>
WENERGY United States Senate Committee on Energy and Natural Resources. Disponível em: <energy.senate.gov.>
WENG Engineering Tips. Disponível em: <http://www.eng-tips.com/>
WENGR Proceso Formulación Ley General de Aguas – Segundo Informe de Avance; Bio. Mar. Pedro Arenas Granados; Bogotá, 23 de mayo de 2004. Disponível em: <http://www.engr.colostate.edu/>
WENL Plan Nacional de Ciencia, Tecnología e Innovación Productiva – Jefatura del Gabinete de Ministros, Argentina. Disponível em: <http://www.enlaceparlamentario.gov.ar/>
WENRE Ente Nacional Regulador de Electricidad, Argentina. Disponível em: <http://www.enre.gov.ar/>
WENRG Ente Nacional Regulador del Gas, Argentina. Disponível em: <http://www.enargas.gov.ar/>
WENV Envases – Dirección Nacional de Alimentos, Secretaría de Agricultura, Ganadería, Pesca y Alimentos, República Argentina. Disponível em: <http://www.alimentosargentinos.gov.ar/>
WEPA U.S. ENVIRONMENTAL PROTECTION AGENCY. Disponível em: <http://www.epa.gov>
WEPAS Ente Regulador de Agua de Mendoza, Argentina. Disponível em: <http://www.epas.mendoza.gov.ar/>
WEPI Departamento de Epidemiología, Ministério de Salud, Chile. Disponível em: <http://epi.minsal.cl/>
WERS Environmental Resource Services. Disponível em: <www.envsource.com/>
WES85 WESTMAN, Walter E. Ecology, Impact Assessment, and Environmental Planning. New York: John Wiley & Sons, 1985. 532p.
WESC ESCUELA RECONQUISTA, Argentina – Curso C.SUPTN. Disponível em: <http://menbers.tripod.com.ar/>
WESCAR INTRODUCTION THEORY AND PLANNING FOR URBAN BIOSPHERE RESERVES. Disponível em: <www.escarpment.org/>
WESI Escuela Superior de Ingenieros de Sevilla, España. Disponível em: <http://www.esi.us.es/>
WESPM Environmental Science, Policy & Management (ESPM). Disponível em: <espm.berkeley.edu/>
WESTRUC Estrucplan (consultoria ambiental), Argentina. Disponível em: <http://www.estrucplan.com.ar/>
WETC EXPANDED TABLE OF CONTENTS. Disponível em: <www.nlectc.org/>
WETS Boletín Oficial del Principado de Asturias – Escuela de Minas, Universidad de Oviedo, Espana. Disponível em: <http://www.etsimo.uniovi.es/>
WEU The European Union. Disponível em: <europa.eu.int>

WEULA Centro de Ciencias Ambientales EULA-Chile (Universidad de Concepción). Disponível em: <http://www.eula.cl/>
WEUR EURODICAUTOM. Disponível em: <http://www.europa.eu.int/>
WEUTIST GAIANET – Geospatial Application Intelligent Agent NETwork. Disponível em: <http://www.eutist-ami.org/>
WEYP Environmental Yellow. Disponível em: <pageshttp://www.enviroyellowpages.com/>
WFAA FUNCTIONAL AREAS. Disponível em: <www.faa.gov/>
WFAC FACULTAD DE DERECHO DE LA UNIVERSIDAD DE SALAMANCA – Espanha. Disponível em: <http://derecho.usal.es/>
WFAD Federación Asturiana de Empresarios, España. Disponível em: <http://www.fade.es//>
WFAG DEPARTAMENTO DE PROTECCIÓN VEGETAL DE LA FACULTAD DE AGRONOMÍA DE LA UNIVERSIDAD DE LA REPÚBLICA. Uruguay. Disponível em: <http://www.pv.fagro.edu.uy/>
WFAO FOOD AND AGRICULTURE ORGANIZATION OF UNITED NATIONS. Disponível em:<http://www.fao.org/>
WFAP FindLaw – Asset Purchase and Sale Agreement – Potomac Electric. Disponível em: <http://contracts.corporate.findlaw.com/>
WFARN Legislación Argentina Lei nº 11723 de 9/11/1995. Disponível em: <www.farn.org.ar/>
WFAS Federation of American Scientists. Disponível em: <www.fas.org>
WFBC Niagara Frontier Border Crossings. Disponível em: <www.gbnrtc.org/>
WFCA Tiempo y Clima – Facultad de Ciencias Agrarias de la Universidad Nacional del Litoral, Argentina. Disponível em: <http://www.fca.unl.edu.ar/>
WFCEMA Decreto nº 3097/00: Reglamentación de la Ley 7.070, Provincia de Salta- FUCEMA: Fundación Para la Conservación de las Especies y el Medio Ambiente, Argentina. Disponível em: <http://www.fucema.org.ar/fucema/legislacion/provincia/salta/dec3097_00.htm>
WFCP Forest Conservation Portal. Disponível em: <forests.org>
WFCT Fundação para a Ciência e a Tecnologia. Disponível em: <a http://www.fct.mct.pt/>
WFDA Food And Drug Administration. Disponível em: <www.fda. gov/>
WFDC Facultad de Derecho, Universidad de Chile. Disponível em: <http://www.derecho.uchile.cl/>
WFDF Florida Division of Florestry. Disponível em: <http://www.fl-dof.com/>
WFDLI FDLI Publications. Disponível em: <www.fdli.org/>
WFDUD Factors in the Dispersant Use Decision-Making Process: Historical Overview and Look to the Future. Disponível em: <www.environmental-research.com/>
WFEA Federación Espeleológica de América Latina y del Caribe. Disponível em: <http://www.fealc.org/>
WFED Federación Española de Deportes de Montaña y Escalada. Disponível em: <http://www.fedme.es/>
WFEI Friends of the Earth International. Disponível em: <http://www.rio-plus-10.org >
WFEMA Federal Emergency Management Agency. Disponível em:<www.fema.gov/>
WFEP FUNDAÇÃO ESTADUAL DE PROTEÇÃO AMBIENTAL-HENRIQUE LUÍS ROESSLER -RS. Disponível em: <http://www.fepam.rs.gov.br>
WFFII Fundación para el Fomento de la Innovación Industrial, España. Disponível em: <http://www.ffii.nova.es/>
WFGN Fiscalía General de la Nación, Colombia. Disponível em: <http://www.fiscalia.gov.co/>
WFIAF Fundación Instituto Argentino de Ferrocarriles. Disponível em: <http://www.fiaf.org.ar/>
WFING Facultad de Ingeniería, Universidad de la República, Uruguai. Disponível em: <http://www.fing.edu.uy/>

fontes referenciais

WFIUBA Facultad de Ingeniería de la Universidad de Buenos Aires, Argentina. Disponível em: <http://www.fi.uba.ar/>
WFMCN Fondo Mexicano para la Conservación de la Naturaleza (priv.). Disponível em: <http://www.fmcn.org/>
WFME Procedimiento General: Fiscalización del Manejo de Emergencia – Organismo Regulador de Seguridad de Presas, Argentina. Disponível em: <http://www.orsep.gov.ar/>
WFNUB Informe Nacional para el quinto periodo de sesiones del Foro Internacional de las Naciones Unidas sobre Bosques (FNUB), Guatemala – United Nations. Disponível em: <http://www.un.org/>
WFONAM Fondo Nacional del Medio Ambiente, Perú. Disponível em: <http://www.fonamperu.org/>
WFOR Gobierno de Formosa. Disponível em: <http://www.formosa.gov.ar/>
WFPD Los Foros de la Pesca Deportiva en México. Disponível em: <http://foros.pesca.org.mx/>
WFPL WOOD HANDBOOK GLOSSARY. Disponível em: <ww.fpl.fs.fed.us/>
WFR FOREST REGENERATION. Disponível em: <www.forestregeneration.com/>
WFRA Federal Raibroad Administration. Disponível em: <www.fra.dot.gov./>
WFRBB Departamento de Ingeniería Civil, Facultad Regional Bahía Blanca, Universidad Tecnológica Nacional. Argentina. Disponível em: <http://www.frbb.utn.edu.ar/dic/>
WFRCC Front Range Community College. Disponível em: <frcc.cc.co.us>
WFS Multiple Use Sustained Yield Act. Disponível em: <www.fs.fed.us/>
WFSIS Food Safety and Inspection Service United States Department of Agriculture. Disponível em: <www.fsis.usda.gov/>
WFSM FORUM SOCIAL MUDIAL POA 2005. Disponível em; <http://www.forumsocialmundial.org.br/>
WFTC FEDERAL TRADE COMMISSION CONSUMER PROTECTION. Disponível em: <www.ftc.gov/ftc/>
WFTM Forestry Terms for Mississipi. Disponível em: <msucares.com/>
WFUCOA Fundación de Comunicaciones, Capacitación y Cultura del Agro, Gobierno de Chile. Disponível em: <http://www.fucoa.gob.cl/>
WFUN FUNDACIÓN AMBIENTE Y RECURSOS NATURALES – Argentina. Disponível em: <www.farn.org.ar/>
WFUNAI FUNAI – Fundação Nacional do Índio. Disponível em: <http://www.funai.gov.br>
WFWS United States Fish and Wildlife Service Home. Disponível em: <www.fws.gov>
WFWT Fishing with Trolines. Disponível em: <www.catfishbaitsoap.com/>
WGAO Government Accountability Office. Disponível em: <www.gao.gov>
WGAV Gestión Ambiental Vial – Dirección Nacional de Viabilidad, Argentina. Disponível em: <http://www.vialidad.gov.ar/>
WGB Gobernación de Bolívar, Colombia. Disponível em <http://www.bolivar.gov.co/>
WGBA Plan Maestro Cuenca Río Salado – Ministerio de Infraestrucutura, Vivienda y Servicios Públicos, Gobierno de la Provincia de Buenos Aires, Argentina. Disponível em: <http://www.mosp.gba.gov.ar/>
WGBM Grupo Banco Mundial. Disponível em: <www.obancomundial.org>
WGC GOBIERNO DE CANÁRIAS, España. Disponível em: <http://www.gobcan.es/>
WGCBA Gobierno de la Ciudad de Buenos Aires, Argentina. Disponível em: <http://www.buenosaires.gov.ar/>
WGCO The Global Conservation Organization. Disponível em: <www.panda.org>
WGCRA Gobierno de Chubut, República Argentina. Disponível em: <http://www.chubut.gov.ar/>
WGCT Glossary of Cave Terms. Disponível em: <http://www.caves.org/>

WGEF Global Environmental Facility. Disponível em: <www.gefweb.org>
WGEM Grupo Ecologista Mediterráneo. Disponível em: <http://www.gem.es/>
WGEN GENEVA PROTOCOL. Disponível em: <http://www.acda.gov/>
WGEO GEOGRAPHY 3412 Class Notes. Disponível em: <ww.colorado.edu/>
WGIRS Decreto nº 47-2005: Gestión Integral de Residuos Sólidos – Presidencia de la República, Nicaragua. Disponível em: <http://www.presidencia.gob.ni/>
WGIS GIS GEOSPATIAL Development in Brazil. Disponível em: <http://www.gisdevelopment.net/>
WGISP The Global Invasive Species Programme. Disponível em: <www.gisp.org>
WGLO GLOSARIO PARA PRODUCTOS DOMISANITARIOS, MERCOSUR/GMC/RES Nº 26/96. Disponível em: <www.sice.oas.org/>
WGM Gobernación de Mendoza, Argentina. Disponível em: <http://www.gobernac.mendoza.gov.ar/>
WGMR GENETICS AND MOLECULARARY RESEARCH. Disponível em: <www.funpecrp.com.br/>
WGNC Câmara Argentina del Gas Natural Comprimido. Disponível em: <http://www.gnc.org.ar/>
WGOB GOBIERNO DE LA PROVINCIA DE MISIONES. Argentina. Disponível em: <http://www.misiones.gov.ar/>
WGOBCAN Gobierno de Canarias, España. Disponível em: <http://www.gobcan.es/>
WGOBG LEY 12.814, Ministério de Gobierno de la Provincia de Buenos Aires. Disponível em: <http://www.gob.gba.gov.ar/>
WGOBM Portal Ciudadano del Gobierno Federal, México. Disponível em: <http://www.gob.mx/>
WGOT GLOSARIO de Ordenamiento Territorial – Definiciones básicas. DNOT – MVOTyMA – RO del Uruguay, 1995. Disponível em:<http://www.medioambiente.gov.ar/>
WGPA GLOBAL PROGRAMME OF ACTION FOR THE PROTECTION OF THE MARINE ENVIRONMENT FROM LAND-BASED ACTIVITIES, United Nations Environment Programme. Disponível em: <http://www.gpa.unep.org/>
WGPE GOBIERNO DA LA PROVÍNCIA DE ENTRE RÍOS- Argentina. Disponível em: <http://www.entreríos.gov.ar/ >
WGPS LEY Nº 5242, ADHESION PROVINCIAL A LA LEY NACIONAL Nº 13.273/48Y MODIFICATORIAS, 17/02/1978 – Gobierno de la Provincia de Salta. Disponível em: <http://www.salta.gov.ar/o/medioambiente/L7070/ley5242.htm>
WGPSL Gobierno de la Provincia de San Luis, Argentina. Disponível em: <http://www.sanluis.gov.ar/>
WGRAIN DECRETO No. 31 514- MINAE EL PRESIDENTE DE LA REPUBLICA Y EL MINISTRO DEL AMBIENTE Y ENERGIA, Costa Rica – Grain, ONG sobre biodiversidade. Disponível em: <http://www.grain.org/>
WGRC Gobierno Regional de Callao, Perú. Disponível em: <http://www.regioncallao.gob.pe/>
WGRCP Models of genetic conservation. Disponível em: <www.grcp.ucdavis.edu/>
WGRE GREENBELT CONSULTING. Disponível em: <wwwgrenbeltconsulting>
WGRIF Griffin Campus, College of Agricultural & Environmental Sciences, University of Georgia, USA. Disponível em: <http://www.griffin.uga.edu/>
WGRU GRUPO IBÉRICO DE ANILLAMIENTO. Disponível em: <http://organizaciones.bornet.es/>
WGRUP Acción de Lucha Antipetrolera, Costa Rica. Disponível em: <http://www.grupoadela.org/>
WGSR Genetics and Society Resources: Glossary. Disponível em: <http;//genetics-and-society.org>
WGVRD Burns Bog Conservancy área. Disponível em: < www.gvrd.bc.ca/burnsbog>
WHAA Harbour Authority Association of British Columbia. Disponível em: <http://www.colorado.edu/>
WHAAG Gloswsary of Building Terms Used Hmes Acros America. Disponível em: <www.homes-across-america.org/>

WHCDM Honorable Cámara de Diputados, Provincia de Mendoza, Argentina. Disponível em: <http://www.hcdmza.gov.ar/>

WHCDN Honorable Cámara de Diputados de la Nación, República Argentina. Disponível em: <http://www1.hcdn.gov.ar/>

WHCDP Honorable Concejo Deliberante del Partido de General Pueyerredón, Argentina. Disponível em: <http://www.concejomdp.gov.ar/>

WHCDSC Genética: La Continuidad de la vida, BARAHONA, Ana; PIÑEIRO, Daniel; – Honorable Cámara de Diputados de Santa Cruz, Argentina. Disponível em: <http://www.hcdsc.gov.ar/>

WHCS Haverford College Senior Thesis Archive. Disponível em: <thesis.haverford.edu/>

WHERB Herbotecnia, Tecnologías de cultivo y poscosecha de plantas medicinales, aromáticas y tintóreas, Argentina. Disponível em: <http://www.herbotecnia.com.ar/>

WHEZK Departamento de Educación, Universidades e Investigación, Gobierno Vasco, España. Disponível em: <http://www.hezkuntza.ejgv.euskadi.net/>

WHHL Hunting License Information. Disponível em: <www.state.me.us/>

WHISPA Ley 1/1985, de 23 de enero, del Parque Regional de la Cuenca Alta de Manzanares – Hispagua, Sistema Español de Información sobre agua. Disponível em: <http://hispagua.cedex.es/>

WHL HUMAN USA LEGISLATION. Disponível em: <www.humaneusa.org/>

WHP HOME PROJECTS. Disponível em: <http://www.homeprojects.org/Driveway>

WHPD HUNTING PARK DIRECTORY. Disponível em: <www.temple.edu/>

WHUD United States Department of Housing and Urban Development. Disponível em: <www.hud.gov>

WIAD BANCO INTERAMERICANO DE DESARROLLO EVALUAÇÃO AMBIENTAL ESTRATÉGICA DEL CORREDOR SANTA CRUZ PUERTO SUAREZ – Bolivia (PROYECTO N TC-9904003-BO) – Informe Final – Cap. 3. Disponível em: <http://www.iadb.org/>

WIADB Inter-American Development Bank. Disponível em: <http://www.iadb.org/>

WIADE Instituto Argentino para el Desarrollo Econômico. Disponível em: <www.iade.org.ar/>

WIAF Inter-American Foundation. Disponível em: <www.iaf.gov>

WIAFE Instituto Aragonés de Fomento, Gobierno de Aragón, España. Disponível em: <http://www.iaf.es/>

WIAG International Association of Geomorphologists. Disponível em: <www.geomorph.org>

WIANSA OWNERSHIP. Disponível em: <ww.iansa.org/>

WIAPG Biblioteca del Instituto Argentino del Petróleo y del Gas. Disponível em: <http://biblioteca.iapg.org.ar/>

WIBA INSTITUTO BRASILEIRO DO MEIO AMBIENTE E DOS RECURSOS NATURAIS RENOVÁVEIS. Disponível em: <http://www.ibama.gov.br/>

WIBFN INternational Big Fish Network. Disponível em: <www.ibfn.org/>

WIBN Instituto Boliviano de Normalización y Calidad. Disponível em: <http://www.ibnorca.org/>

WIBVF Instituto de Bioquímica Vegetal y Fotosíntesis, España. Disponível em: <http://www.ibvf.cartuja.csic.es/>

WICA Resolución 1056, 17/04/1996 – Instituto Colombiano Agropecuario. Disponível em: <http://www.ica.gov.co/>

WICAA Ley nº 3.228. Instituto Correntino del Agua y del Ambiente, Gobierno de la Provincia de Corrientes, Argentina. Disponível em: <http://www.icaa.gov.ar/>

WICB INSTITUTO DE CONSERVACIÓN DE LAS BALLENAS. Argentina. Disponível em: <www.icb.org.ar>

WICDO International Civil Defence Organisation. Disponível em: <www.icdo.org>
WICE Instituto Español de Comercio Exterior. Disponível em: <http:/www.icex.es/>
WICESI Universidad Icesi, Santiago de Calí, Colombia. Disponível em: <http://www.icesi.edu.co/>
WICI Informe de grupo contacto intersesional que considera las exigencias para el intercambio de información – Comité para la Protección al Medio Ambiente, The Antarctic Treaty. Disponível em: <http://www.cep.aq/>
WICN 01-03-96 PROYECTO de Norma Oficial Mexicana NOM-011-NUCL-1995, Valores de actividad A1 y A2 para transporte de material radiactivo – Colegio Internacional de Médicos Nucleares, Disponível em: <http://www.icnmp.edu.mx/>
WIDEAM Convención sobre Pesca y Consevación de los Recursos Vivos de la Alta Mar – Instituto de Hidrología, Meteorología y Estudios Ambientales. Disponível em: <http://www.ideam.gov.co/>
WIDEM Indiana Department of Environmental Manager. Disponível em: <www.in.gov/>
WIE iCivil Engineer. Disponível em: <www.icivilengineer.com/>
WIEEE Institute of Electrical and Electronics Engineers. Disponível em: <www.ieee.org>
WIEG Instituto Geológico y Minero de España, Ministerio de Ciencia y Tecnologia, Instituto de Economía y Geografía, Ministerio de Educación y Ciencia, España. Disponível em: <http://www.ieg.es/>
WIF The Institute of Physics. Disponível em: <www.iop.org>
WIFAS CONFEREncE ON EcOSYSTeM ReSTORAtion. Disponível em: <conference.ifas.ufl.edu/>
WIFBC Inventario Forestal de Bosques Implantados – Gobierno de la Provincia de Misiones, Argentina. Disponível em: <http://www.ecologia.misiones.gov.ar/>
WIFCN IFCN Beef Report 2004. Disponível em: <www.ifcnnetwork.org/>
WIFE Instituto Federal Electoral, México. Disponível em: <HTTP://WWW.IFE.ORG.MX/>
WIFIA International Fertilizer Industry Association. Disponível em: <http://www.fertilizer.org>
WIGME Rellenos hidrotermales con minerales cálcicos, en fallas del Plutón de la Cabrera (Sistema Central Español). Estudio de Inclusiones Fluidas. GONZÁLEZ, R., LOZANO, R.P., CASQUET, C. – Instituto Geológico y Minero de España. Disponível em: <http://www.igme.es/>
WIIAP Instituo de Investigaciones de la Amazonía Peruana. Disponível em: <http://www.iiap.org.pe/>
WIIC INSTITUTO INTERAMERICANO DE COOPERACIÓN PARA LA AGRICULTURA (IICA). Disponível em: <http://www.iicasaninet.net/>
WIIED International Institute for Environment and Development. Disponível em: <www.iied.org/>
WIIS INTERNATIONAL INSTITUTE FOR SUSTAINABLE DEVELOPMENT/Institut international du développement durable, Canadá. Disponível em: <http://www.iisd.org/>
WIISBE ENVIRONMENTAL FRAMEWORK. Disponível em: <www.iisbe.org/>
WIJD JURISCOL: Información Jurídica Documental, Banco de la República, Colombia. Disponível em: <http://juriscol.banrep.gov.co:8080/>
WILO Organización Internacional del Trabajo. Disponível em: <http://www.ilo.org/>
WIMA Instituto do Homem e Meio Ambiente da Amazônia-IAMAZON. Disponível em: <http://www.imazon.org.br/>
WIMO INTERNATIONAL MARITIME ORGANIZATION. Disponível em: <http://www.imo.org>
WIMP IMPORTADORA BS CHILE. Disponível em: <http://www.importadorabs.cl/>
WIMPM Instituto Mexicano del Petróleo. Disponível em: <http://www.imp.mx/>
WINA Instituto Nacional del Agua, Argentina. Disponível em: <http://www.ina.gov.ar/>
WINAES Anexos de la Resolución 254/77 – Instituto Nacional de Asociativismo y Economía Social (INAES), Argentina. Disponível em: <http://www.inaes.gov.ar/>

WINAI Instituto de Negociaciones Agrícolas Internacionales, Argentina. Disponível em: <http://www.inai.org.ar/>

WINATUR Instituto Autónomo Fondo Nacional de Promoción y Capacitación para la Participación Turística INATUR, Venezuela. Disponível em: <http://www.inatur.gov.ve/>

WINDC Instituto Nacional de Defensa Civil, Perú. Disponível em: <http://www.indeci.gob.pe/>

WINDEX INDEXNET Santillana: Programa de Apoyo al Profesorado, España. Disponível em: <http://www.indexnet.santillana.es/>

WINE Instituto Nacional de Ecología, México. Disponível em: <http://www.ine.gob.mx/>

WINEM Guide: Environmental Statement. Disponível em: <http://www.inem.org/>

WINF INFORMACIÓN LEGISLATIVA (InfoLEG)-Ministério de Economía y Producción (MECON). Disponível em: <http://infoleg.mecon.gov.ar/>

WINFO INFOAGRO. Disponível em: <http://www.infoagro.com/>

WINFOM Infomedic On Line, site da empresa farmacêutica Sanofi-Aventis da Venezuela. Disponível em: <http://www.infomediconline.com/>

WINFRA Urban Land Management. Disponível em: <www.infra.kth.se/>

WING INGENTA. Disponível em: <www.ingentaconnect.com/>

WINGEO Instituto Colombiano de Geología y Minería. Disponível em: <http:www.ingeominas.gov.co/>

WINGM Instituto Nacional de Geología y Mineración, Venezuela. Disponível em: <http://www.ingeomin.gov.ve/>

WINIFAP Instituto Nacional de Investigaciones Forestales, Agrícolas y Pecuarias, México. Disponível em: <http://www.inifap.gob.mx/>

WINPI Instituto Nacional de la Propiedad Intelectual, Argentina. Disponível em: <http://www.inpi.gov.ar/>

WINRENA Instituto Nacional de Recursos Naturales, Perú. Disponível em: <http://www.inrena.gob.pe/>

WINS INSTITUTO NACIONAL DE ESTADÍSTICA, GEOGRAFIA E INFORMÁTICA. MÉXICO. Disponível em: <http://www.inegi.gob.mx/>

WINSC International Nuclear Safety Center. Disponível em: <www.insc.anl.gov/>

WINT INTERNATIONAL ATOMIC ENERGY AGENCY (IAEA). Disponível em: <http://www.iaea.org.at/>

WINTA Instituto Nacional de Tecnología Agropecuaria, Argentina. Disponível em: <http://www.inta.gov.ar/>

WINTE INTERPOL. Disponível em: <http://www.interpol.int/Public/>

WINTI Instituto Nacional de Tecnología Industrial, Argentina. Disponível em: <http://www.inti.gov.ar/>

WINV Ministerio de Protección Social, Resolución 0002652, 20/08/2004 – Instituto Nacional de Vigilancia de Medicamentos y Alimentos, Republica de Colombia. Disponível em: <http://www.invima.gov.co/>

WIOSC INTERNATIONAL OIL SPILL CONFERENE 2005. Disponível em: <www.iosc.org/>

WIPA Instituto Petroquímico Argentino. Disponível em: <http://www.ipqa.org.ar/>

WIPE INSTITUTO DE PESQUISAS ENERGÉTICAS. Disponível em: <www.ipen.br/>

WIPEA Instituto de Pesquisa Econômica Aplicada. Disponível em: < http://www.ipea.gov.br/>

WIPEN Instituto Peruano de Energía Nuclear (IPEN). Disponível em: <http://www.ipen.gob.pe/>

WIPFSA International Portal on Food Safety, Animal & Plant Health. Disponível em: <http://www.ipfsaph.org/>

WIPHAN Missões Jesuíticas dos Guaranis. Disponível em: <www.missoes.iphan.gov.br/>

Dicionário de direito ambiental

WIPL Indigenous Peoples Law & Policy Program – Western Shoshone. Disponível em: <www.law.arizona.edu/>

WIPP Industrial Power Products. Disponível em: <www.industrialpowerproducts.com/>

WIPT Instituto de Pesquisas Tecnológicas – IPT. Disponível em: <www.ipt.br/>

WIRN RIVER REVIVAL – A Project of International Rivers Network. Disponível em: <http://www.irn.org/>

WISA Instituto Socioambiental. Disponível em: <www.socioambiental.org>

WISAS The Instrumentation,Systems, and Automation Society. Disponível em: <www.isa.org>

WISC New Center of Excellence for Elemental Speciation Analysis. Disponível em: <www.iscpubs.com/>

WISP Instituto de Salud Pública, Chile. Disponível em: <http://www.ispch.cl/>

WISTECH ISTECH, BEYOND BIOINFORMATICS. Disponível em: <ww.istech21.com/>

WITAM Glosario del Instituto Tecnológico Autónomo de México. Disponível em: <http://www.itam.mx/>

WITE INSTITUTO TECNOLÓGICO DE ESTUDIOS SUPERIORES DE MONTERREY, MÉXICO. Disponível em: <http://www.geocities.com/>

WITU Unión Internacional de Telecomunicaciones, ramo da ONU. Disponível em: <http://www.itu.int/>

WIUC THE WORLD CONSERVATION UNION. Disponível em: <http://www.iucn.org/>

WIUCN CONSERVATION AND WISE USE OF MANGROVE ECOSYSTEMS. Disponível em: <www.iucn.org/>

WIUFRO International Union of Forest Research Organizations. Disponível em: <http://iufro-down.boku.ac.at/>

WIUPAC International Union of Pure and Applied Chemistry. Disponível em: <www.iupac.org>

WIZTA Facultad de Estudios Superiores Iztacala, Universidad Nacional Autónoma de México. Disponível em: <http://www.iztacala.unam.mx/>

WJAEN Diputación Provincial de Jáen, España. Disponível em: <http://www.promojaen.es/>

WJAS Journal of Animal Science. Disponível em: <www.animal-science.org>

WJBCS Journal of the Brazilian Chemical Society. Disponível em: <http://jbcs.sbq.org.br/>

WJDM Junta Departamental de Montevideo, Uruguay. Disponível em: <http://www.juntamvd.gub.uy/>

WJGM Constitución de la Provincia de Catamarca – Jefatura de Gabinete de Ministros, República Argentina. Disponível em: <http://www.jgm.gov.ar/>

WJMA Junta Municipal de la Ciudad de Asunción, Paraguay. Disponível em: <http://www.jma.gov.py/>

WJOD Job Interview. Disponível em: <www.job-interview.net/>

WJODC Japan Oceanographic Data Center. Disponível em: <http://www.jodc.go.jp/>

WJUD State of Connecticut Judicial Branch. Disponível em: <www.jud.ct.gov>

WJUJUY Provincia de Jujuy. Disponível em: <http://www.jujuy.gov.ar/>

WJUN JUNTA DE ANDALUCÍA, España. Disponível em: <www.juntadeandalucia.es>

WLAC LACTEA – Laboratório Aberto de Ciência Tecnologia, Educação e Arte. Disponível em: <www.lactea.cefetmg.br/>

WLAM Conferencia Magistral del Primer Congreso Peruano de Ecología, Víctor Palma – Universidad Nacional Agraria La Molina. Disponível em: <http://www.lamolina.edu.pe/>

WLANETA La Neta: Derechos Humanos[ong], México. Disponível em: <http://www.laneta.apc.org/>

WLAP Caza Menor – Disposición N° 08/03 – Gobierno de La Pampa, Argentina. Disponível em: <http://www.lapampa.gov.ar/>

WLAR LEY 10552 de Conservación y Manejo de Suelos Provincia de Santa Fe Ministerio de Agricultura, Ganadería, Industria y Comercio. Argentina. Disponível em: <http://www.redproteger.com.ar/Legal/provincias/santa_ fe/sf_ley_10552>
WLARM Ley de Aparcería Rural – Portal del Gobierno del Estado de Coahuila, México. Disponível em: <http://www.coahuila.gob.mx/>
WLAW US Code collection. Disponível em: <www4.law.cornell.edu/uscode>
WLC The Library of Congress. Disponível em: <www.loc.gov>
WLCL US Long Cave List. Disponível em: <glaciercaves.com/html/caveso>
WLCP LEY nº 305: Ley de Caza y Pesca y Conservación de la Fauna. Ministerio de Salud y Ambiente, Secretaría de Ambiente y Desarrollo Sustentable de la República Argetina. Disponível em: >http:/www.medioambiente.gov.ar/sian/formosa/ley305.htm>
WLDE Louisiana Department of Education. Disponível em: <www.doe.state.la.us/>
WLDF LEY DE DEFENSA DE RIQUEZA FORESTAL – Argentina. Disponível em: <www.medioambiente.gov.ar/>
WLEG LEY Nº 244, LEY DE PESCA, Sanción: 17 de Agosto de 1995. Promulgación: 05/09/95. D.P. Nº 1591. Publicación: B.O.P. 08/09/95 – Poder Legislativo, Tierra de Fuego, Argentina, Disponível em: <http://www.legistdf.gov.ar/CD%20Leyes/Leyesp/LEY244.html>
WLESI BIOTECHNOLOGY AND Access TO GENETIC HERITAGE. Disponível em: <www.lesi.org/>
WLEY11430 Ley nº 11.430: Código de Tránsito – Juzgado de Faltas de Escobar, Provincia de Buenos Aires, Argentina. Disponível em: <http://www.jfaltasescobar.gov.ar/ley_11430.htm>
WLEY12175 Ley nº 12.175: Sistema Provincial de Áreas Naturales Protegidas; Gobierno de la Provincia de Santa Fe, Argentina. Disponível em: <http://www.santafe.gov.ar/smaye/marcoleg/12175.htm>
WLEY13273 Ley Nacional nº 13.273: Ley de promoción forestal – Ministerio de Salud y Ambiente, Secretaría de Ambiente y Desarrollo Sustentable de la República Argentina. Disponível em: <http://www.medioambiente.gov.ar/mlegal/forestales/ley13273.htm>
WLEY1540 Ley nº 1.540: Control de la Contaminación Acústica de la C.A.B.A. – Gobierno de la Ciudad de Buenos Aires, Argentina. Disponível em: <http://www.buenosaires.gov.ar/areas/leg_tecnica/boletines/20050118.htm>
WLEY163 Ley º 163 de 1959: Por la cual se dictan medidas sobre defensa y conservación del Patrimonio Histórico, Artístico y Monumentos Públicos de la Nación – Instituto Colombiano de Antropología y Historia. Disponível em: <http://www.icanh.gov.co/secciones/legislacion/ley_163.htm>
WLEY2213 Ley nº 2213: Regimen de Promoción, protección y conservación de la espeleología – Poder Judicial del Neuquén, Argentina. Disponível em: <http://www.jusneuquen.gov.ar/share/legislacion/leyes/leyes_provinciales/ley_2213.htm>
WLEY25279 Ley Nacional nº 25.279. Ministerio de Salud y Ambiente, Secretaría de Ambiente y Desarrollo Sustentable de la República Argentina. Disponível em: <http://www.medioambiente.gov.ar/mlegal/tratados/ley25279.htm>
WLEY25577 Ley Nacional nº 25.577. Ministerio de Salud y Ambiente, Secretaría de Ambiente y Desarrollo Sustentable de la República Argentina. Disponível em: <http://www2.medioambiente.gov.ar/mlegal/fauna_flora/ley25577.htm>
WLEY3915 Ley nº 3.915. Ministerio de Producción, Trabajo y Turismo, Provincia de Corrientes, Argentina. Disponível em: <http://minprodcorrientes.gov.ar/>
WLEY5590 Ley nº 5.590. Ministerio de Producción, Trabajo y Turismo, Provincia de Corrientes, Argentina. Disponível em: <http://www.minprodcorrientes.gov.ar/ley5590.htm>

WLEY854 Régimen Legal sobre Bosques y Tierras Forestales – Gobierno de la Provincia de Misiones, Argentina. Disponível em: <http://www.misiones.gov.ar/ecologia/Todo/Bosques/Bosques%20nativos/Legislacion/ley854.htm>

WLEY962 Ley nº 962, Código de la Edificación, Ciudad Autónoma de Buenos Aires – CEDOM – Dirección General de Información y Archivo Legislativo, Legislatura de la Ciudad de Buenos Aires, Argetina. Disponível em: <http://www.cedom.gov.ar/es/legislacion/normas/leyes/html/ley962.html>

WLF LIVING FOREST. Disponível em: <www.livingforestcoop.com/>

WLNP LEGISLACIÓN NACIONAL – PARAGUAY. Ley No.385 de Semillas y Protección de Cultivares. Disponível em: <http://www.sice.oas.org/int_prop/nat_leg/Paraguay/Ley385a.asp>.

WLOE OWNERSHIP EVENTS:USA. Disponível em: <friscia.rootsweb.com/>

WLP LEY PROVINCIAL Nº 11634 DE SANTA FÉ. Argentina Disponível em; <www.santafe.gov.ar/mah/leyes/19811634>

WLPJ Ley Penal Juvenil – Secretaría de Justicia y Asuntos Legislativos, Ministerio de Justicia y Derechos Humanos, República Argentina. Disponível em: <http://www.sejus.jus.gov.ar/>

WLPY LEGISLACIÓN PARAGUAYA. Ley 1572 del 22/0601. Disponível em: <http://www2.paraguaygobierno.gov.py/>

WLTR Ley 24.449, Ley de Tránsito, Congreso Argentino – Instituto Nacional de Tecnología Industrial, Argentina. Disponível em: <http://www.inti.gov.ar/chas/pdf/ley24449.pdf>.

WLUCK Luck Stone Corporation Bull Run Plant. Disponível em: <www.luckstone.com/>

WLUT US Nuclear Accidents. Disponível em: <www.lutins.org/>

WMA Mediterránea de Agroquímicos, España. Disponível em: <http://www.mediterraneadeagroquimicos.es/>

WMAA Ministerio de Asuntos Agrarios, República Argentina. Disponível em: <http://www.maa.gba.gov.ar/>

WMAC Museo Argentino de Ciencias Naturalese Instituto Nacional de de Investigación de las Ciencias Naturales. Disponível em: <http://www.macn.secyt.gov.ar/cachtext.htm>

WMAD SEISMOGRAPH. Disponível em: <http://www.madehow.com/>

WMADRID Madridiario [diário digital], España. Disponível em: <http://www.madridiario.es/>

WMADRY Municipalidad de Puerto Madryn, Provincia de Chubut, Argentina. Disponível em: <http://www.madryn.gov.ar/>

WMAG MINISTERIO DE AGRICULTURA Y GANADERÍA DE COSTA RICA. Disponível em: <http://www.mag.go.cr/>

WMAN MANUAL ESPANHOL. Disponível em: <www.imazon.org.br/>

WMARENA Ministerio del Ambiente y los Recursos Naturales de Nicaragua. Disponível em: <http://www.marena.gob.ni/>

WMARN Ministerio del Ambiente y de los Recursos Naturales, República Bolivariana de Venezuela. Disponível em: <http://www.marn.gov.ve/>

WMB MAN AND BIOSPHERE. Disponível em: <www.unicamp.br/>

WMCNP Manual Of California Native Plants. Disponível em: <gime www.laspilitas.com/>

WMCT MINISTÉRIO DA CIÊNCIA E TECNOLOGIA, BRASIL. Disponível em: <http://www.mct.gov.br/>

WMDA Maryland Department of Agriculture. Disponível em: <www.mda.state.md.us>

WMDICE MDICE-Ministério do Desenvolvimento, Indústria e Comércio Exterior. Disponível em: <http://www.desenvolvimento.gov.br/>

fontes referenciais

WMDO Measuring the performance of a software maintenance department. Disponível em: <http://doi.ieeecomputersociety.org>

WMDP Secretaria de Ciencia y Técnica, Universidad Nacional de Mar del Plata. Disponível em: <http://www.mdp.edu.ar/>

WMEA Día Americano del Índio – Ministerio de Educación, Ciencia y Tecnología, República Argentina. Disponível em: <http://www.me.gov.ar/>

WMEC MEC – MINISTÉRIO DA EDUCAÇÃO. Educação Ambiental. Disponível em: <http://www.mec.gov.br/>

WMECO Decreto Legislativo n° 822, mayo de 2000 – Ministerio de Economía y Producción, República Argentina. Disponível em: <http://www.mecon.gov.ar/>

WMECON Secretaría de Energía, República Argentina. Disponível em: <http://energia.mecon.gov.ar/>

WMECP Municipalidad de Exaltación de la Cruz, Provincia de Buenos Aires, Argentina. Disponível em: <http://www.gob.gba.gov.ar/>

WMED Ministerio de Salud y Ambiente, Secretaría de Ambiente y Desarrollo Sustentable de la República Argentina. Disponível em: <http:/www.medioambiente.gov.ar/>

WMEDBC The Mediterranean Council for Burns and Fire Disasters. Disponível em: <www.medbc.com>

WMELAW APPENDIX Y MEMORANDA OF LAW. Disponível em: <www.supremelaw.org/>

WMEPA Ministerio de Economía y Producción, Argentina. Disponível em: <http://www.mecon.gov.ar/>.

WMEPV Ley n° VIII-0296-2004 (5561): Medicamentos, Especialidades y Productos Veterinarios. Honorable Cámara de Diputados de la Provincia de San Luis, Argentina. Disponível em: <http://www.diputadossanluis.gov.ar/CD_Digesto/Leyes/L-VIII-0296-2004.htm>

WMERCO Mercado Común del Sur-Uruguay. Disponível em: <http://mercosur.org.uy>

WMFR MINISTERIO DE FOMENTO Y RECONSTRUCCIÓN – Chile. Disponível em: <www.derechomaritimo.info/>

WMHSC Manejo Higiénico Sanitario del Criadero – Instituto Nacional de Tecnología Agropecuaria, Argentina. Disponível em: <http://www.inta.gov.ar/>

WMIC Sistema Nacional Integrado de Protección al Consumidor, República de Paraguay. Disponível em: <http://www.mic.gov.py/>

WMIF Ley de Incentivos para la Industria Turística de la República de Nicarágua, Ministerio de Fomento Industria y Comercio, Nicarágua. Disponível em: <http://www.mific.gob.ni/>

WMIN MININGINDIA – GLOSSARY OF MINING TERMS. Disponível em: <http://www.miningindia.com/>

WMINAL Portal de la Industria Cubana. Disponível em: <http://www.minal.cubaindustria.cu/>

WMINAM Ministerio del Medio Ambiente, Colombia. Disponível em: <http://web.minambiente.gov.co/>

WMINC Ministerio de Cultura, República de Colombia. Disponível em: <http://www.mincultura.gov.co/>

WMINDEF Ministerio de Defensa, Perú. Disponível em: <http://www.mindef.gob.pe/>

WMINE Minería de la República Argentina. Disponível em: <http://www.mineria.gov.ar/>

WMINEM Decreto de urgencia n° 002-2003, Presidente de la República de Perú – Ministerio de Energía y Minas, Perú. Disponível em: <http://www.minem.gob.pe/>

WMIS Ley 1279, Ley de Conservación de la Fauna Silvestre, Decreto Reglamentario 532, Año 1982 – Gobierno de la Provincia de Misiones, Argentina. Disponível em: <http://www.misiones.gov.ar/>

WMIT MIT Hazardous Waste Detector May Allow Instant Control of. Disponível em: <web.mit.edu/>

Dicionário de direito ambiental

WMJD Ministerio de Justicia y Derechos Humanos de la Nación Argentina. Disponível em: <http://www.jus.gov.ar/>
WMMA MINISTÉRIO DO MEIO AMBIENTE. Disponível em: <http://mma.gov.br/>
WMMAE Ministerio de Medio Ambiente, España. Disponível em: <http://www.mma.es/>
WMMBT Movimiento Mundial por los Bosques Tropicales. Disponível em: <http://www.wrm.org.uy/>
WMME Ministerio de Minas y Energía – Decreto nº 0384 de febrero 8 de 1985- Colombia. Disponível em: <http:/ www.minminas.gov.co/>
WMMS Minerals Management Service. Disponível em: <www.mms.gov>
WMNE Department of Materials Science and Engineering. Disponível em: <www.mne.umd.edu/>
WMNHP Montana Natural Heritage Program. Disponível em: <mtnhp.org/>
WMNP Monumento Natural Provincial: Ley perteneciente al periodo Lizurume, B.O. nº 9265, de 11 de junio de 2003 – Gobierno de Chubut, República Argentina. Disponível em: <http://www.chubut.gov.ar/>
WMONO Monografias.com. Disponível em: <http://www.monografias.com/>
WMOR Municipalidad de Moreno, Provincia de Buenos Aires, Argentina. Disponível em: <http://www.moreno.gov.ar/>
WMPI Max Planck Institute for Marine Microbiology. Disponível em: <http://www.mpi-bremen.de/>
WMR Municipalidad de Reconquista, Argentina. Disponível em: <http://www.reconquista.gov.ar/>
WMRE MRE – Ministério Relações Exteriores. Disponível em: <http://www.mre.gov.br/>
WMREU Ministerio de Relaciones Exteriores, República Oriental del Uruguay. Disponível em: <http://www.mrree.gub.uy/>
WMREV Ministerio de Relaciones Exteriores de la República Bolivariana de Venezuela. Disponível em: <http://www.mre.gov.ve/>
WMS MATERIAL SAFETY DATA SHEET. Disponível em: <www.emsdiasum.com/>
WMSA Ministerio de Salud y Ambiente de la Nación, Argentina. Disponível em: <http://www.msal.gov.ar/>
WMSAL Ministerio de Salud y Ambiente de la Nación, República Argentina. Disponível em: <http://www.msal.gov.ar/>
WMSC Ministerio de Sanidad y Consumo, España. Disponível em: <http://www.msc.es/>
WMTA Metropolitan Transportation Authority. Disponível em: <http://www.mta.nyc.ny.us>
WMTAS Real Decreto 833/1988, de 20 de julio. BOE número 182 de 30 de julio de 1988, Ministerio de Obras Públicas y Urbanismo, Ministerio de Trabajo y Asuntos Sociales, España. Disponível em: <http://www.mtas.es/insht/legislation/RD/res833.htm>
WMTR MINISTERIO DEL TRANSPORTE RESOLUCIÓN nº 73/92 – Medio Ambiente en Cuba, Centro de Información, Gestión y Educación Ambiental, Departamento de Información Ambiental. Disponível em: <http:/www.medioambiente.cu/>
WMTT MINISTERIO DE TRANSPORTES Y TELECOMUNICACIONES. Chile. Disponível em: <http://www.mtt.cl/>
WMUN MUNDO EÓLICO. Disponível em: <www.mundoeólico.hpg.ig.com.br/>
WMVU Sitios Serviu del Ministerio de Vivienda y Urbanismo, Chile. Disponível em: <http://www.serviu.cl/>
WMW MilitaryWords. Disponível em: <www.militarywords.com>
WMWRA Massachusetts Water Resources Authority. Disponível em: <www.mwra.state.ma.us>
WNAP National Academy Press. Disponível em: <http://www.nap.edu/books>
WNASA National Aeronautics and Space Administration. Disponível em: <www.nasa.gov>

fontes referenciais

WNAYA Tercero Congreso Virtual de Antropología y Arqueología, Ciudad Virtual de Antropología y Arqueología, Grupo Naya (grupo de antropólogos com alcance em mais de 40 países). Disponível em: <http://www.naya.org.ar/congreso2002/>
WNBB The National Biodiesel Board. Disponível em: <http://www.biodiesel.org/>
WNBP NATIONAL BEEKEEPING POLICY. Disponível em: <http://www.mnrt.org/>
WNCAA Norma de Calidad del Aire Ambiente – Ministerio del Ambiente, República del Ecuador. Disponível em: <http://www.ambiente.gov.ec/>
WNCBI National Center for Bio technology Information. Disponível em: <www.ncbi.nlm.nih.gov>
WNCE Norma de Control de Erosión – Corporación Autónoma Regional para la Defensa de la Meseta de Bucaramanga, Colombia. Disponível em: <http://www.cdmb.gov.co/>
WNCSA GEOFEATRE HIST DIALOG. Disponível em: <alg.ncsa.uiuc.edu/>
WNDSG North Dakota State Government. Disponível em: <www.nd.gov>.
WNES NESTLÉ WATER INSTITUTE. Disponível em: <http://www.institut-eau.com/>
WNEU Glosario Ambiental – Provincia de Neuquen, Argentina. Disponível em: <http://www.neuquen.gov.ar/org/>
WNGOS UN NGOs Net. Disponível em: <www.ngos.net>
WNHG New Hampshire Governor Web Site. Disponível em: <webster.state.nh.us>
WNHM Natural History Museum. Disponível em: <http://www.nhm.ac.uk/>
WNIST National Institute of Standards and Technology. Disponível em: <www.nist.gov>
WNLO NEIGHBOORHOOD LAW ORGANIZATION. Disponível em: <www.neighborhoodlaw.org/>
WNN Noticias de Navarra, España. Disponível em: <http://www.noticiasdenavarra.com/>
WNOAA Dispersant Application Observer Job Aid. Disponível em: <response.restoration.noaa.gov/>
WNOM Norma Oficial Mexicana NOM-085-ECOL-1994, Contaminación Atmosférica – Fuente Fijas – Secretaría del Medio Ambiente, Ciudad de México. Disponível em: <http://www.sma.df.gob.mx/>
WNOR NORTH TEXAS CLEAN AIR COALITION. Disponível em: <www.northtexasair.org/>
WNOT Noticias Jurídicas (Real Decreto 1546/2004, de 25 de junio, por el que se aprueba el Plan de Básico de Emergencia Nuclear). Disponível em: <http:/noticias.jurídicas.com/base_datos/Admin/rd1546-2004.t5.html>
WNOTI Notimat, Rede Latino-Americana de Materiais. Disponível em: <http://www.notimat.org.br/>
WNPS National Park service. Disponível em: <http://www.cr.nps.gov/>
WNREL National Renewable Energy Laboratory. Disponível em: <http://www.nrel.gov/>
WNRLC River law legal cases on river navegability. Disponível em: <www.nationalrivers.org/>
WNSA Conceding Power. Disponível em: <http://www.socioambiental.org/e/nsa/>
WNSDL National Science Digital Library Disponível em: <crs.nsdl.org>
WNSIDC National Snow and Ice Data Center. Disponível em: <nsidc.org>
WNT Oak Now Officially the US National Tree. Disponível em: <forestry.about.com/>
WNTG NORTHEER TERRITORY GOVERNMENT 2002 MANGROVE MANAGEMENT in the Northem Territory Glossary. Disponível em: <www.lpe.nt.gov.au/>
WNTT National Timber Tax Website. Disponível em: <www.timbertax.org/>
WNUC U.S. NUCLEAR REGULATORY COMMISSION. Disponível em: <http://www.nrc.gov/r>
WNWF National Wildlife Federation. Disponível em: <www.nwf.org>
WNWN NEW NEIGHBORHOODS.Disponível em: <www.nw.org/>
WNYC New York City Web site. Disponível em: <www.nyc.gov>
WNYDHR NEW YORK DIVISION OF HUMAN RIGHTS. Disponível em: <www.nysdhr.com/hrlaw.html>

WNYSDEC New York State Department of Environmental Conservation. Disponível em: <http://www.dec.state.ny.us/>

WOAS Región Zuliana – República de Venezuela – Estudio para el Aprovechamiento Racional de los Recursos Naturales-Organização dos Estados Americanos. Disponível em: <http://www.oas.org/>

WOASO Organization of the American States. Disponível em: <www.oas.org>

WOGA OIL AND GAS ACCIDENTS. Disponível em: <www.offshore-environment.com/>

WOHCHY Office of the United Nations High Commissioner for Human Rights Homepage. Disponível em: <www.ohchr.org>

WOIL OIL Voice. Disponível em: <www.oilvoice.com/>

WOMCO Organización Mundial del Consumidor. Disponível em: <http://www.omco.org/>

WOMEGA Biblioteca Digital, Instituto Latinoamericano de la Comunicación Educativa (Bolivia, Colombia, Costa Rica, Ecuador, El Salvador, Guatemala, Haití, Honduras, México, Nicaragua, Panamá, Paraguay, Venezuela y México). Disponível em: <http://omega.ilce.edu.mx:3000/>

WOMPZV Ordenanza Municipal para la Protección de Zonas Verdes y Arbolado Urbano en Talavera de la Reina – Boletín Oficial de la Provincia de Toledo, España. Disponível em: <http://bop.diputoledo.es/>

WONU ORGANIZAÇÃO DAS NAÇÕES UNIDAS. Recueil des Traités. Disponível em: <http://www.un.org/>

WOPS DECRETO SUPREMO Nº 24176, 8 DE DICIEMBRE DE 1995. Organización Panamericana de la Salud, Oficina Regional para las Américas de la Organización Mundial de la Salud. Disponível em: <http://www.ops.org.bo/>

WORAN Municipalidad de San Ramón de Nueva Orán, Província de Salta, Argentina. Disponível em: <http://www.oran.gov.ar/>

WORD12 Ordinario nº 12.600/163 VRS. Armada de Chile, Dirección General del Territorio Marítimo y de Marina Mercante. Disponível em: <http://www.directemar.cl/>

WORD1497 Ordenanza nº 1497-0/2004: Patrimonio Cultural; Municipalidad de Villa Mercedes, 28/09/2004 – Gobierno de San Luis, Argentina. Disponível em: <http://www.sanluis.gov.ar/>

WORG ORGANIZACIÓN INTERNACIONAL DEL TRABAJO (OIT), 1º ed., 1987, Ginebra, Suiza. ISBN 92-2-305996-8. Disponível em: <www.ilo.org/>

WORGR Ordenanza Reguladora de la Gestión de Residuos Sólidos Urbanos, Limpieza Viaria y de Edificaciones – Ayuntamiento de Alcorcón, España. Disponível em: http://ayto-<alcorcon.es/ayunt/OrdenanzasPDF/A-910.pdf>

WORI ORIZABA, Glosario de definiciones estipulativas en materia ambiental. Disponível em: <http://www.prodigyweb.net.mx/>

WOSC New York Office of the State Comptroller. Disponível em: <www.osc.state.ny.us>

WOSP Organización de Solidaridad con los Pueblos de Asia, África y América Latina. Disponível em: <http://www.ospaaal.org/>

WOTIS Otis T. Carr: "Utron". Disponível em: <www.rexresearch.com/>

WOTS ORGANIZATION FOR TROPICAL STUDIES. Disponível em: <http://rbt.ots.ac.cr/>

WOTT THE OTTER PROJET – DEDICATED TO PROTECTING THE CALIFORNIA SEA OTTER. Disponível em: <www.otterproject.org/>

WOWR North Carolina Department of Environment and Natural Resources. Disponível em: <www.owr.ehnr.state.nc.us>

WOXFOR The Petrobras Monopoly and the Regulation of Oil Prices in Brazil. Disponível em: <www.oxfordenergy.org/>
WOXOID OXOID. Disponível em: <www.oxoid.com>
WPA PORTAL AGRARIO, Ministerio de Agricultura, Perú. Disponível em: <http://www.portalagrario.gob.pe/>
WPAC PACIFIC NORTHWEST NATIONAL LABORATORY. Disponível em: <www.pnl.gov/>
WPAG Ley 1/1995: Ley de Protección Ambiental de Galicia – Granada Contra el Ruido (ONG), España. Disponível em: <http://www.ruidos.org/>
WPAHO Organización Panamericana de la Salud. Disponível em: <http://www.paho.org>
WPAM Programa de Apoyo a los Municipios, Dirección de Asuntos Municipales – Universidad Nacional de La Plata, Argentina. Disponível em: <http://www.unlp.edu.ar/>
WPAN PERIÓDICO ASTURIANO LA NUEVA ESPAÑA. Disponível em: <http://www.lanuevaespana.es/>
WPANA Panamá América, periódico. Disponível em: <http://www.elpanamaamerica.com.pa/>
WPAND MINISTERIO DE SALUD – Secretaría de ambiente y Desarrollo Sustentable – Programa de Acción Nacional contra la Desertificación. Argentina. Disponível em: <http://www.medioambiente.gov.ar/>
WPAO Procuradoria Ambiental y del Ordenamiento Territorial del D.F., México. Disponível em: <http://www.paot.org.mx/>
WPAR Diário de Sesiones de la Cámara de Senadores, Poder Legislativo de la República Oriental del Uruguay. Disponível em: <http:/www.parlamento.gub.uy/>
WPARP Parks in Peril. Disponível em: <parksinperil.org/>
WPART Administrative Council for Terminal Attachments. Disponível em: <www.part68.org>
WPAWA Parks Watch. Disponível em: <http://www.parkswatch.org>
WPB PORTABLE BATTERIES. Disponível em: <ww.theallineed.com/>
WPCA Plants Conservtion Alliance. Disponível em: <www.nps.gov/>
WPDA Pesca Deportiva en Argentina. Disponível em: <http://www.welcomeargentina.com/>
WPEM Programa de Energía Renovable en México. Disponível em: <http:/www.re.sandia.gov/>
WPER PEREIRA, Rodrigo de Mesquita. A Proteção dos Recursos Hídricos. Campinas. Disponível em: <http://www.ambientalonline.hpg.ig.com.br/>
WPERC Pesca exploratoria con espineles en aguas profundas en torno a la isla Robinson Crusoe (Archipiélago de Juan Fernández), Chile: ARANA, Patricio M. y VEGA, Rodrigo: Escuela de Ciencias del Mar, Universidad Católica de Valparaíso, Chile – Scientific Electronic Library Online. Disponível em: <http://www.scielo.cl/>
WPERE Pereira Educa: Secretaría de Educación de Pereira, Colombia. Disponível em: <http://www.pereiraeduca.gov.co/>
WPET Paraguay: Informe Técnico Programa Educación para Todos – Unesco – Organización de las Naciones Unidas para la Educación, la Ciencia y la Cultura. Disponível em: <http://www2.unesco.org/>
WPETRO BR- Petrobras, Espaço Conhecer – Glossário. Disponível em: <www.2.petrobras.com.br>
WPFCB PRESCRIBED FIRES AND CONTROLLED BURNS. Disponível em: <forestry.about.com/>
WPFM GLOSSARY OF TERMS USED IN TIMBER HARVESTING AND FOREST ENGINEERING. Disponível em: <www.pfmt.org/>
WPFS Ley nº 4677/86: Protección de la Fauna Silvestre – Gobierno de la Provincia de la Rioja, Argentina. Disponível em: <http://www.larioja.gov.ar/>
WPI Privacy International. Disponível em: <www.privacyinternational.org>

WPIMS OIL SPILL DISPERSANTS OIL SPILL DISPERSANTS. Disponível em: <www.pims.ed.ornl.gov/>

WPINA Municipalidad de Pinamar, Provincia de Buenos Aires, Argentina. Disponível em: <http://www.pinamar.gov.ar/>

WPJF Portal da Justiça Federal. Disponível em: <www.justicafederal.gov.br>

WPJN Poder Judicial de la Nación, República Argentina. Disponível em: <http://www.pjn.gov.ar/>

WPLA Presidência da República. Disponível em: <www.planalto.gov.br>

WPLANT WORDLIST. Disponível em: <www.plantstogrow.com/>

WPML Platforms to Mariculture in Louisiana. Disponível em: <www.lsu.edu/>

WPMSIDA Programa Municipal de Sida de Rosario, Argentina. Disponível em: <http://www.pmsida.gov.ar/>

WPN MINISTERIO DEL MEDIO AMBIENTE, Sistema de Parques Nacionales Naturales. República de Colombia. Disponível em: <http://www.parquesnacionales.gov.co/>

WPNA Glosario Nautico de la Prefectura Naval Argentina. Disponível em: <http://www.prefecturanaval.gov.ar/>

WPNL Parque Nacional Lanín, Argentina. Disponível em: <http://www.parquenacionallanin.gov.ar/>

WPNU PROGRAMA DE LAS NACIONES UNIDAS PARA EL MEDIO AMBIENTE. Disponível em: <http://www.pnuma.org/>

WPOPS Stockholm Convention on Persistent Organic Pollutants. Disponível em: <www.pops.int>

WPOR PORTAL JURÍDICO DE VENEZUELA. Disponível em: <http://www.geocities.com/>

WPPD Norma Oficial Mexicana NOM-046-SSA1-1993: Plaguicidas-Productos para Uso Doméstico-Etiquetado – Secretaría de Salud, México. Disponível em: <http://www.salud.gob.mx/>

WPPF PURE Pleasure Fishing. Disponível em: <www.purepleasurefishing.com>

WPPIC Public Policy Institute of Califórnia. Disponível em: <www.ppic.org>

WPRE Casa de Nariño, Presidencia de la República de Colombia. Disponível em: <http://www.presidencia.gov.co/>

WPRES Presupuesto Recomendado 2005-2006 del Estado Libre Asociado de Puerto Rico. Disponível em: <http://www.presupuesto.gobierno.pr/>

WPRO PROYECTO CHI/01, Conservación de la Biodiversidad y Manejo Sustentable del Salar del Huasco, Centro de Estudios para el Desarrollo (CED), PNUD, 2002, Chile. Disponível em: <www.ced.cl/>

WPROAR Pro Argentina, Subsecretaría Pequeñas y Medianas Empresas, Secretaría de Industria y Comercio y Pequeñas y Medianas Empresas, Ministerio de Economía y Producción, República Argentina. Disponível em: <http://www.proargentina.gov.ar/>

WPROT Resumen en Español del Reglamento de Detención Administrativa de Alimentos para Consumo Humano y Animal – Servicio de Protección Fitosanitaria del Estado, Costa Rica. Disponível em: <http://www.protecnet.go.cr/>

WPS PACIFIC SEAFOOD. Disponível em: <www.pacseafood.com/>

WPTE Ponto Terra. Disponível em: <http://www.pontoterra.org.br/>

WPTI PTI – PROVEDOR DE INFORMAÇÕES PARA NEGÓCIOS. Disponível em: <http://www.pti.com.br/>

WPTU Proyecto de Transporte Urbano de Buenos Aires – Secretaría de Transporte de la Nación Argentina, Ministerio de Planificación Federal, Inversión Pública y Servicios, República Argentina. Disponível em: <http://www.transporte.gov.ar/>

WPTUS Paten Storm. Disponível em: <www.patentstorm.us>

WPUA Publicaciones de la Universidad de Alicante, España. Disponível em: <http://publicaciones.ua.es/>
WPUC Portal Único de Contratación, República de Colombia. Disponível em: <http://www.contratos.gov.co/>
WPUENTES Puentes.ar, red de escuelas y redes escolares, Argentina. Disponível em: <http://www.puentes.gov.ar/>
WPUSD Reglamento de Pesticidas de Uso Sanitario y Doméstico – Ministerio de Salud, Chile. Disponível em: <http://www.minsal.cl/>
WPWC PRIVATE WASTE COLLECTOR LICENSE INFORMATION. Disponível em: <www.milwaukee.gov/>
WPYG Paraguay Global [site de negócios], Paraguay. Disponível em: <http://www.paraguayglobal.com/>
WR351 Resolución 351/95. Ministerio de Salud y Ambiente, Secretaría de Ambiente y Desarrollo Sustentable de la República Argentina. Disponível em: <http://www.medioambiente.gov.ar/mlegal/icticolas/res351_anexI.htm>.
WRACV REAL ACADEMIA DE CIENCIAS VETERINARIAS. Disponível em: <http://www.racve.es/>
WRAM RAMSAR CONVENTION ON WETLANDS. Disponível em: <http://ramsar.org/>
WRAMSAR GLOSARIO DE TÉRMINOS DE LA CONVENCIÓN SOBRE LOS HUMEDALES – Ramsar, Irán. Disponível em: <http://www.ramsar.org/>
WRBV República Bolivariana de Venezuela: Gobierno en Línea. Disponível em: <http://www.gobiernoenlinea.gob.ve/>
WRCAV Revista Chilena de Antropología Visual, Chile. Disponível em: <http://www.academia.cl/>
WRCP Decreto Supremo nº 15-95. Servicio Nacional de Seguridad Agraria, Perú. Disponível em: <http://www.senasa.gob.pe/>
WRDH Revista Latinoamericana de Desarrollo Humano, nº 16, dez/2005, Programa de las Naciones Unidas para el Desarrollo. Disponível em: <http://www.revistadesarrollohumano.org/>
WREA REAL FEDERACIÓN ESPAÑOLA DE CAZA. Disponível em: <www.fedecaza.com/>
WREF National Wildlife Refuge Association. Disponível em:<www.refugenet.org/>
WREG REGLAMENTO DEL SERVICIO PÚBLICO DE LIMPIA Y SANIDAD – Municipio de Coquimatlan. Aprobado el 21 de agosto de 2002 y publicado el 2 de noviembre del 2002.México. Disponível em: <http://www.congresocol.gob.mx/>
WREG84 REGLAMENTO número 84. Anejo al Acuerdo de Ginebra de 20 de marzo de 1958. Ministerio de Asuntos Exteriores. Disponível em: <http://217.116.15.226/xml/disposiciones/min/disposicion.xml?id_disposicion=44012&desde=min>
WRES RESENDE, Jefferson Guimarães. Disponível em: <http://www.medico.org.br/>
WRES1134 Resolución nº 1134/2003. Instituto Nacional de Antropología y Pensamiento Latinoamericano, Secretaría de Cultura, Presidencia de la Nación, República Argentina. Disponível em: <http://www.inapl.gov.ar/docs/registro_resolucion_1134.doc>
WRES1270 Resolución 1270/02.Ministerio de Salud y Ambiente, Secretaría de Ambiente y Desarrollo Sustentable de la República Argentina. Disponível em: <http://www.medioambiente.gov.ar/mlegal/aire/res1270_02_anxl.htm>
WRES15 Resolución 15/2001. Dirección Nacional de Normalización Patronal – Ministerio de Economía y Producción, República Argentina. Disponível em: <http://mepriv.mecon.gov.ar/Normas/15-01.htm>

Dicionário de direito ambiental

WRES1504 RESOLUCIÓN de 15 de abril de 2004, de la Secretaría General de Medio Ambiente. Unión Fenosa Generación, S.A. – Derecho.com, Productos y Servicios de Justicia, Espanha, Disponível em: <http://www.derecho.com/>

WRES222 Resolución nº 222/02. Dirección nacional de promoción de las exportaciones e inversiones, Gobierno de Paraguay. Disponível em: <http://www.proparaguay.gov.py/>

WRES440 Resolución 440/98 del 22/07/98. Centro de Documentación e Información del Ministerio de Economía, Argentina. Disponível em: <http://infoleg.mecon.gov.ar/>

WRES528 Resolución 528/01. Ministerio de Salud y Ambiente, Secretaría de Ambiente y Desarrollo Sustentable de la República Argentina. Disponível em: <http://www2.medioambiente.gov.ar/mlegal/aire/res528_01.htm>

WRES585 RESOLUCION S.G.Nº 585. SANEAMIENTO AMBIENTAL, SENASA – Dirección nacional de promoción de las exportaciones e inversiones, Paraguay. Disponível em: <http://www.proparaguay.gov.py/>

WRES61 Resolución 61/99: Anexo I: Medición de Emisiones en Vehículos Livianos Equipados com Motores Ciclo Otto – Ministerio de Salud y Ambiente, Secretaría de Ambiente y Desarrollo Sustentable de la República Argentina. Disponível em: <http://www.medioambiente.gov.ar/>

WRES664 Resolución nº 664/00, Secretaría de Política Ambiental, Provincia de Buenos Aires, Argentina. Disponível em: <http://www.spa.gba.gov.ar/Leyes/Industrias/Resoluciones/resolucion664.html>

WRES87 Resolución 87/04 del Consejo Federal de Medio Ambiente. Ministerio de Salud y Ambiente, Secretaría de Ambiente y Desarrollo Sustentable de la República Argentina. Disponível em: <http://www.medioambiente.gov.ar/mlegal/cofema/res87_04.htm>

WRES91 Resolución 91/03. Ministerio de Salud y Ambiente, Secretaría de Ambiente y Desarrollo Sustentable de la República Argentina. Disponível em: <http://www2.medioambiente.gov.ar/mlegal/biodiversidad/res91_03.htm>

WRIO RIO + 10. Disponível em: <www.rio-plus-10.org>

WRIRH Red Interamericana de Recursos Hídricos: Nodo Cono Sur. Disponível em: <http://conosur.rirh.net/>

WRIVM Mutagenicity of chemicals in genetically modified animals. Disponível em: <www.rivm.nl/>

WRJBM Real Jardín Botánico de Madrid, España. Disponível em: <http://www.rjb.csic.es/>

WRJU Revista Jurídica Boletín Mexicano de Derecho Comparado – Instituto de Investigaciones Jurídicas de la Universidad Nacional Autónoma de México. Disponível em: <http://www.juridicas.unam.mx/>

WRLC Instrumentos Economicos Innovadores Para Financiar La Gestión Sostenible De Los Recursos Naturales – Gisela Ulloa V – Oficina Regional para América Latina y Caribe de la Organización de las Naciones Unidas para la Agricultura y la Alimentación. Disponível em: <http://www.rlc.fao.org/>

WRM Hospital José María Ramos Mejía, Buenos Aires, Argentina. Disponível em: <http://www.ramosmejia.org.ar/>

WRMA Internalization of Scrap Tire Management Costs: A Review of the North American Experience. Disponível em: <http://www.rma.org/>

WRNIU Red Nacional de Investigación Urbana, México. Disponível em: <http://www.rniu.buap.mx/>

WRNV Radio Nacional de Venezuela. Disponível em: <www.rnv.gov.ve>

WRO Used motor Oil. Disponível em: <http://www.recycleoil.org/>

fontes referenciais

WROP Revista de Obras Públicas, Colegio de Ingenieros de Caminos, Canales y Puertos, España. Disponível em: <http://ropdigital.ciccp.es/>

WROS Municipalidad de Rosario, Provincia de Santa Fe, Argentina. Disponível em: <http://www.rosario.gov.ar/>

WRPP Reglamentación para la Administración y Operación de los Puertos Particulares Ubicados en el Territorio de la Provincia de Chubut – Gobierno de Chubut, República Argentina. Disponível em: <http://www.chubut.gov.ar/>

WRRD Newsletter The REMEDIATOR. Disponível em: <www.michigan.gov/>

WRS ROAD SYSTEMS. Disponível em: <http://www.roadsystems.com/>

WRSCC Roane State Community College. Disponível em: <www.rscc.cc.tn.us>

WRSI Revista Salta Integración Nacional y Regional, Argentina. Disponível em: <http://www.saltaintegracion.com.ar/>

WRT Remediation Technologies. Disponível em: <www.gwrtac.org/>

WRTCT Red Temática de Ciencias de la Tierra de España. Disponível em: <http://tierra.rediris.es/>

WSAA Desarrollo Sostenible [organización de ingenieros], Argentina. Disponível em: <http://www.dsostenible.com.ar/>

WSAB SPECIAL APPLICATION BATTERIES. Disponível em: <store.batteryspecialists.com/>

WSAC Sociedad Argentina de Cardiología. Disponível em: <http://www.sac.org.ar/>

WSADS SECRETARÍA DE AMBIENTE Y DESARROLLO SUSTENTABLE. Argentina. Disponível em: <http://www.medioambiente.gov.ar/>

WSAE Society of Automotive Engineers. Disponível em: <www.sae.org>

WSAG SERVÍCIO AGRÍCOLA Y GANADERO, GOBIERNO DE CHILE. Disponível em: <www.sag.gob.cl/>

WSAGA Resumen del Código de Buenas Practicas en Acuicultura – Secretaría de Agricultura, Ganadería, Pesca y Alimentos de la República Argentina. Disponível em: <http://www.sagpya.mecon.gov.ar/>

WSAGP Secretaría De Agricultura, Ganadería, Pesca y Alimentos De Ministerio De Economia y Producción De Argentina. Disponível em: <http://www.sagpya.mecon.gov.ar/>

WSALTA Ley nº 7.070 y Decreto Reglamentario nº 3097/00 de Protección al Medio Ambiente, Gobierno de la Provincia de Salta. Disponível em: <http://www.salta.gov.ar/o/medioambiente/L7070/LEY_7070.htm>

WSAMP Sistema Ambiental Minero Preventivo – Minería de la República Argentina. Disponível em: <http://www.mineria.gov.ar/>

WSAN Decreto Ley N° 04218 ratificado por la Ley N°4830, 20/11/1958 – Gobierno de la Provincia de Santa Fe, Argentina. Disponível em: <http://www.santafe.gov.ar/>

WSANRAF Municipalidad de San Rafael, Argentina. Disponível em: <http://www.sanrafael.gov.ar/>

WSAW Save america's Wateers. Disponível em: <www.saveamericaswater.com/>

WSBB Sociedade Brasileira de Biotecnologia. Disponível em: <http://www.sbbiotec.org.br>

WSBE Sociedade Brasileira de Espeleologia-SBE. Campinas-SP. Disponível em: <www.sbe.com.br>

WSBO SECRETARIAT OF THE BASEL CONVENTION – UNITED NATIONS ENVIRONMENT PROGRAMME. Disponível em: <http://www.basel.int/>

WSBS Study Guide geog. Disponível em: <www.sbs.ohio-state.edu/>

WSBT SOCIEDADE BRASILEIRA DE TECNOLOGIA. Disponível em: <http://www.sbbiotec.org.br/>

WSCB Sherbourne County Board of Commissioners. Disponível em: <www.co sherbourne.mn.us/>

WSCEN Scenic Florida. Disponível em:<www.scenicflorida.org/>

Dicionário de direito ambiental

WSCJN Suprema Corte de Justicia, México. Disponível em: <http://www.scjn.gob.mx/>

WSCRUZ Provincia de Santa Cruz, Argentina. Disponível em: <http://www.scruz.gov.ar/>

WSDU Secretaría de Desarrollo Urbano, Gobierno del Estado de México. Disponível em: <http://seduv.edomexico.gob.mx/>

WSEC DECRETO 1561 DE 2002, (julio 24), Diario Oficial No. 44.883, de 30 de julio de 2002 – Secretaria General del Senado de la República de Colombia. Disponível em: <http://www.secretariasenado.gov.co/>

WSECC REGLAMENTO DE SEGURIDAD PARA EL TRANSPORTE DE COMBUSTIBLES LIQUIDOS POR VIA FERREA, (Publicado en el "Diario Oficial" N° 31.808 el 09 de febrero de 1984), Ministerio de Economía Fomento y Reconstrucción, SUBSECRETARIA DE ECONOMÍA FOMENTO Y RECONSTRUCCIÓN – Superintendencia de Electricidad y Combustibles, Gobierno de Chile. Disponível em: <http://www.sec.cl/docs/>

WSECYT Secretaría para la Tecnología, la Ciencia y la Innovación Productiva, República Argentina. Disponível em: <http://www.secyt.gov.ar/>

WSED SEDAC – SOCIOECONOMIC DATA AND APPLICATION CENTER. Disponível em: <http://sedac.ciesin.org/>

WSEDUV Secretaría de Desarrollo Urbano. Disponível em: http://seduv.edomexico.gob.mx/.

WSEGEMAR Servicio Geológico Minero Argentino. Disponível em: <http://www.segemar.gov.ar/>

WSEIC Espacios Marítmos Nacionales, Sexta Parte, Capítulo XXXV, Disposiciones Generales y Definiciones – Secretaría de Estado de Industria y Comercio, República Dominicana. Disponível em: <http://www.seic.gov.do/>

WSEM Secretaría de Medio Ambiente y Recursos Naturales, México. Disponível em: <http://www.semarnat.gob.mx/>

WSEMAR Norma Oficial Mexicana NOM-005-RECNAT-1997. Secretaría de Medio Ambiente y Recursos Naturales, México. Disponível em: <http://www.semarnat.gob.mx/>

WSEN Senado de la República, México. Disponível em: <http://www.senado.gob.mx/>

WSENASA Secretaría de Agricultura, Ganadería, Pesca y Alimentación, Ministerio de Economía y Producción, República Argentina. Disponível em: <http://www.senasa.gov.ar/>

WSEPR METODOLOGÍA Y ESTUDIO DE GEOMETRÍAS EN LA MEDIDA DIRECTA DE LA CONTAMINACIÓN INTERNA POR I-131 DEPOSITADO EN TIROIDES, EN EL CRC DEL CIEMAT, Mª Antonia López Ponte, Teresa Navarro Bravo; Juan Francisco Navarro, CIEMAT-Dosimetría Interna – Sociedad Española de Protección Radiológica. Disponível em: <http://www.sepr.es/>

WSERNAC Decreto Supremo nº 977, 13 de mayo de 1997, Ministerio de Salud, Chile – SERNAC: Servicio Nacional del Consumidor, Chile. Disponível em: <http://www.sernac.cl/>

WSERV Ong ligada a grupos indígenas. Disponível em: <http://www.servindi.org/>

WSETC Ministerio de Industria, Turismo y Comercio, España. Disponível em: <http://www.mcx.es/>

WSFC Simulador Fundación Chile. Disponível em: <http://www.simuladores.cl/>

WSGM Servicio Geológico Minero Argentino. Disponível em: <http://www.segemar.gov.ar/>

WSGP Subsecretaría de la Gestión Pública, Jefatura de Gabinete de Ministros, República Argentina. Disponível em: <http://www.sgp.gov.ar/>

WSGSR Ley del Medio Ambiente – Superintendencia General de Sistemas de Regulación de Recursos Naturales Renovables, Bolivia. Disponível em: <http://www.sirenare.gov.bo/>

WSHCP Secretaría De Hacienda y Credito Público-Resolución por la que se autoriza a Crédito Progreso, S.A. de C.V., para organizarse y operar como sociedad financiera de objeto limitado filial, 12/08/2003 – Secretaría de Gobernación, México. Disponível em: <www.gobernacion.gob.mx/>

WSHN Servicio de Hidrografía Naval, Argentina. Disponível em: <http://www.hidro.gov.ar/>
WSIC SISTEMA DE INFORMACIÓN SOBRE COMERCIO EXTERIOR-MERCOSUR/GMC/RES Nº 23/02:Reglamento Técnico sobre Paragolpe Trasero de los Vehículos de Carga. Disponível em: <http://www.sice.oas.org/>
WSICA Servicio de Información y Censo Agropecuario, Ministerio de Agricultura y Ganadería del Ecuador. Disponível em: <http://www.sica.gov.ec/>
WSICE NATIONAL LEGISLATION – USA. Disponível em: <www.sice.oas.org/>
WSID SISTEMA DE INFORMAÇÃO DOCUMENTAL SOBRE DIREITO DO AMBIENTE. Disponível em: <www.diramb.gov.pt>
WSIG S.I.G. Agropecuario, Argentina. Disponível em: <http://www.sigagropecuario.gov.ar/>
WSIL SILVEIRA, Antônio R. dos Santos. Revista Biodiversidade, Bioprospecção, Conhecimento Tradicional e o Futuro da Vida. Campinas: UNICAMP. Disponível em: <http://www.revista.unicamp.br/>
WSIOUX Section 22.12.080 Mobile Homes Prohibited in Floodable Areas. Disponível em: <www.sioux-city.org/>
WSISB Sistema de Bibliotecas de la Universidad Nacional Mayor de San Marcos, Perú. Disponível em: <http://sisbib.unmsm.edu.pe/>
WSIT SITIO DE LA ALCADÍA DE BOGOTÁ. Disponível em: <http://www.bogota.co>
WSIU BRYOPHYTES. Disponível em: <bryophytes.plant.siu.edu/>
WSMA SECRETARÍA DE MEDIO AMBIENTE, RECURSOS NATURALES Y PESCA. México. Disponível em: >http://148.233.168.204/ssfna/AvancePNN/>
WSMC Secretaría de Médios de Comunicación, República Argentina. Disponível em: <http://www.medios.gov.ar/>
WSNA Sistema Nacional Argentino de Vigilancia y Monitoreo de Plagas. Disponível em: <http://www.sinavimo.gov.ar/>
WSNH Servicio de Hidrografía Naval, Armada Argentina. Disponível em: <http://www.hidro.gov.ar/>
WSNI Punto Focal – Servicio Nacional de Información, Argentina. Disponível em: <http:/www.puntofocal.gov.ar/>
WSNP Servicio Nacional de Pesca, Chile. Disponível em: <http://www.semapesca.cl/>
WSOC SOCIEDAD ARGENTINA DE ESTUDIOS GEOGRÁFICOS -GAEA. Disponível em: <www.wetlands.org./>
WSOCB Sociedad Botánica de México. Disponível em: <http://www.socbot.org.mx/>
WSOIL EROSION SLOPE CONTROL. Disponível em: <www.soilretention.com/>
WSOL SOLUCIONES ESCOLARES, Contrafuertes cordilleranos de la Región Metropolitana, Chile. Disponível em: <http://www.solucionesescolares.cl/>
WSOP Secretaría de Obras Públicas, Ministerio de Planificiación Federal, Inversión Pública y Servicios, República Argentina. Disponível em: <www.obraspublicas.gov.ar/>
WSOU SOUZA, Mateus Mandu de. Biossegurança no Laboratório Clínico. São Paulo: Ed. Eventos, 1988. Disponível em: <www.momentus.com.br/>
WSPA Disposición nº 5/01 de la Secretaría de Política Ambiental de la Provincia de Buenos Aires. Disponível em: <http://www.spa.gba.ar/>
WSPELEO Speleologia Italo-Cubana, Italia. Disponível em: <http://www.italia-cuba.speleo.it/>
WSPGA Subsecretaría de Política y Gestión Ambiental, Ministerio de Economía y Producción, República Argentina. Disponível em: <http://www.comercio.gov.ar/>
WSRH Subsecretaría de Recursos Hídricos, República Argentina. Disponível em: <http://hidricos.obraspublicas.gov.ar/>

WSS Sentencia C-655/97 de la Corte Constitucional – Secretaría del Senado, República de Colombia. Disponível em: <http://www.secretariasenado.gov.co/>

WSSM Secretaría de Salud, México. Disponível em: <http://www.salud.gob.mx/>

WSTA STANFORD UNIVERSITY. Disponível em: <www.stanford.edu/>

WSTGC Secretaría de Turismo, Gobierno de Chubut, Argentina. Disponível em: <http://www.chubutur.gov.ar/>

WSTM Secretaría de Turismo, México. Disponível em: <http://www.sectur.gob.mx/>

WSTPS Secretaría del Trabajo y Previsión Social, México. Disponível em: <http://www.stps.gob.mx/>

WSUB SUBSECRETARÍA DE RECURSOS HÍDRICOS DE LA REPÚBLICA ARGENTINA. Disponível em: <http://www.obraspublicas.gov.ar/>

WSUL SUSTAINABLE URBAN LANDSCAPE. Disponível em: <www.sustland.umn.edu/>

WSUN SUNASS-Superintendencia Nacional de Servicios de Saneamiento, Perú. Disponível em: <http://www.sunass.gob.pe/>

WSUP Superintendencia de Hidrocarburos, Gobierno de Bolivia. Disponível em: <http://www.superhid.gov.bo/>

WSUR Unión Mundial para la Naturaleza. Disponível em: <http/:www.sur.iucn.org/>

WSWP Solid Waste Processing and Disposal. Disponível em: <www.state.tn.us/>

WSWPA Submersible Wastewater Pump Association. Disponível em: <www.swpa.org>

WTAMU Biochemistry coastal margiins program. Disponível em: <scmp.tamu.edu/tfas/resolveuid>

WTARI TARIFS. Disponível em: <www.ports-basques.com/>

WTCES Tribunal Constitucional de España. Disponível em: <http://www.tribunalconstitucional.es/>

WTDEC TDEC: Water Pollution Control Publications. Disponível em: <www.tennessee.gov/>

WTDL Transportation, Distribution and Logistics. Disponível em: <http://tdlcluster.ioes.org/>

WTDX Tesos Doctorals en Xarxa [banco de dados de teses doutorais de universidades catalãs]. Disponível em: <http://www.tdx.cesca.es/>

WTEM Class Actions in Brazil- A Model for Civil Law Countries. Disponível em: <www.temple.edu/>

WTER THE ENERGY AND RESOURCES INSTITUTE. Disponível em: <http://www.teriin.org/>

WTF Trámite Fácil, Gobierno de Chile. Disponível em: <http://www.tramitefacil.gov.cl/>

WTIE TIERRA AMÉRICA-Medio ambiente y Desarrollo-PNUMA. Disponível em: <http://www.tierramerica.org/>

WTL Texas Legislature. Disponível em: <www.capitol.state.tx.us>

WTLAJ Ayuntamiento de Tlajomulco de Zúñiga, Departamento de Jalisco, México. Disponível em: <http://www.tlajomulco.gob.mx/>

WTN Traffic Network. Disponível em: <www.traffic.org>

WTNK-BP TNK-BP. Disponível em: <http://www.tnk-bp.com/>

WTO World Trade Organization. Disponível em: <www.wto.org>

WTRA TRATADO DEL RÍO DE LA PLATA y su frente marítimo. LEY 20645 de 31/01/74. Disponível em: <www.medioambiente.gov.ar/>

WTRAFFIC Wildlife Trade Monitoring Programme of WWF-World Wide Fund For Nature and IUCN- The World Conservation Union. Disponível em: <http://www.traffic.org/>

WTRAN Paipa Transparente, Colombia. Disponível em: <http://www.transparencia.paipa.gov.co/>.

WTTG Transferencia de Tecnologías y Gestión para el Emprendimiento Empresarial en la Consolidación de Nuevas Pesquerías en Chile – Fondo de Fomento al Desarrollo Científico y Tecnológico (FONDEF) de la Comisión Nacional de Investigación Científica y Tecnología (CONICYT), Minis-

terio de Economía, Fomento y Recostrucción, Gobierno de Chile. Disponível em: <http://www.fondef.cl/>
WTUB The University of Birmingham. Disponível em: <www.bham.ac.uk>
WTURBO Municipio de Turbo, Colombia. Disponível em: <http://www.turbo.gov.co/>
WUA The University of Arizona. Disponível em: <www.arizona.edu>
WUAH Universidad de Alcalá, España. Disponível em: <http://www.uah.es/>
WUAM Revista Encuentros Multidisciplinares nº 13, 2003; Universidad Autónoma de Madrid, España. Disponível em: <http://www.encuentros-multidisciplinares.org/>
WUANL Universidad Autónoma de Nuevo León, México. Disponível em: <http://www.uanl.mx/>
WUANTO Universidad de Antofagasta, Chile. Disponível em: <http://www.uantof.cl/>
WUB UNIVERSITAT DE BARCELONA. Disponível em: <http://www.ub.es/>
WUBP TODOAMBIENTE ÁREA DE EDUCACIÓN, CIENCIA Y TÉCNICA AMBIENTAL DE LA UNIVERSIDAD BLAS PASCAL -Argentina. Disponível em: <http://www.ubp.edu.ar/>
WUC Pontificia Universidad Católica de Chile. Disponível em: <http://www.uc.cl/>
WUCA Universidad de Cádiz, España. Disponível em: <http://www.uca.es/>
WUCAB Universidad Católica Andrés Bello, Venezuela. Disponível em: <http://www.ucab.edu.ve/>
WUCD University of Chicago: Department of Anthroppology. Disponível em: <anthropology.uchicago.edu/>
WUCDU Universidad Católica del Uruguay. Disponível em: <http://www.ucu.edu.uy/>
WUCEV Universidad Central de Venezuela. Disponível em: <http://www.ucv.ve/>
WUCM UNIVERSIDAD COMPLUTENSE MADRID. Disponível em: <http://www.ucm.es/>
WUCO Universidad de Córdoba, España. Disponível em: <http://www.uco.es/>
WUCSF Universidad Católica de Santa Fe, Argentina. Disponível em:< http://www.ucsf.edu.ar/>
WUCV Sistema de Bibliotecas de la Pontificia Universidad Católica de Valparaíso, Chile. Disponível em: <http://dossier.ucv.cl/>
WUDA UNIVERSIDAD DE ANTIOQUÍA, Colombia. Disponível em: <http://bicentenario.udea.edu.co/>
WUDEC Universidad de Concepción, Chile. Disponível em: <http://www.udec.cl/>
WUDSCL University of Denver Sturm College of Law. Disponível em: <www.law.du.edu/>
WUGR Universidad de Granada, España. Disponível em: <www.ugr.es>
WUHU Universidad de Huelva, España. Disponível em: <http://www.uhu.es/>
WUICN Unión Mundial para la Naturaleza. Disponível em: <http://www.sur.iucn.org/>
WUIS WHAT IS THE UIS?. Disponível em: <www.uis-speleo.org/>
WUM University of Miami. Disponível em: <www.miami.edu>
WUMIC THE UNIVERSITY OF MICHIGAN MATERIALS TRANSFER FORM. Disponível em: <ftp.research.umich.edu/>
WUMN Policy Relating to Recombinant DNA and Hazardous Biological Materials. Disponível em: <www1.umn.edu/>
WUN United Nations. Disponível em: <www.un.org.>
WUNA INSTITUTO DE INVESTIGACIONES JURÍDICAS DE LA UNAM – México.Disponível em: <http://info4.juridicas.unam.mx/>
WUNAL Universidad Nacional de Colômbia. Disponível em: <http://www.unalmed.edu.co/>
WUNAM Revista Comunidad, Universidad Nacional Autónoma de México. Disponível em: <http://www.cuautitlan2.unam.mx/>
WUNAP Biblioteca Universitaria, Universidad Arturo Prat, Chile. Disponível em: <http://biblio.unap.cl/>

WUNAV UNIVERSIDAD DE NAVARRA – España. Disponível em: <http://www.unav.es/>
WUNC UNITED NATIONS COVENTION ON THE LAW OF THE SEA. Disponível em: <http://www.un.org/>
WUNDP United Nations Development Program. Disponível em: <www.undp.org/>
WUNE UNESCO – United Nations Educational Scientific and Cultural. Montevideo-Uruguay. Disponível em: <http://www.unesco.or.uy/>
WUNEC UNECE – United Nations Economic Commission for Europe. Disponível em: <http://www.unece.org/>
WUNECE United Nations Economic Commission for Europe. Disponível em: <www.unece.org>
WUNED Universidad Nacional de Educación a Distancia. Disponível em: <http://www.atsdr.cdc.gov/es/>
WUNEE UNIVERSIDAD NACIONAL DEL NORDESTE,Fac.de Agroindustrias, Saenz Peña -Fac.Ciencias Agrarias, Corrientes República Argentina. Disponível em: <http://fai.unne.edu.ar/biologia>
WUNEP United Nations Environment Programme. Disponível em: <www.rolac.unep.org>
WUNEP/EIA UNEP EIA Training Resource Manual . Disponível em: <http://www.cenn.org>
WUNESCO UNESCO BRASIL. Disponível em: <www.unesco.org.br/>
WUNHR The office of the High Commissioner for the Human Rights. Disponível em: <www.ohchr.org/EN/HRBodies>
WUNI UNITED NATIONS FRAME WORK CONVENTION ON CLIMATE CHANGE. Disponível em: <http://www.unfccc.de/>
WUNM UNIVERSIDAD NACIONAL MAYOR DE SAN MARCOS. Disponível em: <http://www.rmcp.org/>
WUNO UNITED NATIONS ORGANIZATION. Disponível em: <http://www.un.org/>
WUNT UNTERM, United Nations Multilingual Terminology. Disponível em: <http://157.150.197.21/dgaacs/unterm.nsf>
WUNTRE Untreaty. Disponível em: <http://untreaty.un.org/>
WUP Universidad de Panamá. Disponível em: <http://www.up.ac.pa/>
WUPA Universidad de Playa Ancha, Chile. Disponível em: <http://www.upa.cl/>
WUPN Universidad Pedagógica Nacional, Colombia. Disponível em: <http://www.pedagogica.edu.co/>
WUPRM AGRO 4037: Fertilidad de Suelos y Abonos – Universidad de Puerto Rico. Disponível em: <http://academic.uprm.edu/>
WUPS UPS: UPS TradeAbility Import Compliance. Disponível em: <www.ups.com/>
WUSACE United States Army Corps of Engineers. Disponível em: <www.hq.usace.army.mil/hqhome>
WUSACH Universidad de Santiago de Chile. Disponível em: <http://lauca.usach.cl/>
WUSAID United States Agency for International Development. Disponível em:< www.usaid.gov>
WUSAT United States Triathlon Women's Commission. Disponível em: <www.usatwomen.com>
WUSDA United Styates Department of Agriculture. Disponível em: <www.usda.gov/>
WUSDAFS USDA FOREST SERVICE. Disponível em: <http://www.fs.fed.us/r5/rsl/>
WUSDS United States Department of State. Disponível em: <www.state.gov>
WUSFGD US Federal government Department of Energy. Disponível em: <http://www.fe.doe.gov>
WUSFQ Universidad San Francisco de Quito, Ecuador. Disponível em: < http://www.usfq.edu.ec/ >
WUSHR United States House of Representatives. Disponível em: <www.house.gov>.
WUSP USP – Universidade de São Paulo. Disponível em: <http://www.teses.usp.br/>
WUSS UNITED STATES SMALL BUSINESS ADMINISTRATION. Disponível em: <http://www.sba.gov/>
WUSSCC Unites States Supreme Court Center. Disponível em: <www.justia.us>

WUST Tratado entre la República Oriental del Uruguay y los Estados Unidos de América relativo a la Promoción y Protección Recíproca de Inversiones. Disponível em: <http://www.ustr.gov/>.
WUTA Unversity of Texas at Austin. Disponível em: <www.lib.utexas.edu/>
WUTIP University of Texas Inequality Project. Disponível em: <utip.gov.utexas.edu/>
WUTPL Universidad Técnica Particular de Loja, Ecuador. Disponível em: <http://www.utpl.edu.ec/>
WUV UNIVERSITY OF VIRGINIA. Disponível em: <http://www.cs.virginia.edu/>
WUVE Universitat de València, España. Disponível em: <http://www.uv.es/>
WUVL University of Virginea Library. Disponível em: <www.lib.virginia.edu>
WVGD VALSTS GEOLOGIJAS DIENESTS. Disponível em: <http://www.vgd.gov.1v/>
WVIR VIRGINIA POLYTECHNIC INSTITUTE AND STATE UNIVERSITY – ENVIRONMENTAL, HEALTH AND SAFETY SERVICES. Disponível em: <http://www.ehss.vt.edu/>
WVIT VITALIS, Organização venezuelana relacionada ao meio ambiente. Disponível em: <http://www.vitalis.net/>
WVLE VLEX, Editorial jurídica en internet, España. Disponível em: <http://comunidad.vlex.com/>
WVLEX Editorial Jurídica Vlex, España. Disponível em: <http://premium.vlex.com/>
WWB World Bank. Disponível em: <www.worldbank.org/>
WWBUS World Bank Urban Symposium 2003. Disponível em: <www.worldbank.org/>
WWDS EIO37 ENVIRONMENTAL MANAGMENT PLAN MUNICIPAL SANITATION. Disponível em: <www-wds.worldbank.org/>
WWF WORLD WIDE FUND FOR NATURE. Mission for the 1990s. Geneva, 1990. 32p.
WWGA Western Governors' Association. Disponível em: <www.westgov.org>
WWHO World Health Organization. Disponível em: <http://www.who.int/>
WWIK WIKIPEDIA. Disponível em: <en.wikipedia.org/wiki/>
WWIP Comité Intergubernamental Sobre Propiedad Intelectual y Recursos Genéticos, Conocimientos Tradicionales y Folclore, Séptima sesión, Ginebra, 1 a 5 de noviembre de 2000 – Organización Mundial de la Propiedad Intelectual. Disponível em: <www.wipo.org/>
WWM WASTE MANAGEMENT. Disponível em: <www.wm.com>
WWMO World Metereological Organization. Disponível em: < http://www.wmo.ch>
WWOR WORLD BANK. Disponível em: <http://Inweb18.worldbank.org/>
WWRM World Rainforest Movement. Disponível em: <http://www.wrm.org.uy/>
WWRU Welcom do ReserveUSA. Disponível em: <www.reserveusa.com>
WWSJC The Wall Street Journal Classroom Edition. Disponível em: <www. wsjclassroomedition.com>
WWTO WORLD TRADE ORGANIZATION. Disponível em: <http://www.wto.org/>
WWVA TheC&O's Loup Creek Branch. Disponível em: <www.wva-usa.com/>
WWVG West Virgina Government. Disponível em: <http://www.state.wv.us/>
WWWF ENVIRONMENT CONSERVATION AREAS. Disponível em: < www.wwf.org.br/>
WXUN Xunta de Galicia, España. Disponível em: <http://www.xunta.es/>
WXURIS Xurisnet: Información Legal, Lexislación, Xurisprudencia, convenios, subvencions, España. Disponível em: <http://www.xurisnet.com/>
WYCRT Yacimientos Carboniferos Río Turbo, Argentina. Disponível em: <http://www.ycrt.gov.ar/>
WYL75 WYLLIE, R. J. M.; ARGALL JR., George O. (Eds.). World Mining Glossary of Mining, Processing and Geological Terms. 2nd ed. San Francisco: Miller Freeman, 1975. 432p.
WZOO Zoo de Madrid, España. Disponível em: <http://www.zoomadrid.com/>

glossário espanhol-português

A
abejas sin aguijón WRACV
   ABELHA MELIPONA
abono WSENASA
   FERTILIZANTE
abono complejo WDEC824
   FERTILIZANTE MINERAL COMPLEXO
abono compuesto WDEC824
   FERTILIZANTE MINERAL MISTO
abono con micronutrientes WDEC824
   FERTILIZANTE COM MICRONUTRIENTES
abono mineral WSMA
   FERTILIZANTE MINERAL
abono orgánico WINTA
   FERTILIZANTE ORGÂNICO
abono orgánico compuesto WFAO
   FERTILIZANTE ORGÂNICO COMPOSTO
abono orgánico mezclado WAMG
   FERTILIZANTE ORGÂNICO MISTO

abono organomineral WDEC72
   FERTILIZANTE ORGANOMINERAL
abono simple WDEC824
   FERTILIZANTE MINERAL SIMPLES
abono ternario WMA
   FERTILIZANTE TERNÁRIO
abonos binarios WUPRM
   FERTILIZANTE BINÁRIO
abonos foliares WINTA
   FERTILIZANTES FOLIARES
acceso a la tecnología y a la transferencia de tecnología WCNA
   ACESSO À TECNOLOGIA E TRANSFERÊNCIA DE TECNOLOGIA
acceso al conocimiento tradicional asociado WDER
   ACESSO AO CONHECIMENTO TRADICIONAL ASSOCIADO
acceso al patrimonio genético WDER
   ACESSO AO PATRIMÔNIO GENÉTICO

accidente nuclear ONU92#5268
ACIDENTE NUCLEAR
accidente nuclear ONU92#5268
ACIDENTE NUCLEAR *1
accidente nuclear WCNEA
ACIDENTE
acción ALC96:713
AÇÃO
acción antrópica WARA
AÇÃO ANTRÓPICA
acción cautelar PNU92:68
AÇÃO CAUTELAR
acción civil pública PNU92:67
AÇÃO CIVIL PÚBLICA
acción penal WLEY
AÇÃO PENAL
acción personal MAR94:21
AÇÃO PESSOAL
acción popular PNU92:67
AÇÃO POPULAR
acción real MAR94:21
AÇÃO REAL
aceite WSAGP
ÓLEO
aceite WSAGP
ÓLEO *1
aceite WSAGP
ÓLEO *2
aceite combustible ONU92#2615
ÓLEO COMBUSTÍVEL
ácido desoxirribonucleico ONU92#1499
ÁCIDO DESOXIRRIBONUCLÉICO
ácido nucleico WAGR
ÁCIDO NUCLÉICO
ácido ribonucleico ONU92#5571
ÁCIDO RIBONUCLÉICO
actividad agrícola WFAO
ATIVIDADE AGRÍCOLA
actividad antrópica WRLC
ATIVIDADE ANTRÓPICA
actividad biológica del suelo WINTA
ATIVIDADE BIOLÓGICA DO SOLO
actividad de investigación WCBD
ATIVIDADE DE PESQUISA
actividad potencialmente contaminante ONU92#5041
ATIVIDADE POTENCIALMENTE POLUIDORA
actividades agropecuarias WFAO
ATIVIDADES AGROPECUÁRIAS
actividades agrosilvopastoriles WFAO
ATIVIDADES AGROSILVOPASTORIS
actividades espeleológicas WFEA
ATIVIDADES ESPELEOLÓGICAS
acto administrativo ALC96:724
ATO ADMINISTRATIVO
Acuerdo de Conservación de los Recursos Naturales del Atlántico Sur WGPA
ACORDO DE CONSERVAÇÃO DOS RECURSOS NATURAIS DO ATLÂNTICO SUL ENTRE BRASIL E ARGENTINA
Acuerdo de Cooperación Amazónica entre el Gobierno de la República Federativa de Brasil y el Gobierno de la República Cooperativista de Guyana WIIS
ACORDO DE COOPERAÇÃO AMAZÔNICA ENTRE O GOVERNO DA REPÚBLICA FEDERATIVA DO BRASIL E O GOVERNO DA REPÚBLICA COOPERATIVISTA DA GUIANA
Acuerdo de la Organización Mundial del Comercio sobre Aplicación de Medidas Sanitarias y Fitosanitarias WFAO
ACORDO DA ORGANIZAÇÃO MUNDIAL DO COMÉRCIO SOBRE A APLICAÇÃO DE MEDIDAS SANITÁRIAS E FITOSSANITÁRIAS
Acuerdo de Pesca y Preservación de Recursos Vivos Brasil-Uruguay WGPA
ACORDO DE PESCA E PRESERVAÇÃO DE RECURSOS VIVOS BRASIL-URUGUAI
Acuerdo Marco sobre el Medio Ambiente del Mercosur WLCP
ACORDO-QUADRO SOBRE MEIO AMBIENTE DO MERCOSUL
Acuerdo para la Conservación de la Fauna Acuática en los Cursos de los Ríos Limítrofes entre Brasil y Paraguay MRE02
ACORDO PARA A CONSERVAÇÃO DA FAUNA AQUÁTICA NOS CURSOS DOS RIOS LIMÍTROFES ENTRE BRASIL E PARAGUAI
Acuerdo para la Conservación de la Flora y Fauna de los Territorios Amazónicos de la República Federativa de Brasil y de la República de Colombia WIJD
ACORDO PARA A CONSERVAÇÃO DA FLORA E DA FAUNA DOS TERRITÓRIOS AMAZÔNICOS DA REPÚBLICA FEDERATIVA DO BRASIL E DA REPÚBLICA DA COLÔMBIA
acuicultor WLEG
AQÜICULTOR

glossário espanhol-português

acuicultura WSAN
   AQÜICULTURA
acuicultura WSAN
   AQÜICULTURA *1
acuífero WMED
   AQÜÍFERO
acumulación temporal WITE
   ACUMULAÇÃO TEMPORÁRIA
acumulador eléctrico WCOF
   ACUMULADOR ELÉTRICO
aditivo PAD93:02
   ADITIVO
aditivo PAD93:02
   ADITIVO *1
aditivo PAD93:02
   ADITIVO *2
aditivo PAD93:02
   ADITIVO *3
aditivo directo WCFSAN
   ADITIVO INTENCIONAL
aditivo indirecto WCFSAN
   ADITIVO INCIDENTAL
administración ONU92#2791
   ADMINISTRAÇÃO
administración ferroviaria WNOT
   ADMINISTRAÇÃO FERROVIÁRIA
ADN ONU92#1499
   ADN
adyuvante WGLO
   ADJUVANTE
aerosol ONU92#93
   AEROSSOL
Agencia Internacional de Energía Atómica WINTA
   AGÊNCIA INTERNACIONAL DE ENERGIA ATÔMICA
Agencia Nacional de Aguas WADE
   AGÊNCIA NACIONAL DE ÁGUAS
Agencia Nacional de Energía Eléctrica WANE
   AGÊNCIA NACIONAL DE ENERGIA ELÉTRICA
Agencia Nacional de Petróleo, Gas Natural y Biocombustibles WCNEE
   AGÊNCIA NACIONAL DO PETRÓLEO, GÁS NATURAL E BIOCOMBUSTÍVEIS
Agencia Nacional de Vigilancia Sanitaria WMSAL
   AGÊNCIA NACIONAL DE VIGILÂNCIA SANITÁRIA
Agencias de Agua WPA
   AGÊNCIAS DE ÁGUA
Agenda 21 JUR96:30
   AGENDA 21

agente de control biológico ONU92#525
   AGENTE BIOLÓGICO DE CONTROLE
agentes biológicos WORI
   AGENTE ETIOLÓGICO
agregado reciclado WEFN
   AGREGADO RECICLADO
agricultura alternativa PAD93:02
   AGRICULTURA ALTERNATIVA
agricultura ecológica PAD93:02
   AGRICULTURA ECOLÓGICA
agroenergía WFAO
   AGROENERGIA
agrotóxicos y afines WGOB
   AGROTÓXICOS E AFINS
agua WMED
   ÁGUA
agua WMED
   ÁGUA *1
agua de abastecimiento WUGR
   ÁGUA DE ABASTECIMENTO
agua de refrigeración ONU92#1294
   ÁGUA DE REFRIGERAÇÃO
agua potable CEN90:74
   ÁGUA POTÁVEL
agua potable CEN90:74
   ÁGUA POTÁVEL *1
agua potable salubre ONU92#4700
   ÁGUAS POTÁVEIS DE MESA
agua subterránea MEX96
   ÁGUA SUBTERRÂNEA
aguas bajo jurisdicción nacional WITU
   ÁGUAS SOB JURISDIÇÃO NACIONAL
aguas contaminadas CEN90:74
   ÁGUAS POLUÍDAS
aguas de dominio privado WMED
   ÁGUAS PARTICULARES
aguas de uso público PNU92:123
   ÁGUAS PÚBLICAS DE USO COMUM
aguas dulces ONU92#2595
   ÁGUAS DOCES
aguas interiores ONU92#3256
   ÁGUAS INTERIORES
aguas interiores ONU92#3256
   ÁGUAS INTERIORES *1
aguas interiores WSNP
   ÁGUAS INTERNAS
aguas jurisdiccionales brasileñas WPAR
   ÁGUAS JURISDICIONAIS BRASILEIRAS
aguas minerales WFAO
   ÁGUAS MINERAIS

aguas no navegables WMME
   ÁGUAS COMUNS
aguas pluviales WEMA
   ÁGUAS PLUVIAIS
aguas públicas dominicales WBRE
   ÁGUAS PÚBLICAS DOMINICAIS
aguas residuales ONU92#7125
   ÁGUAS RESIDUÁRIAS
aguas residuales ONU92#7125
   ÁGUAS RESIDUÁRIAS *1
aguas salinas CEN90:74
   ÁGUAS SALINAS
aguas salobres ONU92#596
   ÁGUAS SALOBRAS
aguas servidas ONU92#7125
   ÁGUAS SERVIDAS
aguas servidas ONU92#7125
   DESPEJOS
aguas superficiales ONU92#6454
   ÁGUAS SUPERFICIAIS
aguas territoriales WUST
   ÁGUAS TERRITORIAIS
agujero WRAMSAR
   BURACO
AIEA WINTA
   AIEA
alcanos parcialmente halogenados MAN95:81
   ALCANOS PARCIALMENTE HALOGENADOS
alcanos totalmente halogenados MAN95:80
   ALCANOS COMPLETAMENTE HALOGENADOS
aldehídos WJUN
   ALDEÍDOS
alelos WINTA
   ALELOS
alimento WINF
   ALIMENTO
alimento artificial WSAGA
   ALIMENTO ARTIFICIAL
alimento artificial WSAGA
   ALIMENTO DE FANTASIA
alimento dietético WMECON
   ALIMENTO DIETÉTICO
alimento enriquecido WCED
   ALIMENTO ENRIQUECIDO
alimento *in natura* WCLEIN
   ALIMENTO *IN NATURA*
alimento irradiado WINV
   ALIMENTO IRRADIADO
alimento perecedero WPROT
   ALIMENTO PERECÍVEL

alimento sucedáneo WSNI
   ALIMENTO SUCEDÂNEO
alimentos adulterados WCOFE
   ALIMENTOS ADULTERADOS
alimentos falsificados WPRE
   ALIMENTOS FALSIFICADOS
alimentos potencialmente peligrosos WCOFE
   ALIMENTOS POTENCIALMENTE PERIGOSOS
almacenamiento ONU92#6275
   ARMAZENAMENTO
almacenamiento de gas natural WMECON
   ESTOCAGEM DE GÁS NATURAL
alta mar ONU92#3037
   ALTO-MAR
aluvión ONU92#5800
   ALUVIÃO
aluvión ONU92#5800
   ALUVIÃO *1
aluvionamiento ONU92#217
   ASSOREAMENTO
aluvionamiento WOAS
   ASSOREAMENTO DAS COLEÇÕES HÍDRICAS
Amazonia Legal WILO
   AMAZÔNIA LEGAL
Amazonia Legal WILO
   AMAZÔNIA LEGAL *1
ambientalista ONU92#2060
   AMBIENTALISTA
ambiente léntico WMOR
   AMBIENTE LÊNTICO
ambiente lótico WMOR
   AMBIENTE LÓTICO
amianto WMSA
   AMIANTO
ANA WADE
   ANA
análisis de control WMSC
   ANÁLISE DE CONTROLE
análisis de riesgo ambiental WSPA
   ANÁLISE DE RISCO AMBIENTAL
análisis de riesgo ONU92#5591
   ANÁLISE DE RISCOS
análisis previo WDNA
   ANÁLISE PRÉVIA
analista ambiental WCON
   ANALISTA AMBIENTAL
ANEEL WANE
   ANEEL

anfíboles WUNED
    ANFIBÓLIOS
anillador WGRU
    ANILHADOR
anillamiento ALL84:29
    ANILHAMENTO
anillo ALL84:29
    ANILHA
animales autóctonos WFAO
    ANIMAIS AUTÓCTONES
animales silvestres WFAO
    ANIMAIS SILVESTRES
ANP WCPCM
    ANP
anuncios WCED
    ANÚNCIOS
anuncios publicitarios WCED
    ANÚNCIOS DE PROPAGANDA
ANVISA WMSAL
    ANVISA
anzuelos múltiples WLPY
    GARATÉIA
APA WUB
    APA
APA WUB
    APA *1
aparato electrodoméstico WSALTA
    APARELHO ELETRODOMÉSTICO
aparatos de captura WMIS
    PETRECHOS DE CAPTURA
aparatos de pesca WMIS
    PETRECHOS PARA PESCA
aparcería agrícola WDEC88
    PARCERIA AGRÍCOLA
aparcería pecuaria WDEC88
    PARCERIA PECUÁRIA
aparcería rural WLARM
    PARCERIA RURAL
aparcero WJGM
    PARCELEIRO
APE WPAO
    APT
apicultura WINTA
    APICULTURA
APP WFAO
    APP
aprehensión WCED
    APREENSÃO
árbol nacional GON79:18
    ÁRVORE NACIONAL

arcilla SUG92:10
    ARGILA
área acuática WDIC
    ÁREA AQÜÍCOLA
área basimétrica de masa WEUR
    ÁREA BASAL DO POVOAMENTO
área de explotación minera ARG886
    GARIMPO
área de influencia directa WIAD
    ÁREA DE INFLUÊNCIA DIRETA
área de influencia indirecta WIAD
    ÁREA DE INFLUÊNCIA INDIRETA
área de preservación ecológica WSOL
    ÁREA DE PRESERVAÇÃO ECOLÓGICA
área de sensibilidad ambiental WRES1504
    ÁREA DE SENSIBILIDADE AMBIENTAL
área de urbanización prioritaria WUCSF
    ÁREA DE OCUPAÇÃO INTENSIVA
área degradada PNU92:57
    ÁREA DEGRADADA
área edificada WAEM
    ÁREA EDIFICADA
área protegida WECOP
    ÁREA DE RELEVANTE INTERESSE ECOLÓ-
    GICO
área urbana WGOT
    ÁREA URBANA CONSOLIDADA
áreas alagadizas WIAD
    ÁREAS ALAGADIÇAS
áreas de conservación de la vida silvestre
WVLEX
    ZONA DE CONSERVAÇÃO DA VIDA SILVES-
    TRE
áreas de conservación WLAR
    ÁREAS DE CONSERVAÇÃO
áreas de contención al crecimiento urbano
WSEDUV
    ÁREAS DE CONTENÇÃO AO CRESCIMENTO
    URBANO
áreas de disposición de resíduos WINA
    ÁREAS DE DESTINAÇÃO DE RESÍDUOS
áreas de interés ambiental WSEDUV
    ÁREAS DE INTERESSE AMBIENTAL
áreas de interés ecológico relevante PNU92:62
    ÁREAS DE RELEVANTE INTERESSE ECOLÓ-
    GICO
áreas de preservación permanente WIADE
    ÁREAS DE PRESERVAÇÃO PERMANENTE
áreas de preservación permanente WIADE
    ÁREAS DE PRESERVAÇÃO PERMANENTE *1

áreas de protección ambiental WBUE
    ÁREAS DE PROTEÇÃO AMBIENTAL
áreas degradadas WSAGP
    ÁREA DEGRADADA *1
áreas en vía de saturación WDEC58
    ÁREAS EM VIAS DE SATURAÇÃO
áreas forestales públicas WCOH
    FLORESTAS PÚBLICAS
áreas sujetas a la inundación WUV
    ÁREAS SUJEITAS A INUNDAÇÃO
arena SUG92:09
    AREIA
arenisca SUG92:10
    ARENITO
ARIE WOASO
    ARIE
ARN ONU92#5571
    ARN
arrendamiento WMECO
    ARRENDAMENTO RURAL
asbesto WMSA
    ASBESTO
Asociación de Pescadores Aficionados WDEM
    ASSOCIAÇÃO DE AMADORES DE PESCA
asociación vegetal relevante WSOCB
    ASSOCIAÇÃO VEGETAL RELEVANTE
aspecto ambiental UNIT/ISO14001:3.3
    ASPECTO AMBIENTAL
astronauta UNB86:21
    ASTRONAUTA
atmósfera CEN90:76
    ATMOSFERA
atún y especies afines PNU93:29
    ATUM E AFINS
audiencia pública WOSP
    AUDIÊNCIA PÚBLICA
audiencia pública WOSP
    AUDIÊNCIA PÚBLICA *1
auditoría ambiental UNIT/ISO14010:2.9
    AUDITORIA AMBIENTAL
auditoría forestal WMMAE
    AUDITORIA FLORESTAL
auditorías ambientales UNIT/ISO14010: 2.9
    AUDITORIAS AMBIENTAIS
autoclonación WBOE
    AUTOCLONAGEM
autodepuración ONU92#5826
    AUTODEPURAÇÃO
autoecología de las especies WUNAL
    AUTOECOLOGIA DAS ESPÉCIES

autoecología VIC96:61
    ECOFISIOLOGIA
autoridad marítima WAMPG
    AUTORIDADE MARÍTIMA
autoridad portuaria WAPC
    AUTORIDADE PORTUÁRIA
autorización ONU92#5450
    AUTORIZAÇÃO
autorización de acceso y entreta WWIP
    AUTORIZAÇÃO DE ACESSO E DE REMESSA
autorización previa ORD0789
    AUTORIZAÇÃO PRÉVIA
autótrofos PAD93:08
    AUTÓTROFOS
aves migratorias MAN95:208
    AVES DE ARRIBAÇÃO
aves migratorias MAN95:208
    AVES MIGRATÓRIAS
avulsión MAR94:51
    AVULSÃO

B

balneabilidad WCMA
    BALNEABILIDADE
ballena azul WCCB
    BALEIA AZUL
ballena fin WR351
    BALEIA FIN
ballena franca WCCB
    BALEIA FRANCA
ballena gris WCCB
    BALEIA CINZENTA
ballena jorobada WCCB
    BALEIA CÓRCOVA
ballena jorobada WCCB
    BALEIA JUBARTE
ballena jorobada WLEY25577
    MEGAPTERO JUBARTE
ballena sei WMED
    BALEIA SEI
ballenas WCCB
    BALEIAS
ballenas barbadas WICB
    BALEIAS COM BARBATANAS
ballenas dentadas WICB
    BALEIAS DENTICETE
banco de germoplasma *ex situ* WUNM
    BANCO DE GERMOPLASMA *EX SITU*
banco de germoplasma *in situ* WUNM
    BANCO DE GERMOPLASMA *IN SITU*

banco de germoplasma WBG
   BANCO DE GERMOPLASMA
Banco Nacional de Datos Oceanográficos de Brasil WINS
   BANCO NACIONAL DE DADOS OCEANOGRÁFICOS
bañados WUBP
   BANHADOS
barco cazador de ballenas WCCC
   NAVIO BALEEIRO
barrenero WILO
   BLASTER
basura MAR00
   LIXO
basura WMED
   LIXO *1
basura pública WSETC
   LIXO PÚBLICO
basurales CEN90:05
   VAZADOUROS
basureros WPAHO
   LIXÕES
batería WCEPIS
   BATERIA
batería plomo-ácido WPEM
   ACUMULADOR CHUMBO-ÁCIDO
baterías de aplicación especial WCEPIS
   BATERIAS DE APLICAÇÃO ESPECIAL
baterías industriales WMED
   BATERIAS INDUSTRIAIS
baterías portátiles WCEPIS
   BATERIAS PORTÁTEIS
baterías vehiculares WCEPIS
   BATERIAS VEICULARES
becquerel WDEC
   BEQUEREL
beneficiamiento WUNE
   BENEFICIAMENTO
BHC ALL84:241
   BHC
bienes ALC96:777
   BENS
bienes ambientales ONU92#2050
   BENS AMBIENTAIS
bienes de dominio público MAR94:58
   BENS DE INTERESSE PÚBLICO
bienes de uso común del pueblo WVLE
   BENS DE USO COMUM DO POVO
bienes del Estado WINF
   BENS DO ESTADO

bienes nacionales MAR94:58
   BENS DA UNIÃO
bienes tombados WUNE
   BENS TOMBADOS
bifenilos policlorados ONU92#4991
   BIFENILAS POLICLORADAS
bioacumulación ONU92#485
   BIOACUMULAÇÃO
biocenosis ONU92#488
   BIOCENOSE
biocida ONU92#492
   BIOCIDA
biocombustible WMTR
   BIOCOMBUSTÍVEL
biodiesel WSAGP
   BIODIESEL
biodiversidad PAD93:13
   BIODIVERSIDADE
bioenergía PAD93:13
   BIOENERGIA
biofertilizante STE94:50
   ESTIMULANTE
biofertilizante WFAO
   BIOFERTILIZANTE
biogás ONU92#509
   BIOGÁS
bioindustrias WUDA
   BIOINDÚSTRIAS
bioma ONU92#550
   BIOMA
biomasa ONU92#541
   BIOMASSA
biomasa ONU92#541
   BIOMASSA *1
biomasa ONU92#541
   BIOMASSA *2
bioproductos WBIO
   BIOPRODUTOS
bioprospección WBIB
   BIOPROSPECÇÃO
bioseguridad WINTA
   BIOSSEGURANÇA
biosfera UNB86:29
   BIOSFERA
biosíntesis SEO96:97
   BIOSSÍNTESE
biota ONU92#561
   BIOTA
biota acuática WEUR
   BIOTA AQUÁTICA

biota nativa WSAG
   BIOTA NATIVA
biotecnología ONU92#564
   BIOTECNOLOGIA
biótopo ONU92#569
   BIÓTOPO
blindaje WEUR
   BLINDAGEM
bloque WSGM
   BLOCO
BNDO WJODC
   BNDO
bosque ONU92#2477
   FLORESTA
bosque autóctono ONU92#4112
   FLORESTA NATIVA
bosque autóctono ONU92#4112
   FLORESTA NATIVA *1
bosque de galería SEO96:101
   MATA ALUVIAL
bosque degradado WINTA
   FLORESTA DEGRADADA
bosque estacional WUCM
   FLORESTA ESTACIONAL
bosque estatal WUPRM
   FLORESTA ESTADUAL
bosque homogéneo WOAS
   FLORESTA HOMOGÊNEA
bosque mixto ALL84:56
   FLORESTA HETEROGÊNEA
bosque mixto ALL84:56
   FLORESTA HETEROGÊNEA *1
bosque municipal WFNUB
   FLORESTA MUNICIPAL
bosque nacional PNU92:138
   FLORESTA NACIONAL
bosque natural regenerado PNU92:138
   FLORESTA REGENERADA
bosque ombrófilo denso WWRM
   FLORESTA OMBRÓFILA DENSA
bosque ombrófilo ONU92#5308
   FLORESTA OMBRÓFILA
bosque pluvial ONU92#5308
   FLORESTA PLUVIAL
bosque primario ONU92#5114
   FLORESTA PRIMÁRIA
bosque primitivo SEO96:102
   FLORESTA PRIMITIVA
bosque secundario ONU92#5788
   FLORESTA SECUNDÁRIA

bosques WCPSE
   FLORESTAS
bosques de protección ONU92#5188
   FLORESTAS PROTETORAS
bosques implantados WIFBC
   FLORESTAS VINCULADAS
bosques irregulares SEO96:102
   FLORESTAS INEQUIANAS
bosques protectores y permanentes WSAA
   FLORESTAS DE PRESERVAÇÃO PERMANENTE
bosques repoblados WFAO
   FLORESTAS PLANTADAS
bosques secundarios WCITES
   CAPOEIRA
bosques secundarios WCITES
   CAPOEIRA *1
bosques tropicales ALL84:56
   FLORESTAS TROPICAIS
botaderos a cielo abierto CEN90:06
   DEPÓSITOS DE LIXO A CÉU ABERTO
Bq WCNEA
   bq
briofitas WBMCN
   BRIÓFITAS
buque GAL92:186
   NAVIO
buque GAL92:186
   NAVIO *1
buque GAL92:186
   NAVIO *2
buque de apoyo WXUN
   EMBARCAÇÕES DE APOIO
buque factoría STE94:141
   USINA FLUTUANTE
buque-tanque químico TRE83c:277
   NAVIO TANQUE DE PRODUTOS QUÍMICOS
buscador de oro JUR96:00
   GARIMPEIRO
búsqueda y salvamento ONU92#5772
   ASSISTÊNCIA E SALVAMENTO

C

cachalote WMAC
   CACHALOTE
cadena alimentaria ONU92#2466
   CADEIA ALIMENTAR
cadena alimentaria ONU92#2466
   CADEIA NUTRITIVA

calentamiento global WCPN
    AQUECIMENTO GLOBAL
calidad ambiental ONU92#2135
    QUALIDADE AMBIENTAL
calidad ambiental ONU92#2135
    QUALIDADE DO MEIO AMBIENTE
calidad de la vida UNB86:32
    QUALIDADE DE VIDA
cambio climático MAN95:93
    MUDANÇA DO CLIMA
caméfitos WJUN
    CAMÉFITOS XEROMÓRFICOS
campo de gas natural WEBA
    CAMPO DE GÁS NATURAL
campo de petróleo WRBV
    CAMPO DE PETRÓLEO
campos de altitud WMCT
    CAMPO DE ALTITUDE
caña con carrete WPANA
    CANIÇO COM MOLINETE
caña de pescar WCED
    CANIÇO SIMPLES
capa de ozono ONU92#4578
    CAMADA DE OZÔNIO
capa freática GAL92:638
    LENÇOL FREÁTICO
capa límite planetaria ONU92#4872
    CAMADA LIMÍTROFE PLANETÁRIA
capacidad de degradación WJUN
    CAPACIDADE DE DEGRADAÇÃO
captura de carbono WFAO
    CAPTURA DE CARBONO
captura máxima permisible ONU92#3835
    POTENCIAIS SUSTENTÁVEIS DE CAPTURA DOS RECURSOS VIVOS
características carcinogénicas WAYTO
    CARACTERÍSTICAS CARCINOGÊNICAS
características de mutagenicidad ARG93:20
    CARACTERÍSTICAS MUTAGÊNICAS
características de teratogenicidad ARG93:20
    CARACTERÍSTICAS TERATOGÊNICAS
carbón equivalente WINE
    CARBONO EQUIVALENTE
carbón mineral TER97:50
    CARVÃO MINERAL
carbón vegetal TER97:50
    CARVÃO VEGETAL
carga ONU92#3655
    CARGA
carga contaminante WMED
    CARGA POLUIDORA
cargas peligrosas WOAS
    CARGAS PERIGOSAS
carteles WALIC
    PINTURAS MURAIS VEICULADORAS DE ANÚNCIOS
caso fortuito MAR94:76
    CASO FORTUITO
catalizador TER97:52
    CATALISADOR
Catastro Técnico Federal de Actividades e Instrumentos de Defensa Ambiental WPNU
    CADASTRO TÉCNICO FEDERAL DE ATIVIDADES E INSTRUMENTOS DE DEFESA AMBIENTAL
Catastro Técnico Federal del IBAMA WTRAFFIC
    CADASTRO TÉCNICO FEDERAL DO IBAMA
categoría de uso directo WFONAM
    UNIDADES DE MANEJO SUSTENTADO/CATEGORIA DE USO DIRETO
categoría de uso indirecto WFONAM
    UNIDADES DE PROTEÇÃO INTEGRAL/CATEGORIA DE USO INDIRETO
cateo ARG886
    CATA
cateo ARG886
    FAISCAÇÃO
cateo WCBA
    GARIMPAGEM
cateo WCBA
    GARIMPAGEM *1
caudal ONU92#2418
    VAZÃO
caudal de referencia WFIUBA
    VAZÃO DE REFERÊNCIA
cavidad natural subterránea WINS
    CAVIDADE NATURAL SUBTERRÂNEA
cavidades naturales subterráneas WCDCM
    CAVIDADES NATURAIS SUBTERRÂNEAS
caza comercial PNU92:141
    CAÇA COMERCIAL
caza comercial PNU92:141
    CAÇA PROFISSIONAL
caza de subsistencia PNU92:141
    CAÇA DE SUBSISTÊNCIA
caza deportiva PNU92:142
    CAÇA AMADORISTA
caza deportiva PNU92:142
    CAÇA AMADORÍSTICA

cazador WLAP
  CAÇADOR
cazar WMIS
  CAÇAR
cazar WMIS
  CAÇAR *1
célula WJUN
  CÉLULA
célula eucariota WDMG
  RECEPTOR EUCARIÓTICO
célula germinal humana WUDEC
  CÉLULA GERMINAL HUMANA
célula procariota WDMG
  RECEPTOR PROCARIÓTICO
células troncales embrionarias WMJD
  CÉLULAS-TRONCO EMBRIONÁRIAS
celulosa WJUN
  CELULOSE
CEMAVE WRAMSAR
  CEMAVE
cemento WINTI
  CIMENTO
centrales eólicas GAL92:245
  USINAS EÓLICAS
centrales hidroeléctricas GAL92:247
  USINAS HIDRELÉTRICAS
centrales nucleoeléctricas WCNE
  USINAS NUCLEOELÉTRICAS
centrales termoeléctricas TER97:54
  USINAS TERMELÉTRICAS
Centro de Investigación para Conservación de las Aves Silvestres WRAMSAR
  CENTRO DE ESTUDOS DE MIGRAÇÕES DE AVES
Centro de Recogida WMTAS
  CENTRO DE RECOLHIMENTO
CER WMED
  CER
Certificado de Calidad en Bioseguridad WCDCM
  CERTIFICADO DE QUALIDADE EM BIOSSE-GURANÇA
certificado de carbono WCNMA
  CERTIFICADO DE CARBONO
Certificado de Reducción de Emisiones WMED
  CERTIFICADOS DE REDUÇÃO DE EMISSÕES
Certificado de Registro WSNI
  CERTIFICADO DE REGISTRO
Certificado Fitosanitario WCOS
  CERTIFICADO FITOSSANITÁRIO

cetáceos WMAC
  CETÁCEOS
CFC ONU92#895
  CFCs
cianobacterias WIBVF
  CIANOBACTÉRIAS
cianuración GAL92:255
  CIANETAÇÃO
cianuro WCIPM
  CIANETO
ciclaje de materiales WSOC
  CICLAGEM DE MATERIAIS
ciclo WFAO
  CICLO
ciclo E.L.R. WUCM
  CICLO E.L.R.
ciclo E.S.C. WUCM
  CICLO E.S.C.
ciclo E.T.C. WUCM
  CICLO E.T.C.
Ciclo Europeo de Estado Continuo WMTT
  CICLO EUROPEU EM REGIME CONSTANTE
Ciclo Europeo de Transición WMTT
  CICLO EUROPEU EM REGIME TRANSIENTE
ciclomotor WELD
  CICLOMOTOR
científico UNB86:489
  CIENTISTA
cigoto humano WUGR
  ZIGOTO HUMANO
cinturones verdes ONU92#2821
  CINTURÕES VERDES
cinturones verdes ONU92#2821
  CINTURÕES VERDES *1
cirugía del árbol ONU92#6807
  DENDROCIRURGIA
clase de diámetro WSFC
  CLASSE DE DIÂMETRO
clase de inercia WREG84
  CLASSE DE INÉRCIA
clases de uso MEX92
  CLASSES DE USO
clasificación WOPS
  CLASSIFICAÇÃO
clasificación toxicológica WMTAS
  CLASSIFICAÇÃO TOXICOLÓGICA
clímax ONU92#1004
  CLÍMAX
clinker WMTAS
  CLÍNQUER

glossário espanhol-português

clonación ONU92#1011
    CLONAGEM
clonación humana WCNEC
    CLONAGEM HUMANA
clonación reproductiva WCNEC
    CLONAGEM PARA FINS REPRODUTIVOS
clonación terapéutica WCONICET
    CLONAGEM TERAPÊUTICA
clorofluorocarbono ONU92#895
    CLOROFLUORCARBONOS
cloroplastos ALL84:89
    CLOROPLASTOS
club de aficionados a la pesca WABUR
    CLUBE DE AMADORES DE PESCA
CNBS WINAI
    CNBS
CNEN WCNEA
    CNEN
CNPE WDRNP
    CNPE
CNPF WUCEV
    CNPF
CNUMAD VIC96:39
    CNUMAD
CO TER97:148
    CO
CO_2 WMED
    CO_2
Código de Aguas CEN90:09
    CÓDIGO DE ÁGUAS
Código de Aguas Minerales WSECYT
    CÓDIGO DE ÁGUAS MINERAIS
Código de Caza WCAB
    CÓDIGO DE CAÇA
código de colores WRM
    CÓDIGO DE CORES
Código de Conducta para la Pesca Responsable WCON
    CÓDIGO DE CONDUTA PARA A PESCA RESPONSÁVEL
Código de Defensa del Consumidor WSGP
    CÓDIGO DE DEFESA DO CONSUMIDOR
Código de Minería ARG886
    CÓDIGO DE MINAS
Código de Minería ARG886
    CÓDIGO DE MINERAÇÃO
Código de Pesca WFAO
    CÓDIGO DE PESCA
Código Forestal PNU92:66
    CÓDIGO FLORESTAL

coeficiente de ocupación WGOBCAN
    TAXA DE OCUPAÇÃO
colecciones biológicas WGOBM
    COLEÇÕES BIOLÓGICAS
coliformes CEN90:81
    COLIFORMES
coliformes fecales WRTCT
    COLIFORMES FECAIS
coliformes termotolerantes WCBA
    COLIFORMES TERMOTOLERANTES
colimetría CEN90:81
    COLIMETRIA
colonización WFAO
    COLONIZAÇÃO
coluvión WINGEO
    COLÚVIO
combustible nuclear UNB86:44
    COMBUSTÍVEL NUCLEAR
combustible primario WCFE
    COMBUSTÍVEL PRIMÁRIO
combustible secundario WCRE
    COMBUSTÍVEL SECUNDÁRIO
comercialización UNB86:44
    COMERCIALIZAÇÃO
comerciante WMIS
    COMERCIANTE
comerciante WMIS
    COMERCIANTE *1
comercio WMED
    COMÉRCIO
comercio de emisones WMED
    COMÉRCIO DE EMISSÕES
comisión agraria WPA
    COMISSÃO AGRÁRIA
Comisión Nacional de Biodiversidad WMARENA
    COMISSÃO NACIONAL DE BIODIVERSIDADE
Comisión Nacional de Energía Nuclear WCNEA
    COMISSÃO NACIONAL DE ENERGIA NUCLEAR
Comisión Técnica Nacional de Bioseguridad WINE
    COMISSÃO TÉCNICA NACIONAL DE BIOSSEGURANÇA
Comités de Cuencas WCEP
    COMITÊS DE BACIAS HIDROGRÁFICAS
Comités de Gestión de Cuencas WCEP
    COMITÊS DE GERENCIAMENTO DE BACIA HIDROGRÁFICA

compactación CEN90:81
   COMPACTAÇÃO
compatibilidad entre productos WFAO
   COMPATIBILIDADE ENTRE PRODUTOS
competencia común WOAS
   COMPETÊNCIA COMUM
competencia concurrente WOAS
   COMPETÊNCIA CONCORRENTE
competencia del municipio WOAS
   COMPETÊNCIA DO MUNICÍPIO
competencia privativa WOAS
   COMPETÊNCIA PRIVATIVA
competencia residual WSS
   COMPETÊNCIA RESIDUAL
competencia suplementaria WSEN
   COMPETÊNCIA SUPLEMENTAR
complejo agroforestal WWRM
   COMPLEXO AGROFLORESTAL
componentes ONU92#1127
   COMPONENTES
comunidad indígena WPET
   COMUNIDADE INDÍGENA
comunidad local WUNE
   COMUNIDADE LOCAL
Comunidades Extractivistas WTRAFFIC
   COMUNIDADES EXTRATIVISTAS
comunidades locales WFAO
   COMUNIDADES LOCAIS
comunidades quilombolas WSAGP
   POVOS QUILOMBOLAS
comunidades vegetales WAGRO
   COMUNIDADES VEGETAIS
CONAMA WCNMA
   CONAMA
concentración mediana letal ONU92#3848
   CONCENTRAÇÃO LETAL 50% INALATÓRIA
concesión forestal WDAMAR
   CONCESSÃO FLORESTAL
conclusión de la auditoría UNIT/ISO14010:2.1
   CONCLUSÃO DE AUDITORIA
condición de calidad WMINEM
   CONDIÇÃO DE QUALIDADE
condición *ex situ* WGRAIN
   CONDIÇÃO EX SITU
condiciones *in situ* WCNA
   CONDIÇÕES *IN SITU*
Conferencia de Estocolmo WMED
   CONFERÊNCIA DE ESTOCOLMO

Conferencia de las Naciones Unidas sobre el Medio Ambiente Humano WSADS
   CONFERÊNCIA DAS NAÇÕES UNIDAS SOBRE O MEIO AMBIENTE HUMANO
Conferencia de Naciones Unidas sobre Medio Ambiente y Desarrollo VIC96:39
   CONFERÊNCIA DAS NAÇÕES UNIDAS SOBRE O MEIO AMBIENTE E DESENVOLVIMENTO
Conferencia de Río VIC96:39
   CONFERÊNCIA DO RIO
configuración de la carrocería WINF
   CONFIGURAÇÃO DA CARROCERIA
configuración del motor WINF
   CONFIGURAÇÃO DO MOTOR
configuración del vehículo WINF
   CONFIGURAÇÃO DO VEÍCULO
conformidad de la producción WINF
   CONFORMIDADE DA PRODUÇÃO
conocimiento tradicional asociado WPA
   CONHECIMENTO TRADICIONAL ASSOCIADO
Consejo de Manejo Forestal WSAGP
   FOREST STEWARDSHIP COUNCIL
Consejo Nacional de Bioseguridad WCPCM
   CONSELHO NACIONAL DE BIOSSEGURANÇA
Consejo Nacional de Política Energética WMME
   CONSELHO NACIONAL DE POLÍTICA ENERGÉTICA
Consejo Nacional de Recursos Hídricos WFAO
   CONSELHO NACIONAL DE RECURSOS HÍDRICOS
Consejo Nacional del Medio Ambiente WMED
   CONSELHO NACIONAL DO MEIO AMBIENTE
conservación ONU92#1157
   CONSERVAÇÃO
conservación ONU92#1157
   CONSERVAÇÃO *1
conservación ambiental WPRO
   CONSERVAÇÃO AMBIENTAL
conservación de la naturaleza ONU92#4147
   CONSERVAÇÃO DA NATUREZA *1
conservación de los recursos vivos de la alta mar WIDEAM
   CONSERVAÇÃO DOS RECURSOS VIVOS DO ALTO-MAR
conservación del suelo WUNT
   CONSERVAÇÃO DO SOLO
conservación *ex situ* ARG94a
   CONSERVAÇÃO EX SITU

conservación *in situ* ARG94a
  CONSERVAÇÃO *IN SITU*
consorciación WLAM
  CONSORCIAÇÃO
Constitución MAR94:107
  CONSTITUIÇÃO
construcción génica WMDP
  CONSTRUÇÃO GÊNICA
consumidor WOMCO
  CONSUMIDOR
consumidor WOMCO
  CONSUMIDOR *1
consumidores VIC96:42
  CONSUMIDORES
consumo WMED
  CONSUMO
contaminación UNB86:482
  POLUIÇÃO
contaminación UNB86:482
  POLUIÇÃO *1
contaminación ambiental ONU92#2127
  CONTAMINAÇÃO AMBIENTAL
contaminación ambiental ONU92#2127
  POLUIÇÃO AMBIENTAL
contaminación atmosférica UNB86:50
  POLUIÇÃO DO AR
contaminación de las aguas UNB86:499
  POLUIÇÃO DAS ÁGUAS
contaminación en superficies WORG
  CONTAMINAÇÃO EM SUPERFÍCIES
contaminación hídrica WAGU
  POLUIÇÃO HÍDRICA
contaminación industrial CEN90:100
  POLUIÇÃO INDUSTRIAL
contaminación interna WESC
  CONTAMINAÇÃO INTERNA
contaminación radiactiva WMED
  CONTAMINAÇÃO
contaminación sonora CEN90:100
  POLUIÇÃO SONORA
contaminador WCICA
  POLUIDOR
contaminador WCICA
  POLUIDOR *1
contaminante ONU92#4962
  POLUENTE
contaminante ONU92#4962
  POLUENTE *1
contaminante atmosférico ONU92#171
  POLUENTE ATMOSFÉRICO

contaminante atmosférico ONU92#171
  POLUENTE ATMOSFÉRICO *2
Contaminantes Orgánicos Persistentes WMED
  POLUENTES ORGÂNICOS PERSISTENTES
contigenciamiento WDGRE
  CONTINGENCIAMENTO
Contrato de Utilización del Patrimonio Genético y de Repartición de Beneficios WTRAFFIC
  CONTRATO DE UTILIZAÇÃO DO PATRIMÔNIO GENÉTICO E DE REPARTIÇÃO DE BENEFÍCIOS
control WISP
  CONTROLE *1
control WSEC
  CONTROLE
control de calidad WCONICIT
  CONTROLE DE QUALIDADE
control de calidad WCONICIT
  CONTROLE DE QUALIDADE *1
control de calidad del agua WOPS
  CONTROLE DA QUALIDADE DA ÁGUA
control de calidad del agua de consumo humano WAHE
  CONTROLE DA QUALIDADE DA ÁGUA PARA CONSUMO HUMANO
control de desechos ONU92#7116
  MANEJO
control de efluentes WCEPIS
  CONTROLE DE EFLUENTES
control integrado de las plagas ONU92#3283
  CONTROLE INTEGRADO DE PRAGAS
conurbación WMED
  CONURBAÇÃO
Convención de las Naciones Unidas sobre el Derecho del Mar ONU92#6923
  CONVENÇÃO DAS NAÇÕES UNIDAS SOBRE O DIREITO DO MAR
Convención Interamericana para la Protección y Conservación de las Tortugas Marinas WCON
  CONVENÇÃO INTERAMERICANA PARA A PROTEÇÃO E A CONSERVAÇÃO DAS TARTARUGAS MARINHAS
Convención Internacional de Protección Fitosanitaria WFAO
  CONVENÇÃO INTERNACIONAL PARA PROTEÇÃO DOS VEGETAIS
Convención Internacional para la Regulación de la Pesca de las Ballenas WRJU
  CONVENÇÃO INTERNACIONAL PARA REGULAMENTAÇÃO DA PESCA DA BALEIA

Convención Marco de las Naciones Unidas sobre el Cambio Climático MAN95:91
CONVENÇÃO QUADRO DAS NAÇÕES UNIDAS SOBRE MUDANÇA DO CLIMA
Convención para la Protección de la Flora, de la Fauna y de las Bellezas Escénicas Naturales de los Países de América ONU92#1261
CONVENÇÃO PARA A PROTEÇÃO DA FLORA, DA FAUNA E DAS BELEZAS CÊNICAS DOS PAÍSES DA AMÉRICA
Convención sobre Asistencia en Caso de Accidente Nuclear o Emergencia Radiológica ONU92#1247
CONVENÇÃO SOBRE ASSISTÊNCIA NO CASO DE ACIDENTE NUCLEAR OU EMERGÊNCIA RADIOLÓGICA
Convención sobre el Comercio Internacional de Especies Amenazadas de Fauna y Flora Silvestres ONU92#1259
CONVENÇÃO SOBRE COMÉRCIO INTERNACIONAL DAS ESPÉCIES DA FLORA E FAUNA SELVAGENS EM PERIGO DE EXTINÇÃO
Convención sobre el Mar Territorial y la Zona Contigua WCMDA
CONVENÇÃO SOBRE O MAR TERRITORIAL E ZONA CONTÍGUA
Convención sobre la Alta Mar ONU92#1271
CONVENÇÃO SOBRE O ALTO-MAR
Convención sobre la Conservación de los Recursos Marinos Vivos de la Antártida ONU92#1265
CONVENÇÃO SOBRE A CONSERVAÇÃO DOS RECURSOS VIVOS MARINHOS ANTÁRTICOS
Convención sobre la Diversidad Biológica ONU92#501
CONVENÇÃO SOBRE DIVERSIDADE BIOLÓGICA
Convención sobre la Plataforma Continental ONU92#1270
CONVENÇÃO SOBRE PLATAFORMA CONTINENTAL
Convención sobre la Prohibición del Desarrollo, la Producción y el Almacenamiento de Armas Bacteriológicas (Biológicas) y Toxínicas y sobre su Destrucción TRE76:180
CONVENÇÃO SOBRE A PROIBIÇÃO DO DESENVOLVIMENTO, PRODUÇÃO E ESTOCAGEM DE ARMAS BACTERIOLÓGICAS (BIOLÓGICAS) E À BASE DE TOXINAS E SUA DESTRUIÇÃO
Convención sobre la Pronta Notificación de Accidentes Nucleares ONU92#1252

CONVENÇÃO SOBRE PRONTA NOTIFICAÇÃO DE ACIDENTE NUCLEAR
Convención sobre la Protección Física de los Material Nucleares ONU92#1274
CONVENÇÃO SOBRE A PROTEÇÃO FÍSICA DO MATERIAL NUCLEAR
Convención sobre Pesca y Conservación de los Recursos Vivos de la Alta Mar ONU92#1256
CONVENÇÃO SOBRE PESCA E RECURSOS VIVOS DE ALTO-MAR
Convenciones sobre el Derecho del Mar ONU92#1271
CONVENÇÕES SOBRE O DIREITO DO MAR
Convenio de Basilea ARG93:12
CONVENÇÃO DE BASILÉIA SOBRE O CONTROLE DE MOVIMENTOS TRANSFRONTEIRIÇOS DE RESÍDUOS PERIGOSOS E SEU DEPÓSITO
Convenio de Estocolmo sobre Contaminantes Orgánicos Persistentes WPOPS
CONVENÇÃO DE ESTOCOLMO SOBRE POLUENTES ORGÂNICOS PERSISTENTES
Convenio de Viena para la Protección de la Capa de Ozono ONU92#7062
CONVENÇÃO DE VIENA PARA A PROTEÇÃO DA CAMADA DE OZÔNIO
Convenio Internacional para la Conservación del Atún del Atlántico ONU92#3344
CONVENÇÃO INTERNACIONAL PARA A CONSERVAÇÃO DO ATUM E AFINS DO ATLÂNTICO SUL
Convenio Internacional para Prevenir la Contaminación por los Buques TRE83c:226
CONVENÇÃO INTERNACIONAL PARA PREVENÇÃO DA POLUIÇÃO CAUSADA POR NAVIOS
Convenio Internacional sobre Responsabilidad Civil por Daños Causados por la Contaminación de las Aguas del Mar por Hidrocarburos TRE75c:47
CONVENÇÃO INTERNACIONAL SOBRE RESPONSABILIDADE CIVIL EM DANOS CAUSADOS POR POLUIÇÃO POR ÓLEO
Convenio para la Salvaguarda de la Vida Humana en el Mar WSNH
CONVENÇÃO INTERNACIONAL PARA SALVAGUARDA DA VIDA HUMANA NO MAR
Convenio sobre la Prevención de la Contaminación del Mar por Vertimientos de Desechos y otras Materias ONU92#1276

glossário espanhol-português

CONVENÇÃO SOBRE PREVENÇÃO DA POLUIÇÃO MARINHA POR ALIJAMENTO DE RESÍDUOS E OUTRAS MATÉRIAS
convertidor catalítico TER97:68
   CONVERSOR CATALÍTICO
convertidor catalítico de oxidación WCEPIS
   CONVERSOR CATALÍTICO DE OXIDAÇÃO
convertidor catalítico de reposición WTF
   CONVERSOR CATALÍTICO DE REPOSIÇÃO
convertidor catalítico original WTF
   CONVERSOR CATALÍTICO ORIGINAL
COP's WMED
   POPs
cornisas WLTR
   BEIRAIS
correctivo WAGRO
   CORRETIVO *1
correctivo WAGRO
   CORRETIVO
correctivo de acidez WFAO
   CORRETIVO DE ACIDEZ
correctivo de alcalinidad WFAO
   CORRETIVO DE ALCALINIDADE
corredores ecológicos WCAM
   CORREDORES ECOLÓGICOS
corriente de surgencia SUG92:104
   RESSURGÊNCIA COSTEIRA
cortafuego WCIE
   ACEIRO
costa rocosa SUG92:27
   COSTÕES
CQB WFDC
   CQB
créditos de carbono WFAO
   CRÉDITOS DE CARBONO
cresta WSGM
   CRISTA
criadero artificial TRE77a:130
   CRIADOURO ARTIFICIAL
criaderos WSAGP
   CRIADOUROS
crímenes contra el medio ambiente WFGN
   CRIMES CONTRA O MEIO AMBIENTE
crímenes contra la fauna WINE
   CRIMES CONTRA A FAUNA
crímenes contra la flora WINE
   CRIMES CONTRA A FLORA
crisotilo WSGM
   CRISOTILA

criterios de auditoría UNIT/ISO14010:2.2
   CRITÉRIOS DE AUDITORIA
crocidolita ALL84:107
   CROCIDOLITA
CTNBIO WFDC
   CTNBIO
cuarentena vegetal WFAO
   QUARENTENA VEGETAL
cuchara WLPY
   COLHER
Cuenca Amazónica PNU93:147
   BACIA AMAZÔNICA
cuenca de drenaje GON79:33
   BACIA DE DRENAGEM
cuenca hidrográfica ONU92#3121
   BACIA HIDROGRÁFICA
cuenca potamográfica WSOC
   BACIA POTAMOGRÁFICA
cuenca sedimentaria WGM
   BACIA SEDIMENTAR
cuerpo de agua CEN90:11
   CORPOS DE ÁGUA
cuerpo receptor ARG93:11
   CORPO RECEPTOR
cueva GAL92:372
   GRUTA
cueva GAL92:372
   TOCA
cueva de arenisca WRAMSAR
   CAVERNA ARENÍTICA
cuevas UNB86:443
   CAVERNA
cultivar WCA
   CULTIVAR
cultivar distinto WFAO
   CULTIVAR DISTINTA
cultivar estable WAMP
   CULTIVAR ESTÁVEL
cultivar homogéneo WAMP
   CULTIVAR HOMOGÊNEA
cultivar nuevo WAMP
   NOVA CULTIVAR
cultivar variedad esencialmente derivada WLNP
   CULTIVAR ESSENCIALMENTE DERIVADA
cultivo de camarones WFAO
   CARCINICULTURA
Cumbre de la Tierra JUR96:30
   CÚPULA DA TERRA
Cumbre de la Tierra VIC96:39
   ECO 92

Dicionário de direito ambiental

cumbre de monte WGOBCAN
  TOPO DE MORRO
cumbre de monte WGOBCAN
  TOPO DE MORRO *1
curso de agua WCNAM
  CURSO D'ÁGUA
CH_4 TER97:145
  CH_4
chapa de fibra WIMP
  CHAPA DE FIBRA
chapa de madera aglomerada WIMP
  CHAPA DE MADEIRA AGLOMERADA

D

daño MAR94:129
  DANO
daño ambiental WDPC
  DANO AMBIENTAL
daño causado por la contaminación por petróleo ONU92#4400
  DANO POR POLUIÇÃO
daño ecológico ONU92#1801
  DANO ECOLÓGICO
daño irreversible WCNA
  DANO IRREVERSÍVEL
daño nuclear ONU92#5271
  DANO NUCLEAR
daños radiológicos WINT
  DANOS RADIOLÓGICOS
datos sísmicos WSOP
  DADOS SÍSMICOS
datos sobre la toxicidad a corto plazo WUCM
  DADOS SOBRE TOXICIDADE A CURTO PRAZO
datos sobre lesiones oculares WMTAS
  DADOS SOBRE LESÕES OCULARES
datos sobre toxicidad a largo plazo WUCM
  DADOS SOBRE TOXICIDADE A LONGO PRAZO
datos toxicológicos WCEPIS
  DADOS TOXICOLÓGICOS
datos toxicológicos crónicos WFAO
  DADOS TOXICOLÓGICOS CRÔNICOS
dauhval WCMDA
  DAUHVAL
db(A) WCV
  dB(A)
DBO ONU92#490
  BOD
DBO VIC96:51
  DBO

DDT VIC96:52
  DDT
Declaración de Estocolmo ONU92#6269
  DECLARAÇÃO DE ESTOCOLMO
Declaración de la Conferencia de las Naciones Unidas sobre el Medio Humano ONU92#1429
  DECLARAÇÃO SOBRE O MEIO AMBIENTE HUMANO
declaración de patrimonio nacional WDEC882
  TOMBAMENTO
Declaración de Río VIC96:51
  DECLARAÇÃO DO RIO
declaración del proveedor WIBN
  DECLARAÇÃO DO FORNECEDOR
decreto MAR94:132
  DECRETO
decreto legislativo MAR94:132
  DECRETO LEGISLATIVO
decreto-ley ALC96:870
  DECRETO-LEI
defensa civil WINDC
  DEFESA CIVIL
defoliantes ALL84:120
  DESFOLHANTES
deforestación ONU92#1447
  DESMATAMENTO
degradación ONU92#6620
  DEGRADAÇÃO
degradación ONU92#6620
  DEGRADAÇÃO *1
degradación de la calidad ambiental PNU92:57
  DEGRADAÇÃO DA QUALIDADE AMBIENTAL
degradación del ecosistema WOAS
  DEGRADAÇÃO DO ECOSSISTEMA
delitos contra el ordenamiento urbano y el patrimonio cultural WINE
  CRIMES CONTRA O ORDENAMENTO URBANO E O PATRIMÔNIO CULTURAL
Demanda Bioquímica de Oxígeno VIC96:51
  DEMANDA BIOQUÍMICA DE OXIGÊNIO
densidad de plantío WFAO
  DENSIDADE DO PLANTIO
Departamento Nacional de Producción Mineral MRE02
  DEPARTAMENTO NACIONAL DE PRODUÇÃO MINERAL
depósito MAN95:93
  RESERVATÓRIO
depósito MAN95:93
  RESERVATÓRIO *1

glossário espanhol-português

depósito artificial WCLARA
   RESERVATÓRIO ARTIFICIAL
depósitos fosilíferos WCNCT
   DEPÓSITOS FOSSILÍFEROS
derecho ambiental ONU92#2062
   DIREITO AMBIENTAL
derecho de vecindad WFAC
   DIREITO DE VIZINHANÇA
derechos colectivos WPOR
   DIREITOS COLETIVOS
derechos difusos WDIA
   DIREITOS DIFUSOS
derechos individuales homogéneos WDIA
   DIREITOS INDIVIDUAIS HOMOGÊNEOS
derivados de OGM WCDC
   DERIVADOS DE OGM
derivados del petróleo WMECON
   DERIVADOS DE PETRÓLEO
derrames de petróleo WINTA
   DERRAMAMENTOS
desactivación de sus componentes WMIS
   DESATIVAÇÃO DOS COMPONENTES DOS AGROTÓXICOS
desapropiación WUB
   DESAPROPRIAÇÃO
desarrollo sostenible ONU92#6481
   DESENVOLVIMENTO SUSTENTÁVEL
desarrollo sostenible ONU92#6481
   DESENVOLVIMENTO SUSTENTÁVEL *1
desastre WUNAV
   DESASTRE
desbroce selectivo WBOC
   DESBASTE SELETIVO
desbroce WUCO
   DESBASTE
descarga ARG80
   DESCARGA
descarga ARG80
   DESCARGA *1
descontaminación TER97:78
   DESCONTAMINAÇÃO
descriptor WCNIA
   DESCRITOR
desecantes WINE
   DESSECANTES
desecho WITAM.
   BOTA-FORA
desechos radiactivos PNU92:465
   REJEITOS RADIOATIVOS
desempeño ambiental UNIT/ISO14001:3.8
   DESEMPENHO AMBIENTAL

desertificación UNB86:70
   DESERTIFICAÇÃO
desinfección WENV
   DESINFECÇÃO
desinfectante WMAA
   DESINFETANTE
desmembramiento WUC
   DESMEMBRAMENTO
desmembramiento WUC
   DESMEMBRAMENTO *1
desvío WSECC
   DESVIO
DET WCON
   DET
detergente ALL84:128
   DETERGENTE
detergentes biodegradables ONU92#6023
   DETERGENTES BIODEGRADÁVEIS
detritos ONU92#1405
   DETRITOS
deyecciones WUB
   DEJETOS
diagnóstico a bordo WMTT
   DISPOSITIVOS DA AUTODIAGNOSE
diagnóstico ambiental WMED
   DIAGNÓSTICO AMBIENTAL
diámetro a la altura del pecho WAGRO
   DIÂMETRO À ALTURA DO PEITO *1
diclorodifeniltricloroetano VIC96:52
   DICLORO-DIFENIL-TRICLORO-ETANO
dificultad de degradación biológica WCSJ
   DIFICULDADE DE DEGRADAÇÃO
dinámica de la atmósfera ONU92#341
   DINÂMICA ATMOSFÉRICA
dióxido de azufre ONU92#6395
   DIÓXIDO DE ENXOFRE
dióxido de carbono ONU92#680
   DIÓXIDO DE CARBONO
dióxido de nitrógeno ONU92#4201
   DIÓXIDO DE NITROGÊNIO
dioxina ONU92#1566
   DIOXINAS
dispersantes WEPA
   DISPERSANTES
dispersantes químicos WUCM
   DISPERSANTES QUÍMICOS
disposición final del material dragado WUP
   DISPOSIÇÃO FINAL DO MATERIAL DRAGADO
dispositivo excluidor de tortugas WCON
   DISPOSITIVO DE ESCAPE PARA TARTARUGAS

distribución WMECON
　DISTRIBUIÇÃO
distribución de gas canalizado WDGC
　DISTRIBUIÇÃO DE GÁS CANALIZADO
distrito de colonización
　DISTRITO DE COLONIZAÇÃO
diversidad biológica PNU92:11
　DIVERSIDADE BIOLÓGICA
DNA WINTA
　DNA
DNPM MRE02
　DNPM
dosímetro WMME
　DOSÍMETRO
dosis WICA
　DOSE
dosis equivalente WMME
　DOSE EQUIVALENTE
dosis letal 50 dérmica WMTAS
　DOSE LETAL 50% DÉRMICA
dosis letal 50 oral WUVE
　DOSE LETAL 50% ORAL
dumping UNB86:76
　DUMPING
duna WSCRUZ
　DUNA
duna WSCRUZ
　DUNA *1
dunas activas WIZTA
　DUNAS ATIVAS
dunas activas WIZTA
　DUNAS MÓVEIS
dunas libres WUPA
　DUNAS LIVRES

E
ECC WUNE
　ECP
ecodesarrollo ONU92#1793
　ECODESENVOLVIMENTO
ecología ONU92#1823
　ECOLOGIA
ecología molecular WUAM
　ECOLOGIA MOLECULAR
ecologismo VIC96:61
　ECOLOGISMO
ecologista ONU92#1159
　ECOLOGISTA
ecólogo ONU92#1822
　ECÓLOGO
ecosistema ONU92#1835
　ECOSSISTEMA

ecosistema marino antártico PNU93:168
　ECOSSISTEMA MARINHO ANTÁRTICO
ecosistemas costeros PNU93:287
　ECOSSISTEMAS COSTEIROS
ecosistemas marinos UNB86:78
　ECOSSISTEMAS MARINHOS
ecótono VIC96:63
　ECÓTONO
ecotoxicidad ARG93:20
　ECOTOXICIDADE
ecotoxicología ONU92#1846
　ECOTOXICOLOGIA
ecoturismo ONU92#1845
　ECOTURISMO
educación ambiental ONU92#2033
　EDUCAÇÃO AMBIENTAL
educación ambiental ONU92#2033
　EDUCAÇÃO AMBIENTAL *1
educación ambiental en la educación formal WUPN
　EDUCAÇÃO AMBIENTAL NA EDUCAÇÃO ESCOLAR
educación ambiental no formal WGB
　EDUCAÇÃO AMBIENTAL NÃO-FORMAL
educación conservacionista WMED
　EDUCAÇÃO CONSERVACIONISTA
educación sanitaria UNB86:80
　EDUCAÇÃO PARA A SAÚDE
educación sanitaria UNB86:80
　EDUCAÇÃO SANITÁRIA
efecto de borde ONU92#1852
　EFEITO DE BORDA
efecto invernadero ONU92#2828
　EFEITO ESTUFA
efecto tóxico agudo WMARN
　EFEITO TÓXICO AGUDO
efecto tóxico crónico WMARN
　EFEITO TÓXICO CRÔNICO
efectos adversos ONU92#83
　EFEITOS ADVERSOS
efectos adversos del cambio climático MAN95:93
　EFEITOS NEGATIVOS DA MUDANÇA DO CLIMA
efectos neurotóxicos WFAO
　EFEITOS NEUROTÓXICOS
eficiencia de conversión WINE
　EFICIÊNCIA DE CONVERSÃO
eficiencia de la aplicación WINTA
　EFICIÊNCIA DA APLICAÇÃO
efluente industrial ONU92#3227
　DESPEJO INDUSTRIAL

efluentes ONU92#1859
   EFLUENTES
EIA FAV94:17
   EIA
eliminación ARG91
   DEPÓSITO
eliminación ARG91
   DEPÓSITO *1
eluvión WINGM
   ELÚVIO
EMATER WINTA
   EMATER
embalse WCP
   AÇUDE
embarcación camaronera de arrastre WCON
   EMBARCAÇÃO CAMARONEIRA DE ARRASTO
embarcación sísmica WMINEM
   EMBARCAÇÃO SÍSMICA
embarcaciones de pesca UNB86:82
   EMBARCAÇÕES DE PESCA
embarcaciones y aeronaves PNU92:61
   EMBARCAÇÕES E AERONAVES
embargo MAR94:162
   EMBARGO
EMBRAPA WFAO
   EMBRAPA
emisiones ONU92#1903
   EMISSÕES
emisiones producida por la combustión ONU92#1081
   EMISSÃO EVAPORATIVA DE COMBUSTÍVEL
emisiones radiológicas WUCAB
   EMISSÕES RADIOLÓGICAS
emprendimiento ferroviario WJDM
   EMPREENDIMENTO FERROVIÁRIO
Empresa Brasileña de Investigaciones Agropecuarias WFAO
   EMPRESA BRASILEIRA DE PESQUISA AGROPECUÁRIA
empresa comercial WSNA
   EMPRESA COMERCIAL
empresa de minería WFIAF
   EMPRESA DE MINERAÇÃO
empresa rural WMED
   EMPRESA RURAL
encierro domiciliario WINE
   RECOLHIMENTO DOMICILIAR
encuadramiento WSUB
   ENQUADRAMENTO
encuadramiento WSUB
   ENQUADRAMENTO *1

energía UNB86:84
   ENERGIA
energía eléctrica WMED
   ENERGIA ELÉTRICA
energía eólica WMED
   ENERGIA EÓLICA
energía fósil WINTA
   ENERGIA FÓSSIL
energía hidráulica WMED
   ENERGIA HIDRÁULICA
energía nuclear UNB86:84
   ENERGIA NUCLEAR
energía primaria WMED
   ENERGIA PRIMÁRIA
energía solar WMED
   ENERGIA SOLAR
energía térmica WMED
   ENERGIA TÉRMICA
energización rural WFAO
   ENERGIZAÇÃO RURAL
enmalle WMED
   FEITICEIRA
enriquecimiento del uranio WCNE
   ENRIQUECIMENTO DO URÂNIO
ensayos ecotoxicológicos WUNM
   ENSAIOS ECOTOXICOLÓGICOS
ensayos toxicológicos WSENASA
   ENSAIOS TOXICOLÓGICOS
enterococos WSEM
   ENTEROCOCOS
entidades ambientalistas WCOR
   ENTIDADES AMBIENTALISTAS
entorno físico ONU92#4853
   ENTORNO DE AMBIENTAÇÃO
envase WENV
   EMBALAGEM
envase WENV
   EMBALAGEM *1
envase WSAG
   EMBALAGEM *2
EPI WMED
   EPI
epífitos PLA92:66
   EPÍFITAS
episodio de contaminación ONU92#4978
   EPISÓDIO CRÍTICO DE POLUIÇÃO DO AR
equilibrio ecológico ONU92#1799
   EQUILÍBRIO AMBIENTAL
equilibrio ecológico ONU92#1799
   EQUILÍBRIO ECOLÓGICO

equipamiento alternativo WENL
EQUIPAMENTO ALTERNATIVO
equipamiento de protección individual WMED
EQUIPAMENTO DE PROTEÇÃO INDIVIDUAL
equipamientos comunitarios WUB
EQUIPAMENTOS COMUNITÁRIOS
equipamientos urbanos WPAM
EQUIPAMENTOS URBANOS
equipo auditor UNIT/ISO14010:2.5
EQUIPE DE AUDITORIA
equipo de control de contaminación WINE
EQUIPAMENTO DE CONTROLE DE POLUIÇÃO
equipo nuclear WCNE
EQUIPAMENTO ESPECIFICADO
equipo vital WRNV
EQUIPAMENTO VITAL
erosión ALL84:154
EROSÃO
escala de Ringelmann ONU92#5583
ESCALA RINGELMANN
escape génico WBIUN
ESCAPE GÊNICO
escarpa WNCE
ESCARPA
escenario accidental WCBE
CENÁRIO ACIDENTAL
escherichia coli WFAG
ESCHERICHIA COLI
espacio ultraterrestre WSECYT
ESPAÇO CÓSMICO
espacios territoriales de interés ecológico y social WUCEV
ESPAÇOS TERRITORIAIS DE INTERESSE ECOLÓGICO E SOCIAL
especialista en medio ambiente WPA
ESPECIALISTA EM MEIO AMBIENTE
especie amenazada ONU92#1928
ESPÉCIE AMEAÇADA DE EXTINÇÃO
especie ONU92#6149
ESPÉCIE
especie amenazada ONU92#1928
ESPÉCIE AMEAÇADA DE EXTINÇÃO *1
especie domesticada WMED
ESPÉCIE CULTIVADA
especie domesticada WMED
ESPÉCIE DOMESTICADA
especie endémica PNU92:18
ESPÉCIE ENDÊMICA
especie exótica WINF
ESPÉCIE EXÓTICA

especie extinguida ONU92#2292
ESPÉCIE EXTINTA
especie nativa PNU92:18
ESPÉCIE NATIVA
especie nativa PNU92:18
ESPÉCIE NATIVA *1
especie nativa PNU92:18
ESPÉCIE NATIVA *2
especie pionera ONU92#4867
ESPÉCIE PIONEIRA
especie rara ONU92#5324
ESPÉCIE RARA
especies amenazadas ONU92#1928
ESPÉCIES AMEAÇADAS
especies de hidrocarburos que no contienen metano WUNEP
ESPÉCIES DE HIDROCARBONOS SEM METANO
especies de la fauna nativa de Rio Grande do Sul WMIS
ESPÉCIES DA FAUNA NATIVA DO ESTADO DO RIO GRANDE DO SUL
especies ictiológicas WMIS
ESPÉCIES ICTIOLÓGICAS
espécies silvestres no autóctonas WGPE
ESPÉCIES SILVESTRES NÃO-AUTÓCTONES
especies vulnerables WPFS
ESPÉCIES VULNERÁVEIS
espécimen WMED
ESPÉCIME
espeleotemas WDRN
ESPELEOTEMAS
espineles WPERC
ESPINHÉIS
establecimiento MAR94:169
ESTABELECIMENTO
estación de piscicultura WMED
ESTAÇÃO DE PISCICULTURA
estación ecológica WLP
ESTAÇÃO ECOLÓGICA
estación ecológica WLP
ESTAÇÃO ECOLÓGICA *1
estación experimental WINTA
ESTAÇÃO EXPERIMENTAL
estaciones ecológicas WFARN
ESTAÇÕES ECOLÓGICAS
estaciones terrestres ONU92:3519
ESTAÇÕES DE TERRA
estado de calamidad pública WCCB
ESTADO DE CALAMIDADE PÚBLICA

Estados en el Continente Americano WCON
    ESTADOS NO CONTINENTE AMERICANO
estándar WGCBA
    PADRÃO
Estatuto de la Tierra WFAO
    ESTATUTO DA TERRA
Estatuto del Indio WOAS
    ESTATUTO DO ÍNDIO
estéreo WSAGP
    ESTÉREO
estimuladores e inhibidores del crecimiento WUCV
    ESTIMULADORES E INIBIDORES DO CRESCIMENTO
estrato arbóreo, arbustivo y herbáceo VIC96:75
    ESTRATO ARBÓREO, ARBUSTIVO E HERBÁCEO
estrato VIC96:75
    ESTRATO
estructura térmica de la atmósfera WFCA
    ESTRUTURA TÉRMICA DA ATMOSFERA
estructuras bióticas WCRIC
    ESTRUTURAS BIÓTICAS
estuario WMED
    ESTUÁRIO *1
estudios ambientales WGAV
    ESTUDOS AMBIENTAIS
etiqueta forestal WMMAE
    RÓTULO FLORESTAL
eutrofización ONU92#2245
    EUTROFIZAÇÃO
evaluación ambiental estratégica WAEE
    AVALIAÇÃO AMBIENTAL ESTRATÉGICA
Evaluación del Impacto Ambiental ONU92#2056
    AVALIAÇÃO DE IMPACTO AMBIENTAL
evaluación del impacto ambiental ONU92#2056
    ESTUDO DE IMPACTO AMBIENTAL
evaluación toxicológica ONU92#6717
    AVALIAÇÃO TOXICOLÓGICA
evaluación toxicológica ONU92#6717
    AVALIAÇÃO TOXICOLÓGICA *1
evaluación toxicológica preliminar WBVS
    AVALIAÇÃO TOXICOLÓGICA PRELIMINAR
evidencia objetiva WFME
    EVIDÊNCIA OBJETIVA
expedición científica UNB86:488
    EXPEDIÇÃO CIENTÍFICA
experto técnico UNIT/ISO14010:2.13
    ESPECIALISTA TÉCNICO

explosión nuclear WCNE
    EXPLOSÃO NUCLEAR
explotación autosostenible WPUC
    EXPLORAÇÃO AUTO-SUSTENTÁVEL
explotación extractiva WPAND
    EXPLORAÇÃO EXTRATIVA
explotación minera PNU92:383
    EXTRATIVISMO MINERAL
exportación UNB86:455
    EXPORTAÇÃO
exposición al amianto WSTPS
    EXPOSIÇÃO DE AMIANTO
expresión génica WCNICT
    EXPRESSÃO GÊNICA
extracción y tratamiento de minerales WSALTA
    EXTRAÇÃO E TRATAMENTO DE MINERAIS
extractivismo WPN
    EXTRATIVISMO

F
factores abióticos WNEU
    FATORES ABIÓTICOS
factores bióticos ALL84:09
    FATORES BIÓTICOS
faja de dominio WDSC
    FAIXA DE DOMÍNIO
faja de frontera WDIN
    FAIXA DE FRONTEIRA
familia de motores WINF
    FAMÍLIA DE MOTORES
fanerófitos PAR84:152
    FANERÓFITAS
FAO WFAO
    FAO
fauna ALL84:173
    FAUNA
fauna ALL84:173
    FAUNA *1
fauna doméstica PLA92:79
    FAUNA DOMÉSTICA
fauna exótica WFARN
    FAUNA EXÓTICA
fauna ictiológica WINE
    FAUNA ICTIOLÓGICA
fauna silvestre exótica WSPA
    FAUNA SILVESTRE EXÓTICA
fauna silvestre GON79:46
    FAUNA SILVESTRE
FEPAM WIPA
    FEPAM

fertilidad química WSAGP
   FERTILIDADE QUÍMICA
fibrocemento WMSA
   FIBROCIMENTO
filones WIGME
   FILÕES
fiscalización MAR94:186
   FISCALIZAÇÃO
fiscalización MAR94:186
   FISCALIZAÇÃO *2
fisga WLPY
   FISGA
fisión nuclear VIC96:78
   FISSÃO NUCLEAR
fitoplancton ALL84:178
   FITOPLÂNCTON MARINHO
flora ALL84:179
   FLORA
flora ALL84:179
   FLORA *1
flora epífita WUNAV
   FLORA EPÍFITA
flora nativa PNU93:283
   FLORA NATIVA
flora y fauna amenazadas de extinción WINRENA
   FLORA E FAUNA SILVESTRES AMEAÇADAS DE EXTINÇÃO
floración WCCO
   FLORAÇÃO
Floresta Amazónica PNU92:55
   FLORESTA AMAZÔNICA
flúor ALL84:180
   FLÚOR
fluorización PAR84:159
   FLUORETAÇÃO DA ÁGUA
fomento forestal WLEY854
   FOMENTO FLORESTAL
FONAMA WSECYT
   FNMA
Fondo Mundial para la Naturaleza ONU92#7381
   FUNDO MUNDIAL PARA A NATUREZA
Fondo Nacional de Desarrollo Forestal WFAO
   FUNDO NACIONAL DE DESENVOLVIMENTO FLORESTAL
Fondo Nacional del Medio Ambiente WFONAM
   FUNDO NACIONAL DO MEIO AMBIENTE
forestación ONU92#99
   FLORESTAMENTO

formaciones kársticas WJUN
   FORMAÇÕES CÁRSTICAS
formulador WPUSD
   FORMULADOR
fornecedor WSAGP
   FORNECEDOR
fornecedor WSAGP
   FORNECEDOR *1
fornecedor WSNI
   FABRICANTE
fornecedor WSNI
   FABRICANTE *1
Foro Brasileño de Cambios Climáticos WAPR
   FÓRUM BRASILEIRO DE MUDANÇAS CLIMÁTICAS
fotodescomposición ONU92#4826
   FOTODEGRADAÇÃO
fotosíntesis ONU92#4844
   FOTOSSÍNTESE
fragmentación ONU92#2544
   FRACIONAMENTO
franja litoral ONU92#1049
   ORLA MARÍTIMA
fritas WPERE
   FRITAS
FSC WSAGP
   FSC
fuente GAL92:649
   NASCENTE
fuente GAL92:649
   NASCENTE *1
fuente GAL92:649
   OLHO D'ÁGUA
fuente MAN95:94
   FONTE
fuente contaminadora efectiva
   FONTE POLUIDORA EFETIVA
fuente de contaminación PAD93:61
   FONTE DE POLUIÇÃO
fuente de radiación WCNE
   FONTE DE RADIAÇÃO
fuente radiactiva WINF
   FONTE RADIOATIVA
fuentes GAL92:649
   NASCENTES
fuentes de contaminación PAD93:61
   FONTES DE POLUIÇÃO
fuerza de apoyo WCCIM
   FORÇA DE APOIO

glossário espanhol-português

fuerza mayor MAR94:191
    FORÇA MAIOR
FUNAI WSECYT
    FUNAI
función ecológica WGBA
    FUNÇÃO ECOLÓGICA
función social de la propiedad MAR94:193
    FUNÇÃO SOCIAL DA PROPRIEDADE
Fundación Estadual de Protección Ambiental WIADB
    FUNDAÇÃO ESTADUAL DE PROTEÇÃO AMBIENTAL
Fundación Nacional del Indio WSECYT
    FUNDAÇÃO NACIONAL DO ÍNDIO
fundación WLEY962
    FUNDAÇÃO
fungicida PLA92:85
    FUNGICIDA
furanos WUAH
    FURANOS
fusión celular WSNI
    FUSÃO CELULAR
fusión nuclear VIC96:80
    FUSÃO NUCLEAR

G

gammexame WFAO
    GAMEXAME
gas WENRG
    GÁS
gas de escape ONU92#2420
    GÁS DE ESCAPAMENTO
gas de escape ONU92#2420
    GÁS DE ESCAPAMENTO *1
gas de petróleo licuado ONU92#3631
    GÁS LIQUEFEITO DE PETRÓLEO
gas eliminado por ventilación ONU92#7043
    GÁS NO CÁRTER
gases de efecto invernadero MAN95:93
    GASES DE EFEITO ESTUFA
gas natural WSUP
    GÁS NATURAL
gas natural WSUP
    GÁS NATURAL *1
gas natural vehicular WGNC
    GÁS NATURAL VEÍCULAR
gastos de forestación y reforestación WGPS
    DESPESAS DE FLORESTAMENTO E REFLORESTAMENTO

gen WCONICET
    GENE
gene WHCDSC
    GEN
generadores WINA
    GERADORES
genoma VIC96:82
    GENOMA
geófita rizomatosa WRJBM
    GEÓFITA RIMATOSA
germoplasma WFUN
    GERMOPLASMA
gestión ambiental PNU93:274
    GESTÃO AMBIENTAL
gestor ambiental WUTPL
    GESTOR AMBIENTAL
gneis ALL84:197
    GNAISSE
GPL ONU92#3631
    GLP
granito GAL92:699
    GRANITO
grupo tribal WOAS
    GRUPO TRIBAL
guija GAL92:710
    SAIBRO

H

H WMED
    H
H_2O WMED
    H_2O
hábitat ONU92#2884
    HABITAT
hábitat de tortugas marinas WCON
    HABITAT DAS TARTARUGAS MARINHAS
hallazgo comercial WCSRP
    DESCOBERTA COMERCIAL
hallazgos de auditoría UNIT/ISO14010:2.4
    CONSTATAÇÕES DE AUDITORIA
hemicriptofitos PAR84:172
    HEMICRIPTÓFITAS
heterótrofos ONU92#2998
    HETERÓTROFOS
hexafluoruro de azufre WMED
    HEXAFLUORETO DE ENXOFRE
HFC WMED
    HFCs
Hg WSAGP
    Hg

híbrido WCA
    HÍBRIDO
hibridoma ONU92#3093
    HIBRIDOMA ANIMAL
hidrocarburos ONU92#3102
    HIDROCARBONETOS
hidrocarburos no metánicos WCNMA
    HIDROCARBONETOS NÃO METANO
hidrocarburos totales WCNMA
    HIDROCARBONETOS TOTAIS
hidrofluorocarbonos WMED
    HIDROFLUORCARBONOS
hidrógeno UNB86:462
    HIDROGÊNIO
hidrología UNB86:116
    HIDROLOGIA
hollín ONU92#6095
    FULIGEM
horizontes estratigráficos WHCDN
    HORIZONTES ESTRATIGRÁFICOS
horizontes geológicos WMR
    HORIZONTES GEOLÓGICOS
horno rotativo para la fabricación de clinker WCOLC
    FORNO ROTATIVO DE PRODUÇÃO DE CLÍNQUER
huerto de semilla forestal ONU92#2521
    HORTO FLORESTAL
huertos de semillas forestales ONU92#2521
    HORTOS FLORESTAIS
hulla ONU92#2913
    HULHA
humo CEN90:90
    FUMAÇA

I

IBAMA WCEPIS
    IBAMA
IBDF WCEPIS
    IBDF
ictiofauna WSAGP
    FAUNA AQUÁTICA
IIA WMINE
    RIA
IIA WMINE
    RIMA
impacto ambiental regional WCDSJ
    IMPACTO AMBIENTAL REGIONAL
impacto medioambiental PNU93:311
    IMPACTO AMBIENTAL

implementación conjunta WSAGP
    IMPLEMENTAÇÃO CONJUNTA
importación WCAN
    IMPORTAÇÃO
importador WMED
    IMPORTADOR
importador WMED
    IMPORTADOR *2
impureza TER97:131
    IMPUREZA
incendio forestal ONU92#2500
    INCÊNDIO FLORESTAL
incidente de contaminación por el petróleo WXURIS
    INCIDENTE DE POLUIÇÃO POR ÓLEO
incidente de contaminación WINF
    INCIDENTE
incidente de contaminación WINF
    INCIDENTE *1
incidente de contaminación WINF
    INCIDENTE *2
incineradores ALL84:222
    INCINERADORES
índice coliforme WCEPIS
    ÍNDICE COLIFORME
índice de aprovechamiento WBOPA
    ÍNDICE DE APROVEITAMENTO
indio WMEA
    ÍNDIO
industria de base WSAGP
    INDÚSTRIA DE BASE
industria de cuero y de pieles WFCEMA
    INDÚSTRIA DE COUROS E PELES
industria de la madera WCRF
    INDÚSTRIA DE MADEIRA
industria de material de transporte WFCEMA
    INDÚSTRIA DE MATERIAL DE TRANSPORTE
industria de material eléctrico, electrónico y comunicaciones WFCEMA
    INDÚSTRIA DE MATERIAL ELÉTRICO, ELETRÔNICO E COMUNICAÇÕES
industria de papel y celulosa WFCEMA
    INDÚSTRIA DE PAPEL E CELULOSE
industria de productos alimentarios y bebidas WFCEMA
    INDÚSTRIA DE PRODUTOS ALIMENTARES E BEBIDAS
industria de productos de materia plástica WFCEMA
    INDÚSTRIA DE PRODUTOS DE MATÉRIA PLÁSTICA

glossário espanhol-português

industria de productos minerales no metálicos WEU
   INDÚSTRIA DE PRODUTOS MINERAIS NÃO METÁLICOS
industria del caucho WINTI
   INDÚSTRIA DE BORRACHA
industria del petróleo WMECON
   INDÚSTRIA DO PETRÓLEO
industria del tabaco WCRF
   INDÚSTRIA DE FUMO
industria mecánica WFCEMA
   INDÚSTRIA MECÂNICA
industria metalúrgica WFCEMA
   INDÚSTRIA METALÚRGICA
industria pesquera PNU92:146
   INDÚSTRIA DE PESCA
industria pesquera PNU92:146
   INDÚSTRIA PESQUEIRA
industria química WFCEMA
   INDÚSTRIA QUÍMICA
industria textil, de vestuario y calzados WFCEMA
   INDÚSTRIA TÊXTIL, DE VESTUÁRIO, CALÇADOS E ARTEFATO DE TECIDOS
industrias diversas WFCEMA
   INDÚSTRIAS DIVERSAS
informe ambiental WFING
   RELATÓRIO AMBIENTAL
Informe de Calidad Ambiental de la Zona Costera WGPA
   RELATÓRIO DE QUALIDADE AMBIENTAL DA ZONA COSTEIRA
Informe de Impacto Ambiental ARG93:10
   RELATÓRIO DE IMPACTO AMBIENTAL
Informe de Impacto Ambiental WSECYT
   RELATÓRIO DE IMPACTO AMBIENTAL *1
informes científicos WCPC
   INFORMAÇÕES CIENTÍFICAS
informes técnicos WCPC
   INFORMAÇÕES TÉCNICAS
infracción MAR94:226
   INFRAÇÃO
infracción administrativa ambiental WINE
   INFRAÇÃO ADMINISTRATIVA AMBIENTAL
infracción administrativa ambiental WINE
   INFRAÇÃO ADMINISTRATIVA AMBIENTAL *1
infracción ambiental WPAG
   INFRAÇÃO AMBIENTAL
ingeniería genética ONU92#2682
   ENGENHARIA GENÉTICA
ingrediente activo WFAO
   INGREDIENTE ATIVO

ingrediente activo WFAO
   INGREDIENTE ATIVO *1
ingrediente inerte WFAO
   INGREDIENTE INERTE
ingredientes activos WPPD
   INGREDIENTES ATIVOS
inmueble rural PNU92:140
   IMÓVEL RURAL
inoculante WSECYT
   INOCULANTE
inoculante WSECYT
   INOCULANTE *1
insecticida ALL84:225
   INSETICIDA
inserto WIIC
   INSERTO
inspección WSPA
   INSPEÇÃO *1
inspección WSPA
   INSPEÇÃO *2
inspección de calidad WCAN
   INSPEÇÃO DE QUALIDADE
instalación nuclear UNB86:477
   INSTALAÇÃO NUCLEAR
instalación portuaria WRPP
   INSTALAÇÃO PORTUÁRIA
instalación radiactiva WCIL
   INSTALAÇÃO RADIOATIVA
instalación terminal WAGN
   INSTALAÇÃO TERMINAL
instalaciones de apoyo WJUN
   INSTALAÇÕES DE APOIO
instalaciones WSCRUZ
   INSTALAÇÃO
Instituto Brasileño de Desarrollo Forestal TRE77a:130
   INSTITUTO BRASILEIRO DO DESENVOLVIMENTO FLORESTAL
Instituto Brasileño del Medio Ambiente y Recursos Naturales Renovables WCEPIS
   INSTITUTO BRASILEIRO DO MEIO AMBIENTE E DOS RECURSOS NATURAIS RENOVÁVEIS
Instituto de Investigaciones Energéticas y Nucleares WCONICYT
   INSTITUTO DE PESQUISAS ENERGÉTICAS E NUCLEARES
instrumento LGEEPA
   INSTRUMENTO PROCESSUAL
insumo farmacéutico WMSA
   INSUMO FARMACÊUTICO
inteligencia WHCDN
   INTELIGÊNCIA

intemperización WMED
   INTEMPERIZAÇÃO
intereses colectivos WPOR
   INTERESSES COLETIVOS
intereses difusos WPOR
   INTERESSES DIFUSOS
intereses individuales homogéneos WSCJN
   INTERESSES INDIVIDUAIS HOMOGÊNEOS
intervalo de reentrada WDAPR
   INTERVALO DE REENTRADA
intervalo de seguridad RD94
   INTERVALO DE SEGURANÇA
intervención antropogénica WUNE
   INTERVENÇÃO ANTROPOGÊNICA
inventario forestal GON79:56
   INVENTÁRIO FLORESTAL
inventario forestal WFAO
   INVENTÁRIO AMOSTRAL
inversiones térmicas ONU92#6554
   INVERSÕES TÉRMICAS ATMOSFÉRICAS
investigación WMINE
   PESQUISA
investigación de yacimientos RAI93:19
   PESQUISA MINERAL
investigación y experimentación WSECYT
   PESQUISA E EXPERIMENTAÇÃO
investigaciones paleoecológicas WUAM
   PESQUISAS PALEOECOLÓGICAS
IPEN WIPEN
   IPEN
isótopo fértil WEU
   ISÓTOPO FÉRTIL
isótopos WCNEA
   ISÓTOPOS

J
jardín botánico UNB86:138
   JARDIM BOTÂNICO
jardín botánico UNB86:138
   JARDIM BOTÂNICO *1
jardín zoológico UNB86:138
   JARDIM ZOOLÓGICO

L
lastre limpio WMTR
   LASTRO LIMPO
latifundio WCPN
   LATIFÚNDIO
lecho mayor GAL92:841
   LEITO MAIOR SAZONAL
lecho mayor WIEG
   ÁLVEO
legislación ambiental CEN90:22
   LEGISLAÇÃO AMBIENTAL
leño WMED
   TORA
levantamiento topográfico UNB86:146
   LEVANTAMENTO TOPOGRÁFICO
ley complementaria WMINEM
   LEI COMPLEMENTAR
Ley de Crímenes Ambientales WFAO
   LEI DE CRIMES AMBIENTAIS
Ley de las Aguas WRIRH
   LEI DAS ÁGUAS
Ley de Pesticidas WMAG
   LEI DOS AGROTÓXICOS
Ley de Protección de Cultivares WSPGA
   LEI DE PROTEÇÃO DE CULTIVARES
ley MAR94:262
   LEI
LI WSECYT
   LI
lianas PAR84:193
   LIANAS
licencia MAR94:267
   PERMISSÃO
licencia ONU92#3584
   LICENÇA
licencia ambiental WMED
   LICENÇA AMBIENTAL
licencia ambiental WMED
   LICENÇA AMBIENTAL *1
licencia de instalación WSECYT
   LICENÇA DE INSTALAÇÃO
licencia de instalación WSECYT
   LICENÇA DE INSTALAÇÃO *1
licencia de operación WINF
   LICENÇA DE OPERAÇÃO
licencia de operación WINF
   LICENÇA DE OPERAÇÃO *1
Licencia para Uso de la Configuración de Ciclomotores, Motocicletas y Similares WALA
   LICENÇA PARA USO DA CONFIGURAÇÃO DE CICLOMOTORES, MOTOCICLOS E SIMILARES
licencia previa WIAFE
   LICENÇA PRÉVIA
licencia previa WIAFE
   LICENÇA PRÉVIA *1
límite de la propiedad WAMSS
   LIMITE REAL DA PROPRIEDADE

glossário espanhol-português

límite máximo de residuos WFAO
   LIMITE MÁXIMO DE RESÍDUO
límites de emisión WCEDOM
   LIMITES DE EMISSÃO
linajes WINTA
   LINHAGENS
lindane ALL84:241
   LINDANO
lindane ALL84:241
   PÓ DE GAFANHOTO
línea de bajamar WSEIC
   LINHA DE BAIXA-MAR
línea de cresta GAL92:350
   LINHA DE CRISTA
línea de flote WPDA
   JOÃO BOBO
línea divisoria de las aguas ONU92#7179
   LINHA DE CUMEADA
líneas de base WPNA
   LINHAS DE BASE
líquenes ALL84:243
   LÍQUENES
líquidos corporales WSSM
   LÍQUIDOS CORPÓREOS
Lista Oficial de Especies de la Fauna Brasileña Amenazadas de Extinción WUCEV
   LISTA OFICIAL DE ESPÉCIES DA FAUNA BRASILEIRA AMEAÇADA DE EXTINÇÃO
lixiviación ONU92#3550
   LIXÍVIA
lixiviado WCNMA
   PERCOLADOS
LMR WFAO
   LMR
LO WDIN
   LO
lote WSNI
   LOTE
loteo WCEO
   LOTEAMENTO
loteo WCEO
   LOTEAMENTO *1
lotes de colonización WICAA
   LOTES DE COLONIZAÇÃO
llanuras de inundación GAL92:841
   VÁRZEA
llanuras de inundación GAL92:841
   VÁRZEAS
lluvia ácida ONU92#36
   CHUVA ÁCIDA

M

macronutrientes primarios WUNEE
   MACRONUTRIENTES PRIMÁRIOS
macronutrientes secundarios WUNEE
   MACRONUTRIENTES SECUNDÁRIOS
macrozoneamiento WUNE
   MACROZONEAMENTO
madera compensada SEN94:31
   MADEIRA COMPENSADA
madera de sierra SEN94:67
   MADEIRA SERRADA
madera dura SEN94:65
   MADEIRA DE LEI
madera elaborada WFAO
   MADEIRA BENEFICIADA
madera laminada WFAO
   MADEIRA LAMINADA
madera preservada SEN94:67
   MADEIRA PRESERVADA
madera preservada SEN94:67
   MADEIRA PRESERVADA *1
manantiales CEN90:94
   MANANCIAIS
manantiales de agua WSAGP
   MANANCIAIS DE ÁGUA
manatí de la costa WMINAM
   PEIXE-BOI MARINHO
manatí del Amazonas WCNCB
   PEIXE-BOI AMAZÔNICO
manejo WORI
   MANEJO *1
manejo certificado WWTO
   MANEJO CERTIFICADO
manejo ecológico PNU92:97
   MANEJO ECOLÓGICO
manejo ecológico PNU92:97
   MANEJO ECOLÓGICO *1
manejo ecosistémico WSUR
   ABORDAGEM ECOSSISTÊMICA
manejo forestal UNB86:152
   MANEJO FLORESTAL
manejo forestal sostenible WINTA
   MANEJO FLORESTAL SUSTENTÁVEL
manejo forestal sustentable MEX92
   MANEJO FLORESTAL SUSTENTÁVEL DE USO MÚLTIPLO
manejo integrado de plagas WFAO
   MANEJO INTEGRADO DE PRAGAS
manejo sostenible BRA91b:05
   MANEJO SUSTENTADO

manglar UNB86:152
   MANGAL
manglar UNB86:152
   MANGUEZAL
mangle ONU92#3762
   MANGUE
mangle blanco WMARN
   MANGUE BRANCO
mangle rojo WCARM
   MANGUE VERMELHO
mangle salado WCARM
   MANGUE SIRIÚBA
manipulador WEPA
   MANIPULADOR
mantillo GAL92:903
   SERRAPILHEIRA
mar SUG92.74
   MAR
mar territorial brasileño WINF
   MAR TERRITORIAL BRASILEIRO
marcha lenta GAL92:908
   MARCHA LENTA
marcha lenta GAL92:908
   MARCHA LENTA *1
marea llena WFPD
   MARÉ CHEIA
maricultura UNB86:155
   MARICULTURA
mariscar WTCES
   MARISCAR
marisma WJUN
   MARISMA
marismas ONU92#7233
   MARISMAS
masa del vehículo para ensayo WINF
   MASSA DO VEÍCULO PARA ENSAIO
masa en orden de marcha WSIC
   MASSA EM ORDEM DE MARCHA
Mata Atlántica WMED
   MATA ATLÂNTICA
Mata Atlántica WMED
   MATA ATLÂNTICA *1
materia prima UNB86:485
   MATÉRIA-PRIMA
materia prima UNB86:485
   MATÉRIA-PRIMA *1
materia prima WUCDU
   MATÉRIA-PRIMA *2
materia prima alimentaria WSERNAC
   MATÉRIA-PRIMA ALIMENTAR

materia prima forestal maderable WINE
   MATÉRIA-PRIMA FLORESTAL *1
materia prima forestal maderable WORI
   MATÉRIA-PRIMA LENHOSA
materia prima forestal no maderable WSEMAR
   MATÉRIA-PRIMA FLORESTAL
material de cobertura WCNMA
   MATERIAL DE COBERTURA
material dragado WSTGC
   MATERIAL DRAGADO
material fértil WCICT
   MATERIAL FÉRTIL
material físil WCNEA
   MATERIAL FÍSSIL
material fisionable UNB86:156
   MATERIAL FÍSSIL ESPECIAL
material genético WCNEA
   MATERIAL GENÉTICO
material nuclear UNB86:477
   MATERIAL NUCLEAR
material nuclear WCFE
   ELEMENTO NUCLEAR
material radiactivo UNB86:485
   MATERIAL RADIOATIVO
material resistente a la corrosión WANMAT
   MATERIAL RESISTENTE À CORROSÃO
materiales fisionables WCICT
   MATERIAIS FISSIONÁVEIS
matorral WARC
   BREJO INTERIORANO
MDL WCONAM
   CDM
MDL WSAGP
   MDL
meandros ALL84:253
   MEANDROS
Mecanismo de Desarrollo Limpio WCONAM
   MECANISMO DE DESENVOLVIMENTO LIMPO
mediana propiedad WSGP
   MÉDIA PROPRIEDADE
medidas WLPY
   COMPRIMENTO TOTAL
medida provisional ALC96:1044
   MEDIDA PROVISÓRIA
medidas de emergencia ONU92#1885
   MEDIDAS DE EMERGÊNCIA
medidas de prevención WEMOR
   MEDIDAS PREVENTIVAS
medidas fitosanitarias WCOS
   MEDIDAS FITOSSANITÁRIAS

medio ambiente ONU92#1992
  MEIO AMBIENTE
medio ambiente ONU92#1992
  MEIO AMBIENTE *1
medio ambiente ONU92#1992
  MEIO AMBIENTE *2
medio ambiente ONU92#1992
  MEIO AMBIENTE *3
medio ambiente artificial WUNAP
  MEIO AMBIENTE ARTIFICIAL
medio ambiente de trabajo WORI
  MEIO AMBIENTE DO TRABALHO
medio biológico WMIS
  MEIO BIOLÓGICO
medio físico WMIS
  MEIO FÍSICO
medio marino ONU92#3794
  MEIO MARINHO
medio natural ONU92#4123
  AMBIENTE NATURAL
medio socioeconómico RD82
  MEIO SOCIOECONÔMICO
medios bacteriológicos de guerra WBVS
  MEIOS BACTERIOLÓGICOS DE GUERRA
mejorador WINTA
  MELHORISTA
mejorador del suelo ONU92#6030
  CONDICIONADOR DO SOLO
mejoramiento del suelo WPA
  MELHORAMENTO DO SOLO
mejores técnicas disponibles WINE
  MELHORES TÉCNICAS DISPONÍVEIS
meliponario WFMCN
  MELIPONÁRIO
meliponicultor WUNAM
  MELIPONICULTOR
meliponicultura WCEDIT
  MELIPONICULTURA
Mercado Común del Sur WMERCO
  MERCADO COMUM DO CONE SUL
Mercado Común del Sur WMERCO
  MERCOSUL
mercado de carbono WFAO
  MERCADO DE CARBONO
mercurio TER97:144
  MERCÚRIO
mercurio metálico WUCM
  MERCÚRIO METÁLICO
meseta GAL92:939
  TABULEIRO
meseta WSCRUZ
  CHAPADA
meseta residual WGC
  PLATÔ RESIDUAL
metabolitos ALL84:259
  METABÓLITOS
metales pesados ONU92#2977
  METAIS PESADOS
metano ALL84:261
  METANO
metanol ONU92#3902
  METANOL COMBUSTÍVEL
metas WEPAS
  METAS
métodos de referencia WCEPIS
  MÉTODOS DE REFERÊNCIA
métodos equivalentes WNOM
  MÉTODOS EQUIVALENTES
mezcla en tanque WGRIF
  MISTURA EM TANQUE
mezcla oleosa TRE83c:226
  MISTURA OLEOSA *1
mezcla oleosa TRE83c:226
  MISTURA OLEOSA
microbús WPAN
  MICRO-ÔNIBUS
microcuenca hidrográfica WMAG
  MICROBACIAS HIDROGRÁFICAS
micronutrientes ONU92#3939
  MICRONUTRIENTES
microorganismos transgénicos WFAG
  MICROORGANISMOS TRANSGÊNICOS
milla náutica WSIG
  MILHA NÁUTICA
mina TER97:147
  MINA
mineral nuclear WMED
  MINERAL NUCLEAR
mineral nuclear WSECYT
  MINÉRIO NUCLEAR
minerales explotables WINDEX
  MINERAIS GARIMPÁVEIS
mineralización de las aguas WFAO
  MINERALIZAÇÃO DAS ÁGUAS
minería STE94:232
  LAVRA
minería STE94:232
  LAVRA *1
minifundio WINTA
  MINIFÚNDIO

Ministerio Público PNU92:449
  MINISTÉRIO PÚBLICO
Ministerio Público Federal WLANETA
  MINISTÉRIO PÚBLICO FEDERAL
misticetos WUANTO
  MISTICETÁCEOS
mitocondrias ALL84:266
  MITOCÔNDRIAS
modelo del vehículo WINF
  MODELO DE VEÍCULO
moléculas de ADN/ARN recombinante WCRC
  MOLÉCULAS DE ADN/ARN RECOMBINANTE
monitoreo WEULA
  MONITORAMENTO
monitoreo ambiental WORI
  ACOMPANHAMENTO AMBIENTAL
monitoreo ambiental WRES664
  MONITORAMENTO AMBIENTAL
monitoreo ambiental WRES664
  MONITORAMENTO AMBIENTAL *1
monóxido de carbono ONU92#690
  MONÓXIDO DE CARBONO
monóxido de carbono ONU92#690
  MONÓXIDO DE CARBONO *1
montaña GAL92:986
  MONTANHA
monte ONU92:2477
  MORRO
monumento natural WMNP
  MONUMENTO NATURAL
monumento natural WMNP
  MONUMENTO NATURAL *1
monumentos arqueológicos WRES1134
  MONUMENTOS ARQUEOLÓGICOS
monumentos naturales ONU92#4132
  MONUMENTOS NATURAIS
monumentos prehistóricos WPUENTES
  MONUMENTOS PRÉ-HISTÓRICOS
motociclo GAL92:992
  MOTOCICLO
motor ciclo Otto WCNMA
  MOTOR DO CICLO OTTO
motor diesel WUNA
  MOTOR DO CICLO DIESEL
movimiento transfronterizo WLEY25279
  MOVIMENTO TRANSFRONTEIRIÇO
muestra viva WLNP
  AMOSTRA VIVA
multa WLEY13273
  MULTA

mutagénesis ONU92#4094
  MUTAGÊNESE

N

N_2O WINTA
  N_2O
nación MAR94:297
  UNIÃO
nave de apoyo WMINEM
  EMBARCAÇÃO ASSISTENTE
neumático GAL92:1013
  PNEU
neumático GAL92:1013
  PNEUMÁTICO
neumático insersible WMREU
  PNEU INSERVÍVEL
neumático inservible WMREU
  PNEUMÁTICO INSERVÍVEL
neumático nuevo WMREU
  PNEU NOVO
neumático nuevo WMREU
  PNEUMÁTICO NOVO
neumático reformado WMREU
  PNEU REFORMADO
neumático reformado WMREU
  PNEUMÁTICO REFORMADO
nivel de alarma WNCAA
  NÍVEL DE ATENÇÃO
nivel de alerta ONU92#7097
  NÍVEL DE ALERTA
nivel de contaminación ONU92#4983
  NÍVEL DE EMISSÃO
nivel de emergencia WNCAA
  NÍVEL DE EMERGÊNCIA
nivel de presión sonora ALL84:281
  NÍVEL DE PRESSÃO SONORA
nivel freático ONU92#7193
  NÍVEL FREÁTICO
nivel más alto WMED
  NÍVEL MAIS ALTO
nivel máximo normal de operación WMECON
  NÍVEL MÁXIMO NORMAL
niveles calculados ARG90
  NÍVEIS CALCULADOS
NMHC WDSCA
  NMHC
NO WRES61
  NO
NO_2 WGCBA
  NO_2

glossário espanhol-português

norma de calidad de los alimentos CEN90:96
   PADRÃO DE IDENTIDADE E QUALIDADE
norma de calidad del agua potable ONU92#1699
   PADRÃO DE POTABILIDADE DAS ÁGUAS
norma de emisión ONU92#1917
   LIMITES MÁXIMOS DE EMISSÃO
normas UNB86:492
   PADRÕES
normas de calidad del aire CEN90:96
   PADRÕES DE QUALIDADE DO AR
normas de calidad del medio ambiente ONU92#2136
   PADRÕES DE QUALIDADE DO MEIO AMBIENTE
normas de emisión ONU92#1917
   PADRÕES DE EMISSÃO
normas de emisión ONU92#1917
   PADRÕES DE EMISSÃO *1
normas de la calidad de las aguas WCNMA
   PADRÕES DE QUALIDADE DAS ÁGUAS
normas en materia de efluentes ONU92#1863
   PADRÃO DE EFLUENTES
normas primarias de calidad del aire WCONICYT
   PADRÕES PRIMÁRIOS DE QUALIDADE DO AR
normas primarias de calidad del aire WCONICYT
   PADRÕES PRIMÁRIOS DE QUALIDADE DO AR *1
normas secundarias de la calidad del aire WCNMA
   PADRÕES SECUNDÁRIOS DE QUALIDADE DO AR
normas secundarias de la calidad del aire WCNMA
   PADRÕES SECUNDÁRIOS DE QUALIDADE DO AR *1
NPS WISP
   NPS
nuevas configuraciones WRES1270
   NOVAS CONFIGURAÇÕES
nuevas fuentes de contaminación WCEPIS
   FONTES NOVAS DE POLUIÇÃO
nuevas homologaciones WBOE
   NOVAS HOMOLOGAÇÕES
nuevo producto WRES440
   NOVO PRODUTO
nuevos recursos pesqueros WTTG
   NOVOS RECURSOS PESQUEIROS

nutriente ONU92#4331
   NUTRIENTE
nutriente WMECON
   NUTRIMENTO

O

OBD WMTT
   OBD
obra ferroviaria WPTU
   OBRA FERROVIÁRIA
obra iniciada WMEPA
   OBRA INICIADA
obras civiles WORI
   OBRAS CIVIS
OD WSAGP
   OD
odontocetes WENC
   ODONTOCETÁCEOS
olas de tempestades WCID
   ONDAS DE TEMPESTADES
oleoducto WSEGEMAR
   DUTO
OMG ONU92#2677
   OGM
OMM WWMO
   OMM
omnibus urbano WDEC779
   ÔNIBUS URBANO
OMS WWHO
   OMS
ONGs PAD93:85
   ONGS
operación ferroviaria WDEC502
   OPERAÇÃO FERROVIÁRIA
operador WDEC1390
   OPERADOR
OPRC 90 WUNEP
   OPRC/90
orden económico WPJN
   ORDEM ECONÔMICA
orden público WFOR
   ORDEM PÚBLICA
ordenación de las zonas costeras ONU92#1056
   GERENCIAMENTO COSTEIRO
ordenación de residuos WGOBCAN
   GERENCIAMENTO DE RESÍDUOS
ordenación del medio ONU92#2109
   GERENCIAMENTO AMBIENTAL
organismo WPMSIDA
   ORGANISMO

organismo huésped WIIC
ORGANISMO HOSPEDEIRO
organismo modificado genéticamente ONU92#2677
ORGANISMO GENETICAMENTE MODIFICADO
organismo parental ONU92#4672
ORGANISMO PARENTAL
organismo parental WIIC
ORGANISMO RECEPTOR
organismos cuarentenarios WASOEX
ORGANISMOS QUARENTENÁRIOS
organización UNIT/ISO
EMPREENDEDOR
Organización de Integración Económica Regional ARG94a
ORGANIZAÇÃO DE INTEGRAÇÃO ECONÔMICA REGIONAL
Organización de Integración Política y/o Económica ARG91
ORGANIZAÇÃO REGIONAL DE INTEGRAÇÃO ECONÔMICA
Organización Marítima Internacional ARG94
ORGANIZAÇÃO MARÍTIMA CONSULTIVA INTERGOVERNAMENTAL
Organización Marítima Internacional ARG94
ORGANIZAÇÃO MARÍTIMA INTERNACIONAL
órgano ambiental competente WMMAE
ÓRGÃO AMBIENTAL COMPETENTE
órgano ambiental WMED
ÓRGÃO AMBIENTAL
órgano ambiental competente WMMAE
ÓRGÃO AMBIENTAL COMPETENTE *1
órgano consultivo WPNU
ÓRGÃO CONSULTIVO
órgano de medio ambiente WMMAE
ÓRGÃO DE MEIO AMBIENTE
órgano gestor WFAO
ÓRGÃO GESTOR
órgano regulador de la industria del petróleo WMECON
ÓRGÃO REGULADOR DA INDÚSTRIA DO PETRÓLEO
otorga de derecho de uso de recursos hídricos WPNU
OUTORGA DE DIREITOS DE USO DOS RECURSOS HÍDRICOS
oxidantes fotoquímicos ONU92#4821
OXIDANTES FOTOQUÍMICOS
óxido nítrico ONU92#4190
ÓXIDO NÍTRICO

óxido nitroso ONU92#1561
ÓXIDO NITROSO
óxidos de azufre ONU92#6402
ÓXIDOS DE ENXOFRE
óxidos de nitrógeno ONU92#4212
ÓXIDOS DE NITROGÊNIO
óxidos de nitrógeno ONU92#4212
ÓXIDOS DE NITROGÊNIO *1
oxígeno disuelto ONU92#1634
OXIGÊNIO DISSOLVIDO

P

PAD ONU92#4558
PDO
país de origen de recursos genéticos WCNA
PAÍS DE ORIGEM DE RECURSOS GENÉTICOS
país de origen WMSAL
PAÍS DE ORIGEM
país de registro de buque WICI
ESTADO DE REGISTRO DE NAVIO
país que aporta recursos genéticos WCNA
PAÍS PROVEDOR DE RECURSOS GENÉTICOS
paisaje protegido ONU92#5186
ENTORNO DE PROTEÇÃO
paisaje urbano WSOP
PAISAGEM URBANA
Panel Intergubernamental sobre el Cambio Climático WMED
PAINEL INTERGOVERNAMENTAL SOBRE MUDANÇA DO CLIMA
parámetro GAL92:1086
PARÂMETRO
parámetro de calidad del agua WFAO
PARÂMETRO DE QUALIDADE DA ÁGUA
parcelas rurales ONU92#5643
PARCELAS
parque acuícola WCOSAES
PARQUE AQUÍCOLA
parque indígena WINATUR
PARQUE INDÍGENA
parque industrial UNB86:179
PARQUE INDUSTRIAL
parque nacional MAN95:208
PARQUE NACIONAL
parque natural WMTR
PARQUE NATURAL
parques de caza WUCV
PARQUES DE CAÇA
parques nacionales ONU92#4109
PARQUES NACIONAIS

glossário espanhol-português

parques nacionales ONU92#4109
    PARQUES NACIONAIS *1
parte interesada UNIT/ISO14001:3.11
    PARTE INTERESSADA
partícula SEN94:77
    PARTÍCULA
partida WSENASA
    PARTIDA
pasivo ambiental WDEC0101
    PASSIVO AMBIENTAL
pasta mecánica WCEAMSE
    PASTA MECÂNICA
patrimonio cultural brasileño WDGPA
    PATRIMÔNIO CULTURAL BRASILEIRO
patrimonio de la humanidad ONU92#2993
    PATRIMÔNIO COMUM DA HUMANIDADE
patrimonio espeleológico WLEY2213
    PATRIMÔNIO ESPELEOLÓGICO
patrimonio genético PNU92:18
    PATRIMÔNIO GENÉTICO
patrimonio genético PNU92:18
    PATRIMÔNIO GENÉTICO *1
patrimonio genético PNU92:18
    PATRIMÔNIO GENÉTICO *2
patrimonio histórico y artístico nacional WLEY163
    PATRIMÔNIO HISTÓRICO E ARTÍSTICO NACIONAL
patrimonio nacional ARG81
    PATRIMÔNIO NACIONAL
patrimonio público WCNH
    PATRIMÔNIO PÚBLICO
PCB's CEN90:59
    PCBS
PCOPS WUHU
    PCOPS
pentaclorofenato de sodio WCONICYT
    PENTACLOROFENATO DE SÓDIO
pentaclorofenol WMSAL
    PENTACLOROFENOL
pequeña propiedad WMED
    PEQUENA PROPRIEDADE
pequeño armador pesquero WMFR
    ARMADOR DE PESCA
pequeño productor rural WCBA
    PEQUENO PRODUTOR RURAL
percolación ONU92#4733
    PERCOLAÇÃO
perfil geológico WECOC
    PERFIL GEOLÓGICO

perfluorocarbonos WINA
    PERFLUORCARBONOS
periodo de barbecho ONU92#2311
    POUSIO
periodo de carencia WFAO
    PERÍODO DE CARÊNCIA
periodo de caza WJAEN
    PERÍODO DE PERMISSÃO DE CAÇA
periodos de desove WCENIAP
    PERÍODOS DE DESOVA
periodos de veda WCONICET
    PERÍODOS DE DEFESO
permeabilidad ONU92#3096
    PERMEABILIDADE
permiso ambiental WCNMA
    LICENCIAMENTO AMBIENTAL
persona MAR94:337
    PESSOA
persona física MAR94:338
    PESSOA FÍSICA
persona jurídica MAR94:338
    PESSOA JURÍDICA
perturbación del medio ambiente ONU92#2030
    PERTURBAÇÃO AMBIENTAL
perturbación por ruido WIDEAM
    DISTÚRBIO POR RUÍDO
perturbación sonora WCSIC
    DISTÚRBIO SONORO
perturbaciones atmosféricas ONU92#340
    TRANSTORNOS ATMOSFÉRICOS
pesca GAL92:1106
    PESCA
pesca GAL92:1106
    PESCA *1
pesca artesanal PNU92:147
    PESCA ARTESANAL
pesca científica PNU92:147
    PESCA CIENTÍFICA
pesca comercial PNU92:147
    PESCA COMERCIAL
pesca de subsistencia WOTS
    PESCA DE SUBSISTÊNCIA
pesca deportiva PNU92:147
    PESCA AMADORA
pesca deportiva PNU92:147
    PESCA AMADORÍSTICA
pesca deportiva PNU92:147
    PESCA DESPORTIVA
pesca industrial PNU92:147
    PESCA EMPRESARIAL/INDUSTRIAL

463

pesca predatoria WSRH
  PESCA PREDATÓRIA
pescado congelado GAL92:1107
  PESCADO CONGELADO
pescado enfriado WFAO
  PESCADO RESFRIADO
pescado fresco WCAN
  PESCADO FRESCO
pescador aficionado WUNAM
  PESCADOR AMADOR
pescador profesional WINAES
  PESCADOR PROFISSIONAL
peso neto total WANMAT
  PESO BRUTO TOTAL
pesticida ALL84:307
  PESTICIDA
pesticidas ALL84:307
  AGROTÓXICOS
pesticidas ALL84:307
  DEFENSIVOS AGRÍCOLAS
pesticidas de uso doméstico y sanitario WSNI
  AGROTÓXICOS E AFINS DE USO DOMISSA-
  NITÁRIO
pesticidas organoclorados WFAO
  AGROTÓXICOS ORGANOCLORADOS
pesticidas organofosforados WCAA
  AGROTÓXICOS ORGANOFOSFORADOS
petróleo GAL92:1109
  PETRÓLEO
petrolero GAL92:1111
  PETROLEIRO
PFCs WMED
  PFCs
pH ONU92#4788
  pH
pila GAL92:1119
  PILHA
pilas portátiles WJUN
  PILHAS PORTÁTEIS
pionero GON79:70
  PIONEIRO
piscicultura UNB86:456
  PISCICULTURA
placa de fibra WTDX
  PLACA DE FIBRA
placa de madera aglomerada WMVU
  PLACA DE MADEIRA AGLOMERADA
placeres GAL92:1130
  PLÁCERES
plaga cuarentenaria WCOS
  PRAGA QUARENTENÁRIA

plaga de cuarentena WFAO
  PRAGA DE QUARENTENA
plaga PLA92:154
  PRAGA
plaguicida PLA92:154
  PRAGUICIDA
Plan de Acción Federal para la Zona Costera
WUNEP
  PLANO DE AÇÃO FEDERAL DA ZONA COS-
  TEIRA
plan de contingencia WMADRY
  PLANO DE CONTINGÊNCIA
plan de emergencia WSUN
  PLANO DE EMERGÊNCIA
plan de emergencia WSUN
  PLANO DE EMERGÊNCIA *1
plan de emergencia WSUN
  PLANO DE EMERGÊNCIA *2
plan de explotación WCNMA
  PLANO DE EXPLORAÇÃO
plan de fuego WUNE
  PLANO DE FOGO
Plan de Gestión de Residuos de los Servicios de
Salud WCEPIS
  PLANO DE GERENCIAMENTO DE RESÍ-
  DUOS DE SERVIÇOS DA SAÚDE
plan de manejo GON79:71
  PLANO DE MANEJO
plan de manejo GON79:71
  PLANO DE MANEJO *1
Plan de Manejo Espeleológico WSPELEO
  PLANO DE MANEJO ESPELEOLÓGICO
plan de manejo forestal WHCDN
  PLANO DE MANEJO FLORESTAL
plan de manejo sostenible WFAO
  PLANO DE MANEJO FLORESTAL SUSTEN-
  TÁVEL
plan director WROS
  PLANO DIRETOR
Plan Director de Desarrollo Urbano Ambiental
WJMA
  PLANO DIRETOR DE DESENVOLVIMENTO
  URBANO AMBIENTAL
Plan Sectorial para los Recursos del Mar WFAO
  PLANO SETORIAL PARA OS RECURSOS DO
  MAR
planes de acción de emergencia ONU92#1895
  PLANOS DE EMERGÊNCIA
planes de recursos hídricos WSOP
  PLANOS DE RECURSOS HÍDRICOS

glossário espanhol-português

planta entera WINTA
    PLANTA INTEIRA
planta piloto WINTI
    USINA PILOTO
plantas de tratamiento ONU92#6789
    ESTAÇÕES DE TRATAMENTO
plantas para plantar WFAO
    MATERIAL PROPAGATIVO
plantas WFAO
    PLANTAS
plasmidios RIE82:307
    PLASMÍDEOS
plataforma continental GAL92:1140
    PLATAFORMA CONTINENTAL
plataforma continental brasileña WIAPG
    PLATAFORMA CONTINENTAL DO BRASIL
plataforma submarina GAL92:1140
    PLATAFORMA SUBMARINA
plataformas WSHN
    PLATAFORMAS
playa CEN90:100
    PRAIA
playa CEN90:100
    PRAIA *2
pleamar ONU92#3045
    PREAMAR
pleamar ONU92#3045
    PREAMAR *1
ploidía WCFN
    PLOIDIA
plutonio ALL84:316
    PLUTÔNIO
PNB WDCA
    PNB
PNB WINAI
    PNB *1
PNMA WIADB
    PNMA
PNUD WUNDP
    PNUD
PNUMA WPNU
    PNUMA
población forestal WDNA
    POVOAMENTO FLORESTAL
poder concedente WMED
    PODER CONCEDENTE
poder de neutralización WUAH
    PODER DE NEUTRALIZAÇÃO
poder de policía ARG93a
    PODER DE POLÍCIA

poder público WCRBV
    PODER PÚBLICO
Política Agraria UNB86:436
    POLÍTICA AGRÍCOLA
Política Departamental del Medio Ambiente WSGSR
    POLÍTICA ESTADUAL DO MEIO AMBIENTE
Política Energética Nacional WMECON
    POLÍTICA ENERGÉTICA NACIONAL
Política Nacional de Bioseguridad WMED
    POLÍTICA NACIONAL DE BIOSSEGURANÇA
Política Nacional de Bosques WFAO
    PROGRAMA NACIONAL DE FLORESTAS
Política Nacional de Educación Ambiental WPNU
    POLÍTICA NACIONAL DE EDUCAÇÃO AMBIENTAL
Política Nacional de la Biodiversidad WINE
    POLÍTICA NACIONAL DA BIODIVERSIDADE
Política Nacional de los Recursos Hídricos WDGA
    POLÍTICA NACIONAL DE RECURSOS HÍDRICOS
Política Nacional del Medio Ambiente WMED
    POLÍTICA NACIONAL DO MEIO AMBIENTE
Política Nacional para los Recursos del Mar WUNEP
    POLÍTICA NACIONAL PARA OS RECURSOS DO MAR
polo industrial WMECP
    PÓLO INDUSTRIAL
polvo WSEM
    FARINHA
polvo de amianto WENRE
    PÓ DE AMIANTO
polvo de amianto en suspensión en el aire WILO
    PÓ DE AMIANTO EM SUSPENSÃO NO AR
poso de aves WRAMSAR
    POUSO DE AVES
potencial biótico GON79:73
    POTENCIAL BIÓTICO
potencial carcinógeno WGCRA
    POTENCIAL CARCINOGÊNICO
potencial de agotamiento del ozono ONU92#4558
    POTENCIAL DE DESTRUIÇÃO DO OZÔNIO
potencial de calentamiento atmosférico WSID
    POTENCIAL DE AQUECIMENTO GLOBAL
potencial ecotoxicológico WCIRCA
    POTENCIAL ECOTOXICOLÓGICO

465

potencial faunístico WJUJUY
   POTENCIAL FAUNÍSTICO
potencial florístico WUNAM
   POTENCIAL FLORÍSTICO
potencial mutagénico WSENASA
   POTENCIAL MUTAGÊNICO
potencial teratogénico WUANL
   POTENCIAL TERATOGÊNICO
precaldinador WCPV
   PRÉ-CALCINADOR
precalentador WGM
   PRÉ-AQUECEDOR
predacción WCIA
   PREDAÇÃO
predadores naturales ALL84:322
   PREDADORES NATURAIS
premezcla WSNI
   PRÉ-MISTURA
presas UNB86:192
   BARRAGENS
preservación ONU92:5096
   PRESERVAÇÃO
preservación ONU92:5096
   PRESERVAÇÃO *1
preservación ambiental WPINA
   PRESERVAÇÃO AMBIENTAL
presión antrópica WMED
   PRESSÃO ANTRÓPICA
presión sonora WLEY1540
   PRESSÃO SONORA
prestación de servicios a la comunidad WLPJ
   PRESTAÇÃO DE SERVIÇOS À COMUNIDADE
prestación pecuniaria WINE
   PRESTAÇÃO PECUNIÁRIA
prestador de servicio WSENASA
   PRESTADOR DE SERVIÇO
principales compuestos orgánicos peligrosos WALCIUN
   PRINCIPAIS COMPOSTOS ORGÂNICOS PERIGOSOS
principio activo WINTA
   PRINCÍPIO ATIVO
principio activo WINTA
   PRINCÍPIO ATIVO *1
principio de precaución ONU92#5062
   PRINCÍPIO DA PRECAUÇÃO
principio del contaminador pagador WSECYT
   PRINCÍPIO DO POLUIDOR-PAGADOR
prion WINTA
   PRÍON
priones WINTA
   PRÍONS
PROBEM WFAO
   PROBEM
procesamiento de gas natural WMECON
   PROCESSAMENTO DE GÁS NATURAL
proceso de preservación WINTA
   PROCESSO DE PRESERVAÇÃO
procesos ecológicos WMED
   PROCESSOS ECOLÓGICOS
PROCONVE WMED
   PROCONVE
producción WIIC
   PRODUÇÃO
producción WIIC
   PRODUÇÃO *3
producción WSAGP
   PRODUÇÃO *2
producción WSMC
   PRODUÇÃO *1
producción sostenida WCPN
   PRODUÇÃO SUSTENTADA
producto WCDI
   PRODUTO
producto WINTA
   PRODUTO *1
productor WSENASA
   PRODUTOR *2
producto alimentario WSENASA
   PRODUTO ALIMENTÍCIO
producto de degradación WEPA
   PRODUTO DE DEGRADAÇÃO
producto de la agricultura orgánica WPROAR
   PRODUTO DA AGRICULTURA ORGÂNICA
producto forestal ONU92#2512
   PRODUTO FLORESTAL
producto formulado WRCP
   PRODUTO FORMULADO
producto nuevo WSENASA
   PRODUTO NOVO
producto orgánico WPROAR
   PRODUTO ORGÂNICO
producto técnico WDEC180
   PRODUTO TÉCNICO
productores PLA92:157
   PRODUTORES
productos de uso veterinario WMEPV
   PRODUTOS DE USO VETERINÁRIO
productos forestales maderables WPA
   PRODUTOS FLORESTAIS MADERÁVEIS

productos forestales no maderables WPA
   PRODUTOS FLORESTAIS NÃO MADERÁVEIS
productos forestales WCIP
   PRODUTOS FLORESTAIS
productos radioactivos WACS
   PRODUTOS RADIOATIVOS
productos vegetales WFAO
   PRODUTOS VEGETAIS
Programa Brasileño de Ecología Molecular para Uso Sostenible de la Biodiversidad del Amazonas WTIE
   PROGRAMA BRASILEIRO DE ECOLOGIA MOLECULAR PARA O USO SUSTENTÁVEL DA BIODIVERSIDADE DA AMAZÔNIA
programa de control a la contaminación vehicular WCARR
   PROGRAMA DE CONTROLE DA POLUIÇÃO DO AR POR VEÍCULOS AUTOMOTORES
Programa de Evaluación del Potencial Sustentable de los Recursos en la Zona Económica Exclusiva WUNE
   PROGRAMA PARA O LEVANTAMENTO DOS POTENCIAIS SUSTENTÁVEIS DE CAPTURA DE RECURSOS VIVOS DE ZONA ECONÔMICA EXCLUSIVA
Programa de las Naciones Unidas para el Desarrollo WUNDP
   PROGRAMA DAS NAÇÕES UNIDAS PARA O DESENVOLVIMENTO
Programa de las Naciones Unidas para el Medio Ambiente WPNU
   PROGRAMA DAS NAÇÕES UNIDAS PARA O MEIO AMBIENTE
programa de riego WINTA
   PROGRAMA DE IRRIGAÇÃO
Programa Nacional de Control de la Calidad del Aire WFARN
   PROGRAMA NACIONAL DE CONTROLE DA QUALIDADE DO AR
Programa Nacional de Control de la Contaminación Industrial WFARN
   PROGRAMA NACIONAL DE CONTROLE DA POLUIÇÃO INDUSTRIAL
Programa Nacional de Diversidad Biológica WECLAC
   PROGRAMA NACIONAL DA DIVERSIDADE BIOLÓGICA
Programa Nacional de Microcuencas WINIFAP
   PROGRAMA NACIONAL DE MICROBACIAS HIDROGRÁFICAS

Programa Nuclear Brasileño WEBC
   PROGRAMA NUCLEAR BRASILEIRO
promontorios GAL92:1177
   PROMONTÓRIOS
PRONABIO WECLAC
   PRONABIO
PRONAR WFARN
   PRONAR
propagación WFAO
   PROPAGAÇÃO
propiedad familiar WSAGP
   PROPRIEDADE FAMILIAR
propiedad productiva WFOR
   PROPRIEDADE PRODUTIVA
propiedad rural WIDEAM
   PROPRIEDADE RURAL
propiedades mutagénicas WSAC
   PROPRIEDADES MUTAGÊNICAS
propiedades rurales WHCDM
   PROPRIEDADES RURAIS
propietario WCCPC
   PROPRIETÁRIO
prospecto WDCT
   PROSPECTO
protección al consumidor WMIC
   DEFESA DO CONSUMIDOR
protección del medio ambiente ONU92#2016
   CONTROLE AMBIENTAL
protección física WCNEA
   PROTEÇÃO FÍSICA
protección fitosanitaria ONU92#4899
   DEFESA FITOSSANITÁRIA
protección integral WRES87
   PROTEÇÃO INTEGRAL
protección radiológica WCNEA
   PROTEÇÃO RADIOLÓGICA
Protocolo Adicional al Acuerdo para la Conservación de la Fauna Acuática en los Cursos de los Ríos Limítrofes, entre Brasil y Paraguay WLgPY
   PROTOCOLO ADICIONAL AO ACORDO PARA A CONSERVAÇÃO DA FAUNA AQUÁTICA NOS CURSOS DOS RIOS LIMÍTROFES ENTRE BRASIL E PARAGUAI
Protocolo de Ginebra Relacionado con la Prohibición de Empleo en la Guerra de Gases Asfixiantes, Tóxicos o Similares y de Métodos Bacteriológicos WINF
   PROTOCOLO DE GENEBRA DE 17 DE JUNHO DE 1925 SOBRE A PROIBIÇÃO DO EMPREGO

NA GUERRA DE GASES ASFIXIANTES, TÓXICOS OU SIMILARES E DE MEIOS BACTERIOLÓGICOS DE GUERRA
Protocolo de Kyoto WFAO
   PROTOCOLO DE KIOTO
Protocolo de Kyoto WFAO
   PROTOCOLO DE QUIOTO
Protocolo de Montreal ONU92#4053
   PROTOCOLO DE MONTREAL
protoplasma ALL84:331
   PROTOPLASMA
proyectos de ingeniería civil WFRBB
   PROJETOS DE ENGENHARIA CIVIL
pruebas de novedad, distinguibilidad, homogeneidad y estabilidad WIDEAM
   TESTE DE DISTINGUIBILIDADE, HOMOGENEIDADE E ESTABILIDADE
PSRM WUNE
   PSRM
pteridofitas WSECYT
   PTERIDÓFITAS
pueblos indígenas WPA
   POVOS INDÍGENAS
puerto organizado WICESI
   PORTO ORGANIZADO
puesto de piscicultura WFAO
   POSTO DE PISCICULTURA
pulpa de la madera UNB86:203
   POLPA DE MADEIRA
pulpa mecánica WMTAS
   POLPA MECÂNICA
punto de cruzamiento WCEHFE
   PÁTIO DE CRUZAMENTO
pureza ONU92#5247
   PUREZA
pureza del inoculante WMERCO
   PUREZA DO INOCULANTE

Q

quema WINTA
   QUEIMADA
quema controlada WLEY5590
   QUEIMA CONTROLADA
quimiosíntesis PAR84:241
   QUIMIOSSÍNTESE

R

racionalización industrial ARG90
   RACIONALIZAÇÃO INDUSTRIAL
radiación GAL92:1211
   RADIAÇÃO

radiación ionizante CEN90:101
   RADIAÇÃO IONIZANTE
radiación ultravioleta CEN90:101
   RADIAÇÃO ULTRAVIOLETA
radiación ultravioleta CEN90:101
   RADIAÇÃO UV
radiación ultravioleta con efectos biológicos WCVCO
   RADIAÇÃO SOLAR ULTRAVIOLETA COM EFEITOS BIOLÓGICOS
radiación ultravioleta TER97:183
   RADIAÇÃO UV-B
radiofármaco WSECYT
   RADIOFÁRMACO
radioisótopos GAL92:803
   RADIOISÓTOPOS
radioprotección WCNEA
   RADIOPROTEÇÃO
ramal ferroviario WSALTA
   RAMAL FERROVIÁRIO
raticida GAL92:803
   RATICIDA
reactor nuclear CEN90:101
   REATOR NUCLEAR
receta WMSAL
   RECEITA
reciclaje VIC96:126
   RECICLAGEM
reciclaje VIC96:126
   RECICLAGEM *1
recogida selectiva VIC96:126
   COLETA SELETIVA
recogida y reciclaje VIC96:126
   COLETA E RECICLAGEM
recomposición WSAN
   RECOMPOSIÇÃO
recreación de contacto primario WDNPEI
   RECREAÇÃO DE CONTATO PRIMÁRIO
recreación de contacto secundario WPRES
   RECREAÇÃO DE CONTATO SECUNDÁRIO
recuperación CEN90:102
   RECUPERAÇÃO *1
recuperación de la zona degradada WDVA
   RECUPERAÇÃO DA ÁREA DEGRADADA
recuperación del suelo WINTA
   RECUPERAÇÃO DO SOLO
recurso ALL84:342
   RECURSO
recurso ALL84:342
   RECURSO *1

glossário espanhol-português

recurso mineral WCPN
    RECURSO MINERAL
recurso natural UNB86:208
    RECURSO NATURAL
recurso no renovable WSECYT
    RECURSO NÃO-RENOVÁVEL
recurso renovable TER97:187
    RECURSO RENOVÁVEL
recursos ambientales ONU92#2144
    RECURSOS AMBIENTAIS
recursos ambientales ONU92#2144
    RECURSOS AMBIENTAIS *1
recursos ambientales ONU92#2144
    RECURSOS AMBIENTAIS *2
recursos biológicos ONU92#555
    RECURSOS BIOLÓGICOS
recursos forestales WSEMAR
    RECURSOS FLORESTAIS
recursos genéticos UNB86:208
    RECURSOS GENÉTICOS
recursos hídricos UNB86:207
    RECURSOS HÍDRICOS
recursos ícticos WLPY
    RECURSOS ICTÍICOS
recursos marinos UNB86:208
    RECURSOS DO MAR
recursos minerales del mar WOMEGA
    RECURSOS MINERAIS MARINHOS DE ÁGUAS RASAS
recursos minerales UNB86:208
    RECURSOS MINERAIS
recursos naturales UNB86:208
    RECURSOS NATURAIS
recursos naturales no renovables GON79:76
    RECURSOS NATURAIS NÃO-RENOVÁVEIS
recursos naturales renovables GON79:76
    RECURSOS NATURAIS RENOVÁVEIS
recursos pesqueros ONU92#2369
    RECURSOS PESQUEIROS
recursos vivos marinos antárticos PNU93:1239
    RECURSOS VIVOS MARINHOS ANTÁRTICOS
red de alcantarillado CEN89:67
    REDE DE COLETA
red de arrastre GAL92:1239
    REDE DE ARRASTO
reducción de la carga microbiana WFUCOA
    REDUÇÃO DE CARGA MICROBIANA
reducción en la fuente WGIRS
    REDUÇÃO NA FONTE
Reducciones Certificadas de Carbono WSEM
    REDUÇÕES CERTIFICADAS DE CARBONO

Reducciones Certificadas de Emisión WFAO
    REDUÇÕES CERTIFICADAS DE EMISSÕES
refinación WCONAE
    REFINAÇÃO
refino WCSIC
    REFINO
reforestación GON79:76
    REFLORESTAMENTO
reforma agraria UNB86:209
    REFORMA AGRÁRIA
refugio de vida silvestre WMIS
    REFÚGIO DE VIDA SILVESTRE
refugio de vida silvestre WMIS
    REFÚGIO DE VIDA SILVESTRE *1
regeneración artificial GON79:77
    REGENERAÇÃO ARTIFICIAL
regeneración natural GON79:77
    REGENERAÇÃO NATURAL
régimen de permiso de labranza garimpeira WSECYT
    REGIME DE PERMISSÃO DA LAVRA GARIMPEIRA
régimen de rendimiento sostenido WFAO
    REGIME DE PRODUÇÃO SUSTENTADA
régimen hidrológico WAIC
    REGIME HIDROLÓGICO
regiones de control de la calidad del aire WCEPIS
    REGIÕES DE CONTROLE DA QUALIDADE DO AR
registrante del producto WMIF
    REGISTRANTE DE PRODUTO
registro de empresa WUNEP
    REGISTRO DE EMPRESA
registro de producto WCAN
    REGISTRO DE PRODUTO *1
registro de producto WMSAL
    REGISTRO DE PRODUTO
registros de pozos WPET
    TESTEMUNHO DE SONDAGEM
relieve WRES15
    SALIÊNCIAS
remediación WINE
    REMEDIAÇÃO
rendimiento sostenido WFAO
    RENDIMENTO SUSTENTADO
repoblación forestal ONU92#5406
    ENRIQUECIMENTO
repoblación forestal VIC96:128
    RECOMPOSIÇÃO FLORESTAL
requisitos de higiene WCAN
    REQUISITOS DE HIGIENE

reserva biológica BRA91a:04
  RESERVA BIOLÓGICA
reserva biológica BRA91a:04
  RESERVA BIOLÓGICA *1
reserva biológica WUSFQ
  RESERVA BIOLÓGICA *2
reserva de desarrollo sustentable WIADB
  RESERVA DE DESENVOLVIMENTO SUSTENTÁVEL
reserva de fauna WLEY3915
  RESERVA DE FAUNA
reserva de fauna WLEY3915
  RESERVA DE FAUNA *1
reserva de la biosfera WJUN
  RESERVA DA BIOSFERA
reserva de recursos naturales WUNDP
  RESERVA DE RECURSOS NATURAIS
reserva extractiva WFAO
  RESERVA EXTRATIVA
reserva extractivista WINE
  RESERVA EXTRATIVISTA
reserva forestal WHCDP
  RESERVA FLORESTAL
reserva indígena WSAGP
  RESERVA INDÍGENA
reserva legal WIUFRO
  RESERVA LEGAL
reserva legal WIUFRO
  RESERVA LEGAL *1
reserva legal WIUFRO
  RESERVA LEGAL *2
reserva privada del patrimonio cultural WINTA
  RESERVA PARTICULAR DE PATRIMÔNIO NATURAL
reserva privada del patrimonio cultural WINTA
  RESERVA PARTICULAR DO PATRIMÔNIO NATURAL
reserva privada del patrimonio cultural WINTA
  RESERVA PARTICULAR DO PATRIMÔNIO NATURAL *1
reservas biológicas BRA91a:04
  RESERVAS BIOLÓGICAS
reservas de regiones vírgenes PNU92:407
  RESERVAS DE REGIÕES VIRGENS
reservas ecológicas BRA91a:04
  RESERVAS ECOLÓGICAS
reservas extractivistas WINE
  RESERVAS EXTRATIVISTAS
reservas extractivistas WINE
  RESERVAS EXTRATIVISTAS *1
reservas genéticas *in situ* WFAO
  RESERVAS GENÉTICAS *IN SITU*
reservas nacionales ONU92#1158
  RESERVAS NACIONAIS
residuo ONU92#5517
  RESÍDUO
residuo ONU92#5517
  RESÍDUO *1
residuo de la construcción TER97:191
  RESÍDUOS DA CONSTRUÇÃO CIVIL
residuo nuclear WDRNP
  SUBPRODUTO NUCLEAR
residuo radiactivo ALL84:347
  LIXO RADIOATIVO
residuo sólido industrial WUSACH
  RESÍDUO SÓLIDO INDUSTRIAL
residuos ONU92#6519
  RESÍDUOS *1
residuos ONU92#6519
  RESÍDUOS *2
residuos de servicios de salud WMONO
  RESÍDUOS DE SERVIÇOS DE SAÚDE
residuos domésticos ALL84:347
  LIXO ORDINÁRIO DOMICILIAR
residuos forestales WINTI
  RESÍDUOS FLORESTAIS
residuos industriales JUR96:87
  RESÍDUOS INDUSTRIAIS
residuos peligrosos JUR96:87
  RESÍDUOS PERIGOSOS
residuos radiactivos ALL84:347
  RESÍDUOS RADIOATIVOS
residuos sólidos ONU92#6085
  RESÍDUOS SÓLIDOS
residuos sólidos ONU92#6085
  RESÍDUOS SÓLIDOS *1
residuos sólidos domiciliarios WCNMA
  RESÍDUOS SÓLIDOS URBANOS
residuos sólidos peligrosos CEN90:103
  RESÍDUOS SÓLIDOS PERIGOSOS
resina WMINC
  RESINA
resinación WSEM
  RESINAGEM
resinación intensiva WCFMR
  RESINAGEM INTENSIVA
resistencia ambiental ALL84:348
  RESISTÊNCIA AMBIENTAL
resolución MAR94:392
  RESOLUÇÃO

responsabilidad ONU92#3579
RESPONSABILIDADE
responsabilidad objetiva MAR94:393
RESPONSABILIDADE OBJETIVA
responsabilidad civil MAR94:392
RESPONSABILIDADE CIVIL
responsabilidad criminal MAR94:392
RESPONSABILIDADE CRIMINAL
responsabilidad penal UNB86:215
RESPONSABILIDADE PENAL
responsabilidad por riesgo WGCBA
RESPONSABILIDADE POR RISCO
Respuesta de Carga Europea WSMA
CICLO EUROPEU DE RESPOSTA EM CARGA
restauración WMECON
RESTAURAÇÃO
restinga SUG92:104
RESTINGA
restinga SUG92:104
RESTINGA *2
restinga SUG92:104
RESTINGA *3
reunión técnica informativa WINT
REUNIÃO TÉCNICA INFORMATIVA
reutilización TER97:194
REUTILIZAÇÃO *1
revalidación WLEY11430
REVALIDAÇÃO
reventa WMECON
REVENDA
REVIZEE WUNE
PROGRAMA REVIZEE
riego GAL92:1271
IRRIGAÇÃO
riesgo ONU92#5590
RISCO
riesgo ONU92#5590
RISCO *1
Río+10 WDSOST
RIO + 10
rotación forestal WINTA
ROTAÇÃO FLORESTAL
rotulaje WAAF
ROTULAGEM
rótulo WSAGP
RÓTULO
ruido CEN90:103
RUÍDO
ruido WINFOM
SOM INCÔMODO

ruido de fondo TER97:204
RUÍDO DE FUNDO
ruido impulsivo WCNMA
SOM IMPULSIVO
rutas de migración ONU92#3962
ROTAS DE MIGRAÇÃO

S
sabanas ALL84:357
SAVANAS
sabanas GON79:80
CERRADOS
salinidad ONU92#5670
SALINIDADE
salvador WCRA
SALVADOR
salvaguardias nacionales WESTRUC
SALVAGUARDAS NACIONAIS
salvamento GAL92:1293
SALVAMENTO
sambaquíes WNAYA
SAMBAQUIS
saneamiento ONU92#5695
SANEAMENTO
saneamiento básico CEN90:103
SANEAMENTO BÁSICO
saneamiento del medio ambiente ONU92#2151
SANEAMENTO DO MEIO
SDOs WFAO
SDOs
Secretaría Especial del Medio Ambiente PNU92:59
SECRETARIA ESPECIAL DO MEIO AMBIENTE
sector agrícola WFOR
SETOR AGRÍCOLA
secuestro de carbono WFAO
SEQÜESTRO DE CARBONO
seguridad nuclear ONU92#4319
SEGURANÇA NUCLEAR
sello ruido WCA
SELO RUÍDO
SEMA WCEPIS
SEMA
semilla WCA
SEMENTE
semillas WCA
SEMENTES
serpentinas GAL92:1325
SERPENTINAS

servicio MAR94:409
SERVIÇO
servicio de limpieza urbana WAPAE
SERVIÇO DE LIMPEZA URBANA
Servicio Forestal Brasileño WFAO
SERVIÇO FLORESTAL BRASILEIRO
servicios de construcción civil WMINAL
SERVIÇOS DE CONSTRUÇÃO CIVIL
servicios de utilidad pública WECLAC
SERVIÇOS DE UTILIDADE
servicios forestales WFAO
SERVIÇOS FLORESTAIS
servidumbre MAR94:409
SERVIDÃO
servidumbres de paso MAR94:410
SERVIDÕES DO SOLO E DO SUBSOLO
SESEPRA WFAO
SISEPRA
SF_6 WCOPANT
SF_6
SIGERCO WUCA
SIGERCO
silvícola WSERV
SILVÍCOLA
SINIMA WMED
SINIMA
SIPRON WCNEA
SIPRON
sirenios WPUENTES
SIRÊNIOS
SISMAD WFAO
SISMAD
SISNAMA WMED
SISNAMA
sistema climático MAN95:93
SISTEMA CLIMÁTICO
sistema de abastecimiento de agua para consumo humano WIADB
SISTEMA DE ABASTECIMENTO DE ÁGUA PARA CONSUMO HUMANO
sistema de alcantarillado ONU92#5869
REDE DE ESGOTOS
Sistema de Control de Madera Aserrada Reservada WFAO
SISTEMA DE CONTROLE DE MADEIRA SERRADA CONTINGENCIADA
sistema de disposición final de residuos sólidos WBIP
SISTEMA DE DISPOSIÇÃO FINAL DE RESÍDUOS SÓLIDOS

sistema de escape WCPN
SISTEMA DE ESCAPAMENTO
Sistema de Gerenciamento Costero WUCA
SISTEMA DE INFORMAÇÕES DE GERENCIAMENTO COSTEIRO
Sistema de Gestión Ambiental UNIT/ISO14001:3.5
SISTEMA DE GESTÃO AMBIENTAL
Sistema de Información sobre Recursos Hídricos WECLAC
SISTEMA DE INFORMAÇÃO SOBRE RECURSOS HÍDRICOS
Sistema de Monitoreo Ambiental de la Zona Costera WENGR
SISTEMA DE MONITORAMENTO AMBIENTAL DA ZONA COSTEIRA
Sistema de Protección al Programa Nuclear WCNEA
SISTEMA DE PROTEÇÃO AO PROGRAMA NUCLEAR BRASILEIRO
Sistema de Vigilancia de la Amazonia WMINDEF
SISTEMA DE VIGILÂNCIA DA AMAZÔNIA
sistema hornos WGEM
SISTEMA FORNO
Sistema Nacional de Crédito Rural WIADB
SISTEMA NACIONAL DE CRÉDITO RURAL
Sistema Nacional de Gestión de Recursos Hídricos WIADB
SISTEMA NACIONAL DE GERENCIAMENTO DE RECURSOS HÍDRICOS
Sistema Nacional de Informaciones sobre Medio Ambiente WFARN
SISTEMA NACIONAL DE INFORMAÇÃO SOBRE O MEIO AMBIENTE
Sistema Nacional de Medio Ambiente WMED
SISTEMA NACIONAL DE MEIO AMBIENTE
Sistema Nacional de Unidades de Conservación de la Naturaleza WMMBT
SISTEMA NACIONAL DE UNIDADES DE CONSERVAÇÃO DA NATUREZA
sistema orgánico de producción agropecuaria WABC
SISTEMA ORGÂNICO DE PRODUÇÃO AGROPECUÁRIA
sistema viario WCIVITAS
SISTEMA VIÁRIO
sistemas de autodiagnosis WHEZK
SISTEMAS DA AUTODIAGNOSE
sistemas intregrados WMED
SISTEMAS INTEGRADOS
sitio de disposición final WSAN
SÍTIO DE DISPOSIÇÃO FINAL

sitios arqueológicos WGCRA
    SÍTIOS ARQUEOLÓGICOS
sitios de interés turístico WGCBA
    LOCAIS DE INTERESSE TURÍSTICO
sitios de migración WRAMSAR
    SÍTIOS DE ARRIBAÇÃO
sitios ecológicos de relevancia cultural WFUN
    SÍTIOS ECOLÓGICOS DE RELEVÂNCIA CULTURAL
sitios geomorfológicos WINE
    SÍTIOS GEOMORFOLÓGICOS
sitios paleontológicos WORD1497
    SÍTIOS PALEONTOLÓGICOS
situación de emergencia ONU92#1883
    ESTADO DE EMERGÊNCIA
situación de emergencia WCNEA
    SITUAÇÃO DE EMERGÊNCIA *2
situación de emergencia WDGP
    SITUAÇÃO DE EMERGÊNCIA
SIVAM WMINDEF
    SIVAM
smog fotoquímico VIC96:138
    SMOG FOTOQUÍMICO
smog industrial WCEIT
    SMOG INDUSTRIAL
SNCR WFAO
    SNCR
SNUC WMMBT
    SNUC
SO_2 WRES528
    SO_2
sobra ONU92#5743
    SUCATA
soja convencional WESI
    SOJA CONVENCIONAL
SOLAS/74 WMED
    SOLAS/74
sonido GAL92:1360
    SOM
sonido intermitente WCEPIS
    SOM INTERMITENTE
soporte WSAGP
    SUPORTE
spray PAR84:261
    SPRAY
spray PAR84:261
    SPRAY *1
st WFAO
    st
subienda WPN
    PIRACEMA

subproductos forestales maderables WINRENA
    SUBPRODUTOS FLORESTAIS MADERÁVEIS
subproductos forestales no maderables WINRENA
    SUBPRODUTOS FLORESTAIS NÃO MADERÁVEIS
sucesión ecológica VIC96:139
    SUCESSÃO ECOLÓGICA
SUDAM WOAS
    SUDAM
SUDEPE WCEPIS
    SUDEPE
suelo ALL84:375
    SOLO
suelo agrícola CEN90:105
    SOLO AGRÍCOLA
suelo agrícola CEN90:105
    SOLO AGRÍCOLA *1
suelo creado WCMCR
    SOLO CRIADO
sumidero MAN95:93
    SUMIDOURO
Superintendencia de Desarrollo Pesquero WCEPIS
    SUPERINTENDÊNCIA DO DESENVOLVIMENTO DA PESCA
Superintendencia del Desarrollo de la Amazonia WOAS
    SUPERINTENDÊNCIA DO DESENVOLVIMENTO DA AMAZÔNIA
supresión WOMPZV
    SUPRESSÃO
sustancia controlada ONU92#1202
    SUBSTÂNCIA CONTROLADA
sustancia nociva ONU92#2918
    SUBSTÂNCIA NOCIVA
sustancia nociva WCNMA
    SUBSTÂNCIA NOCIVA *1
sustancia peligrosa WTDX
    SUBSTÂNCIA PERIGOSA
sustancias alternativas MAN95:70
    SUBSTÂNCIAS ALTERNATIVAS
sustancias bromadas MAN95:81
    SUBSTÂNCIAS DO GRUPO DO BROMO
sustancias cloradas MAN95:80
    SUBSTÂNCIAS DO GRUPO DO CLORO
sustancias compuestas de carbono MAN95:80
    SUBSTÂNCIAS DO GRUPO DO CARBONO
sustancias hidrogenadas MAN95:81
    SUBSTÂNCIAS DO GRUPO HIDROGÊNIO

sustancias nitrogenadas MAN95:80
   SUBSTÂNCIAS DO GRUPO DO NITROGÊNIO
Sustancias que Destruyen la Capa de Ozono WONU
   SUBSTÂNCIAS QUE DESTROEM A CAMADA DE OZÔNIO
sustentabilidad ambiental WCHACO
   SUSTENTABILIDADE AMBIENTAL
sustentabilidad cultural WBOTH
   SUSTENTABILIDADE CULTURAL
sustentabilidad económica WORAN
   SUSTENTABILIDADE ECONÔMICA
sustentabilidad social WORAN
   SUSTENTABILIDADE SOCIAL
sustrato GAL92:1366
   SUBSTRATO
sustrato para plantas WINPI
   SUBSTRATO PARA PLANTAS

T
tala WUCM
   CORTE RASO
tala WUCM
   CORTE RASO *1
talud GAL92:1386
   TALUDE
talweg GAL92:1386
   TALVEGUE
tamaño de la malla WLPY
   TAMANHO DA MALHA
tanque de residuos WMADRID
   TANQUE DE RESÍDUOS
tarrafa WLPY
   TARRAFA
tasa de aplicación WORD12
   TAXA DE APLICAÇÃO
técnico administrativo WGRC
   TÉCNICO ADMINISTRATIVO
técnico ambiental WROS
   TÉCNICO AMBIENTAL
tecnologías alternativas ONU92#229
   TECNOLOGIAS ALTERNATIVAS
tecnologías genéticas de restricción del uso WFAO
   TECNOLOGIAS GENÉTICAS DE RESTRIÇÃO DO USO
terminal de petróleo WMREV
   TERMINAL DE ÓLEO
terófitos PAR84:244
   TERÓFITAS
terraplenado GAL92:1434
   TERRAPLENAGEM
terrenos de marina WOAS
   TERRENOS DE MARINHA
terrenos urbanos ONU92#6985
   TERRAS PROPENSAS À EXPANSÃO URBANA
terrenos urbanos ONU92#6985
   TERRAS URBANIZADAS
territorio MAR94:427
   TERRITÓRIO
territorio federal indígena WECLAC
   TERRITÓRIO FEDERAL INDÍGENA
territorios indígenas WPNL
   TERRAS INDÍGENAS
test de quema WCNMA
   TESTE DE QUEIMA
testimonios geológicos WEAP
   TESTEMUNHOS GEOLÓGICOS
THC WDSCA
   THC
tierra negra GAL92:1439
   TERRA VEGETAL
tierras tradicionalmente ocupadas por los indios WNAYA
   TERRAS TRADICIONALMENTE OCUPADAS PELOS ÍNDIOS
tipos de residuos de la construcción civil WCMRC
   CLASSES DE RESÍDUOS DA CONSTRUÇÃO CIVIL
titular de registro WIPFSA
   TITULAR DE REGISTRO
tolerancia WCHACO
   TOLERÂNCIA
tonelaje bruto WCCB
   ARQUEAÇÃO BRUTA
torio GAL92:1453
   TÓRIO
torio 232 GAL92:1453
   TÓRIO-232
tortuga marina WCON
   TARTARUGA MARINHA
toxicidad ARG93:20
   TOXICIDADE
tóxico PLA92:181
   TÓXICO
toxicología ALL84:392
   TOXICOLOGIA
toxinas WCPN
   TOXINAS
trabajo de cateo ARG886
   CATAÇÃO

trabajo en condiciones de contención WCA
   TRABALHO EM CONTENÇÃO
tráfico ilegal WSCRUZ
   TRÁFICO ILEGAL
transferencia WIMPM
   TRANSFERÊNCIA
transmutación GAL92:1466
   TRANSMUTAÇÃO
transportadores WMED
   TRANSPORTADORES
transporte WINTA
   TRANSPORTE
transporte WRBV
   TRANSPORTE *1
transporte nuclear internacional WCSN
   TRANSPORTE NUCLEAR INTERNACIONAL
trasmallo WLPY
   TRESMALHO
trasplante WINTA
   TRANSPLANTE
Tratado Antártico ONU92#270
   TRATADO DA ANTÁRTIDA
Tratado de Asunción WMERCO
   TRATADO DE ASSUNÇÃO
Tratado de Cooperación Amazónica ONU92#6792
   TRATADO DE COOPERAÇÃO AMAZÔNICA
Tratado para la Proscripción de las Armas Nucleares en la América Latina ONU92#6793
   TRATADO PARA A PROSCRIÇÃO DE ARMAS NUCLEARES NA AMÉRICA LATINA E NO CARIBE
Tratado por el que se prohíben los ensayos con armas nucleares en la atmósfera, en el espacio ultraterrestre y debajo del agua ONU92#6791
   TRATADO DE PROSCRIÇÃO DAS EXPERIÊNCIAS COM ARMAS NUCLEARES NA ATMOSFERA, NO ESPAÇO CÓSMICO E SOB A ÁGUA
Tratado sobre los principios que deben regir las actividades de los Estados en la exploración y utilización del espacio ultraterrestre, incluso la Luna y otros cuerpos celestes ONU92#6794
   TRATADO SOBRE PRINCÍPIOS REGULADORES DAS ATIVIDADES DOS ESTADOS NA EXPLORAÇÃO E USO DO ESPAÇO CÓSMICO, INCLUSIVE A LUA E DEMAIS CORPOS CELESTES
tratamiento MAR00:189
   TRATAMENTO
tratamiento avanzado WFFII
   TRATAMENTO AVANÇADO

tratamiento convencional WAYTOM
   TRATAMENTO CONVENCIONAL
tratamiento cuarentenario WCNEA
   TRATAMENTO QUARENTENÁRIO
tratamiento de aguas residuales STE94:323
   TRATAMENTO DE ESGOTOS
tratamiento de desechos ONU92#5429
   TRATAMENTO DE EFLUENTES
tratamiento de gas natural WMECON
   TRATAMENTO DE GÁS NATURAL
tratamiento de residuos radiactivos WINF
   TRATAMENTO DE RESÍDUOS RADIOATIVOS
tratamiento preservativo WINTA
   TRATAMENTO PRESERVATIVO
tratamiento simplificado WRES222
   TRATAMENTO SIMPLIFICADO
tratamiento térmico WMONO
   TRATAMENTO TÉRMICO
tremolita GAL92:1473
   TREMOLITA
tributario WSCRUZ
   TRIBUTÁRIO
triple lavado WAFI
   TRÍPLICE LAVAGEM
trituración WSAMP
   BRITAGEM
tronzadera GAL92:1481
   MOTO-SERRA
turbera WFAO
   BREJO DE ALTITUDE
turbera WMED
   TURFEIRA
turbidez ONU92#6865
   TURBIDEZ
turismo VIC96:144
   TURISMO
turismo ecológico ONU92#1845
   TURISMO ECOLÓGICO

U

UCS WALIC
   UCS
UICN WUICN
   UICN
unidad de conservación WCCB
   UNIDADE DE CONSERVAÇÃO
unidad de información WJUN
   UNIDADE DE INFORMAÇÃO
unidad de manejo forestal WONU
   UNIDADE DE MANEJO

unidad de transporte
   UNIDADE DE TRANSPORTE
unidad geoambiental WRSI
   UNIDADE GEOAMBIENTAL
unidades de conservación WMIS
   UNIDADES DE CONSERVAÇÃO
unidades de conservación provinciales WMIS
   UNIDADES DE CONSERVAÇÃO ESTADUAIS
unidades de manejo provisorio WPUA
   UNIDADES DE MANEJO PROVISÓRIO
unidades de manejo sustentable WRDH
   UNIDADES DE MANEJO SUSTENTÁVEL
unidades de protección integral WFAO
   UNIDADES DE PROTEÇÃO INTEGRAL
unidades de protección integral WFAO
   UNIDADES DE PROTEÇÃO INTEGRAL *1
unidades de uso sustentable WBVMC
   UNIDADES DE USO SUSTENTÁVEL
Unión Internacional para la Conservación de la Naturaleza WRAM
   UNIÃO INTERNACIONAL PARA A CONSERVAÇÃO DA NATUREZA E DOS RECURSOS NATURAIS
uranio GAL92:1499
   URÂNIO
uranio enriquecido UNB86:245
   URÂNIO ENRIQUECIDO NOS ISÓTOPOS 235 OU 233
uso adecuado del suelo WAIDI
   USO ADEQUADO DO SOLO
uso alternativo del suelo WHERB
   USO ALTERNATIVO DO SOLO
uso de recursos naturales WSALTA
   USO DE RECURSOS NATURAIS
uso del agua WINA
   USO DA ÁGUA
uso directo WCBA
   USO DIRETO
uso indirecto WPA
   USO INDIRETO
uso múltiple WLEY12175
   USO MÚLTIPLO
uso sostenible WIUC
   USO SUSTENTÁVEL
usos esenciales WUNEP
   USOS ESSENCIAIS
usuario del agua WSRH
   USUÁRIO DA ÁGUA
utilización WINTA
   UTILIZAÇÃO

utilización sostenible WCNA
   UTILIZAÇÃO SUSTENTÁVEL
UTM WMINE
   UTM

V

valor paisajístico WMIS
   VALOR PAISAGÍSTICO
valor típico de emisión WINF
   VALOR TÍPICO DE EMISSÃO
valor típico de emisión WINF
   VALOR TÍPICO DE EMISSÃO *1
valla WLPY
   TAPAGEM
vector WIIC
   VETOR
vector biológico WSENASA
   VETOR BIOLÓGICO
vector mecánico WMONO
   VETOR MECÂNICO
vector/inserto WICA
   VETOR/INSERTO
vegetación WSCRUZ
   VEGETAÇÃO
vegetación WSCRUZ
   VEGETAÇÃO *1
vegetación en regeneración WNN
   VEGETAÇÃO EM REGENERAÇÃO
vegetación primaria WCORP
   VEGETAÇÃO PRIMÁRIA
vegetación secundaria WCORP
   VEGETAÇÃO SECUNDÁRIA
vegetales ALL84:407
   VEGETAIS
vehículo liviano ONU92#3599
   VEÍCULO LEVE
vehículo pesado ONU92#2974
   VEÍCULO PESADO
vehículos automotores WVIT
   VEÍCULOS AUTOMOTORES
vehículos de difusión WIFE
   VEÍCULOS DE DIVULGAÇÃO
vehículos de difusión WIFE
   VEÍCULOS DE DIVULGAÇÃO *1
vehículos OBD WSTM
   VEÍCULOS-OBD
venas GAL92:1517
   VEEIROS
venta aplicada WSICA
   VENDA APLICADA

glossário espanhol-português

vertedero de residuos de la construcción WBOE
   ATERRO DE RESÍDUOS DA CONSTRUÇÃO CIVIL
vertedero sanitario ONU92#5692
   ATERRO SANITÁRIO
vertimiento TRE77:122
   ALIJAMENTO
vertimiento TRE77:122
   ALIJAMENTO *1
vía permanente WROP
   VIA PERMANENTE
vibración WEIE
   VIBRAÇÃO
victimización difusa WUNAM
   VITIMAÇÃO DIFUSA
vida silvestre JUR96:21
   VIDA SILVESTRE
vigilancia de la calidad del agua para consumo humano WCEPIS
   VIGILÂNCIA DA QUALIDADE DA ÁGUA PARA CONSUMO HUMANO
vigilancia epidemiológica WGPSL
   VIGILÂNCIA EPIDEMIOLÓGICA
vigilancia nutricional WGBA
   VIGILÂNCIA NUTRICIONAL
vigilancia sanitaria WEPI
   VIGILÂNCIA SANITÁRIA
virtualmente ausentes WRES585
   VIRTUALMENTE AUSENTES
virus ALL84:410
   VÍRUS
vivero WGM
   VIVEIRO
vivisección WCPN
   VIVISSECÇÃO
voladizos WCE
   BALANÇOS
vórtice GAL92:1546
   VÓRTICE

W
WWF ONU92#7381
   WWF

Y
yacimiento WGBA
   JAZIDA *1
yacimiento WSEGEMAR
   JAZIDA

Z
ZCE WCUCBA
   ACS
ZEE WIIAP
   ZEE *1
ZEE WIUC
   ZEE
zona MAR94:447
   ZONA *1
zona común WTRA
   ÁREA DE USO COMUM
zona contigua UNB86:250
   ZONA CONTÍGUA
zona costera brasileña WUNE
   ZONA COSTEIRA BRASILEIRA
zona costera UNB86:250
   ZONA COSTEIRA
zona de calcinación y clinkerización WBEA
   ZONA DE COMBUSTÃO PRIMÁRIA
zona de conservación ecológica WFAO
   ÁREA DE CONSERVAÇÃO ECOLÓGICA
zona de mezcla CEN90:108
   ZONA DE MISTURA
zona de mezcla WCEPIS
   ZONA DE MISTURA *1
zona de preservación de la vida silvestre
   ÁREA DE PRESERVAÇÃO PERMANENTE
zona de presinterización WNOTI
   ZONA DE COMBUSTÃO SECUNDÁRIA
zona de protección ambiental WDAP
   ÁREA DE PROTEÇÃO AMBIENTAL
zona de protección ambiental WDAP
   ÁREA DE PROTEÇÃO AMBIENTAL *1
zona de recuperación WMIS
   ZONA DE RECUPERAÇÃO
zona de restauración ecológica WCEM
   ÁREA DE RESTAURAÇÃO ECOLÓGICA
zona de uso especial WMIS
   ZONA DE USO ESPECIAL
zona de uso extensivo WMIS
   ZONA DE USO EXTENSIVO
zona de uso intensivo WMIS
   ZONA DE USO INTENSIVO
zona de vida silvestre WSISB
   ZONA DE VIDA SILVESTRE
zona económica exclusiva brasileña WEADS
   ZONA ECONÔMICA EXCLUSIVA BRASILEIRA
zona económica exclusiva UNB86:250
   ZONA ECONÔMICA EXCLUSIVA

zona histórico-cultural WMINAM
    ZONA HISTÓRICO-CULTURAL
zona intangible WMIS
    ZONA INTANGÍVEL
zona parcialmente urbanizada WPAO
    ÁREA PARCIALMENTE URBANIZADA
zona primitiva WMINAM
    ZONA PRIMITIVA
zona protegida ONU92#5184
    ÁREA PROTEGIDA
zona saturada WCNMA
    ÁREA SATURADA
zona sensible a ruido WCNMA
    ZONA SENSÍVEL A RUÍDO
zonas críticas de contaminación WINE
    ÁREAS CRÍTICAS DE POLUIÇÃO
zonas de conservación urbana WBUE
    ÁREAS DE RENOVAÇÃO URBANA
zonas de dominio público WFED
    ÁREAS DE DOMÍNIO PÚBLICO
zonas de interés cultural WBOE
    ÁREAS DE INTERESSE CULTURAL
zonas de parque natural WFARN
    ZONAS DE PARQUE NATURAL
zonas de protección de aguas superficiales WDMA
    FAIXAS DE PROTEÇÃO DE ÁGUAS SUPERFICIAIS
zonas de reserva biológica WCNCB
    ZONAS DE RESERVA BIOLÓGICA
zonas de reserva natural WHISPA
    ZONAS DE RESERVA NATURAL
zonas de transición WDIN
    ZONAS DE TRANSIÇÃO
zonas de urbanización prioritaria WAAB
    ÁREAS DE URBANIZAÇÃO PREFERENCIAL
zonas de uso diversificado WFARN
    ZONAS DE USO DIVERSIFICADO
zonas de uso especial WGOBG
    ÁREAS DE USO ESPECIAL
zonas de uso institucional WTRAN
    ÁREAS DE INTERESSE INSTITUCIONAL
zonas ecológicamente sensibles WFAO
    ÁREAS ECOLOGICAMENTE SENSÍVEIS
zonas edificadas WETS
    ÁREAS EDIFICADAS
zonas especiales de interés turístico WMIF
    ÁREAS ESPECIAIS DE INTERESSE TURÍSTICO
zonas mixtas WCRP
    ÁREAS MISCIGENADAS
zonas predominantemente industriales WFARN
    ZONAS DE USO PREDOMINANTEMENTE INDUSTRIAL
zonas residenciales WELDI
    ÁREAS PREDOMINANTEMENTE RESIDENCIAIS
zonas urbanas WMED
    ÁREAS URBANAS
zonas urbanizadas WMED
    ÁREAS URBANIZADAS
zonificación WCAM
    ZONEAMENTO
zonificación ambiental PNU92:61
    ZONEAMENTO AMBIENTAL
zonificación ecológica-económica WFAO
    ZONEAMENTO ECOLÓGICO-ECONÔMICO
zoológicos WZOO
    ZOOLÓGICOS

glossário inglês-português

A
asbestos breathable particles WEPA
   PARTÍCULAS RESPIRÁVEIS DE AMIANTO
abiotic factors WEPA
   FATORES ABIÓTICOS
absorption zone WEPA
   ZONA DE AMORTECIMENTO
abyss COL95:01
   ABISMO
access to genetic heritage WCBD
   ACESSO AO PATRIMÔNIO GENÉTICO
access to technology and transfer of technology WUNEP
   ACESSO À TECNOLOGIA E TRANSFERÊNCIA DE TECNOLOGIA
access to associated traditional knowledge WSBB
   ACESSO AO CONHECIMENTO TRADICIONAL ASSOCIADO

accident WLUT
   ACIDENTE
accidental scenario WOGA
   CENÁRIO ACIDENTAL
acid rain ONU92#36
   CHUVA ÁCIDA
acidity corrective WFAO
   CORRETIVO DE ACIDEZ
act of God BLA91:21
   CASO FORTUITO
act of God BLA91:21
   FORÇA MAIOR
action BLA91:18
   AÇÃO
active dunes WEPA
   DUNAS ATIVAS
active ingredient WEPA
   INGREDIENTE ATIVO
active ingredient WEPA
   INGREDIENTE ATIVO *1

active ingredients WEPA
  INGREDIENTES ATIVOS
active principle WANV
  PRINCÍPIO ATIVO
active principle WANV
  PRINCÍPIO ATIVO *1
activities under responsibility of an entity WCTB
  ATIVIDADES NO ÂMBITO DE ENTIDADE
acute toxicological data WEPA
  DADOS TOXICOLÓGICOS AGUDOS
additive KIN95:19
  ADITIVO
additive KIN95:19
  ADITIVO *1
additive KIN95:19
  ADITIVO *2
additive KIN95:19
  ADITIVO *3
adequate land use WEPA
  USO ADEQUADO DO SOLO
adjuvant WIUPAC
  ADJUVANTE
administative assistant WEPA
  AUXILIAR ADMINISTRATIVO
administration KIS83:320
  ADMINISTRAÇÃO
administrative act WFAO
  ATO ADMINISTRATIVO
administrative rule MEL94:169
  PORTARIA
administrative technician WBNDES
  TÉCNICO ADMINISTRATIVO
adminitrative analyst WJOB
  ANALISTA ADMINISTRATIVO
adultered food WFAO
  ALIMENTOS ADULTERADOS
adverse effect ONU92#83
  EFEITOS ADVERSOS
adverse effects of climate change WUNI
  EFEITOS NEGATIVOS DA MUDANÇA DO CLIMA
advertisements on vehicles WSCEN
  ANÚNCIOS
advertising vehicles WEPA
  VEÍCULOS DE DIVULGAÇÃO
advertising vehicles WEPA
  VEÍCULOS DE DIVULGAÇÃO *1
aeolian energy WEPA
  ENERGIA EÓLICA

aerosol ONU92#93
  AEROSSOL
afforestation ONU92#99
  FLORESTAMENTO
Agenda 21 WMMA
  AGENDA 21
agrarian reform UNB86:209
  REFORMA AGRÁRIA
Agreement between the Government of Brazil and the Government of Paraguay for the Conservation of Water Fauna in the Courses of Bordering Rivers WMMA
  ACORDO PARA A CONSERVAÇÃO DA FAUNA AQUÁTICA NOS CURSOS DOS RIOS LIMÍTROFES ENTRE BRASIL E PARAGUAI
Agreement for the Conservation of Natural resources of the South Atlantic between Brazil and Argentina WMMA
  ACORDO DE CONSERVAÇÃO DOS RECURSOS NATURAIS DO ATLÂNTICO SUL ENTRE BRASIL E ARGENTINA
Agreement for the Conservation of the Flora and Fauna of the Amazonian Territories between the Federative Republic of Brazil and the Republic of Colombia WMMA
  ACORDO PARA A CONSERVAÇÃO DA FLORA E DA FAUNA DOS TERRITÓRIOS AMAZÔNICOS DA REPÚBLICA FEDERATIVA DO BRASIL E DA REPÚBLICA DA COLÔMBIA
agricultural activities WEPA
  ATIVIDADE AGRÍCOLA
Agricultural Policy UNB86:436
  POLÍTICA AGRÍCOLA
agricultural sector WEPA
  SETOR AGRÍCOLA
agriculture soil CEN90:105
  SOLO AGRÍCOLA
agriculture soil CEN90:105
  SOLO AGRÍCOLA *1
agriforestal complex WSBT
  COMPLEXO AGROFLORESTAL
agroenergy WFAO
  AGROENERGIA
air pollutant ONU92#171
  POLUENTE ATMOSFÉRICO
air pollutant ONU92#171
  POLUENTE ATMOSFÉRICO *2
air pollution UNB86:50
  POLUIÇÃO DO AR

glossário inglês-português

air quality control regions WEPA
  REGIÕES DE CONTROLE DA QUALIDADE DO AR
air quality primary standards WEPA
  PADRÕES PRIMÁRIOS DE QUALIDADE DO AR
air quality primary standards WEPA
  PADRÕES PRIMÁRIOS DE QUALIDADE DO AR *1
air quality secondary standards WEPA
  PADRÕES SECUNDÁRIOS DE QUALIDADE DO AR
air quality secondary standards WEPA
  PADRÕES SECUNDÁRIOS DE QUALIDADE DO AR *1
air quality standards CEN90:96
  PADRÕES DE QUALIDADE DO AR
aldehydes POR92:13
  ALDEÍDOS
alelles WISTECH
  ALELOS
alkalinity corrective WEPA
  CORRETIVO DE ALCALINIDADE
all-aged forest WUSDA
  FLORESTAS INEQUIANAS
allotment BLA90:76
  LOTEAMENTO
allotment BLA90:76
  LOTEAMENTO *1
alluvial forest WEPA
  MATA ALUVIAL
alluviation ONU92#217
  ASSOREAMENTO
alluvium ONU92#5800
  ALUVIÃO
alluvium ONU92#5800
  ALUVIÃO *1
alternative agriculture WUSDA
  AGRICULTURA ALTERNATIVA
alternative equipment WUNEP
  EQUIPAMENTO ALTERNATIVO
alternative land use WEPA
  USO ALTERNATIVO DO SOLO
alternative substances WUNEP
  SUBSTÂNCIAS ALTERNATIVAS
alternative technologies ONU92#229
  TECNOLOGIAS ALTERNATIVAS
altitudinal vegetation zones ALL94:17
  CAMPO DE ALTITUDE
amateur fisherman WFAO
  PESCADOR AMADOR
Amazon Basin WMMA
  BACIA AMAZÔNICA
Amazon Cooperation Agreement between the Federative Republic of Brazil and the Cooperative Republic of Guiana WMMA
  ACORDO DE COOPERAÇÃO AMAZÔNICA ENTRE O GOVERNO DA REPÚBLICA FEDERATIVA DO BRASIL E O GOVERNO DA REPÚBLICA COOPERATIVISTA DA GUIANA
Amazon forest WEPA
  FLORESTA AMAZÔNICA
Amazon manatee WUSDA
  PEIXE-BOI AMAZÔNICO
amianthus WEPA
  AMIANTO
amphiboles WEPA
  ANFIBÓLIOS
Angling Clubs and Associations WIBFN
  ASSOCIAÇÃO DE AMADORES DE PESCA
antarctic marine ecosystem WUSDS
  ECOSSISTEMA MARINHO ANTÁRTICO
Antarctic Treaty ONU92#270
  TRATADO DA ANTÁRTIDA
antartic marine living resources WSED
  RECURSOS VIVOS MARINHOS ANTÁRTICOS
anthropic activity WEPA
  ATIVIDADE ANTRÓPICA
anthropic pressure WUSDA
  PRESSÃO ANTRÓPICA
anthropogenic action WFAO
  AÇÃO ANTRÓPICA
anthropogenic intervention WEPA
  INTERVENÇÃO ANTROPOGÊNICA
apiculture WEPA
  APICULTURA
application efficiency WUNE
  EFICIÊNCIA DA APLICAÇÃO
application rate WEPA
  TAXA DE APLICAÇÃO
apprehension WIANSA
  APREENSÃO
approved dispersant WEPA
  DISPERSANTE HOMOLOGADO
aquacultural area WFAO
  ÁREA AQÜÍCOLA
aquaculture park WPML
  PARQUE AQÜÍCOLA
aquaculture WMMA
  AQÜICULTURA
aquaculture WMMA
  AQÜICULTURA *1
aquaculturist WECO
  AQÜICULTOR

aquatic biota WEPA
    BIOTA AQUÁTICA
aquatic fauna WEPA
    FAUNA AQUÁTICA
aquifer WEPA
    AQÜÍFERO
archaeological monuments WUNESCO
    MONUMENTOS ARQUEOLÓGICOS
archaeological sites WEPA
    SÍTIOS ARQUEOLÓGICOS
area emergency plan WEPA
    PLANO DE EMERGÊNCIA DE ÁREA
area of direct influence WELET
    ÁREA DE INFLUÊNCIA DIRETA
area of indirect influence WELET
    ÁREA DE INFLUÊNCIA INDIRETA
area of relevant ecological interest WMCT
    ÁREA DE RELEVANTE INTERESSE ECOLÓGICO
areas of environmental interest WAEESP
    ÁREAS DE INTERESSE AMBIENTAL
areas of relevant ecological interest WMCT
    ÁREAS DE RELEVANTE INTERESSE ECOLÓGICO
artificial environment WEPA
    MEIO AMBIENTE ARTIFICIAL
artificial food WAMSA
    ALIMENTO ARTIFICIAL
artificial nursery TRE77a:133
    CRIADOURO ARTIFICIAL
artificial regeneration WFR
    REGENERAÇÃO ARTIFICIAL
artificial reservoir WFAO
    RESERVATÓRIO ARTIFICIAL
artisanal fishery WEPA
    PESCA ARTESANAL
asbesto powder WFAO
    PÓ DE AMIANTO
asbesto UNI03:89
    ASBESTO
assistant vessel WUSACE
    EMBARCAÇÃO ASSISTENTE
astronaut UNB86:21
    ASTRONAUTA
Atlantic Forest WMMA
    MATA ATLÂNTICA
Atlantic Forest WMMA
    MATA ATLÂNTICA *1
atmosphere COL95:16
    ATMOSFERA

atmospheric disturbance ONU92#340
    TRANSTORNOS ATMOSFÉRICOS
atmospheric dynamics ONU92#341
    DINÂMICA ATMOSFÉRICA
attention level WEPA
    NÍVEL DE ATENÇÃO
audit conclusion EN/ISO14010:2.1
    CONCLUSÃO DE AUDITORIA
audit criteria EN/ISO14010:2.2
    CRITÉRIOS DE AUDITORIA
audit findings EN/ISO14010:2.4
    CONSTATAÇÕES DE AUDITORIA
audit team EN/ISO14010:2.5
    EQUIPE DE AUDITORIA
autochthonous animals WFAO
    ANIMAIS AUTÓCTONES
autodiagnosis system WISAS
    SISTEMAS DA AUTODIAGNOSE
autoecology of species ALL94:35
    AUTOECOLOGIA DAS ESPÉCIES
automotive vehicles WEPA
    VEÍCULOS AUTOMOTORES
autotroph ONU92#396
    AUTÓTROFOS
average agricultural property WNDSG
    MÉDIA PROPRIEDADE
avulsion MEL94:29
    AVULSÃO
award of water-use rights BRA97b:7
    OUTORGA DE DIREITOS DE USO DOS RECURSOS HÍDRICOS

B

background noise WBGN
    RUÍDO DE FUNDO
bacteriological methods of warfare WGEN
    MEIOS BACTERIOLÓGICOS DE GUERRA
balanced cantilever WENG
    BALANÇOS
baleen whale KIS83:69
    BALEIAS COM BARBATANAS
baleen whale WEPA
    MISTICETÁCEOS
balneability WIMO
    BALNEABILIDADE
Basel Convention WSBO
    CONVENÇÃO DE BASILÉIA SOBRE O CONTROLE DE MOVIMENTOS TRANSFRONTEIRIÇOS DE RESÍDUOS PERIGOSOS E SEU DEPÓSITO

glossário inglês-português

basic sanitation CEN90:103
  SANEAMENTO BÁSICO
battery WENERG
  BATERIA
beach CEN90:100
  PRAIA
beach CEN90:100
  PRAIA *2
becquerel COL95:22
  BEQUEREL
binary fertilizer WIFIA
  FERTILIZANTE BINÁRIO
bioaccumulation ONU92#485
  BIOACUMULAÇÃO
biocenosis ONU92#488
  BIOCENOSE
biochemical oxygen demand ONU92#490
  DEMANDA BIOQUÍMICA DE OXIGÊNIO
biocide ONU92#492
  BIOCIDA
biodegradable detergents WEPA
  DETERGENTES BIODEGRADÁVEIS
biodiesel WNBB
  BIODIESEL
biodiversity ONU92#500
  BIODIVERSIDADE
bioenergy STE94:50
  BIOENERGIA
biofertilizer STE94:50
  BIOFERTILIZANTE
biofuel WEPA
  BIOCOMBUSTÍVEL
biogas ONU92#509
  BIOGÁS
bioindustries WFAO
  BIOINDÚSTRIAS
biological control agent ONU92#525
  AGENTE BIOLÓGICO DE CONTROLE
biological diversity WMMA
  DIVERSIDADE BIOLÓGICA
biological environment WFS
  MEIO BIOLÓGICO
biological reserve areas WD
  ZONAS DE RESERVA BIOLÓGICA
biological reserve ECO88:35
  RESERVA BIOLÓGICA
biological reserve ECO88:35
  RESERVA BIOLÓGICA *1
Biological Reserve WMCT
  RESERVAS BIOLÓGICAS

biological resourses WCBD
  RECURSOS BIOLÓGICOS
biological vector WEPA
  VETOR BIOLÓGICO
biomass ONU92#541
  BIOMASSA
biomass ONU92#541
  BIOMASSA *1
biomass ONU92#541
  BIOMASSA *2
biome ONU92#550
  BIOMA
bioproducts WFAO
  BIOPRODUTOS
bioprospection WFAO
  BIOPROSPECÇÃO
biosafety information system WFAO
  SISTEMA DE INFORMAÇÕES EM BIOSSE-
  GURANÇA
Biosafety Law WCTB
  LEI DA BIOSSEGURANÇA
Biosafety National Policy WUNEP
  POLÍTICA NACIONAL DE BIOSSEGURANÇA
biosafety WCTB
  BIOSSEGURANÇA
Biosafety WFAO
  CERTIFICADO DE QUALIDADE EM BIOSSE-
  GURANÇA
Biosphere Reserve WMRE
  RESERVA DA BIOSFERA
biosphere UNB86:29
  BIOSFERA
biosynthesis COL95:26
  BIOSSÍNTESE
biota ONU92#561
  BIOTA
biotechnology ONU92#564
  BIOTECNOLOGIA
biotic factors COL88:19
  FATORES BIÓTICOS
biotic potential WEPA
  POTENCIAL BIÓTICO
biotic structures WAFSC
  ESTRUTURAS BIÓTICAS
biotope ONU92#569
  BIÓTOPO
bird landing WMMS
  POUSO DE AVES
birds of passage WFS
  AVES DE ARRIBAÇÃO

Dicionário de direito ambiental

blank test WCOL
   TESTE EM BRANCO
blaster WMIN
   BLASTER
blasting plan WBUI
   PLANO DE FOGO
blending units WEPA
   UNIDADES DE MISTURA
block net WEPA
   TAPAGEM
block WEPA
   BLOCO
bloom WLDE
   FLORAÇÃO
blue whale KIS83:69
   BALEIA AZUL
BOD ONU92#490
   BOD
BOD ONU92#490
   DBO
body of water CEN90:11
   CORPOS DE ÁGUA
botanical garden UNB86:138
   JARDIM BOTÂNICO
botanical garden UNB86:138
   JARDIM BOTÂNICO *1
bounded forests WCRFM
   FLORESTAS VINCULADAS
brackish water ONU92#596
   ÁGUAS SALOBRAS
Brazilian Agriculture and Livestock Research Company WMCT
   EMPRESA BRASILEIRA DE PESQUISA AGROPECUÁRIA
Brazilian coastal zone WMMA
   ZONA COSTEIRA BRASILEIRA
Brazilian contiguous zone WUN
   ZONA CONTÍGUA BRASILEIRA
Brazilian Continental Shelf WUN
   PLATAFORMA CONTINENTAL DO BRASIL
Brazilian Cultural Heritage WIPHAN
   PATRIMÔNIO CULTURAL BRASILEIRO
Brazilian exclusive economic zone WUN
   ZONA ECONÔMICA EXCLUSIVA BRASILEIRA
Brazilian Forest Service WFAO
   SERVIÇO FLORESTAL BRASILEIRO
Brazilian Forestry Development Institute WFAO
   INSTITUTO BRASILEIRO DO DESENVOLVIMENTO FLORESTAL

Brazilian Forum on Climate Change WMCT
   FÓRUM BRASILEIRO DE MUDANÇAS CLIMÁTICAS
Brazilian Institute for Environment and Renewable Natural Resources WUNEP
   INSTITUTO BRASILEIRO DO MEIO AMBIENTE E DOS RECURSOS NATURAIS RENOVÁVEIS
Brazilian jurisdictional waters WMMA
   ÁGUAS JURISDICIONAIS BRASILEIRAS
Brazilian Nuclear Programme WINT
   PROGRAMA NUCLEAR BRASILEIRO
Brazilian Program for the Elimination of Ozone Layer-depleting Substances WEART
   PROGRAMA BRASILEIRO DE ELIMINAÇÃO DA PRODUÇÃO E DO CONSUMO DAS SUBSTÂNCIAS QUE DESTROEM A CAMADA DE OZÔNIO
Brazilian Program of Molecular Ecology for the Sustainable Use of the Amazon Biodiversity WBRA
   PROGRAMA BRASILEIRO DE ECOLOGIA MOLECULAR PARA O USO SUSTENTÁVEL DA BIODIVERSIDADE DA AMAZÔNIA
Brazilian territorial sea WFAO
   MAR TERRITORIAL BRASILEIRO
breast height diameter WEPA
   DIÂMETRO À ALTURA DO PEITO *1
breeding ground ONU92#605
   CRIADOUROS
bromine substances WUNEP
   SUBSTÂNCIAS DO GRUPO DO BROMO
bryophytes WSIU
   BRIÓFITAS
building waste WBDCEE
   RESÍDUOS DA CONSTRUÇÃO CIVIL
built-up area COL95:32
   ÁREA EDIFICADA
built-up areas ANT80:126
   ÁREAS EDIFICADAS
burlap WEPA
   SERRAPILHEIRA
burn viability study WMEDBC
   ESTUDO DE VIABILIDADE DE QUEIMA
burning test plan WAIAA
   PLANO DO TESTE DE QUEIMA
burning test WEPA
   TESTE DE QUEIMA
burning WDF
   QUEIMADA
burning zone WEPA
   ZONA DE QUEIMA

C

calculated levels WSED
 NÍVEIS CALCULADOS
carbon capture WFAO
 CAPTURA DE CARBONO
carbon certificate WIIED
 CERTIFICADO DE CARBONO
carbon credits WCCM
 CRÉDITOS DE CARBONO
carbon dioxide ONU92#680
 DIÓXIDO DE CARBONO
carbon equivalent WEYP
 CARBONO EQUIVALENTE
carbon market WEPA
 MERCADO DE CARBONO
carbon monoxide ONU92#690
 MONÓXIDO DE CARBONO
carbon monoxide ONU92#690
 MONÓXIDO DE CARBONO *1
carbon sequestration WEPA
 SEQÜESTRO DE CARBONO
carbon substances WUNEP
 SUBSTÂNCIAS DO GRUPO DO CARBONO
carcinogenic characteristics WEPA
 CARACTERÍSTICAS CARCINOGÊNICAS
carcinogenic potential WEPA
 POTENCIAL CARCINOGÊNICO
cases of emergency WBASEL
 SITUAÇÃO DE EMERGÊNCIA
cases of emergency WBASEL
 SITUAÇÃO DE EMERGÊNCIA *2
catalyst WCHEM
 CATALISADOR
catalytic converter COL97:40
 CONVERSOR CATALÍTICO
catching gear WFAO
 PETRECHOS DE CAPTURA
cave UNB86:443
 TOCA
cave WEPA
 GRUTA
cavern COL88:28
 CAVERNA
caves UNB86:443
 FURNA
CDM WTER
 MDL
CDM WTER
 CDM
cell fusion WEPA
 FUSÃO CELULAR

cell KIN95:99
 CÉLULA
cell lines WEPA
 LINHAGENS
cell WEPA
 PILHA
cellulose COL95:41
 CELULOSE
cerrados WMMA
 CERRADOS
Certificate of Protection to Cultivars WSBT
 CERTIFICADO DE PROTEÇÃO DE CULTIVAR
Certified Emissions Reductions WCER
 REDUÇÕES CERTIFICADAS DE EMISSÕES
certified handling WFAS
 MANEJO CERTIFICADO
cetaceans WACSO
 CETÁCEOS
CFCs ONU92#895
 CFCs
chain saw WEPA
 MOTO-SERRA
chemeosynthesis WPLANT
 QUIMIOSSÍNTESE
chemical dispersants WEPA
 DISPERSANTES QUÍMICOS
chemical fertility WUSDS
 FERTILIDADE QUÍMICA
chemical industry WEPA
 INDÚSTRIA QUÍMICA
chemical oil dispersant use regulations WPIMS
 REGULAMENTO PARA USO DE DISPERSANTES QUÍMICOS EM DERRAMES DE ÓLEO NO MAR
chemical tanker KIS83:357
 NAVIO TANQUE DE PRODUTOS QUÍMICOS
chemical wood pulp WFAO
 PASTA MECÂNICA
chlorine substances WUNEP
 SUBSTÂNCIAS DO GRUPO DO CLORO
chlorofluorocarbon ONU92#895
 CLOROFLUORCARBONOS
chloroplasts GOD79:248
 CLOROPLASTOS
chronic toxicological data WEPA
 DADOS TOXICOLÓGICOS CRÔNICOS
chrysotile SEL03:106
 CRISOTILA
ciliary vegetation WBSCA
 VEGETAÇÕES CILIARES
circular fishing net WABS
 TARRAFA

city bus WMTA
 ÔNIBUS URBANO
civil construction works WUSAID
 SERVIÇOS DE CONSTRUÇÃO CIVIL
civil defense WICDO
 DEFESA CIVIL
civil engineering projects WEPA
 PROJETOS DE ENGENHARIA CIVIL
civil liability UNB86:214
 RESPONSABILIDADE CIVIL
civil works WEPA
 OBRAS CIVIS
class action BLA90:249
 AÇÃO CIVIL PÚBLICA
classification ALL94:82
 CLASSIFICAÇÃO
clay SUG92:10
 ARGILA
clean ballast tank WIMO
 LASTRO LIMPO
Clean Development Mechanism WTER
 MECANISMO DE DESENVOLVIMENTO LIMPO
clearcutting COL95:45
 CORTE RASO
clearcutting COL95:45
 CORTE RASO *1
climate change WUNI
 MUDANÇA DO CLIMA
climate system WUNI
 SISTEMA CLIMÁTICO
climax ONU92#1004
 CLÍMAX
clinker WEPA
 CLÍNQUER
cloning COL88:35
 AUTOCLONAGEM
cloning DAB95:G15
 CLONAGEM
closed season WEPA
 PERÍODOS DE DEFESO
CO COL95:36
 CO
CO_2 ONU92#680
 CO_2
coastal ecosystems ECO88:12
 ECOSSISTEMAS COSTEIROS
coastal environmental monitoring system WEPA
 SISTEMA DE MONITORAMENTO AMBIENTAL DA ZONA COSTEIRA

Coastal Management Information System WUNEP
 SISTEMA DE INFORMAÇÕES DE GERENCIAMENTO COSTEIRO
coastal margin areas WTAMU
 TRECHO DA ORLA MARÍTIMA
coastal margins ONU92#1049
 ORLA MARÍTIMA
coastal shrubs WPCA
 RESTINGA
coastal shrubs WPCA
 RESTINGA *2
coastal shrubs WPCA
 RESTINGA *3
coastal zone management ONU92#1056
 GERENCIAMENTO COSTEIRO
coastal zone UNI03:147
 ZONA COSTEIRA
code of conduct for responsible fishing WCON
 CÓDIGO DE CONDUTA PARA A PESCA RESPONSÁVEL
coliform rate WDEP
 ÍNDICE COLIFORME
coliforms CEN90:81
 COLIFORMES
colimetry CEN90:81
 COLIMETRIA
collection and recycling WRO
 COLETA E RECICLAGEM
collective rights WCIDH
 DIREITOS COLETIVOS
colluvium CLA90:67
 COLÚVIO
colonization center WUSDA
 NÚCLEO DE COLONIZAÇÃO
colonization lots WGEF
 LOTES DE COLONIZAÇÃO
colonization WFAO
 COLONIZAÇÃO
color code WNOR
 CÓDIGO DE CORES
combustion emissions ONU92#1081
 EMISSÃO EVAPORATIVA DE COMBUSTÍVEL
commercial enterprise WUSS
 EMPRESA COMERCIAL
commercial establishment WEPA
 ESTABELECIMENTO COMERCIAL
commercial fishing WEPA
 PESCA COMERCIAL
commercial hunting WFAO
 CAÇA COMERCIAL

commercial oil discovery WOIL
    DESCOBERTA COMERCIAL
commercial use GMO and GMO derivatives activity WCTB
    ATIVIDADE DE USO COMERCIAL DE OGM E SEUS DERIVADOS
common competency WWB
    COMPETÊNCIA COMUM
community equipments WEPA
    EQUIPAMENTOS COMUNITÁRIOS
community of interest BLA91:192
    INTERESSES COLETIVOS
community service BLA91:192
    PRESTAÇÃO DE SERVIÇOS À COMUNIDADE
compaction CEN90:81
    COMPACTAÇÃO
company registration WCVM
    REGISTRO DE EMPRESA
competent environmental body WMMA
    ÓRGÃO AMBIENTAL COMPETENTE
competent environmental body WMMA
    ÓRGÃO AMBIENTAL COMPETENTE *1
complementary competency WWB
    COMPETÊNCIA SUPLEMENTAR
completely halogenated hydrocarbon RIV93:63
    ALCANOS COMPLETAMENTE HALOGENADOS
component deactivation WGAO
    DESATIVAÇÃO DOS COMPONENTES DOS AGROTÓXICOS
component information system WASL
    SISTEMA DE INFORMAÇÕES DE COMPONENTES
components ONU92#1127
    COMPONENTES
compound organic fertilizer WFAO
    FERTILIZANTE ORGÂNICO COMPOSTO
compulsory license WEPA
    LICENÇA COMPULSÓRIA
conceding power WNSA
    PODER CONCEDENTE
concurrent competency WWB
    COMPETÊNCIA CONCORRENTE
condemnation WCLL
    DESAPROPRIAÇÃO
conservation area ONU92#1158
    RESERVAS NACIONAIS
conservation areas WEPA
    ÁREAS DE CONSERVAÇÃO

conservation of living resources of the high seas WUNTRE
    CONSERVAÇÃO DOS RECURSOS VIVOS DO ALTO-MAR
conservation ONU92#1157
    CONSERVAÇÃO
conservation ONU92#1157
    CONSERVAÇÃO *1
conservation unit WEPA
    UNIDADE DE CONSERVAÇÃO
conservation units WEPA
    UNIDADES DE CONSERVAÇÃO
conservationist education WMMA
    EDUCAÇÃO CONSERVACIONISTA
conservationist ONU92#1159
    ECOLOGISTA
consolidated urban area WWBUS
    ÁREA URBANA CONSOLIDADA
consortism USH66:93
    CONSORCIAÇÃO
Constitution BLA91:214
    CONSTITUIÇÃO
construction wastes WEPA
    METRALHA
consultative council WIBA
    ÓRGÃO CONSULTIVO
Consumer Credit Protection Act DOW93:97.
    CÓDIGO DE DEFESA DO CONSUMIDOR
consumer DOW93:7
    CONSUMIDOR
consumer DOW93:7
    CONSUMIDOR *1
consumer protection WFTC
    DEFESA DO CONSUMIDOR
consumers UNB86:50
    CONSUMIDORES
consumption UNB86:50
    CONSUMO
contained manipulation WUMN
    TRABALHO EM CONTENÇÃO
contamination on surfaces
    CONTAMINAÇÃO EM SUPERFÍCIES
contiguous zone UNI03:497
    ZONA CONTÍGUA
continental shelf WBASEL
    PLATAFORMA CONTINENTAL
contingent plan WEPA
    PLANO DE CONTINGÊNCIA
contingent species WAR
    ESPÉCIES CONTINGENCIADAS

control analysis WEPA
ANÁLISE DE CONTROLE
control WEPA
CONTROLE
control WEPA
CONTROLE *1
controlled burn WPFCB
QUEIMA CONTROLADA
controlled substance ONU92#1202
SUBSTÂNCIA CONTROLADA
conurbanization WSBS
CONURBAÇÃO
Convention on Assistance in the Case of a Nuclear Accident or Radiological Emergency ONU92#1247
CONVENÇÃO SOBRE ASSISTÊNCIA NO CASO DE ACIDENTE NUCLEAR OU EMERGÊNCIA RADIOLÓGICA
Convention on Biological Diversity WMMA
CONVENÇÃO SOBRE DIVERSIDADE BIOLÓGICA
Convention on Early Notification of a Nuclear Accident ONU92#1252
CONVENÇÃO SOBRE PRONTA NOTIFICAÇÃO DE ACIDENTE NUCLEAR
Convention on Fishing and Conservation of the Living Resources of the High Seas ONU92#1256
CONVENÇÃO SOBRE PESCA E RECURSOS VIVOS DE ALTO-MAR
Convention on Nature Protection and Wildlife Preservation in the Western Hemisphere ONU92#1261
CONVENÇÃO PARA A PROTEÇÃO DA FLORA, DA FAUNA E DAS BELEZAS CÊNICAS DOS PAÍSES DA AMÉRICA
Convention on the Conservation of Antarctic Marine Living Resources ONU92#1265
CONVENÇÃO SOBRE A CONSERVAÇÃO DOS RECURSOS VIVOS MARINHOS ANTÁRTICOS
Convention on the Continental Shelf ONU 92#1270
CONVENÇÃO SOBRE PLATAFORMA CONTINENTAL
Convention on the High Seas ONU92#1271
CONVENÇÃO SOBRE O ALTO-MAR
Convention on the International Trade of Endangered Species of Wild Fauna and Flora ONU92#1259
CONVENÇÃO SOBRE COMÉRCIO INTERNACIONAL DAS ESPÉCIES DA FLORA E FAUNA SELVAGENS EM PERIGO DE EXTINÇÃO

Convention on the Physical Protection of Nuclear Material ONU92#1274
CONVENÇÃO SOBRE A PROTEÇÃO FÍSICA DO MATERIAL NUCLEAR
Convention on the Prevention of Marine Pollution by Dumping of Wastes and Other Matter ONU92#1276
CONVENÇÃO SOBRE PREVENÇÃO DA POLUIÇÃO MARINHA POR ALIJAMENTO DE RESÍDUOS E OUTRAS MATÉRIAS
Convention on the Prohibition of the Development, Production and Stockpiling of Bacteriological (Biological) and Toxin Weapons and on their Destruction. KIS83:269
CONVENÇÃO SOBRE A PROIBIÇÃO DO DESENVOLVIMENTO, PRODUÇÃO E ESTOCAGEM DE ARMAS BACTERIOLÓGICAS (BIOLÓGICAS) E À BASE DE TOXINAS E SUA DESTRUIÇÃO
Convention on the Territorial Sea and the Continuous Zone WUNO
CONVENÇÃO SOBRE O MAR TERRITORIAL E ZONA CONTÍGUA
conventional dispersant WPTUS
DISPERSANTE CONVENCIONAL
conventional soy WFDA
SOJA CONVENCIONAL
Conventions on the High Seas ONU92#1271
CONVENÇÕES SOBRE O DIREITO DO MAR
conversion efficiency WEPA
EFICIÊNCIA DE CONVERSÃO
cooling water ONU92#1294
ÁGUA DE REFRIGERAÇÃO
cornice WARCH
BEIRAIS
corrective WEPA
CORRETIVO
corrective WEPA
CORRETIVO *1
corrosion-resistant material WEPA
MATERIAL RESISTENTE À CORROSÃO
country of origin of genetic resources WCBD
PAÍS DE ORIGEM DE RECURSOS GENÉTICOS
country providing the genetic resources WCBD
PAÍS PROVEDOR DE RECURSOS GENÉTICOS
covering material WEPA
MATERIAL DE COBERTURA
crimes against flora WMMA
CRIMES CONTRA A FLORA

crimes against fauna WMMA
    CRIMES CONTRA A FAUNA
crimes against the environment WMMA
    CRIMES CONTRA O MEIO AMBIENTE
crimes against the environmental administration WMMA
    CRIMES CONTRA A ADMINISTRAÇÃO AMBIENTAL
crimes against urban management and cultural heritage WMMA
    CRIMES CONTRA O ORDENAMENTO URBANO E O PATRIMÔNIO CULTURAL
criminal liability WSICE
    RESPONSABILIDADE CRIMINAL
cristal plane ALL94:90
    CRISTA
critical pollution areas WBAE
    ÁREAS CRÍTICAS DE POLUIÇÃO
critical pollution episode ONU92#4978
    EPISÓDIO CRÍTICO DE POLUIÇÃO DO AR
crocidolite SEL03:106
    CROCIDOLITA
crushing ALL91:92
    BRITAGEM
cultivar WSBT
    CULTIVAR
cultivated species WCBD
    ESPÉCIE CULTIVADA
cultural sustainability WEPA
    SUSTENTABILIDADE CULTURAL
cultural-historical zone WCSAD
    ZONA HISTÓRICO-CULTURAL
culturally relevant ecological sites WMCT
    SÍTIOS ECOLÓGICOS DE RELEVÂNCIA CULTURAL
cyanid COL88:45
    CIANETO
cyanide process WEPA
    CIANETAÇÃO

D
damage BLA91:270
    DANO
dams UNB86:448
    BARRAGENS
data on carcinogenic properties WMNE
    DADOS SOBRE PROPRIEDADES CARCINOGÊNICAS
data on dermal sensitization WATSDR
    DADOS SOBRE SENSIBILIZAÇÃO DÉRMICA
data on long-term toxicity WPOPS
    DADOS SOBRE TOXICIDADE A LONGO PRAZO
data on mutagenic properties WRIVM
    DADOS SOBRE PROPRIEDADES MUTAGÊNICAS
data on ocular lesions WEPA
    DADOS SOBRE LESÕES OCULARES
data on short-term toxicity WWHO
    DADOS SOBRE TOXICIDADE A CURTO PRAZO
data on skin lesions WMWRA
    DADOS SOBRE LESÕES DÉRMICAS
data on teratogenic properties WNAP
    DADOS SOBRE PROPRIEDADES TERATOGÊNICAS
dauhval KIS83:69
    DAUHVAL
dBA WEPA
    dB(A)
DDT WEPA
    DDT
dealer WEPA
    COMERCIANTE
Declaration of the United Nations Conference on the Human Environment ONU92#1429
    DECLARAÇÃO SOBRE O MEIO AMBIENTE HUMANO
decontamination WEPA
    DESCONTAMINAÇÃO
defoliants WEPA
    DESFOLHANTES
deforestation ONU92#1447
    DESMATAMENTO
degradability WFAO
    CAPACIDADE DE DEGRADAÇÃO
degradation product WFAO
    PRODUTO DE DEGRADAÇÃO
degradation WEPA
    DEGRADAÇÃO
degradation WEPA
    DEGRADAÇÃO *1
degraded area WMMA
    ÁREA DEGRADADA
degraded area WMMA
    ÁREA DEGRADADA *1
degraded forest WEPA
    FLORESTA DEGRADADA
dejecta WWDS
    DEJETOS

dense rain forest WUNEP
  FLORESTA OMBRÓFILA DENSA
depleted uranium WWHO
  URÂNIO EMPOBRECIDO
deposit WEPA
  JAZIDA
deposit WEPA
  JAZIDA *1
descriptor WSBT
  DESCRITOR
desertification UNB86:70
  DESERTIFICAÇÃO
desiccant UNI03:02
  DESSECANTES
desoxirybonucleic acid ONU92#1499
  ÁCIDO DESOXIRRIBONUCLÉICO
detergent WEPA
  DETERGENTE
detritus CEN90:84
  DETRITOS
development WEPA
  DESENVOLVIMENTO
DHS WSBT
  DHE
diameter class WUSDAFS
  CLASSE DE DIÂMETRO
dichlorodiphenyltrichloroethano WEPA
  DICLORO-DIFENIL-TRICLORO-ETANO
diesel cycle engine WCAL
  MOTOR DO CICLO DIESEL
diet food WCFSAN
  ALIMENTO DIETÉTICO
diffuse interests WGAO
  INTERESSES DIFUSOS
diffuse rights WFAO
  DIREITOS DIFUSOS
diffuse victimization WWSJC
  VITIMAÇÃO DIFUSA
dioxin ONU92#1566
  DIOXINAS
direct use category WEPA
  UNIDADES DE MANEJO SUSTENTADO/CA-
  TEGORIA DE USO DIRETO
direct use WEPA
  USO DIRETO
Director Plan
  PLANO DIRETOR
disaster COL95:70
  DESASTRE
discharge KIS83:101
  DESCARGA

discharge KIS83:101
  DESCARGA *1
disembarked fishing WTARI
  PESCA DESEMBARCADA
disinfectant WEPA
  DESINFETANTE
disinfection WEPA
  DESINFECÇÃO
dismemberment WEPA
  DESMEMBRAMENTO
dismemberment WEPA
  DESMEMBRAMENTO *1
dispersant application dose WNOAA
  DOSAGEM DE APLICAÇÃO
dispersants WEPA
  DISPERSANTES
disposal KIN95:192
  DEPÓSITO
disposal KIN95:192
  DEPÓSITO *1
disposal site ONU92#1626
  VAZADOUROS
dissolved oxygen ONU92#1634
  OXIGÊNIO DISSOLVIDO
distinct cultivar WSBT
  CULTIVAR DISTINTA
distribution WEPA
  DISTRIBUIÇÃO
disturbing noise WHUD
  SOM INCÔMODO
divide (US) watershed (UK) ONU92#7179
  LINHA DE CUMEADA
divide ONU92#7179
  LINHA DE CRISTA
DNA ONU92#1499
  ADN
DNA ONU92#1499
  DNA
DO ONU92#1634
  OD
domestic fauna WEPA
  FAUNA DOMÉSTICA
domestic waste WEPA
  LIXO ORDINÁRIO DOMICILIAR
domesticated species WCBD
  ESPÉCIE DOMESTICADA
dose WEPA
  DOSE
dosimeter COL95:73
  DOSÍMETRO

drainage basin ONU92#1691
    BACIA DE DRENAGEM
dredged material WEPA
    MATERIAL DRAGADO
drinking water standard ONU92#1699
    PADRÃO DE POTABILIDADE DAS ÁGUAS
drinking waters WEPA
    ÁGUAS POTÁVEIS DE MESA
drippings WEPA
    SUMEIRO
dry mangrove WFAO
    MANGUE SECO
duct WEPA
    DUTO
dumping KIS83:283
    ALIJAMENTO
dumping KIS83:283
    ALIJAMENTO *1
dumping UNB86:76
    DUMPING
dune SUG92:46
    DUNA
dune SUG92:46
    DUNA *1

E
Earth Summit COL95:76
    CÚPULA DA TERRA
earthwork WEPA
    TERRAPLENAGEM
easement BLA91:352
    SERVIDÃO
ECO 92
    ECO 92
ecodevelopment ONU92#1793
    ECODESENVOLVIMENTO
ecological agriculture WEPA
    AGRICULTURA ECOLÓGICA
ecological balance ONU92#1799
    EQUILÍBRIO AMBIENTAL
ecological balance ONU92#1799
    EQUILÍBRIO ECOLÓGICO
ecological conservancy area WGVRD
    ÁREA DE CONSERVAÇÃO ECOLÓGICA
ecological corridor WCMI
    CORREDORES ECOLÓGICOS
ecological damage ONU92#1801
    DANO ECOLÓGICO
ecological function WEPA
    FUNÇÃO ECOLÓGICA

ecological handling WMMA
    MANEJO
ecological handling WMMA
    MANEJO *1
ecological handling WMMA
    MANEJO ECOLÓGICO
ecological handling WMMA
    MANEJO ECOLÓGICO *1
ecological preservation area WCOST
    ÁREA DE PRESERVAÇÃO ECOLÓGICA
ecological processes WEPA
    PROCESSOS ECOLÓGICOS
Ecological Reserves WMCT
    RESERVAS ECOLÓGICAS
ecological restoration area WIUCN
    ÁREA DE RESTAURAÇÃO ECOLÓGICA
ecological station WFAO
    ESTAÇÃO ECOLÓGICA
ecological station WFAO
    ESTAÇÃO ECOLÓGICA *1
ecological stations WMCT
    ESTAÇÕES ECOLÓGICAS
ecological succession WEPA
    SUCESSÃO ECOLÓGICA
ecological-economic coastal zoning WIUCN
    ZONEAMENTO ECOLÓGICO-ECONÔMICO COSTEIRO
ecological-economical zoning WGIS
    ZONEAMENTO ECOLÓGICO-ECONÔMICO
ecologically sensible areas WFAO
    ÁREAS ECOLOGICAMENTE SENSÍVEIS
ecologist ONU92#1822
    ECÓLOGO
ecology ONU92#1823
    ECOLOGIA
ecomovement COL95:77
    ECOLOGISMO
economic order WUSDS
    ORDEM ECONÔMICA
economic sustainability WEPA
    SUSTENTABILIDADE ECONÔMICA
economically productive property WUN
    PROPRIEDADE PRODUTIVA
ecophysiology COL95:70
    ECOFISIOLOGIA
ecosystem approach WCBD
    ABORDAGEM ECOSSISTÊMICA
ecosystem degradation WEPA
    DEGRADAÇÃO DO ECOSSISTEMA
ecosystem ONU92#1835
    ECOSSISTEMA

ecotone COL95:78
    ECÓTONO
eco-tourism ONU92#1845
    ECOTURISMO
eco-tourism ONU92#1845
    TURISMO ECOLÓGICO
ecotoxicity WEPA
    ECOTOXICIDADE
ecotoxicological essay WEU
    ENSAIOS ECOTOXICOLÓGICOS
ecotoxicological potential WEPA
    POTENCIAL ECOTOXICOLÓGICO
ecotoxicology ONU92#1846
    ECOTOXICOLOGIA
edge effect ONU92#1852
    EFEITO DE BORDA
EEZ UNB86:250
    ZEE
EEZ UNB86:250
    ZEE *1
effects monitoring WEPA
    MONITORAMENTO DOS EFEITOS
efficiency monitoring WEPA
    MONITORAMENTO DA EFICIÊNCIA
effluent control CLA90:102
    CONTROLE DE EFLUENTES
effluent standard ONU92#1863
    PADRÃO DE EFLUENTES
effluents ONU92#1859
    EFLUENTES
EIA ONU92#2056
    EIA
electric energy WEIA
    ENERGIA ELÉTRICA
electric home appliance WELETRIC
    APARELHO ELETRODOMÉSTICO
electrical accumulator WOTIS
    ACUMULADOR ELÉTRICO
ELR cycle WDIE
    CICLO E.L.R.
eluvium COL88:60
    ELÚVIO
embargo WEPA
    EMBARGO
emergency action ONU92#1885
    MEDIDAS DE EMERGÊNCIA
emergency level WEPA
    NÍVEL DE EMERGÊNCIA
emergency ONU92#1883
    ESTADO DE EMERGÊNCIA

emergency plan WEPA
    PLANO DE EMERGÊNCIA
emergency plan WEPA
    PLANO DE EMERGÊNCIA *1
emergency plan WEPA
    PLANO DE EMERGÊNCIA *2
emergency plans ONU92#1895
    PLANOS DE EMERGÊNCIA
emission limits WEPA
    LIMITES DE EMISSÃO
Emission reduction certificates WUSS
    CERTIFICADOS DE REDUÇÃO DE EMISSÕES
emission standards ONU92#1917
    PADRÕES DE EMISSÃO
emission standards ONU92#1917
    PADRÕES DE EMISSÃO *1
emission trade WMCT
    COMÉRCIO DE EMISSÕES
emissions WEPA
    EMISSÕES
endangered species of wild fauna an flora KIS83:280
    FLORA E FAUNA SILVESTRES AMEAÇADAS DE EXTINÇÃO
endangered species ONU92#1928
    ESPÉCIE AMEAÇADA DE EXTINÇÃO
endangered species ONU92#1928
    ESPÉCIE AMEAÇADA DE EXTINÇÃO *1
endangered species SEL03:172
    ESPÉCIES AMEAÇADAS
endemic specie WEPA
    ESPÉCIE ENDÊMICA
energy COL95:81
    ENERGIA
enriched food WCFSAN
    ALIMENTO ENRIQUECIDO
enriched uranium WEPA
    URÂNIO ENRIQUECIDO
enterococcus WEPA
    ENTEROCOCOS
entrepreneuer WWOR
    EMPREENDEDOR
environment control ONU92#2016
    CONTROLE AMBIENTAL
environment ONU92#1992
    MEIO AMBIENTE
environment ONU92#1992
    MEIO AMBIENTE *1
environment ONU92#1992
    MEIO AMBIENTE *2

glossário inglês-português

environment ONU92#1992
    MEIO AMBIENTE *3
environment pollution ONU92#2127
    CONTAMINAÇÃO AMBIENTAL
environmental administrative violation WMMA
    INFRAÇÃO ADMINISTRATIVA AMBIENTAL
environmental administrative violation WMMA
    INFRAÇÃO ADMINISTRATIVA AMBIENTAL *1
environmental analyst WNYSDEC
    ANALISTA AMBIENTAL
environmental aspect EN/ISO14001:3.3
    ASPECTO AMBIENTAL
environmental audit EN/ISO14010:2.9
    AUDITORIA AMBIENTAL
environmental audits EN/ISO14010:2.9
    AUDITORIAS AMBIENTAIS
environmental conservation plan WIRN
    PLANO AMBIENTAL DE CONSERVAÇÃO
environmental conservation WMMA
    CONSERVAÇÃO AMBIENTAL
Environmental Control and Inspection Tax WISA
    TAXA DE CONTROLE E FISCALIZAÇÃO AMBIENTAL
environmental co-operation WEPA
    MUTIRÃO AMBIENTAL
Environmental Crimes Law WMMA
    LEI DE CRIMES AMBIENTAIS
environmental damage ONU92#2022
    DANO AMBIENTAL
environmental diagnosis WEPA
    DIAGNÓSTICO AMBIENTAL
environmental disorder ONU92#2030
    PERTURBAÇÃO AMBIENTAL
environmental education ONU92#2033
    EDUCAÇÃO AMBIENTAL
environmental education ONU92#2033
    EDUCAÇÃO AMBIENTAL *1
environmental expert WEPA
    ESPECIALISTA EM MEIO AMBIENTE
environmental goods ONU92#2050
    BENS AMBIENTAIS
environmental hazard potential WEPA
    POTENCIAL DE PERICULOSIDADE AMBIENTAL
Environmental Impact Assessment ONU92#2056
    AVALIAÇÃO DE IMPACTO AMBIENTAL
environmental impact assessment ONU92#2056
    ESTUDO DE IMPACTO AMBIENTAL
environmental impact CLA90:105
    IMPACTO AMBIENTAL

Environmental Impact Report WEPA
    RELATÓRIO DE IMPACTO AMBIENTAL
Environmental Impact Report WEPA
    RELATÓRIO DE IMPACTO AMBIENTAL *1
environmental law ONU92#2062
    DIREITO AMBIENTAL
environmental legislation CEN90:22
    LEGISLAÇÃO AMBIENTAL
environmental license WEPA
    LICENÇA AMBIENTAL
environmental license WEPA
    LICENÇA AMBIENTAL *1
environmental license WEPA
    LICENCIAMENTO AMBIENTAL
environmental macrozoning WIADB
    MACROZONEAMENTO AMBIENTAL
environmental management ONU92#2109
    GERENCIAMENTO AMBIENTAL
environmental management system EN/ISO 14001:3.5
    SISTEMA DE GESTÃO AMBIENTAL
environmental management WEPA
    GESTÃO AMBIENTAL
environmental manager WAAG
    GESTOR AMBIENTAL
environmental monitoring WEPA
    ACOMPANHAMENTO AMBIENTAL
environmental monitoring WEPA
    MONITORAMENTO AMBIENTAL
environmental monitoring WEPA
    MONITORAMENTO AMBIENTAL *1
environmental organ WSBB
    ÓRGÃO AMBIENTAL
environmental organ WSBB
    ÓRGÃO DE MEIO AMBIENTE
environmental passive WMMA
    PASSIVO AMBIENTAL
environmental performance EN/ISO14001:3.8
    DESEMPENHO AMBIENTAL
environmental pollution ONU92#2127
    POLUIÇÃO AMBIENTAL
environmental preservation WEPA
    PRESERVAÇÃO AMBIENTAL
environmental protection area WMRE
    ÁREA DE PROTEÇÃO AMBIENTAL
environmental protection area WMRE
    ÁREA DE PROTEÇÃO AMBIENTAL *1
environmental protection areas WMRE
    ÁREAS DE PROTEÇÃO AMBIENTAL

environmental quality degradation WEPA
  DEGRADAÇÃO DA QUALIDADE AMBIENTAL
environmental quality ONU92#2135
  QUALIDADE AMBIENTAL
environmental quality ONU92#2135
  QUALIDADE DO MEIO AMBIENTE
environmental quality standards ONU92#2136
  PADRÕES DE QUALIDADE DO MEIO AMBIENTE
environmental report WINEM
  RELATÓRIO AMBIENTAL
environmental resistant COL95:85
  RESISTÊNCIA AMBIENTAL
environmental resources ONU92#2144
  RECURSOS AMBIENTAIS
environmental resources ONU92#2144
  RECURSOS AMBIENTAIS *1
environmental resources ONU92#2144
  RECURSOS AMBIENTAIS *2
environmental risk analysis WFAO
  ANÁLISE DE RISCO AMBIENTAL
environmental sanitation ONU92#2151
  SANEAMENTO DO MEIO
environmental state policy WUNECE
  POLÍTICA ESTADUAL DO MEIO AMBIENTE
environmental studies WEPA
  ESTUDOS AMBIENTAIS
environmental sustainability WEPA
  SUSTENTABILIDADE AMBIENTAL
environmental violation WEPA
  INFRAÇÃO AMBIENTAL
environmental zoning WMMA
  ZONEAMENTO AMBIENTAL
environmentalist ONU92#2060
  AMBIENTALISTA
environmentalist organizations WFEI
  ENTIDADES AMBIENTALISTAS
epidemiological surveillance WEPA
  VIGILÂNCIA EPIDEMIOLÓGICA
epiphyte COL95:84
  EPÍFITAS
epiphytic flora WUNE
  FLORA EPÍFITA
equivalent dose WEPA
  DOSE EQUIVALENTE
equivalent methods KIN95:233
  MÉTODOS EQUIVALENTES
erosion CLA90:106
  EROSÃO
ESC cycle WDIE
  CICLO E.S.C.

escherichia coli WEPA
  ESCHERICHIA COLI
essential uses WUNEP
  USOS ESSENCIAIS
essentially derived cultivar WSBT
  CULTIVAR ESSENCIALMENTE DERIVADA
establishment WEPA
  ESTABELECIMENTO
estuary UNI03:148
  ESTUÁRIO *1
ETC cycle WDIE
  CICLO E.T.C.
etiologic agent WVIR
  AGENTE ETIOLÓGICO
eukaryotic receptor WNCBI
  RECEPTOR EUCARIÓTICO
European Load Response WDIE
  CICLO EUROPEU DE RESPOSTA EM CARGA
European Stationary Cycle WDIE
  CICLO EUROPEU EM REGIME CONSTANTE
European Transient Cycle WDIE
  CICLO EUROPEU EM REGIME TRANSIENTE
eutrophication ONU92#2245
  EUTROFIZAÇÃO
ex situ conservation WCBD
  CONSERVAÇÃO *EX SITU*
ex situ gene bank WFAO
  BANCO DE GERMOPLASMA *EX SITU*
exclusive economic zone WBASEL
  ZONA ECONÔMICA EXCLUSIVA
executive law WNYDHR
  DECRETO-LEI
exhaust system WEPA
  SISTEMA DE ESCAPAMENTO
exotic fauna WEPA
  FAUNA EXÓTICA
exotic species TRE77a:132
  ESPÉCIE EXÓTICA
exotic wild fauna WIPFSA
  FAUNA SILVESTRE EXÓTICA
experimental station TRE77a:133
  ESTAÇÃO EXPERIMENTAL
experimental station TRE77a:133
  VIVEIRO
exploitation plan WFAO
  PLANO DE EXPLORAÇÃO
exploitation WEPA
  EXPLORAÇÃO
exports UNB86:455
  EXPORTAÇÃO

extensive use zone WUNEP
   ZONA DE USO EXTENSIVO
external contamination IAEA
   CONTAMINAÇÃO EXTERNA
extinct species ONU92#2292
   ESPÉCIE EXTINTA
extraction and processing of minerals WEPA
   EXTRAÇÃO E TRATAMENTO DE MINERAIS
extractive communities WMMA
   COMUNIDADES EXTRATIVISTAS
extractive reserve ONU92#2295
   RESERVAS EXTRATIVISTAS
extractive reserve ONU92#2295
   RESERVAS EXTRATIVISTAS *1
extractive reserve WMCT
   RESERVA EXTRATIVA
extractive reserve WMCT
   RESERVA EXTRATIVISTA
extractivism WMMA
   EXTRATIVISMO

F
factory ship KIS83:67
   USINA FLUTUANTE
faecal coliform bacteria ONU92#2308
   COLIFORMES FECAIS
fake food WFDA
   ALIMENTO DE FANTASIA
fallow cycle ONU92#2311
   POUSIO
falsified food WFAO
   ALIMENTOS FALSIFICADOS
family of electric motors WNASA
   FAMÍLIA DE MOTORES
family property WEPA
   PROPRIEDADE FAMILIAR
FAO WFAO
   FAO
fauna CLA90:115
   FAUNA
fauna CLA90:115
   FAUNA *1
Fauna Reserve WPARP
   RESERVA DE FAUNA
faunal potential WING
   POTENCIAL FAUNÍSTICO
Federal Action Plan For The Coastal Zone WUNEP
   PLANO DE AÇÃO FEDERAL DA ZONA COSTEIRA

Federal Department of Justice MEL94:145
   MINISTÉRIO PÚBLICO FEDERAL
federal Indian land WEPA
   TERRITÓRIO FEDERAL INDÍGENA
fertile isotope WIF
   ISÓTOPO FÉRTIL
fertile material IAEA80:07
   MATERIAL FÉRTIL
fertilizer POR92:156
   FERTILIZANTE
fetotoxic potential WJAS
   POTENCIAL EMBRIO-FETOTÓXICO
fiberboard WAFA
   PLACA DE FIBRA
fiberboard WEPA
   CHAPA DE FIBRA
fiber-cement WHAAG
   FIBROCIMENTO
final disposal site WEPA
   SÍTIO DE DISPOSIÇÃO FINAL
final disposition of medical wastes WWDS
   DISPOSIÇÃO FINAL DE RESÍDUOS DE SERVIÇOS DE SAÚDE
final disposition of the dredged material WEPA
   DISPOSIÇÃO FINAL DO MATERIAL DRAGADO
firebreak COL95:95
   ACEIRO
fiscal analysis WEPA
   ANÁLISE FISCAL
fish culture station WEPA
   ESTAÇÃO DE PISCICULTURA
fish culture station WEPA
   POSTO DE PISCICULTURA
fish spear WMMS
   FISGA
Fisheries and Preservation of Living Resources Agreement between Brazil and Uruguay WMMA
   ACORDO DE PESCA E PRESERVAÇÃO DE RECURSOS VIVOS BRASIL-URUGUAI
Fisheries Code WFAO
   CÓDIGO DE PESCA
fishing gear WEPA
   PETRECHOS PARA PESCA
fishing industry WEPA
   INDÚSTRIA DE PESCA
fishing industry WEPA
   INDÚSTRIA PESQUEIRA
fishing resources ONU92#2369
   RECURSOS PESQUEIROS

fishing resources WMMA
   RECURSOS ICTÍICOS
fishing rod WEPA
   CANIÇO SIMPLES
fishing UNB86:457
   PESCA
fishing UNB86:457
   PESCA *1
fishing vessels WEPA
   EMBARCAÇÕES DE PESCA
fissile material ELS90:295
   MATERIAL FÍSSIL
fissionable materials UNB86:156
   MATERIAIS FISSIONÁVEIS
floodable areas WSIOUX
   ÁREAS ALAGADIÇAS
floodable areas WSIOUX
   ÁREAS SUJEITAS A INUNDAÇÃO
floor area ration WNYC
   SOLO CRIADO
flora CLA90:120
   FLORA
flora CLA90:120
   FLORA *1
floristic potential WEPA
   POTENCIAL FLORÍSTICO
flour WEPA
   FARINHA
flow rate ONU92#2418
   VAZÃO
fluoridation CEN90:89
   FLUORETAÇÃO DA ÁGUA
fluorine POR92:161
   FLÚOR
foliar fertilizers WIFIA
   FERTILIZANTES FOLIARES
food and beverage industry WEPA
   INDÚSTRIA DE PRODUTOS ALIMENTARES E BEBIDAS
food chain ONU92#2466
   CADEIA ALIMENTAR
food chain ONU92#2466
   CADEIA NUTRITIVA
food quality standards CEN90:96
   PADRÃO DE IDENTIDADE E QUALIDADE
food raw material WUSDA
   MATÉRIA-PRIMA ALIMENTAR
food UNI03:71
   ALIMENTO
forest audit WFAO
   AUDITORIA FLORESTAL

forest concession areas WFAO
   LOTE DE CONCESSÃO FLORESTAL
forest concession WUSDA
   CONCESSÃO FLORESTAL
forest fire ONU92#2500
   INCÊNDIO FLORESTAL
forest garden WEPA
   HORTO FLORESTAL
forest increment WFAO
   INCREMENTO FLORESTAL
forest inventory WEPA
   INVENTÁRIO FLORESTAL
forest label WNCSA
   RÓTULO FLORESTAL
forest management burning WARB
   QUEIMADA DE MANEJO
forest management plan WEPA
   PLANO DE MANEJO FLORESTAL
forest management UNB86:06
   MANEJO FLORESTAL
forest management unit WFAO
   UNIDADE DE MANEJO
forest ONU92#2477
   FLORESTA
forest product ONU92#2512
   PRODUTO FLORESTAL
forest products WUSDA
   PRODUTOS FLORESTAIS
forest raw material WUSDA
   MATÉRIA-PRIMA FLORESTAL
forest raw material WUSDA
   MATÉRIA-PRIMA FLORESTAL *1
forest regeneration WFR
   RECOMPOSIÇÃO FLORESTAL
Forest Reserve WBEW
   RESERVA FLORESTAL
forest residues ONU92#2517
   RESÍDUOS FLORESTAIS
forest resources WFAO
   RECURSOS FLORESTAIS
forest rotation WUSDA
   ROTAÇÃO FLORESTAL
forest seed orchard ONU92#2521
   HORTOS FLORESTAIS
forest services WFAO
   SERVIÇOS FLORESTAIS
forestation and reforestation expenditures WNTT
   DESPESAS DE FLORESTAMENTO E REFLORESTAMENTO
Forestry Code WFAO
   CÓDIGO FLORESTAL

formulated product WFAO
   PRODUTO FORMULADO
fóssil energy WUSFGD
   ENERGIA FÓSSIL
fossiliferous deposits NEL67:148
   DEPÓSITOS FOSSILÍFEROS
foundation of a building PRO86:556
   FUNDAÇÃO
fragmentation ONU92#2544
   FRACIONAMENTO
framing WNSDL
   ENQUADRAMENTO
framing WNSDL
   ENQUADRAMENTO *1
free dunes WFAO
   DUNAS LIVRES
fresh fish WEPA
   PESCADO FRESCO
freshwater ONU92#2595
   ÁGUAS DOCES
frontier border WFBC
   FAIXA DE FRONTEIRA
frozen fish WEPA
   PESCADO CONGELADO
fuel gas ONU92#2420
   GÁS DE ESCAPAMENTO
fuel gas ONU92#2420
   GÁS DE ESCAPAMENTO *1
full plant WSBT
   PLANTA INTEIRA
fungicide WEPA
   FUNGICIDA
furans WEPA
   FURANOS

G
gallery forest WEPA
   MATA CILIAR
game hunting ECO88:13
   CAÇA AMADORISTA
game hunting ECO88:13
   CAÇA AMADORÍSTICA
gammexame POR92:224
   GAMEXAME
garden regime WMCNP
   REGIME JARDINADO
gather shellfish WEPA
   MARISCAR
gene bank COL95:104
   BANCO DE GERMOPLASMA

gene COL95:105
   GENE
gene escape WFAO
   ESCAPE GÊNICO
gene pool COL95:104
   GERMOPLASMA
generators WEPA
   GERADORES
genetic construction WFSM
   CONSTRUÇÃO GÊNICA
genetic engineering ONU92#2682
   ENGENHARIA GENÉTICA
genetic heritage WMMA
   PATRIMÔNIO GENÉTICO
genetic heritage WMMA
   PATRIMÔNIO GENÉTICO *1
genetic heritage WMMA
   PATRIMÔNIO GENÉTICO *2
genetic material WCBD
   MATERIAL GENÉTICO
genetic resources WCBD
   RECURSOS GENÉTICOS
genetically modified organism ONU92#2677
   ORGANISMO GENETICAMENTE MODIFI-
   CADO
genome COL95:105
   GENOMA
geoenvironmental unit WTUB
   UNIDADE GEOAMBIENTAL
geological horizons WINT
   HORIZONTES GEOLÓGICOS
geological profile WEPA
   PERFIL GEOLÓGICO
geomorphological sites WLC
   SÍTIOS GEOMORFOLÓGICOS
global warming potencial WEPA
   POTENCIAL DE AQUECIMENTO GLOBAL
global warming WEPA.
   AQUECIMENTO GLOBAL
GMO derivatives WFAO
   DERIVADOS DE OGM
GMO ONU92#2677
   OGM
gneiss WEPA
   GNAISSE
goods BLA91:478
   BENS
goods of public interest BLA90:1229
   BENS DE INTERESSE PÚBLICO
granite WEPA
   GRANITO

gravel WHP
   SAIBRO
gray whale KIS83:69
   BALEIA CINZENTA
green belt ONU92#2821
   CINTURÕES VERDES
green belt ONU92#2821
   CINTURÕES VERDES *1
greenhouse effect ONU92#2828
   EFEITO ESTUFA
greenhouse gases WUNI
   GASES DE EFEITO ESTUFA
gross tonnage WATLAN
   ARQUEAÇÃO BRUTA
ground and underground easement WFAP
   SERVIDÕES DO SOLO E DO SUBSOLO
ground water WEPA
   ÁGUA SUBTERRÂNEA
groundwater level ONU92#7193
   NÍVEL FREÁTICO
groups with a historical tradition of extractivism WFAO
   POPULAÇÃO COM TRADIÇÃO EXTRATIVISTA

H
habitat ONU92#2884
   HABITAT
handler WEPA
   MANIPULADOR
harbour authority WHAA
   AUTORIDADE PORTUÁRIA
hard coal ONU92#2913
   HULHA
hardwood SEN94:65
   MADEIRA DE LEI
harmful substance KIS83:320
   SUBSTÂNCIA NOCIVA
harmful substance KIS83:320
   SUBSTÂNCIA NOCIVA *1
harvesting cycle WFAO
   CICLO
hazardous load COL88:85
   CARGAS PERIGOSAS
hazardous solid wastes CEN90:103
   RESÍDUOS SÓLIDOS PERIGOSOS
hazardous wastes ONU92#2932
   RESÍDUOS PERIGOSOS
headland ONU92#2942
   PROMONTÓRIOS

health education COL88:85
   EDUCAÇÃO PARA A SAÚDE
heavy metals ONU92#2977
   METAIS PESADOS
heavy-duty vehicle ONU92#2974
   VEÍCULO PESADO
hemycryptophyte USH66:172
   HEMICRIPTÓFITAS
heritage of humanity ONU92#2993
   PATRIMÔNIO COMUM DA HUMANIDADE
heterotrophic organism POR92:87
   HETERÓTROFOS
heterogeneous forest WESPM
   FLORESTA HETEROGÊNEA
heterogeneous forest WESPM
   FLORESTA HETEROGÊNEA *1
high seas ONU92#3037
   ALTO-MAR
high tide WEPA
   MARÉ CHEIA
high water ONU92#3045
   PREAMAR
high water ONU92#3045
   PREAMAR *1
higher level WEPA
   NÍVEL MAIS ALTO
hill COL88:87
   MORRO
hilltop WEPA
   TOPO DE MORRO
hilltop WEPA
   TOPO DE MORRO *1
hindrance WCPDEP
   EMBARAÇO
hogback ALL94:179
   CUMES LITÓLICOS
hole cave WLCL
   BURACO
homogeneous cultivar WSBT
   CULTIVAR HOMOGÊNEA
homogeneous forest WEPA
   FLORESTA HOMOGÊNEA
homogeneous individual interests WPJF
   INTERESSES INDIVIDUAIS HOMOGÊNEOS
homogeneous individual rights WHCS
   DIREITOS INDIVIDUAIS HOMOGÊNEOS
hooked branch lines WCBRO
   ESPINHÉIS
host organism WEPA
   ORGANISMO HOSPEDEIRO

household cleaner WEPA
    SANEANTE DOMISSANITÁRIO
household sanitation WUSAID
    SANEAMENTOS DOMISSANITÁRIOS
human cloning WGSR
    CLONAGEM HUMANA
humpback whale KIS83:69
    BALEIA CÓRCOVA
humpback whale KIS83:69
    MEGAPTERO JUBARTE
hunter WHHL
    CAÇADOR
Hunting Code WCAB
    CÓDIGO DE CAÇA
hunting parks WHPD
    PARQUES DE CAÇA
hunting season WEPA
    PERÍODO DE PERMISSÃO DE CAÇA
hunting STE94:181
    CAÇAR
hunting STE94:181
    CAÇAR *1
hybrid WEPA
    HÍBRIDO
hybridoma ONU92#3093
    HIBRIDOMA ANIMAL
hydraulic energy WEPA
    ENERGIA HIDRÁULICA
hydrocarbon ONU92#3102
    HIDROCARBONETOS
hydroelectric power stations WEPA
    USINAS HIDRELÉTRICAS
hydrofluorocarbons WEPA
    HIDROFLUORCARBONOS
hydrogen POR92:184
    HIDROGÊNIO
hydrogen substances WUNEP
    SUBSTÂNCIAS DO GRUPO HIDROGÊNIO
hydrographic water basin ONU92#3121
    BACIA HIDROGRÁFICA
hydrologic regimen WMMA
    REGIME HIDROLÓGICO
hydrology POR92:186
    HIDROLOGIA

I
IAEA IAEA80:01
    AIEA
ichthyofauna WEPA
    FAUNA ICTIOLÓGICA

ichthyological species WGISP
    ESPÉCIES ICTIOLÓGICAS
idling class WEPA
    CLASSE DE INÉRCIA
IL WNYC
    LI
illegal traffic WBASEL
    TRÁFICO ILEGAL
import WEPA
    IMPORTAÇÃO
importer WEPA
    IMPORTADOR
importer WEPA
    IMPORTADOR *2
improver WSBT
    MELHORISTA
impulsive noise WEPA
    SOM IMPULSIVO
impurity WEPA
    IMPUREZA
in situ conservation WCBD
    CONSERVAÇÃO *IN SITU*
in situ gene bank WCNRC
    BANCO DE GERMOPLASMA *IN SITU*
incident KIS83:320
    INCIDENTE *1
incident KIS83:320
    INCIDENTE *2
incident ONU92#3188
    INCIDENTE
incidental additive WEPA
    ADITIVO INCIDENTAL
incinerators WEPA
    INCINERADORES
Indian lands UNI03:312
    TERRAS INDÍGENAS
Indian park WNPS
    PARQUE INDÍGENA
Indian Reserve WWWF
    RESERVA INDÍGENA
Indian statute WNDSG
    ESTATUTO DO ÍNDIO
Indian tribe UNI03:510
    COMUNIDADE INDÍGENA
Indian WEPA
    ÍNDIO
Indian WEPA
    SILVÍCOLA
indigenous people WUNESCO
    POVOS INDÍGENAS

indigenous species ONU92#3212
    ESPÉCIE NATIVA
indigenous species ONU92#3212
    ESPÉCIE NATIVA *1
indigenous species ONU92#3212
    ESPÉCIE NATIVA *2
indirect use WEPA
    USO INDIRETO
individual emergency plan WEPA
    PLANO DE EMERGÊNCIA INDIVIDUAL
individual emergency plan WEPA
    PLANO DE EMERGÊNCIA INDIVIDUAL *1
industrial batteries WIPP
    BATERIAS INDUSTRIAIS
industrial estates UNB86:179
    PARQUE INDUSTRIAL
industrial fishing WEPA
    PESCA EMPRESARIAL/INDUSTRIAL
industrial pole WAI
    PÓLO INDUSTRIAL
industrial pollution CEN90:100
    POLUIÇÃO INDUSTRIAL
industrial rationalization WUNEP
    RACIONALIZAÇÃO INDUSTRIAL
industrial wastes UNI03:531
    RESÍDUOS INDUSTRIAIS
industrial wastewaters ONU92#3227
    DESPEJO INDUSTRIAL
inert ingredient WEPA
    INGREDIENTE INERTE
infraction WIBA
    INFRAÇÃO
inland waters ONU92#3256
    ÁGUAS INTERIORES
inoculator WEPA
    INOCULANTE
inoculator WEPA
    INOCULANTE *1
insecticide COL88:94
    INSETICIDA
insert WFAO
    INSERTO
insert/vector WFRCC
    VETOR/INSERTO
in situ conditions WCBD
    CONDIÇÕES *IN SITU*
in situ genetic reserves WGRCP
    RESERVAS GENÉTICAS *IN SITU*
inspection WEPA
    FISCALIZAÇÃO
inspection WEPA
    FISCALIZAÇÃO *2
inspection WEPA
    INSPEÇÃO *1
inspection WEPA
    INSPEÇÃO *2
installation license WEPA
    LICENÇA DE INSTALAÇÃO
installation license WEPA
    LICENÇA DE INSTALAÇÃO *1
intangible zone WUNEP
    ZONA INTANGÍVEL
integral protection WFAO
    PROTEÇÃO INTEGRAL
integrated pest management ONU92#3283
    CONTROLE INTEGRADO DE PRAGAS
integrated pest management WFAO
    MANEJO INTEGRADO DE PRAGAS
intensive use zone WUNEP
    ZONA DE USO INTENSIVO
intentional additive WEPA
    ADITIVO INTENCIONAL
Inter-American Convention for the Protection and Conservation of Sea Turtles WCON
    CONVENÇÃO INTERAMERICANA PARA A PROTEÇÃO E A CONSERVAÇÃO DAS TARTARUGAS MARINHAS
interested party EN/ISO14001:3.11
    PARTE INTERESSADA
Intergovernmental Maritime Consultative Organization KIS83:320
    ORGANIZAÇÃO MARÍTIMA CONSULTIVA INTERGOVERNAMENTAL
Intergovernmental Panel on Climate Change WMCT
    PAINEL INTERGOVERNAMENTAL SOBRE MUDANÇA DO CLIMA
interim provision WUSHR
    MEDIDA PROVISÓRIA
intermittent noise WEPA
    SOM INTERMITENTE
internal contamination IAEA
    CONTAMINAÇÃO INTERNA
internal waters BLA90:816
    ÁGUAS INTERNAS
internal waters ONU92#3256
    ÁGUAS INTERIORES *1

International Atomic Energy Agency IAEA80:01
   AGÊNCIA INTERNACIONAL DE ENERGIA ATÔMICA
International Convention for the Conservation of Atlantic Tunas ONU92#3344
   CONVENÇÃO INTERNACIONAL PARA A CONSERVAÇÃO DO ATUM E AFINS DO ATLÂNTICO SUL
International Convention for the Prevention of Pollution from Ships WMMA
   CONVENÇÃO INTERNACIONAL PARA PREVENÇÃO DA POLUIÇÃO CAUSADA POR NAVIOS
International Convention for the Regulation of Whaling KIS83:67
   CONVENÇÃO INTERNACIONAL PARA REGULAMENTAÇÃO DA PESCA DA BALEIA
International Convention on Civil Liability for Oil Pollution Damage KIS83:31
   CONVENÇÃO INTERNACIONAL SOBRE RESPONSABILIDADE CIVIL EM DANOS CAUSADOS POR POLUIÇÃO POR ÓLEO
International Convention on Oil Pollution preparedness, response and cooperation WIMO
   CONVENÇÃO INTERNACIONAL SOBRE O PREPARO, RESPOSTA E COOPERAÇÃO EM CASO DE POLUIÇÃO POR ÓLEO
International Maritime Organization WIMO
   ORGANIZAÇÃO MARÍTIMA INTERNACIONAL
international nuclear transport TRE87:126
   TRANSPORTE NUCLEAR INTERNACIONAL
International Plant Protection Convention KIS 83:90
   CONVENÇÃO INTERNACIONAL PARA PROTEÇÃO DOS VEGETAIS
International Union for the Conservation of Nature and Natural Resources WRAM
   UNIÃO INTERNACIONAL PARA A CONSERVAÇÃO DA NATUREZA E DOS RECURSOS NATURAIS
ionizing radiation POR92:199
   RADIAÇÃO IONIZANTE
irradiated food WACSH
   ALIMENTO IRRADIADO
irreversible damage WEPA
   DANO IRREVERSÍVEL
irreversible significant effects WPPIC
   EFEITOS SIGNIFICATIVOS IRREVERSÍVEIS
irrigation CLA90:164
   IRRIGAÇÃO

irrigation program WEPA
   PROGRAMA DE IRRIGAÇÃO
irrigator WEPA
   IRRIGANTE
isotopes IAEA80:07
   ISÓTOPOS
IUCN WRAM
   UICN

J

joint implementation WMCT
   IMPLEMENTAÇÃO CONJUNTA
jubarte whale WEPA
   BALEIA JUBARTE

K

karst topography STO55:80
   FORMAÇÕES CÁRSTICAS
kiln system WEPA
   SISTEMA FORNO
Kyoto Protocol WFAO
   PROTOCOLO DE KIOTO
Kyoto Protocol WFAO
   PROTOCOLO DE QUIOTO

L

label WEPA
   RÓTULO
labeling WEPA
   ROTULAGEM
laminated wood WEPA
   MADEIRA LAMINADA
Land Reform Cooperative CLA90:173
   COOPERATIVA INTEGRAL DE REFORMA AGRÁRIA
land stations KIS83:67
   ESTAÇÕES DE TERRA
Land Statute WFS
   ESTATUTO DA TERRA
land traditionally occupied by the Indians WUN
   TERRAS TRADICIONALMENTE OCUPADAS PELOS ÍNDIOS
landscape value WEPA
   VALOR PAISAGÍSTICO
latifundium WEPA
   LATIFÚNDIO
law BLA91:612
   LEI
Law of Protection to Cultivars WSBT
   LEI DE PROTEÇÃO DE CULTIVARES

leachate WEPA
   CHORUME
leaching ONU92#3550
   LIXÍVIA
lead acid accumulator WEPA
   ACUMULADOR CHUMBO-ÁCIDO
leather and fur industry WUNEP
   INDÚSTRIA DE COUROS E PELES
Legal Amazon WMMA
   AMAZÔNIA LEGAL
Legal Amazon WMMA
   AMAZÔNIA LEGAL *1
legal entity BLA91:620
   PESSOA JURÍDICA
legal reserve WIFCN
   RESERVA LEGAL
legal reserve WIFCN
   RESERVA LEGAL *1
legal reserve WIFCN
   RESERVA LEGAL *2
legislative statute WMELAW
   DECRETO LEGISLATIVO
lentic environment WEPA
   AMBIENTE LÊNTICO
lethal dose WEPA
   DOSE LETAL 50% DÉRMICA
liability ONU92#3579
   RESPONSABILIDADE
liability risk WLAW
   RESPONSABILIDADE POR RISCO
liane ALL94:230
   LIANAS
License for Use of the Configuration of Vehicles or Motors WMMA
   LICENÇA PARA USO DA CONFIGURAÇÃO DE CICLOMOTORES, MOTOCICLOS E SIMILARES
license ONU92#3584
   LICENÇA
lichen ALL94:230
   LÍQUENES
light-duty vehicle ONU92#3599
   VEÍCULO LEVE
lindane POR92:224
   LINDANO
lindane POR92:224
   PÓ DA CHINA
lindane POR92:224
   PÓ DE GAFANHOTO
liquified petroleum gas ONU92#3631
   GÁS LIQUEFEITO DE PETRÓLEO

live samples WSBT
   AMOSTRA VIVA
load ONU92#3655
   CARGA
local communities WUSDA
   COMUNIDADES LOCAIS
local receptor WIISBE
   RECEPTOR LOCAL
lode BAT87:
   FILÕES
log WEPA
   TORA
lotic environment WEPA
   AMBIENTE LÓTICO
low water line BRA92:253
   LINHA DE BAIXA-MAR
LPG ONU92#3631
   GLP

M

macrodiagnosis WUN
   MACRODIAGNÓSTICO
macrozoning WMCT
   MACROZONEAMENTO
management body WUSDA
   ÓRGÃO GESTOR
manegement plan WEPA
   PLANO DE MANEJO
manegement plan WEPA
   PLANO DE MANEJO *1
mangrove ONU92#3762
   MANGUE
mangrove ONU92#3762.
   MANGUEZAL
mangrove swamps UNB86:152
   MANGAL
manufacturer WEPA
   FABRICANTE
manufacturer WEPA
   FABRICANTE *1
mariculture UNB86:155
   MARICULTURA
marine ecosystems ECO88:21
   ECOSSISTEMAS MARINHOS
marine environment ONU92#3794
   MEIO MARINHO
marine manatee WIAF
   PEIXE-BOI MARINHO
marine resources UNB86:208
   RECURSOS DO MAR

marine terrain WIUCN
    TERRENOS DE MARINHA
maritime authority WMMA
    AUTORIDADE MARÍTIMA
marketing UNB86:44
    COMERCIALIZAÇÃO
marshland COL88:108
    VEREDA
material transfer form WUMIC
    TERMO DE TRANSFERÊNCIA DE MATERIAL
maximum emission limits WEPA
    LIMITES MÁXIMOS DE EMISSÃO
maximum exploitable potential WUVL
    POTENCIAL MÁXIMO EXPLORÁVEL
maximum sustainable yield ONU92#3835
    POTENCIAIS SUSTENTÁVEIS DE CAPTURA DOS RECURSOS VIVOS
meander CLA90:194
    MEANDROS
mechanical industry WEPA
    INDÚSTRIA MECÂNICA
mechanical pulp WEPA
    POLPA MECÂNICA
mechanical vector WACC
    VETOR MECÂNICO
median lethal concentration ONU92#3848
    CONCENTRAÇÃO LETAL 50% INALATÓRIA
Medical Waste Management Plan WEPA
    PLANO DE GERENCIAMENTO DE RESÍDUOS DE SERVIÇOS DA SAÚDE
medical waste treatment system WUSDS
    SISTEMA DE TRATAMENTO DE RESÍDUOS DE SERVIÇOS DE SAÚDE
Medical Waste WEPA
    RESÍDUOS DE SERVIÇOS DE SAÚDE
melipona bee WEMB
    ABELHA MELIPONA
meliponary WGMR
    MELIPONÁRIO
meliponiculture WNBP
    MELIPONICULTURA
meliponiculturist WBW
    MELIPONICULTOR
MERCOSUR Framework Agreement on the Environment WUNEP
    ACORDO-QUADRO SOBRE MEIO AMBIENTE DO MERCOSUL
mercury WEPA
    MERCÚRIO
mesh size WFAO
    TAMANHO DA MALHA

metabolite KIN95:398
    METABÓLITOS
metallic mercury WEPA
    MERCÚRIO METÁLICO
metallurgical industry WEPA
    INDÚSTRIA METALÚRGICA
methane COL88:110
    METANO
methanol ONU92#3902
    METANOL COMBUSTÍVEL
microbus WEPA
    MICRO-ÔNIBUS
micronutrient ONU92#3939
    MICRONUTRIENTES
migrating paths ONU92#3962
    ROTAS DE MIGRAÇÃO
migration sites WFWS
    SÍTIOS DE ARRIBAÇÃO
migratory birds COL88:112
    AVES MIGRATÓRIAS
mine GLA97:71
    MINA
mineral coal WUTA
    CARVÃO MINERAL
mineral fertilizer WFAO
    FERTILIZANTE MINERAL
mineral research WEPA
    PESQUISA MINERAL
mineral resource WEPA
    RECURSO MINERAL
mineral resources UNB86:208
    RECURSOS MINERAIS
mineral water WBDT
    ÁGUAS MINERAIS
minimum margin WSBT
    MARGEM MÍNIMA
mining CLA90:201
    LAVRA
mining CLA90:201
    LAVRA *1
Mining Code WWB
    CÓDIGO DE MINAS
Mining Code WWB
    CÓDIGO DE MINERAÇÃO
mining industry WYL75:143
    EMPRESA DE MINERAÇÃO
Ministry of Justice WUSAID
    MINISTÉRIO PÚBLICO
mire WUSG
    MARISMA

mires WUSG
   MARISMAS
miscellaneous industries WFAO
   INDÚSTRIAS DIVERSAS
mitochondria COL88:113
   MITOCÔNDRIAS
mix zones CEN90:108
   ZONA DE MISTURA
mix zones CEN90:108
   ZONA DE MISTURA *1
mixed fertilizer WIFIA
   FERTILIZANTE MINERAL MISTO
mobile dunes WFAO
   DUNAS MÓVEIS
molecular ecology WMPI
   ECOLOGIA MOLECULAR
monadnock WEPA
   TESTEMUNHOS GEOLÓGICOS
Montreal Protocol ONU92#4053
   PROTOCOLO DE MONTREAL
motor vehicle body configuration WEFA
   CONFIGURAÇÃO DA CARROCERIA
motorcycle COL97:156
   CICLOMOTOR
motorcycle WEPA
   MOTOCICLO
mountain COL88:115
   MONTANHA
multiple use UNI03:1270
   USO MÚLTIPLO
multiple-use zones WUSAID
   ZONAS DE USO DIVERSIFICADO
multiple use sustained yield WGEO
   REGIME SUSTENTADO E USO MÚLTIPLO
Municipal Coastal Management Plan WUM
   PLANO MUNICIPAL DE GERENCIAMENTO COSTEIRO
municipal competency WWB
   COMPETÊNCIA DO MUNICÍPIO
municipal forest WEPA
   FLORESTA MUNICIPAL
municipal waste COL88:115
   LIXO PÚBLICO
mutagenesis ONU92#4094
   MUTAGÊNESE
mutagenic characteristics WEPA
   CARACTERÍSTICAS MUTAGÊNICAS
mutagenic potential WEPA
   POTENCIAL MUTAGÊNICO
mutagenic properties WEPA
   PROPRIEDADES MUTAGÊNICAS

N

Nacional Council on Environment WMMA
   CONSELHO NACIONAL DO MEIO AMBIENTE
National Agency of Petroleum, Natural Gas, and Biofuels WANP
   AGÊNCIA NACIONAL DO PETRÓLEO, GÁS NATURAL E BIOCOMBUSTÍVEIS
National Biodiversity Policy WMMA
   POLÍTICA NACIONAL DA BIODIVERSIDADE
National Biodiversity Program WFAO
   PROGRAMA NACIONAL DA DIVERSIDADE BIOLÓGICA
National Biosafety Council WCTB
   CONSELHO NACIONAL DE BIOSSEGURANÇA
National Biosafety Technical Commision WCTB
   COMISSÃO TÉCNICA NACIONAL DE BIOS-SEGURANÇA
National Coastal Zone Management Plan WUN
   PLANO NACIONAL DE GERENCIAMENTO COSTEIRO
National Coastal Zone Management Plan WUN
   PLANO NACIONAL DE GERENCIAMENTO COSTEIRO *1
National Comission for Biodiversity WMMA
   COMISSÃO NACIONAL DE BIODIVERSIDADE
National Commision for Nuclear Energy CNEN
   COMISSÃO NACIONAL DE ENERGIA NUCLEAR
National Council on Water Resources BRA97b:15
   CONSELHO NACIONAL DE RECURSOS HÍDRICOS
National Department for Mineral Production WUDSCL
   DEPARTAMENTO NACIONAL DE PRODUÇÃO MINERAL
National Electrical Energy Agency WEAR
   AGÊNCIA NACIONAL DE ENERGIA ELÉTRICA
National Energy Policy Council WINT
   CONSELHO NACIONAL DE POLÍTICA ENERGÉTICA
National Energy Policy WUSDA
   POLÍTICA ENERGÉTICA NACIONAL
National Environment System WMMA
   SISTEMA NACIONAL DE MEIO AMBIENTE
National Environmental Policy WMMA
   POLÍTICA NACIONAL DO MEIO AMBIENTE
National Fauna Protection Council WMMA
   CONSELHO NACIONAL DE PROTEÇÃO À FAUNA

national forest WFAO
    FLORESTA NACIONAL
National Forestry Program WFAO
    PROGRAMA NACIONAL DE FLORESTAS
National Fund for Forest Development WUSDA
    FUNDO NACIONAL DE DESENVOLVIMENTO FLORESTAL
National Fund for the Environment WUNEP
    FUNDO NACIONAL DO MEIO AMBIENTE
National Health Surveillance Agency WANV
    AGÊNCIA NACIONAL DE VIGILÂNCIA SANITÁRIA
National Heritage WUNESCO
    PATRIMÔNIO NACIONAL
National Historical and Artistic Heritage WUNESCO
    PATRIMÔNIO HISTÓRICO E ARTÍSTICO NACIONAL
National Information System on Fisheries and Aquaculture WFAO
    SISTEMA NACIONAL DE INFORMAÇÕES DA PESCA E AQÜICULTURA
National Oceanographic Data Bank WNOAA
    BANCO NACIONAL DE DADOS OCEANOGRÁFICOS
national park WEPA
    PARQUE NACIONAL
National Parks WMCT
    PARQUES NACIONAIS
National Parks WMCT
    PARQUES NACIONAIS *1
National Policy for Antarctic Issues WMCT
    POLÍTICA NACIONAL PARA ASSUNTOS ANTÁRTICOS
National Policy for Marine Resources WFAO
    POLÍTICA NACIONAL PARA OS RECURSOS DO MAR
national policy on environmental education WPNU
    POLÍTICA NACIONAL DE EDUCAÇÃO AMBIENTAL
National Programme for Air Quality Control WMMA
    PROGRAMA NACIONAL DE CONTROLE DA QUALIDADE DO AR
National Registry of Environmentalist Entities WPTE
    CADASTRO NACIONAL DAS ENTIDADES AMBIENTALISTAS
National Rural Credit System WPLA
    SISTEMA NACIONAL DE CRÉDITO RURAL
national safeguards WEPA
    SALVAGUARDAS NACIONAIS
National System for Environmental Information WUNEP
    SISTEMA NACIONAL DE INFORMAÇÃO SOBRE O MEIO AMBIENTE
National System of Conservation Units WMCT
    SISTEMA NACIONAL DE UNIDADES DE CONSERVAÇÃO DA NATUREZA
national tree WNT
    ÁRVORE NACIONAL
National Water Agency WMMA
    AGÊNCIA NACIONAL DE ÁGUAS
National Water Resources Management System WMMA
    SISTEMA NACIONAL DE GERENCIAMENTO DE RECURSOS HÍDRICOS
National Water Resources Policy WMMA
    POLÍTICA NACIONAL DE RECURSOS HÍDRICOS
native biota WUNEP
    BIOTA NATIVA
native fauna species WNWF
    ESPÉCIES DA FAUNA NATIVA DO ESTADO DO RIO GRANDE DO SUL
native flora WEPA
    FLORA NATIVA
native forest ONU92#4112
    FLORESTA NATIVA
native forest ONU92#4112
    FLORESTA NATIVA *1
natural environment ONU92#4123
    AMBIENTE NATURAL
natural gas and petroleum monopoly WWGA
    MONOPÓLIO DO PETRÓLEO E DO GÁS NATURAL
natural gas field WEPA
    CAMPO DE GÁS NATURAL
natural gas processing WEPA
    PROCESSAMENTO DE GÁS NATURAL
natural gas storage WEPA
    ESTOCAGEM DE GÁS NATURAL
natural gas treatment WEPA
    TRATAMENTO DE GÁS NATURAL
natural gas WEPA
    GÁS NATURAL
natural gas WEPA
    GÁS NATURAL *1
natural heritage private reserve WMCT
    RESERVA PARTICULAR DE PATRIMÔNIO NATURAL

natural heritage private reserve WMCT
  RESERVA PARTICULAR DO PATRIMÔNIO NATURAL
natural monuments KIS83:64
  MONUMENTO NATURAL
natural monuments KIS83:64
  MONUMENTO NATURAL *1
natural monuments KIS83:64
  MONUMENTOS NATURAIS
natural parks WUN
  ZONAS DE PARQUE NATURAL
natural person BLA91:791
  PESSOA FÍSICA
natural predators WEPA
  PREDADORES NATURAIS
natural regeneration WFR
  REGENERAÇÃO NATURAL
natural reserve zones WEPA
  ZONAS DE RESERVA NATURAL
natural resource use WEPA
  USO DE RECURSOS NATURAIS
natural resource WEPA
  RECURSO NATURAL
Natural Resources Reserve WCVRD
  RESERVA DE RECURSOS NATURAIS
natural resources UNI03:540
  RECURSOS NATURAIS
natural underground cavern WMAD
  CAVIDADE NATURAL SUBTERRÂNEA
natural underground caverns WMAD
  CAVIDADES NATURAIS SUBTERRÂNEAS
nature conservation ECO88:15
  CONSERVAÇÃO DA NATUREZA *1
nautical mile WUSHR
  MILHA NÁUTICA
neighborhood law WEPA
  DIREITO DE VIZINHANÇA
neurotoxicological effects WEPA
  EFEITOS NEUROTÓXICOS
neutralization power WRSCC
  PODER DE NEUTRALIZAÇÃO
new configurations WSAE
  NOVAS CONFIGURAÇÕES
new cultivar WSBT
  NOVA CULTIVAR
new fishing resources WFAO
  NOVOS RECURSOS PESQUEIROS
new homologations WEU
  NOVAS HOMOLOGAÇÕES
new pollution sources WEPA
  FONTES NOVAS DE POLUIÇÃO
new product WEPA
  NOVO PRODUTO
new tire WEPA
  PNEU NOVO
NFP WFAO
  PNF
NGOs WNGOS
  ONGS
nitric oxide ONU92#4190
  ÓXIDO NÍTRICO
nitrogen dioxide ONU92#4201
  DIÓXIDO DE NITROGÊNIO
nitrogen oxides ONU92#4212
  ÓXIDOS DE NITROGÊNIO
nitrogen oxides ONU92#4212
  ÓXIDOS DE NITROGÊNIO *1
nitrogen substances WUNEP
  SUBSTÂNCIAS DO GRUPO DO NITROGÊNIO
nitrous oxide ONU92#1561
  ÓXIDO NITROSO
noise CEN90:103
  RUÍDO
noise label WEPA
  SELO RUÍDO
noise nuisance ECO92:156
  DISTÚRBIO POR RUÍDO
noise nuisance ECO92:156
  DISTÚRBIO SONORO
noise sensitive zone WNYC
  ZONA SENSÍVEL A RUÍDO
non-formal environmental education WEPA
  EDUCAÇÃO AMBIENTAL NÃO-FORMAL
non-metallic minerals industry WEPA
  INDÚSTRIA DE PRODUTOS MINERAIS NÃO-METÁLICOS
non-methane hydrocarbon species WUN
  ESPÉCIES DE HIDROCARBONOS SEM METANO
non-methane hydrocarbon WEPA
  HIDROCARBONETOS NÃO-METANO
non-navigable waters BLA91:729
  ÁGUAS COMUNS
non-processed food WCFSAN
  ALIMENTO *IN NATURA*
non-renewable resource WNREL
  RECURSO NÃO-RENOVÁVEL
non-renewable resources CLA90:215
  RECURSOS NATURAIS NÃO-RENOVÁVEIS
non-timber forest products WFAO
  SUBPRODUTOS FLORESTAIS NÃO MADERÁVEIS

glossário inglês-português

non-wooden forest products WFAO
    PRODUTOS FLORESTAIS NÃO MADERÁVEIS
normal maximum level WSWPA
    NÍVEL MÁXIMO NORMAL
Nuclear and Energy Research Institute WNIST
    INSTITUTO DE PESQUISAS ENERGÉTICAS E NUCLEARES
nuclear element WFAO
    ELEMENTO NUCLEAR
nuclear energy COL95:159
    ENERGIA NUCLEAR
nuclear equipment WEPA
    EQUIPAMENTO ESPECIFICADO
nuclear explosion KIS83:185
    EXPLOSÃO NUCLEAR
nuclear fission CLA90:218
    FISSÃO NUCLEAR
nuclear fuel IAEA80:16
    COMBUSTÍVEL NUCLEAR
nuclear fusion WINT
    FUSÃO NUCLEAR
nuclear installation KIS83:159
    INSTALAÇÃO NUCLEAR
nuclear material TRE87:126
    MATERIAL NUCLEAR
nuclear mineral WTO
    MINERAL NUCLEAR
nuclear ore WUSHR
    MINÉRIO NUCLEAR
nuclear power stations ELS90:292
    USINAS NUCLEOELÉTRICAS
nuclear reactor IAEA80:11
    REATOR NUCLEAR
nuclear safety WEPA
    SEGURANÇA NUCLEAR
nucleic acid COL95:159
    ÁCIDO NUCLÉICO
nutrient ONU92#4331
    NUTRIENTE
nutriment WEPA
    NUTRIMENTO
nutrition surveillance BEN95:160
    VIGILÂNCIA NUTRICIONAL

O

OBD vehicles WEPA
    VEÍCULOS-OBD
objetive evidence WERS
    EVIDÊNCIA OBJETIVA
occupancy rate WNWN
    TAXA DE OCUPAÇÃO

ODP ONU92#4558
    PDO
ODSs WEPA
    SDOs
off-shore installations WUNC
    INSTALAÇÕES DE APOIO
oil fuel KIS83:327
    ÓLEO COMBUSTÍVEL
oil pollution damage ONU92#4400
    DANO POR POLUIÇÃO
oil spills WEPA
    DERRAMAMENTOS
oil tanker KIS83:327
    PETROLEIRO
oil terminal WEPA
    TERMINAL DE ÓLEO
oil UNI03:540
    ÓLEO
oil UNI03:540
    ÓLEO *1
oil UNI03:540
    ÓLEO *2
oily mixture KIS83:327
    MISTURA OLEOSA
oily mixture KIS83:327
    MISTURA OLEOSA *1
on-board diagnosis WIPT
    DISPOSITIVOS DA AUTODIAGNOSE
open court BLA91:752
    AUDIÊNCIA PÚBLICA
open court BLA91:752
    AUDIÊNCIA PÚBLICA *1
open dump WEPA
    LIXÕES
open dumps CEN90:06
    DEPÓSITOS DE LIXO A CÉU ABERTO
operation license WEPA
    LICENÇA DE OPERAÇÃO
operation license WEPA
    LICENÇA DE OPERAÇÃO *1
operational unit WEPA
    UNIDADE OPERACIONAL
operator KIS83:22
    OPERADOR
oral lethal dose 50 WEPA
    DOSE LETAL 50% ORAL
organic farming system WFAO
    SISTEMA ORGÂNICO DE PRODUÇÃO AGRO-PECUÁRIA
organic fertilizer WFAO
    FERTILIZANTE ORGÂNICO

organic fertilizer WIFIA
   FERTILIZANTE ORGÂNICO SIMPLES
organic-mineral fertilizer WIFIA
   FERTILIZANTE ORGANOMINERAL
organism WEPA
   ORGANISMO
organized port WOASO
   PORTO ORGANIZADO
organoclorated pesticides WFCT
   AGROTÓXICOS ORGANOCLORADOS
organophosphorus pesticides WEPA
   AGROTÓXICOS ORGANOFOSFORADOS
origin country WUPS
   PAÍS DE ORIGEM
original equipment catalytic converter WIDEM
   CONVERSOR CATALÍTICO ORIGINAL
Otto-cycle engine WAFD
   MOTOR DO CICLO OTTO
outdoor advertising ELL90:412
   ANÚNCIOS DE PROPAGANDA
outdoors advertising ELL90:412
   PINTURAS MURAIS VEICULADORAS DE ANÚNCIOS
outer space KIS83:185
   ESPAÇO CÓSMICO
outstanding specimen WUNE
   ESPÉCIME NOTÁVEL
owner WAUS
   PROPRIETÁRIO
Ozone Depleting Substances WEPA
   SUBSTÂNCIAS QUE DESTROEM A CAMADA DE OZÔNIO
ozone layer ONU92#4578
   CAMADA DE OZÔNIO
ozone-depleting potential ONU92#4558
   POTENCIAL DE DESTRUIÇÃO DO OZÔNIO

P

packaging ONU92#4640
   EMBALAGEM
packaging ONU92#4640
   EMBALAGEM *1
packaging ONU92#4640
   EMBALAGEM *2
paleoecologic researches WNAP
   PESQUISAS PALEOECOLÓGICAS
paleontological sites WEPA
   SÍTIOS PALEONTOLÓGICOS
paper and cellulose industry WFDA
   INDÚSTRIA DE PAPEL E CELULOSE
parameter WEPA
   PARÂMETRO

parcel owner WEPA
   PARCELEIRO
parcelling of urban land WECGIS
   PARCELAMENTO DO SOLO URBANO
parcels WEPA
   PARCELAS
parental organism ONU92#4672
   ORGANISMO PARENTAL
park road WEPA
   ESTRADA-PARQUE
partially halogenated hydrocarbon RIV93:207
   ALCANOS PARCIALMENTE HALOGENADOS
partially urbanized areas WESCAR
   ÁREA PARCIALMENTE URBANIZADA
particle WFPL
   PARTÍCULA
particle board WEPA
   PLACA DE MADEIRA AGLOMERADA
particle board WEPA
   CHAPA DE MADEIRA AGLOMERADA
PCB's CEN90:59
   PCBS
PCE WEPA
   ECP
peat ONU92#4713
   TURFEIRA
pecuniary penalty WUSHR
   MULTA
pecuniary service WUSSCC
   PRESTAÇÃO PECUNIÁRIA
penal action BLA90:1132
   AÇÃO PENAL
penal liability UNB86:215
   RESPONSABILIDADE PENAL
pentachlorophenate WEPA
   PENTACLOROFENOL
percolated WEPA
   PERCOLADOS
percolation ONU92#4733
   PERCOLAÇÃO
perfluorocarbons WEPA
   PERFLUORCARBONOS
perishable food WFSIS
   ALIMENTO PERECÍVEL
permanent preservation areas WEMB
   ÁREAS DE PRESERVAÇÃO PERMANENTE
permanent preservation areas WEMB
   ÁREAS DE PRESERVAÇÃO PERMANENTE *1
permanent harbour works WUNC
   INSTALAÇÃO PORTUÁRIA
permanent harbour works WUNC
   INSTALAÇÃO TERMINAL

permanent preservation area WAGET
 ÁREA DE PRESERVAÇÃO PERMANENTE
permanent way WNHG
 VIA PERMANENTE
permanently preserved forest WLC
 FLORESTAS DE PRESERVAÇÃO PERMANENTE
permeability ONU92#3096
 PERMEABILIDADE
permit WEPA
 PERMISSÃO
Persistent Organic Pollutants WPOPS
 POLUENTES ORGÂNICOS PERSISTENTES
person BLA91:791
 PESSOA
personal action BLA90:1143
 AÇÃO PESSOAL
personal protective equipment WFAO
 EQUIPAMENTO DE PROTEÇÃO INDIVIDUAL
pest UNI03:04
 PRAGA
pesticide formulator WEPA
 FORMULADOR
Pesticide Information System WEPA
 SISTEMA DE INFORMAÇÕES SOBRE AGROTÓXICOS
pesticide UNI03:04
 PESTICIDA
pesticide WEPA
 PRAGUICIDA
pesticide WEPA
 DEFENSIVOS AGRÍCOLAS
pesticides ONU92#4780
 AGROTÓXICOS
pesticides and similar substances WIPFSA
 AGROTÓXICOS E AFINS
petroleum derivatives WEPA
 DERIVADOS DE PETRÓLEO
petroleum field WEPA
 CAMPO DE PETRÓLEO
petroleum industry WEPA
 INDÚSTRIA DO PETRÓLEO
petroleum WEPA
 PETRÓLEO
PFCs WEPA
 PFCs
pH ONU92#4788
 pH
phaeophyta WEPA
 FANERÓFITAS

pharmaceutical input WFAO
 INSUMO FARMACÊUTICO
photochemical oxidants ONU92#4821
 OXIDANTES FOTOQUÍMICOS
photochemical smog ONU92#4824
 SMOG FOTOQUÍMICO
photodegradation ONU92#4826
 FOTODEGRADAÇÃO
photosynthesis ONU92#4844
 FOTOSSÍNTESE
phreatic water CLA90:239
 LENÇOL FREÁTICO
physical environment ONU92#4853
 ENTORNO DE AMBIENTAÇÃO
physical environment WFS
 MEIO FÍSICO
physical protection WEPA
 PROTEÇÃO FÍSICA
phytoplankton CLA90:239
 FITOPLÂNCTON MARINHO
Phytosanitary Certificate WALL
 CERTIFICADO FITOSSANITÁRIO
phytosanitary measures WWTO
 MEDIDAS FITOSSANITÁRIAS
pilot plant WEPA
 USINA PILOTO
pioneer ALL94:303
 PIONEIRO
pioneer species ONU92#4867
 ESPÉCIE PIONEIRA
piped-gas distribution WUSDS
 DISTRIBUIÇÃO DE GÁS CANALIZADO
placer CLA90:240
 PLÁCERES
planetary boundary layer ONU92#4872
 CAMADA LIMÍTROFE PLANETÁRIA
plant association ALL94:304
 COMUNIDADES VEGETAIS
plant products KIS83:90
 PRODUTOS VEGETAIS
plant products WFAO
 PRODUTOS DE PLANTAS
plant quarantine WFAO
 QUARENTENA VEGETAL
plant regulators KIN95:497
 ESTIMULADORES E INIBIDORES DO CRESCIMENTO
planted forests WFAO
 FLORESTAS PLANTADAS

plants of wood preservation under pressure WEPA
  USINAS DE PRESERVAÇÃO DE MADEIRAS SOB PRESSÃO
plants WFAO
  PLANTAS
plants WFAO
  VEGETAIS
plasmids DAR95:G14
  PLASMÍDEOS
plastic products industry WEPA
  INDÚSTRIA DE PRODUTOS DE MATÉRIA PLÁSTICA
plateau CLA90:242
  CHAPADA
pleasure fishing WPPF
  PESCA AMADORÍSTICA
ploidia WAMJC
  PLOIDIA
plot WEPA
  TALHÃO
plutonium IAEA80:31
  PLUTÔNIO
plywood WEPA
  MADEIRA COMPENSADA
police power BLA91:800
  PODER DE POLÍCIA
pollutant ONU92#4962
  POLUENTE
pollutant ONU92#4962
  POLUENTE *1
pollutant ONU92#4962
  POLUIDOR
pollutant ONU92#4962
  POLUIDOR *1
polluted waters WEPA
  ÁGUAS POLUÍDAS
polluter pays principle WEPA
  PRINCÍPIO DO POLUIDOR-PAGADOR
polluting load WFAO
  CARGA POLUIDORA
pollution control equipment WEPA
  EQUIPAMENTO DE CONTROLE DE POLUIÇÃO
pollution level ONU92#4983
  NÍVEL DE EMISSÃO
pollution source WEPA
  FONTE DE POLUIÇÃO
pollution sources CEN90:90
  FONTES DE POLUIÇÃO
pollution UNI03:497
  POLUIÇÃO
pollution UNI03:497
  POLUIÇÃO *1
polychlorinated biphenyls ONU92#4991
  BIFENILAS POLICLORADAS
POPs WPOPS
  POPs
popular action MEL94:07
  AÇÃO POPULAR
portable batteries WPB
  BATERIAS PORTÁTEIS
portable cells WUNECE
  PILHAS PORTÁTEIS
potable water CEN90:74
  ÁGUA POTÁVEL
potable water CEN90:74
  ÁGUA POTÁVEL *1
potential pollution source WEPA
  FONTE POLUIDORA POTENCIAL
potentially dangerous food WDIAB
  ALIMENTOS POTENCIALMENTE PERIGOSOS
potentially polluting activity ONU92#5041
  ATIVIDADE POTENCIALMENTE POLUIDORA
PPE WEPA
  EPI
pre-calciner WEPA
  PRÉ-CALCINADOR
precautionary principle ONU92#5062
  PRINCÍPIO DA PRECAUÇÃO
precommercial activities WFDLI
  ATIVIDADES PRÉ-COMERCIAIS
predation ALL94:315
  PREDAÇÃO
predatory fishing WFAO
  PESCA PREDATÓRIA
preference lines WUSDS
  FAIXAS DE PREFERÊNCIA
pre-heater WEPA
  PRÉ-AQUECEDOR
prehistoric monuments WUNESCO
  MONUMENTOS PRÉ-HISTÓRICOS
preliminary toxicological evaluation WCFSAN
  AVALIAÇÃO TOXICOLÓGICA PRELIMINAR
pre-mixture WEPA
  PRÉ-MISTURA
prescription WWHO
  RECEITA
prescription book WWHO
  RECEITUÁRIO

preservation process WEPA
  PROCESSO DE PRESERVAÇÃO
preservation treatment WFAO
  TRATAMENTO PRESERVATIVO
preservation WEPA
  PRESERVAÇÃO
preservation WEPA
  PRESERVAÇÃO *1
preserved wood SEN94:67
  MADEIRA PRESERVADA
preserved wood SEN94:67
  MADEIRA PRESERVADA *1
preventive measures WAUS
  MEDIDAS PREVENTIVAS
previous authorization WEPA
  AUTORIZAÇÃO PRÉVIA
previous license WFDA
  LICENÇA PRÉVIA
previous license WFDA
  LICENÇA PRÉVIA *1
primary combustion zone WEPA
  ZONA DE COMBUSTÃO PRIMÁRIA
primary contact water recreation WEPA
  RECREAÇÃO DE CONTATO PRIMÁRIO
primary distribution base WOXFOR
  BASE DE DISTRIBUIÇÃO PRIMÁRIA
primary energy COL95:81
  ENERGIA PRIMÁRIA
primary forest ONU92#5114
  FLORESTA PRIMÁRIA
primary fuel WEPA
  COMBUSTÍVEL PRIMÁRIO
primary industry WEPA
  INDÚSTRIA DE BASE
primary macronutrients WASA
  MACRONUTRIENTES PRIMÁRIOS
primary vegetation WEPA
  VEGETAÇÃO PRIMÁRIA
primitive forest WUNE
  FLORESTA PRIMITIVA
primitive zone WDVUS
  ZONA PRIMITIVA
principal hazardous organic compounds WOWR
  PRINCIPAIS COMPOSTOS ORGÂNICOS PERIGOSOS
prions WEPA
  PRÍONS
prior analysis WEPA
  ANÁLISE PRÉVIA
private competency
  COMPETÊNCIA PRIVATIVA

private natural heritage reserve WMCT
  RESERVA PARTICULAR DO PATRIMÔNIO NATURAL *1
private waters WNRLC
  ÁGUAS PARTICULARES
probation WNYC
  RECOLHIMENTO DOMICILIAR
procedural instrument WJUD
  INSTRUMENTO PROCESSUAL
producer COL88:142
  PRODUTOR
producer COL88:142
  PRODUTOR *2
product compatibility WFAO
  COMPATIBILIDADE ENTRE PRODUTOS
product register WEPA
  REGISTRANTE DE PRODUTO
product registration ELS90
  REGISTRO DE PRODUTO
product registration ELS90
  REGISTRO DE PRODUTO *1
production TRE92a:352
  PRODUÇÃO
production TRE92a:352
  PRODUÇÃO *1
production TRE92a:352
  PRODUÇÃO *2
production TRE92a:352
  PRODUÇÃO *3
professioal fisherman WFAO
  PESCADOR PROFISSIONAL
professional hunting WAPH
  CAÇA PROFISSIONAL
Program to Assess the Sustainable Yield of Living Resources of the Exclusive Economic Zones WMMA
  PROGRAMA REVIZEE
projections WNYC
  SALIÊNCIAS
projects under responsibility of an entity WCTB
  PROJETOS NO ÂMBITO DE ENTIDADE
prokaryotic receptor WBIND
  RECEPTOR PROCARIÓTICO
propagation material WSBT
  MATERIAL PROPAGATIVO
propagation WSBT
  PROPAGAÇÃO
prospect hole WEPA
  GARIMPO
prospect WEPA
  PROSPECTO

prospectable minerals WCIDH
    MINERAIS GARIMPÁVEIS
prospecting reserves WTNK-BP
    RESERVAS GARIMPEIRAS
prospecting WEPA
    GARIMPAGEM
prospecting WEPA
    GARIMPAGEM *1
prospector WEPA
    GARIMPEIRO
protected area WCBD
    ÁREA PROTEGIDA
protection forest ONU92#5188
    FLORESTAS PROTETORAS
protection on plant health TRE86:263
    DEFESA FITOSSANITÁRIA
protective surroundings WEPA
    ENTORNO DE PROTEÇÃO
Protocol for the Prohibition of the Use in War of Asphyxiating, Poisonous or Other Gases, and of Bacteriological Methods of Warfare WUSDS
    PROTOCOLO DE GENEBRA DE 17 DE JUNHO DE 1925 SOBRE A PROIBIÇÃO DO EMPREGO NA GUERRA DE GASES ASFIXIANTES, TÓXICOS OU SIMILARES E DE MEIOS BACTERIOLÓGICOS DE GUERRA
Protocol to the Convention on Nuclear Safety WNUC
    PROTOCOLO DA CONVENÇÃO DE SEGURANÇA NUCLEAR
Protocol to the International Convention for the Regulation of Whaling WUSDS
    PROTOCOLO ADICIONAL À CONVENÇÃO INTERNACIONAL PARA A REGULAMENTAÇÃO DA PESCA DA BALEIA
protoplasm WEPA
    PROTOPLASMA
provider declaration WAESO
    DECLARAÇÃO DO FORNECEDOR
provisional remedy BLA91:852
    AÇÃO CAUTELAR
psiculture WFAO
    PISCICULTURA
pteridophytes WEPA
    PTERIDÓFITAS
public authority WEPA
    PODER PÚBLICO
public domain areas WBURNS
    ÁREAS DE DOMÍNIO PÚBLICO
public domain waters WFAO
    ÁGUAS PÚBLICAS DOMINICAIS

public forests WUSDA
    FLORESTAS PÚBLICAS
public order WUSDS
    ORDEM PÚBLICA
public patrimony WFAO
    PATRIMÔNIO PÚBLICO
public waters WFAO
    ÁGUAS PÚBLICAS DE USO COMUM
purity of the inoculant WOXOID
    PUREZA DO INOCULANTE
purity ONU92#5247
    PUREZA

Q

qualifying period WFAO
    PERÍODO DE CARÊNCIA
quality control POR92:309
    CONTROLE DE QUALIDADE
quality control POR92:309
    CONTROLE DE QUALIDADE *1
quality inspection WEPA
    INSPEÇÃO DE QUALIDADE
quality of life UNB86:32
    QUALIDADE DE VIDA
quarantine organisms WIPEA
    ORGANISMOS QUARENTENÁRIOS
quarantine pest WFAO
    PRAGA DE QUARENTENA
quarantine pest WFAO
    PRAGA QUARENTENÁRIA
quarantine treatment WEPA
    TRATAMENTO QUARENTENÁRIO
Quilombola people WEEUB
    POVOS QUILOMBOLAS

R

radiation accident ONU92#5268
    ACIDENTE NUCLEAR
radiation accident ONU92#5268
    ACIDENTE NUCLEAR *1
radiation damage ONU92#5271
    DANO NUCLEAR
radiation protection plan WEPA
    PLANO DE RADIOPROTEÇÃO
radiation shielding WEPA
    BLINDAGEM
radiation WEPA
    RADIAÇÃO
radioactive contamination NCRP51:80
    CONTAMINAÇÃO

radioactive installation WINT
    INSTALAÇÃO RADIOATIVA
radioactive materials UNB86:477
    MATERIAL RADIOATIVO
radioactive products TRE75a
    PRODUTOS RADIOATIVOS
radioactive source WEPA
    FONTE RADIOATIVA
radioactive waste ALL91:306
    LIXO RADIOATIVO
radioactive waste treatment WEPA
    TRATAMENTO DE RESÍDUOS RADIOATIVOS
radioactive wastes COL88:148
    REJEITOS RADIOATIVOS
radioactive wastes COL95:190
    RESÍDUOS RADIOATIVOS
radioisotopes COL88:149
    RADIOISÓTOPOS
radiological damage WUNE
    DANOS RADIOLÓGICOS
radiological emissions WFAS
    EMISSÕES RADIOLÓGICAS
radiological protection WEPA
    PROTEÇÃO RADIOLÓGICA
radiological safety ONU92#5292
    RADIOPROTEÇÃO
radiopharmaceutical WDRUGS
    RADIOFÁRMACO
railroad adminitration WFRA
    ADMINISTRAÇÃO FERROVIÁRIA
railroad branch line WWVA
    RAMAL FERROVIÁRIO
railroad detour WBPDM
    DESVIO
railroad enterprise WMDO
    EMPREENDIMENTO FERROVIÁRIO
railway operation WUSHR
    OPERAÇÃO FERROVIÁRIA
railway work WUNE
    OBRA FERROVIÁRIA
rain forest ONU92#5308
    FLORESTA OMBRÓFILA
rain forest ONU92#5308
    FLORESTA PLUVIAL
rainwater COL95:193
    ÁGUAS PLUVIAIS
rare species ECO88:27
    ESPÉCIE RARA
raticide CEN90:73
    RATICIDA

raw material UNB86:485
    MATÉRIA-PRIMA
raw material UNB86:485
    MATÉRIA-PRIMA *1
raw material UNB86:485
    MATÉRIA-PRIMA *2
real action BLA90:1263
    AÇÃO REAL
real property limit WCBMS
    LIMITE REAL DA PROPRIEDADE
receptor organism WEPA
    ORGANISMO RECEPTOR
recombinant DNA/RNA molecules WUSDA
    MOLÉCULAS DE ADN/ARN RECOMBINANTE
recovery CEN90:102
    RECUPERAÇÃO *1
recovery of degradated area WMMA
    RECUPERAÇÃO DA ÁREA DEGRADADA
recreational fishing WEPA
    PESCA AMADORA
recycled aggregate WIE
    AGREGADO RECICLADO
recycling ONU92#5388
    RECICLAGEM
recycling ONU92#5388
    RECICLAGEM *1
red mangrove WEPA
    MANGUE VERMELHO
reefs CLA90:265
    PARCÉIS
reel fishing rod WBETC
    CANIÇO COM MOLINETE
re-entry interval WEPA
    INTERVALO DE REENTRADA
re-establishment of trees (on deforested lands) ONU92#5406
    ENRIQUECIMENTO
reference methods KIN95:566
    MÉTODOS DE REFERÊNCIA
reference term WCFA
    TERMO DE REFERÊNCIA
refining WEPA
    REFINAÇÃO
refining WEPA
    REFINO
reforestation WMMA
    REFLORESTAMENTO
refreshed fish WPS
    PESCADO RESFRIADO

refuse treatment ONU92#5429
   TRATAMENTO DE EFLUENTES
regenerated forest WFAO
   FLORESTA REGENERADA
regeneration WFAO
   RECOMPOSIÇÃO
Regional Economic Integration Organization WUNEP
   ORGANIZAÇÃO DE INTEGRAÇÃO ECONÔMICA REGIONAL
Regional Economic Integration Organization WUNI
   ORGANIZAÇÃO REGIONAL DE INTEGRAÇÃO ECONÔMICA
regional environmental impact WUNEP
   IMPACTO AMBIENTAL REGIONAL
registrant WEPA
   TITULAR DE REGISTRO
registration ONU92#5450
   AUTORIZAÇÃO
relative dispersant efficiency WEESL
   EFICIÊNCIA DISPERSANTE RELATIVA
remediation WRT
   REMEDIAÇÃO
remediator WRRD
   REMEDIADOR
renewable natural resources TRE77a:132
   RECURSOS NATURAIS RENOVÁVEIS
renewable resource WNREL
   RECURSO RENOVÁVEL
replacement catalystic converter WCCAR
   CONVERSOR CATALÍTICO DE REPOSIÇÃO
resale WEPA
   REVENDA
rescue WEPA
   SALVAMENTO
rescuer WEPA
   SALVADOR
research activity WEPA
   ATIVIDADE DE PESQUISA
research and experimentation WCJF
   PESQUISA E EXPERIMENTAÇÃO
research WEPA
   PESQUISA
reservoir WEPA
   RESERVATÓRIO
reservoir WEPA
   RESERVATÓRIO *1
residual competency WUNHR
   COMPETÊNCIA RESIDUAL
residual plateau WSTA
   PLATÔ RESIDUAL
residual waters WFAO
   ÁGUAS RESIDUÁRIAS
residual waters WFAO
   ÁGUAS RESIDUÁRIAS *1
residue maximum level WEU
   LIMITE MÁXIMO DE RESÍDUO
residue tank WEPA
   TANQUE DE RESÍDUOS
resine WFAO
   RESINA
resinification WFAO
   RESINAGEM
resource CLA90:269
   RECURSO
resource CLA90:269
   RECURSO *1
restoration WIFAS
   RESTAURAÇÃO
restoration zone WFAO
   ZONA DE RECUPERAÇÃO
restored tire WTL
   PNEU REFORMADO
restricted use genetic technologies WCTB
   TECNOLOGIAS GENÉTICAS DE RESTRIÇÃO DO USO
restricted use zone WUNEP
   ZONAS DE USO RESTRITO
restricted-entry intervals WEPA
   INTERVALO DE SEGURANÇA
resurgence; upwelling SUG92:104
   RESSURGÊNCIA COSTEIRA
re-use (of waste) ONU92#5566
   REUTILIZAÇÃO *1
revaluation WEMB
   REVALIDAÇÃO
rhyzome geophyte WUA
   GEÓFITA RIMATOSA
ribonucleic acid ONU92#5571
   ÁCIDO RIBONUCLÉICO
right whale KIS83:70
   BALEIA FRANCA
ring WBTO
   ANILHA
Ringelmann standard chart ONU92#5583
   ESCALA RINGELMANN
ringer WBTO
   ANILHADOR
ringing WBTO
   ANILHAMENTO

glossário inglês-português

Rio Conference COL95:242
   CONFERÊNCIA DO RIO
Rio Declaration WCON
   DECLARAÇÃO DO RIO
Rio+10 WRIO
   RIO + 10
risk analysis ONU92#5591
   ANÁLISE DE RISCOS
risk ONU92#5590
   RISCO
risk ONU92#5590
   RISCO *1
River Basin Commitees WMMA
   COMITÊS DE BACIAS HIDROGRÁFICAS
River Basin Management Committees WFAO
   COMITÊS DE GERENCIAMENTO DE BACIA HIDROGRÁFICA
river bed CLA90:272
   ÁLVEO
RNA ONU92#5571
   ARN
roadway system WEPA
   SISTEMA VIÁRIO
rocky coast SUG92:27
   COSTÕES
rubber industry WEPA
   INDÚSTRIA DE BORRACHA
rural energization WFAO
   ENERGIZAÇÃO RURAL
rural enterprise WEPA
   EMPRESA RURAL
rural estate WEPA
   IMÓVEL RURAL
rural module WUNECE
   MÓDULO RURAL
rural properties WEPA
   PROPRIEDADES RURAIS

S

safety communications WFAO
   COMUNICAÇÕES DE SEGURANÇA
saline water CEN90:74
   ÁGUAS SALINAS
salinity ONU92#5670
   SALINIDADE
sand SUG92:09
   AREIA
sandstone cave WGCT
   CAVERNA ARENÍTICA
sandstone SUG92:10
   ARENITO

sanitary education WUNE
   EDUCAÇÃO SANITÁRIA
sanitary landfill ONU92#5692
   ATERRO SANITÁRIO
sanitary surveillance WFAO
   VIGILÂNCIA SANITÁRIA
sanitation ONU92#5695
   SANEAMENTO
sanitation requirements WHL
   REQUISITOS DE HIGIENE
saturated area WEPA
   ÁREA SATURADA
saturation degree WUNE
   GRAU DE SATURAÇÃO
savanna WFWS
   SAVANAS
sawnwood ONU92#5711
   MADEIRA SERRADA
scarp WEPA
   ESCARPA
scientific expeditions UNB86:488
   EXPEDIÇÃO CIENTÍFICA
scientific fishing WFAO
   PESCA CIENTÍFICA
scientific information WEPA
   INFORMAÇÕES CIENTÍFICAS
scientist UNB86:489
   CIENTISTA
scrap ONU92#5743
   SUCATA
scrap tire WRMA
   PNEU INSERVÍVEL
SD WPART
   DF
sea bed ONU92#5754
   PLATAFORMA SUBMARINA
sea KIS83:283
   MAR
sea turtle habitats WCON
   HABITAT DAS TARTARUGAS MARINHAS
sea turtle WCON
   TARTARUGA MARINHA
search and rescue ONU92#5772
   ASSISTÊNCIA E SALVAMENTO
seasonal forest WEPA
   FLORESTA ESTACIONAL
seasonal riverbed WOHCHY
   LEITO MAIOR SAZONAL
secondary combustion zone WEPA
   ZONA DE COMBUSTÃO SECUNDÁRIA

secondary distribution base WWDS
  BASE DE DISTRIBUIÇÃO SECUNDÁRIA
secondary forest ONU92#5788
  FLORESTA SECUNDÁRIA
secondary fuel WDEQ
  COMBUSTÍVEL SECUNDÁRIO
secondary macronutrients WASA
  MACRONUTRIENTES SECUNDÁRIOS
secondary vegetation CLA90:283
  FORMAÇÕES SUCESSORAS
secondary vegetation in advanced stage of regeneration WIRN
  ESTÁGIO AVANÇADO DE REGENERAÇÃO DA VEGETAÇÃO SECUNDÁRIA
secondary vegetation WFAO
  VEGETAÇÃO SECUNDÁRIA
Sectoral Plan for Marine Resources WUN
  PLANO SETORIAL PARA OS RECURSOS DO MAR
sedimentary basin WEPA
  BACIA SEDIMENTAR
seed WSBT
  SEMENTE
seeds WSBT
  SEMENTES
sei whale WEPA
  BALEIA FIN
sei whale WEPA
  BALEIA SEI
seine GLA97:500
  REDE DE ARRASTO
seismic data WEPA
  DADOS SÍSMICOS
seismic vessel WEPA
  EMBARCAÇÃO SÍSMICA
selective collection COL95:48
  COLETA SELETIVA
selective thinning out WDP
  DESBASTE SELETIVO
self purification ONU92#5826
  AUTODEPURAÇÃO
sensible environmental area WEUTIST
  ÁREA DE SENSIBILIDADE AMBIENTAL
serpentine UNI03:106
  SERPENTINAS
service provider WEPA
  PRESTADOR DE SERVIÇO
service WEPA
  SERVIÇO
sewage treatment POR92:333
  TRATAMENTO DE ESGOTOS

sewerage ONU92#5869
  REDE DE ESGOTOS
SF6 WEPA
  SF6
SFMP WFAO
  PMFS
shelfs WEPA
  PLATAFORMAS
shell mound SUG92:106
  SAMBAQUIS
ship KIS83:320
  NAVIO
ship KIS83:320
  NAVIO *1
ship KIS83:320
  NAVIO *2
shipment WEPA
  PARTIDA
ships and aircrafts KIS83:36
  EMBARCAÇÕES E AERONAVES
ships' garbage WIMO
  LIXO *1
shrimp culture WFAO
  CARCINICULTURA
shrimp trawl vessel WCON
  EMBARCAÇÃO CAMARONEIRA DE ARRASTO
significant plant association WMNHP
  GRUPAMENTO VEGETAL SIGNIFICATIVO
Simplified Environmental Report WMCT
  RELATÓRIO AMBIENTAL SIMPLIFICADO
sink WUNI
  SUMIDOURO
sirenia WEPA
  SIRÊNIOS
siriuba mangrove WIADB
  MANGUE SIRIÚBA
sites of touristic interest WUNEP
  LOCAIS DE INTERESSE TURÍSTICO
slope WEPA
  TALUDE
slow gear WCTGAS
  MARCHA LENTA
slow gear WCTGAS
  MARCHA LENTA *1
small agricultural producer WUSDA
  PEQUENO PRODUTOR RURAL
small agricultural property WUSDA
  PEQUENA PROPRIEDADE
small landholding WFAO
  MINIFÚNDIO

smoke CLA90:293
    FUMAÇA
social function of the property WUNE
    FUNÇÃO SOCIAL DA PROPRIEDADE
social sustainability WEPA
    SUSTENTABILIDADE SOCIAL
socio-economic environment WEPA
    MEIO SOCIOECONÔMICO
sodium pentachlorophenate WEPA
    PENTACLOROFENATO DE SÓDIO
soil biological activity WFAO
    ATIVIDADE BIOLÓGICA DO SOLO
soil CEN90:105
    SOLO
soil conditioner ONU92#6030
    CONDICIONADOR DO SOLO
soil conservation COL95:216
    CONSERVAÇÃO DO SOLO
soil improvement WFAO
    MELHORAMENTO DO SOLO
soil regeneration WFAO
    RECUPERAÇÃO DO SOLO
solar energy COL95:217
    ENERGIA SOLAR
solid industrial waste WEPA
    RESÍDUO SÓLIDO INDUSTRIAL
solid urban waste WEMB
    RESÍDUOS SÓLIDOS URBANOS
solid waste final disposal system WSWP
    SISTEMA DE DISPOSIÇÃO FINAL DE RESÍ-
    DUOS SÓLIDOS
solid wastes ONU92#6085
    RESÍDUOS SÓLIDOS
solid wastes ONU92#6085
    RESÍDUOS SÓLIDOS *1
soot ONU92#6095
    FULIGEM
sound pollution CEN90:100
    POLUIÇÃO SONORA
sound POR92:345
    SOM
sound pressure level POR92:345
    NÍVEL DE PRESSÃO SONORA
sound pressure WEPA
    PRESSÃO SONORA
source RIV93:265
    FONTE
Southern Common Market WFAO
    MERCOSUL
Southern Common Market WFAO
    MERCADO COMUM DO CONE SUL

spawning season WEPA
    PERÍODOS DE DESOVA
special application batteries WSAB
    BATERIAS DE APLICAÇÃO ESPECIAL
special application cells WIEEE
    PILHAS DE APLICAÇÃO ESPECIAL
special fissionable material IAEA80:07
    MATERIAL FÍSSIL ESPECIAL
Special Secretariat for the Environment WMMA
    SECRETARIA ESPECIAL DO MEIO AMBIENTE
special temporary registration WEMB
    REGISTRO ESPECIAL TEMPORÁRIO
special use areas WNPS
    ÁREAS DE USO ESPECIAL
special use zone WUNEP
    ZONA DE USO ESPECIAL
special waste POR92:346
    LIXO ESPECIAL
species ONU92#6149
    ESPÉCIE
specimen COL88:169
    ESPÉCIME
speleological activities WUIS
    ATIVIDADES ESPELEOLÓGICAS
speleological heritage WIUCN
    PATRIMÔNIO ESPELEOLÓGICO
speleothems WEPA
    ESPELEOTEMAS
sperm whale KIS83:70
    CACHALOTE
spoon WFAO
    COLHER
sport fishing WEPA
    PESCA DESPORTIVA
spray WEPA
    SPRAY
spray WEPA
    SPRAY *1
spring ONU92#6205
    NASCENTE
spring ONU92#6205
    NASCENTE *1
spring ONU92#6205
    NASCENTES
spring ONU92#6205
    OLHO D'ÁGUA
springs CEN90:94
    MANANCIAIS
stable cultivar WSBT
    CULTIVAR ESTÁVEL

stand basal area WNTG
ÁREA BASAL DO POVOAMENTO
stand density WPFM
DENSIDADE DO PLANTIO
standard WEPA
PADRÃO
standards UNB86:492
PADRÕES
standing crop WFS
POVOAMENTO FLORESTAL
State Coastal Zone Management Plan WUNEP
PLANO ESTADUAL DE GERENCIAMENTO COSTEIRO
state conservation units WEPA
UNIDADES DE CONSERVAÇÃO ESTADUAIS
state environmental agency WMCT
FUNDAÇÃO ESTADUAL DE PROTEÇÃO AMBIENTAL
State Environmental Protection System WUNEP
SISTEMA ESTADUAL DE PROTEÇÃO AMBIENTAL
state forest WEPA
FLORESTA ESTADUAL
state of public calamity WFCP
ESTADO DE CALAMIDADE PÚBLICA
State of Rio Grande do Sul Zoobotanical Foundation WMMA
FUNDAÇÃO ZOOBOTÂNICA DO RIO GRANDE DO SUL
state of the ship's registry WAMLG
ESTADO DE REGISTRO DE NAVIO
state property BLA91:847
BENS DA UNIÃO
State Protected Areas System WGCO
SISTEMA ESTADUAL DE UNIDADES DE CONSERVAÇÃO
States in the Americas WCON
ESTADOS NO CONTINENTE AMERICANO
station WEPA
POSTO
statute BLA91:981
DECRETO
stere WFAO
ESTÉREO
stimulant WFAO
ESTIMULANTE
Stockholm Convention on Persistent Organic Pollutants WPOPS
CONVENÇÃO DE ESTOCOLMO SOBRE POLUENTES ORGÂNICOS PERSISTENTES

Stockholm Declaration ONU92#6269
DECLARAÇÃO DE ESTOCOLMO
Stokholm Conference WUNEP
CONFERÊNCIA DE ESTOCOLMO
storage ONU92#6275
ARMAZENAMENTO
storeying WFAO
ESTRATO
storm waves WEPA
ONDAS DE TEMPESTADES
straight fertilizer WIFIA
FERTILIZANTE MONONUTRIENTE
strategic environmental evaluation WIADB
AVALIAÇÃO AMBIENTAL ESTRATÉGICA
stratigraphic horizons WNSIDC
HORIZONTES ESTRATIGRÁFICOS
strictly industrial zones WDSSG
ZONAS DE USO ESTRITAMENTE INDUSTRIAL
subsistence fishery WFAO
PESCA DE SUBSISTÊNCIA
subsistence hunting WFAO
CAÇA DE SUBSISTÊNCIA
substitute food WEPA
ALIMENTO SUCEDÂNEO
substrate for plants WMDA
SUBSTRATO PARA PLANTAS
substrate WJBCS
SUBSTRATO
sulphur dioxide ONU92#6395
DIÓXIDO DE ENXOFRE
sulphur hexafluoride WEPA
HEXAFLUORETO DE ENXOFRE
sulphur oxides ONU92#6402
ÓXIDOS DE ENXOFRE
Superintendency for Fisheries Development WDLC
SUPERINTENDÊNCIA DO DESENVOLVIMENTO DA PESCA
Superintendency for the Development of the Amazon WFAO
SUPERINTENDÊNCIA DO DESENVOLVIMENTO DA AMAZÔNIA
supplementary law WUSAID
LEI COMPLEMENTAR
supplier WEPA
FORNECEDOR
supplier WEPA
FORNECEDOR *1

support force WCSM
   FORÇA DE APOIO
support unit WFAO
   UNIDADE DE APOIO
support vessel WEPA
   EMBARCAÇÕES DE APOIO
support WFDA
   SUPORTE
suppression WEPA
   SUPRESSÃO
surface water ONU92#6454
   ÁGUAS SUPERFICIAIS
sustainable development ONU92#6481
   DESENVOLVIMENTO SUSTENTÁVEL
sustainable development ONU92#6481
   DESENVOLVIMENTO SUSTENTÁVEL *1
Sustainable Development Reserve WMCT
   RESERVA DE DESENVOLVIMENTO SUSTENTÁVEL
Sustainable Forest Management Plan WFAO
   PLANO DE MANEJO FLORESTAL SUSTENTÁVEL
sustainable forest management WFAO
   MANEJO FLORESTAL SUSTENTÁVEL
sustainable forest management WWOR
   MANEJO FLORESTAL SUSTENTÁVEL DE USO MÚLTIPLO
sustainable management WEPA
   MANEJO SUSTENTADO
sustainable use unit WMMA
   UNIDADES DE USO SUSTENTÁVEL
sustainable use WFAO
   UTILIZAÇÃO SUSTENTÁVEL
sustainable use WMMA
   USO SUSTENTÁVEL
sustained yield WFS
   RENDIMENTO SUSTENTADO
swamp regions WFAO
   BANHADOS
sweeping WEPA
   VARREDURA
System for Rationed Sawed Timber WTN
   SISTEMA DE CONTROLE DE MADEIRA SERRADA CONTINGENCIADA
System for the Protection of the Brazilian Nuclear Programme WINT
   SISTEMA DE PROTEÇÃO AO PROGRAMA NUCLEAR BRASILEIRO
System for the Vigilance of the Amazon WUSDS
   SISTEMA DE VIGILÂNCIA DA AMAZÔNIA

T
tableland CLA90:242
   TABULEIRO
tank mixture WEPA
   MISTURA EM TANQUE
Technical Assistance and Rural Extension Company WPLA
   EMATER
technical expert EN/ISO14010:2.13
   ESPECIALISTA TÉCNICO
technical information WEPA
   INFORMAÇÕES TÉCNICAS
technical product WPTI
   PRODUTO TÉCNICO
technician WEPA
   TÉCNICO AMBIENTAL
TED WCON
   DET
temporary accumulation WEPA
   ACUMULAÇÃO TEMPORÁRIA
temporary deprivation of rights WWVG
   PENAS DE INTERDIÇÃO TEMPORÁRIA DE DIREITO
temporary management units WNAP
   UNIDADES DE MANEJO PROVISÓRIO
teratogenic characteristics WISC
   CARACTERÍSTICAS TERATOGÊNICAS
teratogenic potencial WNCBI
   POTENCIAL TERATOGÊNICO
term of commitment, responsibility and adjustment of conduct WISA
   TERMO DE COMPROMISSO, RESPONSABILIDADE E AJUSTAMENTO DE CONDUTA
termal treatment WEPA
   TRATAMENTO TÉRMICO
ternary fertilizer WIFIA
   FERTILIZANTE TERNÁRIO
territorial waters KIS83:185
   ÁGUAS TERRITORIAIS
territory WINT
   TERRITÓRIO
test of distinguishability, homogeneity and stability (DHS) WSBT
   TESTE DE DISTINGUIBILIDADE, HOMOGENEIDADE E ESTABILIDADE
test vehicle mass WRS
   MASSA DO VEÍCULO PARA ENSAIO
thalweg ONU92#6587
   TALVEGUE
the best techniques available WEPA
   MELHORES TÉCNICAS DISPONÍVEIS

The National Indian Foundation WMMA
  FUNDAÇÃO NACIONAL DO ÍNDIO
therapeutic cloning WCTB
  CLONAGEM TERAPÊUTICA
thermal energy COL95:233
  ENERGIA TÉRMICA
thermal inversion ONU92#6554
  INVERSÕES TÉRMICAS ATMOSFÉRICAS
thermal structure of the atmosphere WEPA
  ESTRUTURA TÉRMICA DA ATMOSFERA
thermoelectric power stations WEPA
  USINAS TERMELÉTRICAS
therophyte ALL94:385
  TERÓFITAS
thinning out WFAO
  DESBASTE
thorium IAEA80:09
  TÓRIO
thorium-232 IAEA80:09
  TÓRIO-232
three-way catalystic converter WWIK
  CONVERSOR CATALÍTICO DE OXIDAÇÃO-REDUÇÃO
timber forest products WUNEP
  SUBPRODUTOS FLORESTAIS MADERÁVEIS
timber potential WFAO
  POTENCIAL MADEIREIRO
tire WEPA
  PNEU
tobacco industry WEPA
  INDÚSTRIA DE FUMO
tolerance WEPA
  TOLERÂNCIA
toothed whales KIS83:70
  BALEIAS DENTICETE
topographic survey BAT87:691
  LEVANTAMENTO TOPOGRÁFICO
topsoil WEPA
  TERRA VEGETAL
total gross weight WEPA
  PESO BRUTO TOTAL
total hydrocarbons WEPA
  HIDROCARBONETOS TOTAIS
total length WNHM
  COMPRIMENTO TOTAL
tourism WEPA
  TURISMO
toxic effects on reproduction WATSDR
  DADOS SOBRE EFEITOS TÓXICOS À REPRODUÇÃO
toxic WEPA
  TÓXICO

toxicity assessment ONU92#6717
  AVALIAÇÃO TOXICOLÓGICA
toxicity assessment WEPA
  AVALIAÇÃO TOXICOLÓGICA *1
toxicity WEPA
  TOXICIDADE
toxicological data WEPA
  DADOS TOXICOLÓGICOS
toxicology WEPA
  TOXICOLOGIA
toxins COL88:183
  TOXINAS
traditional knowledge associate WSBB
  CONHECIMENTO TRADICIONAL ASSOCIADO
trammel net WEPA
  FEITICEIRA
trammel WFAO
  TRESMALHO
transboundary movement WBASEL
  MOVIMENTO TRANSFRONTEIRIÇO
transfer WEPA
  TRANSFERÊNCIA
transgenic microorganisms
  MICROORGANISMOS TRANSGÊNICOS
transgressive dunes WUSDA
  DUNAS TRANSGRESSIVAS
transition zones WEPA
  ZONAS DE TRANSIÇÃO
transition zones WEPA
  ZONAS DE TRANSIÇÃO *1
transmutation IAEA80:08
  TRANSMUTAÇÃO
transplant WFTM
  TRANSPLANTE
transport material industry WUTIP
  INDÚSTRIA DE MATERIAL DE TRANSPORTE
transport unit WEPA
  UNIDADE DE TRANSPORTE
transportation WEPA
  TRANSPORTE
transportation WEPA
  TRANSPORTE *1
transportation, terminals and warehouses WTDL
  TRANSPORTE, TERMINAIS E DEPÓSITOS
treated wood WEPA
  MADEIRA BENEFICIADA
treatment COL88:184
  TRATAMENTO

treatment plants ONU92#6789
    ESTAÇÕES DE TRATAMENTO
Treaty Banning Nuclear Weapon Tests in the Atmosphere, in Outer Space and under Water ONU92#6791
    TRATADO DE PROSCRIÇÃO DAS EXPERIÊNCIAS COM ARMAS NUCLEARES NA ATMOSFERA, NO ESPAÇO CÓSMICO E SOB A ÁGUA
Treaty for Amazonian Co-operation ONU92#6792
    TRATADO DE COOPERAÇÃO AMAZÔNICA
Treaty for the Prohibition of Nuclear Weapons in Latin America ONU92#6793
    TRATADO PARA A PROSCRIÇÃO DE ARMAS NUCLEARES NA AMÉRICA LATINA E NO CARIBE
Treaty of Assunción WMRE
    TRATADO DE ASSUNÇÃO
Treaty on Principles Governing the Activities of States in the Exploration and Use of Outer Space Including the Moon and Other Celestial Bodies ONU92#6794
    TRATADO SOBRE PRINCÍPIOS REGULADORES DAS ATIVIDADES DOS ESTADOS NA EXPLORAÇÃO E USO DO ESPAÇO CÓSMICO, INCLUSIVE A LUA E DEMAIS CORPOS CELESTES
treble hook WBLA
    GARATÉIA
tree surgery ONU92#6807
    DENDROCIRURGIA
tremolite WEPA
    TREMOLITA
tribal group WEPA
    GRUPO TRIBAL
tributary watercourse WSCB
    CURSO DE ÁGUA AFLUENTE
triple washing WEPA
    TRÍPLICE LAVAGEM
tropical forests WEUR
    FLORESTAS TROPICAIS
tuna and tuna-like fishes KIS83:202
    ATUM E AFINS
turbidity ONU92#6865
    TURBIDEZ
turtle excluder device WCON
    DISPOSITIVO DE ESCAPE PARA TARTARUGAS
typical emission rate WEPA
    VALOR TÍPICO DE EMISSÃO
typical emission rate WEPA
    VALOR TÍPICO DE EMISSÃO *1

U
ultraviolet radiation CEN90:101
    RADIAÇÃO ULTRAVIOLETA
ultraviolet radiation CEN90:101
    RADIAÇÃO UV-B
unbounded forests WAH
    FLORESTAS NÃO VINCULADAS
UNCED COL95:242
    CNUMAD
understory WEPA
    SUB-BOSQUE
UNDP WUNDP
    PNUD
UNEP WUNEP
    PNUMA
Union MEL94:217
    UNIÃO
United Nations Conference on Environment and Development COL95:242
    CONFERÊNCIA DAS NAÇÕES UNIDAS SOBRE O MEIO AMBIENTE E DESENVOLVIMENTO
United Nations Conference on the Human Environment WONU
    CONFERÊNCIA DAS NAÇÕES UNIDAS SOBRE O MEIO AMBIENTE HUMANO
United Nations Convention on the Law of the Sea ONU92#6923
    CONVENÇÃO DAS NAÇÕES UNIDAS SOBRE O DIREITO DO MAR
United Nations Framework Convention on Climate Change WUNI
    CONVENÇÃO QUADRO DAS NAÇÕES UNIDAS SOBRE MUDANÇA DO CLIMA
unladen mass WUNEC
    MASSA EM ORDEM DE MARCHA
uranium enriched TRE87:126
    URÂNIO ENRIQUECIDO NOS ISÓTOPOS 235 OU 233
uranium enrichment WEPA
    ENRIQUECIMENTO DO URÂNIO
uranium IAEA80:08
    URÂNIO
urban areas ANT80:903
    ÁREAS URBANAS
urban cleaning service WIBA
    SERVIÇO DE LIMPEZA URBANA
urban equipment WWOR
    EQUIPAMENTOS URBANOS
urban land ONU92#6985
    TERRAS URBANIZADAS

urban lands suitable for urban planning WAPA
   TERRAS PROPENSAS À EXPANSÃO URBANA
urban landscape WSUL
   PAISAGEM URBANA
urban lots WEPA
   LOTES URBANOS
urbanized areas WDEMOG
   ÁREAS URBANIZADAS
use and occupancy area WNPS
   ÁREA DE USO E OCUPAÇÃO
utility services WUSDA
   SERVIÇOS DE UTILIDADE
utilization index WCWP
   ÍNDICE DE APROVEITAMENTO
utilization WFAO
   UTILIZAÇÃO
UTM DES78:301
   UTM
UV radiation RIV93:312
   RADIAÇÃO UV

V
vector UNI03:07
   VETOR
vegetal coal WBIOC
   CARVÃO VEGETAL
vegetation CLA90:346
   VEGETAÇÃO
vegetation CLA90:346
   VEGETAÇÃO *1
vehicle model WMCT
   MODELO DE VEÍCULO
vehicle WEPA
   VEÍCULO
Vehicles Air Pollution Control Program WMW
   PROGRAMA DE CONTROLE DA POLUIÇÃO DO AR POR VEÍCULOS AUTOMOTORES
vehicles production conformity
   CONFORMIDADE DA PRODUÇÃO
vehicular batteries WETC
   BATERIAS VEICULARES
vein BAT87:
   VEEIROS
ventilated gas ONU92#7043
   GÁS NO CÁRTER
vibration COL88:190
   VIBRAÇÃO
Vienna Convention for the Protection of the Ozone Layer ONU92#7062
   CONVENÇÃO DE VIENA PARA A PROTEÇÃO DA CAMADA DE OZÔNIO

virus COL95:246
   VÍRUS
vital equipment WEPA
   EQUIPAMENTO VITAL
vivisection WEPA
   VIVISSECÇÃO
vortex WEPA
   VÓRTICE
vulnerable species KLI91:4
   ESPÉCIES VULNERÁVEIS

W
warning level ONU92#7097
   NÍVEL DE ALERTA
washing and cleaning products KIS83:27
   AGROTÓXICOS E AFINS DE USO DOMISSANITÁRIO
Washington Convention
   CONVENÇÃO DE WASHINGTON
waste COL95:247
   BOTA-FORA
waste ONU92#7107
   RESÍDUOS *1
waste ONU92#7107
   RESÍDUOS *2
waste WEPA
   LIXO
waste WMMA
   RESÍDUO
waste WMMA
   RESÍDUO *1
waste collectors WPWC
   TRANSPORTADORES
waste disposal areas WEPA
   ÁREAS DE DESTINAÇÃO DE RESÍDUOS
waste management WEPA
   GERENCIAMENTO DE RESÍDUOS
wastewater ONU92#7125
   ÁGUAS SERVIDAS
wastewaters ONU92#7125
   DESPEJOS
Water Agencies BRA97b:15
   AGÊNCIAS DE ÁGUA
Water Code CEN90:09
   CÓDIGO DE ÁGUAS
water meadows COL88:108
   VÁRZEA
water meadows COL88:108
   VÁRZEAS

water mineralization WFAO
    MINERALIZAÇÃO DAS ÁGUAS
water pollution UNB86:499
    POLUIÇÃO DAS ÁGUAS
water pollution WEPA
    POLUIÇÃO HÍDRICA
water POR92:398
    ÁGUA
water POR92:398
    ÁGUA *1
water quality control WTDEC
    CONTROLE DA QUALIDADE DA ÁGUA
water quality parameter WEPA
    PARÂMETRO DE QUALIDADE DA ÁGUA
water quality standards POR92:402
    PADRÕES DE QUALIDADE DAS ÁGUAS
water receptor WEPA
    CORPO RECEPTOR
Water Resources Information System BRA97b:11
    SISTEMA DE INFORMAÇÃO SOBRE RECURSOS HÍDRICOS
water resources plans BRA97b:36
    PLANOS DE RECURSOS HÍDRICOS
water resources UNB86:207
    RECURSOS HÍDRICOS
water springs WEPA
    MANANCIAIS DE ÁGUA
water supply POR92:405
    ÁGUA DE ABASTECIMENTO
water supply springs WEPA
    MANANCIAIS DE ABASTECIMENTO PÚBLICO
water use UNI03:148
    USO DA ÁGUA
water user WEPA
    USUÁRIO DA ÁGUA
watershed management committee member WEPA
    MEMBRO DE UM COMITÊ DE GERENCIAMENTO DE BACIA HIDROGRÁFICA
well logging ALL91:402
    TESTEMUNHO DE SONDAGEM
whale catcher KIS83:67
    NAVIO BALEEIRO
whales WEPA
    BALEIAS
white mangrove WEPA
    MANGUE BRANCO
WHO WWHO
    OMS

wild animals WEPA
    ANIMAIS SILVESTRES
wild fauna KIS83:289
    FAUNA SILVESTRE
wildlife UNI03:172*
    VIDA SILVESTRE
wildlife conservation zone WFAO
    ZONA DE CONSERVAÇÃO DA VIDA SILVESTRE
wildlife refuge STO93:165
    ZONA DE PRESERVAÇÃO DE VIDA SILVESTRE
wildlife refuge WREF
    REFÚGIO DE VIDA SILVESTRE
wildlife refuge WREF
    REFÚGIO DE VIDA SILVESTRE *1
wildlife zone WUNEP
    ZONA DE VIDA SILVESTRE
wind power stations WEPA
    USINAS EÓLICAS
witness mountains WUSAT
    MORROS TESTEMUNHOS
WMO WWMO
    OMM
wood industry WFAO
    INDÚSTRIA DE MADEIRA
wood preservative WEPA
    PRESERVATIVO DE MADEIRA
wood pulp UNB86:203
    POLPA DE MADEIRA
wooden forest products WFAO
    PRODUTOS FLORESTAIS MADERÁVEIS
woody raw material WUSDA
    MATÉRIA-PRIMA LENHOSA
working environment WEPA
    MEIO AMBIENTE DO TRABALHO
World Trade Organization Agreement on the Application of Sanitary and Phytosanitary Measures WWTO
    ACORDO DA ORGANIZAÇÃO MUNDIAL DO COMÉRCIO SOBRE A APLICAÇÃO DE MEDIDAS SANITÁRIAS E FITOSSANITÁRIAS
World Wide Fund for Nature ONU92#7381
    FUNDO MUNDIAL PARA A NATUREZA
WWF ONU92#7381
    WWF

X

xeromorphic chamaephytes USH66:400;74
    CAMÉFITOS XEROMÓRFICOS

Z

zone WEPA
  ZONA *1
zoning WMMA
  ZONEAMENTO
zoological garden UNB86:138
  JARDIM ZOOLÓGICO
zoological gardens UNB86:138
  ZOOLÓGICOS
zygote COL95:253
  ZIGOTO HUMANO

notas sobre os autores

Maria da Graça Krieger – Doutora em Semiótica e Lingüística Geral pelo Programa de Pós-Graduação em Letras da Universidade de São Paulo. Docente do Programa de Pós Graduação em Letras da Universidade Federal do Rio Grande do Sul, UFRGS, e do Programa de Pós-Graduação em Lingüística Aplicada, da Universidade do Vale dos Sinos – UNISINOS. Coordenadora do Projeto TERMISUL, UFRGS.

Anna Maria Becker Maciel – Doutora em Estudos da Linguagem: Teorias do Texto e do Discurso pelo Programa de Pós-Graduação em Letras da Universidade Federal do Rio Grande do Sul. Docente do Programa de Pós Graduação em Letras da UFRGS. Vice-coordenadora do Projeto TERMISUL, UFRGS.

Cleci Regina Bevilacqua – Doutora em Lingüística Aplicada pela Universidad Pompeu Fabra, Barcelona, Espanha. Professora do Departamento de Línguas Modernas, do Instituto de Letras, UFRGS. Docente do Programa de Pós Graduação em Letras da UFRGS. Pesquisadora do Projeto TERMISUL, UFRGS.

Maria José Bocorny Finatto – Doutora em Estudos da Linguagem: Teorias do Texto e do Discurso pelo Programa de Pós-Graduação em Letras da Universidade Federal do Rio Grande do Sul. Professora do Departamento de Letras Clássicas e Vernáculas do Instituto de Letras da UFRGS. Docente do Programa de Pós Graduação em Letras da UFRGS. Pesquisadora do Projeto TERMISUL, UFRGS.

João Carlos de Carvalho Rocha – Procurador-Chefe da Procuradoria da República no Rio Grande do Sul; especialista em Direito Ambiental. Atuou no Ministério Público Federal na área de defesa do meio ambiente e do patrimônio cultural. Realizou atividades de pesquisa em Direito Ambiental nos Estados Unidos da América como bolsista da Comissão Fullbright.

Diretor editorial
Carlos Augusto Lacerda

Editor
Paulo Geiger

Diagramação
Osvaldo Dominguez

Produção
Ilustrarte Design e Produção Editorial

Imagem de capa
Ana de Souza/ShutterStock

Este livro foi impresso no Rio de Janeiro, em janeiro de 2008, pela Gráfica e
Editora Armazém das Letras, para a Lexikon Editora Digital.
A fonte usada no miolo é a Utopia, corpo 9/11.
O papel de miolo é offset 75g/m² e o de capa é cartão 250g/m².